RELATIONS
DE DIVERS VOYAGES CVRIEVX,
QVI N'ONT POINT ESTÉ PVBLIEES;
OV
QVI ONT ESTÉ TRADVITES D'HACLVYT,
de Purchas, & d'autres Voyageurs Anglois, Hollandois, Portugais, Allemands, Espagnols;

ET

DE QVELQVES PERSANS, ARABES, ET AVTRES Auteurs Orientaux.

Enrichies de Figures de Plantes non décrites, d'Animaux inconnus à l'Europe, & de Cartes Geographiques de Pays dont on n'a point encore donné de Cartes.

PREMIERE PARTIE.

A PARIS,

De l'Imprimerie de IACQVES LANGLOIS, Imprimeur ordinaire du Roy; au Mont Sainte Geneuiefue; Et en sa Boutique à l'entrée de la grande Sale du Palais, à la Reyne de Paix.

Chez GASPARD METVRAS Pere & Fils, à la Trinité, SIMON PIGET, à la Prudence, EMANVEL LANGLOIS, à la Reyne du Clergé, ruë Saint Iacques.

ET

THOMAS IOLLY, dans la Gallerie des Merciers, à la Palme, & aux Armes de Hollande, & LOVYS BILLAINE, au second Pilier de la grand' Salle, à la Palme & au grand Cesar. au Palais.

M. DC. LXIII.

AVEC PRIVILEGE DV ROY.

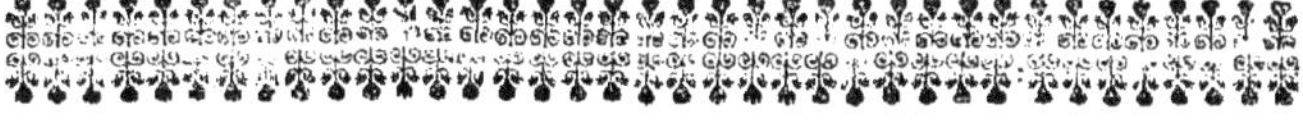

AVIS,

Sur le dessein, & sur l'ordre de ce Recueil.

I'ENTREPRENS de donner à la France les Voyages Anglois d'Hackluyt & de Purchas, qu'il y a si long-temps qu'elle souhaite d'auoir en sa Langue. I'en adjousteray à ceux-là plusieurs autres non moins curieux, qui n'ont iamais veu le iour, & beaucoup qui ayant esté publiez en d'autres Langues, viennẽt d'estre traduits en la nostre pour en enrichir ce Recueil. I'ay encore eu, en le faisant, la veuë de rectifier & d'accroistre le peu de connoissance que l'Europe a euë jusqu'icy de l'Asie; & pour cela, ie me suis resolu d'y joindre les Traductions de quelques Auteurs Orientaux, qui en ont fait ou l'Histoire ou la Description. Sans me renfermer toutefois dans cette seule Partie du Monde, mon intention est d'en faire autant pour les autres Parties, & de donner vne Relatiõ de tous les Estats & Empires, & d'autant-plus fidele & plus exacte, que ie la feray sur de meilleurs Originaux, & sur la foy de Personnes choisies entre ceux qui les ont courues & obseruées auec plus de soin. I'ay voulu aussi sauuer de l'oubly quantité de Voyages & de memorables actions de nos François, qui semblent auoir eu plus de cœur pour les faire, que de soin pour les écrire. Ce n'est point, au reste, afin d'establir le merite de cét Ouurage, que j'arreste icy le Lecteur, pour luy faire connoistre la difficulté qu'on a euë à ramasser toutes ces Pieces, & à les traduire d'onze ou douze Langues differentes. Mais ie ne puis m'empescher de dire quelque chose de la fin que ie m'y suis proposée, parce que ie suis persuadé qu'il n'y aura point d'homme raisonnable qui ne l'approuue.

Il a esté remarqué dans les éuénemens de ces deux derniers Siecles, que la Nauigation & le Trafic ont eu leur part dans toutes les grandes reuolutions qui y sont arriuées. Car sans parler du bouleuersement de l'Empire des Yncas & du Mexique, aussi-bien que de celuy de tous les Estats des Indes Orientales, il est certain que les Peuples qui sont nos plus proches voisins se sont enrichis, par le moyen de ces Arts, & infiniment éleuez au dessus de leurs propres forces.

Par là l'Espagne s'est trouuée en estat de disputer de grandeur auec la France. Par là les Portugais, qui estoient resserrez dans l'vn des plus petits & plus steriles cantons de l'Europe, se sont estendus par toute la Terre; & les Prouinces Vnies, qui jusqu'à la fin du Siecle precedent, s'estoient contentées de la Pesche, & d'vn Commerce de Port en Port, se sont mises en possession des Indes d'Orient, ont entre les mains le plus riche Commerce de la Mer, tiennent plus de lieuës de pays dans ces contrées si reculées, qu'elles n'ont d'arpens de terre dans la basse Allemagne, & par là sont arriuées à traiter d'égal auec des Princes qu'elles reconnoissoient auparauant pour leurs Souuerains. Mais les Espagnols se sont épuisez de soldats pour armer ces riches Flottes, & pour garnir les Places de leurs nouueaux Establissemens; & peut-estre que l'or & l'argent du Perou & du Mexique ne les ont pas enrichis à proportion de ce que cét épuisement d'hommes les a affoiblis.

Les Portugais n'ont pû fournir à ces Armemens, & il ne leur reste presque plus rien de leurs Conquestes des Indes Orientales, que la gloire des belles actions que leurs Conquerans y ont faites.

Les Hollandois sont tous les iours obligez de se seruir d'Estrangers pour ces Nauigations, & principalement de nos François, qui vont chercher chez eux vn employ auquel ils sont si propres, & qu'ils ne trouuent point chez nous; & ils ont peu de Places en ce pays-là, où il n'y ait plus d'Estrangers que de gens de leur Pays, & plus de François que de pas vne autre Nation.

Ie me suis imaginé que les exemples de ces Conquestes, & des richesses que nos Voisins en tirent, pourroient exciter vn iour ceux de nostre Nation à entreprendre la mesme chose, & à nauiger dans ces Mers éloignées, sous le Pauillon de France; & que la lecture des Voyages qui les exciteroit à en faire de pareils, leur seruiroit encore pour les instruire de la conduite qu'il y faut tenir.

On a écrit que la connoissance de la Nauigation d'vn Basque, qui auoit esté jetté par la tempeste sur les Isles de l'Amerique, fut cause que Colomb en entreprit la découuerte, & que dix-sept mille écus que cousta son Armement, & qui furent auancez par vn particulier (car le Roy Ferdinand ne voulut pas hazarder cette somme) auoient vallu aux cinq derniers Roys d'Espagne dés l'année 1645. plus de quarante-cinq mille millions d'or, en barres d'argent, & en lingots d'or, comme il se void dans les Registres de la Casa de Contratacion de Seuille; & bien dauantage en Droits & en Marchandises.

Iean II. Roy de Portugal, quelques années auparauant, entreprit la découuerte des Indes Orientales, sur la lecture du Voyage de Marco-Polo, & sur la Relation de deux hommes qu'il auoit enuoyez par terre pour les reconnoistre; & ses Sujets qui auparauant n'osoient passer vn Cap éloigné de deux cens lieuës de Lisbonne, qu'ils appelloient, par cette raison, *Cap de Non*, ont rangé depuis, toutes les Costes du Monde, & en ont fait le tour.

La Relation de Houtman, qui s'estoit informé en Portugal de l'estat des Indes Orientales, & la proposition qu'il fit de cette Nauigation aux Marchands d'Amsterdam, fut cause de l'Establissement de la Compagnie Hollandoise, qui les possede maintenant auec tant de reputation & d'auantage.

Le recit mal-asseuré des richesses du Perou, engagea Pizarre, Almagre, & le Macstre Escuela de Panema, à faire vne Cõpagnie pour y aller, auec si peu d'apparence de succés, qu'elle fut d'abord appellée *la Compañia de los tres locos*; & cependant c'est à ces trois Fous que l'Espagne doit les richesses du Perou, & la dépoüille des Yncas.

Ie voy tous les iours citer Linschot par les Pilotes dans leurs Nauigations; & j'ay remarqué dans beaucoup de voyages Anglois, que la lecture d'Hackluyt a souuent tiré leurs Nauigateurs, & des Flottes entieres, de fort mauuais pas.

Les raisons & les exemples precedens m'ont fait croire que mon Trauail pourroit estre vn iour vtile à ceux de mon Pays, quand l'amour de la Gloire ou celuy de l'interest, leur feroit tourner les yeux de ce costé-là. C'est en leur faueur que j'essayeray de mettre en ce Recueil tout ce que les autres Peuples ont de meilleur en ce genre, & tout ce qui pourra seruir d'instruction pour la Nauigation, pour le Commerce, ou pour l'Establissement des Colonies, d'où l'vn & l'autre dépédent.

Et à cause qu'vne des choses qui semblent refroidir le plus nos François de faire de semblables Entreprises, est le peu de succés qu'ont eu toutes celles de cette nature, qu'ils ont faites iusqu'à cette heure, & qu'à cause, par exemple, que Villegagnon, Monluc, Ribaut & Rauardiere n'ont pas long-temps conserué dans l'Amerique les Postes qu'ils y auoient occupés, & que ceux du Cap de Nord dans ces derniers temps n'y ont pas esté plus heureux: ils tirent de là vne consequence que la Nation n'y est pas propre; Ie tascheray de les desabuser de cette opinion: car ils pourront voir dans les Relations de l'Establissement de toutes les Colonies des autres, & principalement des Anglois, des Hollandois, des Espagnols & des Portugais, qui feront vn Volume à part, d'vne iuste grosseur, que ce qui est auenu à nos François, leur est aussi auenu au commencement de leurs entreprises, témoin les reuoltes & les diuisions des Pizarres & des Almagres au Perou, & des Cortés & des Naruaes au Mexique.

La difference qu'on trouuera entre-eux & nous, & ce qui a fait reüssir nos Voisins, est que nous nous sommes rebutez dés la premiere disgrace qui est arriuée à nos Colonies, au lieu que les autres, principalement les Anglois, ont eu la constance de voir ruïner dans la Virginie, les cinq ou six premieres des leurs, sans desesperer comme nous de s'y establir.

Mais la Nauigation, le Commerce, & les Colonies, ne sont pas les seuls auantages que j'estime qu'on peut tirer de ces Voyages. Car sans mettre en consideration que l'esprit & le jugement se perfectionnent dans cette sorte de lecture, & qu'ils y acquierent vne certaine estenduë qui les empesche de condamner legerement tout ce qui n'est pas selon la maniere de leur Pays, ou selon la leur particuliere; Il est encore vray que la perfection des Arts peut estre fort auancée par ce moyen, & par la communication que les hommes ont les vns auec les autres, de ce qui se pratique chez eux. On n'a peut-estre point encore fait assez de reflexion sur le profit qui peut produire cette communication des pratiques dans les Arts, ny pensé combien elle peut apporter de commodité à la vie humaine.

Entre ces Arts, j'ay crû que le principal soin deuoit estre pour ceux qui sont les plus vtiles au bien de la Societé. Par cette raison, ie me suis efforcé autant qu'il m'a esté possible, de perfectionner la connoissance que nous auons de la Geographie, de la Nauigation, du Commerce, de l'Histoire naturelle, & de tous les autres Arts qui contribuënt à cette fin. I'ay recherché curieusement tout ce qui pouuoit donner lumiere des Pays inconnus jusqu'à cette heure : & pour l'Histoire naturelle, j'ay ramassé auec le mesme soin, les nouuelles découuertes de Plantes, d'Animaux, de Mineraux, & de leurs proprietez, qui nous peuuent estre de quelque vsage. Ie continuëray à recueillir tout ce que j'en trouueray chez les Estrangers; & comme Hackluyt & Purchas ont inseré dans leurs Liures les Instructions que l'on donnoit de leur temps à ceux qui faisoient de longs voyages, ie les imiteray dans ce Recueil. Ie mettray tantost les instructions du General d'vne Armée Nauale; tantost celle d'vn Nauigateur que l'on enuoye pour faire vne découuerte; quelquefois des Memoires de Marchands pour vn Facteur, & pour establir vn Commerce en Moscouie, ou aux Indes; d'vn Teinturier qui fera le voyage de Leuant pour apprendre les secrets de son Art; ou d'vn Medecin pour en rapporter ce que ces Peuples éloignez ont de meilleurs remedes ou de plus seures experiences contre les maladies.

L'on trouuera, en premier lieu, dans ce Recueil, les Relations des Pays qui s'étendent depuis les bords du Pont-Euxin jusques à la Chine, & en suite les Pieces qui regardent la Perse, les Estats du Mogol, & les Indes.

La Relation des Cosacques sera donc la premiere; ie n'en sçay point l'Autheur, mais il ne faut pas que le Public ignore qu'il en a l'obligation à Monsieur Iustel, puisque le Manuscrit en a esté tiré de son Cabinet.

Celles des Tartares, des Circasses, & des Abcasses, &c. est d'vn Missionaire. Olearius, qui le rencontra dans son voyage, luy donne la qualité d'Ambassadeur du Roy de Pologne.

L'on n'a point encore vû, en nostre Langue, de Relation de la Colchide ou Mengrelie, ny de Carte de ce Pays-là. Ie pourrois dire la mesme chose de la Relation de la Georgie de Pietro della Valle, que l'on n'a point voulu traduire, de peur de faire tort à son stile, si propre pour ce genre d'écrire.

La Nauigation de Ienkinson, & son voyage dans le Turkestan & le Mauralnahar, nous donne aussi connoissance d'vn Pays dont nous en auons eu fort peu jusques à cette heure, & confirme le discours que l'Ambassadeur de Moscouie fit aux Hollandois, que la distance entre la Mer Caspienne & la Chine n'est pas si grande qu'on la suppose.

L'Extraict du Voyage des Hollandois à la Chine en 1656. & 1657. a esté inseré icy, en attendant que l'on en donne la Relation toute entiere auec ses Figures.

A la Prise de l'Isle Formosa par les Chinois, l'on a joint vne Description de l'Isle, faite par Monsieur de la Moriniere, qui a porté les armes quatre ou cinq ans en ces Pays-là, & que l'on mettra plus estenduë, auec son voyage, dans le Volume de la Chine.

Hawkins, Rhoë, Terry, Methold, ont demeuré long-temps, auec autorité, dans les Pays qu'ils décriuent, & par cette raison, leurs Relations en sont plus exactes & plus croyables.

Le Fragment Grec du Cosmas vient de Monsieur Bigot, qui l'a copié dans la Bibliotheque de Florence, il est fort court; mais cependant, il nous donne la veritable cause de l'inondation du Nil, la description de l'Animal d'où vient le Musc, & d'vn autre qui auroit passé pour vn monstre ou pour vne chimere, si l'on n'en auoit trouué vne teste dans le Cabinet de feu Monseigneur le Duc d'Orleans, qui est maintenant au Louure, dont on a fait grauer la figure aussi grande que le naturel, pour la mettre dans vn autre Volume où l'on aura sujet de le décrire. Les Chrestiens de Ceilan, dont les Prestres receuoient en ce temps-* là les Ordres sacrez en Perse: les Nations de l'Inscription de Ptolomée Euergetas, la date de la 27. année de son Regne, contraire à la supposition d'Eusebe & des autres Chronologies que nous auons des Roys d'Egypte; L'autorité qu'elle donne à Marco-Polo, qui dit que Cublaican enuoya des Ambassadeurs au Roy de Ceilan pour auoir cette Escarboucle qui y est décrite; & l'estime de la longueur & de la largeur de la terre, selon les Brachmanes, rendent cette piece tres-considerable; & tres-grande l'obligation que le Public en a à celuy qui l'a copiée.

* C'est au temps de l'Empereur Iustin.

C'estoit icy le rang d'vne Relation des Chrestiens de Bassora; apres les Tables d'Abulfeda & les Antiquitez de Persepolis: mais comme il me manque quelques Pieces que j'ay dessein d'y joindre, ie me suis contenté de donner vne Carte particuliere des enuirons de Bassora, en caracteres Arabes, où l'on a marqué dans chaque lieu le nombre de leurs Familles, & le commencement d'vn Liure qui est dans la mesme veneration parmy ces Peuples, que la Bible entre les autres Chrétiens; mais qui a cela de fort curieux, qu'il est écrit en caracteres tres-anciens, que l'on n'a point encore veus en Europe. Pour la traduction, on ne l'a point voulu mettre icy, à cause que la personne qui y a trauaillé n'a encore pû s'éclaircir de quelques doutes qui l'auroient renduë imparfaite.

On doutera d'abord de la verité du voyage de Bontekoë; mais en Hollande, où l'on a examiné beaucoup de gens de son Equipage, qui s'estoient nourris de ces poissons qu'ils prenoient en volant par dessus leur Batteau, elle passe pour tres-auérée; & enfin, le saut de Bontekoë n'est pas plus difficile à croire que celuy du Capitaine d'vn Vaisseau Hollandois, qui ayant esté attaqué par les Turcs vers le Detroit, & reduit à la necessité de se rendre, satisfit à son serment, & mit le feu aux poudres; il en fut enleué en l'air auec tout son Equipage, & retomba sur le Tillac d'vn des Vaisseaux qui l'attaquoient, où son Ennemy luy fit mille caresses, le fit traiter, & luy donna la vie auec la liberté. Cependant, la verité de cette auenture est constante, & il n'y a pas long-temps que la chose est arriuée.

La Terre Australe, qui fait maintenant vne cinquiéme Partie du Monde, a esté découuerte à plusieurs fois; la Partie nommée de Vvitlandt en 1628. la coste que les Hollandois appellent la Terre de P. Nuyt, le 16. Ianuier 1627. la Terre de Diemen le 24. Nouembre 1642. celle qu'ils ont nommée la nouuelle Hollande en 1644. Les Chinois en ont eu connoissance il y a long-temps; car l'on void que Marco-Polo marque deux grandes Isles au Sud-Est de Iaua, ce qu'il auoit appris apparemment des Chinois, auec ce qu'il dit de l'Isle de Madagascar; car ces Peuples ont fait autrefois ce que font maintenant les Nations de l'Europe, & ont couru toutes les Mers des Indes jusques au Cap de Bonne-Esperance, pour le Commerce & pour faire de nouuelles découuertes. Pelsart, dont on a mis icy la Relation de la terre Australe, y fut jetté, plustost qu'il ne la découurit; mais l'on donnera en suite les Voyages de Charpentier & de Diemen, à qui on doit le principal honneur de cette Découuerte; Diemen en rapporta de l'Or, de la Porcelaine, &

mille autres richesses, qui firent croire d'abord que le Pays produisoit toutes ces choses; L'on a sçeu depuis, que ce qu'il en rapporta venoit d'vne Carraque qui auoit échoüé sur ces costes; le mystere qu'en font les Hollandois, & la difficulté de permettre que l'on ne publie la connoissance que l'on en a, fait croire que ce Pays est riche. Comment auroient-ils cette jalousie pour vn Pays qui ne produiroit rien de ce qui merite qu'on l'aille chercher si loin? L'on sçait d'ailleurs qu'ils y enuoyerent des trouppes pour s'y establir, & qu'ils trouuerent des Peuples fort resolus qui se presenterent aux Hollandois sur la gréve où ils deuoient débarquer, & les vinrent receuoir iusques dans l'eau, les attaquerent dans leurs chalouppes, nonobstant l'inégalité de leurs armes; Les Hollandois disent qu'ils trouuerent des hommes qui auoient huict pieds de haut; Pelsart ne marque point cette grandeur extraordinaire; & peut-estre que la peur qu'ils firent aux Hollandois, qui les obligea à se retirer, les fit paroistre plus grands qu'ils ne sont en effet. Quoy qu'il en soit, presque toutes les costes de ce Pays-là ont esté découuertes, & la Carte que l'on en a mise icy, tire sa premiere origine de celle que l'on a fait tailler de pieces rapportées, sur le paué de la nouuelle Maison-de-Ville d'Amsterdam.

Le Routier est la piece la plus exacte qui ait paru en ce genre; mais on ne le donne pas icy tout-entier, parce qu'il auroit trop retardé la publication de ce Volume; Comme il est diuisé par Voyages, on a crû qu'on le pouuoit separer; & en la place de ce que l'on en a osté, l'on a mis la Description des Pyramides d'Egypte. Il n'y a rien à dire de l'exactitude auec laquelle elles sont décrites; car le discours le fera mieux connoistre que tout ce que l'on en pourroit dire icy.

Au reste, ceux qui liront ce Recueil, ne se doiuent point estonner de voir les noms propres des choses de l'Orient écrites souuent autrement par vn Hollandois que par vn Anglois, & quelquefois mises diuersement dans vn mesme Auteur; c'est vn changement qui arriue tousiours lors que les mots d'vne Langue sont en la bouche, ou sous la plume d'vne personne à qui elle est estrangere: mais c'est vne necessité, que la chose arriue de la sorte dans les Langues Orientales, puisque les Orientaux mesmes, à qui elles sont naturelles, les prononcent diuersement lors qu'ils les lisent. Ces Peuples, pour la pluspart, ne marquent point les voyelles des mots qu'ils écriuent; Ainsi, par exemple, en lisant Mogol, les vns diront Magol, les autres Mogul. Cela est si vniuersellement vray, qu'Abulfeda se plaint qu'entre les Geographes qui l'ont précédé, les plus exacts n'auoiēt point eu le soin de marquer la veritable prononciation des noms des Pays qu'ils décriuent; & il adjoûte, que c'est par cette raison qu'il a fait vne Colonne dans sa Geographie, où il marque toutes les voyelles de chaque mot. Dans ces Langues, ce défaut a son auantage; car il rend leur écriture quasi vniuerselle à diuerses Nations qui la lisent differemment. Mais c'est vne grande difficulté pour nous autres; auec cela, imaginez-vous quel changement doit faire, dans ces termes écrits auec tant de diuersité, le manquement que nous auons de lettres dans nostre Alphabet, pour exprimer ces mesmes termes, & la difficulté du costé de la difference des organes de la voix pour les prononcer. Il est vray que si les Européans estropient leurs noms, ils nous rendent bien la pareille; & il y en a fort peu, dans leurs Histoires, que nous puissions reconnoistre. Si de leur Zaradust nous auons fait Zoroastre, ils ont déguisé aussi le nom d'Heraclius qu'ils appellent Arcol; celuy d'Alexandre qu'ils nomment Ascandhar, & ainsi du reste; c'est pourquoy on doit excuser ce changement quand on le rencontrera dans ces Voyages, puis-qu'il est de meilleure foy de mettre les noms comme on les trouue, que de les corriger sans les voir écrits en la Langue du Pays, qui seroit le seul moyen de le pouuoir faire auec quelque fondement.

Les Figures que l'on trouuera dans ce Recueil, seront toutes copiées sur des originaux, & non point tirées du caprice du Graueur & du Peintre; car celles-là donnent plustost vne fausse idée de la chose, qu'elles n'aidēt à en éclaircir la Descriptiō.

TABLE DES RELATIONS
DE CETTE PREMIERE PARTIE.

RELATION DES COSAQVES.

E nom de Cosaques a esté donné à ces Peuples, à cause de leur agilité & de l'adresse qu'ils ont d'aller en des lieux de difficile accez, tels qu'est l'emboucheure du Boristene, pour faire la guerre aux Turcs & aux petits Tartares : car Cosa veut dire en Polonois Chevre.

Autrefois & auant l'institution de leur Milice, qui fut establie par le Roy Estienne Battori, c'estoient des Volontaires des frontieres de Russie, Volinie, Podolie, & autres Prouinces de Pologne qui s'attroupoient, ainsi qu'ils ont continué depuis, pour faire des courses sur la Mer-noire, où ils remportoient souuent des auantages considerables, & faisoient de riches butins, tant de Galeres Turques qu'ils rencontroient sur cette Mer, que dans les descentes qu'ils faisoient dans la Natolie, où ils ont pillé & saccagé souuent des Villes ; comme Trebizonde & Synope, ayans eu mesmes la hardiesse de s'auancer jusques à la veuë de Constantinople, & d'y faire des prisonniers & du butin.

Lors que l'arriere saison venoit, chacun se retiroit chez soy, se donnans rendez-vous pour se rassembler au Prin-temps aux Isles & escueils du Boristene, & de là retourner faire leurs courses. Le Roy Estienne Battori, à qui la Pologne est redeuable de beaucoup de beaux Reglemens, considerant l'vtilité qu'il pourroit tirer de ces coureurs pour la garde des frontieres de Russie, en forma vn corps de Milice, en leur donnant la Ville & territoire de Tetrimirou sur le Boristene, pour leur seruir de Place-d'armes, & leur creant vn General auquel il donna pouuoir de creer les Officiers subalternes, necessaires pour les commander sous son authorité ; leur accordant de plus outre leur paye, des priuileges & exemptions d'imposts & de corvées, à peu prés en la maniere que Charles VII. Roy de France institua en 1449. les francs Archers par toutes les Parroisses de son Royaume. Le Roy Estienne joignit à cette nouuelle Milice deux mil Cheuaux, pour l'entretien desquels il destina la quatriéme partie de tous les reuenus de son Domaine, d'où vient qu'on les appelloit Quartani, & par corruption Quartiani. Ces forces ainsi establies pour la garde de la Frontiere, l'asseurerent tellement contre les irruptions des Tartares, que tout le pays desert, au delà des villes de Braslaw, Kiouie & Bar, se peupla en peu de temps, chacun y menant des Colonies de toutes les Prouinces du Royaume, & y bâtissant des Villes & Chasteaux. Cette Milice reglée de la sorte, s'est tousiours maintenuë, & a rendu de bons seruices à la Pologne, & beaucoup plus qu'auparauant qu'elle estoit dispersée, & n'agissoit point de concert, & sous le commandement d'vn Chef dont l'authorité fut établie : mais comme son vnion d'vn costé fit vn tres-grand effet contre les Tartares, en mettant la frontiere à couuert de leurs incursions, elle se trouua d'ailleurs tres-dommageable à la Pologne, contre laquelle elle s'est soûleuée fort souuent. En effet, les Cosaques se voyans si necessaires à cét Estat-là, en deuinrent insolens à tel point, qu'ils n'en voulurent presque plus receuoir les ordres, ny reconnoistre les Seigneurs particuliers dont chacun d'eux pouuoit releuer.

Leur premiere rebellion fut sous Iean Podokoua leur General en 1587. qui y succomba, & eut enfin la teste trenchée. En 1596. le Roy Sigismond successeur d'Estienne, ayant deffendu aux Cosaques de continuer leurs courses sur la Mer, noire, en suitte des plaintes qu'il en auoit receuës du grand Seigneur, ils s'en abstinrent à la verité : mais ce fut pour se ruer sur la Russie & sur vne partie de la Lithuanie, où ils firent des rauages inouys sous la conduite de Nalcuaiko leur General. En vain leur enuoya-t-on des ordres pour desarmer & retourner chacun en leurs maisons; ils les mépriserent, & s'vnitent plus étroitement sous leur Chef pour resister à l'Armée Polonoise, que le General Tolkicuski fut obligé de mener contre-eux. Ils l'attendirent de pied ferme prés de la ville de Bialacerkiew, & l'y combattirent auec auantage. Enfin, apres diuerses rencontres, Tolkicuski, qui estoit vn grand homme de guerre, les ayant serré de prés & poussé dans des lieux desauantageux, ils furent forcez de luy liurer Nalcuaiko, qui fit vne fin semblable à celle de son predecesseur.

En 1637. les Cosaques se reuolterent pareillement : mais auec vn aussi mauuais succez qu'autrefois. La cause de ce soûleuement vint de ce que plusieurs Seigneurs Polonois ayans acquis ou obtenu par don, des terres sur cette frontiere, dans les lieux destinez pour les quartiers des Cosaques; & voulans pour augmenter leurs reuenus, assujettir leurs nouueaux Sujets aux mesmes charges & corvées que ceux des autres Prouinces de la Pologne, ils persuaderent au Roy & à la Republique, qu'il estoit important au repos & au bien de l'Estat, de châtier l'insolence des Cosaques qu'ils auoient sujet d'apprehender, comme gens capables de trauerser leurs desseins, estans libertins, & dont l'exemple faisoit porter plus impatiemment le joug aux autres paysans; de sorte qu'il fut resolu de bastir vn Fort en vn lieu appellé Kuclak sur le Borestene, dans vne situation fort propre pour contenir les Cosaques en leur deuoir, comme estant plus proche des * Poroüi ou roches de ce fleuue, qui sont leurs retraites ordinaires; & parce qu'ils défirent d'abord le Colonel Marion François, que le General Konielpolski y auoit laissé auec deux cens hommes, pour faire bastir cette forteresse; il y fit hyuerner vne bonne partie de ses troupes, jusques à ce qu'elle fut en deffense. Les Cosaques jugeans bien à quel dessein l'on construisoit ce Fort auec tant de diligence, en prirent l'alarme, & s'assemblerent en plus grand nombre qu'ils pûrent; mais estant entrez, dans le moment qu'ils auoient le plus de besoin d'estre vnis, en deffiance de leur General Sawaltonowick, ils le massacrerent, & éleurent tumultuairement en sa place, vn certain Paulurus homme de peu de consideration & sans experience; aussi payerent-ils bien-tost apres la folle enchere de ce choix; car ayant esté rencontrés par le Mareschal de Camp Potoski prés de la ville de Corsun, à l'improuiste & auant qu'ils eussent eu le loisir de faire leur Tabor ou retranchement de Chariots, comme ils auoient peu de Caualerie; ils furent assez aisément défaits, les fuyards se jetterent dans Borowitza : mais Potoski les y alla aussi-tost assieger; & dautant que la place estoit dégarnie de toutes sortes de munitions, ils furent obligez de mettre entre les mains des Polonois leur General Paulurus, auec quatre autres de leurs principaux Officiers, ausquels l'on fit couper la teste à Vvarsowie, l'année suiuante durant la Diéte, au prejudice de la parole qui leur auoit esté donnée d'auoir la vie sauue, laquelle la Republique ne voulut point tenir. La perte de leurs Generaux fut suiuie de celle de leurs priuileges & de la place de Tertimirou, que le Roy Estienne leur auoit autrefois accordée, & enfin de la suppression de l'ordre ancien de leur Milice, à laquelle le Roy de Pologne donna charge à ses Gouuerneurs de donner vne nouuelle forme pour la rendre plus obeyssante. Ils ne perdirent pas pourtant courage apres ces disgraces; & voulans faire des derniers efforts pour la conseruation de leur liberté, apres encore auoir éprouué le sort des armes contre le General Potoski : enfin, affoiblis de tant de diuers combats, ils se retrancherent au delà du Borestene sur le fleuue Starcza, où ils soustinrent plus de deux mois plusieurs assauts des Polonois, lesquels y ayant perdu aussi beaucoup de monde, furent contraints de capituler auec ces desesperez, & de leur promettre qu'ils seroient restablis dans leurs priuileges, & leur Milice remise sur

** Poroüi sont des roches ou chaisnes de roches estenduës au trauers de la riuiere : il y en a quelques-vnes sous l'eau, d'autres à fleur d'eau, d'autres hors de l'eau de plus de 8. à 10. pieds; elles arrestẽt le cours de la riuiere, laquelle apres fait vn saut quelquefois de 7. à 8 pieds, & cela selon que le Borestene est enflé : car au Printemps, lors que les neiges fondent, tous les Poroüis sõt couuerts d'eau, excepté le septiéme qui s'appelle Nienastites, & de ces sauts il n'y a qu'entre Budilon, qui est le dixiéme & Tauuolzones le onziéme, où les Tartares puissent passer à nâge, à cause des riues qui sont d'vn tres facil accez.*

le pied qu'elle estoit auparauant de six mil hommes sous le commandement d'vn General qui leur seroit donné par le Roy : mais la foy ne leur fut pas mieux gardée qu'auparauant, & la plufpart en se separant furent deualisez ou tuez par les soldats Polonois ; leur Milice ne fut pas non plus remise : mais on en composa vne presque nouuelle, en y changeant souuent le General, & en bannissant les veritables & anciens Cosaques, l'on sentit bien-tost apres le tort que fit ce changement. Les Tartares qui firent vne course deux ans apres, estant entrez fort auant, & ayans rauagé les territoires de Perislaw, Corsun, & Visnowieck, d'où ils n'auoient pas accoustumé d'approcher auant cette reforme.

Ils se remirent neantmoins quelque-temps apres ; & le feu Roy Vladislas qui auoit dans l'esprit le dessein de la guerre contre les Tartares, qu'il pretendoit aller chercher jusques dans le Percop & les en chasser, ne contribua pas peu à leur entier establissement : car outre les autres forces qu'il faisoit estat d'employer pour l'execution de cette entreprise, il auoit resolu de se seruir des Cosaques, d'en accroistre le nombre ordinaire sous la conduite de Bogdan Kimielniski vieil Officier parmy eux, de la valeur & suffisance duquel il témoignoit faire assez d'estime. Cette entreprise que le Roy de Pologne meditoit contre les Tartares, ayant esté empeschée par la Republique, sans le consentement de laquelle ce Prince auoit leué des troupes considerables, dont elle entra aussi-tost en jalousie, apprehendant que sa Majesté Polonoise ne couurit de ce pretexte quelque autre dessein prejudiciable à sa liberté. Kimielniski demeura par consequent sans employ apres le licentiement de l'armée que le Roy auoit leuée ; mais son esprit ambitieux & inquiet luy fit bien-tost naistre de l'occupation : car ayant eu vn demélé auec le Lieutenant de Konispolski, fils du grand General du mesme nom, pour les bornes de quelques heritages ; & son fils mesme ayant esté mal-traité par ledit Konispolski, il pensa aussi-tost aux moyens d'en tirer raison. Il se rendit pour cét effet aux Porouis ou Isles du Boristene, retraite ordinaire des Cosaques, où il en amassa le plus qu'il pût pour se fortifier contre ses ennemis ; & comme il eut receu aduis que le General Potoski se preparoit à le venir pousser jusques dans ces lieux éloignez, ne se fiant pas entierement à ses forces, il s'addressa à Thamby General des Tartares, homme à peu prés de son humeur & de pareille condition, s'estant souuent soûleué contre le Cam son Maistre. Kimielniski sçeut si bien le gagner par son addresse, en luy faisant esperer vn grand butin en Pologne, que nonobstant cette haine & antipathie naturelle d'entre les Cosaques & les Tartares, & les guerres cruelles que ces deux peuples s'estoient tousiours faites, il fit amitié, & entra en ligue auec luy. Le General Polonois voulant preuenir l'execution de ce traité, & la jonction de leurs forces, détacha quatre mil Cosaques entretenus, qui estoient demeurez au seruice de la Republique, auec quinze cens soldats Polonois, pour aller chercher Kimielniski jusques dans son repaire du Poroui : mais apres qu'ils y furent arriuez, les Cosaques ayans tué leurs Officiers, se rangerent du costé des rebelles ; si bien qu'il ne fut pas mal-aisé à Kimielniski de deffaire les quinze cens soldats Polonois restans, qui pourtant firent toute la resistance possible pendant quelques iours ; de là il s'aduança auec sept mil hommes, & quarente mil Tartares, vers le gros de l'Armée Polonoise ; laquelle ayant appris la nouuelle du mauuais succez de l'expedition du Potoski, & de la defection des quatre mil Cosaques qu'elle y auoit enuoyée, ne pensoit plus qu'à se retirer auec ce qui restoit, qui pouuoit faire enuiron cinq mil hommes, marchant au milieu de ses Chariots : mais estans arriuez dans vn bois marescageux, la file des Chariots y fut aisément rompuë, l'armée fut enuironnée de toutes parts, & accablée par cette multitude d'ennemis, desquels elle eut pû encore échaper sans le grand defilé & la perfidie de dix-huit cens Cosaques qui luy restoient, qui au commencement du combat l'abandonnerent, & se jetterent du costé dés leurs. Cette deffaite suruenuë dans le temps de la mort du Roy, causa vne extréme constertion dans l'Estat, & facilita à Kimielniski l'execution de ses pernicieux desseins. En effet, presque tout le plat-pays de la Russie suiuit sa rebellion, à laquelle les peuples n'estoient que trop disposez il y auoit long-temps, par l'aduersion naturelle qu'ils ont de la domination Polonoise, à cause de la difference de Religion, la Russie estant quasi toute Grecque Schismatique, & du pouuoir tirannique & inhumain que les Gentils-hommes ont tousiours exercé sur leurs Sujets, d'autant plus difficile à supporter que les priuileges & la liberté des Cosaques leur donnoit d'enuie. Dans cette conjoncture si fauorable, Kimielniski fit ce qu'il voulut, & s'empara auec assez de facilité de toutes les places de la frontiere, que la défaite de l'Armée Polonoise auoit remplie d'épouuante, & d'ailleurs d'épourueuës d'hommes & des choses necessaires pour leur deffense. Le Senat assembla le plus de troupes qu'il pût dans la confusion qui est ordinaire dans vn interregne, pour arrester les progrez des soûleuez : l'on forma en peu de semaines vn corps considerable, & qui pouuoit agir vtilement s'il y eut eu vn General pour le commander: car Potoski qui estoit pourueu de cette charge, ayant esté fait prisonnier dans la derniere deffaite, & le Roy estant mort en suite, le Senat ne pouuoit pas en donner la commission à vn autre, sans que les autres Chefs y trouuassent à redire, & fissent difficulté de le reconnoistre, personne ne pouuant conferer les charges en Pologne que le Roy. C'est ce qui arriua aussi, & d'où s'ensuiuit la déroute & la dissipation de cette Armée, que l'on auoit eu tant de peine à assembler pour parer la perte de l'autre : car ayant esté resolu dans le Conseil, que l'on éuiteroit de s'engager dans vn combat auec les rebelles, pour ne point hazarder les forces de la Republique dans le rencontre de l'interregne ; & les ordres ayans esté donnez pour la retraite jusques à la ville de Constantinow, vne terreur panique saisit aussi-tost la pluspart de l'Armée, qui sans estre pressée des ennemis qui estoient à vne journée de là, & au lieu d'attendre le lendemain matin que l'on deuoit marcher en ordre pour se retirer, ainsi qu'il auoit esté concerté, plusieurs dés la nuict plierent bagage, & gagnerent le deuant auec tant d'épouuante & de desordre, que les plus asseurez furent contraints d'en faire de mesme. Kimielniski ne sçeut rien de cette déroute, & la croyoit si peu possible, qu'il ne pût adjouster foy aux premiers aduis qu'on luy en apporta, & se fut en quoy sa bonne fortune l'abandonna ; car s'il eût esté aduerty à temps, presque personne de cette Armée, dans laquelle estoit la fleur de l'Arriereban, ne luy eut échapé. Il ne laissa pas d'en profiter beaucoup ; & ayant eu tout le bagage & tout le canon, dont il s'est depuis seruy fort vtilement.

L'élection du Prince Casimir, qui fut proclamé Roy sur ces entrefaites, arresta le cours de sa victoire, & le fit condescendre à vne suspension d'armes pour quelques mois ; laquelle ne fut pas plustost expiré, que la guerre recommença auec autant de chaleur qu'auparauant.

Le nouueau Roy, en attendant que le gros fut en estat de marcher, enuoya vne Armée de neuf mil hommes sous le commandement du General Firley, & Stanislas Landskron, pour obseruer la contenance & les actions des Cosaques. Ils vinrent pour cét effet se poster à Zbarras lieu jugé le plus propre pour ce dessein : ils n'y furent pas plustost retranchez, que Kimielniski parut auec les Tartares. Iamais il ne s'est veu d'armées si nombreuses, depuis celles des Huns & de Tamerlan ; car on y comptoit cent mil Cheuaux Tartares, commandez par leur Cam en personne, & deux cens quatre-vingt mil Cosaques & paysans soûleuez. Les troupes Polonoises furent ainsi assiegées dans Sbarras, où elles resisterent pendant six semaines à tous les assauts des Tartares & des Cosaques, & aux incommoditez que ne peut éuiter vne Armée resserrée dans vne place.

Au bout de ce temps, & comme ils estoient dans les termes de perir ou de se rendre à l'ennemy, le Roy se mit en campagne, quoy qu'auec des forces tout à fait inégales & disproportionnées au grand nombre des ennemis qu'il auoit à combattre ; car il n'auoit que quinze mil hommes de solde, & enuiron cinq mil autres amenez par les Seigneurs. Le Roy ne fut pas plustost arriué à Zborrow, petite ville de Russie, que Kimielniski & le Cam, desia aduertis de sa marche, ayans laissé au blocus de Zbarra quarante mil Tartares, & prés de deux cens mil Cosaques ou paysans soûleuez, vinrent fondre sur les troupes du Roy, qui n'estoient pas encore entierement retranchez. Les Tartares attaquerent par vn costé, & Kimielniski par l'autre : mais tous leurs efforts furent rendus inutiles, par la braue resistance des Polonois, qui animez par la presence du Roy, firent par tout teste a de si puissans ennemis. La nuict qui suiuit ce choc, il pensa arriuer vn pareil desordre à celuy de l'Armée precedente, lors que l'Armée saisie d'vne terreur panique, se retira en confusion de Pilauezc ; si bien que le Roy fut obligé de se monstrer par tout le Camp, pour détromper vn chacun du bruit qui auoit couru de sa fuïte. Cependant, dans le Conseil qui fut tenu, le grand Chancelier Ozolinski fut d'auis que l'on fist vne tentatiue pour desvnir les Tartares d'auec les Cosaques, en leur proposans des conditions aduantageuses, lesquelles sembloient estre d'autant mieux receuës, qu'ils n'auoient en leur particulier aucun sujet de se plaindre. Le Roy ayant donc enuoyé faire vn compliment au Cam, & luy ayant remis en memoire les faueurs qu'il auoit receuës du Roy Vladislas pendant sa prison en Pologne, & de la liberté qui luy auoit donnée en suite, luy fist entendre qu'il s'estonnoit qu'oubliant tant de biensfaits, il eut voulu se joindre à des rebelles, & appuyer leur crime ; qu'il ne deuoit point attendre du Ciel aucun bon succez, tant qu'il soûtiendroit vne cause si injuste : qu'au reste, s'il estimoit de voir preferer sō alliance à vne autre si honteuse & si infame, il luy offroit son amitié. Le Cam fit vne réponse fort ciuile à ce compliment, apres lequel vne conference du Chancelier auec son Visir ayant esté resoluë, ces deux Ministres conclurent la Paix, dans laquelle l'on promit au Cam le subside ou tribut ordinaire de trente mil rôles de peaux de Mouton, qui n'auoient point esté fournis depuis quelques années, auec quelque argent comptant, moyennant quoy il s'obligea de rappeller ses troupes de deuant Zbarras, & de se retirer incessamment des terres de la Republique. Il stipula aussi par cét accord, l'accommodement de Kimielniski, auquel son Generalat fut confirmé auec plus de prerogatiues & d'authorité qu'aucun de ses predecesseurs n'auoit eu en la Milice des Cosaques, il n'auoit iamais esté que de six mil hommes, & fut accreu jusques au nombre de quarante mil, pour l'enrôlement desquels l'on deputeroit au premier iour des Commissaires. C'estoit proprement le moyen d'entretenir le feu au lieu de l'esteindre, & raffermir la rebellion au lieu de l'abatre : mais il falloit ceder au temps, & sauuer la personne du Roy & les deux Armées assiegées en mesme temps, qui ne pouuoient pas échaper de la main de cette multitude effroyable d'ennemis, sans la legereté des Tartares gens inconstans, qui aymerent mieux vn peu d'argent comptant, que de trauailler à l'establissement de Kimielniski, n'estans pas accoustumez d'ailleurs à vne guerre de longue haleine, telle qu'est celle des sieges, pour lesquels ils sont aussi fort peu propres, n'ayant que de la Caualerie.

Kimielniski doutant que les Polonois voulussent garder vne paix si desauantageuse pour eux, & à laquelle ils auoient esté obligez de consentir, par l'extréme necessité de leurs affaires, s'appliqua à rechercher les moyens de se maintenir par des alliances auec les puissances voisines, ne jugeant pas que celle des Tartares luy fut assez asseurée. Il enuoya donc à la Porte, & au grand Duc de Moscouie, dont il estimoit l'amitié beaucoup plus que celle des autres Princes, à cause de la conformité de la Religion : mais ces Enuoyez n'en rapporterent que de belles paroles, qui n'eurent point de suite. Le grand Seigneur luy promit l'inuestiture du Duché de Russie, pourueu qu'il se rendit son Vassal & tributaire ; mais soit qu'on apprehendât à la porte d'irriter le Roy de Pologne dans la conjoncture de la guerre auec la Republique de Venize, ou soit que l'on y fut dans l'impuissance de secourir Kimielniski, ou que l'obstacle y fut apporté par quelque Ministre de la

Porte, pour des interests particuliers. Toutes ces promesses n'eurent point d'effet, non plus que celles du grand Duc de Moscouie : car quoy qu'il fut bien-aise de la propagation de la Religion Grecque, qui seroit auancée par les progrez des Cosaques, il voyoit d'ailleurs que leur soûleuement & des paysans de Russie seruoit d'vn fort mauuais exemple, & jettoit des semences de diuision dans l'esprit de ses Sujets. Kimielniski rechercha aussi l'alliance du Prince de Valachie; mais ce fut par la surprise & par la force, voyant bien qu'estant consideré de la Pologne, à laquelle il donnoit aduis de tout ce qu'il negocioit auec les Tartares, il ne luy seroit pas facile de l'engager autrement à son party. Il suscita donc les Tartares, ausquels il joignit quatre mil Cosaques d'élite, qui vsant à leur ordinaire d'vne extréme diligence, surprirent si brusquement ce Prince, qu'il n'eût que le temps de se sauuer de Sotzuna sa Ville capitale, auec sa famille & ses meubles les plus precieux, dans le plus épais de la forest voisine, où pour preuenir sa ruïne entiere, il fut obligé de donner vne somme d'argent aux Tartares, & sa fille vnique à Timothée fils de Kimielniski. Cette violence exercée à l'endroit d'vn allié de la Republique de Pologne, estoit vne contrauention manifeste à la paix, qui d'ailleurs n'estoit pas mieux executée dans le restablissement de la Noblesse dans ses terres, où leurs paysans ne voulurent point les receuoir; & Kimielniski auquel on en faisoit tous les iours des plaintes, ne les y contraignoit pas autrement, afin de s'acquerir dauantage l'affection de ses peuples, qui auoient peine de renoncer à la liberté qu'ils commençoient de goûter pendant la derniere rebellion. Ainsi, il fut resolu d'enuoyer le General Potoski, reuenu peu auparauant de sa prison de Tartarie vers le Niestre; afin qu'estant plus proche de la Valachie, il eut mieux l'œil sur les déportemens de Kimielniski.

Kimielniski, à qui la valeur de ce General estoit assez connuë, conçeut aussitost de l'ombrage de l'approche de ses troupes; & comme il en eut enuoyé faire des plaintes, on luy repartit qu'il ne deuoit point s'estonner que l'Armée fut sur la frontiere, puis que c'estoit pour sa garde ordinaire, & on luy reprocha en mesme temps la guerre qu'il auoit fait mal-à-propos à ses voisins, les insultes & les violences qui auoient esté faite à la Noblesse qui pensoit retourner dans ses maisons; les alliances suspectes qu'il recherchoit de toutes parts. Ces reproches & menaces des vns & des autres, estoient les auant-coureurs d'vne nouuelle guerre à laquelle chacun se disposoit auec beaucoup d'application. Le Roy de Pologne, dans la Diéte tenuë pour ce sujet à Varsowie sur la fin de 1650. proposa de faire vne leuée de cinquante mil Estrangers; & quoy que quelques Seigneurs las de la guerre precedente, & apprehēdans les éuenemens incertains d'vne seconde, preferassent la paix auec les conditions les plus dures, à vne guerre heureuse : toutefois, la pluralité des voix l'emporta pour recommencer la guerre, & pour faire les derniers efforts pour exterminer vne puissance, qui se fortifiant dans le sein de l'Estat, n'en reconnoistroit plus d'autre à la fin, & ne tiendroit iamais de paix que lors qu'elle luy paroistroit vtile pour l'auancement de ses desseins. Il se fit en suite de puissans preparatifs par toute la Pologne, pour executer la resolution de la Diéte; & au mois de Iuin, le Roy se vint camper à Sokal sur le Bog, auec plus de cent mil hommes, tant des troupes entretenuës que volontaires, & de l'arriereban, le Poste de Sokal n'ayant pas esté jugé propre, ny pour y ranger toute l'Armée en bataille en cas de besoin, ny mesme assez abondant en fourage pour l'y faire subsister long-temps: l'on en décampa sur la fin de Iuin, & l'on se vint poster à Beresko Ville sur la riuiere du Ster, où l'Armée auoit vn terrain suffisant pour vn champ de bataille, & où ils auoient plus de fourage. Là, on eut aduis par les partis que le Roy auoit enuoyé pour prendre langue des ennemis, que les Tartares auoient joints les Cosaques, & qu'ils s'approchoiēt ensemble à grandes journées, qu'ils faisoient trois cens cinquante mil hommes. Sur cét aduis, l'on resolut au Conseil de guerre de décamper, & d'aller gagner Dubro, ville du Prince Dominique Duc de Taslaw; & les bagages commençoient desia à filer, lors que des coureurs rapporterent que l'ennemy n'estoit pas à demye lieuë de là; de sorte que ceux qui estoient partis furent aussitost contre-mandez, & l'on rangea l'Armée Polonoise en bataille hors du Camp qu'elle auoit desia retranché, ayant la riuiere de Ster à dos: la premiere journée se passa en quelques escarmouches auec les Tartares; & dans le Conseil qui fut tenu la nuict suiuante, où quelques-vns estoient d'aduis de ne point hazarder la bataille, le Roy la fit resoudre, representant que si l'on differoit dauantage, l'ennemy marchant auec son Tabor, qui est, comme j'ay dit, vn retranchement de Chariots, occuperoit tout le terrain que les Polonois auoient pour se mettre en bataille, & les acculeroit dans Beresko, où ils combattroient auec desauantage. Ainsi, le vingt-neufiéme Iuin sur les deux heures apres midy, le combat commença auec les Tartares, qui s'estoient rangez en forme de croissant sur les hauteurs voisines, ayant les Cosaques à leur gauche, opposez à la droite de l'Armée Polonoise. Iamais il ne s'est veu de plus grandes forces ensemble: car il y auoit dans les deux Armées quatre cens cinquante mil hommes, qui occupoient quatre lieuës Françoises de plaine: les Tartares soûtinrent assez bien le choc de l'aisle droite de l'Armée Polonoise; mais le reste de la premiere ligne où estoit toute l'Infanterie auec le Canon à la teste; ayans marché contre-eux, ils ne firent pas grande resistance, & lâcherent bien-tost le pied, quelques remonstrances & quelques prieres que pût faire Kimielniski, pour les faire retourner à la charge; au contraire, le Cam s'aigrit si fort contre luy, de ce qu'il luy auoit fait entendre que l'Armée Polonoise n'estoit que de vingt mil hommes, qu'il courut danger de sa personne, & fut obligé pour appaiser le Prince des Tartares, de l'accompagner en sa retraite, laissant son Armée, qui estoit encore de deux cens mil Cosaques & paysans exposez à l'insulte du vangeur. Ces rebelles ne perdirent pas pourtant courage dans cette conjoncture de la fuite des Tartares & de l'absence de leur General, ils éleurent vn de leurs Colonels pour commander en sa place, nommé Bohun, & se retrancherent auec tant de diligence, ayans autour d'eux des marests & vne riuiere à leur front, qu'ils se maintinrent en cét estat prés de quinze iours, quelques efforts que les Polonois fissent pour les forcer, jusques à ce que leur nouueau General estant allé auec des gens choisis, pour faire fortifier quelques endroits du Camp les plus proches de l'Armée Polonoise, qui luy paroissoient trop foibles. Ils prirent cette sortie qui se fit la nuict pour vne fuite, & aussi-tost vne consternation generale s'estant mise parmy eux, chacun ne pensa plus qu'à se sauuer, laissans dix-huict pieces de canon auec tout leur bagage; les Polonois en tuerent trente mil dans la poursuite, & eussent dés-lors terminé cette guerre, s'ils eussent sçeu suiure leur pointe dans ce desordre general des rebelles: mais la Noblesse de l'arriereban qui faisoit vne bonne partie de l'Armée, representant qu'elle ne pouuoit pas estre plus long-temps hors de chez elle, & que cette guerre se pourroit aisément acheuer auec les troupes de solde; aussi bien que si ce grand nombre de gens demeuroit plus long-temps ensemble, & s'auançoit dans ces pays deserts, ou tout y periroit bien-tost, quoy que les autres qui estoient d'aduis auec le Roy de demeurer pour recueillir le fruit entier de la victoire, peussent dire au contraire; il fallut ceder au plus grand nombre, & le Roy mesme s'estant contenté de s'auancer deux ou trois journées dans le pays, pour dissiper les restes de l'Armée rebelle, & empescher le alliemẽt des fuyards, retourna peu apres à Varsowie, apres auoir laissé le commandement de l'Armée au General Potoski, lequel s'auançant dans l'Vkranie, y prit & rauageât quelques places; & s'estant joint au Prince de Ratziuil, General de Lithuanie, qui auoit aussi de son costé remporté de grands auantages sur les Cosaques. Les Generaux pousserent Kimielniski jusques à Bealacierkew, l'vne de leurs principales forteresses, où il auoit assemblé son Armée, à laquelle quelques Tartares s'estoient venus rejoindre, à quoy il n'auoit pas eu peu de peine, les esprits de ces peuples estans merueilleusement troublez de la derniere défaite. Il sembloit que les Polonois deussent acheuer la guerre des Cosaques cette année-là : mais les maladies contagieuses s'estans mises dans leur Armée, ils prestoient l'oreille à la paix que Kimielniski leur proposa. Les Seigneurs qui auoient leur bien sur cette frontiere, & qui pourtant ne demandoient pas la continuation de la guerre, ne contribuerent pas peu à y faire donner les mains ; elle ne fut pas si auantageuse que la precedente, puis qu'au lieu des quarante mil Cosaques qui deuoient estre entretenus, on n'en laissoit plus que vingt mil au General Kimielnisky, d'où leur registrement se deuoit faire quinze iours apres ; qu'ils n'auroient leurs quartiers que dans le Palatinat de Kiouie ; que dans les lieux où lesdits quartiers seroient establis, les soldats Polonois n'y pourroient auoir les leurs ; que Kimielniski retiendroit Lzerin pour place de seureté ; que luy & ceux qui luy succederoient dans le Generalat des Cosaques, presteroient serment de fidelité au Roy & à la Republique ; qu'il auroit la disposition de toutes les autres charges de cette Milice ; qu'on ne pourroit rechercher ny inquieter aucun Gentil-homme Catholique Romain ou Grec, pour auoir suiuy le party des Cosaques ; qu'ils seroient maintenus dans l'exercice de la Religion Grecque, & dans la possession de leurs Eglises, Monasteres & Colleges ; que les Tartares qui estoient encore auec eux, vuideroient incessamment du Royaume ; que Kimielniski essayeroit de lier les Tartares au seruice de la Republique : mais que n'en pouuant venir à bout auant la Diéte prochaine, il renonceroit à leur alliance ; que la Noblesse des Palatinats, de Kiouie, Braclauie, & Cremichouie, rentreroit dans ses biens : mais qu'elle ne pourroit pourtant exiger aucunes coruées ou autres redeuances de ses Sujets, auant la confection de la matricule des Cosaques & auparauant qu'ils fussent enrôlez.

Cette seconde paix a esté depuis rompuë par l'vsurpation qu'a faite le nouuel Hospodar de Valachie sur le Hospodar Basile, beau-pere du fils de Kimielniski, le premier estant porté par le Roy de Pologne & par les Princes de Moldauie & de Transsiluanie ; ainsi leurs Armées s'estans rencontrez, celle du vieil Hospodar qui estoit composée en partie de Cosaques auxiliaires, fut défaite, & sa ville de Soczana, où le débris de ses troupes se retira ; aussi-tost assiegée, Timothée Kimielniski s'y renferma pour la deffendre ; mais il y fut tué en vn assaut, les Cosaques y tinrent jusques à l'extremité ; & quoy qu'ils fussent reduits à y viure de la peau des cheuaux, & autres animaux qu'ils auoient mangez, ils ne laisserent pas d'obtenir vne composition fort honnorable. Le Roy de Pologne vint sur la fin de l'Esté de 1653. se camper vis-à-vis de la forteresse de Cochin sur le Nieper, pour fauoriser ce siege, & Kimielniski de son costé employa tous ses soins pour secourir la place, ayant appellé derechef les Tartares pour ce sujet ; mais ils y vinrent vn peu tard, & se contenterent de camper à trois ou quatre lieuës de l'Armée Polonoise, sans qu'il se passa que des escarmouches entre les deux partis. Sur la fin de l'Automne, le Cam ne trouuant plus à subsister, fit des propositions de paix aux Polonois, qui les receurent assez volontiers, leur Armée souffrant aussi beaucoup. Les conditions de ce traité furent, que le traité fait en 1649. à Zborow, seroit entretenu ; que l'on compteroit quarante mil liures aux Tartares, pour les obliger à se retirer sans piller ; & pour les Cosaques qui ne furent point compris dans ce dernier traité, les Tartares intercederent en leur faueur, à ce que le passé leur fut remis, à condition qu'ils seroient les premiers à les exterminer auec sa Majesté Polonoise, s'ils entreprenoient rien contre elle & la Republique, & s'ils empeschoient mesme les Gentils-hommes de r'entrer en leurs biens. Et parce que cette paix ne fut point signée ; mais seulement verbale, on ne la prit que pour vne surseance d'armes, dont les deux partis estoient conuenus, ne pouuant plus ny les vns ny les autres tenir la campagne ; de sorte que les troupes Polonoises, pour contenir les Cosaques & les obseruer de prés, prirent en suite leurs quartiers dans l'Vkranie.

Cette année derniere, la guerre s'est renouuellée auec plus de chaleur que iamais, les intelligences que Kimielniski auoit entretenuës de longue main auec les Moscouites ayant enfin éclaté & s'estant mis sous leur protection, apres auoir reconnu que l'amitié & l'assistance des Tartares, qui se separoient tousiours de luy, pour le premier auantage dont on les leuroit, luy estoit peu vtile & fort incertaine. Il a mis entre les mains du grand Duc de Moscouie, Kiouie, & Bialacierkew, deux de ses meilleures places pour gages de la fidelité qu'il luy a jurée; apres quoy le grand Duc ayant pris pour pretexte, que quelques Seigneurs Polonois ne luy auoient point donné les titres qui luy estoient deûs, & que l'on auoit imprimé en Pologne quelques libelles contre luy, il a declaré la guerre aux Polonois à laquelle il se preparoit il y auoit deux ans; & estant entré auec trois cens mil hommes dans les Duchez de Seuerré & de Smolensko, il s'est emparé de cette place, de Sklow. Dombrouna, Polesko, Vvitpesiko, & autres sur le Boristene & le Tanais qui luy donnent entrée dans vne bonne partie de la Lithuanie, & commence à mettre les Suedois en vne si forte jalousie contre luy, qu'ils sont en termes d'entrer en ligue auec la Pologne, pour se garentir de l'orage dont leurs Estats sont menacez. 1654.

Les Russes nomment le Tanais Don, les Tartares Ten.

Kimielniski s'est tenu pendant l'Esté dernier dans la Russie, pour empescher la jonction des Tartares auec les Polonois, en suite du traité qu'ils ont fait ensemble, dont l'execution a esté retardée par le credit que le grand Duc a eu à la Porte; c'est ce qui a obligé les Armées Polonoises de se tenir sur la deffensiue, n'ayant pas eu, principalement depuis l'eschec qu'elles ont receu en Lithuanie, assez de forces pour tenir la campagne deuant les Moscouites.

Il paroist par ce recit de la guerre des Cosaques, que ce n'est qu'vne Milice, & non pas vne Nation, comme plusieurs l'ont crû; on ne les peut mieux comparer qu'aux francs-Archers establis autrefois en France par Charles VII. lesquels estoient des hommes choisis dans toutes les Paroisses du Royaume habiles à porter les armes: qui, au premier mandement du Roy, deuoient se trouuer en équipage au rendez-vous: aussi estoient-ils exempts de toutes charges & imposts. Les Cosaques sont de mesme, choisis & enrollez dans la Russie-Noire, frontiere des Tartares, & qui ayans les mesmes franchises, sont pareillement obligez, de marcher où on les commande, comme il a esté dit cy-dessus. Ils n'auoient autrefois qu'vne Ville pour place d'armes, & pour Azile les Porouis du Boristene, d'où ils ont esté appellez Cosaques Zaporouski. Poroui, est vn terme Russien, qui signifie pierre de Roche; ce Fleuue, à cinq lieuës de son embouchure, est trauersé de Roches, qui s'entretenant, forment comme vne espece de digue au milieu de l'eau, c'est ce qui en rend la nauigation impossible, & oste le moyen à la Russie de s'enrichir, par le commerce qu'elle pourroit faire à Constantinople de ses bleds & de toutes les autres denrées, dont elle abonde autant que pays du monde. Il y a de ces roches qui sont à fleur d'eau, d'autres qui en sortent de la hauteur de six, huit, & dix pieds; de sorte que cette inégalité fait diuerses cascades, que les Cosaques ne peuuent passer dans leurs batteaux qu'auec peine & beaucoup de danger; il a treize de ces cascades, quelques vnes desquelles sont de douze & quinze pieds quand les eauës sont fort basses: & pour estre reconnu pour vray Cosaque Zaparouski, il faut les auoir passé, & auoir par consequen fait vn voyage sur la mer Noire; de mesme que pour estre receu à Malthe aux dignitez de l'Ordre, il faut auoir fait sa carauane contre les Turcs. Par de là les Porouis du Boristene il y a diuerses Isles, desquelles il y en a vne entr'autre, au dessous de la riuiere de Chertomelick, enuironnée de plus de deux mil autres petites isles, dont les vnes sont seches & les autres marescageuses & toutes couuertes de roseaux, ce qui fait qu'on ne peut pas discerner les canaux qui les separent; c'est en cét endroit & dans tous ces détours que les Cosaques font leur retraitte, qu'ils appellent Skarbucca Vvoyscowa, c'est à dire tresor de l'Armée, y serrant leur butin qu'ils font dans leurs courses de la mer noire, & l'accez en est si difficile & si dangereux, que plusieurs Galeres Turcques, les poursuiuant, s'y sont perduës.

C'est aussi leur place d'assemblée quand ils võt en course, car apres auoir esleu entr'eux vn General pour les cõduire & cõmander en cette expedition, ils trauaillent à faire leurs Batteaux, qui sont de soixante pieds de long & de dix ou douze de large; ils sont sans quille & bastis seulement sur vn canot de bois de saulx ou de tillet, bordé & rehaussé de planches qu'ils cheuillent les vnes sur les autres. Ils y mettent deux Auirons pour les mieux virer lorsqu'ils sont obligez de fuïr: & garnissent le costé de cordons ou gerbes de roseaux, gros comme vn Baril, pour soustenir leur Bateau sur la vague. Ils ont ordinairement douze ou quinze rames à chaque bord, & vont plus viste que les Galeres des Turcs. Ils ont vne meschante voile, & ils ne s'en seruent encores que de beau tẽps, aymant mieux ramer, quand il fait grand vent. Pour ce qui est des prouisions qu'ils portent auec eux, ils prennent du biscuit dans vne tonne, & l'en tirent par le bondon à mesure qu'ils en ont besoing; auec cela ils ont vn baril de milet boüilly & vn autre de paste leuée & détrempée auec de l'eau, qu'ils mangent meslées auec le milet, cela leur sert de manger & de boire tout ensemble, & d'vn goust fort delicieux. Ils ne portent ny eau de vie, ny aucune autre liqueur forte, car quoy que cette Nation soit aussi sujette à l'yurognerie que les autres du Septentrion, elle ne laisse pas de garder vne extrême sobrieté dans ses entreprises. Ils s'assemblent ordinairement cinq ou six mil hommes, & apres s'estre mis vne soixantaine à faire vn Bateau, ils en mettent quatre-vingts ou cent en état en trois semaines; Ils se mettent cinquante ou soixante dans chaque Bateau, chaque Soldat à deux Fuzils & vn Sabre, & cinq ou six Fouconneaux pour leur Artillerie, & la munition necessaire. L'Amiral a vne banderolle à son mast pour le distinguer: ils marchent ensemble, & si fort serrez, que leurs auirons s'entretouchent. Ils attendent, pour sortir du Boristene, la fin de la Lune, pour n'estre point, pendant vne nuit sombre, apperceus des Galeres Turquesques qui se tiennent à Oczakow ville du Turc sur l'embouchure de ce fleuue où elles se tiennent ordinairement pour les obseruer. Si tost qu'on les a descouuerts l'alarme court en mesme temps par tout le pays, & va iusques à Constantinople, d'où l'on depesche des Couriers sur toutes les Costes de la Natolie, Romanie & Bulgarie, afin que chacun se tienne sur ses gardes: mais la diligence des Cosaques est telle, qu'ils preuiennent souuent tous les Couriers qui portent la nouuelle de leur venuë, prenans si bien leur temps, & la saison si à propos, qu'ils se rendent en 40. heures en Natolie. Quand ils rencontrent quelques Galeres ou Vaisseaux, qu'ils peuuent descouurir bien mieux de loing qu'ils ne sont descouuerts, leurs batteaux n'ayans que deux pieds & demy sur l'eau; ils en approchent iusques au soir, à la distance d'vne lieuë ou enuiron; puis, apres auoir bien remarqué l'endroit ou ils ont veu le Vaisseau, ils recommancent à ramer sur la minuict à toutes rames, & en vn moment se trouuent dessous & le prennent d'emblée, n'estant pas possible qu'vn Nauire se deffende contre cette multitude de batteaux qui l'attaquent en mesme temps; ils en enleuent l'argent, le Canon & toutes les marchandises qui se peuuent aisément transporter, puis coulent le Vaisseau & les hommes à fonds, n'estans pas assez habiles Mariniers pour l'emmener: mais si ils ont cét auantage sur les Galeres & sur les Vaisseaux de nuict, aussi ceux-cy leur rendent bien le change de iour, car les rencontrant ils les escartent à grands coups de Canon & leur tuent beaucoup de monde, lorsqu'ils se veulent acharner au combat, d'où ils ne ramenent souuent que la moitié de leur équipage: il est vray qu'ils ne peuuent iamais estre attrapez, se retirans, quand ils sont poursuiuis, vers les bords de cette mer pleine de roseaux, où les Galeres ne peuuent aller. Le grand Seigneur s'est souuent plaint de leurs pirateries, au Roy de Pologne, qui ne luy en a iamais fait plus de raison qu'il en a eu du Turc sur les incursions des Tartares; ausquels Dieu ne pouuoit pas susciter d'ennemis plus sortables que les Cosaques.

Apres auoir parlé de leur maniere de faire la guerre sur mer, suit de toucher quelque chose de celle de terre, de leurs mœurs & Religion. Les Cosaques sont meilleurs hommes de pied que de Cheual; ils sont fort patients & de grande fatigue, obeissans à leur Chef, & extremement adroits à remuer la terre & à se retrancher, non seulement de cette façon, mais auec leurs Chariots, lorsqu'ils marchent: & ils sont si forts derriere ce retranchement ambulatoire, dont l'vsage est absolument necessaire dans ces grandes Plaines desertes, où les Tartares rodent tousiours, que mil Cosaques, ainsi couuerts de leurs Chariots, feront teste à six mil Tartares, lesquels ne descendans guere de Cheual, sont arrestez par la moindre barricade ou fossé; Il est mal-aisé de faire, en d'autre pays qu'en Pologne, ainsi marcher vne Armée au milieu de ces Chariots, n'y ayant point de pays plus plat & auec moins de fossez, que celuy-là.

Le pays habité par les Cosaques s'appelle Vkraine, qui veut dire * Frontiere, c'est tout ce qui s'estend au de-là de la Volhinie, Russie & Podolie, & qui a esté peuplée depuis soixante ans. Dans cette derniere guerre ils se sont rendus Maistres de la Russie-noire; Tout ce pays commence depuis le cinquante-vn degré de latitude, & descend iusques au quarante huit, où il ne se trouue plus que des Plaines desertes, iusques à la mer Noire, qui sont toutes couuertes d'herbages, si hautes, que l'on n'y peut pas à peine estre veu à Cheual.

* En langue Russe.

L'Vkraine est vn pays tres-fertil, ainsi que la Russie & la Podolie, & la terre auec vn peu de labour produit tant de grains de toutes sortes, qu'ils ne sçauent qu'en faire la plus part du temps, leurs Riuieres n'estant point nauigeables; Ils ont aussi de toutes sortes de betail, de gibier & de poisson en abondance, il ne leur manque que du vin, & du sel: Le premier leur vient de Hongrie, Transiluanie, Valachie, & Moldauie, & puis leur biere, & l'eau de vie qu'ils font de grain, y supplée; pour le sel ils le tirent des mines d'aupres Crakouie, où du Poccosiche, qui est vne contrée des appartenances de Pologne; tenant à la Transiluanie où l'eau de la pluspart des puits est salée; ils la font boüillir comme l'on fait en France le sel blanc, & en font de petits pains deux fois gros comme le poulce; ce sel est agreable à manger, mais il ne sale pas tant que le sel de Broüage; Toutes les maisons de ce pays-là sont de bois, de mesme qu'en Pologne & Moscouie; les murailles de leur ville ne sont que de terre, qu'ils soustiennent de pieux auec des planches à costé, comme nous faisons les Bastardeaux; cela est vn peu sujet au feu, mais elles resistent mieux aux coups de canon, que les murs maçonnez. Les principales riuieres de ce pays sont le Nieper ou Boristene, le Boy, le Niester autrefois appellé Tiras, qui borne la Valachie, la Desna, le Rec, le Ster, & autres petites riuieres dont la quantité fait assez iuger de la bonté de ces pays. Les villes les plus considerables, que les Cosaques occupent à present, sont Kiouie ville ancienne de Russie, où il y a vn Palatin, vne Eglise Metropolitaine Grecque, & vne Vniuersité, Blala cerkieew, Corsun, Constinowa, Bar, Civkassi, Czivin qui est la derniere place du costé de la petite Tartarie, Sampol passage sur le Niester, Braclaw sur le bas Palatinat, Czernichow, autre Palatinat sur la frontiere de Moscouie, & il n'y a point de bourgade qui ne soit fortifiée, & qui du moins n'ait vn fossé pour resister aux Tartares, qui les viennent visiter souuent. Ils sont fort incommodez en ce pays-là des mouches, qui picquent tellement que l'on en a le visage tout enleué, si l'on ne s'accoustume à coucher sous vn Pollené, qui est vne espece de hute que l'on fait exprés, à peu pres comme celle de nos Soldats, & que l'on couure d'vn drap de toille de cotton, dont on s'enueloppe, & qu'on fait reborder sous le matelas, afin qu'il n'y reste aucune ouuerture, mais ils sont bien plus incommodez des sauterelles, qui leur viennent en quelques années; mais principalement quand le temps est fort sec: elles sont poussées par vn vent d'Est ou Sudest de la Tartarie, Circassie & Mingrelie, qui n'en sont point presque iamais exemptes; elles vont par nuées qui ont cinq ou six lieux de long, & trois ou quatre de large, & qui obscurcissent tellement l'air, que le plus beau temps en deuient sombre aux endroits ou elles s'arrestent: elles moissonnent les bleds en moins de deux heures, ce qui cause la cherté, & quelquefois la famine dans le pays; ces animaux-là ne viuent que six mois aux lieux où ils demeurent; en Automne ils pondent leurs œufs, dont chacun en fait bien trois cens, qui esclosent au Printemps ensuiuant, lequel estant sec, ils font par cette multiplication, encore plus de rauage que l'année d'auparauant; les grandes pluyes les font mourir & empeschent les œufs de s'esclore; les cochons ayment fort ces œufs, & seruent à en purger les champs; ces œufs se tiennent par toufes, comme l'espy du bled de Turquie, dont ils portent la couleur & figure, & il n'y a que ce moyen-là pour en déliurer les contrées, ou bien le vent lors qu'il vient du Nordouest ou Nort, & qu'il les chasse dans la mer Noire; quand ces sauterelles ne font que naistre & qu'elles n'ont point encore les aisles assez fortes pour voler, elles entrent dans les maisons, se mettent dans les lits, sur les tables & dans les viandes, de sorte que l'on ne peut manger sans en aualer; la nuit lors qu'elles se reposent tous les chemins en sont couuerts de plus de quatre pouces, & quand la rouë d'vn chariot vient à passer dessus, il en sort vne odeur si puante, qu'à peine la peut-on souffrir, principalement quelque temps apres lors qu'elles se sont corrompuës.

La Langue des Russes & Cosaques est vn dialecte de la Polonoise, elle est pleine de diminutifs, & passe en Pologne pour fort delicate & mignarde. Les Russes sont affligez d'vne maladie qui leur est particuliere, appellée par les Medecins Plica, & en langue du pays Goschest, ceux qui en sont attaquez demeurent vn an perclus de tous leurs membres, comme paralitiques, sentant de grandes douleurs dans les nerfs; apres ce temps-là il leur vient en vne nuit vne grande sueur de teste, de sorte que le matin en se leuant ils trouuent tous leurs cheueux collez ensemble, alors ils se sentent fort soulagez, & quelques iours aprés sont entierement gueris de cette paralisie; mais leurs cheueux demeurent entortillez, & si dans ce moment ils se les faisoient couper, l'humeur qui se purge par les pores de la teste, & ces cheueux leur tomberoient sur la veuë, & les rendroit aueugles: cette maladie est estimée dans le pays incurable, mais des François qui y ont esté en ont guery, en les traittant comme de la verole, quelques vns s'en guerissent aussi imperceptiblement, & par le changement d'air en passant en vn autre pays.

Leur Religion est la Grecque Schismatique, receuë en ce pays-là, en l'an 942. du regne de Volodomir Prince de Russie. Les deux Russies obeyssoient pour lors au mesme Seigneur: la plus part de la Noblesse fait profession de la Religion Catholique Romaine, il y a aussi beaucoup de Caluinistes, & quelques Lutheriens.

Les principales erreurs de la Religion Grecque sont qu'ils n'admettent point la procession du S. Esprit, du Pere & du Fils, mais du Pere seulement, parce qu'ils croyent que le faisant proceder du Pere & du Fils tout ensemble, cela supposeroit en luy vne double volonté & vn double intellect.

Ils nient le Purgatoire, disant qu'aprés cette vie chacun selon ses actions va attendre le iour du Iugement, les bons dans les lieux agreables & delicieux auec les bons esprits, & les meschans dans les demeures affreuses & terribles auec les Demons, se fondant sur ce passage, *Venite benedicti Patris mei possidete regnum cœlorum, &c. &; ite maledicti in ignem æternum*, qui marque qu'il n'y a poin[illegible], & n'y aura point d'autre iugement que celuy-là, puisque l'on ne prononce pas deux Sentences aux mesmes criminels.

Ils reiettent le celibat des Prestres, & n'en reçoiuent point qu'ils ne soient mariez, croyant que les Prestres Catholiques Romains soient Anathémes, par le Concile tenu à Gangre où il est dit au 4. Canon, *Qui spernit sacerdotem secundum legem vxorem habentem, dicens quod non liceat de manibus eius sacramentum sumere, anathema sit*; & en vn autre endroit, *Omnis sacerdos aut Diaconus propriam vxorem dimittens sacerdotio priuetur*, & ils tiennent le mariage si essentiel à la Prestrise; qu'vn Prestre deuenant veuf ne peut faire aucune fonction Sacerdotale; les Prestres sont tirez ordinairement des Cloistres, où l'on prend les plus capables, & ceux qui ont le plus de temps seruy à l'Eglise.

Ils ne veulent point receuoir les Conciles d'autres que ceux qui se sont tenus depuis le 7. œcumenique, qui fut assemblé sous le Pape Adrian, dans lequel ils disent qu'il fust arresté, que les choses decidées & resoluës dans les precedens Conciles iusques à celuy-là demeureroient fermes & stables à perpetuité, & qu'à l'aduenir quiconque tiendroit d'autre Concile, ou s'y trouueroit, seroit Anathéme, de sorte qu'ils trouuent tout ce qui s'est fait dans l'Eglise depuis ce temps-là pour heretique & corrompu; les Docteurs, dont ils suiuent la doctrine, sont S. Basile le Grand, S. Gregoire de Nazianzene, & S. Iean Chrysostome: ils lisent aussi les Morales de S. Gregoire le Grand, & ont en veneration & opinion de sainteté tous les les Papes qui ont precedé le 7. Concile.

Ils celebrent leur Messe en langue Esclauonne, y entremeslans quelques Hymnes Grecques: ils consacrent du pain auec le leuain, & trouuent estrange que les Prestres Romains vsent de pain sans leuain, & suiuent en cela les Iuifs, desquels n'ayant retenu ny le Sabat, ny la Circoncision, il semble, disent-ils, que nous ne deuons pas les imiter en ce point, outre qu'il est dit formellemẽt, que quand I. C. fit la Cene, *accepit panem*, & que cela ne se doit entendre que du pain ordinaire, & non du pain sans leuain, puisque les Iuifs ne le mangeoient qu'estant debout, lors qu'ils faisoient leurs Pasques, dont, adjoustent-ils, nostre Seigneur qui estoit couché, *Recumbentibus duodecim*, &c. ne mangeoit point de pain sans leuain, ny ne faisoit point la Pasque, mais vn autre repas.

Ils inuoquent les Saints comme les Catholiques, la Vierge & les Apostres, dont ils solemnisent les Festes, mais sur tout S. Nicolas qu'ils honorent auec vn culte tout diuin, & qui va iusques à l'Idolatrie.

Leurs autres Sacremens different peu des nostres, la difference qu'il y a dans l'Eucharistie, c'est qu'ils communient le peuple sous les deux especes, & donnent ce Sacrement aux enfans dés l'aage de trois ans: ils ont des Hosties à part pour les malades, qu'ils consacrent la Semaine Sainte: leurs ieusnes sont plus frequens & plus austeres que les nostres, s'abstenant non seulement de chair, mais de beurre, laict, fromage, œufs, & mesme de poisson; & ne viuant que de choux, raues, champignons, & autres legumes; il y en a de si deuots, qu'ils ieunent au pain & à l'eau; ils ont quatre sortes de jeûnes durant l'année; le premier qui respond à nostre Caresme, dure sept semaines, le second commance depuis l'Octaue de la Pentecoste, & finit à la Vigile de S. Pierre & S. Paul, le troisiéme dure depuis le premier Aoust iusques à l'Assomption de la Vierge, & le dernier est pendant l'Aduent, qu'ils commencent quinze iours plustost que le nostre: ils obseruent aussi vne pareille abstinence tous les Mercredys & Vendredys de l'année, car ils ne ieusnent point le Samedy comme nous, mais le Mercredy ils s'abstiennent de viande.

RELATION DES TARTARES, PERCOPITES ET NOGAIES, DES CIRCASSIENS, MANGRELIENS, ET GEOGRIENS.

PAR IEAN DE LVCA RELIGIEVX DE L'ORDRE de Saint Dominique.

Les postilles & ce qui est comme en caractere italique, sōt des remarques d'vn Polonois qui a esté longtemps dans le pays.

E fais icy vne Relation succinte des pays que i'ay parcouru à l'occasion d'vne Mission en Tartarie, & aux Circassiens, où i'ay esté employé. Le peu de temps qui me reste de mes occupations ne me permet pas de faire cette Relation aussi estenduë & particuliere que ie l'aurois souhaitté : mais on se peut asseurer que la verité, qui est la partie la plus importante, se trouuera dans celle-cy ; car ie n'y mettray que les choses dont ie seray asseuré par le témoignage de mes yeux.

On appelle Tartares Percopites ceux qui habitent cette presqu'Isle, que la mer Majeure ou la mer Noire fait d'vn costé, & le Limen ou marest Meotide de l'autre ; Ils la nomment Crim, elle tient à la terre ferme par vn Isthme ou gorge de demie lieuë de largeur, a 700. milles de circuit, & contient 80. milles Coï : Coï signifie vn Village, ou plustost vn Puits, car chaque Village a le sien. Il y a sept Villes dont la principale est Caffa, les autres sont Criminda, Carasu, Bachasarai, Giusleue, Baluchelaua, Chierche, * *Maucop*, qui obeissent toutes au grand Can des Tartares ; on appelle son Fils Deule-cehere Sultan ; *Deule est son nom propre, Zirei celuy de la famille tres-ancienne, & qui regne depuis longtemps dans ce pays* ; Sa mere s'appelle Anna Bei, sa femme Banibichise. Le grand Turc met vn Bacha dans la Ville de Caffa, mais il n'a que voir hors des murailles ; le Can de Tartarie estant reconnu dans toute la Campagne. Ce Prince prend entre ses titres celuy de Roy des Tartares, des Nogayes, de la Circassie, de Malibase, & de la grande Tartarie. Les bornes de la Tartarie *-mineure sont d'vn costé partie de la Russie, où le Danube entre dans la Mer : de l'autre la mer Noire, & du costé du Leuant, le Limen ou marest-Meotide & la Moscouie vers le Nort.

Perckop en langage des Russes signifie vne Ville : Or en lágage Tartare signifie la mesme chose, c'est aussi de là que l'ō tire l'étimologie de leurs hordes

* Les Geographes appellent cette partie de la Tartarie, *Tartaria Precopensis.*

C'est vn pays de Plaines fort froides, à cause des vents ausquels elles sont exposées, n'y ayant rien qui les couure ; Il y a quatre riuieres, mais elles ne sont pas fort considerables, l'on ne conte au nombre de ces riuieres l'Exi *, qui est hors de la presqu'Isle, & passe au de-là de Percope ou de la Ville par laquelle on entre de la Terre ferme dans la presqu'Isle. L'Exij n'a point de Ponts ; pour les autres Riuieres on les peut passer à gué fort aisément, mais non pas au temps des grandes eauës. L'vne de ces petites riuieres se nom-

* Les Tartares le nōment Osu ; les Russes Nieper ; les

me Alma, l'autre Cabarta, la troisiesme Beiesula, ou *Kacia*: la quatriesme *Carasu*, qui a vn Pont de bois, & passe dans la Ville de Carasu, laquelle, depuis peu d'années, a esté endommagée du desbordement de cette Riuiere. Les Tartares font labourer les champs par leurs Esclaues, receüillent du froment & du millet en grande quantité; la charretée de bled, autant qu'en peuuent tirer deux Bœufs, n'y vaut que deux Escus. Il y a de fort beaux pasturages, force bestail, Vaches, Brebis, Cheuaux, grands Chameaux à deux bosses, & quantité de Volailles; les viures y sont à si grand marché, qu'on donne quinze œufs pour vn aspre ou deux liards, & vne Poule pour deux sols. Les eauës y sont bonnes, mais encore meilleurs prés de la Mer que dans la Plaine. Il se pesche vne merueilleuse quantité de poisson le long de la coste de la Mer, & dans le Marests: si bien qu'il est encore à meilleur marché que la viande. Le Cauial ne vaut que deux sols la liure; & l'on a l'Esturgeon, qu'ils nomment Morona, & qui pesera quelquefois plus de 80. liures, pour vn Sequin.

Latins Boristenes.

Ils ont aussi des fruits, comme des Poires, des Pommes, des Prunes, des Cerises, & des Noix; mais c'est prés de la Mer, car il ne croist point d'arbres dans la Plaine, si ce n'est le long des Riuieres.

Il y a encore des Pesches & d'autres sortes de fruits à Bachasarai.

Le Sel dont ils se seruent se congele dans les Marests, & on l'amasse sans aucun trauail, chacun ayant la liberté d'en prendre ce qui luy en faut. On y fait grande quantité d'Huile de terre, que nous appellons Huile de Caillou. Les Tulippes, qu'ils nomment Lale, sont les fleurs les plus communes de leurs prés Il n'y a point de bestes feroces, mais bien, grande quantité de Liéures, qu'ils prennent auec de fort bons Leuriers, qu'ils esleuent dans le pays; Ils les prennent aussi auec des Dogans ou Faucons, ment *Dogan*, qui leur viennent du pays des Abassa. Le vin à la verité y est fort cher, aussi-bien que l'Huile d'Oliue.

Les Tartares Percopites mangent peu de pain, mais beaucoup de chair, principalement de celle de Cheual; si vn Murse ou Seigneur du pays fait vn festin, la chere ne seroit pas entiere, si l'on n'y seruoit vn jeune Poulain; cette chair estant aussi ordinaire parmy eux, que le Bœuf & le Mouton le sont ailleurs. Leur breuuage est fait du laict de Caualle, qu'ils nomment Chimus ou Boza, qui est vn breuuage fait auec farine de Millet; l'vn & l'autre enyure comme nostre vin: le Chimus, ou Boza, se prepare de la maniere suiuante.

Ils estiment principalement, dans leurs festins les Cheuaux sauuages dont il y a beaucoup dãs le pays.

Komiis Boza en lãgue Tartare, Braha en Russiene.

* Apres que la Caualle a mis bas, ils laissent tetter son Poulain vn mois durant, & apres ce temps ils attachent sur le nez du Poulain des pointes de bois, afin que lorsqu'il veut tetter, la Caualle en soit piquée, & ne le puisse souffrir: cependant ils tirent le laict, & le mettent dans vn vaisseau où il y a eu du vin (lorsqu'ils en peuuent auoir) on passe le laict en le mettant dans ce Vaisseau, & on le bouche soigneusement; on y met apres 20. ou 30. grains d'Orge auec vne cueillerée de laict aigre de Vache, ou bien vn peu de leuain. Il faut mettre le Vaisseau, durant ce temps, proche du feu, ou au Soleil, afin que le laict boüille & qu'il s'esclaircisse: ce qui arriue dans l'espace de deux ou trois semaines; & si vous y adjoustez vn peu de vin, la boisson en sera plus agreable. Le laict estant épuré de la sorte, vous le ferez passer par vne toille fine auparauant que d'en boire; Celuy que l'on fait au printemps, est meilleur qu'en quelqu'autre temps de l'année. Cette boisson vous durera long-temps, car à mesure que vous en tirez, vous pouuez toûjours adjouster du laict nouueau. Remarquez aussi, que si le laict, de luy-mesme, vous semble assez aigre, il ne sera pas necessaire d'y adjouster du laict aigre de Vache, ou du leuain, mais seulement des grains d'Orge; pour le plus seur il en faut faire en differens Vaisseaux. Vous pourrez mesme, dans quelques-vns mettre vn noüet de racines de violette, ou de feüilles de coriande. L'on peut traire la Caualle dix fois par iour, mais il la faut nourrir cependant de bonnes herbes.

*La maniere de preparer le Chomus est vne des additions du Gẽtil-homme Polonois qui a esté long-temps Esclaue en Tartarie: il tenoit cette boisson fort saine & d'vn grãd secours pour les personnes impuissantes.

La graine de Coriande a meilleur goust que la feüille.

Dans leurs festins, ils choisissent vne personne de la troupe pour donner à boire; ils nomment celuy qui a ce soin Cadak; il commence par le principal de la compagnie, faisant apres la ronde, auec la tasse esgalement plaine, afin que tous s'enyurent esgalement. Ils mangent à terre arrangez en rond sur des Tapits, ou Nattes: leurs Tables sont rondes, couuertes de cuir. Entr'autres plats, on leur sert des Potages faits de farine de Millet & de laict aigre, qu'ils nomment Chachiche ou Katuk, sans herbes, car l'herbe, disent-ils, est pour les Cheuaux; quoy qu'ils ayent beaucoup de laict ils font mal leurs fromages:* & les gardent dans des Outres. Ils reçoiuent bien les Estrangers; quand quelqu'vn arriue dans vn Village, il va droit à la Mosquée, où on luy porte des viures: & si c'est vne personne de leur connoissance, ils le logent chez eux, y ayant en toutes leurs maisons, quelque lieu destiné pour receuoir les Estrangers.

*Les Nogais font des fromages de laict de Iument, mais fort peu.

Leurs mariages.

Quand ils prennent vne fille en chapin, ou mariage, le Coggia y assiste auec trois tesmoins: la fille choisit & demande ce qu'elle veut pour son doüaire, le mary & ses parens taschent de luy donner le moins qu'ils peuuent: le Coggia escrit les choses qu'ils ont promis de donner, & prend le nom des tesmoins; les réjoüissances de ces mariages durent trois iours: ils les accompagnent d'instruments de Musique, qu'ils nomment Ciongur, & qui ressemblent assez à nos Guitaires. Ils prennent autant de femmes qu'ils en peuuent nourrir, & auec cela leurs Esclaues, qu'ils appellent *Cuma*, c'est à dire, Concubines; les personnes de basse condition trafiquent mesmes souuent des enfans qu'ils ont de ces secondes femmes ou Concubines.

Coggia Docteur ou Prestre de leur Loy.

Ils sont ordinairement en guerre auec les Polonois, les Russes, les Moscouites, les Circassias, les Moldaues & les Hongrois, & font beaucoup d'Esclaues sur ces Nations: ils ne connoissent point d'autre mestier que celuy de la guerre, la longue experience qu'ils en ont leur a appris tous les secrets de cét art.

Ils sont quelquesfois plus de cent mil Cheuaux & font des marches de 4. mois sans bagage, tousiours dans les deserts, car ils trouuent tout le pays abandonné, tout le monde s'enfuit deuant eux; auec cela, ils font ces marches, ou courses, auec grande facilité, chacun portant sur son Cheual de la farine d'Orge, ou de millet, qu'ils nomment *Tolcan*; ils le mettent premierement au four, & puis en font de la farine qu'ils gardent dans vn sac de cuir: ils s'en seruent pour faire leur breuuage, y meslant vn peu de sel auec de l'eau: ce breuuage ressemble à vne panade, & dans la necessité, il leur sert aussi de nourriture; ils portent encore leur prouision de biscuit auec du Cuscum, qui est vne paste en forme de petit biscuit, fritte dans du beurre; ils prennent garde, sur tout, à ne point trop charger leurs Cheuaux, dont ils ont plus de soin que de leur propre personne; c'est vn prouerbe entr'eux, que perdre son Cheual c'est perdre sa teste. Leurs Cheuaux sont fort accoustumez à la fatigue, petits & maigres, pour la pluspart, si ce n'est ceux des Mursa ou Seigneurs du pays, qui en ont de tres-beaux & de grande vigueur; ils ne les tiennent iamais dans les Escuries, mais les laissent tousiours à la Campagne, mesme l'Hyuer, quand tout est couuert de Neige & de Glace, car les Cheuaux la détournent auec leurs pieds, & paissent l'herbe, ou les racines qu'ils trouuent dessous. Leurs selles sont fort legeres & leurs seruent à diuers vsages; le dessous qu'ils nomment *Turghicio*, est d'vne etoffe de laine pressée ou feutre qui leur sert de Mattelas, ou lict; le fond de la selle leur sert d'oreiller, & leur Manteau, qu'ils nomment *Capugi* ou *Tapunci*, de pauillon ou tente; car chaque Cauallier porte des piquets, qui estant dressez, & le Manteau estendu dessus, leur sert de couuert & de maison.

Ils la nomment Pekünet.

Ils sont diuisez par dixaines, chaque dixaine a vn chaudron pour faire boüillir sa viande, vn petit Tambour, qu'ils portent à larçon de la selle chacun vn siflet pour se rassembler dans les occasions, & vne jatte ou escüelle de bois ou de cuiure, pour boire, & qui est assez grande pour faire boire aussi son Cheual, dans la necessité; vn foüet, vn cousteau, vne alaine, auec de la fisselle, du fil, des eguillettes de cuir pour s'en seruir au besoin, s'il se

Ils l'appellent Tolumbas.

s'il se rompoit quelque chose à leur selle ou à leurs estriers, & des cordelettes de cuir preparé en sorte qu'elles ne rompent que tres-difficilement, pour lier les Esclaues qu'ils font; ils sont fort bien à Cheual, cheuauchent court, afin, disent-ils, qu'en appuyant mieux dessus les estriers, ils soient plus fermes à Cheual. Leurs armes sont l'Arc & le Cimeterre; ils se seruent de Casques faits de mailles, qui sont fort estimez en Tartarie; tiennent la bride de leur Cheual auec vn doigt de la main gauche, leur Arc de la mesme main, & de la droite ils tirent les Fleches: ce qu'ils font deuant & derriere fort promptement. Leurs courses se font en Hyuer, parce que dans ce temps, les riuieres estant glacées, elles ne leur empeschent point de s'estendre; ils ne laissent pas de les passer en Esté, car ne pouuant trouuer de Batteaux, ils lient des faisseaux de paille, se mettent dessus auec leur selle & leurs hardes, & se font tirer à nage de l'autre costé de la riuiere par leurs Cheuaux, ausquels ils les attachent: la veille du iour qu'ils commencent leurs courses; ils ne donnent point à manger à leurs Cheuaux, estant persuadez qu'ils en supporteront mieux la fatigue. Ne vont pas tous en mesme temps à la petite guerre; mais de dix, par exemple, il n'y en va que cinq, les autres demeurent à la garde ou du Chan, ou du General. Ils partagent également le butin au retour, & en donnent la dixiesme partie au Chan, le Cham n'a point de trouppes entretenuës, si ce n'est 500. *Semeni* ou Arquebusiers, qui luy seruent de Gardes; les personnes de condition portent vne tente: ils sont vestus comme les Polonois, & portent des bonnets d'Escarlatte doublez de quelque fourure, qu'ils nomment *Barchi* ou *Burk*. Les riches en ont de Renard noir, & de Marte, les Princes en ont de Martes Zebelines, chacun selon ses facultez. Leur plus grand trafic est d'Esclaues des Nations auec qui ils ont la guerre, grande quantité de vin, de beurre, & de suif, & prés de la mer, beaucoup de poisson & de Cauiale.

Les Villes des Percopites les plus marchandes, & de plus grand abord, sont Caffa, Corasu, Turlerie, *Kozlou* & *Bachaserai*: il y a tousiours en ces lieux des Esclaues à vendre; les Turcs, les Arabes, les Iuifs, les Armeniens & les Grecs les achetent; car il y a de toutes ces Nations en ce pays, qui payent tribut au Roy Tartare, & au Bacha. Ils empâlent les Assassins, l'on pend les Larrons. Leurs procez, en matieres ciuiles, se decident par tesmoins, & par les Sentences de leurs *Cadisters*, c'est à dire, Iuges generaux; ces Sentences s'executent sur le champ sans appel; il y a cela de bon dans cette Iustice militaire, que l'on empâle sans remission les faux-tesmoins. Les Percopites sont fort grands Obseruateurs de leur Religion, & vont à leur *Namas* ou *Mosquées* cinq fois le iour: taschent d'obliger leurs Esclaues à se faire Mahometans, leurs promettant la liberté à cette condition, & par ce moyen ils en attirent plusieurs. Font beaucoup de charitez aux Voyageurs. Ils ensceuelissent leurs morts dans les *Tabus* ou *Bieres* de bois, leur couurant le visage d'vne sorte de toille, qu'ils nomment *Chesi*: & quand ils les portent en terre, le Coggia les accompagne auec les parents, & les mettent dans vne fosse profonde; les assistans jettent dessus vn peu de terre, disant *Alla rahamet hila*, c'est à dire, que Dieu luy pardonne: & puis ils mettent vne grande pierre sur la teste du mort, & vne autre à ses pieds, & par dessus des Espines & des pierres, de peur que les bestes ne le deterrent. Aux filles, ils mettent aux pieds & à la teste des branches d'arbres auec des rubans de diuerses couleurs, ou des bouquets de fleurs. Pour monnoye ils ont des Aspres, qui sont moitié d'argent, & moitié de cuiure, des Reales d'Espagne, & des Thalers de l'Empire; ils se seruent aussi de monnoye de Pologne & de Moscouie, des Hongres, des Sequins de Venise, & des monnoies d'Or qui ont cours en Turquie.

Leurs Bastiments ne valent pas grand chose, les meilleurs sont faits ordinairement de pierres & de mortier: il y en a beaucoup de bois & couuerts de planches, d'autres de pieux fichez en terre, ausquels on entrelasse des branches d'arbres, & qu'on couure de paille ; mais ils ont de plus vne espece de maisons pour l'Esté, qui se vendent au marché: ce sont des Cabanes d'Osier rondes, qui se mettent sur des rouës, car l'Esté ils n'ont point de demeure fixe, & charient ces maisons où ils trouuent de l'herbe. Ils parlent Turc, il est vray qu'ils ont quelques mots particuliers, & qu'ils parlent plus viste que les Turcs. Le Roy a cinq Serails, & le Sultan deux; l'vn en la Ville où il fait sa residence, qui est *Bacciasarai*, l'autre à *Tullada*, vn autre à *Siuirenda*, vn dans *Alma*, & vn autre à *Beieplada*. Chacun de ces Serails a enuiron vn mille de circuit, & est entouré d'vne haute muraille, mais peu forte ; les portes en sont de fer, les appartemens qu'elles ferment sont dorez & peints au dedans de belles couleurs. Les Serails du Sultan sont à Achemaciate.

Ils les appellent en leur langue Cantares, ont deux thoises de diametre, & au haut vne ouuerture & vn lambeau de feutre qu'ils tournent du costé du vent pour faciliter la sortie à la fumée, par le grād froid ils le couurent d'vn feutre & cōseruent ainsi plus longtéps la chaleur.

Les plus beaux Villages sont prés de la mer; les Canculi, qui sont les domestiques du Roy, demeurent dans les creux ou cauernes des montagnes ; là est vne Ville imprenable, nommée *Mancup* bastie sur vne montagne, qui est habitée de Iuifs, le Gouuerneur est Tartare ; c'est là où sont toutes les richesses des Chams, & où ils se retirent, quand il se fait quelque reuolution dans le pays ; ce qui arriue assez souuent, car le grand Turc, par les intelligences qu'il a dans le pays, leur a souuent enuahy par là vne grande partie de ce pays, & les tient à sa disposition.

Iudei, Karain.

Lorsque quelque Prince du sang royal, qui est la famille de Zierei, vient à mourir, il fait venir tous ses enfans, & les tient comme prisonniers à Rhode, leur donnant vne certaine pension par mois, pour leur entretien : & quand le Roy Tartare ne veut pas obeïr à ses commandemens, il enuoye vn de ces Princes auec des trouppes par mer & par terre, & le despoüille de son Royaume : & encore qu'il se puisse deffendre quelque temps, neantmoins à la fin le grand Turc demeure tousiours le Maistre ; il tient ainsi ces Roys en subjection, leur faisant faire ce qu'il veut; auec tout cela ils ne luy payent point de tribut, au contraire le grand Seigneur leur enuoye tous les ans le chilcice & caffeta, pour les obliger, par cét interest, à demeurer à son seruice, & ne laisse pas de leur demander des Esclaues en recompense. Si le Turc ne possedoit point la principale Ville de cét Estat, qui est Caffa, le Tartare ne le craindroit guere, se deliureroit aisément de cette subjection, & ne se soûmettroit pas à de si dures loix. Caffa est plus grande que Messine, & a esté bastie par la Seigneurie de Gennes, lorsqu'elle possedoit la mer-Noire, comme aussi *Baleuchelaua* & *Chirce* ; il y a 150. ans qu'ils en sont sortis, suiuant l'inscription qu'on voit sur sa porte ; elle est forte, enceinte de bonnes murailles, & bien garnie d'artillerie, auec vne bonne garnison de Turcs, sçauoir de Spais, Ianissaires, & deux autre sorte de milice que le grand Turc tient en garnison dans ses Forteresses ; les habitans Grecs, Armeniens, & Iuifs payent tribut.

Des Tartares Nogais.

Il comprēd sous le nom des Tartares Nogayes, ceux de Oczakou & de Budiais.

Les Tartares Nogayes habitent hors de cette presqu'Isle, & confinent auec la Russie, la Moscouie, & la Circassie. Leur pays est grand, dont vne partie est en l'Europe, & l'autre dans l'Asie ; car les vns sont en deçà du marest-Meotide, & ceux d'Asie sont au de-là des mesmes marests-Meotides.

Selon le Gentilhomme Polonois les Tartares Nogayes estoient diuisés en 2. hordes la grande & petite Nogaye ; la grande Nogaye n'est plus, parce-

Les Tartares n'ont point de Villes, mais grand nombre de maisons, ou cabannes qu'ils mettent sur des Chariots ; ils obeïssent à des Princes particuliers qu'ils nomment *Cantenier*, *Columbei*, *Chenache-mursa*. Les Nogayes peuuent faire en tout cinquante mil hommes de Cheual, sont Mahometans, mais ils n'obseruent pas religieusement les Loix de cette secte ; ils ne font ny jeusnes ny oraisons ; les Coggia & les Treuiggi, qui sont les Docteurs de cette Loy, ne vont point parmy eux, parce qu'ils ne se peuuent accoustumer à leurs façons de viure ; ils se nourrissent de chair & de laict, qu'ils ont en grande abondance, mais ils ne se seruent point de pain, non plus que de millet cuit, comme font les Circassiens ; ils ne gardent aucune politesse dans leur manger, y employent leurs cinq doigts, leuent la teste en haut, & jettent dans leur bouche dedans leur viande comme des bestes; ils boiuent de l'Iran, qui est du laict aigre de Vache, qu'ils meslent auec de l'eau, il desaltere & nourrit. Aux iours de festes ils boiuent du laict de Cauale, qu'ils nomment (*Komiisz*) ils le laissent bien bouché pendant dix iours, & enyure cõme le vin; auec cela ils font aussi secher du laict caillé au Soleil, le mangent auec la viande au lieu de pain, & s'en seruent principalement dans leurs débauches; ils ont aussi quelque peu de millet, qu'ils prennent des Circasses, à qui ils donnent du bestail en eschange. Ils font de ce millet vne sorte de potage qu'ils nomment Scorba, auec du beurre & du laict aigre; ils mangent de la chair de Cheual demie cuite; & ont fort grande quantité de bestail. Lorsque i'estois à Balutte-Coij en Circassie, ie fus appellé par Demir-Mursa, & comme ie demandois combien il pouuoit y auoir de testes de bestail en vne harde que ie voyois paistre au tour de sa Cabane, on me dit, qu'il y auoit plus de quatre cens mille bestes, & de-là vient qu'ils ne sont iamais arrestez en vn lieu, & qu'ils vont continuellement cherchant de nouueaux pasturages. Ils campent ordinairement entre le Tanais & le Nieper, campant sur les riues de l'vn ou de l'autre de ces fleuues: ils se fortifient sur leurs bords; quand ils sont prés de quelque forest, ils retranchent leur camp de Pallissades, depeur que leurs troupeaux ne souffrent quelque dommage, & ne soient enleuez par les bestes Sauuages ou par les Circasses: ils font bonne garde depeur d'estre surpris par ces ennemis, ou par les Tartares, Percopites, & Malibases, qui sont peuples de la grande Tartarie auec lesquels ils confinent: ils combattent vaillamment, ne laissent point approcher l'ennemy de leurs maisons, mais vont loing au deuant de luy; ils se font Esclaues les vns les autres, & se rachetent apres pour vn certain nombre d'Esclaues ou de bestail. On ne punit point de mort le larcin, mais on met à la chaisne celuy qui y est surpris, iusques à ce qu'il se rachepte, & s'il ne le peut faire il demeure Esclaue, & on le vend.

qu'elle a esté saccagée par le Cham du Crim; ses peuples furẽt cõtraints de se rendre dans la presqu'Isle: la petite Nogaye subsiste encore & recõnoist le Cham; ces Peuples sont vagabõs sãs retraitte asseurée entre le Percop, & l'Ocraxou, & au tour du marests-Meotide; autrement Donciuk, c'est à dire, petit Tanais. Ils ne sont gueres plus de 12. mille, mais ce sont les meilleurs soldats d'entre les Tartares: leur chef est Orbei, c'est à dire le Gouuerneur de Percop, qui iuge de leurs differends, & les meine à la guerre.

Il n'y a point de pauures parmy eux; si quelqu'vn n'a rien à manger, il va où l'on mange, & s'assied librement sans rien dire, puis se leue, & se retire sans autre ceremonie: ils n'ont aucune ciuilité, sont gens tout à fait champestres & sauuages.

Ils ont quantité de bons pasturages dans leurs Plaines & grande abondance de bestail, Cheuaux sauuages, Loups, Ours, Renards, Cerfs, Loups-ceruiers & Elans. Les Nogays en tuent quantité & vendent leurs peaux, qui sont leur plus ordinaire marchandise, comme aussi les Esclaues, du beurre en tres-grande quantité; les Marchands Turcs & Armeniens y en viennent faire prouision, & en fournissent Constantinople, leur donnant en troc: Pour le prix de leurs marchandises ils ne veulẽt point d'argent, mais de la toille de coton, des draps, des peaux de Maroquin, des couteaux, & autres merceries: mais la pratique de ce pays n'est pas aisée aux Marchands qui ont beaucoup de peine à passer les Riuieres, parce qu'il n'y a point de Ponts; ils s'habillent de peaux de bestes, & ne portent point de chemises. Et c'est beaucoup pour eux, s'ils peuuent auoir des hault-dechausses de toille de Cotton, & pour les plus riches des hault-dechausses de drap. Ils se seruent de Bonnets faits de peaux: les vns en ont de peaux de Brebis, d'autres de Renard, & les Murses de martes zibellines, qu'on leur apporte de Circassie. Ils sont difformes à voir, ils ont la face large & pleine, la teste grosse, les yeux petits & le nez enfoncé; leurs enfans sont long-temps sans voir clair en naissant, à cause qu'ils ont les yeux petits, enfoncez, & les joués fort grosses: ils n'obseruent autre ceremonie en leur mariage, que de prendre des tesmoins; ils se marient auec leurs parents, ils n'en exceptent que la Sœur & la Tante: ne donnent point de doüaire à leurs femmes, mais les maris font des presents à leur pere & à leur frere, sans lesquels ils ne trouueroient point de femmes; ils obseruent les mesmes ceremonies pour enseuelir leurs morts, que les Tartares-Percopites, auec cette difference seulement, qu'ils amassent beaucoup de terre par dessus pour empescher que

Le Gentil-homme Polonois dit, qu'e lorsqu'ils dorment en campagne, ils fichent en terre vn piquet auquel ils attachent la bride de leur Cheual, & qu'ils dorment s'appuyant la teste sur leurs mains & sur le mesme piquet pour estre plus prompts à sauter en selle en cas de surprise.

les bestes ne les déterrent. Ils n'ont point d'escriture, ny aucune sorte de caractéres ; la justice est administrée par leur Chef, ils ne font mourir personne, si ce n'est pour auoir tué de sang froid, ce qui n'arriue que fort rarement.

Leurs femmes sont passablement belles, quand elles sont jeunes, mais les vieilles sont fort laides : ils ont ordinairement deux petites huttes ; la plus petite est pour le mary & la femme ; leurs enfans occupent la plus grande : & pour ce qui est de leurs Valets, ils dorment tousiours à l'air, quelque froid qu'il fasse, lors mesme que la terre est couuerte de neige.

„ Nota. Dans la diuision que ce Religieux fait des Tartares, il ne parle que des „ Tartares du Crim & des Nogais. Le Gentil-homme Polonois la donne plus „ exactement dans ces termes. Les peuples de la Tartarie mineure se diuisent en „ Tartares du Crim - Nogais que l'on appelle aussi Percopites, Tartares d'Ocsahou, autrement Dziankirmen, & ceux qui habitent le pays de Akkirmen, autrement appellez les Tartares de Bilogrod, Budziais ou Dobrus.

„ Les Tartares du Crim occupent toute la Penjusule Taurique dont la Ville principale est Bachasarai, residence ordinaire de leur Cham : ils sont bien soixante mille hommes.

„ Les Nogais tiennent le pays qui est entre leur principale Ville nommée „ Perecop, & la Ville d'Oczakou : ce pays est fermé d'vn costé par le Pont Euxin, „ & des autres par le fleuue Nieper ou Boristhene, & par le Limen ou Palus „ Meotide. Ceux-cy n'ont point de demeure arrestée & sont tousiours errants „ & vagabons, s'arrestant où ils trouuent la commodité de l'eau & des herbes pour „ leur bestail ; l'on fait estat qu'ils sont bien 12000.

„ Ceux d'Oczakou habitent la Ville qui porte ce nom, sont à la solde de „ l'Empereur des Turcs : ils appellent la solde qu'ils tirent de luy Vlafé, & „ on les appelle Besleï, comme qui diroit gens payez, ils sont enuiron 2000.

Ils ont du costé du Leuant pour bornes la mer Caspiéne, au couchant le Mōt Camase, au midy le Fleuue Bustro qui les separe des Tartares du Dagestan, & au Nord les Lau les & Bryeres de Astracan.

„ On appelle Tartares de Budziais ceux qui demeurent aux enuirons de la Ville „ de Bisarabiam ou Bilogrod scituée sur les Frōtieres de la Valachie entre les riuieres du Tir & du Danube, & les costes du Pont Euxin leur principale Ville est celle de Bilogrod, autrement Akkiermen : ces derniers-là peuuent faire enuiron „ quinze mille hommes.

RELATION DES CIRCASSES.

Les Circasses ressemblent fort aux Tartares Nogais que ie viens de descrire, auec cette difference neantmoins, que les Circasses n'habitent que dans les endroits les plus forts des bois, où ils se retranchent ; ils confinent auec les Tartares Nogais du costé du Nort : vers le leuant ils ont les Cornuchi, aussi Tartares, quoique d'vne autre Religion & d'autres façons de viure ; vers le midy les Abbassa, & du costé du couchant, des Montagnes fort hautes, qui les separét de la Mengrellie : ainsi la plus grande estenduë de leur pays est depuis Taman iusqu'à Demir-capi, autrement Derbent Ville scituée sur le bord de la mer Caspienne ; ce pays a bien 26. iournées de chemin. Entre Taman & Tomeruchi, il y a vne langue de terre, sur les bords de laquelle il y a plusieurs Villages. Ils parlent la langue Circassienne & la Turque, ils sont meslez, les vns sont Mahometans, les autres du Rit Grec, mais il y a plus grand nombre de Mahometans ; car encore que le Prestre, qui est à Terki leur aille quelquefois administrer le Sacrement du Baptesme, il les instruit peu dans les choses de la Religion, si bien qu'ils se font Turcs tous les iours, & il ne leur reste plus rien de la Religion Grecque que la coustume de porter des viures sur les fosses de leurs morts, & l'obseruation de quelques ieûnes. Ces Villages obeïssent au Tzaar des Moscouites, & à quelque Mursas ou Seigneurs particuliers de sa Cour, ausquels ils les a donnés pour recompense de leurs seruices. Depuis les Montagnes, qu'ils nomment Varrada, iusqu'à Cudescio le pre-

Capi signifie en Turc vne porte, Temir du Fer. Derbent est vne parole Persane qui signifie la mesme chose.

Il y a vn Prestre Grec à Terki, qui est maintenāt au Tzaar ou grand Duc de Moscouie.

mier des Villages que les Circassiens ont le long de la marine, il y a 300. mille, mais toute cette estenduë de pays, quoy que tres-fertile, est inhabitée, l'on conte cent quarante mille depuis Cudoscio iusqu'aux Abbassa. Les Peuples qui sont dans ces Montagnes se disent Chrestiens, comme aussi ceux qui habitent les Forêts qui sont dans la Plaine; ils obeissent à des Princes particuliers. Ie feray mention des principaux & de la distance des lieux qui sont sous leur obeissance. De Tomaruchi iusques à Carbatei; il y a dix-huit iournées : le pays est fort peuplé, & est sous la domination de Schaban Ogoli; il y a deux autres iournées de Tomaruchi à Giana, & autant de Giana à Codicoï, de Giana à Bolettecoï quatre autres, Giancosobey est Seigneur de ce pays, de-là à Besinada huit iournées, de Besinada à Carbataï huit autres, & de-là à Derbent dix iournées. Les Princes Scaence Temircas, Parens du Can des Tartares, sont Maistres de ce pays. Les Princes Casibei & Sancascobei freres, & commandent à tous les Villages qui sont le long de la mer; ces pays sont fort agreables, quoy qu'ils soient peu habitez, car il n'y a point d'habitation aux lieux où les Forêts ne sont pas espaisses.

Ils n'ont point de Loix écrites ny d'exercice de Religion, ils se contentent de la profession qu'ils font d'estre Chrestiens; font traffic d'Esclaues, de peaux de Cerfs, de Bœufs, de Tigres, & de cire qu'ils trouuent en abondance dans les Forests; labourent à la Houë leurs terres labourables; n'ont point de monnoye, les marchandises se vendent par eschange, leur habit n'est pas fort different des nostres; ils portent des chemises de toille de Coton teinte en rouge, & vn Manteau de Laine pressée, ou de feutre, qu'ils tournent du costé d'où vient le vent, car il ne leur couure que la moitié du corps.

Il n'y a point au monde de plus beau peuple que celuy-là, ny qui reçoiue mieux les Estrangers : ils seruent eux-mesmes ceux qu'ils ont logez chez eux pendant trois iours; les garçons & les filles les seruent teste nuë, & leur lauent les pieds, cependant que les femmes prennent le soin de leur faire blanchir leur linge. Pour leurs Maisons, elles sont faites de deux rangs de pieux fichez en terre, entre lesquels on entrelasse des branches d'arbres; ils remplissent l'entre-deux de mortier, & les couurent de paille; celles du Prince sont basties de mesme matiere mais plus grandes & plus hautes, leurs Villages sont dans les Forêts les plus épaisses; ils les entourent d'Arbres entrelassés les vns auec les autres, afin d'en rendre l'entrée plus difficile à la Caualerie Tartare. Ils sont souuent aux mains auec eux, car il ne se passe guere d'année que les Tartares ne fassent quelque course en leur pays pour y faire des Esclaues, attirés principalement par la beauté de ceux de cette Nation. Les Nogais y font aussi souuent des courses par cette mesme raison, & l'exercice continuel dans lequel ces ennemis les tiennent, les a fort aguerris & rendu les meilleurs hommes de Cheual de tous ces quartiers : ils se seruent de leurs fléches deuant & derriere, & sont braues le cimeterre à la main; ils s'arment la teste d'vne jaque de maille, qui leur couure le visage, & pour armes offensiues, outre l'arc, ils ont des Lances & des Iauelots. Dans les bois vn Circassien fera teste à vingt Tartares; ils ne font point de conscience de se dérober les vns & les autres, & le vol y est si ordinaire, qu'on ne chastie point ceux qui y sont surpris, ayans mesme quelque sorte d'estime pour ceux qui le sçauent faire auec addresse. Les vieillards & les plus considerables du pays ne presentent point à boire aux jeunes gens dans leurs festins s'ils n'ont fait quelque larcin auec addresse ou quelque meurtre de consideration. Le breuuage le plus ordinaire de cette Nation est de l'eau qu'on fait boüillir auec du miel & vn peu de millet; ils laissent cette matiere ensemble l'espace de dix iours, & les font boüillir apres. Cette boisson a la mesme force d'enyurer que le vin, mais ces Peuples ne sont pas fort sujets à l'yurognerie. Au lieu de verre, ils se seruent de cornes de bufles sauuages ou d'autres animaux : ils boiuent ordinairement tout de bout. Il y a dans

Lintenani adjouste, Lasciano mal neggiare le foro facilmente vergini dal capo a i piedi saluo latto venerco massime in presentia de parenti.

Depuis qu'ils sont sous la domination des Moscouites ils sont plus praticables.

le pays des *Cudosci*, c'est à dire, lieux sacrez, où l'on voit quantité de testes de Belier restées des Curbans ou Sacrifices qui y ont esté faits. On voit pendu aux Arbres qui sont dans ces lieux, des Arcs, des Fleches, des Cimeterres, qui marquent les vœux dont ils se sont acquittez, & la veneration du lieu est si grande, que les plus grands Voleurs n'y touchent point. La parole que se donne le mary & la femme & l'affirmation de quelque tesmoin font toute la forme de leurs mariages; ils ne prennent iamais d'autre femme si la premiere ne meure, ou qu'ils y soient obligez par quelque raison puissante. Le pere qui donne sa fille en mariage, en reçoit en reconnoissance quelque present, & les hommes ne trouuent point de femmes s'ils n'ont dequoy faire ces presens.

Ils piquent la teste du Belier ou Mouton au haut d'vne Croix & estédent la peau sur les auttres branches.

Ceux qui doiuent accompagner les morts à la sepulture commencent leurs cris & leurs gemissemens auparauant que d'arriuer en la maison du deffunt: les Parens se foüettent, les femmes se déchirent le visage, cependant que le Prestre chante certaines paroles qu'il sçait par cœur sur le corps, l'encense, & met sur la sepulture *du pasta & du bozza*, c'est à dire, à manger & à boire. Ils amassent apres de la terre sur la fosse, & l'éminence qui reste, marque le lieu de leur sepulture. Ces Peuples ne connoissent point d'autre art que celuy de la guerre, qui les occupe tous. Les Esclaues de cette Nation se vendent bien plus cherement que les autres, à cause de leur beauté, & de la reussité qu'ils font ordinairement dans les choses ou on les employe, car naturellement ils sont fort spirituels. Les Cheuaux de Circassie sont plus estimez que les Cheuaux Tartares, à cause qu'ils sont plus vifs. Ils ont deux fleuues considerables, l'vn desquels se nomme Psi, qui se rend dans la mer Calcane, & l'autre nommé Sil, qui passe proche de Cabarta; il y a encores beaucoup de petits ruisseaux peu renommez, à cause qu'on les passe facilement à gué.

RELATION DES ABBASSA.

LES Abbassa habitent les Montagnes qui tiennent à la Circassie. Ils ont à main droite le riuage de la mer-Noire, & au leuant la Mengrellie. Ce pays est sous l'obeïssance de deux Princes, l'vn se nomme Pusö & l'autre Carabei; ce pays a 150. milles d'estenduë: il n'y a point de Villes, mais beaucoup d'habitations sur ces Montagnes qui sont les plus hautes que i'aye iamais veu, elles s'estendent iusques sur le bord de la mer; ils ont les mesmes façons de faire que les Circassiens, auec cette difference seulement qu'ils mangent la chair presque toute cruë. On fait beaucoup de vin en ce pays; leur langue est fort differente de celle de leurs voisins; ils n'ont point de Loix escrites & ne connoissent pas mesme l'vsage de l'Escriture; sont Chrestiens de profession sans faire aucun exercice du Christianisme. I'ay veu beaucoup de Croix dans ce pays, sont grands larrons & sujets à mentir. Ils ont deux riuieres, Southesu & Subasu; Ce pays est tres-agreable & l'air y est fort sain; leurs bois leur seruent de retraitte & de Villes, mais quand ils ont choisi leur demeure en vn lieu, ils ne le quittent point. Ils ont pour richesses ou marchandises, toute sorte de Peaux, de la Cire, du Miel, & des Esclaues, & il leur est ordinaire de vendre leurs sujets aux Turcs en eschange d'autres marchandises, car la monnoye n'a point de cours parmy eux: ils ont vn fort beau port: il y vient tous les ans des Vaisseaux de Lazi, de Trebisonde, de Constantinople, & de Caffa, qui quelquesfois y passent l'Hyuer. Ce Port se nomme Eschisumuni, les Marchands qui y viennent ne passent point à leurs habitations; tout le traffic se fait au Port où dans le Vaisseau: ils prennent mesme serment l'vn de l'autre qu'ils ne se feront aucun mal, où se donnent des ostages. Ils ont guerre auec les Circasses & les Mingrelliens, sont bons hommes de pied & de Cheual, sçauent bien manier les armes à feu, portent le Cimeterre, l'Arc & les Fleches; s'habillent

Abcassa, Abazza.

de mesme façon que les Circasses, mais ils portent les cheueux autrement qu'eux. Ces Nations se laissent croistre les moustaches & se rasent le menton : leurs Papari au contraire se laissent croistre toute la barbe ; on appelle ainsi ceux qui ont le soin d'enseuelir les morts & qui prient Dieu pour leurs Ames ; ils les mettent dans des troncs d'Arbres creusés qui leur seruent de Bierre, & les tiennent apres attachés en l'air à quatre pieux : comme ils n'ont point d'autre habitation que les bois ; ils ont peu de troupeaux & peu d'estoffes pour se faire des habits : ils se contentent de leur vin de miel, de la venaison & des fruits sauuages de leurs bois : ils n'ont point de froment, ne se seruent point de sel, ne prennent point la peine de pescher du poisson, quoyque leurs Costes soient fort poissonneuses tant ils sont paresseux : la chasse & la vollerie font toute leur application ; ils ont vne infinité d'Espreuiers & de Faucons qu'ils dressent en huit iours ; Constantinople, la Perse & la Georgie s'en fournissent en ce pays-là, & sont si bien dressez, qu'ils reuiennent auec leur proye, au bruit qu'on leur fait auec vne sonnete.

Dans vne autre relation l'on remarque qu'ils suspẽdẽt ces trõcs d'arbres ou Bieres auec des sermens de vigne.

Ie ne m'estendray point icy à descrire la Mengrellie, car ie sçay qu'on en a fait vne description fort exacte ; i'adiousteray seulement, à ce que i'en ay veu, que le Sené, la Scamonée, & l'Hellebore-noire croissent en ces quartiers, auec beaucoup d'autres simples de grand vsage, & que les Euesques & autres Ecclesiastiques du pays suiuent le Prince à la guerre le Casque en teste, & le Cimeterre au costé.

LES LAZI OV CVRTI.

Les Lazi, autrement Curti, sont Mahometans, confinent auec la Georgie, & le pays de Trebisonde : ils habitent des Montagnes fort hautes sur les Costes de la mer-Noire; ce sont gens nourris dans les bois, de grande fatigue, & qui passent leur vie à conduire des troupeaux ; & quand ils peuuent dérober ils ne s'y espargnent pas. Il y a dans le pays quantité de Loups, de Iacals, Animal qui tient de la nature du Chien & du Loup, l'abondance de ces animaux est cause que les Turcs les appellent Curti, qui veut dire Loup. Tout ce pays est Montueux, mais fort agreable, couuert d'Arbres sur lesquels ils font monter leur vigne. Ie n'en diray pas dauantage, à cause qu'il est assez connu d'ailleurs.

ADDITIONS A LA

RELATION PRECEDENTE DE LA TARTARIE, ET PRINCIPALEMENT DES TARTARES DV CRIM.

Ces additions sont tirées des memoires du Sr. de Beauplet.

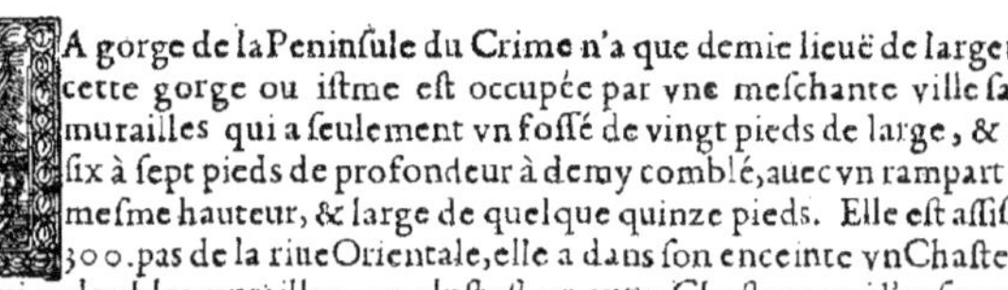

LA gorge de la Peninsule du Crime n'a que demie lieuë de largeur, cette gorge ou istme est occupée par vne meschante ville sans murailles qui a seulement vn fossé de vingt pieds de large, & de six à sept pieds de profondeur à demy comblé, auec vn rampart de mesme hauteur, & large de quelque quinze pieds. Elle est assise à 300. pas de la riue Orientale, elle a dans son enceinte vn Chasteau de pierre, qui a doubles murailles, ou plustost vn autre Chasteau qui l'enferme : de-là iusques à la riue Occidentale, on a tiré vn fossé qui va iusques en la mer ; il ne peut auoir dans cette Ville plus de quatre cens feux : les Tartares la nomment Or, & le Polonois Perecop, c'est à dire, en nostre langue, terre fossoyée : c'est pourquoy les Geographes appellent cette partie de la Tartarie, Tartaria Percopensis. Les lieux les plus remarquables du Crim sont, du costé de l'Orient, Koseslow Ville fort ancienne, qui appartient au Cham, qui peut auoir deux mille feux, & a vn Port.

Topetorkan ou Chersonne est vne ruine antique, Bacieseray est la residence du Cham des Tartares, il y peut auoir deux mille feux.

Alma ou Eoczola est vn Village d'enuiron cinquante feux, auec vne Eglise Catholique dediée à Saint Iean.

Baluclawa Port & Bourg où l'on fait les Nauires, Galeres & Gallions du grand Seigneur, l'emboucheure du Port a enuiron quarante pas : & a enuiron huit cens pas de circuit, & est large de quatre cens cinquante ; ie n'ay sçeu apprendre de quelle profondeur, ny quel est le fond, si c'est sable, vase ou roche ; mais il y a apparence qu'il y a plus de quinze pieds de fond, puisqu'il y entre des Vaisseaux chargez de plus de cinq cens tonneaux ; il n'y a pas dans ce Bourg plus de douze cens feux : ce lieu est vn des plus beaux & meilleurs Ports qui soient au monde: car vn Vaisseau y est toûjours à flot, à quelque tempeste qu'il fasse, il ne branle point, les hautes Montagnes qui enferment ce Havre, le mettant à l'abry de tous vents.

Mancup est vn meschant Chasteau sur vne Montagne appellée Baba, les habitans sont tous Iuifs, & font enuiron 60. feux.

Caffa est la capitalle Ville du Crim, il y a vn Turc gouuerneur pour le grand Seigneur. Les Tartares habitent peu dans cette Ville, les habitans sont pour la pluspart Chrestiens, ils se seruent d'Esclaues qu'ils acheptent des Tartares, qui les ont enleuez de la Pologne & Moscouie. Il y a douze Eglises Grecques, trente-deux d'Armeniens & vne Catholique de S. Pierre ; il y peut auoir cinq à six mil feux, mais il y a bien trente mil Esclaues: car ils ne se seruent en ce pays que de ces sortes de seruiteurs ; cette Ville est grandement marchande, & trafique de tout à Constantinople, Trebisonde, Sinope, dans toute la mer-Noire & Archipel.

Crimenda est fort ancienne, appartient au Cham, est enuiron de cent feux.

Karasu appartient aussi au Cham, & a enuiron deux mil feux.

Tussa

Tusia, en ce lieu sont les salines, il y peut auoir 80. feux.

Corubas peut auoir 2000. feux.

Kercy enuiron 100. feux.

Ackmacety enuiron 150. feux.

Arabat ou Orbotec est vn chasteau de pierre, auec vne tour scituée sur le col d'vne Peninsule, qui est enfermé entre la mer de Limen * & Tincka Vvoda. Cette gorge n'a pas plus d'vn quart de lieuë, elle est trauersée d'vne pallissade qui stend d'vne mer à l'autre; la Peninsule est appellée par nos Cosaques Cosa, à cause qu'elle a la forme d'vne faulx; c'est en ce lieu où le Cham tient son haras qui est bien de soixante & dix mille cheuaux.

* La Palus Meotides.

Tinkawoda est vn destroit entre la terre ferme & Cosa, il n'a que 200. pas de large, est gayable quand il est calme; les Cosaques le passent en tabort quand ils vont desrober des cheuaux du haras du Cham, comme nous dirons cy-apres.

Depuis Baleclawa iusques à Caffa, la coste de la Mer est fort haute & escarpée, tout le reste de la Peninsule est bas pays; dans la plaine du costé du Midy vers Or, il y a force villages de Tartares, ou pour mieux dire force hutes, qu'ils mettent sur deux roües comme celles des Tartares du Budziak.

Les montagnes de Balaclawa & Carosu s'appellent montagnes de Bada, il en sort 7. riuieres qui arrousent toute la Peninsule, elles sont bordées de bois.

Sur les riues de la riuiere de Kabats il y a des vignes.

La riuiere de Sagre a quantité de iardins & de fruits.

Le destroit de Kercy à Taman, n'est large que de trois à quatre lieuës Françoises.

Taman est vne ville appartenant au Turc dans le pays des Circasses; cette villace a vn meschant chasteau où il y peut auoir quelques 30. Iannissaires qui y font garde comme aussi à Temeruk, qui garde le passage de Oczakou au Zouf qui est vne ville d'importance, sur l'embouchure de la riuiere du Tanais. A l'Orient de Taman est le pays des Circasses qui sont Tartares Chrestiens.

Ce qu'il dit icy du pays des Circasses s'accorde auec la relation precedente, & changer les bornes que l'on a donné iusques à cette heure à leurs pays.

Les Tartares restent plusieurs iours apres estre nez sans pouuoir ouurir les yeux comme les chiens & la plusspart des autres animaux; ils sont d'vne taille plustost petite que grande, mais trapus & fort gros de membres, l'estomach haut & large, les espaules releuées, le col court, la teste grosse, la face presque ronde, le front large, les yeux peu ouuerts, mais fort noirs & beaucoup fendus, le nez court, la bouche assez petite, les dents blanches comme yuoire, le teint basané, les cheueux fort noirs & rudes comme crin de cheual; enfin ils ont vne autre physionomie que les Chrestiens : ils sont tous soldats braues & robustes, durs à la fatigue, & souffrent aisément les iniures de l'air: car depuis l'aage de 7. ans qu'ils sortent de leurs Cantares, c'est à dire, maisons que l'on peut mettre sur deux roues, ils dorment tousiours à l'air, & depuis cet aage on ne leur donne iamais à manger qu'ils ne l'abbattent auec la flesche, & apres qu'ils ont atteint 12. ans, ils les enuoyent à la guerre; leurs meres ont le soin quand leurs enfans sont ieunes de les baigner chaque iour vne fois dans de l'eau où l'on a dissout du sel, afin de leur durcir le cuir & de les rendre moins sensibles au froid, lors qu'ils sont obligez de le souffrir & de passer à nage les riuieres en Hyuer.

Ces Tartares que le Sieur de Beauplan appelle Nahaisky sont nõmez Nogais dans la relation precedente.

Nous considerons de deux sortes de Tartares, les vns nommez Nahaysky, & les autres Crimsky, ceux-cy sont comme nous auons dit de cette grande Peninsule, qui est dans la mer-Noire, vulgairement appellée Scythie Taurique : mais les Nahaisky sont diuisez en grand Nahaisky & petit Nahaisky, tous deux habitent entre la riuiere du Don & la riuiere de Kuban, mais errans & comme sauuages; les vns sont suiets du Cham ou Roy du Crim, & les autres des Moscouites : il y en a mesmes qui ne reconnoissent ny l'vn ny l'autre. Ces Tartares ne sont pas si braues que ceux du Crim, mais les Crimski cedent encores en vaillance à ceux du Budzaik.

Ces Peuples ont pour habit vne chemise courte de toille de cotton , qui ne leur descend que demi pied au dessous de la ceinture , vn caneçon & des hauts de chausses de draps en estrié : le menu Peuple porte des chausses de toille de cotton picquée par dessus, & les plus riches ont vn iuste-au-corps de toille de cotton picquée, & sur tout vne robbe de drap fourrée de Renard, ou de Martre zubline, le bonnet de mesme auec des bottines de Marroquin rouge sans esperons : au lieu de cette robbe fourée le peuple se couure les espaules d'vn hoqueton de peau de Mouton, ils mettent la laine dehors en temps de chaleur ou de pluye, mais au temps de froid & d'Hyuer ils retournent leur hoqueton, remettent la laine dedans, & en font de mesme du bonnet, qui est fait de mesme estoffe : ils sont armez d'vn Sabre, d'vn Arc, auec son Carquois garny de dix-huit ou vingt Fleches, vn couteau à leur ceinture, vn fuzil pour allumer du feu, vne alesne auec cinq ou six brasses de cordelettes de cuir, pour lier les prisonniers qu'ils peuuent attrapper en campagne : ils ont aussi chacun vn quadran au Soleil, il n'y a que les plus aisez qui portent des chemises de mailles, les autres sont sans armes deffensiues, sont fort adroits & vaillans à Cheual ; ils cheuauchent court, les jambes courbées ; & cependant ne laissent pas d'y estre fort adroits, & ont vne telle addresse, qu'en cheminant au grand trot, ils sautent de dessus leur Cheual, lorsqu'il est hors d'aleine, sur vn autre qu'ils meinent à la main, afin de mieux fuir lorsqu'ils sont poursuiuis; & le Cheual qui ne sent plus son Caualier, vient aussi tost prendre la main droite de son Maistre, & le suit tousiours en rang pour estre mieux disposé lorsqu'il voudra monter : au reste c'est vne certaine sorte de Cheuaux mal-faits & laids, mais bons au possible pour la fatigue : car pour faire des courses de vingt à trente lieuës d'vne traite, il n'appartient qu'à ces Baquemares (ainsi appellent-ils ces sortes de Cheuaux) qui ont le crin du col fort touffu & pendant iusqu'en terre ; & la queuë de mesme.

Leur nourriture ordinaire n'est pas du pain s'ils ne sont parmy nous, la chair de Cheual leur est plus appetissante que celle de Bœuf, de Brebis ou de Bouc ; car pour des Moutons ils ne sçauent ce que c'est : & encore lorsqu'ils esgorgent vn Cheual, il faut qu'il soit fort malade, & tout à fait hors d'esperance d'en pouuoir plus tirer de seruice , auparauant qu'ils se resoudent à le tuer ; & mesme quand le Cheual seroit mort de quelque maladie que ce fust , ils ne laisseroient pour cela de le manger : ils sont diuisés par dixaines lorsqu'ils vont à la guerre, & quand il se trouue dans la trouppe vn Cheual qui ne peut plus cheminer, ils l'esgorgent, & s'ils trouuent de la farine, ils y meslent le sang auec la main , comme l'on feroit celuy de Pourceau pour faire des boudins ; puis le font boüillir & cuire dans vn pot, & en mangent par grande delicatesse : pour la chair ils l'apprestent ainsi : Ils la coupent en quatre quartiers, ils prestent trois de ces quartiers à leurs camarades qui n'en ont point, & ne retiennent pour eux qu'vn quartier de derriere, lequel ils coupent par roüelles les plus grandes qu'ils peuuent à l'endroit le plus charnu, & espaisses seulement d'vn à deux poulces, le mettent sur le dos de leur Cheual qu'ils sellent dessus, le sanglant le plus fort qu'ils peuuent, puis montent à Cheual, courent deux ou trois heures en chemin faisant, car toute l'armée va de mesme train , apres ils redescendent, le desellent, retournent leur roüelle de chair, & auec le doigt recueillent l'escume du Cheual, & en arrousent ce mets de peur qu'il ne se desseiche trop ; cela fait ils le ressellent & ressanglent bien fort comme deuant, recourant de nouueau deux ou trois heures, & alors la chair est cuite à leur gré, comme si c'estoit vne estuuée; voila leurs delices & leurs ragousts. Pour les autres endroits du quartier qui ne se peuuent couper par grandes roüelles, ils les font boüillir auec vn peu de sel sans l'escumer : car ils estiment qu'escumer le pot, c'est jetter hors toute le meilleur suc & saueur de la viande. L'eau est toute leur boisson, s'ils en rencontrent ; car l'eau mesme leur est fort rare, & tout le long de l'hyuer ils ne boiuët que de la neige funduë ; ceux d'entr'eux qui sõt les plus accommodez, comme les Morzas, c'eſt à dire, Gentil-hommes, & autres qui ont des Iumens, en boiuent le laict, qui leur tient lieu de vin & d'eau de vie; pour la graiſſe de leurs Cheuaux ils en aſſaiſonnent du millet & du gru d'orge & de ſarazain, car ils ne perdent rien, & de la peau des Cheuaux ils ſçauent tous la maniere d'en faire des brides, des cordelettes, d'en couurir des Selles & d'en faire des foüets, dont ils chaſſent leurs Cheuaux, car ils ne portent point d'eſperons; pour le Pourceau ils n'en mangent non plus que les Iuifs. S'ils peuuent rencontrer de la farine ils font des galettes ſous les cendres, & leur plus ordinaire manger eſt le millet, le grain d'orge & de ſarrazain; ces ſortes de grains ſe cultiuent chez eux; ils ſe nourriſſent auſſi de Rys qu'on leur apporte de dehors; pour des fruicts ils en ont, le miel y eſt fort commun; ils l'aiment fort, & en font auſſi vn breuuage, mais ſans boüillir: de façon qu'il cauſe de furieuſes tranchées. Ceux qui habitent les Villes ſont plus ciuils, ils font du pain approchant du noſtre; ils ont auſſi du Breha, qui eſt compoſé de millet boüilly; ce breuuage eſt eſpais comme laict, & ne laiſſe pourtant d'enyurer: ils boiuent auſſi de l'eau de vie qu'on leur apporte de Conſtantinople; il y a vn breuuage que les pauures font, qui n'ont pas moien d'achepter du Breha; voicy comme ils font. Ils mettent dans vne barrette du laict de Vache, de Brebis, de Cheure, le battent & en tirent vn peu de beurre; ils gardent le reſte dans des cruches, ce breuuage s'aigrit, c'eſt pourquoy ils en font preſque tous les iours. La Nation eſt aſſez ſobre, elle vſe peu de ſel; mais beaucoup des eſpices, entr'autres du Piment. Ils font encore vne autre ſorte de breuuage, comme font ceux de Madagaſcar; lors qu'ils ont fait boüillir leur viande auec vn peu de ſel ſans eſcumer, comme nous auons dit, la chair eſtant cuite ils en gardent le boüillon; ils appellent cette boiſſon ou boüillon ſchourba, & le font chauffer, quand ils en veulent boire.

Le Cham, qui eſt leur Roy, ayant commandement du grand Seigneur d'entrer dans la Pologne, mettra quelquefois ſur pied vne Armée de quatre-vingts mil hommes, lors qu'il y eſt en perſonne: car autrement leurs Armées ne ſont d'ordinaire que de quarante à cinquante mil, lors que ce n'eſt qu'vn Morſa qui les commande. Leur entrée dans le pays ennemy n'eſt d'ordinaire qu'au commancement de Ianuier & touſiours en Hyuer, afin que les Mareſts & les riuieres ne les puiſſent empeſcher de s'eſtendre. La montre eſtant faite ils font aduancer l'armée: mais il faut remarquer qu'encore que le Crim ſoit compris entre les paralelles de quarante-ſix & quarante-ſept degrez de hauteur, neantmoins les campagnes deſertes qui ſont au Nord de leurs pays, ſont l'Hyuer toutes couuertes de Neiges, iuſques en Mars: c'eſt ce qui leur donne hardieſſe d'entreprendre vne ſi longue courſe, car leurs Cheuaux ne ſont point ferrez, & la Neige leur conſerue le pied: autrement la dureté de la terre, en temps de gelée leur gaſteroit la corne. Les plus riches ferrent leurs Cheuaux auec de la corne de Bœuf, & la couſent aux pieds de leurs Cheuaux auec du cuir, ou clou, mais cela dure bien peu & ſe perd facilement: c'eſt pourquoy ils apprehendent fort vn Hyuer qui n'eſt point neigeux, comme auſſi les verglas. Pour leurs marches ils ne font que petites iournées, d'ordinaire de ſix lieuës de France, & reglent ſi bien leur temps & leurs meſures qu'ils puiſſent eſtre de retour auant que les glaces ſoient fonduës, prenant leurs routes par des Valons qui ſemblent ſe bailler la main l'vn à l'autre, & cela pour ſe couurir & n'eſtre eſuentez des Coſaques qui ſont aux eſcoutes en diuers lieux, pour apprendre leur route, & en donner l'alarme au pays. Le ſoir quand ils campent, ils ne font point de feux pour la meſme raiſon, & enuoyent deuant battre l'eſtrade & taſchent d'attraper quelque Coſaque, afin d'auoir langue de leurs ennemis. Ils cheminent cent Maiſtres de front, c'eſt à dire trois cens Cheuaux, car chaque Tartare en meine deux en main qui luy ſeruent de relais; leur front peut bien auoir huit cens à mille pas, & de hauteur ils ſont bien de huit cens à mil Cheuaux, qui tiendront plus de trois grandes lieuës, voire quatre de file quand ils sont ainsi pressez, car autrement ils filent vne queuë de plus de dix lieuës; quatre-vingt mil Tartares font plus de deux cens mil Cheuaux : les arbres ne sont pas plus espais dans les bois, que les Cheuaux sont pour lors dans la campagne, semblables, quand on les voit de loin, à quelque nuage qui s'esleue sur l'horison, & qui va croissant à mesure qu'il s'esleue; ce qui donne de la terreur aux plus hardis, qui n'ont pas accoustumé de voir de telles legions ensemble; ainsi cheminent ces grandes Armées, qui font des posées d'heure en heure, enuiron d'vn quart d'heure de temps pour donner loisir à leurs Cheuaux d'vriner, lesquels sont si bien dressez, qu'ils n'y manquent si tost qu'ils sont arrestez, & lors les Tartares descendent de dessus, & se mettent aussi à faire de l'eau : puis ils remontent incontinent & poursuiuent leur chemin; tout cela se fait au seul coup d'vn sifflet, & si tost qu'ils approchent de la frontiere, enuiron de trois ou quatre lieuës, ils font vn alte de deux ou trois iours, tousiours en vn lieu choisi, où ils pensent estre à couuert: alors ils font prendre haleine à leur armée, qu'ils disposent de cette sorte. Ils la diuisent en trois, les deux tiers sont destinez pour faire vn corps, & l'autre tiers ils le diuisent encore en deux; vn de ces corps s'auance sur la droite & l'autre sur la gauche; ainsi disposez, ils entrent dans le païs : le corps d'armée va lentement auec les aisles, mais continuellement, iour & nuict, sans donner plus d'vne heure à repaistre à leurs Cheuaux sans faire aucun dommage iusques à ce qu'ils soient bien entrez 60. ou 80. lieuës dans le pays.

Lors qu'ils sont sur la retraitte, le Corps de l'armée va tousiours le mesme train que le reste, & alors le General detache les aisles: elles courẽt chacune de leur costé iusques à cinq ou six lieuës loin de leurs Corps. I'oubliois à dire, que chaque aisle qui peut estre de huict à dix mil se diuise derechef en dix ou douze troupes, qui peuuent estre chacun de 5. à 600. Tartares, qui vont par cy par là dans les villages, les assiegent en faisans quatre corps de garde autour du village, auec de grands feux toute la nuict, de peur qu'aucun paysant ne leur eschappe; puis pillent & brûlent, & tuent tous ceux qui leur font resistance, & prennent ceux qui se rendent, hommes, femmes, enfans à la mammelle, bestiaux, cheuaux, bœufs, vaches, moutons, chevres, &c. Pour les cochons ils les assemblent le soir, les enferment dans vne grange ou autre lieu, puis mettent le feu aux quatre coins, pour l'horreur qu'ils ont de ses animaux. Ces aisles, comme nous auons dit, n'ayant pas ordre d'aller plus loin que cinq ou six lieuës s'en retournent auec leur butin trouuer leur Corps qui est facile à trouuer; car ils laissent vn grand Estrac, d'autant qu'ils cheminent plus de cinq cens cheuaux de front; de façon qu'ils n'ont qu'à suiure la trace, & en quatre ou cinq heures ils rejoignent leur Corps d'armée; où estant arriuez, il sort en mesme temps deux autres aisles de pareil nombre que les premiers; l'vn à la droite, l'autre à la gauche, & vont faire le mesme rauage que les premiers, puis retournent, & laissent la place à d'autres troupes fraisches, sans que iamais leur Corps soit diminué, faisant tousiours les deux tiers de leur armée, qui ne va, comme nous auons dit, qu'au pas, afin d'estre tousiours en haleine, & prest à combattre l'armée Polonoise. Ils ne retournent iamais par où ils sont entrés, ils s'en écartent au contraire, & font vne espece de ronde, afin de pouuoir mieux éuiter la rencontre de leurs ennemis : mais quand ils sont rencontrez des Polonois, ils leur ioüent beau jeu, & les font retourner plus viste que le pas; au reste apres auoir bien couru & rodé & fait les courses, ils rentrent dans les campagnes desertes de la frontiere, qui ont trente à quarante lieuës d'estenduë, & se voyant en lieu de seureté font vne grande alte, reprenent leurs esprits, & se remettent en ordre, principalement lorsqu'ils ont esté poursuiuis par les Polonois.

Dans le temps de cette alte, qui est d'vne semaine, ils mettent ensemble tout le butin, qui consiste en bestiaux & en esclaues, & partagent le tout entr'eux : les plus durs seroient touchez de voir en ce temps-là la separation d'vn mary d'auec sa femme, d'vne mere d'auec sa fille, sans esperance de se pouuoir iamais reuoir : car les vns sont destinez pour Constantinople, les autres pour le Crim, & les autres pour la Natolie : ils violent les filles, forcent les femmes presence de leurs peres & de leurs maris ; circoncisent leurs enfans deuant eux : Enfin le cœur des plus insensibles fremiroit d'entendre les chants, les pleurs & gemissemens de ces mal-heureux Rus. Car cette Nation chante & hurle en pleurant ; voila en peu de mots comme les Tartares font des leuées & des rafles de peuples, quelquefois de plus de cinquante mil ames, en moins de deux semaines.

Disons maintenant comme les Tartares entrent l'Esté dans la Pologne, ils ne sont d'ordinaire que dix à vingt mil hommes, d'autant que s'ils estoient plus grand nombre ils seroient trop tost descouuerts.

Quand ils se voient à vingt ou trente lieuës de la frontiere, ils diuisent leur Armée en dix ou douze trouppes, chaque trouppe peut estre de mil Cheuaux : ils enuoient la moitié de leurs trouppes, qui sont cinq ou six bandes, à la droite, esloignées les vnes des autres d'vne lieuë & demie, & de mesme en font-ils de l'autre moitié de trouppes qui tiennent la gauche à pareille distance, faisant ainsi vn front de dix à douze lieuës, & auec des coureurs qui vont deuant de plus d'vne lieuë pour prendre langue & mieux dresser leur route. Ces Tartares entrant auec cét ordre dans la frontiere, courent entre deux fleuues, & vont tousiours par le plus haut pays & au dessus des sources des riuieres, & par ce moyen ne trouuent point d'obstacles dans leurs courses ; pillent & rauagent comme les premiers, mais ils n'entrent point dans le pays plus de six à dix lieuës, n'y demeurent que deux iours, & s'en retournent chacun en son quartier ; ces Tartares là sont libres, & ne reconnoissent ny le Cham ny le Turc ; font leurs demeures dans Budais, qui est vne plaine entre la bouche du Nieper & celle du Danube, où ils estoient de mon temps bien vingt mil refugiez, ou banis : ces Peuples sont plus vaillans que ceux du Crime, plus aguerris, estans tous les iours dans les occasions. Ils sont aussi mieux montez que les autres, dans ces plaines qui sont comprises entre le Budziak & l'Vcranie ; Il y a ordinairement huit à dix mil Tartares, separez en trouppes de mil chacune, esloignées les vnes des autres de dix à douze lieuës pour chercher leur fortune, & ne se point nuire les vnes aux autres. Il est difficile de les éuiter pour le peril qu'il y a à trauerser ces campagnes : Les Cosaques les voulant passer, vont en Tabor, c'est à dire, qu'ils cheminent au milieu de leurs Chariots, mettant huit ou dix Chariots de front, & autant sur le derriere & eux au milieu, auec des fuzils & demi-picques, & des faulx enmanchées de long, & les mieux montez autour de leurs taborts, auec sentinelles auancées d'vn quart de lieuë, à la teste, à la queuë, & aussi sur chacune aisle pour descouurir de plus loin ; & s'ils voient les Tartares ils donnent signal, lors le Tabort s'arreste : Si les Tartares sont descouuerts, les Cosaques les battent : mais aussi si les Cosaques sont descouuerts les premiers, les Tartares les surprenant, les attaquent dans leurs taborts : Enfin celuy qui descouure le premier a tousiours l'aduantage. Ie les ay rencontrez plusieurs fois : cinq cens Tartares nous vindrent charger en queuë dans nostre Tabort, & bien que ie ne fusse accompagné que de cinquante à soixante Cosaques, ils ne nous peurent rien faire, & aussi nous ne peûmes rien gagner sur eux, car ils n'approchoient pas de nous à la portée de nos armes : mais apres auoir fait plusieurs feintes de nous attaquer, & de nous enuoyer des nuës de fleches sur la teste, car ils tirent par arcade, bien le double de la portée de nos armes, ils se retirent, se cachent, afin de surprendre quelqu'autre trouppe.

Ces campagnes sont couuertes d'herbes espaisses de deux pieds de hauteur, pour empescher que l'on ne les puisse reconnoistre à l'estrac ou piste, qu'ils laisseroient s'ils cheminoient en corps : ils se diuisent en petites trouppes, de dix Cheuaux, & marchent au grand trot ; tellement que l'herbe qu'ils ont foüllée se releue du iour à l'autre, se rendent ainsi au rendez-vous. Si les

Polonois ou Cosaques les descouurent ils montent à Cheual, les Tartares ne les attendent gueres s'ils ne sont de beaucoup plus forts, lors mesme qu'ils le sont, ils ne les attendent point de pied ferme ; ils s'esparpilleront comme Mouches, c'est à qui fuïra de son costé, & tirent en retraitte auec l'arc, à bride abbatuë, si dextrement qu'ils ne manquent point de soixante à cent pas d'attrapper leur homme : les Polonois ne les peuuent poursuiure, car leurs Cheuaux ne sont pas de si longue haleine que les leur : Les Tartares se rassemblent de nouueau à vn quart de lieuë de là, & recommencent à faire leur décharge de front sur les Polonois ; & puis quand on les enfonce ils s'esparpillent de nouueau & tirent tousiours en retraitte sur la gauche, car sur la droite ils ne peuuent, & ainsi fatiguent tant les Polonois qu'ils les contraignent de se retirer. Lors que l'Armée veut passer le Boristene, qui est la plus grande riuiere de ce pays ; ils cherchent des lieux où les riues soient accessibles de part & d'autre, cependant chacun d'eux fait prouision de jong ou roseaux, & en fait des petits fagots longs chacuns de trois pieds, & gros de dix à douze poulces, esloignez l'vn de l'autre d'vn pied auec trois bastons mis de trauers au dessus bien liez, & au dessous vn de coin en coin aussi bien lié, qu'ils attachent à la queuë de leurs Cheuaux, puis le Tartare met la selle de son Cheual sur son flottant, se despoüille, met ses hardes sur sa selle, son Arc, flesches & sabre, le tout bien lié & attaché ensemble, puis tout nud, vn foüet en sa main entre en la riuiere, chasse son Cheual la bride sur le col, laquelle il tient toutesfois d'vne main, & tantost de l'autre auec le crin du col, & ainsi faisant aduancer son Cheual le fait nager, & nage aussi tousiours d'vne main, & de l'autre tient le crin & la bride qu'il ne lasche iamais, & conduit ainsi son Cheual, le fait aduancer auec son foüet, tant qu'il ait passé & trauersé la riuiere : quand son Cheual prend pied à l'autre riuage, & qu'il n'a plus d'eau que iusques au ventre, il l'arreste & destache son flottant de la queuë de son Cheual qu'il porte à terre, & à mesme temps qu'vn passe, tous les autres passent aussi : car ils font bien vn front de demie lieuë le long de la riuiere, tout le bestail passe de mesme.

Le Gentilhomme Polonois dit, qu'il leur a veu conduire leurs Cheuaux dans ces rencontres jettent de la main de l'eau aux yeux, les faisans ainsi tourner du costé opposé.

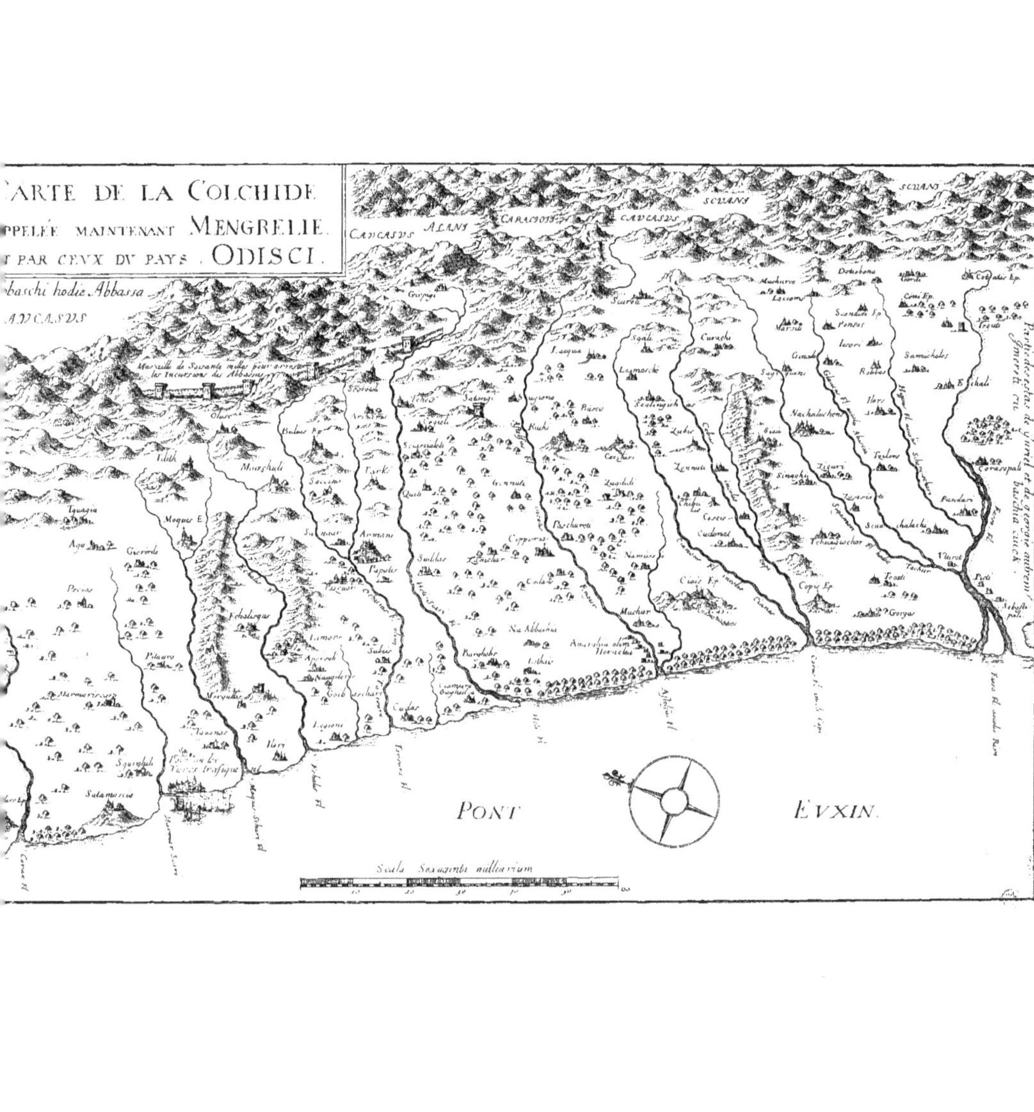
ARTE DE LA COLCHIDE
PPELÉE MAINTENANT MENGRELIE.
T PAR CEVX DV PAYS . ODISCI.
baschi hodie Abbassa
CAVCASVS
ALANS
CARACIOLI
CAVCASVS
SCVANS
SCVANS
PONT
EVXIN.
Scala Sexaginta milliarium

RELATION DE LA COLCHIDE, OV MENGRELLIE.

PAR LE P. ARCHANGE LAMBERTI, Missionnaire de la Congregation de la Propagation de la Foy.

LE pays que les anciens ont appellé Colchide est nommé Odisci par ceux qui l'habitent maintenant, & Mengrellie par les autres ; La Mengrellie au Leuant est bornée par le Royaume d'Imereti, autrement Basaciaciuch, & au Nort par les Abcasses. La riuiere du Fase que ceux du pays appellent Rione, les separe du pays d'Imereti, & de Guriel, & le fleuue Coddors, qui ie croy estre le Corax des anciens, les separe des Abcasses ; Au Ponant elle a pour bornes le Pont Euxin, & le Mont Caucase entre le Leuant & le Septentrion.

Ammiam Marcellin croit que ces Peuples tirent leur origine des Ægiptiens, fondé peut estre sur le rapport de Diodore Sicilien, qui dit, que le Roy Sesostris ayant subjugué la Schytie, laissa sur les bords de la Palus Mœotide vne Colonie d'Ægiptiens, qui obseruoient encore de son temps la Circoncision, & semoient beaucoup de Lin comme les Ægiptiens. Pour moy i'y adjousteray cette conuenance, qu'ils sont comme eux attachez à l'interpretation des songes, tout leur entretien du matin estant des songes qu'ils ont eu en la nuict.

Des Princes qui regnent maintenant dans la Colchide.

Le Chesilpes ou Roy Dadian est le plus puissant des Princes de ces quartiers. Chesilpes signifie Roy, Dadian est le nom de sa race, elle ne vient point des Rois de Georgie, mais d'vn de leurs Ministres, qui vsurpa la partie de cét Estat dont il estoit Eristaue ou Gouuerneur ; les anciens Roys de Georgie faisoient residence dans la Ville de Cottatis, & gouuernoient leurs autres Estats par ces Eristaues. Le plus consideré de tous estoit l'Eristaue d'Odisci ou Colchide, nommé Dadian. Vn de ces Roys de Georgie, qui tenoient alors tout le pays qui est entre la mer Caspiene, & le Pont Euxin iusques à Tauris & Arzeram, & du costé du Nort iusques à Caffa, diuisa ses Estats entre plusieurs Enfans qu'il auoit, ne retenant pour luy que les Prouinces de Basciaciuch, d'Odisci, de Samsche & de Guriel : lesquelles il laissa mesme gouuerner à ses Eristaues.

Le Turc d'vn costé profitant de sa foiblesse, luy prit la Ville de Teflis à huit iournées de Arzerun, le Persan luy enuahit Tauris & toute cette partie de son Royaume, qui est entre Tauris & Gagueti ; cét Estat estant écorné de la sorte, les Eristaues, ou Gouuerneurs des autres Prouinces, se trouuerent quasi aussi puissans que luy, & ne songerent plus qu'aux occasions de se rendre Maistres absous de la partie de l'Estat, dont ils estoient les Gouuerneurs. Vn iour que tous ses Gouuerneurs estoient à sa table, l'Eschanson presenta à boire au Roy sur la fin du disné, & aux autres grands du pays ensuite, selon la coustume, qui veut aussi que tous ceux aufquels le Coupier en prefente, luy faffent apres quelque regale fel on leur condition; apres le Roy, on prefenta le verre à Dadian, lequel auparauant qùe de faire fon prefent, demanda à Artabeg, vn de ceux qui eftoient aupres luy & qui paffoit pour le plus magnifique & le plus liberal de cette Cour, quel prefent il auoit refolu de faire au Coupier: Artabeg luy dit qu'il luy donneroit cent efcus d'Or, & Dadian regla fon prefent là-deffus. On prefente enfuitte le verre à Artabeg, qui promit à cét Officier, non pas cent efcus, mais mille; Dadian s'en offence & fans auoir efgard au refpect qu'il deuoit à fon Prince, fe jette fur Artabeg & luy couppe la barbe auec fon Poignard: Artabeg ne pût pas s'en reffentir par refpect qu'il portoit au Roy, & le Roy mefme n'ofa pas entreprendre de punir l'infolence de Dadian, qui eftoit prefque auffi puiffant que luy dans fes Eftats. Mais quelque temps apres Dadian ayant fuiuy vn Cerf iufques fur les terres du Gouuernement d'Artabeg, les gens d'Artabeg, qui le trouuerent feparé de la trouppe, le prirent & le menerent à leur Maiftre, qui le fit mettre dans vn Cachot; on crut que Dadian eftoit tombé dans quelque precipice, & on le pleura comme mort. Apres auoir efté quelque temps dans cette prifon, Artabeg le vint trouuer, & dans les autres conuerfations qu'ils eurent enfemble, Dadian luy fait confidence de la penfée qu'il auoit euë de fe rendre Maiftre de fon Gouuernement, & luy reprefenta la facilité qu'il auroit à faire la mefme chofe. Artabeg luy fait la mefme confidence, luy dit qu'il auoit eu le mefme deffein: ils concertent enfemble les moyens d'y reüffir, & les Peuples de leurs Gouuernemens, qui eftoient accouftumez à leur obeïr, n'eurent point de peine à reconnoiftre pour Roys, ceux qui en auoient def-ja la puiffance, fous le tiltre d'Eriftaues. Le Roy même fut obligé, pour n'hazarder pas le refte de fon Eftat, de receuoir fes Miniftres pour fes Compagnons, iufques-là que fes fucceffeurs ont fait des alliances auec eux, mais ces alliances n'ont pas empefché depuis, qu'ils n'ayent fait fouuent la guerre au Roy d'Imereti.

Le Prince qui regne aujourd'huy dans la Mingrellie, fe nomme Leuan Dadian & eft le cinquiefme Roy de farace & Fils de ce Prince Munacchiar, qui eftant vn iour à la Chaffe heurta fi rudement contre vn Caualier, que fon Cheual s'eftant renuerfé, il y perdit la vie. Le Prince d'aujourd'huy eftoit alors fort jeune, & vn de fes Oncles du cofté de fon pere, nommé George Lipardian, gouuerna durant fon bas aage. Il efpoufa depuis la fille d'vn Prince des Abcaffes de la famille de Sciarapfia, fort aimée de ces Peuples. Lipardian, quoyque fort aagé, fe maria auffi & prit vne jeune Dame nommée Dareggian de la Maifon de Ciladze: Cette Princeffe prenoit plus de plaifir à la conuerfation de Dadian qui eftoit de fon aage, qu'en celle de Lipardian fon mary, & cependant que Dadian ne fongeoit qu'à fe fatisfaire dans la paffion qu'il auoit pour elle; fon premier Miniftre ou Vuifir nommé Paponia f'infinua dans l'efprit de la Reine auec vn fi grand éclat dans tout le pays, que Dadian la repudia, conformément aux loix de l'Eglife Grecque, & luy ayant fait couper le nez, la remena à la tefte d'vne Armée iufques fur les terres de fon Pere. Pour fon Miniftre il fe contenta de le tenir en prifon & de le mettre entre les mains du Prince de Guriel fon Coufin. Dadian plus amoureux que iamais de la femme de fon Oncle, l'enleua de fa Maifon, & la fait reconnoiftre de tous fes fujets pour Dalboda ou Reine. Cependant que dans le Palais de Dadian on celebroit, auec toutes fortes de réjoüiffances, ces nopces inceftueufes, Lipardian fit faire chez luy les funerailles de fa femme, comme fi elle fut morte: il f'habilla de deüil auec toute fa Cour, & la pleura quarante iours, felon la couftume du pays. Chacun prend party dans cette querelle, & Lipardian fe trouua fuiuy de forces tres-confiderables: mais ayant efté empoifonné dans ces preparatifs, fa femme demeura Reine, & le pays auroit efté en repos, fi ce Vuifir que ie viens de dire, pour fe mettre à couuert de la vengeance de Dadian, n'eut porté le Prince de Guriel à luy faire la guerre, & n'euft traitté vne ligue entre luy, les Abcaffes & le

& le Prince de Basciaciuck ; le dessein des ligues estoit de faire mourir Dadian & mettre en sa place vn de ses Freres nommé Ioseph. On pratiqua, pour executer la conjuration, vn de ces Abcas, qui donna vn iour vn coup de Lance par derriere à Dadian lorsqu'il estoit appuyé contre vne Balustrade. L'assassin s'enfuit, & l'on n'en a iamais entendu parler depuis. On arresta vn des Officiers qui estoit derriere le Prince dans le temps que le coup luy fut donné, il confesse la conjuration. Le Visir fut estranglé & son corps diuisé en plusieurs pieces, fut mis dans vn Canon chargé, & le feu y ayant esté mis, fut ainsi brisé en mille pieces. Il fit creuer les yeux à son Frere, que les Conjurés vouloient mettre en sa place, & ne luy laissa qu'autant de reuenu qu'il en falloit pour suruiure à son mal-heur & à son crime. Il prit prisonnier le Prince de Guriel, luy fit creuer les yeux, luy osta sa femme, son fils, & donna ses Estats au Patriarche son Oncle, nommé Malachia : Guriel fut ainsi puny non seulement de ce crime, mais aussi de la Sceleratesse auec laquelle il auoit fait mourir son propre pere. La tradition du pays veut que Dadian ait fait aussi mourir en ce temps-là les enfans qu'il auoit eu de sa premiere femme, porté à cela par le conseil de la nouuelle Reine, qui vouloit mettre les siens en leur place. Dadian fait apres la guerre aux Abcasses, qui durant le temps de ces troubles auoient fait des courses dans son pays pour vanger l'affront fait à sa premiere femme fille de leur Prince. Il subjuga ces Peuples, & comme il ne pouuoit tirer d'eux aucun tribut d'or ny d'argent, il se contenta d'vne certaine quantité de Chiens de Chasse & de Faucons, qui est ce qu'il y a de plus rare dans leur pays. Dadian estant venu ainsi about de la guerre ciuille, tourna toutes ses pensées à se rendre Maistre d'Imereti, dont le Prince a esté autrefois son Souuerain : il luy fait la guerre, & quoiqu'il n'ait pas encore pû s'en rendre entierement Maistre, à cause que ce Prince a vne retraitte asseurée dans le Chasteau de Cottatis, qu'il n'a pas pû forcer iusques à cette heure, il a neantmoins tellement ruiné ses Estats qu'il sera toûjours plus puissant que luy.

Qualitez du Prince qui y regne maintenant.

Le Prince qui regne maintenant a de grandes qualitez, & s'il auoit esté nourry dans vn pays plus ciuil auroit esté vn des plus grands Princes de son siecle ; il est fort esloigné de toutes les debauches de bouche ausquelles ceux de son pays sont fort sujets, quitte méme souuent le manger pour ses affaires & pour la chasse, infatigable au reste dans les occasions de la guerre, prompt, secret, braue, aimant ses sujets, les secourāt en toutes leurs necessitez ; l'on ne parle plus dans ses Estats des violences qu'on y faisoit autrefois, & tout le monde y vit dans vne grande quietude ; il se gouuerne fort sagement auec les Turcs, & Sultan Murat, au temps de la guerre qu'il faisoit au Persan luy ayant enuoyé dire qu'il le vint trouuer au Siege de Kerauan, il respondit que luy ny ses Ancestres ne s'estoient jamais engagez à le suiure, & que le tribut qu'il luy payoit estoit volontaire : l'autre addresse dont il se sert aupres d'eux est de leur faire croire que la Mengrellie est le plus mauuais pays du monde. Quand il reçoit des Ambassadeurs de Constantinople, il enuoye des gens sur la frontiere de ses Estats qui se chargent de leur conduite, & les font passer par des rochers, de grands bois, de mauuais chemins, & aux passages des riuieres choisissent tousiours les Gués les plus mauuais ; la nuit on les fait loger dans de pauures Cabanes, où pour tout regale ils n'ont qu'vn peu de paille & de fromage. Quand ces Ambassadeurs sont conduits à son Audiance, il les reçoit au pied de quelque Arbre, assis sur vn vieux tapis ; mal habillé, accompagné d'vn grand Cortége, mais de gens tout mal vestus. Au sortir de l'audiance on loge l'Ambassadeur dans vne mauuaise maison, où à peine il peut estre à couuert, & on le traitte si mal que lorsqu'il est à Constantinople, il parle de ce pays comme du plus disgracié pays du monde. Il fit creuer les yeux, il n'y a pas long-temps, à vn de ses Ministres, qui machinoit de faire souleuer ses sujets ; il a attiré dans ses Estats des Iuifs & Armeniens, & par leur voye le commerce. La monnoye y a maintenant cours ; il tire beaucoup de profit de celle qu'il y fait battre : fait venir des Artisans de tous costez, & pour les y arrester il les marie & leur donne quelque establissement. Il fait aussi tous les iours de grands dons aux Eglises & aux Ecclesiastiques, & il n'y manque que de bons Architectes pour bastir de grandes Eglises, car de luy mesme il y seroit fort porté.

Diuers estats de ceux du pays.

Les Mengrelliens sont diuisez en Seigneurs Gentil-hommes, Saccurs ou riches personnes, & gens du peuple, qu'ils nomment Moinali. Les gentil-hommes qui ont quelque titre s'appellent Ginasca, les autres Ginandi. Il n'y a que les Ginasca qui puissent auoir des Gentil-hommes à leur seruice. Les Gentils-hommes ordinaires ou Ginâdi se seruẽt des Saccurs & des Moinalli; il n'y a point de Noblesse considerée que celle-là: le Prince mesme prend souuent alliance dans leur Maison: personne ne peut s'auancer au de-là du rang dans lequel la fortune l'a fait naistre; celuy qui est né dans la derniere classe du peuple, n'en sçauroit sortir quand il seroit le plus riche homme de tout le pays. Les Ginasca ou Seigneurs ont les mesmes Officiers que le Prince, mais non pas en pareil nombre. Les Saccurs seruent les Gentil-hommes, leur font la Cour, les suiuent à cheual dans leurs voyages & à la guerre, & dans leurs autres besoins. Enfin les derniers du peuple leur portent du bois, les suiuent à pied & portent leurs hardes sur leurs espaules lorsqu'ils voyagent. Outre ces courvées ils les doiuent encore traitter, qui deux, qui trois fois l'année selon la quantité des terres qu'ils tiennent de luy: les plus riches doiuent vne Vache de reconnoissance auec vne Charette chargée de Millet, de pain, de vin, & de volaille. Outre cela ils doiuent loger tous les Estrangers que les Gentils-hommes leur enuoient, & les receuoir eux-mesmes chez eux toutes les fois que l'enuie les prend d'y aller. Ils sont Iuges souuerains de la vie & de la mort de leurs sujets. Quand vne famille est esteinte, ils heritent de ses biens, & souuent quand elle est reduitte à vne seule personne, ils la vendent au Turc pour en profiter; ainsi leurs plus grandes richesses consistent à auoir beaucoup de Vassaux, c'est sur ce pied-là qu'on iuge de leurs puissances, & ceux-là sont estimez les plus riches de tous, qui ont tant de vassaux qu'ils leur fournissent tous les iours tout ce qui est necessaire pour l'entretien de leur maison.

Maisons, Bastimens.

Leurs maisons ordinaires ne sont point diuisées par appartemens; elles cõsistent en vne grande Salle, dans laquelle maistres, valets, hommes & femmes viuent ensemble sans estre separez l'vn de l'autre. Il y a tousiours du feu l'hyuer au milieu de la Sale, & la muraille estant de bois & le toict de paille, il n'y a personne qui se puisse asseurer que sa maison doiue durer tout vn iour; le feu les reduit quelquefois en cendre en vn moment, ou le vent les découure. Ces Sales sont enfumées & obscures, car elles n'ont point d'autre iour que celuy qu'elles tirent de la porte. Ils ont les plus beaux paysages du monde, & quittent sans regret ces Maisons, d'vne architecture si facile, toutes les fois qu'ils veulent changer de Poste. L'Hyuer ils se mettent dans les bois, qui les couurent du vent, & où ils ont le plaisir de la chasse. L'Esté ils cherchent leurs demeures sur les collines: & dans les moyennes saisons ils choisissent des lieux où ils puissẽt iouïr des plaisirs de l'vne & de l'autre des deux saisons; mais ils s'esloignent tousiours des bords de la mer à cause du mauuais air de ces lieux, & de la crainte des Pirates. Le Prince a plus de cinquante Palais, entre lesquels celuy de Zugdidi est le plus beau: il est basty d'vne fort belle pierre, les dedans en sont ornez à la Persanne; ils ont tous ordinairement deuant leurs maisons vn pré fermé d'vn fossé & d'vne haye; ils y plantent pour auoir de l'ombre des arbres, dont les branches font la figure d'vne pomme de pin. A l'entour de ce pré, ils dressent des chaumieres auec quelque distance l'vne de l'autre, de peur que le feu ne les brûle toutes en mesme temps. Celle qui est la plus proche de l'entrée du pré, se nomme Ochos, où ils reçoiuent les Estrangers. Apres suiuent les autres, qui sont destinez ou pour celliers, ou pour garderobbe, & celles-là sont plus fortes que les autres, & faites en forme de tour. Le premier planché en est enleué de terre;car autrement on y pourroit entrer creusant au dessous des murailles, outre que l'humidité gasteroit les meubles: Toutes ces chaumieres sont disposées de la sorte à l'étour de la haye qui ferme le pré, dans les maisons des Gentils-hommes, l'on bastit vne Chapelle au milieu du pré, pour n'estre point obligez d'aller chercher la Messe plus loin. On ne sçauroit croire combien d'auantages ils tirent de cette maniere d'habitations ainsi éloignées les vnes des autres, y trouuant en mesme temps la liberté de la vie de la campagne, & les commoditez du sejour de la Ville.

Ce Peuple cy est si pauure qu'il est reduit à vn lambeau de drap de laine, qui leur descend depuis la ceinture iusques sur le genoüil; les personnes de condition s'habillent d'estoffes estrangeres, mais à leur ceinture de cuir qu'ils portent couuerte de plaques d'argent, ils attachent, outre l'espée, toutes les choses qui peuuent estre necessaires dans vn voyage, vn Couteau, la pierre pour l'esguiser, vne esguillette de cuir large de trois doigs & longue de demie aulne, vn fusil pour allumer du feu, vne petite bourse pleine de sel, vne autre pleine de poivre & d'autres espices, vne alaisne, du fil, vne aiguille, & iusques à vne petite bougie de cire. Leurs chemises sont trauaillées auec de l'or à l'endroit du col, & par en bas: & afin que l'on voye cette brauerie, ils la tirent hors de leurs chausses, & la veste qu'ils portent dessus est plus courte que la chemise. Pendant les grands froids ils mettent vne espece de iust'au-corps doublé de fourrures, leurs bonnets sont en pointe, ils trouuoient l'vsage de nos chappeaux fort commode, mais comme il n'y auoit personne dans le pays qui les pût imiter, ils en firent auec de l'osier, couuert de toile cirée; d'autres les faisoient de drap auec vn carton dedans, il y en eust mesme qui en firent de menuserie, mais tous mettoient ces chappeaux sur leurs bonnets, & ne s'en seruoient qu'en temps de pluye, ou contre l'ardeur du Soleil. Habits.

La pauureté du pays plustost que leur vertu & leur abstinence, a banny toutes sortes de luxes de leurs festins, cela n'empesche pas qu'ils ne fassent excez du peu qu'ils ont: pour regale les iours de Festes, ils pillent du Millet dans vn Mortier, en ostent l'escorce, le lauent, le cuisent, & l'ayant reduit en consistance de paste molle, le seruent sur vne pelle à leur conuiez; cette paste leur tient lieu de pain, dont l'vsage est rare parmy eux: ils ne se seruent point de sieges, & si l'on sert vne planche de bois ou table deuant eux, elle fait aussi le seruice de plat, car on jette dessus la viande, & quand ils ont à seruir quelque chose de liquide, ils font vn trou dans la paste du Millet, & la mettent dans cette cauité; au lieu de table on estend deuant le Prince vn cuir qui a trente ou quarante palmes de long, si graisseux & si sale qu'il degouste ceux qui le voyent. Dans les grands repas l'on fait rostir des Bœufs, des Porcs & des Moutons entiers, ils les seruent sur des Ciuieres: pour la volaille, apres qu'elle est cuitte, ils la portent toute embrochée à l'entrée du lieu où on la doit manger, & arrangent ces broches comme le feroient les armes d'vn corps de garde; on sert premierement le gomo ou millet; celuy qui en a le soin court d'vn bout de la table à l'autre auec vne pelle, & en sert à chacun: ils donnent apres aux plus honnestes gens, de la paste de gomo ou millet plus fine, auec vne petite pallette, cependant que le Cuisinier met le rosty en pieces. On sert tousiours à la personne la plus considerable l'espaule. Pour faire leur brindis lorsque le Coupier leur presente la tasse, ils le prient de la presenter à celuy auquel ils le font, qui l'approche de ses levres, en gouste vn peu, & apres auoir nettoyé l'endroit où il a porté la levre, la renuoye à celuy qui luy a fait le brindis, qui la boit tout entiere. Ils ont en grande estime ceux qui boiuent beaucoup sans s'enyurer. Ils auoient vn homme dans le pays, si renommé par cette vertu, que Sephy Roy de Perse le demanda au Prince Dadian: il fut en Perse, & s'estant esprouué plusieurs fois auec les plus braues du pays, il en remporta tousiours la victoire & le prix de ces combats. Le Roy mesme voulut vn iour mesurer Leur nourriture. Leurs débauches.

ses forces auec luy, & beut, ce disent-ils, auec tel excez qu'il en mourut, & Scedan Cilazé ce fameux beuueur retourna en grand triomphe & fort riche en son pays.

Agricultu-re.

Tous les Mengrelliens s'appliquent à l'agriculture, auec d'autant plus de raison qu'on ne leur apporte point de grain d'ailleurs : la plus grande fatigue apres que le grain est semé, est de le serfoüer, pour empescher que l'herbe ne l'estouffe; elle y croît en grande abõdance à cause de l'humidité du pays. Toute la cãpagne est plaine dans ce temps-là de gens qui trauaillent, la fatigue en est grande à cause de la chaleur, mais ils la rendent moins fascheuse par la bonne chere qu'ils font à ces gens de trauail & par de certaines chansons qu'ils chantent & qu'ils les tiennent de belle humeur; outre que l'air en est accommodé au trauail & comme dans la danse les pas s'accordent à la cadance, aussi dans ces chansons leurs airs s'accommodent aux coups qu'ils donnent; dans vne trouppe de quarante hommes l'on en choisit deux qui battent cette Musique rustique, & afin que les battues soient plus courtes, & qu'ainsi le trauail s'auance d'auantage; ces Maistres de Musique ont double pitance le trauail de la iournée estant finy, ils marchent en files tousiours chantant vers la maison de celuy qui les employe, où on leur fait vn grand repas, on leur donne du vin, & afin de n'en pas manquer en ce temps-là, ils consacrent au temps de la vendange quelque tonneau de leur meilleur vin à S. George, luy promettant de n'y point toucher qu'au temps de la Feste de Saint Pierre & de Saint Paul, qui est le temps de ce trauail; personne n'oseroit y toucher, leurs Prestres leurs ayans fait croire qu'il y va de la vie à rompre ce serment, & ce iour estant venu, ils menent vn de leur Prestre dans leur cellier, lequel estant vestu de ses habits Sacerdotaux, recite quelques Oraisons sur ce vin, perce le tonneau & en enuoye vne bouteille à l'Eglise de Saint George. La terre, comme i'ay dit, est fort humide, les pluyes feroient souuent verser le bled, si elle estoit en labour, ainsi ils sement quelquesfois sur la terre ainsi trempée sans la labourer, ce qui leur reüssit : Entr'autres herbages ils ont beaucoup de Choux, i'en ay veu dont le tronc pesoit bien dix liures, ils les gardent ainsi pour le Caresme, ils leur font boüillir vn boüillon, puis ils les mettent auec du Sel dans vn Muid où il y a eu du vin, ils y adjoustent des herbes de bonne odeur, jettent de l'eau dessus, qui en moins d'vn mois deuient aussi forte que du vinaigre; les pauures gens n'ont point de nourriture plus ordinaire que celle-là.

Chasse.

Comme ces Peuples passent toute leur vie à la campagne, aussi n'ont-ils point d'exercice plus ordinaire que la chasse, tout le monde en prend le plaisir : & c'est vn prouerbe dans le pays, que la felicité des hommes consiste à auoir vn Cheual, vn bon Chien & vn excellent Faucon. Au lieu de tournois le Prince fait des Chasses solemnelles, où tous les Grands du pays sont inuitez, mais celle que Dadian aime le plus, se fait au temps du rut des Cerfs, ils entrent dans le plus fort des bois au lieu où ils les entendent & les tirent à coups de Fleches : dans le temps qu'il portoit le deüil de sa femme, & que la bien-seance l'empeschoit de prendre ce plaisir; il alloit aux lieux où il pouuoit entendre le bruit que font les Cerfs, dans ce temps-là se consoler par cette musique, de la contrainte qu'il souffroit.

Leur maniere d'enterrer les morts.

Quand vn de leurs parents ou amis est à l'agonie, par vne charité barbare, ils luy ostent le cheuet de dessous la teste, & tout ce qui la peut soustenir, & la laissant pendre de la sorte, le malade est promptement estouffé : alors tout le monde de la maison se deschire le visage, s'arrache les cheueux, & cette crierie sans ordre estant finie, ils se preparent en cette sorte à le pleurer plus regulierement; les parens, ceux mesmes de la premiere condition, ostent leurs habits, paroissent nuds iusquà la ceinture. La trouppe se diuise en deux chœurs, qui se repondent l'vn à l'autre repetant plusieurs fois Ohi Ohi; durant le temps du deüil, qui dure quelquefois iusqu'à trois ans, leurs personnes & toute leur maison portent les marques de leur tristesse : l'Euesque dit vne Messe solemnelle pour le deffunt, & tire grand profit de ces Messes; elles luy valent ordinairement plus de cinq cens escus: & comme le Roy profite de la dépoüille des Euesques quand ils meurent, son interest fait qu'il tient la main à entretenir cette coustume. Apres la Messe on fait vn festin à l'Euesque, & on donne de belles vestes à tous les Ecclesiastiques qui y ont assisté. La plus grande despense que font ces Peuples, se fait dans ces occasions, car elle passe plus loin, l'on inuite le Prince à venir pleurer le deffunt: l'on met sous vn Pauillon ses Chiens, sous vn autre son Cheual, pour son espée on en dresse vn troisiesme, & ainsi des autres choses dont il s'est seruy. Le Prince ayant le corps nud iusqu'à la ceinture, & les pieds nuds, se met à genoux sous chacun de ces Pauillons, se donne quelques coups par le visage, pleure, fait ses oraisons, & à la fin trouue vn grand festin à la maison de celuy qui l'a inuité, & vn present pour finir cette feste. Le lendemain de Pasques, est leur iour des Trespassez, ils portent à manger sur la tombe des morts, ils y mettent vne cage couuerte de fleurs auec des cierges allumez; le Prestre benit les viandes, qu'ils portent en suite à l'ombre de grands Arbres qui sont deuant l'Eglise, chaque famille ayant le sien, ils passent le reste de la iournée à se presenter les vns aux autres ce qu'ils ont de meilleur, croyant que la chere, auec laquelle ils se regalent de la sorte, est fort meritoire, & tient lieu de suffrages pour les ames de leurs parens morts.

Ces Peuples sont fort cruels, & ceux du pays qui ont de l'authorité, s'en seruent sans aucune humanité contre leurs sujets. Ie me souuiens qu'vn de ces Seigneurs, qui auoit vn prisonnier qui luy seruoit de Tailleur, luy fit couper vn des pieds, de peur, disoit-il, qu'il ne s'enfuit. Entre tous les chastimens dont ils punissent les Criminels, ils tiennent que d'oster la veuë à vn homme, est vn des plus grands: ils le font de cette sorte. On plante quatre pieux en terre, l'on y attache le Criminel par les pieds & par les mains, en sorte qu'il ne puisse faire aucun mouuement: ils ont deux petits lastres ou plaques de fer de la grandeur d'vn sol, attachées au bout de deux ferremens qui s'vnissent en vn manche de bois: ils les font rougir au feu, & les appuyans sur les yeux du Criminel, ils luy ostent ainsi la veuë auec vne douleur extrême, qui paroist assez dans ses effets, car tout le visage & la poitrine leur enfle, ils sont trois ou quatre iours sans pouuoir manger; quand ils coupent le poing aux Criminels, ils le font auec vn fer rougy, disant que cela empesche le sang de sortir des veines, & ostent auec vn baston la moüelle des os, depeur, adioustent-ils, qu'elle ne pourrisse. Lorsque le crime est leger, que le Volleur a esté surpris, par exemple, en prenant quelque Vache, il en est quitte pour payer quinze fois la valleur de la chose vollée, dont le Roy a vn tiers, l'autre la Iustice, & le reste celuy qui a esté volé. Si le crime n'est pas aueré, on met vne Croix au fonds d'vne chaudiere pleine d'eau, on la fait boüillir en faisant vn grand feu dessous, y employant du bois de serment: l'accusé est obligé de mettre le bras dedans & d'en retirer la Croix, au sortir on luy met le bras dans vn sac, on le lie, on le cachete, & trois iours apres on le descouure; s'il n'y paroist point de marque de bruslure, il est declaré innocent. Quand les preuues sont moins fortes & les crimes de moindre consequence, on les fait iurer sur les images de leurs Saints, mais il est ordinaire de manquer à ces serments: & quand ils sçauent sur quel Saint on les doit faire iurer, ils vont auparauant deuant cette Image, luy confessent leur crime, & l'aduertissent que le lendemain ils diront tout le contraire de ce qu'ils ont confessé; qu'ils ne s'en faschent point, qu'ils leur sacrifieront vn Mouton par exemple. C'est pourquoy ceux qui sont reduits à s'en rapporter à leur serment, se gardent bien de leur dire sur quelle Image ils ont dessein de les faire iurer.

Punition des Criminels.

Maniere d'auerer les Crimes.

On fait quelquefois combattre ensemble ceux sur lesquels tõbe le soupçon d'vn crime, ils courent la lance en arrest l'vn contre l'autre, & celuy qui est blessé le premier est puny comme coupable. Les veufues qui se remarient, si elles sont grosses de leur premier mary, ne font point de scrupule d'enseuelir tous vifs les enfans qui en viennent : ce qui est encore ordinaire aux pauures gens, lorsqu'ils ne se croient pas assez riches pour les nourrir. Ie representay au Prince l'horreur de cette action, sa response fut qu'il n'y sçauoit point de remede, & qu'il ne pouuoit pas tenir registre des femmes qui accouchoient dans ses Estats.

Du costé de la terre, la Mengrellie est fermée du Mont Caucase, & la ferocité des peuples qui l'habitent empesche que les prisonniers ne puissent sortir de ce costé-là. Le Pont Euxin le ferme d'vn autre, & les riuieres du Phase & du Corax, qui ne sont pas guayables, rendent des autres costez la sortie du pays fort difficile : ainsi les Esclaues ou Prisonniers n'en peuuent quasi sortir, & ils se contentent, mesme d'obliger les Personnes d'Estat de porter vne grosse chaisne.

Leur Iustice en causes ciuiles.

Les Mengrelliens n'ont point de loix escrites, & la Iustice ne laisse pas d'y estre mieux administrée, car par tout où il y a des loix, chacun tasche de les expliquer à son aduantage : le sens commun est la loy de ces Peuples ; dans les affaires qui ne sont pas de grande discussion c'est le Prince qui en est le Iuge, qui les decide à table, à la chasse, & par tout où il se trouue ; les plus difficiles se terminent de la maniere suiuante. Les parties choisissent chacune vn Iuge, entre les mains de qui ils compromettent de leurs interests, & les Iuges prennent vn Rapporteur : on s'assemble à la campagne, le plus souuent à l'ombre d'vn grand Arbre ; le demandeur paroist le premier, expose sa demande & ses moyens, apres auoir acheué il se retire & laisse la place à sa partie, à laquelle le Rapporteur expose ses pretentions ; le deffendeur fait sa response auec la mesme liberté : l'on fait reuenir le demandeur, qui s'estoit esloigné, & le Rapporteur luy communique la response & la deffense qu'on a fait à ses demandes, & n'ayant plus rien à dire ny l'vn ny l'autre, les Iuges prononcent. Cette maniere de iuger meriteroit d'estre pratiquée par des Nations plus ciuiles, aussi bien qu'vne autre coustume qu'ils ont dans leurs affaires, de ne s'addresser iamais directement à la personne à qui ils ont quelque chose à demander, mais se seruir tousiours de l'entremise d'vn de leurs amis communs : car il s'en termine tousiours de la sorte, là où l'aigreur auec laquelle l'on fait ailleurs ses demandes en fait naistre de nouuelles.

Mariages.

Toute la difficulté du traitté de leurs mariages, se reduit aux presens qu'on est obligé de faire aux parens de la femme. De mon temps on traitta le mariage du Prince d'Odisci auec vne Fille du Prince de Circasses nommé Casciach Mepe : le Prince demandoit pour sa Fille cent Esclaues chargez de toutes sortes de draps & de tapis, cent Vaches, cent Bœufs & cent Cheuaux. Quand le futur espoux va voir sa Maistresse il est obligé d'y faire porter du vin & quelque bœuf, les Parens en font bonne chere ; le iour des nopces, si l'Euesque ou le Curé ne se trouue point pour les celebrer, ils vont dans leurs Caues, lieu qui n'est pas moins reueré chez ces barbares que les Eglises. Le Prestre tient deux couronnes, & en mettant vne sur la teste du mary, il dit, soit couronné N. seruiteur de Dieu, pour la seruante de Dieu N. il met l'autre sur la teste de l'espouse, & dit soit couronnée la seruante de Dieu N. pour le seruiteur de Dieu N. Il cout les habits du mary auec ceux de la femme : Il prend ensuite vn verre plein de vin, le presente aux espoux, leur Parain tenant cependãt leurs courõnes, & apres qu'ils ont beu le Parain leur coupe le fil qui tenoit leurs habits attachés ; & c'est là toute la forme de leurs mariages sans qu'il se parle du consentement des mariez.

Leurs guerres.

Tous les Mengrelliens vont à la guerre, & quoyque le pays soit petit, le Prince met aisément trente mil hommes sur pied. Ordinairement chaque trente Maisons fournissent vn hõme, mais toute la Noblesse se croit obligée de suiure son Prince ; & comme ces Peuples aiment fort la guerre, ils y portent auec ce qu'ils ont de meilleur, la nuict, pendant lequel temps il n'est pas ordinaire à ces Peuples de faire des entreprises, ce ne sont que réjoüissances & que festins, c'est dans leur Carap à qui fera plus grande dépense, & c'est pour cette occasion aussi qu'ils gardent leurs plus beaux habits & leurs plus superbes meubles. A la Diane & au soir ils battent leurs tambours faits à la Persanne : ils sont de cuiure, semblables à des Tymbales : ils ont aussi des Trompettes droites, longues de cinq pieds ; ils en mettent tousiours deux ensemble qui se respondent l'vn à l'autre auec vn son plus terrible qu'agreable. Celles du Prince Dadian sonnent les premieres, apres celles du Prince Gursel, puis celles de Lipardian le plus puissant d'Odisci, & ainsi les autres selon le rang de leurs Maistres: mais quand ces trouppes se sont rencontrées auec celles du Prince d'Imereti, à cause que ses ancestres ont esté les Maistres de ceux de Dadian, il luy rend ce respect de ne faire sonner les siennes qu'en second lieu.

Les Mengrelliens ne gardent aucun ordre ny discipline dans leurs combats, chacun choisit son ennemy, & la bataille est terminée en vn quart d'heure ; auec tout cela ils ne laissent pas de remporter tous les iours de signalées victoires sur les sujets du Prince d'Imereti ou Bachaciuck, quoique la nature, en les faisant les plus forts, & les mieux proportionnez Peuples du monde, semble les auoir formez auec intention de les en rendre Maistres : le Prince d'Imerety est tousiours sur la deffensiue, & lorsque Dadian entre dans ses Estats il se retire dans la Ville de Cottatis, & aduertit ses sujets de se retirer dans les Montagnes. Dadian entreprit dans ces derniers temps de s'en rendre le Maistre ; il y fit rouler de l'Artillerie ; mais comme il n'auoit pas de gens qui la sçeussent seruir, il fut contraint de leuer le siege.

Entr'autres jeux & exercices ils ont le jeu du Ballon à Cheual, les Ioueurs sont rangez en files ; celuy qui est à la teste jette en l'air le Ballon, & ceux qui le suiuent taschent de luy donner vn coup d'arriere-main auec leur Raquette, de quatre ou cinq palmes de long ; le dernier qui le prend se met à la teste de sa file & recommance cet exercice. *Leurs jeux & exercices.*

Il n'y a pas de pays au monde où les Medecins soient mieux receus : ils estiment principalement les Medecins Italiens & François, & quand ils en rencontrent quelqu'vn, ils font ce qu'ils peuuent pour le marier & l'arrester dans le pays ; pour eux ils n'ont point d'autres Medecins que certaines femmes, à qui l'experience a enseigné ce qu'elles sçauent de remedes : elles ne donnent point d'autre nourriture à leurs malades que du Millet, d'où ils ont osté l'escorce en le pilant dans vn Mortier, y adjoustant quelque feuille de Coriande, & quelque goutte de vin. Dans les plus grandes fievres ils couurent leurs malades de feüilles de Saulx ; ils ne purgent jamais leurs malades, mais à ceux qui se veulent purger par precaution ils donnēt du suc de titimale, qui est vn purgatif fort violent. Ils se seruent de l'infusion de rubarbe pour guerir la fiéure ; & ie me souuiens que comme on eut ordonné à la Princesse de prendre de la confection de Iacinthe, l'ignorance du Medecin fut si grande, qu'il prit vne pierre de ce nom & se mit à la frotter contre vne pierre ordinaire, si-bien que la Princesse prit plustost de la raclure de pierre que de la confection de Iacinthe. C'est assez pour passer pour grand Medecin en ce pays-là, d'auoir des purgatifs qui purgent beaucoup. Plus grande est l'euacuation qu'ils font, & plus on estime ceux qui l'ont ordonnée ; ie ne sçay si l'air du pays y fait quelque chose, mais ie voiois souuent que les remedes de nos Italiens, dans la dose ordinaire, n'auoient pas assez de force pour nous purger en ce pays-là. Pour la fiéure, ils ont appris des Abcasses ce remede : ils mettent le febricitant tout nud dans l'eau la plus froide du pays, & le font tenir-là par deux hommes, fort long-temps, disant que c'est vn remede specifique pour ce mal. *Comment la Medecine se pratique chez eux.* *Leur maniere de guerir la fiéure.*

Les Dames aussi-bien que les hommes vont à cheual dans leurs voyages, les Dames ont vn Chappeau de drap qui a la forme pointuë, est fourré de Zibellines auec des Brodequins fort propres & brodez. Elles se font suiure de toutes leurs Damoiselles fort lestes : vn Valet porte vn marche-pied couuert de velours & garny d'argent, pour leur seruir à monter & descendre ; & quand la Cour fait voyage, il ne se peut rien voir de plus galand, que ces diuerses trouppes de Dames qui suiuent la Princesse, & sont si bien à cheual, qu'on les prendroit pour des Amazones.

Ils sont fort charitables enuers les voyageurs, les plus grands Seigneurs se croient obligez de seruir ceux qui ont besoin de leurs aydes dans ce rencontre ; & la Princesse vn iour ayant trouué vn pauure qui se mouroit de froid, ses Courtisans faisans difficulté d'obeir à l'ordre qu'elle auoit donné, de le prendre en croupe, elle le fit mettre derriere vne Fille naturelle du Prince.

Façons de faire.

Lorsqu'ils se saluent, ils mettent vn genoüil en terre les vns deuant les autres, & i'ay remarqué encore cette particularité, qu'ils donnent vne cueillere pleine de sucre à ceux qui leur apportent quelque bonne nouuelle : le Prince mesme la met de sa main dans la bouche de ses Couriers ; mais auec cela de plus, que le Courier en s'auançant vers luy marche sur vn tapis de velours que l'on estend exprez pour le receuoir.

Estat Ecclesiastique du pays.

Ces Peuples reconnoissoient autrefois le Patriarche d'Antioche, ils reconnoissent presentement celuy de Constantinople, mais cette reconnoissance ne consiste qu'à donner quelques aumosnes au Prestre qu'il enuoye pour les ramasser. Ils ont du reste deux Patriarches de leur Nation, qu'ils appellent Catholiques. Celuy de la Georgie a sous luy les Prouinces Cartuli ou Cardueli, Gaghetti, Baratralu, & Samsché : celuy d'Odisci les Prouinces d'Odisci, d'Imereti, de Guriel, des Abcasses & des Suani. Dadian s'est vsurpé auec l'Estat d'Odisci, l'authorité d'eslire des Patriarches de cét Estat ; ce Patriarche a presqu'autant de reuenu que le Prince mesme : il est continuellement en visite des lieux de sa dependance, & au lieu d'auoir soin de son troupeau, il le ruine par ces visites si frequentes : il ne fait point d'Euesque qu'il n'en tire cinq ou six cens Escus. Le grand Vuisir luy donna vn iour quatre-vingts Escus pour vne confession, il ne s'en contenta pas, & comme le mesme Visir estant malade au lit de la mort l'enuoya querir pour se confesser vne autre fois, il fit response qu'il ne meritoit pas qu'il prit cette peine, l'ayant aussi mal reconnu qu'il auoit fait la premiere : il l'obligea par-là luy promettre vne plus grande somme : & ce qui est de plus estrange, c'est que tous les trois ou quatre ans il porte au S. Sepulchre de Ierusalem tout l'argent qu'il a amassé, par des voies si honteuses : croyant que ces presents & ces offrandes l'asseurent du Paradis. Il y auoit autrefois douze Euesques dans le pays ; il n'en reste plus maintenant que six, car six de ces douze Eueschez ont esté conuertis en Abbayes. D'Andra est le premier de tous les Eueschez, il est scitué sur la riuiere du Corax ; Moquis est le second, Bedias le troisiesme, Ciaïs le quatriesme, qui tire son nom de la Montagne où il est scitué, Scalingicas est le cinquiesme, l'Eglise principale est dediée à la Transfiguration de nostre Seigneur, & c'est-là que sont les sepultures des Princes du pays. Scondidi est le sixiesme, l'Eglise est dediée aux Martyrs. Les Abbayes sont Chiaggi, Gippurias, Copis, ou Obbugi où estoient autresfois les sepultures des Princes qui ont esté transferez depuis Scalingicas. Sebastopoli est la cinquiesme, mais les eauës l'ont ruïnée ; la sixiesme estoit Anarghia, autrefois appellée Heraclea. Ces Euesques sont plus riches que pas vn Seigneur du Pays, ils viuent dans vne dissolution fort grande, il y en a qui tiennent trois & quatre femmes chez eux, & de mon temps vn d'eux vendit Esclaue au Turc le mary d'vne femme qu'il aimoit, pour en ioüir auec plus de liberté. Ils font tous les iours le mesme pour se rendre Maistres des richesses de leurs Diocesains, & cependant à cause qu'ils ieusnent fort exactement le Caresme, ils croient estre infiniment plus reguliers que les Prelats de l'Eglise Romaine.

Ils croient qu'il n'y a point de si grand peché que l'on ne puisse effacer en faisant vne bonne œuure, ainsi ils ne se confessent que rarement : mais quand ils se trouuent chargez de quelque crime, ils font vn present à l'Eglise, & s'en croient par-là absous : ce qui leur est bien plus facile que de satisfaire à la rigueur des Canons de l'Eglise Grecque où à l'auarice de leurs Confesseurs, qui exigent de grandes sommes pour l'absolution qu'ils demandent. Ils ont vne autre maniere encore plus aisée de purger leur conscience, c'est jetter vn grain d'encens dans le feu apres l'auoir porté trois ou quatre fois à l'entour de leur teste. Leurs Abbez &

bez & leurs Prestres imitent les Euesques dans leurs debauches & dans leur ignorance. I'ay montré plusieurs fois à leurs Prestres vn Alphabet de la langue Georgienne, dans lequel ils disent la Messe, & i'ay trouué que la pluspart n'en connoissoient pas vne seule lettre.

Cette ignorance, commune à tous leurs Ecclesiastiques, leur a fait perdre la forme des Sacremens, ils ne baptisent les enfans qu'à l'âge de 3. ou 4. ans, ils les conduisent dans le Cellier, qui est le lieu où se doit faire la ceremonie; le Prestre vestu de ses parements, benit vn grand vaisseau plein d'eau selon le Rituel des Grecs, & se contente de lire ce qui est escrit dans ce Rituel, sans faire rien de ce qu'il prescrit, & laisse à faire le reste au Parain, lequel prend vn peu de leur Miron ou Huille sacrée au bout d'vn baston, en marque l'enfant, les assistans le lauent apres dans l'eau beniste par le Prestre. Quand l'Eglise est fermée, ils ne font point de difficulté de dire la Messe sur le seüil de la Porte de l'Eglise, leurs Calices sont de bois, vne courge leur sert de burettes & il n'y a personne qui ne fut scandalisé de l'irreuerence auec laquelle ils la celebrent. Cependant on leur paye largement ces Messes on les regale d'vn repas, & de quelque baril de vin, mais leur plus grand reuenu leur vient des Sacrifices. Ces Peuples croient que c'est le seul moyen d'obtenir de Dieu tout ce qu'ils luy demandent, on conduit de bon matin vne victime deuãt le Prestre, qui recite sur elle quelques oraisons, en faisant mention des Sacrifices de l'ancienne Loy, de ceux d'Abel, d'Abraham, de Salomon, & d'autres. Il brusle auec vne Chandelle en cinq endroits le poil de la beste, en forme de Croix, on fait tourner trois fois la victime à l'entour de celuy qui la presente, tous les assistans luy souhaittant durant ce temps-là vne longue & heureuse vie. Cette ceremonie faite, on porte la victime à la Cuisine, cependant le Prestre dit la Messe, apres laquelle il se rend à la maison de celuy qui la presentée, on donne à chacun des assistans vn petit Cierge auec vn grain d'Encens, tout le monde est debout, le Maistre du logis estant seul à genoux, deuant la victime, les assistans portent à l'entour de luy le petit Cierge & le grain d'Encens allumé, luy souhaittent encores vne heureuse vie, & le jettent apres dans vn brasier, on se met ensuite à table, y en ayant vne particuliere pour le Prestre, sur laquelle on sert certaines parties de la victime qui luy sont destinées, comme la poitrine, le dos, le foye & la ratte, & à cause que c'est chair de sacrifice, il n'y a que le Prestre qui en puisse faire porter le reste en sa maison auec la teste & la peau de la beste.

Messes.

Sacrifices.

Ils tirent encore de grands profits des predictions qu'ils font par le moyen de leurs liures, ou de petites boulles d'argẽt sur lesquelles il y a vne croix marquée : ils font passer plusieurs fois le liure à l'entour de la teste de celuy qui les consulte, & l'ouurant apres au hazard, & mettant de mesme le doigt sur quelque endroit, ils disent qu'ils ont trouué la response à l'interrogation qu'on leur a faite, que S. George par exemple a enuoyé la fievre au malade qui les consulte, qu'il est resolu de le faire mourir, mais qu'il pourra appaiser sa cholere, en luy sacrifiant vn bœuf. Ils font le mesme auec les petites boulles, iugeant, ce disent-ils, selon l'endroit ou se rencontre la Croix qui y est marquée.

Ils croient auoir satisfait à tous les preceptes du Christianisme en obseruant exactement les jeusnes qu'il prescrit. Le iour de Pasques on ne parle point de Confession ny de Communion. Ils vont ce iour-là 2. heures deuant le iour à l'Eglise, mais c'est pour en sortir de meilleure heure, & commencer plustost la débauche par laquelle ils le solemnisẽt, & les autres festes pour lesquelles ils ont plus de deuotiõ.

Leur plus grande Feste est celle de Saint George le 20. Octobre, le Prince se rend à Ilori pour y assister; il y vient toutes sortes de Peuples, iusques aux Abacasses & aux Soüans. L'Eglise de S. George est fermée d'vne enceinte de murailles qui ont bien quinze palmes de hauteur. La veille de la Feste, le Prince y va sur le soir accompagné d'vn grand Cortége, appose son scellé sur la Porte de l'Eglise, le lendemain, apres auoir reconnu si on n'y a point touché, il leue le scellé,

La Feste du Bœuf.

& l'on ne manque point de trouuer vn Bœuf dans cette enceinte, le Peuple croyant fermement que Saint George l'y a fait entrer par vn miracle, & bastit sur cette supposition mille preiugez de l'aduenir, si le Bœuf se deffend de ceux qui le veulent prendre, il y aura guerre cette année-là; s'il est fort crotté, c'est vne marque que l'année sera fertille, s'il est plain de rosée, la vendange sera bonne; s'il a le poil roux, il s'ensuiura vne grande mortalité d'hommes & d'animaux, & aussi-tost toutes ces particularitez s'escriuent de tous costez comme vne chose de la derniere importance. Il y a vne famille qui a le priuilege de tuer ce Bœuf, ceux-là gardent dans leur maison, comme vne relique, la Hache auec laquelle ils les tuent ordinairement: le mesme a le priuilege de le couper en plusieurs morceaux, la teste auec les cornes se portent au Prince; il les enrichit d'or & de pierreries, & aux plus grandes Festes de l'année il boit dedans, il en enuoye vn autre morceau au Prince d'Imereti, lors mesme qu'il est en guerre auec luy. Le Prince d'Imereti regale liberalement le porteur d'vn si beau present, chaque famille du pays en a de mesme sa part, & tout le reste est diuisé par plusieurs petits morceaux au Peuple, qui les seche & les garde pour vn souuerain remede dans ses infirmités. Sur cette opinion que le S[t] dérobe vn Bœuf cette nuit-là, ils croient qu'il leur est permis de faire le mesme, & il m'en cousta 2. Cheuaux qu'ils m'enleuerent: la verité est, cóme ie l'ay appris de quelques Grecs qui se voulurent éclaircir du fait, & veillerent toute cette nuit, que les Prestres tirent le Bœuf auec des cordes dans l'Eglise, ce qu'ils font d'autant plus facilement, qu'ils ont fait accroire à ce Peuple trop credule qu'il y va de la vie à tourner les yeux dans ce temps-là vers ces murailles, & que l'on seroit percé de certaines pointes ou Fleches que l'on voit dans l'Eglise de ce Saint. Ils obseruent fort exactement le Caresme, & à l'austerité du jeûne des Grecs, ils y adjoustent la penitẽce d'aller à pied pour ceux qui vont ordinairement à Cheual; les femmes vont nuds pieds, les trois derniers iours de Caresme ils ne prennent aucune nourriture, leur Caresme dure sept semaines entieres: ils le commencent le Lundy de la Quinquagesime, les Samedys & les Dimanches ils mangent deux fois le iour, obseruant les autres iours du Caresme en la maniere des Grecs, & ne mangeant que lorsque les estoilles paroissent.

Superstitiõs des Mengrelliens.

Il n'y a point de Peuple plus superstitieux que les Mengrelliens, cela se voit assez dans l'apprehension qu'ils ont de la Lune, qu'ils croient estre la cause de tous leurs mal-heurs, ils s'abstiennent en son honneur, de manger le Lundy de la viande; s'ils sont en voyage ils se gardent soigneusement de puiser de l'eau, disant que ce iour-là elle est infectée. Le premier qui découure la Lune nouuelle en aduertit les autres, ceux qui ont l'Espée au costé la tirent toute nuë, ou leur cousteau, les autres la saluent en mettant vn genoüil en terre, auec mille autres superstitions, gardant par cette raison le Lundy comme les Iuifs le iour du Sabbat: ils chomment aussi le Vendredy, & il y a apparence qu'ayans receu le Christianisme au temps de Constantin, c'est de luy aussi qu'ils tiennent cette deuotion, car Constantin le faisoit chommer à l'honneur du iour de la Passion de nostre Seigneur. A la naissance de leurs enfans ils consultent le Curé & luy demandent ce qu'il deura faire pour estre heureux; le Curé, pour les entretenir dans cette creance, fait semblant de consulter ses liures, & leur donne pour conseil de s'abstenir, par exemple, de manger des animaux qu'on mange auec la peau, & autres auis de cette nature. Ils ne portent point les corps de leurs morts à l'Eglise, mais tout droit au Cimetiere; on fait ensuite le Seruice dans l'Eglise, mettant en place du Corps, au lieu du mortuaire, la Pelle qui a seruy à faire la Fosse.

Ils parent les Façades de leurs Eglises des testes des Cerfs & des hures de Sangliers qu'ils ont tuez: ils croient que cét ornement est fort agreable à Dieu, que le bon-heur de leur chasse en dépend, & qu'il importe fort pour faire vne bonne pesche, que la barque du Pescheur ait esté faite en temps heureux, & que tous ceux qui y ont trauaillé ayent esté payez largement de leur salaire. Ils nous obligerẽt vn iour de jetter de l'Eau beniste sur vne de leur Barque sur le point d'aller à la Pesche ; & comme il s'y prît beaucoup de poisson, ils ont tousiours voulu depuis que nous fissions la mesme chose.

Quand ils sont en mer, & que le vent leur manque, ils chiflent tous pour le faire reuenir ; & quand il est fauorable, ils ne souffrent point que l'on couse rien dans le vaisseau, ny que l'on se serue de fil ny d'aiguille, disant que le vent demeure pris dans les tours & retours que fait le fil. Ils attribuent souuent les disgraces qui leur arriuent, aux imprecations & aux enchantemens de leurs ennemis, jusques-là, que j'ay veu vn des principaux du pays, faire porter deuant luy quantité de petites Images & de Reliques au bout d'vn baston, pour purger l'air, ce disoit-il, de toutes ces malignitez, quand ils font quelque marché, outre le prix de la chose, ils donnent encore quelque regale au Marchand, afin qu'il la benisse. Ils ne mettent iamais entre les mains de l'acheteur ce qu'ils vendent : ils le jettent deuant luy ; car s'ils faisoient autrement, ce disent-ils, tout ce qu'ils ont dans leurs maisons en sortiroit, & seroit perdu, sans qu'ils y pussent apporter de remede. Quand les hommes font amitié ensemble, ils se touchent l'vn à l'autre le front auec vn peu de Miron ou huyle sainte ; & quand l'amitié se fait entre personnes de different sexe, l'homme presse auec les dents le bout du tetton de la femme ; & sont persuadez qu'vne amitié faite auec cette ceremonie doit estre eternelle.

Nous conseillâmes vn iour vn des Principaux du pays de manger de la viande, quoy que ce fut en Caresme, pour r'auoir ses forces abbatuës par vne longue maladie, dans le temps que l'on luy seruoit vn Faisan, on luy vint dire que le Patriarche luy enuoyoit vne Image miraculeuse ; il creût que si elle voyoit le Faisan, elle acheueroit de le tuer, au lieu de le guerir ; il fit reporter bien finement dans vne autre partie de sa maison fort éloignée, le plat qu'on luy auoit seruy, receust auec veneration l'Image, luy fit son oraison ; & quand elle fut sortie, il se seruit du conseil que nous luy auions donné. Mais ie craindrois d'ennuyer le Lecteur d'vn plus long recit de ces foiblesses qui sont infinies parmy eux. Ie rapporteray seulement vne maniere particuliere qu'ils ont à deuiner l'aduenir. Celuy des conuiez, à qui l'on a seruy l'os d'vne espaule de Mouton, par exemple, apres en auoir bien osté la chair, considere diligemment cét os : & sur les remarques qu'il y fait à sa mode, il dit ce qu'il sçait de l'aduenir ; son iugement ainsi fait, il le redonne à celuy d'aupres de luy, & cét os fait ainsi tout le tour de la table. Vn iour que ie me rencontray à table auec eux, sur la fin on examina à l'ordinaire l'os d'vne espaule de Veau qu'on auoit seruy, cét os tomba enfin entre les mains d'vn jeune Esclaue Abassa de Nation, lequel, l'examinant comme les autres, dit qu'il falloit que l'on eut bruslé la maison de celuy de qui venoit ce Veau, & en effet la chose fut trouuée veritable, sans qu'il y eut aucun lieu de soupçonner qu'il eut pû auoir appris la chose d'ailleurs.

Qui est l'endroit que l'õ sert toujours au plus honneste de la compagnie.

Quand ils ont à souhaitter de la pluye pour leurs grains, ils prennent quelque Image de grande deuotion, & la mettent tous les iours dans l'eau iusques à ce qu'il pleuue, & croient qu'ils luy ont l'obligation de la premiere pluïe qui vient en suitte.

Marchandise & monnoye du pays.

Ils n'auoient aucune monnoye auparauãt que le Prince Dadian eut attiré le commerce des Armeniens dans le pays, elle ne sert même presentement que pour esgaler les eschanges qu'ils font de leurs marchandises ; ce Prince en a fait battre dans ses Estats auec des Caracteres Arabes, semblable à celle qui a cours dans la Perse, nommée Abassi ; mais ceux du pays estiment d'auantage les reaux d'Espagne & les monnoyes estranges : elle leur est d'autant moins necessaire, qu'il n'y a point de pauure homme qui ne tire de son Iardin ou de son bestail ce qui est necessaire pour sa nourriture, & pour leurs autres necessitez, ils les ont par troc des Turcs, ou aux Foires du pays, dont la plus grande est celle du mois de Septembre, qui se tient deuant nostre Eglise de Cipourias : l'autre, que ie ne dois pas oublier, se fait dans l'Eglise de

Saint George le iour de la ceremonie du Bœuf. Les Turcs portent de Constantinople des tapis, des couuertures de lit, des selles, des harnois de Cheuaux, des arcs, des fleches, des draps, du fer, du cuiure, de la laine, des toiles de coton, & en rapportent du miel, de la cire, du fil, des peaux de Bœuf, des Martres, des peaux de Castor, des Esclaues, & du bois de buys: Ils gagnent beaucoup sur ce bois, & pour la valeur de quatre cens escus de sel qu'ils apportent dans le pays, ils en tirent pour plus de cinquante mil escus de buys: les Seigneurs vendent souuent leurs subjets pour Esclaues, & de mon temps, vn de ces Seigneurs, qui vouloit auoir quelque chose des Marchands Turcs, qui luy demandoient dix Esclaues, pour les auoir plus aisément, car la chose s'estoit respanduë dans son pays, & personne durant ce téps-là ne paroissoit deuant luy: il fit entendre aux Ecclesiastiques qu'il vouloit faire celebrer vne Messe solemnelle, apres laquelle il les regaleroit fort bien: il y vint 12. Prestres, il fit fermer l'Eglise apres qu'ils eurent dit la Messe, leur fit razer les cheueux & leur grande barbe, & les liura aux Turcs. I'ay veu les maris vendre leurs femmes aux Turcs sur vn simple soupçon, en ce rencontre le Seigneur du lieu a le tiers du prix de la vente, les parents de la femme en ont vn autre, & le mary le reste. On m'a dit mesme qu'vn Gentil-homme, pour auoir vn Cheual Turc qui luy plût, donna en eschange sa propre mere.

Tempera-ture du pays. L'air de ce pays est fort humide, & cette humidité vient de sa situation: car d'vn costé il a le Mont Caucase, d'où il sort quantité de riuieres, les bois dont il est couuert empeschent que l'air ne soit agité, & le voisinage de la mer & les vents qui en viennent y apportent continuellement du broüillard & de la pluye. Les rosées y sont aussi fort grandes, & cét air humide & renfermé venát à se corrompre durant la chaleur de l'Esté, engendre beaucoup de maladies, principalement à craindre aux Estrangers, qui deuroient pendant l'Esté quitter les Vallons, demeurer sur les hauts & ne manger point de fruits, quoy qu'il s'y en trouue en grande abondance. Ceux du pays sont ordinairement tourmentez du mal de ratte, qui se conuertit en hydropisie si l'on n'y remedie de bonne heure. Les fiéures tierces & la quarte y sont fort ordinaires, & durant l'Automne il y a force fiéures continuës. Les Gens aagées y meurent ordinairement de catarres & de difficulté de respirer; la jaunisse & la letargie fait mourir les plus ieunes. Les froids y sont aussi fort grands, & quoy qu'ils ne se fassent sentir que sur la fin de Decembre, il ne laisse pas d'y tomber beaucoup de Neiges quelquesfois mesmes iusqu'au mois d'Avril.

Le pays est vast & marescageux du costé de la mer, mais plus auant vers les Terres il est fort bossu, le Mont Caucase l'asseure de ce costé-là des courses des Barbares qui l'habitent, & aux endroits où la Montagne sembloit auoir laissé quelque passage, ils y ont tiré vne muraille qui a plus de soixante mille pas de longueur, laquelle est flanquée de ses Tours, gardée par des Mousquetaires, qui se releuent tous les mois, & que les principaux Seigneurs de la Ville d'Odisci ont accoustumé d'enuoyer tour à tour. Les endroits du pays du costé de la mer, où il n'y a point de Marais pour en deffendre l'entrée, sont aussi fortifiez de Chasteaux de bois: le pays va s'esleuant auec vne pente douce depuis la marine iusques aux plus hautes Montagnes du Caucase. Ie sçay bien que Quintecurce & Pline mettent le Caucase dans les Indes, mais Prolomée & Pline le mettent entre la mer Caspiene & le Pont Euxin, & Strabon remarque que Quintecurce en a parlé de la sorte pour flatter Alexandre.

Mont Caucase est les Peuples qui l'habitent. Le Caucase est habité par des Peuples fort sauuages de differentes langues, qui ne s'entendent point; les plus proches de la Mengrelie sont les Suanes, Abcasses, les Alans, Circasses, les Ziques, & les Caracholi. Ils se vantent d'estre Chrestiens, quoy qu'il n'y ait ny foy ny pieté parmy eux, les plus ciuilisez sont les Suani, qui ayment à se faire instruire; ils occupent vne grande partie des montagnes qui sont vers Odisci & celles d'Imereti; ceux-cy seruent le Prince d'Imereti, & ceux-là le Prince Dadian. Ils sont d'vne taille extraordinaire, bien proportionnez, mais affreux de visage, braues Soldats, bons Arquebusiers, ils ont même l'art de faire des Arquebuses & de la poudre: au reste si sales qu'ils font peine à ceux qui les regardent. Ils ne manquent point des choses necessaires à leur nourriture, mais la necessité d'auoir des habits & toute sorte de mercerie, les oblige à venir par troupes en Georgie au commencement de l'Esté, loüent leur trauail & leur industrie, trauaillent à la campagne, & s'en retournent apres la recolte, remportant pour leur salaire, non pas de l'argent, qui leur seroit inutile, mais des plaques de Cuiure, des Chaudrons, du fer, des toiles, des draps, des tapis, & du sel. Ils reuiennent au commencement de l'Hyuer à Odisci, où ils fournissent les habitans de bois, dont ils ont grand besoin à cause du grãd froid & de la qualité de leurs Maisons mal fermées; & quand ie les interrogeois pourquoy ils ne vouloient point d'argent pour leur salaire, ils me respondoient qu'en prenant en payement les choses qui leur estoient necessaires, ils s'espargnoient la peine de receuoir de l'argent puisqu'il le falloit remployer apres en ces mesmes marchandises. Ces habitans du Mont Caucase ny les autres Peuples qui sont entre la mer Caspienne & le Pont Euxin, ne se seruent point de monnoye, & quoy que Strabon ait dit qu'ils ont beaucoup d'or & qu'ils le ramassent dans des peaux de Mouton, ie puis neantmoints asseurer qu'il ne leur reste rien de ces richesses supposées, ny mesme aucune memoire dans le pays qu'il y en ait eu autrefois.

Les Peuples du Caucase les plus auancez vers le Nord que les Turcs nomment Abassas ou Abcasses, sont bien faits, bien proportionnez, ont le teint beau, adroits de leurs personnes, forts & propres à toutes sortes de fatigues. Leur pays est sain, agreable, entrecouppé par des collines fort fertilles & fort riches. Ils ont de grands trouppeaux, & viuent de la Chasse, & de laiterie; ne mangent point de poisson quoy qu'ils en ayent en grande abondance, & sur tout ont en horreur les Escreuisses, se raillant souuent de leurs voisins de Mengrellie, qui en font vn de leur meilleurs morceaux. Ils n'habitent point dans des Villes ny dans des Chasteaux, mais 15. ou 20. familles s'attroupent ensemble, & ayant choisi le sommet de quelque Colline y dressent des Chaumieres & les fortifient de Hayes & de bons fossez; ce qu'ils font pour n'estre point surpris de ceux mêmes de leur pays; ils taschent de s'enleuer les vns les autres, & de faire des Esclaues pour les vendre aux Turcs, qui estiment beaucoup ceux de cette Nation à cause de leur beauté. Entr'autres façons de faire qui sont particulieres à ces Peuples, ils n'enterrent ny ne bruslent le corps de leurs morts, ils mettent le corps dans vn tronc d'Arbre qu'ils ont creusé & qui sert de bierre, & l'attachent auec du serment de vigne aux plus hautes branches de quelque grand Arbre, ils suspendent de mesme les Armes & les habits du deffunct, & pour luy enuoyer son Cheual en l'autre monde, ils le font courir à toute bride proche de cét Arbre iusques à ce qu'il crêue. S'il meure bien-tost, ils disent que son Maistre l'aimoit fort, & si au contraire il resiste long-temps, ils disent qu'il a tesmoigné par là qu'il ne s'en soucioit pas beaucoup. Ie ne diray rien des Alains & des Zichi, à cause que dans leurs façons de faire ils tiennent partie celles des Soüani & des Abcasses. Abcasses.

Les Cosmographes mettent les Amazones en ces quartiers & dãs cette estenduë de pays qui est entre le Pont Euxin & la mer Caspiene, vn peu plus vers la mer Caspiene. Ie ne m'estendray point sur ce que dit Plutarque qu'elles tinrent teste à Pompée lors qu'il poursuiuoit Methridate. Ie diray seulement que du temps que i'y estois on escriuit au Prince de la Mengrellie, qu'il estoit sorty des Peuples de ces Montagnes qui s'estoient diuisez en 3. troupes, que la plus forte auoit attaqué la Moscouie, & que les deux autres s'estoient jettées dans le pays des Suaues & des Caracholi, autres Peuples du Caucase, qu'ils auoient esté repoussez, & qu'entre leurs morts on auoit trouué quantité de femmes, ils apporterẽt même à Dadian les Armes de ces Amazones, belles à voir & ornées auec vne curiosité de fẽmes; c'estoit des Casques, des Cuirasses, & des Brassars faits de plusieurs petites lastres de fer, couchées les vnes sur les autres; celles de la Cuirasse & des Brassars r'entroient les vnes sur les autres & obeis- Amazones.

soient ainsi aisément aux mouuemens du corps ; à la Cuirasse estoit attachée vne espece de cotte qui leur arriuoit iusqu'à my-jambe, d'vne estoffe de laine semblable à nostre serge, mais d'vn rouge si vif qu'on l'eut prise pour de tres-belle escarlatte : leurs brodequins ou bottines estoient couuertes de petites papillottes non pas d'or mais de leton, percées par dedans & enfilées ensemble auec de petites cordes de poil de Cheure, fortes, deliées, & tissuës auec vn artifice admirable. Leurs Fleches de 4. palmes de longueur toutes dorées & armées d'vn fer d'acier tres-fin, qui ne finissoient pas en pointe, mais larges par le bout de trois ou quatre lignes comme le taillant d'vn ciseau. Voila ce que i'ay appris de ces Amazones, lesquelles, selon ce que m'en ont dit ceux du pays, sont souuent en guerre auec les Tartares appellez Calamouchques. Le Prince Dadian promit de grandes recompenses aux Suanes & aux Caratcholi pour auoir vne de ces femmes viue, si iamais en vne pareille rencontre il leur en tomboit quelqu'vne entre leurs mains.

Caratcholi ou Karakines.

Ces Caratcholi habitent aussi vers le Nord du Caucase, il y en a qui les appellent Caraquirquez, c'est à dire Circassiens-noirs ; ils sont fort blancs de visage, & ce nom leur a peut-estre esté donné à cause que l'air de leur pays est tousiours sombre & couuert de nuages : ils parlent Turc, mais si viste qu'on a de la peine à les entendre. I'ay fait quelque fois reflexion sur ce qu'ils ont conserué au milieu de tant de Nations differentes, la pureté de la langue Turque ; & ayant trouué depuis dans Cedrenus, que les Huns, d'où viennent les Turcs, estoient sortis de la partie du Caucase la plus Septentrionale ; i'en ay tiré cette induction que ces Peuples tirent leur origine des Huns.

Riuieres du pays.

Tous les plus grands Fleuues de l'Asie tirent leur origine du Mont Caucase & du Taurus ; nous ne parlerons icy que de ceux qui ayant leurs sources dans le Caucase, trauersent la Mengrellie pour se rendre dans la mer-Noire. Ces Fleuues sont le Phase, le Phase est le premier de tous, Procope a crû qu'il entroit dans la mer auec vne si grande impetuosité, que vis-à-vis de son emboucheure, l'eau n'estoit point salée, & qu'ainsi on y pouuoit faire prouision d'eau douce sans entrer dans l'emboucheure de cette riuiere. Agricola asseure au contraire que son cours n'a aucune impetuosité, pour moy ie puis dire, apres l'auoir veu plusieurs fois, qu'au commencement de sa course il est fort impetueux, & qu'apres estre arriué à la Plaine, son cours est si imperceptible qu'on a de la peine à remarquer de quel costé il court. Il est vray aussi que ces eauës ne se meslent point auec celles de la mer, ce qui leur arriue à cause qu'estant beaucoup plus legeres elles nagent au dessus : ces eauës sont comme plombées à cause, comme dit Arian, de la terre qui y est meslée. Mais quand on les a laissé reposer quelque temps, elles ne cedét point en bonté aux meilleures eauës du monde. Les Anciens, par cette raison, vuidoient leurs vaisseaux & les remplissoient de cette eau, qu'ils croyoient fort importante aux bons succez de leur nauigation. La riuiere de Phase se descharge dans la mer par deux bouches, entre lesquelles elle forme vne Isle où les Turcs bastirent l'année 1578. vne Forteresse. Amurat auoit en ce temps-là pris au Persan la Ville de Teflis, & creut que ce Port seroit fort propre pour faire passer plus aisément ses Trouppes à la conqueste de la Perse qu'il auoit dans l'esprit, & à se rendre Maistre de la Ville de Colatis l'entrée & la Clef du pays, de ce costé-là. Ses Galeres remonterent bien auant dans la riuiere, mais ces Georgiens qui les attendoient à l'endroit du fleuue le plus estroit, les traitterent si rudement qu'ils les firent retourner à l'endroit du fleuue où ils bastirent cette Forteresse ; le Prince d'aujourd'huy la demolie, & en a enleué vingt-cinq pieces de Canon. Les Officiers qui la tenoient pour le Turc n'ont point escrit à la Porte la prise de cette Place, & en tirent encore aujourd'huy les mesmes émolumens, qu'ils tiroient lorsque leur garnison estoit sur pied. Au dessus de l'Isle le Phase a bien vn demy mille de largeur. Ses riues sont bordées de beaux Arbres, & frequentées de pescheurs qui y font heureusement la pesche de l'Esturgeon. Plus haut dans cette riuiere on trouue plusieurs petites Isles, l'vn à l'autre de ces Isles habitez. Toutes ces maisons ont vne petite Barque faite d'vn tronc d'Arbre creusé que les femmes peuuent conduire : la riuiere estant fort aisée à trauerser en cét endroit ; Arrian, qui la fut reconnoistre par ordre de l'Empereur Adrien, dit dans vne de ses lettres, qu'il auoit veu au costé gauche de son emboucheure vne statuë de la Deesse Rhea. Ce Temple fut consacré à l'honneur de la Vierge du temps de l'Empereur Zenon, & c'est peut-estre l'étimologie du nom Recas, que les Mengrelliens donnent aux riues des riuieres ; i'en tire encore cette conjecture, que les Eglises qui se trouuent maintenant dediées à la Vierge, & se voyent sur les Montagnes, peuuent auoir esté autresfois des Temples dediez à Rhea, car on bastissoit sur les Montagnes les Temples de cette mere des Dieux, à l'imitation du changement que ie viens de dire de ce principal Temple dedié à la Deesse Rhea, ils ont esté depuis conà la Vierge Marie.

Apres le Phase vient le Skeni-Skari, c'est à dire, le fleuue Cheual, à qui les Grecs auoient donné le mesme nom à cause de sa vitesse. Arrian, & tous les Geographes qui l'ont suiuy, mettent d'autres fleuues entre le Phase & le Skeni, en cela ils se sont trompez, & ie puis asseurer que le Skeni est le premier des fleuues qui se rendent dans le Phase. Ie corrigeray icy beaucoup d'autres fautes que ces Autheurs ont faites dans la description des fleuues de ce pays ; la riuiere Abbascia & le Tachur entre encores dans le Phase, l'Abbascia est le Glaucus de Strabon, & le Tachur ne peut estre autre que le Sigamé d'Arrian, quoy qu'il le mette apres le Copo. Il y a encore aujourd'huy vn lieu nommé Sinagi par où cette riuiere passe duquel elle auoit pris son nom ancien.

Skeni en lãgue Georgiene signifie vne riuiere.

Voyez la Carte Geographique qui est la premiere carte de ce pays, qui ait paru au public.

Pour la riuiere Cobo, ceux du pays l'appellent aujourd'huy Ciani Skari, elle est appellée dans les Cartes Cianeus, nommé ainsi d'vne Nation qui en habite les riues, & qui vient souuent traffiquer en Mengrellie.

L'Enguria sera l'ancien Astelphe, car Arrian le met proche du Cianeus, il descend auec rapidité des Montagnes qui sont habitez par les Souani, & la chaleur faisant fondre les neiges dans ces Montagnes, il croist en sorte qu'on n'y sçauroit passer sans Barque, plus il fait chaud plus ses eauës sont fraisches, & courant entre des Caillous elles se purifient, & sont excellentes. Il s'y pesche grand nombre de Truites que ceux du pays prennent auec des Hameçons faits de bois, quand ses eauës sont fort cruës on y prend aussi beaucoup d'Esturgeon.

L'Heti, que l'on rencontre apres l'Enguria, n'est point marqué dans les Cartes, peut-estre à cause de sa petitesse, mais il est fort connu par la pesche qui s'y fait d'vn poisson qui luy est particulier, il entre dans la mer en vn lieu nommé Gaghidas.

L'Ochums passe par vn lieu nommé Tarsceu, & c'est peut-estre de là que vient le nom de Tarsura sous lequel il est marqué dans les Cartes. Apres l'Ochums l'on trouue le Moquis, qui prend son nom de la Ville, & l'Euesché de Moquis qu'il trauerse. Le dernier est le Coddors ou Corax, il separe la Mengrellie des Abcasses, comme le Phase la separe de Guriel, où l'on parle la langue Georgienne : aussi quand on a passé le Coddors ou Corax l'on parle la langue des Abcasses, ce qui fait assez voir que le Coddors est l'ancien Corax, puisque selon les Anciens il seruoit de bornes à la Colchide de ce costé-là.

Il me reste à dire sur le sujet de ces mers, qu'en beaucoup d'endroits de la Mengrellie, & principalement dans les Plaines, la terre resonne quand on les passe à Cheual, comme si elles estoient creuses par dessous : ce qui rend plus probable l'opinion que l'on a euë de la communication de la mer Caspiene auec l'autre. Adjoustez que l'on trouue dans ces deux mers les mesmes especes de poissons, l'on pesche beaucoup d'Esturgeons dans la mer-Noire, & dans la mer Caspiene, il y en a vne si grande quantité, que le Roy de Perse tire plus de cinquante mil escus tous les ans de la pesche qui s'en fait à l'emboucheure de la riuiere Cirus.

Sentimens de l'Autheur sur la communication de la mer Caspiene auec le Pont Euxin.

Pol. liu. 4.

Polibe croit que les riuieres qui entrent dans le Pont Euxin y apportans tous les iours de nouuelles matieres, il se doit remplir enfin & estre changé en lac quand elles auront bouché le Bosphore de Trace, mais la rapidité auec laquelle courent ses eauës nettoye son lit plus haut que celuy de l'Archipel, cependant l'on voit par les Coquilles qui se trouuent aux murailles d'vne petite Chappelle antique proche de Caffa, nommée le Cherci, que la mer s'est autrefois estenduë iusques-là dans le temps peut-estre que le destroit du Bosphore s'est trouué bouché, dont les Turcs disent auoir quelque tradition entr'eux.

Illic umbrosa semper stat aequore nubes, & incerta dies.

Le Pont Euxin est fort sujet aux tempestes, principalement l'Hyuer; la Tramontane, ou vent du Nort est sa trauersie, & dans cette mer elle couure l'air de nuages & d'obscurité, au lieu que dans les autres pays elle le purge & le rend plus serain; & c'est auec beaucoup de raison qu'Horace a dit, des nuages obscures couurent tousiours ces mers, de-là vient le nom qu'on luy donne de mer-noire plustost que de son sable, ou fonds: Il n'y a point d'Isles dans cette mer, si l'on ne conte pour Isles quelques petits rochers qui se trouuent proches de ses Costes, mais il n'y a que les glaces qu'il charie quelquesfois, qui ayent pû donner lieu à ce que dit Amniam Marcellin des Isles flottantes, en effet il s'y voit quelquesfois de fort grandes glaces, & du temps de l'Empereur Constantin Copronime ces glaces abbatirent vn grand pan des murailles de Constantinople, car l'Hyuer de l'année 766. ayant esté fort rude toute la mer-Noire se glaça, & les Neiges qui vinrent apres s'estant endurcies par le froid, on y vit des glaces de cinquante coudées d'époisseur qui se separerent au prin-temps, en autant de masses de glaces flottantes assez semblables à des Isles, pour auoir donné sujet à ce qu'en dit Ammian Marcellin.

Des Poissons.

Elian dit que l'on y prend beaucoup de Thons, pour moy dans tout le temps que i'ay demeuré dans le pays, ie n'en ay veu qu'vn seul qui fut seruy comme vn poisson fort rare sur la table du Patriarche, & les Pescheurs du pays ne le reconneurent point, mais peut-estre qu'il a pris l'Esturgeon pour le Thon, qui y est fort commun, on le pesche à l'embouchure du Phase & du fleuue Enguria depuis le mois d'Auril iusques à la my-Aoust, ils en connoissent de 3. sortes, le Zutki, qui est le nostre & qui ne pese iamais plus de cinquante liures, il est de meilleur goust que les autres, on porte au Prince ceux de cette espece, & on les met dans des Reseruoirs, où i'ay obserué qu'il est vray, comme le dit Aldrouandus, que ce poisson ne mange point des choses que l'on jette aux autres poissons, & qu'il vit du limon qu'il léche & qu'il ramasse le long des bords du lieu où il se treuue, ainsi il ne mord point à l'hameçon, & on ne le sçauroit prendre qu auec des filets.

Ils nomment la seconde espece d'Esturgeons Angiakia, elle n'est guere differente de la premiere si ce n'est en ce qu'elle a la teste differente, la chair moins bonne, & qu'il est beaucoup plus grand, mais les Esturgeons nommez Poronci qui font vne troisiesme espece, sont encore plus grands, & de mon temps ils en prirent vn qui estoit vne fois plus gros qu'vn Bufle, leur chair n'est pas si delicatte que celle des autres; ils les taillent par tranches, grandes de deux palmes, qu'ils salent & font secher au Soleil; ils appellent ces tranches Moroni, des œufs de ces trois especes d'Esturgeon l'on fait le cauial, ils les saupoudrent de sel apres les auoir mis dans quelque vaisseau de bois, les exposent au Soleil, & les remuent plusieurs fois le iour, & quand ils ont pris vn peu de corps, ils les mettent dans d'autres vaisseaux. L'espece la plus petite, nommée Zutchi, rend plus d'œufs que les autres, on ne jette rien de ce poisson si ce n'est certains petits os plats qui sont attachez sur sa peau: il n'a point d'arrestes, mais en sa place vne cartilage tendre & grosse d'vn doigt, qui s'estend depuis la teste iusqu'au bout de la queuë, & soustient tout son corps. Quand on a mis en pieces l'Esturgeon & qu'on luy oste cette cartilage, elle s'estend comme vn boyau: on la seche apres au Soleil, & on la garde comme la meilleure chose que l'on puisse manger en Caresme. On fait du ventre de l'Esturgeon cette colle qu'on appelle colle de poisson; les Pescheurs ont des marques certaines pour connoistre le temps de cette pesche, ils en iugent sur la cruë des eauës

Maniere de faire le Cauial.

de ce

de ce fleuue. Les eauës de ces riuieres viennent de neiges fonduës, les Esturgeons en aiment la fraischeur, & quittent les autres endroits de la mer pour la venir chercher, on les voit quelquesfois sauter la hauteur de cinq ou six pieds hors de l'eau, si bien qu'il est aisé aux Pescheurs de iuger, par le nombre de ceux qu'ils voient sauter hors de l'eau, si la pesche sera bonne.

Ils les peschent de cette maniere. Chaque Pescheur a sa Barque & son filet: ils sortent à l'embouscheure de la riuiere auec leur filet qui a toute la longueur de leur Barque, c'est à dire, enuiron quarante palmes, ils le laissent pendre au fonds de l'eau, les pierres qui y sont attachées au lieu de plomb, le tenant en cét estat. Les deux bouts du filet sont attachez à deux cordes que deux hommes tiennent l'vn sur le deuant, l'autre sur le derriere du batteau, & quand ils sentent que l'Esturgeon a donné dans le filet, ils en releuent promptement la partie inferieure par le moyen de ces deux cordes, & ayant tiré le poisson dans leur Barque ils luy passent vn cordeau à la gueule, le rejettent en mer, & le tiennent long-temps en vie attaché de la sorte.

Ils ont la pesche d'vn autre poisson appellé Suia, les Turcs le nomment Calcan Baluch, c'est à dire poisson Bouclier, car il en a la figure, est plat, rond, couuert de petits os applatis, a les deux yeux d'vn mesme costé, qui est d'vne couleur qui tire sur le gris, de l'autre costé il est presque tout blanc.

L'on prend cette sorte de poisson en pleine mer auec des rets qui n'ont que la hauteur d'vn homme, mais qui sont fort longs, on les fait descendre iusqu'au fonds de la mer où ce poisson se plaist, sa pesche dure depuis le mois de Decembre iusqu'au mois de May.

Ils ont vn autre poisson appellé Cephalo, l'Hyuer est le temps de sa pesche, il y en a de deux especes, le Cephalos, & le Cocoba, n'y ayant point d'autre difference sinon que le Cocoba est beaucoup plus petit. Il y a encore d'autres petits poissons, mais trop communs pour qu'on se donne la peine de les pescher.

Cephalo est le même que celuy qui est connu en Italie sous ce nom-là.

L'on voit quelquesfois dans cette mer beaucoup d'harans, & ces années-là ils en tirent vn presage que la pesche de l'Esturgeon doit estre fort abondante, & en font vn iugement contraire lorsqu'il n'en paroist point; l'on en vit vne si grande quantité l'année 1642. que la mer les ayant jettez sur la Spiage, qui est entre Trebisonde & le pays d'Abcasses, elle s'en trouua toute couuerte, & bordée d'vne digue de harans qui auoit bien trois palmes de haut. Ceux du pays apprehendoient que l'air ne s'empesta de la corruption de ces poissons, mais l'on vit en mesme temps la coste pleine de Corbeaux & de Corneilles, qui les deliurerent de cette crainte, & mangerent ces poissons. Ceux du pays disent que la mesme chose est arriuée d'autrefois, mais non pas en si grande quantité.

Pour ce qui est des Huitres, quand ils les trouuent dans leurs filets ils les rejettent en mer; i'en ay ouuert de noires, & i'y ay trouué quelquesfois des Perles rousses, semblables à celles que Pline dit auoir veuë dans le Bosphore de Thrace.

Les riuieres abondent en Truites, & ils ont vn prouerbe parmy eux, que dans les riuieres, sur les riues desquelles se trouue vn certain Arbre qui porte des Espines, on y trouue aussi des Truites. Ils connoissent deux sortes de Truites, l'vne qu'ils appellent Calmacca fort petite, & l'autre plus grande qu'ils nomment Aragüli, ces plus petites se peschent aussi dans la mer, mais la plus grande espece ne se trouue que dans les riuieres.

Il y a toute sorte de Gibier dans la Colchide, mais c'est principalement le pays des Phaisans. Cét Oyseau tire son nom de la riuiere du Phase sur les bords de laquelle on le trouue, comme aussi dans tout le reste du pays; c'est de-là, si nous en voulons croire Martial, que les Argonantes le transporterent dans la Grece, comme il le dit dans ces deux vers,

Des Oyseaux.

——— *Argiua primum sunt transportata carina,*
——— *ante mihi notum nil nisi phasis erat.*

ils le prennent auec l'Autour. Quoyqu'il y ait grande quantité de Perdrix dans la Georgie, il ne s'en voit point dans la Colchide, car elles ne s'y pourroient pas conseruer à cause que la Colchide est pleine d'Oyseaux de rapine, le voisinage du Caucase où ils font leurs nids en produisent de toutes les especes; peut-estre aussi que le mesme Ciel qui porte les hommes de ce pays au Brigandage, influë les mesmes impressions sur les Oyseaux. Il y en a de toutes sortes, mais principalement des Epreuiers qu'ils dressent ordinairement en 8. iours, apres lesquels ils leur font voller la Caille, & les laissent aller sur leur foy : ils ont tous des Epreuiers au temps des Cailles, & au commencement de l'Hyuer, pour ne point faire la despense de les nourrir, ils leurs donnent la liberté. Entre diuerses sortes de Faucons qu'ils ont, il y en a de blancs plus estimés que les autres, mais le Prince seul en peut auoir, les autres sont permis à tout le monde, ainsi ils ne manquent point de Faisans ny de Canards. Les Aigles y sont fort communs, ils les prennent seulement pour auoir de leurs aisles, car ce sont les seules qui puissent seruir pour mettre au bout de leurs fleches fort longues. Comme ce pays est sur le bord de la mer, & plein de riuieres, il y paroist souuent de nouuelles especes d'Oyseaux. Le Prince en est fort curieux, il a des Oyseleurs en diuers lieux pour les prendre, & a fait dresser vne volliere auec de l'eau au milieu, où l'on met les plus rares : dans le temps que i'estois à sa Cour, il arriua que tenant conseil auec les principales personnes de son Estat, où estoit le Patriarche auec plusieurs Euesques, on luy vint dire qu'il auoit paru vn Oyseau fort extraordinaire, ie luy vis quitter le conseil & monter à cheual pour l'aller prendre, comme il fit, & apres l'auoir fait voir à toute l'Assemblée, le fit mettre dans sa volliere qui est tres-belle à voir à cause de la grande diuersité d'Oyseaux qui y sont.

Des animaux à quatre pieds.

Il n'y a point d'homme si pauure dans la Colchide qui n'ait vn Cheual, car il ne couste rien a entretenir; entre les Gentils-hommes il y en a qui en nourrissent deux cens, & le Prince en a cinq mil, on les laisse toute l'année à la campagne. Ils ne s'esloignent point des lieux où ils ont accoustumé de paistre, & ils y retournent quand ils peuuent eschapper des mains de ceux qui les ont pris, on ne les ferre point qu'en temps de guerre, autrement dans ce pays plat & où il n'y a point de pierres cette diligence seroit inutile. Les Moutons n'y multiplient pas beaucoup, peut-estre à cause de l'humidité du pays, ils ont la laine fort fine; on trouue vers les Montagnes des Leopards, dont ils estiment beaucoup la peau pour parer les Harnois de leurs Cheuaux. Il se trouue aussi dans les Montagnes vn animal qui tient de la Chéure & du Cerf, il a le poil plus brun que celuy du Cerf, auquel il ne cede point en grandeur de corps, mais il a les cornes approchantes de celles de la Chéure & retortes en arriere, d'vne couleur entre le noir & le cendré, elles ont bien trois palmes de longueur. La chair de cét animal est fort delicate & est beaucoup plus estimée que celle du Cerf, i'en ay veu de cette mesme espece en la Circassie. Ils ont encores de toutes les sortes de bestes sauuages que nous auons en Europe & beaucoup d'Ours, il y en a mesme de blancs, & principalement sur le Mont Cyaïs, quoy qu'il soit separé des autres & qu'il n'y tombe point de neige, ce qui me fait croire que les Ours blancs sont vne espece d'Ours particuliere, & que la blancheur ne leur vient point des neiges, puisque dans le Mont Caucase qui en est tousiours couuert, il ne s'en trouue point de cette sorte.

Ils disent qu'il y a des Bufles sauuages sur la frontiere des Abcasses; auec cela beaucoup de Loups, & les Harats des Cheuaux en seroient tous les iours ruinez s'ils n'auoient l'industrie de se serrer les vns contre les autres pour s'en defendre, de mettre leurs Poulains au milieu, & de leur tourner la crouppe, les Loups n'en pouuant pas venir about à force ouuerte, se cachent dans les herbes pour les surprendre, & se iettent sur ceux qui sont escartez de la troupe, les estranglent & les viennent manger la nuit.

Le Renard est trop fin pour se couller auec tant de bestes sauuages, aussi il n'y en a point, mais bien vn animal qui luy ressemble, si ce n'est qu'il est vn peu plus grand, ils l'appellent Tourra, a le poil rude, ils vont par trouppe, & sur le soir ils commencent à faire des cris, qu'ils continuent toute la nuict, assez semblables à la voix d'vn homme; ils font encore plus de mal que les Renards, & emportent mesme, à ceux qui dorment à la campagne, leurs Souliers & leurs Bottines. On trouue aussi des Castors dans les riuieres & sur la coste de la mer, ce qui est contraire à l'opinion d'Aristote, qui dit qu'il n'y a point d'animal à quatre pieds qui viue dans la mer.

Arist. lib. 8. Hist. des animaux cap. 5.

Les Mengrelliens qui croient que c'est vne felicité de changer quand ils veulent d'habitation, ne sçauroient se resoudre à faire de la despense en leurs bastimens, quoy qu'ils ayent tous les materiaux propres à en faire de tres magnifiques, principalement vne pierre blanche semblable à celle de Malthe, & qui peut receuoir toutes sortes d'ornemens. Ils ont aussi vne autre pierre grise que le torrent, qui descend de la Montagne qui est au dessous d'Arama, roule en bas. Ils s'en seruent pour faire des meules de Moulin, des Mortiers, & des fours pour cuire le pain, car on la peut eschauffer beaucoup sans qu'elle se casse. On croit auec beaucoup d'apparence qu'il y ait de l'or & de l'argent sur le Caucase, mais ceux du pays tiennent la chose cachée pour ne pas s'attirer l'enuie & les desseins des Turcs. Ie n'allegueray point la fable de la Toison d'or, ny l'authorité de Pline, qui dit qu'il y en a eu autrefois beaucoup. L'on tire de l'or encore aujourd'huy proche de la Ville d'Aradan dans la Prouince qui a appartenu autrefois au Prince Attabegi. Il y a aussi de l'Antimoine, l'on m'a dit que le Prince d'Imereti fait trauailler des Mines dans ses Estats, mais il tient la chose la plus secrette qu'il peut, & vn des subjets de Dadian ayant porté à Constantinople vne Monstre d'or & d'argent des Mines d'Odisci, le Prince à son retour luy fit couper vn pied & vne main pour le chastier de cette intelligence auec les Turcs.

Des Pierres, Mines & mineraux.

Il y a des Mines de fer sous la Montagne d'Imerety, & des peuples entiers qui ne font autre chose que la trauailler, il y en a aussi à Odisci, mais ils ne veulent pas mesme que leurs voisins sçachent que le pays ait cette richesse. On a aussi descouuert dans les Montagnes de l'Euesché de Cauis vne Mine d'Ocre.

I'y ay veu le Plane, mais il y est rare; il se trouue de la Regalisse sur les riues du Phase, les Racines n'en sont pas grosses, il y en a beaucoup d'auantage en Georgie; ie n'y ay iamais veu de la grande Centaurée, mais beaucoup de la petite, aussi-bien de celle qui a les fleurs rouges que de celle qui les a blanches. Les herbes qui ont beaucoup d'odeur en nos quartiers n'en ont point en ce pays-là à cause de sa grande humidité.

Des Arbres & des Plantes.

Quoy que Strabon & quelques Autheurs anciens, ayent dit que le Miel de Colchide est fort mal sain & fait tourner la ceruelle à ceux qui s'en seruent, ie ne lairray pas d'asseurer que c'est le meilleur miel du monde, & qu'il a toutes les marques que Matthiole donne au bon miel, ce qui vient de la grande quantité de Melisse qui croist dans le pays. Ils ont encore vn autre Miel fort blanc & dur comme du Sucre, il ne s'attache point aux mains lorsqu'on le manie, & ie croy que sa couleur a donné sujet à l'erreur de Pline, qui dit que vers le Pont Euxin on trouue des Abeilles blanches. Ceux du pays au contraire affirment que les Abeilles qui le font sont jaunes comme les autres, mais que cette couleur luy vient de ce qu'il y a beaucoup de Roseaux dans le pays d'où elles le tirent. Pour celuy-là il est fort estimé dans le pays, mais il ne va pas iusqu'à Constantinople comme le commun, car le Miel blanc se recueille dans le temps de l'Hyuer, pendant lequel ils n'ont point de commerce auec Constantinople, la mer estant fermée dans ce temps-là.

Du Miel de la Colchide.

Ils mettent quelquesfois leur Miel dans des Escorses de Citroüilles ameres, ce qui a peut-estre donné sujet à Strabon d'en parler comme il a fait, & il est vray aussi que celuy qu'on ramasse dans les Montagnes, dans le temps que le Laurier-rose est en fleur, fait vomir ceux qui en prennent, si bien que les Païsans, faute d'autre remede, s'en seruent pour se purger.

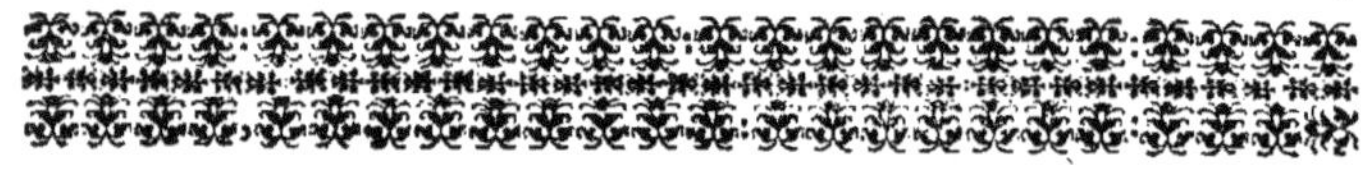

INFORMATIONE DELLA GIORGIA
DATA ALLA SANTITA DI NOSTRO SIGNORE
PAPA VRBANO VIII.
DA PIETRO DELLA VALLE IL PELLEGRINO l'anno 1627.

BEATISSIMO PADRE.

LA terra che hoggi ſi chiama Georgia comprende tutto quello, che gli antichi chiamarono Colcho, & Iberia, con parte anco dell'Armenia, e forſe dell'Albania; fra quai termini ſecondo Strabone ſi rinchiude la regione de popoli Moſchi; perche ſtendendoſi per lunghezza dalle riue più Orientali del mare Euſſino, doue comincia, infin quaſi al mar Caſpio, hà dall'Oriente ſolamente certe poche terre maritime dell'Albania, ſoggette hora al Perſiano, doue ſono le città di Bako, è di Derbend, ò come dicono i Turchi, Demicarpi, cioè Porta ferrea; è per ventura declinando alquanto al mezzo giorno, qualche coſa anco della terra di Sceruan, la cui metropoli è Sciumachi, che à mio parere è parte della Media Atropetana. Dall'Occidente poi hà il mare Euſſino. Dà Settentrione i monti Caſpij rami del Caucaſo, che corrono da vn mare all'altro, è ſono al preſente habitati da certi popoli Barbari, è ladroni, chiamati Lezghi, ò Legzi, dè quali la maggior parte ſon Maomettani; & alcuni forſe anco Idolatri, ò Atheiſti; è ſaranno facilmente i Saoni ò i Phthirophagi di Strabone. All'Auſtro finalmente hà parte dell'Armenia, doue con la Media confina: E più à baſſo nelle parti più Occidentali verſo Trabiſonda, ſe non m'inganno, qualche parte anco della Cappadocia. Tutta queſta terra, che hoggi parla vna ſola lingua, à quei popoli propria, è commune, detta da noi Georgiana, mà da loro Cardueli, fu gia dominata come eſſi riferiſcono da vn ſolo Rè, finche vno di queſti diuiſe poi lo ſtato in quattro figli, che haueua, è gli fece tutti equalmente Principi aſſoluti, laſciando però al primogenito, à chi diede il centro, è la maggior parte della Terra, vn non sò che di preminenza ſopra gli altri: onde infin hoggi è quel Principe da tutti gli altri riuerito, è come maggiore honorato con titolo di Mepet-mepè, che in lingua loro quaſi Rè de Rè ſignifica, contentandoſi gli altri d'eſſer ſemplicemente i Principi della Georgia: ſono hora ſei, perche oltra dè quattro già detti del ſangue reale, due altri che erano prima Miniſtri del Mepet-mepè, è Gouernatori di due gran parti del ſuo ſtato ſopra il mare Euſſino, occupando ciaſcun di loro le Terre che haueuan in Gouerno, è ribellatiſi ſi fecero eſſi ancora Principi aſſoluti, è creſciuti col tempo in autorità, è reputatione vennero non ſolo ad agguagliarſi, mà anco ad apparentarſi con tutti gli altri: onde hoggidi ſi trattano tutti equalmente come pari, è ben ſpeſſo apparentano inſieme, conſeruandoſi però ſin hora memoria che al Mepet-mepè, quando ſaliua à cauallo, quei due Principi, che erano gia ſuoi vaſſalli, è Miniſtri, qual hora ſi trouauano alla corte, come à lor ſignore gli teneuano vno il cauallo, è l'altro la ſtaffa.

Quanto alla diuision della Terra dopò che i Principi furon sei, è tutti parimente assoluti il Mepet-mepè hà dominato, è domina infin hoggi vna regione che chiamano in lor lingua Imereti ch'è il centro, come dissi, è la parte più interiore, è più forte di tutta la Terra; ed è senza dubbio Iberia. Il Principè che iui regna al presente si chiama Ghiorghi cioè Giorgio; è con titolo più breue del Mepet-mepè che s'usa solo nelle scritture, lo chiamano communemente parlando Ghiorghi Mepè, cioè il Rè Giorgio, mà i Turchi così il Principe, come la Terra, è la gente di quella terra, non sò perche, lo chiamano Basciaciuè, che in lingua Turchesca significa Capo aperto, ò Capo scoperto.

All'Oriente di questi giace vn'altra Prouincia detta Kacheti, che, se non fallo, è pur parte dell'Iberia, è forse anco dell'Albania, & era questa lo stato del descendente del minor fratello de'i quattro del sangue reale; & haueua la sua sede in vna città chiamata Zagain, benche questi Principi, come anco i Nobili del paese (che fuor del costume d'altri barbari Orientali, hanno i Giorgiani nobiltà certa, è la riconoscono, è differentiano dalla plebe, come apunto facemo noi altri Europei, per discendensa di sangue, è per vso continuato d'apparentar con equali) si compiacciano più i Rè, dico, & anco i Nobili, che chiamano Asnauri, d'habitar più tosto in campagna, & in case campestri, come i Nobili di Francia, che nelle città, quali tengono per habitationi conuenienti à plebei, & à mechanici, per ridursi iui à i mercati, & al contratto de negotij: è son tanto tutti i Giorgiani di questa opinione, che infin quelli, che non sono Arnauri, ne Nobili, purche possano farne di meno, si sdegnano d'habitar nelle città, è d'essercitare arti mechaniche, ò mercantie; mà lasciando far questi essercitij à stranieri, come ad Armeni, a Giudei, de quali hanno molti nelle lor Terre, & ad altri simili, essi s'occupano solo ò alla guerra, quando bisogna, ò allo stato Ecclesiastico, quei pochi che à ciò si danno, ò per lo più alla cultura de lor proprij campi fertilissimi così d'ogni sorte di frutti, come per la molta seta che iui si raccoglie, de quali quasi tutti ò poco ò molto, alcuna parte possedono; onde con ragione dagli antichi Greci furon Georgi, cioè cultori della terra, chiamati; quindi è che le città in quel Paese son poche, è di poca consideratione, ma le campagne per tutto sono habitate frequentissimamente, è popolate non men di buone case, fatte però la maggior parte di legno al lor modo: non mancano di varie, è ben fabricate Chiese mà mal tenute secondo il lor costume. Il Principe che à di nostri ha regnato nella Prouincia di Kacheti, di chi parlauo, è che viue ancora, mà priuo del stato, come poi dirò, si chiama Teimuras, alquale quando era amico del Persiano Abbas Rè di Persia, che hoggi regna, con occasione d'essergli morta la sua prima moglie, mandò, perche se ne condolesse in suo nome, il Padre fra Giouan Thadeo di sant'Eliseo Carmelitano scalzo, che hora stà in Persia, & all'hora era superiore di quella missione, al qual Padre il Prencipe Teimuras, non solo per esser mandato dal Rè di Persia, mà per esser chi era, è Religioso Christiano de nostri, mostrò amoreuolezza, è cortesia incomparabile, gli fece celebrar messa publicamente nella sua Chiesa principale, assistendoui il Metropolita della Terra, è voleua anch'esso Prencipe assisterui, mà non sò da che fu impedito; gli offeri loco, è terra per farsi della sua Religione in quel Paese Conuento, è Chiesa se voleuano, ansi gliene fece pigliare il possesso, & in somma così il Prencipe, come il Metropolita Allahuerdi, che all'hora viueua huomo molto prudente, & affettionatissimo alle cose di Roma, per quanto il medesimo Padre riferisce, si mostrarono verso la Chiesa Romana tanto deuoti, che più non può dirsi.

De gli altri due Principi descendenti da gli altri due fratelli del sangue reale, vno al mezzo giorno di Kacheti, è d'Imereti; domina la terra che chiamano Cardel ò Carduel, parte d'Armenia maggiore, la cui sede principale è Teflis; quiui dominò già nell'eta de nostri Padri il Prencipe Simone, che morì poi prigione in Costantinopoli, tanto famoso per le guerre, che fece à Turchi nelle nostre historie, è tanto deuoto di questa santa sede Romana, quanto ben mostrano le sue lettere (se pur eran, come io credo, del medesimo Simone) scritte à Papa Paolo terzo di Fel. Mem. Vna delle quali, con la nota anco di quella, che il detto Pontefice haueua prima scritta à lui, và impressa nel libro del Padre Frà Tomasso di Giesù Carmelitano scalso *de procuranda salute omnium gentium*.

A tempi nostri signoreggiaua in quella Terra Luarsab Prencipe giouane, è di grand'espettatione nipote, cioè figlio del sopradetto Simone; mà pochi anni fà trouandomi io in Persia, finì colà miseramente i suoi giorni, vcciso in vna prigione, oue più anni era stato ritenuto, senza lasciare alcuna prole; perche non haueua ancor condotta la moglie, che solo di parola haueua sposata, è la sua Terra fu poi dominata da vn'altro Prencipe della sua casa nipote, ò cugino di lui; però Mahometano, è non più assoluto, mà quasi Vassallo sottoposto al Rè di Persia, come appresto son per dire.

L'altro Prencipe pur discendente del sangue reale, haueua il suo stato all'Occidente, come parte del Carduel, participante, come io penso, è dell'Armenia, è della Cappadocia, ne confini della Media. Mà questo hora non è in piedi, come appresso s'intenderà.

Degli vltimi due Principi descendenti da'i Ministri, è non dal sangue Reale antico, i cui stati cadono ambidui sopra'lmar Negro ò Eussino, vno più al Settentrione domina la prouincia congiunta co i monti Caspij; & anco co i Dadian, cioè caminatori ò erranti; perche anticamente andauano errando come Arabi in tende senza case; mà mutato poi stile, è hoggidì quella prouincia vna delle migliori, è piu ben popolate di tutta la Georgia. Questa è il Colcho degli antichi, & da i Turchi è detta Mengrelia. Vi domina hoggi vn Prencipe giouane chiamato, se ben mi ricordo, Leuan. L'anno 1615. vn Padre Giesuita, di quei di Costantinopoli, che era andato nella Mengrelia à riconoscer quella Christianità, tornato di là, mentre anch'io in Costantinopoli mi trouauo, in tre ò quattro giorni, che soli visse, è quelli ammalato dopò il suo ritorno, (perche à pena arriuato, fu subito assalito da vna gran peste, che iui all'hora regnaua) contò à bocca succintamente d'hauer veduto quel Prencipe, d'età in quel tempo, di circa dodici anni; onde perciò lo stato era gouernato dalla Madre, che viueuano semplice ansi rozzamente alquanto, come genti di campagna, è che lo vide vn giorno venire ad offerire in vna Chiesa la testa d'vn gran Cinghiale, che haueua ammazzato nella caccia; che fecero al Padre molte caresse, è dimostrationi d'amore; mà che non sapendo egli la loro lingua, non si poterono intendere, ne trattare insieme. Più di questo della peregrination del Padre in quelle parti, non potè all'hora sapersi; si perche egli morì, come hò detto, si anco perche le sue scritture in vna tempesta di mare s'eran perdute: mà voglio sperare che i Padri Giesuiti di Costantinopoli, come son tanto vicini à quella terra, che di la in otto giorni, è manco, con buon tempo, vi si può commodamente nauigare, non habbiano abbandonato quella missione; mà v'habbiano forse gia mandato altri, ò siano per mandarui per l'auuenire.

Al mezzo giorno di questa prouincia, è pur sopra il mar Negro ne i confini della Cappadocia, è di Trabisonda, domina l'altro Prencipe non descendente dà i Rè antichi vna regione, che chiamano Guriel; parte al mio parere ò della stessa Cappadocia, ò del Colcho. Il Prencipe d'hoggi, se non fallo, si chiama Iese, è credo che della sua Casa sia il Metropolita, che al presente gouerna tutta la Chiesa de Giorgiani ne paesi, che non son sottoposti al Persiano; perche nelle parti piu Orientali, & doue il Persiano comanda, v'è vn altro Metropolita fatto à suo beneplacito, che dopò la morte di quell'Allahuerdi, che iò di sopra nominai, gli era successo, è viueua al mio tempo. Vn altro pur Allahuerdi chiamato (se pure tal nome non è di quella Cathedrale, chiunque vi seda) vna sorella del quale, che hoggi viue in Persia, condotta iui con gli altri in quella notabil trasmigratione de Georgiani, di che pur toccarò qualche cosa, fu gia moglie d'vn figlio d'vna sorella del vecchio, è morto Allahuerdi, di cui pur quella sorella, è due altre, ad vna dellequali io hò tenuto tre figli à battesimo, condotte similmente in Persia nella trasmigration che dissi, viuono hoggi in Spahan, & han viuuto molti anni, come io stesso hò veduto, per non perder la fede, molto miseramente in grandissima necessità; perche come à Christiane il Rè non daua loro mai niente, nè ne faceua conto, come ne haurebbe fatto se l'hauessero rinegato; ma c'lleno con tutto ciò patientissime, benche educate nella Georgia in abbondanza di ricchezze, è grandezze, non essendo lor permesso di ritornare al lor paese, soffriuano di viuere in Persia pouerissimamente, è dopò hauer consumato, è venduto quanto dal lor paese haueuano potuto portare, si sostentauano humilmente de lor lauori, è ben spesso delle limosine de nostri Religiosi, che stanno in Sphahan, che ne teneuano di continuo protezione, è d'altri Europei ancora, che quanti de nostri iui erano, non mancauano secondo'l loro potere di soccorrerle.

Nello stato che di sopra ho detto è stata la Georgia fin quasi à di nostri, quanto al temporale, è s'e mantenuta sempre, che certo è marauiglia, è non è stato poco il loro valore, essendo essi si pochi, è Signori di cosi poca terra, per resistere à tanta potenza; massimamente essendo diuisi in più capi ben spesso, come il più suole auuenire, frà di loro discordi; in oltre sensa vso quasi d'artegliaria, con poco, ò quasi nessuno vso d'archibugeuà: con tanto disauuantaggio, dico, si son mantenuti intatti, & illesi, & han mantenuto insin hora, la Fede con esser circondati da ogni parte da Infideli, è da nemici, è sopra tutto soli sensa aiuto alcuno, che possa loro altronde venire, in mezzo de due potentissimi Imperij de Persiani, è de Turchi, che sempre hanno hauuto intentione gli vni, è gli altri d'estinguergli, è distruggergli, più per odiò della Religione, che per altro: onde mi par che non solo sian degni di lode, ma che in vn certo modo la Chiesa tutta sia loro obligata di tanta virtu, & di tanto valor mostrato nelle guerre, che più volte gli esserciti integri, hor di Persiani, hor di Turchi han distrutto, ò han fatto lor voltar le spalle, è finalmente di tanta costanza, che più importa, con che sempre hanno difesa, & conseruata, quanto hanno potuto, la Fede di Christo; di che per non esser lungo non adduco essempi. In questo nostro secolo ò sia stato per qualche loro peccato, ò per altra giusta permission di Dio sono stati i Georgiani molto oppressi, è più per cagion delle lor proprie discordie, che han dato a ciò occasione, che non per altra causa, hanno perduto molto del lor potere, benche non poco ancora gliene resti. Perche de sei Principi ch'io dissi, cherano, vno del sangue antico Reale, cioè quello che haueua lo stato fra l'Armenia, è la Cappadocia non lunge da Tabril, è da confini della Media nelle continue guerre che più anni sono si fecero tra Persiani, è Turchi, seguendo à forsa le armi ò degli vni, ò degli altri, come quello il cui stato era più aperto, è quasi fra le terre del Turco, & incorporato poco à poco, fu consumato affatto, è gli fu occupata da i Turchi la terra sotto pretesto, come io penso, che fosse la occasione di quelle turbolenze. Mi dicono che della sua casa viue hoggi appresso i medesimi Turchi ramingo vn giouane, tentando, mà in vano, come pare insin hora, d'ottener da loro in cambio del perduto stato, alcun'altra terra da comandare. Questi anni à dietro poi, è pur con occasione d'vn altra guerra che tra Persiani, è Turchi si suscitò, poco prima ch'io andassi in Persia, caddero due altri Principi Georgiani pur dell'antico sangue reale; è benche non estinti affatto, stan però ridotti molto a mal termine; almen fin tanto che con nuoua fortuna possano vn di risorgere, di che non dispero. Questi furono il Prencipe Teimuras, el Prencipe Luarsab, quali, come haueuano i stati loro ne confini delle terre di Persia, furono quasi sempre dependenti de Persiani, anzi la maggior parte di quei Principi soleuano nella Corte di Persia educarsi, come in effetto gli vltimi Luarsab, è Teimuras ambidue da fanciulli vi s'erano molti anni educati. Hor nella Guerra, che dico, trattandosi fra Turchi, è Persiani di pace, mentre à punto gli esserciti degli vni, è degli altri molto vicino alle terre loro stauano quasi à fronte, è ventilandosi tra le altre cose di questi due Principi Georgiani da chi doueuano dependere, perche i Turchi pretendeuano che douessero esser della lor fattione, il Rè di Persia disse all'Ambasciador Turco che trattaua la pace, che Teimuras, è Luarsab erano, & erano stati sempre suoi, è che in segno di ciò, gli hauerebbe fatti venir nel suo Campo ogni volta che hauesse voluto. L'Ambasciadore, che questo non voleua concedere, rispose che s'erano suoi, prouasse à fargli venire.

Il Rè dunque gli chiamò, mà essi vedendo l'essercito Turco tanto vicino, non ardirono dichiararsi, è tergiuersando con gli vni, è con gli altri, è scusandosi col Persiano in bel modo, insomma non andarono al suo Campo; di che egli restò sopra modo sentito, è co'i Turchi con vn poco di vergogna: dissimulò con tutto ciò il Rè di Persia, è per all'hora non fece altro, perche non poteua, mà fatta poi la pace, è ritirato, è disarmato l'essercito Turco, cominciò prima con strane inuentioni à metter Luarsab, è Teimuras in discordia fra di loro. E tanto s'adoprò con le sue solite astutiè, che quasi gli fece venire insieme alle mani, con tutto che fossero cugnati, hauendo già Teimuras preso per seconda moglie vna sorella di Luarsab, è senza dubbio haurian combattuto insieme, che già si trouauano con gli esserciti in campagna vn contra l'altro, se finalmente col mezzo d'alcuni Nobili fedeli, è lor Vassalli, che s'interposero à pacificargli, non hauessero scoperto, che le loro inimicitie erano tutte trame del Rè di Persia, per rouinargli ambidui, essendosi trouato che à ciascun di loro à parte haueua il Rè mandato in secreto vna lettera ò comandamento, come costuma, mà d'vn medesimo tenore, cioè che procurasse d'vccider l'altro, è di torgli lo stato, che egli l'hauerebbe aiutato, è l'haueria mantenuto in possesso di quella Terra, mostrandosi à chi scriueua molto amico, & all'altro per diuerse cause, che allegaua, molto inimico: mà con tutto ciò non bastò questo à fargli bene accorti, tanta è la semplicità, è facilità à creder de Giorgiani.

Oltra di questo messe anco il Rè di Persia in discordia, ò almeno in diffidenza Teimuras con la sua Madre, chiamata Keteuan Dedupali, cioè la Regina Keteuan, Principessa di molto gouerno, parente, è della casa di Luarsab, che più anni, essendo Teimuras fanciullo, & ella vedoua, haueua amministrato lo stato, è l'haueua anco difeso valorosamente da Costantin Mensa suo cugnato Mahometano, che dopò la morte di Daud marito di lei, è fratello di lui ammazzando empiamente il vecchio suo Padre Alessandro, & vn'altro fratello tentò d'occuparlo, è l'hauria occupato sensa dubbio, s'ella non se gli fosse opposta virilmente, è non l'hauesse ucciso in battaglia, è vinto insieme con molti Persiani, che lo fauoriuano; ond'ella da suoi popoli fu sempre sopra modo amata, è stimata: la messe dico il Rè di Persia in diffidenza col figlio, perche soggerì à Teimuras ch'ella haueua intento di rimaritarsi con un gran Capitano, di chi per lo suo valore, è prudensa nelle cose del gouerno molto si seruiua, è che in tal caso hauerebbe procurato di leuarsi lui dinanzi, per serbar lo stato à gli altri figlioli, che hauria fatto col secondo marito. Da che indotto Teimuras fece ammassar quel Capitano che era la meglior testa del paese: leuò il gouerno di mano à sua Madre, & egli poi molto giouanetto ancora poco esperto, è manco stimato da suoi Nobili, si trouò inuolto in gran confusione:

perche il Persiano lo metteua anco in discordia di continuo, è quasi come fanciullo lo rendeua disprezzabile à i suoi nobili, quali qual'hora andauano in Persia, il Rè gli honoraua, gli accarezzaua con molta domestichezza, daua loro presenti di valore, in materia della fede s'accommodaua con tutti, in modo che ne haueuano gusto: onde essi per questo modo di procedere alienati dall'amor del lor Prencipe naturale, & affezionati al Persiano, lo desiderauano per lor signore, stimando che ciò douesse esser lor somma felicità.

Dopò hauer qualche tempo il Rè di Persia essercitato le arti sopradette andò finalmente l'anno 1613. se non fallo, all'improuiso con essercito potentissimo sopra la Georgia, è pigliò per pretesto, che Teimuras haueua presa per moglie, sensa sua licenza, la Principessa di Chaurascian sorella di Luarsab ch'era stata prima à lui promessa: però giunto à i confini delle lor Terre chiamò ambidui Teimuras, è Luarsab, che venissero nel suo Campo à dargli conto di questo fatto, è che gli conducessero la sposa, che in ogni modo la voleua per se, è che si disfacesse il matrimonio con Teimuras, ben che già molto tempo prima fosse consumato, quasi che tra Christiani ancora fosse lecito quel che tra loro Mahometani facilmente si costuma. I Principi Georgiani furon colti sprouisti, è quando ogn'altra cosa pensauano, è quel che è peggio eran traditi da molti de lor nobili, che spontaneamente dauano strada al Rè, è l'andauano introducendo dentro alla Terra, senza il che forse per la fortezza del sito, è de passi non haurebbe mai potuto entrarui. Onde confusi, è non sapendo essi che farsi Luarsab più semplice si risoluè d'ubbidire, & andò alla chiamata del Rè, è si messe in sua mano. Il Rè lo mandò nella Prouincia d'Esterabad sopra'l mar Caspio, dalla Georgia assai lontana, doue il Chan, che colà gouernaua, lo tenne qualche tempo guardato si mà honoreuolmente, è con libertà di poter caminare doue voleua, più tosto ritenuto, che prigione; & al gouerno della sua terra, sensa entrarui, ne danneggiarla punto, messe il Rè vn certo Rairei ò Bagred Mirsa, che era pur di quella casa, Zio, ò cugino di Luarsab, ma rinegato in Persia, è dà più anni fatto Moro, di cui gouernaua al mio tempo vn figliò pur Moro, è nato in quella setta, non come Prencipe assoluto, mà come vno de gli altri Chani Vassalli, è sottoposti, ansi serui del Rè di Persia. E ben vero, che la sua militia la maggior parte era comandata da Capitani Christiani, de quali alcuni io conosco, come anco Christiano è la maggior parte del suo popolo. Però il Prencipe Luarsab dopò esser stato alcuni anni, nel modo ch'io dissi in Esterabad, il Rè per assicurarsi meglio della sua persona, lo fece trasportar nella prouincia di Fars, ò Farsistan, che è la Persia propriamente detta, pur lontanissima dalla Georgia, è quiui in vna fortessa poco lungi dalla Città Metropoli chiamata Sciras lo tenne qualche tempo rinchiuso in più stretta prigione. Finalmente l'anno 1621. in circa quando i suoi haueuano più speranza della sua libertà, è che vn giorno il Rè hauesse da vederlo, è fauorirlo, successe tutto il contrario, perche essendo al Rè soggerito da vn certo Moura Giorgiano principale, è potente disgustato di Luarsab, perche nè tempi à dietro haueua promesso di pigliar per moglie, è forse anco sposata vna sua sorella: mà dopò quasi ripudiandola non l'haueua più voluta, onde in vendetta di ciò era poi stato à Luarsab & à tutta la Georgia il detto Moura occasione col Rè di Persia delle ruine che racconto, & per la stessa causa appresso del Rè sempre di molta autorità. Essendogli, dico, dà costui soggerito, che non haurebbe posseduto mai in pace, ne sicura la terra del detto Luarsab, finche esto viueua, perche quei popoli amauano il lor signore, & stando, mentre era in vita, in continua speranza di rihauerlo vn giorno, haueuano sempre il core, è l'intento in lui; ò fosse per questo, ò perche temesse di certe congiure, che quasi nel medesimo tempo scoperse d'alcuni Georgiani, che voleuano ammazzarlo, si risoluè di tor loro questo stimolo, che à nouita haurebbe potuto incitargli, è fece stran-

Moura.

golar con vna corda d'arco il misero Luarsab dentro la medesima fortezza, doue staua prigione.

Teimuras fu più accorto, è non volse in modo alcuno fidarsi di venire, quando fu chiamato, mà si scusò col Rè con dir, che non veniua perche temeua l'ira sua, già che si teneua offeso da lui; è che la moglie ne anco era possibil che mandasse, non potendosi fra Christiani disfare vn matrimonio già fatto, ne potendo con suo honore dare altrui la propria moglie; mà perche vedesse quanto gli era ossequente, che gli mandaua, come in effetto gli mandò, la propria Madre, insieme con le sue sorelle ancor donzelle, è due piccioli figliolini che haueua della propria Moglie. E fece questo Teimuras sperando che la Principessa Keteuan sua madre come persona prudentissima ch'era, è chè più volte stando anch'ella in Persia, haueua trattato col Rè, è sapeua i suoi modi, potesse in qualche maniera placarlo, & impetrargli pace; mà tutto fù in vano, perche mostrandosi il Rè inessorabile, è quasi che fosse innamorato ostinato in voler la Principessa Chuarascian, sapendo ben ch'era domanda impertinente, in che Teimuras non haurebbe mai potuto, ne voluto condescendere, diceua pur tuttauia che venisse Teimuras à darsi in poter suo, è perche non obbediua, ritenne la Principessa Keteuan, senza lasciarla più tornare in dietro, ansi la mandò poi co' i nepoti in Sciras nella qual Citta staua al mio tempo honoreuolmente ritenuta. Egli col campo seguitò ad entrar nella Georgia, cioè nella prouincia de Kacheti, à Teimuras soggetta, introdotto da molti nobili infedeli, che sperando dal Rè gran cose, è fatti della sua fattione, l'andauano mettendo dentro la Terra facilitandogli i passi, è le strade pericolose.

Teimuras vedutasi d'improuiso la piena sopra, non hauendo essercito pronto ad opporsegli, ne tempo da metterlo insieme, ne si fidando de suoi, de quali con ragione haueua la fede sospetta, poiche non u'era altro rimedio, prouidde à casi suoi con la fuga, & insieme con la moglie, è con molti fedeli che lo seguitarono, passò nelle terre più interiori, è più forti d'Imereti, doue appresso à quel Prencipe prima, è poi anco più oltre appresso quel d'Odisci, ò di Dadian si ricouerò. De nobili molti tratti da vane speranze spontaneamente si diedero al Rè, è quel che è peggio, rinegata la fede s'annouerarono nel suo essercito: Alcuni altri che di fare il simile non haueuano voglia, non hauendo tempo di fuggire, furon per forsa sorpresi; e'l popolo tutto d'innumerabil quantita restò in preda al Vincitore. Il Persiano entrato nel paese, è considerato la fortessa de luoghi, è quel che haurian potuto i Georgiani, se fossero stati vniti, è si fossero nelle lor Case con ordine gouernati, non solo non si curò di tenere quella terra, ben conoscendo, che non poteua in modo alcuno tenerla: mà anzi gli parue mill'anni d'vscirne fuori col suo essercito, è ridursi quanto prima in sicuro; però gia che la terra non poteua tenere, non volse perdere così bella preda, che haueua fatta di tanta gente, che forse più che la stessa terra valeua. Onde fattigli subito trar tutti à forza fuori delle proprie habitationi (che spopolandosi vna prouincia intiera, ben si può considerare, che confusione fusse) & huomini, è donne, è nobili, è plebei, grandi, è piccioli, d'ogni eta, d'ogni stato, è conditione con le lor robbe, quanto poterono portare, li messe innanzi all'essercito, è marciando in fretta verso le sue terre, col Campo dietro à loro, gli condusse tutti in saluo ne suoi paesi; doue poi gli distribuì per quelle prouincie, che eran della Georgia più lontane, è che d'esser popolate haueuan più di bisogno: ond'è che hoggidì la Persia propriamente detta, il Kirman ò Carmania, il Masandran sopra il mar Caspio, è molt'altre terre di quell'Imperio, son tutte piene d'habitatori Georgiani, è Circassi, che molti Circassi ancora passati già tempo fà da Circassia à viuer nella Terra di Teimuras, da loro non lontana, è fatti già suoi vassalli insieme co'i Georgiani, con chi viueuano apparentati, & inuolti, furon anch'essi in quella riuolutione in Persia condotti, è come dico, distribuiti in diuerse parti, viuendo hoggi liberi nè paesi del Persiano, come gli altri suoi Vassalli, & habitano in più luoghi massime del Farsistan, è del Masandran, non solo le Ville, è le Terre, ma le prouincie integre, doue non si troua quasi altri che loro, sostendandosi delle medesime Terre, che coltiuano, che il Rè hà loro assegnate, delle quali pagano al Rè, come gli altri Mahomettani, qualche Tributo, mà non graue. Di questi i popolari, che sono i più, si conseruano insin hoggi quasi tutti Christiani, mà molto rossamente, perche ò non hanno sacerdoti, è Ministri, che gl'instruiscano, non bastando quegli che hanno, à tanta multitudine, in tāti, è si diuersi luoghi dispersa, ò se pur gli hanno sono tāto inetti, che non seruono quasi à nulla. Mà de nobili ch'eran poco auuezzi à patire, è de soldati la maggior parte, con molti anco del popolo, parte tirati da ambitione, parte da auaritia, per hauer, cambiando fede, qualche cosa dal Rè, che in questo è liberalissimo, è per tirar genti alla sua setta, spende di continuo largamente; parte anco costretti da necessità per non morir di fame si son fatti Mahomettani; è se ne fanno ogni giorno, è di questi l'essercito Reale s'è tanto empito, è per industria del Rè Abbas, che hà hauuto sempre mira d'humiliare, è tenere à freno i suoi Quisilbasci alquanto superbi, con quest'altra fattion contraria di stranieri, che chiama serui, si va ogni dì più tanto empiendo, che hoggidì si contano nell'Essercito del Rè più di trenta mila Georgiani, con qualche numero di Circassi, & alcuni pochi Armeni pur rinegati, che van come stranieri, è serui, mescolati frà di loro, alcuni de quali hanno commando principale tanto nell'Essercito, quanto nel gouerno politico del paese, è son già arriuati ad esser Sultani, Chani, & ad ogn'altra suprema dignità. Mà oltra de sopradetti Georgiani, che son quelli che in Persia viuono liberi, vn'altra quantità infinita di loro, è non solo è plebei, mà anco alcuni de nobili, in quella confusione dell'entrata del Persiano nel lor Paese, è nella forza che fece l'Essercito per cauargli fuor delle lor terre, caddè miseramēte in seruitù de Persiani. E di questi fu tanto il numero che hoggi non v'è casa in Persia, cioè in tutto l'Imperio, che non ne sia piena, è d'huomini, è di donne. Non v'è grande che non voglia hauer le sue Donne tutte Georgiane, perche son bellissima gente, el Rè stesso ne hà pien il suo palazzo, che d'huomini, è di Donne, quasi non si serue d'altri. Mà questi infelici, che capitarono in seruitù quasi tutti ò per amore, ò per forza han rinegato la fede, ò almeno nell'esteriore mostran d'hauerla rinegata: che in secreto molti ne ho io conosciuti che ancor la teneuano, ingannati dà vna falsa opinione certamente molto familiare, che con Dio ciò basti.

Quai casi poi succedessero in quella miserabil trasmigratione, che vccisioni, che morti di pura necessità, che rapine, che stupri, che violenze, che bambini da propri Padri affogati, ò buttati ne fiumi per disperatione, altri da soldati Persiani perche non erano atti à viuere, suelti à forsa dal petto delle Madri, è gettati per le strade, lasciati iui alla ventura ad esser pasto di fere, ò calpestati da'i Caualli, è Cameli dell'Essercito, che più d'vn giorno caminò sempre per sopra a'i Cadaueri; che separationi di Padri da figli, di Mariti dalle Mogli, di fratelli da sorelle condotti in diuersi Paesi lontani senza speranza di ritrouarsi mai più insieme, vendendosi in quell'occasione per tutto il Campo huomini, è Donne per la gran quantità, che ve n'era, assai più à buon mercato, che le bestie. E che altri simili successi accadessero degni di molta compassione sarei lungo à raccontare. Dirò solo che Teimuras dopò esser andato più giorni ramingo per le terre de gli altri Principi Georgiani si ridusse al fine nel Paese de Turchi, doue questi vltimi anni viueua, & essi gli diedero, se'l vero mi fu detto, la Città di Cogni con alcune altre Terre della Cappadocia, che son tutte habitate in gran parte da Christiani Greci, doue si trattenesse, è sostentasse. Hà procurato vendicarsi, è lo procura di continuo, & egli fù quello che con la sua molta istanza l'anno 1618. fece venir contra Persia quel grand'essercito di Turchi, è di Tartari che venne, quale egli ancora accompagnò & entrò dentro alle terre di Persia più di quant'altri esserciti di Turchi vi siano mai venuti, che arriuò fin quasi ad Ardebil, qual Città perche

è

è santuario de Persiani, doue stanno anco le sepolture della casa Reale che hoggi regna, Teimuras desideraua sopra modo abbruggiarla in vendetta delle sue Chiese distrutte nella Georgia. In questa guerra che fu la più pericolosa in che mai il Rè Abbas insin hora si sia visto, io mi trouai con lui, è viddi il tutto, mà in somma i Turchi, non sò per qual loro melensagine, & in effetto per vna gran perdita del valore, è del buon gouerno antico, che à nostri tempi in loro si scorge, benche potessero far molto, al fin, secondo il solito da molti anni in quà, non fecero nulla, anzi se ne andarono quasi fuggendo, ributtati con morte di molti di loro. Onde il Persiano se ne tornò nella Corte triomfante, è Teimuras ritirato nelle terre che haueua in gouerno, non fece più alcun motiuo, aspettando, com'io credo, miglior tempo, è miglior occasione, che al più lungo alla morte d'Abbas, ch'è assai più vecchio di lui, non potrà mancargli: perche i Georgiani che stanno in Persia rinegati, è fin quei stessi Nobili che già ingannati volsero il Rè, & à Teimuras furono infedeli, non hauendo trouato quel che imaginauano, perche ne hà dato il Rè loro quel che pensauano, nè in Persia ne ha fatto, ne fà quel conto, che prima, quando non eran suoi vassalli, ne faceua; è nella Religione, contra quel che credeuano, gli hà, si può dir, violentati, perche non ha riceuuto alcuno al suo seruitio, ne hà dato mai dà viuere ad alcun nobile, ò soldato, senza farsi Moro, stan però quasi tutti disgustati, è pentiti del fatto, in modo che à bocca piena confessano d'esser stati ingannati, & che se hauessero à rifarlo di nuouo, farebbero altrimenti. Di modo che non dubito punto che morendo Abbas, il qual, come prudente, è tanto temuto, che in vita sua facilmente manterrà le cose quiete conforme all'ordinario, (che come hò scritto altroue, l'essequei de i Rè di Persia non sogliono mai celebrarsi senza spada, è senza grandissimi tumulti) massimamente se morirà in tempo, che siano ancor viui, come facilmente saranno quei Georgiani che si ricordano il lor Paese, è che hanno veduto la rouina di quello, non sià Teimuras per poter far nella Persia gran motiui, è non siano i Georgiani per correre vna gran lancia all'acquisto di quell'Imperio, purche siano vniti fra di loro, & habbiano Capo, di che, per vna certa natural loro leggierezza, dubito alquanto. Ne saria gran cosa in tale occasione, che anco lo stato di Luarsab tornasse di nuouo in mano d'alcun Prencipe Christiano, ò abiurando la legge di Mahometo quel medesimo che gouerna, ò introducendosi alcun altro Prencipe Christiano in quella terra, è cacciandone il Mahometano con l'aiuto de Christiani vassalli, cose che nella Georgia più volte in somiglianti reuolutioni sono accadute.

La Principessa Keteuan Madre di Teimuras fù come hò detto condotta in Sciras, insieme co i piccioli nepotini, è quiui al mio tempo viueua ben trattata: costantissima ella con tutta la sua casa (che haueua molti huomini, è donne al suo seruitio) nella fede di Christo, quale osseruaua per quanto sapeua, è poteua con molto zelo, tenendo di continuo vna cappella piena d'imagini, è di pretiosi vasi, libri, è vesti sacre, che conseruaua con molta riuerenza; mà non haueua all'hora appresso Sacerdote, ò Religioso alcuno de suoi atto à questo: perche vno, che già ne haueua, & era, credo, di qualche Ecclesiastica dignità, per esser molto buon Christiano, è parere à Mori ch'egli fosse quello, che manteneua la Principessa nella fede, volendo leuarglielo da canto, oppostogli non sò che delitto graue, con falsi testimonij, glielo fecero morire; è morì brugiato in Sciras con gran costanza nella fede, è con gran patienza. Vn altro Sacerdote che haueua appresso quando io di là passai, & era come suo maggiordomo, che gli gouernaua tutta la casa, era più tosto cortegiano, che altro; è non sò se per saper poco, ò perche, non diceua mai Messa. Haueua anco vn Monaco, mà semplice Idiota, è vn Laico, che in ciò non poteua seruire. Credo ben che dopò che i nostri Padri Carmelitani scalzi, & anco gli Agostiniani hanno hauuto casa, è Chiesa in Sciras non mancassero di consolarla in questo, è di fomentarla con ogni sorte d'aiuti spirituali; come anco hò inteso che ella non mancò mai, mentre visse, di souuenir ben loro spesso con larghe limosine, è temporali sussidij. Dico mentre visse, per che passando io li mesi à dietro per Basora di ritorno dall'India, hebbi colà nuoua, come la detta Principessa Keteuan l'anno 1624. alli 22. di Settembre nella medesima Città di Sciras, doue tanti anni era stata ritenuta, per non rinegar la fede di Christo, à che vltimamente per ordini del Rè di Persia, non sò à che effetto voleuano sforzarla, fin, coraggiosamente la vita con vn penosissimo, è gloriosissimo Martirio; de cui particolari mi rimetto alle relationi del R. Padre Frà Gregorio Orsino Domenicano Vicario General d'Armenia, che essendo ne suoi viaggi passato poco prima per la Persia, doue di fresco il caso era succeduto, fù quello che in Basora, doue io l'incontrai, ne diede à me la prima nuoua, è ne porta anco à Roma copiosa relazione. I Nepotini della Principessa sopradetta chiamati, se ben mi ricordo, vno Leuan, è l'altro Alessandro, perche il Rè ha hauuto sempre intentione d'educargli, i Mori non gli li lasciauano mai vedere, benche stessero nella medesima Città, accio che ella dall'amor di quell'empia setta non gli distraesse: è l'anno medesimo che fù vcciso in prigione Luarsab, il Rè con strana crudeltà gli fece fare Eunuchi ambidui, volendo in questo modo assicurarsi delle lor persone, è tor loro affatto con la speranza della prole, ogni spirito, & ogni desiderio, che col tempo hauessero potuto concepire, di ritornare nello stato paterno.

L'Aua non sapeua questo almio tempo, che per non affligerla souerchio, non gli è l'haueuano detto; è quando io fui in Sciras, & hebbi occasione d'hauer con lei seruitù, la prima cosa che i suoi m'auuertirono, fù che non le facessi saper si mala nuoua. Però Teimuras della seconda moglie hà già altri figli maschi, è femine, non volendo forse Dio, che la casa sua del tutto rouini, è se son vere le nuoue che la fama spargeua in Aleppo, mentre io li mesi à dietro di la passauo, partitosi vltimamente dal paese de Turchi; perche essi ancora ad esser Mahometano voleuano alla fine indurlo, è ricouratosi in Moscouia appresso quel Prencipe, che è pur Christiano, è come lui di rito Greco, dopò hauer tentato, mà in vano, per mezzo di quello, che era amico del Persiano, è gli mandaua spesso Ambasciadori, la liberation di sua Madre (il che vogliono alcuni, è forse non male, che desse occasione al Rè di Persia, che non voleua renderla, di volerla ò fare à forza Mora, con che dal renderla si sarebbe scusato, ò di farla, come fece, morire) riuolto in vendetta di tal morte à gli antichi pensieri d'inimicitia, è di guerra, con aiuto de Moscouiti, che in caso d'vn si giusto sdegno sara lor parso conuenienza, è pietà l'aiutarlo, per la via de Circassi, è de monti Caspij, che frà le terre de Moscouiti, è de Georgiani s'interpongono, è tornato di nuouo nella Georgia, è non solo il suo paese, mà anco quello del già defonto Luarsab, hà felice mente assalito, con speranza di gran progressi, hauendogli à ciò aperto la strada, con strage di molti Mahometani, il medesimo Moura Georgiano principale, è rinegato, di chi di sopra raccontai essere stato cagione di tanti danni, che per lo Giouanetto Prencipe soggetto al Persiano lo gouernaua. Qual Moura venuto al fine in difidenza del Rè di Persia, forse per la souerchia autorità ch'esseruitaua, hauendo scoperto, che quegli perciò gli tramaua la morte, pentito del già commesso errore, è de torti riceuuti da Luarsab vendicato più che à bastanza, dicono, che hora habbia abiurato la mal presa setta, professando di nuouo la fede di Christo, è che vccise con stratagemma alcuni Capitani principali del Persiano mandati vltimamente in quella Terra, è scacciato anco il giouanetto Mahometano di fede, se non estinto, procuri di far di tutti quei paesi Teimuras padrone, è dalla tirannide del Persiano, è dalla empia setta di Mahometo la sua gente totalmente liberare. Però queste nuoue non per certe, è sicure le affermo, mà come le ho intese incerte ancora, è confuse, così le riferisco.

Nella guisa adunque che dissi caderono già i due Principi Teimuras, è Luarsab morto, restando però il suo stato in piedi come prima, e'l gouerno anco di quello nella sua Casa, mà in man di Prencipe infedele, & al Persiano soggetto, se pur adesso, conforme alle sopradette nuoue, non se n'è sottratto. Teimuras viuo, mà priuo dello stato paterno, la sua gente, è suoi figli in Persia cattiui, la Madre vccisa, è la sua Terra spopolata, è distrutta, che ne egli, ne il Persiano l'ha posseduta infin adesso, aspettando quel che farà per l'auuenire la fortuna, ò per dir meglio la prouidenza Diuina.

Restano gli altri tre Principi Georgiani, cioè d'Imereti, d'Odisci, è di Guriel, quali han sempre fiorito, è fioriscono più che mai, conseruando i lor paesi infin hoggi in buonissimo stato, è nella fede di Christo, senza disturbo alcuno de Mahometani nella loro terra. Quei due d'Odisci, è di Guriel, come hanno i stati loro sopra l'mar Negro, & esposti per ciò alquanto all'armate de Turchi, oltre all'utile d'vn grosso traffico di seta, è d'altre cose, che hanno con la vicina Corte di Costantinopoli, è con tutta la Grecia, professano però per non hauer danno, d'esser amici, è dependenti del Turco, è con presenti, è con continuo ossequio s'impetrano pace, è quieto viuere, non permettendo però, ch'entrino mai Turchi ne loro paesi, ne à comandare, ne pur à passar con esserciti per andar altroue; anzi si conseruano in tanta liberta, che non ostante che i Cosacchi di Polonia, che hanno la lor sede alle bocche del Fiume Nyeper sopra'l mar Negro, siano tanto nemici de Turchi, quanto sono, è facciano loro, come fanno ogni giorno, tanto danno, essi con tutto ciò, senza rispetto de Turchi, gli riceuono come Christiani nè lor paesi amoreuolmente, anzi, per quanto hò inteso, apparentono insieme, è l'istesso Rè di Polonia, si dice, che tiene con quei Principi amicitia, è corrispondenza, è che spesso vanno vascelli con traffico da vn paese all'altro, il che può essere à Georgiani di gran consequenza; perche i Cosacchi hoggidì sono Signori del Mar Negro, è molto potenti, & il Rè di Polonia ancora per quella via, che è tanto breue, in ogni trauaglio, che essi hauessero ò col Persiano, ò col Turco, potrebbe molto aiutargli; come anch'essi, co' i lor porti, è sicuri ricetti in quella opposta riua, possono fomentar molto le Imprese de Cosacchi, è così anco solleuandosi ogn'altra grande impresa, che i nostri contro il Turco, è massime contra Costantinopoli per terra, ò per mare in alcun tempo tentassero.

Il Prencipe d'Imereti, perche hà il suo stato, come dissi, nel più interior della terra, lontano è da Turchi, è da Persiani, è ben fortificato d'ogni intorno da montagne, da fiumi, è da passi difficili, non depende però più che tanto ne da Persiani, ne da Turchi, mà mostrandosi nell'esteriore à gli vni, & à gli altri amico, in secreto non si fida di nessuno, ne ammette essercito d'alcun di loro nella sua terra; è molto bene, perche gli vni, è gli altri, solo per la contrarieta della fede, lo destruggeriano se potessero; che i Mahometani benche si mostrino altrui, è paiano tal volta molto amici, non conseruano però mai Christiani in piedi, quando possono, se non è per qualche gran loro interesse, ò necessita, che non possano farne di manco, è di ciò si son ben visti in ogni tempo infiniti essempi ne successi d'alcuni Principi Christiani, che si son fidati di loro, è della loro protettione, che tutti gli hanno al fine estirpati, come fecero de Greci di Costantinopoli, degli vltimi Rè d'Vngheria, più modernamente, è d'altri molti che son noti al Mondo.

Hora dato conto à pieno dello stato temporale della Georgia in che si truoua, al presente dirò alcuna cosa ancora dello spirituale. Riceuerono i Georgiani fin da tempi antichi la fede di Christo, è furono à quella conuertiti da vna schiaua straniera in quella Terra, di chi essi raccontano molti, è gran miracoli: mà fin adesso non hò potuto saper come si chiamasse, essi ne anche essi ne sanno, benche sappiano l'historia, è solo ne nostri Martirologij la tenemo nominata per la Santa Ancella Christiana, è come credo, che riceuessero la fede da i Greci, è nel tempo degl'Imperadori di Costantinopoli, così anco presero da principio il rito Greco, che infin hoggi osseruano, officiando però nella lor propria lingua, quale scriuono con due sorti di caratteri diuersi, vno detto Cudsuri, che l'vsano solo nella Chiesa, è ne i libri sacri, l'altro detto Chedroli, che è commune per tutti gli altri negotij; è benche nella Chiesa non l'vsi; tuttauia i libri sacri in quello ancora, per i secolari, si scriuono. Hauendo i Georgiani seguitato sempre il rito, è la Chiesa Greca è forza anco che siano incorsi co'i Greci negli errori, che quelli hanno nella fede, de quali in vero la natione Greca ne hà forse manco di tutte le altre nationi Orientali. Et ardirei dire che forse i Georgiani ne habbiano anco assai meno de Greci, si perche son huomini poco dati à lettere, il più del tempo occupati in guerra, è però per lo più idioti, che poco sanno, è possono saper di queste cose, è viuono come Christiani in buona fede: onde fra loro assai più che frà Greci molto inclinati à riuolgere i lor libri, sara facile à trouare vna semplice ignoranza inuincibile, che in queste cose molto scusa, si anco perche in certi vltimi Concilij, in che i Greci restarono pur ostinati in non sò che errori, i Georgiani non vi si trouarono, ne di quegli errori hebbero parte, come ben appunto Baronio nel suo Martirologio, & anco Gabriel Prateolo, nel suo Elencho Alphabetico degli Heretici, assai più che i Greci da gli errori gli discolpa. Di più non hanno la presuntione che hanno gli Greci del primato della Chiesa, è benche riconoscano in non sò che il Patriarca di Costantinopoli, non gli son però immediatamente soggetti, perche i loro Metropoliti gli creano essi stessi, ne sò che il Patriarca Costantinopolitano esserciti nella Chiesa della Georgia alcuna sorte di Giurisdittione. Hanno in oltre gran deuotione à Roma, & à San-Pietro, è San-Paolo, riueriscono molto il Pontefice Romano, ne hanno da quello, come hanno i Greci per la contention del primato, vn non sò che d'auersione. Non son superbi, come i Greci, non ostinati, ne falsi, ò doppi nel trattare, anzi son piani, docili, di buon cuore, semplici, è tanto facili ad esser persuasi, che, come hò raccontato, solo per questo hanno patito da Mahometani molti danni. Oltra di questo, hanno, come hò detto, Principi Christiani, hanno Republica, è Gouerno tanto nel temporale, quanto nello spirituale, cosa che importa molto, perche da vn popolo senza capo, è senza Republica, senz' alcuna forma di gouerno, è soggetto, come son quasi tutti gli altri Christiani Orientali, à Principi infideli, che in intrinseco son tutti nemici nostri, che reduttioni vniuersali si possino sperare? che Concilij? che buone risolutioni in quelli? è quando pur le facciano, chi le osseruerà? è chi potrà farle osseruare? Anzi più tosto in vn caso simile il minimo di loro è'l più cattiuo, che da gli altri dissenta, con vna auania, come dicono, ò calunnia à i Mori bastarà à distruggere il tutto, & à fare à tutti gli altri molto danno. Fra i Georgiani si che si può fare ogni cosa, perche hanno gouerno, hanno Rè della lor natione, è Religione, è Rè che gouernano con comando, al modo d'Oriente, assai più despotico, ò assoluto, che i nostri Rè d'Europa, onde guadagnandogli se ne possono sperar ne lor paesi maggiori effetti. Cose tutte in vero che promettono non poca facilità alla lor riduttione, quando ciò con ardore si procurasse, è fossero essi instrutti dà persone idonee delle nostre, che andassero, è viuessero nè loro paesi, sapendo ben la loro lingua. Mà con tutto ciò, non sò per qual particolar loro disgratia (forse per lo poco tratto, che hanno in Europa, è per là loro lingua à noi altri poco nota) infin à questi tempi, con hauer la sede Apostolica vsato sempre tante diligenze, per la riduttione di tutti gli altri Orientali, è speso, per questo, tanto con Greci, è con altri, non vi sia però stato insin hora, chi si sia ricordato più che tanto de Georgiani, quali però non son più lontani, ne più inaccessibili degli altri, ne à Dio men cari, ne appresso la Chiesa Romana di manco merito. Da questa freddezza dè nostri, che, à dire il vero, s'è vsata co' i Georgiani infin qui, stimolato io, che ero delle cose loro informato alquanto, & à loro obligato, è per parentela spirituale, è per amicitia, che hò con molti di quella natione, m'è parso esser debito mio di rappresentare à vostra Santita lo stato, è'l bisogno di quelle genti, come hò fatto; è di più supplicarla, come fò con ogni istanza, che intenda alquanto l'animo al lor aiuto: che quanto men tentata da altri errori hora, tanto più sara à vostra Santita di merito appresso Dio, è di gloria appresso'l mondo.

Ma perche sia anco informata de mezzi di potersi in ciò vsare, è delle vie perlequali possa loro soccorrere, le dirò, che per tre camini possono andar genti nostre nella Georgia. Il primo, è'l più breue, è per Costantinopoli, d'onde si può andar colà per terra passando à Scutari in Asia con Carauane sicure, ò compagnie di mercanti, che vanno ogni giorno per la via di Trabisonda in vn mese in circa: mà assai più facilmente, è con più breuità per mare in otto, & anco in cinque giorni più, ò manco, secondo 'l tempo; è di la saranno attissimi à far questo i Padri Giesuiti, & anco i Frati Domenicani, è Francescani, che hanno pur iui Chiese, è conuenti; mà à dire il vero i Giesuiti più di tutti, per quel loro particolare instituto d'attendere al prossimo, d'insegnare, è di tenere schuole, è Collegij, che come l'esperienza mostra, è mezzo sopra tutti gli altri eccellentissimo. Però l'andar di Costantinopoli nella Georgia, credo che habbia solo in questo vn poco di difficoltà, che i Turchi non vi lasciaranno andar facilmente genti delle nostre; è massimamente se sapessero esser Religiosi, è Sacerdoti al fine che pretendemo. Tutta via huomini prudenti, prattichi alquanto della Turchia, è che sapessero alcuna cosa delle lingue, con habito mutato, fingendosi mercanti, ò cosa simile, non credo che haurian gran difficoltà à poter passare nascosti, di quando in quando in poco numero.

Il secondo camino è per la Persia, d'onde più facilmente con Cafile, ò Carauane di mercanti nè paesi di Luarsab prima, che sono soggetti hora al Persiano, vi sarà più libero traffico, è di la poi ne gli altri, è per tutta la Georgia potriano andare i nostri Religiosi Carmelitani scalzi, & anco gli Agostiniani Portoghesi, che hanno parimente in Persia Chiese; mà i scalzi per ventura sarian migliori, perche con la loro astinenza dal mangiar carne, imitando molto i Monachi Orientali, è con l'asprezza maggiore della vita, sariano à i Georgiani, & à loro Religiosi, è Prelati molto accetti, è di grand essempio. Potriano anco in Persia hauer per questa impresa molto fauore dalle genti della Martire Principessa Keteuan, che restano ancora in Sciras, è che sanno, il corpo della Principessa appresso de nostri Padri Agostiniani, come dicono, trouarsi; dalli parenti del Metropolita Allahuerdi, è da molti altri Georgiani principali con chi hanno amicitia: mà però così l'andar loro colà; come il trattar queste cose, haurebbe da esser secretamente con prudenza, è con molta cautela, per non dare al Rè di Persia qualche sospetto d'altri machinamenti, che non douessero piacergli; onde à loro stessi, & à gli amici Georgiani ne potesse nascer danno.

Il terzo, & vltimo camino, è per Polonia; dalle cui terre che arriuano sopra il mar Negro, si può pur facilmente, & in pochissimi giorni passar nella Georgia, come anco facilmente venir dall'interior della Polonia al detto mare per lo fiume Nijeper, passando per Kiouia, che vogliono esser Tomi di Ponto, doue Ouidio stette rilegato. Dalla Polonia poi non mancariano Religiosi à queste effetto, & in particolare i Giesuiti, ò i Domenicani, & i Carmelitani Scalzi, che pur iui hanno luoghi. Non mancaria il fauor di quel Rè tanto Cattolico, è tanto Pio, che aiutarebbe à promouere il negotio con ogni caldessa. Non mancariano i vascelli de Cosacchi, co' i quali i nostri potriano passar nella Georgia sicurissimamente, è non solo semplici Religiosi, mà quando anco bisognasse, vn Vescouo, vn Nuntio, vn Ambasciator, con apparato, per quella via, potrebbe passar molto commodamente. Finalmente i Rutheni Cattolici di Polonia sariano forse in questo negotio di non poca importanza, perche essendo essi ancora del rito Greco, è tuttauia alcuni Cattolici, se pur quei che si fecero tali, hanno in ciò perseuerato, co i Georgiani, che il medesimo rito osseruano d'esser similmente Cattolici, sariano per ventura è d'essempio è di molta autorità. A vostra Santità, che oltre d'esser prudentissima è anco inspirata dallo Spirito Santo, non mancheranno di souuenire altri infiniti modi, è vie migliori. Da me la prego che riceua solo questo poco, che ha potuto dare il mio poco conoscimento, in segno della mià deuotione verso questa santa sede, è del desiderio che hò della propagation della fede, è del seruitio di Diò. Con che finisco baciando à vostra Santità humilmente i santi piedi.

Sitti Maani Gioerida della Vallé prit naissance dans Mardin Ville capitale de la Mesopotamie, dans la maison Gioerida, fort connuë en ces quartiers par la gloire de ses Ancestres : elle fut nommée Maani, c'està dire en la langue du Païs, Pensée Spirituelle, comme si dés le temps de sa naissance ses parens eussent eu quelque préjugé de l'excellence de son esprit. Sitti est vn titre d'honneur que l'on donne en ces païs-là aux Dames de qualité. Dés l'âge de quatre ans elle fut transportée auec toute sa famille dans la ville de Bagdet sur le fleuue du Tigre éloigné de douze lieuës de l'anciẽne Babylone qui est sur l'Euphrate; La reuolte des Curdes contre le grãd Turc, obligea

Son mary dans l'Oraison funebre dit, qu'il auoit fait vn Recueil des belles pensées qu'il lui auoit entendu dire.

* L'on a crû deuoir remplir la feuille de la Relation precedente de Pietro della Vallé de l'Eloge de sa femme, à cause qu'il donne le caractere d'vne belle Dame qui voyage; ils l'appeloi[e]t Rome la bella Pelegrina.

*ses parens à cette trāsmigration : * Maany s'appliqua à apprendre toutes les connoissances qui pouuoient seruir d'ornement à vne personne de sa condition ; ce qui luy reüssit si heureusement, & sa beauté d'ailleurs fit tant de bruit dans le païs, qu'elle y attira Pietro della Valle Gentilhomme d'vne des meilleures Maisons de Rome : la correspondance qui se trouua dans leurs esprits les engagea à viure tousiours ensemble ; il la prit à la verité sans autre forme de mariage, se reseruant à en faire comme il dit, la ceremonie* in tempo più oportuno, *ce qu'il feit ; cependant elle quitta son païs & ses parens pour le suiure en Perse, & dans tous ses autres voyages, mesmes dans les armées, & en deux ou trois rencontres se seruit pour la defense de son mary, des armes auec lesquelles elle est representée dans son pourtrait.*

Cette vie errante & tumultueuse ne l'empescha pas d'attirer auprés d'elle en Perse ceux de sa Maison, croyant qu'ils y pourroient exercer plus librement la Religion Catholique dans les Estats d'vn Prince dont son mary auoit déia merité la faueur. Les Chrestiens d'Ispahan ressentirent aussi les effets de sa pieté ; elle les secouroit dans leurs necessitez temporelles, les edifioit par son exemple, instruisoit ceux à qui l'ignorance auoit fait perdre la pureté du Christianisme ; & quoy que les ceremonies des Chrestiens Chaldéens ne soient pas condamnées par l'Eglise, neātmois aussi-tost qu'elle eut veu celles de l'Eglise Romaine, elle les embrassa de tout son cœur, & fut vn puissant moyē pour obliger les autres de sa Religiō à faire le mesme. Enfin son mary fut touché du desir de reuoir Rome. Et cōme ils estoient à Mina, forteresse principale de la Prouince de Mogostan proche d'Ormus, & qu'ils y attendoient l'arriuée des vaisseaux pour passer aux Indes, & de là par mer en Europe, la fiévre la prit, & la tristesse d'vne fausse couche acheua de luy oster la vie en la 23. année de son âge : Elle fut fort regrettée de tout le monde, mais son mary en fut inconsolable : il fit accommoder dās vne quaisse le corps de sa femme & le porta par toutes les Indes, & en tous ses voyages l'espace de quatre ans iusqu'à Rome, où il le mit dans la sepulture de ses Ancestres, & quelque temps apres pour dernier deuoir, luy fit des funerailles fort magnifiques. Car le 23. de Mars de l'année 1627. dans l'Eglise de Sainte Marie d'Araceli deuant la Chapelle de Saint Paul, qui est celle de la famille della Valle, où l'on auoit porté quelques iours auparauant le corps de cette Dame, on dressa vn theatre couuert de deüil, les principales Dames de la Ville estoiēt d'vn costé, les premiers de Rome de l'autre, au milieu on auoit eleué vn Catafalque, douze pieds d'estaux soustenoient autant de figures qui portoient vne couronne : Ces douze figures representoient la Foy, la Pieté, l'Esperance, la Religion, la Charité, l'Humilité, la Force, la Iustice, la Prudence, la Liberalité, la Chasteté, & la Temperance. Sur chacun de ces pieds-d'estaux, on auoit mis des Epitaphes en diuerses Langues, qui auoient esté connuës à cette Dame, en Chaldéen, François, Arabe, Portugais, Latin, Persan, Turc, Grec, Espagnol, Armenien, Grec vulgaire, & en Italien.

Cette Couronne seruoit de Corniche & de Couppole à tout le Catafalque, & estoit couuerte d'vn nombre infini de lumieres : Elle estoit representée d'or massif, ornée de pierreries de differentes couleurs, mises en œuure à iour, & qui estans esclairées par dehors faisoient vn fort bel effet ; l'ornement de la Couronne finissoit non pas en vne boule à l'ordinaire, mais il y auoit au haut vn Cygne les aisles estenduës comme sur le poinct de s'enuoler, & vn enfant dessus qui tenoit vne Croix, pour representer l'ame de Maani ; à l'vn des costez des pieds-d'estaux estoient les armes della Valle, escartelées auec celles de Maani Gioerida : les Orientaux n'ont rien dans leurs armes de ce que font celles des Maisons de l'Europe, elles sont seulement cōposées des lettres de leur nom, ou tout seul, ou auec le nom de leurs predecesseurs, ou auec quelque deuise. Le cachet de Maani estoit composé de lettres, qui signifioient en langue Chaldéenne, Maani seruante de Dieu.

Les larmes qu'il ne peut retenir à l'endroit de l'Oraison où il parle de la beauté de sa femme, l'empécherent de la reciter toute entiere.

Au milieu du Catafalque estoit vne Vrne soustenuë par quatre autres figures, qui de l'autre main tenoient vn Cyprés auquel estoient attachées les vers que tous les Academiciens de Rome auoient fait sur la mort de cette Dame, & dont on a fait vn volume de iuste grosseur : Ces figures representoient l'Amour coniugal, la Concorde, la Magnanimité, & la Patience. La Messe fut chantée auec vne Musique des meilleures voix de Rome, il s'y fit vn concours de monde incroyable, & il n'y manqua rien de ce qui pouuoit rendre cette ceremonie plus remarquable, mais rien ne le fit mieux que Pietro della Valle, car pour faire paroistre dauantage son amour, il fit luy-mesme l'Oraison funebre de sa femme ; il seroit difficile de la traduire en nostre Langue sans luy faire tort, & luy oster vn certain caractere de douleur & de tendresse qui se voit mieux dans l'original Italien.

NEL

NEL FVNERALE DI SITTI MAANI GIOERIDA sua consorte.

Pietro della Valle il Peregrino.

O Anima, che dal ciel forse m'ascolti, con quai concetri, con quai parole, sarò mai bastante a spiegar le tue lodi? con quali dimostrationi d'amore, e di pietoso affetto, potrò, non dico pagare vna minima parte del molto che i' ti deuo, che questo è impossibile: ma monstrarti almeno vn picciolo segno di gratitudine, a tuoi gran meriti douuta, & a gli oblighi infiniti, che ti tengo? Donde comincerò gli Encomij, che per eccelsi che sieno, saran nondimeno auanzati sempre di gran lunga dalle immense tue doti? Dirò per auuentura della tua nobiltà? che nascesti nell'Assiria, doue fù il primo Imperio del mondo: nella regione di Mesopotamia, celebre infin da primi secoli per tante persone, famose, che ha prodotte: nella Città di mardin, antichissima, e principale in quella regione, doue la tua casa Gioerida, per consenso commune, da tempo immemorabile, è la prima fra i Christiani della natione Sira: è la cui antica nobiltà, quando poco, non può esser di men tempo, che di più di mille anni, cioè prima della venuta del seduttor Mahometto, e de' Saraceni suoi seguaci in quelle parti; perchè dopo che sorse quella empia setta, e che fin dal suo principio di quei paesi s'appoderò, chiara cosa è, che mai più famiglia alcuna di Christiani non potè inalzarsi, nè s'inalsò di nuouo: anzi le antiche tutte, ò s'estinsero, ò s'abbassaron molto: ond'è, gran merauiglia, come in tanta riuolution di cose, e sotto sì dura tirannide, la casa Gioerida in quella terra ancor duri, e ritenga infin' hoggi quel che ritiene dell'antico splendore. Però questo nobil pregio della chiarezza, & antichità del sangue, benchè dono eccellentissimo di Natura, ò per dir meglio, di Fortuna, & inseparabile per sempre da chi dal cielo l'hebbe in sorte: tuttauia, in quanto dalla virtù altrui, cioè de' maggiori, procede, e più ne gli altrui meriti, che ne' proprij di chi l'ha, consiste, può numerarsi al mio parere fra quei beni esterni, che si consideran di fuori dall'huomo; & anco è comune à chi lo possiede con altri, come comune è a te Maani, la tua nobiltà con tutti i tuoi, Sichè, venendo a cose più intrinseche, & a quei particolari, che la tua propria persona, sola per se stessa, rendon chiara come Sole, e non come Stella, che dall'altrui lume riceua splendore, potrei lodarti di bertà rara: di gratia singolare, nel parlare, nel ridere, nel conuersare, nel caminare, ne' moti, ne' gesti in tutte le tue attioni: potrei lodare il portamento altero, che i Poeti soglion tanto celebrare: la grauità, e dispostezza insieme della tua persona, non men maestosa, che snella, non men robusta per ottima complessione, e sanità, che gentile, e delicata per natura, e perfettissima in somma in tutte le sue parti, tanto per rara compositione di colori, quanto per mirabil proportione di tutte le membra, e per leggiadria di mouimenti; delle quali cose posso giurare (e lo giuro, hor che non viui più in terra, e che m'è lecito dirlo) che in tante parti del Mondo, che hò caminate, in tutto'l tempo della mia vita; non hò veduto mai donna più bella di te: nè più leggiadra, ò di più maestà, nè più gratiosa in tutte le cose, almeno a gli occhi miei, che se pur occhi d'Aquila non hò nel corpo, non gli hò ne ancò di Talpa nell'intelletto. Della bellezza potrei aggiungere, che in te non era artificiosa ò ap-

Apres auoir recité cette Oraison Funebre dans l'Eglise d'Araceli, il en fait imprimer quelque coppies qu'il donna à ceux qui y auoient esté inuitez d'ou on a tiré celle-cy.

parente, non finta, ò fucata; ma solida, e vera; che in tutto'l breue corso di tua vita, che nella più fresca etade, pur troppo per tempo ahimè finì, benchè in anni così fioriti, quando il piacere altrui vien che alle done sia più caro, non sapesti però giamai, che cosa fusse imbellettarti, nè trasfigurarti il viso, come fan quasi tutte le altre donne, con artificiosi ornamenti, che a guisa d'incanti le altrui viste ingannano: non sapesti mai, dico, che cosa ciò fusse, fuor che quei primi tre, o quattro giorni, che sposa ti condussero alla mia casa; che all'hora, come delle spose è costume, le tue parenti, ma contra tua voglia, e ricusandolo tu fin con sdegno e con lagrime, à forza t'imbellettarono alquanto. Ma dopo che meco nella mia casa a tua voglia viuesti, i tuoi lisci, i tuoi belletti non furono altro giamai, che acqua chiara, e pura, del fonte, ò riuo più vicino alla nostra tenda, s'eramo in campagna per camino, o la prima, che dalle tue donne t'era ministrata, s'erauamo in casa; non mirando punto, o fusse di state, o di verno, s'era calda, o fredda, &, o fusse per i capelli, o per le mani, e'l viso, s'era acqua di pozzo, di fontana, o di fiume, in che le altre donne soglion porre tanta cura; ma qualsiuoglia t'era messa innanzi, con quella ti lauaui, non ritirata in secreti camerini, ma a vista di chiunque era in casa, e di chi anco di fuori in casa veniua, e ben spesso dopo hauer fatto mille altre facende, che t'erano più a cuore, poco curandoti di lasciarti vedere, come a punto sorgeui dal letto, incolta, & inornata sì, ma tale, che ben si conosceua, che la tua bellezza non haueua bisogno d'aiuti. Non men della bellezza, e della gratia potrei lodare in te la politezza esquisita: che non solo non eri contenta, che nella tua persona, ne gli habiti, nelle camere, e luoghi, doue dimoraui, non si vedesse mai pur vna minima immonditia, occupando in ciò più hore del giorno molte persone della tua famiglia, ma voleui, che tutte le cose rilucessero, per così dir, d'vna mondezza straordinaria, ben conforme a quella dell'animo tuo: che tutte spirassero odori, i panni tutti profumi, tutti acque nanfe, le mense, i letti, sempre pieni di fiori: infin i pauimenti, infin le mura, nel tempo della primauera, empieui tutte, e ricamaui di rose; onde a ragione soleuan dire in Sphahan, che quando tu con le tue donne entraui nella Chiesa, pareua ch'entrasse vna maestà, vna fragranza celeste. Ma, inuano, e troppo a lungo mi tratterei sopra queste, e mille altre doti del tuo nobil corpo, che, come della parte inferiore, son tutta via però di manco stima. Che potrei dir del tuo ingegno peregrino, congiunto con chiaro, e sottilissimo giuditio? con che non era cosa, per alta, e per difficil che fusse, che con molta facilità non comprendesti: non arte, non disciplina, non costume, non scienza (quanto può farsi naturalmente, senza aiuto di schuole) di che non intendesti, e discorresti a merauiglia, giudicandone perfettamente: non lingua, per straniera che fusse, che non apprendesti in breuissimo tempo: onde, non solo la materna, e natiua, ch'era l'Arabica, fatta hoggidì volgare a tutta la Siria, & à molti altri paesi, ma e la Turca, e la Persiana parlaui molto bene: della Caldea, ch'è l'antica, e letterale della tua natione: della Curda, dell'Armena, e della Giorgiana, dopo che meco in Persia venisti, haueui non poca cognitione: l'Italiana, l'Indiana, la Portoghese vsata pur in India, per doue pensauamo far viaggio, già cominciaui ad apprendere: e perche haueui inteso che la Latina era fra noi la letterale, in che si scriueuano i libri, e s'insegnauano le scienze, vsata anco dalla Chiesa nel culto diuino, tu, sdegnando quasi ciò, ch'era volgare, e commune, voleui in ogni modo la Latina, come più profitteuole, molto bene, e prima dell'Italiana, imparare; e già in latino mi salutaui, in latino respondeui a' miei saluti, quando tal hora (ma rare volte per mia negligenza, e per la commodità, che haueuamo d'intenderci in altre lingue) in quelle de' nostri paesi cominciauo ad esercitarti. Pari all'ingegno, & al giuditio era in te ammirabile la memoria, che di quanto mai haueui veduto, ò letto, così felicemente ti ricordaui, che solo di setenze d'autori di prouerbij, e di versi di Poeti famosi in diuerse lingue a te' note, che in proposito di varij raggionamenti, ben spesso, e molto a proposito m'haueui addotti e recitati, voldendone io tener memoria, come di cose degne, ne haueuo già empito più fogli, che poi per mia suentura, partendo da Persia verso India, nello imbarcare infretta vna notte perdei insieme con altre robbe, e con molte altre scritture à me carissime. Non poco ornamento accresceua alle già dette doti l'eloquenza naturale, senza aiuto d'artificiosa rhetorica, che era in te, che nella tua lingua materna auanzaui i Ciceroni, i Demostheni: e nelle altre, che haueui appreso, eri in guisa pronta, e faconda, che le genti di quei paesi, ò non ti riconosceuano per straniera, ò se pur ti reconosceuano, ti ascoltauano con merauiglia, e diletto, vedendo quanto ben parlaui i loro, à te peregrini, idiomi. Più dirò, ma vero; che in più lingue, e lingue à te non naturali, ma acquistate, t'hò veduto fin compor versi; cosa, a che difficilmente sogliono arriuar gl'ingegni più sublimi, e quei che ne' studij delle Muse han consumato più tempo. Taccio la dolcezza del canto, la soauità della voce, la leggiadria ne' balli vsati in Oriente; la maestria, con che toccaui diuersi barbari strumenti, che in quelle terre si costumano: che questi esercitij, come in quelle parti non son tenuti per nobili, rarissime volte ti lasciaui veder fare e solo in secrete conuersationi di noi altri parenti, che per nostro diporto di quando in quando t'importunauamo a fargli. Quindi era, cioè dal concorso in te di tante parti amabili, che di rado in molti, non che in vn solo soggetto si trouano; che la tua conuersatione fu sempre a tutti sopramodo gioconda, da tutti sopramodo desiderata; nè persona fu mai, di qualunque stato, ò conditione si fusse, che vna sola volta ti parlasse, che non ti restasse oltra modo affettionata. Le matrone nobili ti cercauano a gara: Le Principesse t'honorauano: le persone humili ricorreuano a te, come a lor proprio rifugio: di chi ti seruiua, eri l'idolo: de' pouerila madre: de' parenti, le delitie. Co i maggiori, sapeui esser graue, e rispettabile i co i pari, cortesissima: con gl' inferiori, in estremo affabile, mansueta, & amoreuole. La tua casa sempre era piena, & honoreuolmente a tutti aperta: la mensa a tutti commune: la faccia à tutti allegra, e serena: a tutti eri hospitale, con tutti officiosa, a tutti larghissima benefattrice; e però con ragione tutti t'amauano, tutti ti benediceuano, tutti predicauan le tue lodi, tutti ti pregauan dal cielo vita lunga, e felice; e non sò per qual mio peccato le orationi di tanti, e con tanto tuo merito, fussero così poco esaudite: se pur non fù, com'era in effetto, per farti Dio, conforme eri ben degna, più presto posseditrice di maggior felicità, di gloria perfetta, di vita eterna, e beata in Paradiso, che in questo Mondo goder non poteui. Gran cose hò dette: ma poco, a quel che hò da soggiungere: nulla affatoi, a quel che trapasso per breuità, & a quel che haurei da dire, se volessi, ò potessi a pieno le tue perfettioni descriuere. Queste, che hò raccontate fin quì, benche sian Gratie, che a pochi il ciel largo destina, pur tuttauia son dal cielo, e per gratia altrui concesse, ben spesso anco senza adopraruisi punto, nè metterui cosa alcuna del suo chi le possiede: onde a ragione più d'essere inuidiate, & ammirate paion degne, che d'esser celebrate con vere lodi, che solo a quei beni deuon darsi, che gli huomini s'acquistan da se stessi, & a quegli atti virtuosi, in che per elettione di libera volontà, più che per naturale instinto, e per facile inclinatione, anzi con difficoltà il più delle volte, e contra quel che più piace, gloriosamente s'esercitano. Solleuando adunque il mio parlare a quelle altere, e sourahumane doti, che ornarono già in terra, & hor vie più che mai ornano in cielo; & orneranno in eterno la bell' anima tua; che ammirerò in te MAANI? la Prudenza forse, ch'è madre, e regina di tutte le altre virtudi? della quale fosti in tal guisa dotata, che giouanetta ancora, a diciotto anni a pena giunta, quando di nessuna cosa haueui pur anco esperienza, e fuor delle paterne mura quasi altra cosa non haueui mai veduto, venuta nella mia casa, e preso subito di quella il gouerno, non solo mi sgrauasti di tutte le cure, adempiendo con total mia sodisfattione, e de gli altri, ogni parte di perfetta madre di famiglia mentre dimorammo in Baghdad, ch'era terra a te nota, e doue pur da bambina eri stata nudrita: ma facesti anco il medesimo, quando, dopo non più che due mesi, di là partimmo, & andammo in Persia; doue in terre così strane, e da te non mai vedute: fra genti, di cui ne pur la lingua all'hora intendeui: ò che stessimo in Città fermi, ò che andassimo per viaggio: in tempo e di pace, e di guerra; fin nel campo fra le turbulenze delle armi, e de gli esserciti: fra le battaglie, e le ruine de' popoli, quando vn' anno intero seguitai contra Turchi le insegne del Rè Abbàs vittoriose, e te conduceuo meco, come in Persia è de nobili antico costume, che nè anco alla guerra vanno mai senza le donne loro; in sì duri frangenti, in quei dubbiosi accidenti di fortuna, mentre ogni cosa andaua sossopra, mentre le Città, & i paesi integri si spopolauano, in difficoltà così grande di tutte le cose, tù pur nondimeno, e sempre me seguisti; e di quanti mi seguiuano, e di tutta la famiglia, che pur numerosa haueuamo appresso, volesti hauer di continuo la cura, mostrando ogn'hora in gouernarla somma prouidenza, somma notitia di tutte le cose: informandoti ouunque andauamo, e pigliando in vn tratto perfetta cognitione de' costumi delle terre: di ciò, che in esse abbondaua, ò mancaua, de' luoghi, e tempi a proposito, da fare ogni sorte di prouisione: delle monete, de' prezzi, delle misure, de' pesi, e di quanto altro bisognaua, che nè anco i paesani più di te ne intendeuano; con ritener in te stessa così esatta notitia di tutte le cose in diuersi luoghi pratticate, & osseruate, che se Roma hauesse hauuto sorte di vederti viua, non dubito punto, che non hauessi arricchito il Latio della cognitione di mille Semplici peregrini, dell'vso di mille droghe straniere, & in medicamento, & in cibo: dell'essercitio di mille arti, a noi incognite, e di mille altre curiosità, non men d'vtile al publico, che d'ornamento, & a' curiosi di gusto. Nel marciar poi, nell'accamparci, nel distribuir le hore del giorno, e'l peso alle persone de' seruitij necessarij, che ordine? che vigilanza? che auedimento in assegnare il tempo da muouerci, ò posarci? che accortezza in eleggere i siti da piantar le nostre tende? Delle cose publiche, che giuditij, che discorsi faceui? in tutti miei negotij, de' quali sempre gran parte mi togliesti: in affari assai graui, e publici, e priuati, in che più volte m'occorse hauer le mani, che consigli, che auuisi, che aiuti con parole, e con opere mi daui? che posso dire in fine? se non che in sì tenera età ti mostraui ben degna di comandare, ben'atta a gouernare, non che vna priuata fameglia, ma gli esserciti numerosi, i popoli integri, le Corti, le Prouincie, i Regni. Ma, che non dico più tosto, per proua del tuo maturo senno in così acerba etade, di quando, contratto a pena fra di noi il matrimonio, in quel modo, che colà ciuilmente si poteua; ricusando io di riceuer le beneditioni della Chiesa da i Sacerdoti di quella terra, sì perche m'eran sospetti di scisma (il che però, per non offender loro, & i tuoi parenti a loro additti non voleuo dire) sì anco per vn'altra graue, & importante cagione, che all'hora pur taceuo: & adducendo friuole scuse di voler riserbarmi a far le sacre cerimonie co i nostri religiosi Latini in Sphahan, doueprestо ero per andare; nati perciò, e con ragione, a' tuoi parenti non leggieri sospetti della mia fede, che ancho a te stessa poteua esser dubbiosa, se più alle opere apparenti, che alle parole mie bene intentionate; se più a quel ch'io mostraua di fare, che a quel che ti pareua ch'io potessi, e douessi voler fare, hauesci hauuto riguardo: dopo che riuscì vana, per disfare il nostro matrimonio, ogni diligenza, che alcuni de' tuoi fecer co i ministri Turchi, per altretante, e maggiori, ch'io ne feci in contrario, persuadendoti tutti, che almeno non venisci con me in Persia, a fin che partendo da Bagdad lontano da loro, la vita, & la riputation tua, e di tutti i tuoi, per qualche mia impietà, di che pareua potersi sospettare, non venisse a pericolo; non solo ricusasti di ciò fare, con dir che, poichè per moglie mi t'haueuano già data, e non haueuano a questo pensato prima, non conueniua a te disobedire a tuo marito, nè negar di seguirlo, ouunque condurti hauesse voluto: ma quando vedesti perciò sossopra tutto'l parentado, e che fin la mia vita, senza io saperlo, correua non poco pericolo, non mancando persona infedele, che per tor gli altri d'impaccio, s'offeriua a tor facilmente me dal Mondo: risoluta di patire ogni male, più tosto che per tua cagione alcun mal si commettesse: non solo ouuiasti ad ogni sinistro intento, che in tal caso ne' tuoi, con ombra di ragione, a' miei danni hauria potuto nascere: ma ansi pietosa della mia innocenza (che conforme alla schiettezza dell'animo tuo, nè anco inaltri poteui creder maluagità prima di vederne gli effetti) e sopra tutto gelosissima della mia vita, come quella, che già, quanto era tuo debito, sinceramente l'amaui, mi guardasti con somma vigilanza, non fidandoti in ciò nè anco delle persone a te più care, e più congiunte, nè anco della stessa tua madre, per tema, che vn rigoroso zelo d'honore, con le altrui male, & efficaci persuasioni, non potesse a caso indurla a far contra di me qualche opra strana; osseruando con gran diligenza chiunque in casa veniua, che faceua, doue andaua, senza fare altri di ciò accorto: osseruando i cibi, le viuande, chi le condiua, infin l'acqua, infin i vasi doue io haueua da bere, non lasciaui che alcuno, senza tu vederlo, ponesse in quelli le mani; e finalmente, tacendo a me, & a gli altri quel che conueniua: riferendo solo a tutti quel che poteua giouare; assicurando i tuoi da vna parte, cattiuando me dall'altra con maniere esquisite: e per l'altrui salute, e per la riputation di tutti, te stessa sola, e la tua vita esponendo a pericolo, partisti meco da Baghdad con buon animo, prouisto alla tua sicurezza al meglio che poteui, con condur teco il tuo maggior fratello: ch'a me però, non per diffidenza, ma per altro honesto, & a me grato fine, mostraui di farlo. E quando poi per viaggio più chiara t'apersi la mia mente, e t'esposi a pieno di quegl'indugi l'altra graue cagione: perchè volsi più tosto parerti infedele con quel che ti dissi, ch'esserti veramente infedele con tenerlo celato: tu nondimeno, all'hor che con più ragione poteui di me diffidare; all'hor che più poteui pensare d'esser tradita: con animo, non meno inuitto, che pio, premendo nel tuo cor la doglia, che solo vna notte in Ghiulpaigan con abbondanti, e secrete lagrime sfogasti: e di canto affare a te sola riserbando la cura, a te sola di tanto trauaglio facendo parte (che per non turbar la pace, nè anco al tuo proprio fratello conferir volesti quel ch'io haueua a te conferito) sensa mostrarti, a me giamai turbata, ne mostrarmi pur mai men che amoreuole il viso con rammentarmi solo il mio debito, & attribuire il tutto alla fortuna, ò al diuino vosere, e non mai ad alcuna mia colpa, scusaui il fatto, e compatiui le mie giuste pretensioni, che vn'altra più appassionata ben ingiuste hauria potuto chimare; e confidata in Dio prima, e nella tua ragione: poi anco nel mio amore (di che tanto ti deuo) nella mia fede, benche poco ancora sperimentata: e quel che più ammiro, nella qualità della mia persona, per la quale sola non ti poteui indurre a credere, ch'io fussi mai per fare atto villano, lasciandoti a me tutta in abbandono: alle promesse, alle parole mie, a miei giusti desiderij commettendo te stessa, la vita, la salute, e riputation tua, e di tutti i tuoi, onde maggiormente m'obligasti: giunta al fine in Sphahan, con la tua sola prudenza, con la tua sola diligenza, superato ogni intoppo, spianate tutte le difficoltà, riducesti il negotio ad ottimo, e felicissimo fine, confermandosi in faccia della Chiesa il nostro matrimonio, in quel modo a punto, e con tutte quelle giustificationi, ch'io tanto bramaua, e con sodisfattione vniuersale, e gusto di tutti i tuoi parenti, che, cessati i vani sì, ma giusti sospetti, scoperti i miei modi e nobili, e leali, e chiarita in fine la mia buona intentione, che giamai non mi mancò, non solo ne furono a pieno contenti, ma restarono pòi comme legati per sempre con nodo strettissimo, non men d'amore, che della contratta parentela. Nella quale attione non saprei dir che cosa fusse in te maggiore, ò la prudenza in saper così ben guidare, e dispor tutte le cose: ò la grandezza dell'animo, che in turbolenze sì grauigiamai non si perdè, nè venne meno: ò la constanza, e la patienza, in soffrir quanto soffristi, preparata ancora à soffrir cose molte maggiori, che la fortuna pareua minacciarti: ò l'amor grande, che all'hora ancora, come sempre, mi mostrasti: ò la confidenza, che hauesti nella mia fede a te douuta, a dispetto di tanti inditij, che infedele mi ti faceuano parere: ò la sincerità, con che sempre mi credesti, e con che interpretaui, e giudicaui tutte le mie attioni; ò infinite altre virtudi, che tutte in grado altissimo mostrasti in quella sì graue occorrenza. Ma non posso in poche parole comprender tanto; nella tua Vita, che, piacendo a Dio, scriuerò vn giorno, le merauiglie di queste, e di mille altre heroiche tue virtudi, più distintamente farò palesi al Mondo? Quì, che serue altro? Non bastano a fare assai chiaro testimonio della tua prudenza i detti sagaci, le risposte auuisate, che sì spesso in diuersi propositi dalla tua bocca all'improuiso vsciuano? de' quali pur, volendone io tener memoria, perchè degni me ne pareuano: notando, quando poteuo senza farne te consapeuole, alcuni di più auuiso, che ti sentiuo dire, in men di due anni ne haueuo raccolto in vn libro vn gran numero, che pur con le altre scritture, che già dissi, in quel porto di Persia la mia sfentura mi fece perdere; ma tuttauia di quei tuoi Detti sagaci (che tali gli chiamauo, con animo di lasciargli alla posterità in perpetua memoria) alcuni pochi, che più de gli altri restarono a mente, e che dopo la perdita del libro potrei pur mettere insieme, a senso almeno, se non con quelle precise; & espressiue parole, con che vie più leggiadra, e più elegantemente da te sentiti dire, haueuo già nell'hora propria scritti: e che hor, benchè laceri, e scemi in gran parte della lor natiua viuezza, come pretiose reliquie, appresso di me conseruo, bastano a far indubitata fede a chiunque gli leggerà, del tuo molto sapere, e dell'alta prudenza, con che, e nelle humane, e nelle diuine cose, fosti sempre a merauiglia singolare; E tanto più singolare, quanto manco era il concetto; che di te stessa faceui: che dotata, a pari delle altre virtù, d'vna profondissima humiltà, che di tutte le altre senza dubbio è il fondamento, e di prudenza, e d'ogni altra cosa ti stimaui sempre minima fra tutti; e facendo assai più caso dell'altrui, che del proprio parere (benchè il tuo, frà i buoni, io lo trouassi quasi sempre il migliore) non solo prendeui da altri consiglio con molto gusto, ma, quasi che senza l'altrui guida ti paresse d'errare, ne' casi dubbi, e difficili, & in ogni altra occorrenza, pregaui con molto istanza dalle persone, che più stimaui, e da me in particolare, d'esser di continuo ammonita, & insegnata. Rara docilità, merauiglioso disprezzo delle proprie doti, che in quelli, che tante ne hanno quante tù ne haueui, poche volte si troua. La giustitia poca occasione hauesti d'esercitarla; e solo nell'angusto campo delle proprie habitationi, fra le poche genti; che iui eran sottoposte al tuo gouerno: pur tuttauia ben chiara in te riluceua, e non era poco in vna famiglia composta di gente di varie nationi, varie infin di riti, e di religione, non che d'humori, e di costumi (che vna volta osseruai, che dieci lingue diuerse si parlauano d'ordinario nella nostra casa) mantener con tutto ciò fra tutti pace: tenergli tutti sodisfatti, e contenti: e distribuendo con retta vgualità gli vfficij le fatiche, i premij e le correttioni anco a suo tempo, far sì, che non solo di te giamai nessuno si dolse, ma tutti, come lor Nume, ti riueriuano, e non come a Signora, ma come a lor propria madre, vbbidienti, t'amauano. Nè ſolo dentro alle domeſtiche mura la tua giuſtitia ſi faceua conoſcere, mà fuori ancora: tanto commutatiua in trattar con altri con ſomma rettitudine; che quantunque mai con la noſtra caſa hebbero negotio, contentiſſimi di te ſempre, a loro prò la tua integrità a tutte le hore' eſperimentauano: quanto diſtributiua, ò legale fra vn buon numero di Chriſtiani di diuerſe nationi, e riti, che habitano in Sphahan, de' quali tutti la noſtra caſa era l'aſilo, tu, l'oracolo. Quante differenze componeſti, fatta arbitra di quela le genti? quante mogli, e mariti diſcordi riconciliaſti inſieme? a quanti diſordini deſti rimedio? di quante buone opere foſti cagione? dicanlo quelle genti ſteſſe, che non ſenza cauſa pianſero il tuo partir di là con tante lagrime. Di fortezza, e di magnanimità innumerabili eſempi deſti ſempre in tutte le tue attioni: già hò detto quanta ne moſtraſti ne' ſucceſſi del noſtro matrimonio; ma, oltre di quello, hauere animo d'intraprender con me tanti, e sì lunghi viaggi, come faceſti, e tanti altri, e maggiori, che ſe più viueui ti reſtauano a fare; non ſolo non ſtimandogli graui, ma facendogli parere a me ſoaui, & eſortandomiui, accioche più preſto arriuaſſimo al deſiderato riposo della patria; ſoffrir con tanta patienza il ſepararti da' tuoi, e non vna volta ſola, ma due; cioè in Baghdad prima, quando di là partimmo, e poi anco in Perſia, doue tutti eran venuti, quantò pur iui o gli laſciaſti, o contra tua voglia ti laſciarono: ſtaccarti per ſempre da fratelli, da ſorelle, da padre, da madre, e per andare in paeſi tanto lontani: ſeguirmi, come già diſſi, fin nelle guerre tra'l ſangue, e le morti: vedermi più volte, ma con core intrepido, e con faccia non turbata, fra nemici a pericolo con l'armi in mano, e non ſolo non temere, ma più toſto inanimarmi, e dare a me in vn certo modo aiuto: nelle funtioni militari, non ſolo ſeguitarmi, ma precorrermi, come altroue hò ſcritto; e con ragione; poichè, marciando vn giorno, in quella confuſion dell'eſercito, diuiſi: tu con tuo fratello, & i cariaggi da vna banda, io con altri de' miei a cauallo da vn'altra: quando poi nell'accamparci, occupando l'eſercito grandiſſimo tratto di paeſe, penſauo d'hauerti molto adietro, trouai, che diligentiſſima al ſolito, e più ſcarſa di me al riposo, benchè più graue per gl'impedimenti, che teco conduceui, m'eri con tutto ciò paſſata buona pezza innanzi. E nella guerra d'Ardebil, all'hora, che deſperando il Rè di Perſia di poter difender le ſepolture de' ſuoi maggiori, che iui ſtanno, per eſſer quella città aperta ſenza mura, ne mandò fuori tutta la robba, e tutti gli habitanti: e fatto anco ritirar quaſi tutto'l ſuo campo con le tende, e le bagaglie in vn'altro luogo più ſicuro fra monti, doue penſaua far teſta a i nimici: egli ſolo con poca gente alla leggiera reſtò nella città, per non abbandonarla ſe non coſtretto da eſtrema neceſſità, e per arderla in tal caſo, accioche gl'inimici d'arderla eſſi non haueſſero guſto: ma di donne neſſuna altra vi reſtò, fuor che quelle della mia caſa per particolar priuilegio, e quelle della caſa reale, quali pero, perchè il Rè non molto le ſtima, in caſo d'vn diſaſtro hanno ordine gli Eunuchi di tagliarle tutte a pezzi, a fin che non vengano viue in man de gl'inimici; io, che te non voleuo vedere à tal pericolo, ti pregauo con grand'inſtanza, che n compagnia del tuo fratello, co i carriaggi e con tutte le genti di ſeruitio ti ritiraſſi in ſicuro, ò almeno nel campo fra monti, doue ſtauano pur le altre donne di tutti i grandi, mentre io, com'era douete, con trè, o quattro ſoli de' miei huomini a cauallo haurei ſeguitato il Rè in ogni caſo, che in due, ò tre giorni ſi ſaria veduto di quei grandi atti il fine. E benchè non io ſolo, mà vn buon vecchio tua fida compagnia, e tutti gli altri ancora con molte raggioni ti perſuadeſſero a farlo, non voleſti però mai compiacermene (ſola coſa al Mondo, che in tutto'l tempo della tua vita mi negaſti) e lo negaui dicendo, che doue ſtaua la mia teſta, poteua ben ſtare ancor la tua: che andaſſero pur le ſome, e la famiglia, s'io così voleuo, ma che tu a me voleui ſtare appreſſo: e che tu ancora a cauallo, alla leggiera, e come fuſſe biſognato, con veſte anco mutata, e con le armi in mano, ſe'l tempo così riceraua, haureſti ſaputo in ogni caſo ſeguirmi, come ben conoſceui eſſer tuo debito, che anch'io il Rè ſeguiſſi. O virtù incomparabile, e come potrò io chiamarti? fortezza magnanimità? valore? ardir generoſo? temerità virtuoſa? o pur con tutte queſte inſieme, ecceſſo di vero, è legitimo amor coniugale, com'era in effetto? Ma, che vado riferendo i particolari? tutta la tua vita, maſſimamente quegli anni, che viueſti meco in tante peregrinationi, in tanti diſagi, che'l peregrinar ſempre apporta per commodamente, che ſi faccia: in terre di barbari, lunge più volte da i tuoi, lunge da i miei: in luoghi ben ſpeſſo, in doue fin le nuoue, ſinfin le lettere de' noſtri ne mancauano (che vna volta da Roma, donde il noſtro viuer dependeua, in più di due anni nè pur vna lettera potè arriuatne) tutto quel tempo dico tutti i tuoi giorni non furono altro giamai, che vn'atto perpetuo di continuata fortezza, di coſtantiſſima patienza; E ſin'a giorni estremi, fin all' vltimo spirito, nella mortale infermità, onde al fine, gettato prima l'immaturo parto, concedesti poi al fato, grauida, inferma, in luogo sì misera bile, nel paese di Moghostàn a pena al Mondo noto: sotto la fortezza di Minà, humile, & incognita prima, ma hora per la tua morte fin nel Latio conosciuta, è famosa: inferma dico, senza aiuto di medici, ò di medicine: senza consolatione alcuna, nè corporale, per la misera condition del paese, nè spirituale per esser terra d'infideli: in così gran male con tutto ciò, che patienza? che risegnatione nel diuino volere? che animo tranquillo? che perseueranza, che costanza inuincibile? lo stesso, atterrito dal tuo male, perchè temeuo, che quando ben te ne fussi liberata, in viaggio così lungo altri simili te ne potessero auuenire, ti dissi vna volta poco inanzi al tuo morire, che se Dio ti daua salute, tornassimo a viuere in Sphahan co i tuoi parenti, onde non eramo molto lontani, ch'io mi contentaua di priuarmi per sempre d'Italia, e della patria, purchè non t'esponessi in viaggi così lunghi a pericolo. A che, con voce languida, come poteui, ma con animo più vigoroso che mai, mi respondesti, rimprouerandomi quasi pusillanimità: E che diran le genti, se non andamo alla nostra casa per paura di fare vn viaggio? la casa della donna non è quella del padre, ma quella del marito; da i miei già mi separai, non bisogna tornar più a rinouar quei dolori; quando vengono le naui, che aspettiamo, imbarcatemi pur, ò sana, ò inferma ch'io sia: chè se Dio vorrà, in Roma, e là solo voglio andare à riposare: ò almeno arriuerò à morire in qualche terra di Christiani, e tanto mi basta; e se nè anco questo Dio mi concede, sia fatto il suo volere. Così fu a punto; che chiamandoti là proprio Dio, per liberarti forse da mille altri affanni del Mondo senza pena, senza dolore, senz'alcuna turbatione, ò paura, con somma pace, con quiete d'animo, e di corpo, dopo d'esserti molto a Dio raccomandata, e dopo d'hauer auisato me, che perdeui la parola, il tuo spirar non fù altro, che vn facilissimo sospiro, con gli occhi a me riuolti, e con la bocca a riso: quasi che allegra mi dicessi, Amico, rimanti in pace; io vò contenta. O felice, che fosti sempre di tua sorte contenta; tanto contenta in vita, e di tanta temperanza, che posso affermar con verità, di non hauer mai veduto in questo Mondo persona contentarsi di manco in tutte le cose, che te. Moderatissima ne' desiderij: disprezzatrice d'ogni caduco bene, e d'ogni, benche lecito, diletto: parcissima nell'vso di quelli, quantunque necessario. Di quanto Dio ne haueua dato, che tutto era in tua mano, sempre la minor parte per te pigliaui, e riserbaui. Di ciò che v'era nella nostra casa di commodità, e di seruitio, il meglio prima, el più sempre per me voleui: sollecitissima nella cura della mia persona (per la quale voleui, che nulla mai mancasse, tutto sempre auanzasse) e difficilissima in ciò a contentarti, non parendoti mai di far tanto, che bastasse, nè che gli altri facessero quanto conueniua. Dopo me, per fare altrui bene, e massimamente a' poueri, amaui d'hauer de' beni del Mondo: e per fartene honore co i parenti, e con le altre persone amiche, & amoreuoli, che la nostra casa frequentauano; co i quali tutti, ò che' hauessi assai, ò che poco, haueui gran gusto d'vsar di continuo non solo quei termini di liberalità, che son proprij de' nobili: ma quelli, che son d'animo regio, e della maggior munificenza, che poteui, mancando, oue bisognaua, più tosto à te stessa, che a gli altri, & impiegando ben spesso in questo tutto quello, che le altre donne tue pari sogliono impiegar più volontieri ne' lor vani, e superflui ornamenti; de' quali tù sì poco ti rammentaui, che più volte, per quello che conueniua al decoro del tuo stato, ero io costretto a ricordartegli, & ad importunarti, per che ti facessi seruir meglio, e con più, non dico splendore, ma commodità, che non faceui. E tempo quì di parlare della tua esemplare honestà, della immaculata pudicitia, accompagnata mai sempre da opere castissime, e castissimi pensieri. Virtudi, che pur della Temperanza son figlie, e per le quali hai meritato quà in terra quella, che già godesti in vita, e che hora godi dopo morte, candidissima fama. Gloriosa fama, in che nè la Inuidia, che a i più virtuosi mai non perdonò, nè la Maledicenza di persone, che per loro misfatti da qualche tuo giusto rigore si teneuano offese, seppe, ò potè mai trouar pur vn minimo neo da appuntare. Dono, douuto per certo al tuo sourano valore, ma pur con tutto ciò singolare del cielo; poiche vedemo, e ne gli antichi tempi, e ne' moderni, che a molte donne d'alto stato non han bastato le opere buone, perche di loro alcun mal non si sia detto. Sian di ciò testimonio la pudicissima Didone, e nelle sacre historie la innocente Susanna, tanto à torto infamate, quella dal Poeta, e questa da gli empi vecchi, e molte altre, che potrei numerar di questa guisa. Ma à te questo ancora il sommo Dio volse concedere, che con publico applauso ouunque eri conosciuta, la tua buona fama si celebrasse; e fin quelle persone, che, come hò detto, da qualche loro ingiusta passione acciecate, t'odiauano, e per odio ti malediceuano, chiamandoti souente rigorosa, dura, crudel co i vitiosi, troppo zelante del-l'altrui ben fare (ah notate per Dio, che male taccie) in questa parte però donde l'honor donesco tutto depende anche, mal lòr grado eran costrette a predicarti pur sempre per vn'altra Syra Zenobia; per vna moderna Romana Lucretia, per l'istessa Pudicitia, che con tanta beltà congiunta, è cosa rara al Mondo. Pudicitia non affettata con rigida rustichezza, non con inciuil discortesia, ò col nasconderſi, e fuggir dall'altrui presenza, modi plebei: ma che, senza celarti a gli occhi de mortali, con sembiante alle genti giocondo insieme è modesto, con parlar non men soaue, che graue a chiunque bisognaua, con mostrarti a tutti honestamente cortese, e nobilmente affabile, imprimeua tuttauia di te, nell'animo di chiunque ti miraua, tal riuerenza, che n'era a vn tempo amata la tua pianezza, lodato il nobil tratto, temuta la seuerità solo dou'era bisogno di maniere schiue, e la honestà, per vltimo, venerata come sacra; La quale in te procedeua, non da vil timore di pena, ò d'infamia, ma da vna intentione rettissima, che hauesti sempre in tutte le cose, e da vn desiderio tanto eccessiuo di somma perfettione in questa, & in tutte le altre virtù, che soleui dir spesso, che douendo tù andare à viuere in vna Roma, non ti bastauano parti, e virtù ordinarie; perchè se non fussi stata se non come vna delle altre, haurian potuto quì dir di me, e con ragione, che di tali ve n'erano molte nella mia patria: a che effetto dunque hauer preso te per moglie in paese così lontano? che bisognaua a te però esser tale, che in vn teatro così fiorito, com'è questo, del Mondo, m'auessero tutti à lodar l'elettione, a inuidiar la ventura. Generoso intento, altissimo pensiero, che haurebbe ben hauuto felicissimo effetto, se la morte non l'hauesse inuidiato. E che merauiglia adunque, se conscia a te stessa di tanta bontà, m'era però il tuo cor sincero, come fu sempre, tanto aperto, e con schiettissima semplicità, senz'alcuna dissimulatione, senza alcun riguardo, ò cuoprimento di secreti, in tutte le cose manifesto? che merauiglia se fra tante virtudi, e fra queste in particolare, fioriua anco per te nel nostro matrimonio la Concordia, & vna strettissima vnion d'animi, in ogni tempo, in ogni accidente inseparabili, onde non sapemmo mai fra di noi che cosa fosse hauer l'vn dell'altro disgusto, ne pur differenza alcuna di parole, se non fosse stato ò da scherzo, ò di qualche nonnulla: ma, contentissimi vn dell' altro, e sempre conformi in vn volere, non pensauamo, ne studiauamo in altro, che in far ciascuno a gara quel che conosceua, ò poteua imaginarsi, che più all'altro piacesse; onde poi ne nacque, e con raggione, quello intenso, vero, e reciproco amore, che in noi, insieme con le anime nostre, viuerà in eterno, e che quei soli cinque anni che tu in terra con me viuesti (ah non più me ne concessero i cieli) ne fecero viuer sopra tutti gli altri altri huomini felici. Beata vita, dolcissima vita, che pochi nel matrimonio hanno in sorte, la cui perdita da chi l'ha prouata tanto si sente; e perchè mi fuggì sì tosto dalle mani? Mi fugge anco il tempo, per dir di tante cose. Hor alzisi horamai, alzisi più sublime il mio raggionamento, e voli dalle virtù morali alle Diuine, che solo il sommo bene han bene per oggetto. Qual fusse in te, ò mia MAANI, la fede: quale la deuotiane verso la sacrosanta Chiesa Cattolica Romana, domandisi a a tutta la tua casa Gioerida, & a tante altre persone, e del parentado, e conosciute, e serue, co'l tuo solo mezzo ritolte alle ostinate scisme, alle empie heresie di Nestorio, di Iacopo, di Dioscoro, e de gli altri, che hanno infettato tutto l'Oriente. Qual fusse l'affetto alla Religione, e'l zelo di propagarla con tutte le tue forze, dicalo il Collegio delle lingue di Sphahan, da i Religiosi Carmelitani Scalzi in Persia eretto, & a i Santi Apostoli Pietro, e Paolo dedicato, solo a fine di coltiuare in quello tenere, e vigorose piante, che habbiano poi da dare alla Persia, & à tutta l'Asia abondanti, e soauissimi frutti di cattolica religione, e di virtù. Al qual Collegio, de i sei primi alunni, con cui al nostro tempo, e non senza nostra instanza, si cominciò, trè tù ne desti, e tutti trè del tuo sangue; vno fratello, e due nipoti, facendogli quiui solo à questo effetto insieme co i loro genitori, e con tutta la lor casa, d'assai lunge venire: vno de' quali già, di quella sacrata Religione preso l'habito, commincia a produr fiori di soaue odore, e darà spero, col tempo di quei frutti, che tu tanto in vita bramasti, e che hora con più efficaci preghiere, gli deui per certo procurare, & impetrar dal cielo. Quanto fussi assidua, e diligente nella osseruanza del culto diuino: quanto deuota alla beatissima Vergine, a tutti i Santi, & Angioli del Cielo, e particolarmente a quelli, che per tuoi più speciali auuocati haueui eletti: quanto finalmente vbbidiente a tutto ciò, che la nostra sacra legge insegna, fede ne faccian la Persia, l'Arabia, e la Turchia, che fra tanta infedeltà ti veddero sempre, non solo adempir quanto deue vn buon Christiano, ma dare a' migliori Christiani esempio di di ſtraordinaria pietà ; di pietà non fondata in vana apparente hippocriſia , ma in ſolida , e vera virtù intrinſeca : non eſercitata con inquietare a tutte le hore i Religioſi in ſentire importune e lunghe confeſſioni , non sò s'i dica di ſcrupoli impertinenti, ò di friuoli ragionamenti , come il più delle donne hoggidì fanno ; ma con oſſeruanza inuiolabile della Diuina legge , con abhorrire in eſtremo ogni ſorte di vitio , e con preſeruarti con ſomma cura intatta da ogni contagio di colpa , e di peccato , di che poi doueſſi pentirti , & accuſarti. Pietà , non moſtrata nell'eſteriore , con oſtentation di ſuperba humiltà in habiti abietti , e ſordidi , facendo poi vita , con che quelli mal s'accordano : ma riſplendente d'entro nella humiltà dello ſpirito , nell'animo ſincero , e puro : e fuori nello eſercitio indefeſſo delle virtù , e delle opere buone , e particolarmente di quelle della Miſericordia, che'l figliuol di Dio tanto ne raccomandò , & è per domandarcene conto il giorno del Giuditio. La Perſia dico , l'Arabia , e la Turchia della tua Fede faccian fede , che ti viderò tanti anni , non ſolo profeſſar publicamente la noſtra Fede là , doue infiniti altri la rinegano ogni giorno : ma inſegnarla anco a gli ignoranti , e predicar la bene ſpeſſo a gl'infideli ; che non contenta d'eſſerne , conforme al detto di Chriſto nel Vangelo , in quelle infelici Samarie teſtimonio , voleui anco eſſerne (ne in quei paeſi era abſurdo) infin propagatrice , infin maeſtra. Della fida , e firmiſſima ſperanza , che haueſti ſempre in Dio , non ſuperba , nè vanamente appoggiata in proprij meriti , ma humile , e pia , fondata ſu'l forte ſaſſo angolare del tuo Redentore , e ſoura la ſalda pietra della pura fede di Pietro , e della Chieſa ſua , mi baſtano per teſtimonio quelle parole , che vna notte inanzi al tuo feliciſſimo tranſito mi diceſti ; quando in vn grauiſſimo accidente , che ti fece ſuenire , dopo eſſer tornata in te , dicendoti io , che ti raccommandaſſi a Dio , e che non temeſſi , mi riſpondeſti con molta ſicurezza : E di che hò io da temere ? Non hò San Pietro , e la Chieſa del Papa per me ? quaſi che voleſſi inferire , come inferiui nel tuo modo di parlare , Di che ha da temere ? ò che non può ſperare chi e del gregge eletto di Chriſto , e tanto a quello deuota , come io ſono ? Speraui , e con ragione , che vna tal chriſtiana confidenza giuſtamente doueа ſeguire a tanta fede , & a tante tue buone opere paſſate ; delle quali , come fra le virtù è la prima , così anco fu ſempre in te ſuprema , & eminentiſſima fra le altre , l'ardente Charità , in che di continuo t'eſercitaui , e co i proſſimi , e quello , che importa più , con Dio. Co i proſſimi , per chè , come già diſſi ,quel ch'era tuo , non era tuo , ma quanto haueui , era a tutti i biſognoſi comune ; e non ſolo non negaſti giamai coſa che ti fuſſe domandata ; mentre'l darla fuſſe ſtato in tuo potere , ma preuenendo le altrui domande , daui ogni giorno ſpontanea , e liberamente : e diligente in inueſtigar le neceſſità di chi tal volta , ò per vergogna , ò per altro era negligente in ſcuoprirtele , a molte perſone conoſciute , e che te ne pareuano degne , ſenz'hauerne pur vn minimo cenno (onde più le obligaui) ſecretamente ſoccoreui. Quanti poueri abbandonati , e pellegrini raccoglieſti in caſa ? quanti infermi , e maſſimamente s'eran della tua famiglia , voleui ſeruir da tua mano ? quanti morti altroue in neceſſità faceſti ſepellire ? quanti prigioni , e cattiui aiutaſti a liberarſi ? comprando talhora ſchiaue Chriſtiane da infedeli , in man di cui ſtauano a riſchio di rinegare , ſolo perchè appreſſo di te viueſſero coſtanti nella fede , e in libertà. E tanto in ſomma le altrui miſerie d'ogni ſorte compatiui , che fin con queſte tali , e con altre fanciulle , e donzelle , che ti ſeruiuano , quando per qualche errore occorreua dar loro alcun materno , e leggieriſſimo gaſtigo, mi ricordo più volte d'auerti veduta in quell'atto piangere per dolor di loro ; compatendo la miſera condition ſeruile , e ſentendo in te ſteſſa quel che vna di loro , ò per ſe ſteſſa , ò per vna ſua cara figliuola hauria potuto ſentire di vederla in tale ſtato in forza altrui ; e ſoleui dirmi con gran pietà , che molto contra tua voglia t'induceui a correggerle , che ſe ben in minima coſa , era pur nondimeno accreſcere afflittione a perſone , che Dio cotanto haueua afflitte : ma che forzata da i loro mancamenti , e dall' obligo , che haueui d'educarle bene , di che doueui a Dio dar conto , lo faceui tal volta , per non far loro , con eſſer medica troppo pia , danno maggiore. Tal'era l'amore , che a'tuoi proſſimi portaui : E di quell'altro più eccelſo , e Diuino , che verſo il tuo creatore in viue fiamme di vera charità contanto t'accendeua , che più euidenti dimonſtrationi poſſo addurre , che le continue , lunghe , e non mai tralaſciate orationi , che con tanta cura faceui à tutte le hore ? in che non men per altri viui , e morta , che per te ſteſſa pregando , e del giorno , & della notte , conſumaui gran parte : e con tanto feruor di ſpirito , con tanta efficacia di parole , e tal ſolleuamento di mente , ſenz'hauer letto alcuna ſcuola d'oratione: che i più riformati, e più istrutti religiosi te ne poteuano hauere inuidia. Io'l sò, che più volte destato innanzi giorno, sentiuo, che già sorta oraui dentro alla propria camera a porte chiuse, e tal volta anco, s'era di verno, mezzo vestita su'l proprio letto; e sentiuo, che con tal'affetto parlaui con Dio, e con tal efficacia, come se visibilmente, e molto familiare l'haueßi haunto presente, gli esponeui con humiltà, e deuotione i tuoi bisogni, e giusti desiderij, che ne prendeuo insieme diletto, e marauiglia: e quante volte per non turbati, e non darti fastidio, fingendo di dormire, mostrauo di non me ne accorgere. Potrei dire ancor più delle spirituali gratie à te concesse, e de'gran fauori, che'l buon Signor sempre ti fece. E lasciata la protettione tanto particolare, e straordinaria, che in tutto'l tempo della tua vita, insin da' primi anni mostrò chiaramente di tener di te conto come di cosa sua eletta, e cara per le vie sì disusate, e rare, per lequali tanto stranamente ti chiamò, e trattare dalle tenebre gli errori, & ignoranze de' tuo maggiori, nella rozezza della Oriental Christianità confusamente inuolti, ti raccolse illuminata con insolita luce di pura verità al più intimo grembo della Chiesa Cattolica Romana: in che manifesto segno apparue dell'esser tu con alta prouidenzza ab eterno predestinata. Potrei dire anco, e con verità, di trè visioni, che in diuersi tempi, facendone tu pochissimo caso, mi racontasti hauer vedute; le quali, che fossero; non vane fantasime, non illusioni del padre Dinganni & di Bugia, auuisi certi, e veraci del cielo, la verità, & importanza delle cose e gli effetti succeduti ben me l'hanno confermato. Potrei dir di molte cose da te predettemi, e non sò, s'iò mi dica con più che humana prudenza preuedute, ò pur conosciute per qualche secreta, e sopranaturale illuminatione del tuo intelletto, nell' oratione forse, che per ventura tu per tua modestia mi taceui. Ma, a che più m'affatico? non può raccorsi in vna picciola conca il grande Oceano: quanto mai potrei dir' io di te in tutto'l tempo della vita mio, sarebbe dell' immenso pelago de' tuoi meriti vna minutissima stilla. Dirò dunque solo, ch'essendo stata tu tale, a gran ragione a pena nota, con tanta smania ti bramai: a gran ragione posseduta, t'amai con tanto affetto: a gran ragione lontana, amaramente ti sospiro, e perduta, abimè, ti piango a tutte l'hore. E tanto più che ti perdei nel fior di gli anni tuoi: nel bel principio de' miei contenti, a pena, posso dir, cominciati a gustare: in tempo, in luogo, in modo tanto disgratiato, per te tanto miserable, per me di tanta afflittione, che sola tù, che m'ami quanto io t'amo, e che ogni giorno pregaui Dio, che non ti facesse veder la mia morte, per non sentire in quella quei tormenti, ch'io nella tua hò sentito, puoi credere, & intender bene quanta fosse: e quel ch'è peggio, senza hauer'io in quell'amaro caso, nè per gran tempo dopò, pur vna persona appresso, che con parole almeno potesse aiutarmi, e inanimarmi a soffrir con patienza vn sì gran male. Ti perdei, quando a punto di te più consolatione sperauo: quando ne aspettauo in breue vn già concetto figliuolo, che la stirpe nostra hauria tenuta in piedi: quando pensauo trà pochi di vederti contenta, come tu tanto desideraui, e in terra de' Christiani, & in Roma, e come io pur molto bramauo, nell'alma mia patria, dentro alle dolci mie paterne mura. Ti perdei sfortunato, e te perdendo a vn tempo, e l'aspettata insieme, e tanto in vano desiderata prole, che se pur alcuna di te me ne fusse restata: se pur mi vedessi scherzar nella sala alcun picciolo fanciullino, che te solamente nella faccia mi rappresentasse, non mi parebbe d'essere affatto, come sono, solo, e abandonnato: non vedrei hora, come vedo, l'antica mia Casa già cadente, hormai distrutta rouinare: nè vederebbe questo Campidoglio, come forse à dì nostri vedrà, de' suoi amati Patritij, la gente così fiorità vn tempo, e così numerosa della Valle, senza successione hormai estinta. Corrano pur dunque in abbondanza, corrano, che ne hanno ben ragione, le mie lagrime: e poich'io solo non basto a piangere vna tanta suentura, aiutimi, prego, a farlo tutto questo nobilissimo auditorio; E se pur pretiosi del mio male, per non farlo maggiore, a piangerlo non vogliono aiutarmi, e mi daran per ragione, che pianger non si dè per chi viue beata in paradiso: sia com'essi vogliono; ma almeno per consolarmi, poichè altra consolatione in questo Mondo riceuer non posso, m'aiutino con le preghiere loro, che senza dubbio saran delle mie più esaudite, e più degne, ad impetrar da Dio, a te anima benedetta eterna pace: & a me, che sciolto quanto prima da questo carcere terreno, libero (ch'è pur tempo horamai) da i trauagli di questa penosa mortal vita, de' quali, a dire il vero, son già stanco, e satio, me ne venga, come tanto bramo, a te a canto: & a godere immortale insieme con te quella eterna beatitudine; alla quale, come ben sai, ò mia deletta, ch'io di continuo aspiro, così, se m'ami, come ben sò che m'ami, tu ancora da Dio m'intercedi, che senza più indugiare mi conduca. Hò detto.

AVIS,

Sur la Nauigation d'Anthoine Ienkinson en la Mer Caspienne.

La Mer Caspienne est vn de ces endroits du monde qui ont esté iusqu'à céte heure mal connus, & qui merite par céte raison qu'on en recherche de nouuelles descriptions, & principalement de sa coste Septentrionale, qui n'a point esté connuë des Autheurs modernes ny des anciens, ce qui est cause de la diuersité qu'on void dans les mesures qu'ils donnent de l'estenduë de céte Mer. Herodote & Aristote sçauoient de leur temps qu'elle n'auoit point de communication apparente auec les autres Mers; & cependant du temps de Pline, comme on le void dans ses Escrits; mesme au temps de l'Empereur Iustin, & bien long-temps apres, on croyoit encore que ce fust vn Golphe & vne partie de la mer Septentrionale: la raison de céte erreur estoit qu'elle est salée, d'où ils tiroient vne fausse consequence qu'il falloit qu'elle eust communication auec les autres Mers qui ont céte qualité, sans considerer que céte qualité pouuoit venir d'vne autre cause; & qu'il y a de grands lacs dont les eaux sont sallées: Pour ce qui est de ces costes, on connoist assez celle qui s'étend depuis l'emboucheure du Volga iusques à Ferabat; tous ceux qui passent de Moscouie en Perse font céte Nauigation, & le passage en est fort ordinaire. Olearius dans son voyage de Perse, nous donne exactement céte coste; & l'estenduë qu'il luy donne de six-vingts lieuës d'Allemagne, reuient assez à l'estime qu'en fait Herodote; mais il veut en suite corriger tous les anciens & toutes les Cartes modernes, supposant que la plus grande estenduë de cette mer soit du Nordoüest au Sud-Oüest, & non pas de l'Occident à l'Orient, comme la met Herodote auec tous les anciens & auec les Geographes Orientaux, j'entends le Prince Abul-feda & le Geographe de Nubie-Alderisi; & cependant Olearius ne fonde vn changement de céte importance, que sur ce que depuis la Prouice de Chorassen qui est le long de la coste Orientale de céte Mer, iusqu'en Circasie, il n'y a que six degrez de longitude, c'est à dire quatre-vingt dix lieuës d'Allemagne: Or il est constant entre ceux qui entendent la matiere des longitudes, que nous n'auons point encore de pratique exacte, pour connoistre combien il y a de degrez de longitude entre deux lieux qui sont Est & Oüest l'vn de l'autre; & il y a peu d'apparence que dans des pays aussi peu polis que ceux-là, il y ait mesme des gens qui puissent faire céte obseruation auec les circonstances necessaires: Il s'en faut donc selon mon sens, tenir seulement à ce qu'il dit de la coste qu'il a couru depuis le Volga iusqu'à Ferrabat; & pour le reste des costes de cette mer, en croire les anciens, ceux du pays, & Ienkinson principalement vn des plus grands Nauigateurs de son siecle, & qui a couru céte mer depuis l'emboucheure du Volga iusqu'à Mingislavve, & qui nous a laissé la seule description que nous en ayons; car Erastostenes, dont nous auons les mesures des costes de céte mer, n'auoit point connu la coste Septentrionale: Selon Ienkinson, comme on le verra dans son voyage, la plus grande estenduë de cette Mer est à peu prés de l'Est à l'Oüest, comme les anciens l'ont mise. Ienkinson l'a fait de deux cens lieuës d'Allemagne; car il compte soixante & quatorze lieuës depuis la bouche du Volga jusqu'au Cap de Boghelatan : Olearius au contraire, dans sa Carte de l'édition Allemande, ne met que la moitié de cette distance; & ainsi, comme l'a fort bien remarqué le sçauant M. Vossius, il coupe la moitié de cette mer; ce que Scaliger auoit fait aussi deuant luy.

Outre cette raison qu'on a euë d'inserer cette Relation dans ce Recueil, on l'a encore fait à cause qu'elle nous donne connoissance des pays qui sont sur la coste Occidentale de cette mer, qui iusqu'à present nous sont fort inconnus, & qui dans la pluspart des Cartes sont remplis de Figures de Monstres, dont les Geographes ont tâché iusques à cette heure de couurir leur ignorance. Pour la mer Caspienne proche de la Chine, on verra dans la suite de ce Recueil que cette mer est bien plus proche de la Chine qu'on ne l'a crû par le passé. Au reste, la Relation de Ienkinson s'accorde fort bien auec celle d'Abulfeda, le plus exact de tous les Geographes, & le seul de qui nous deuõs esperer la positiõ des Villes d'Orient, il l'a décrit de la sorte.

Cette Mer est sallée, quoy qu'elle n'ait point de communication apparente auec l'Ocean; elle a huit cens milles de longueur, & six cens de largeur, a la figure d'vn ouale : Ce n'est pas qu'il n'y ait eu des Autheurs qui luy donnent celle d'vn triangle; elle a trois noms differens, la mer de Cozar, de Georgian, & de Taberstan; la partie de cette Mer la plus auancée vers le Couchant, est sous le soixante-sixiéme degré de longitude, & sous le quarante-vniéme degré de latitude; le fleuue Elcur, que Ptolomée appelle Cyrus, entre dans cette mer, a cent cinquante-trois milles au Midy de Derbent; de là en tirant vers le Sud-Oüest, on trouue la ville d'Arduyl dans la Prouince de Mogan plus auancée vers le Midy : si de ce point l'on marche deux cens trente-vn milles le long de la coste Meridionale, on rencontre les pays de Taberstan, & les Prouinces d'Elgel & de Deilun; la coste court apres vers l'Orient & vers la ville d'Abseron sous le soixante & dix-neufiéme degré quarante-cinq minutes de longitude, & sous le trente-septiéme degré vingt minutes de latitude; elle continuë de s'estendre vers l'Orient jusques sous le quatre-vingtiéme degré de longitude, & quarante de latitude; elle monte apres vers le Nord jusques à 50. degrez de latitude, & au mesme endroit elle en a soixante & dix-neuf de longitude : c'est dans ce retour qu'elle fait vers le Nord, que sont les Prouinces de Turkestan & la montagne de Seachuat; on trouue plus auant la riuiere Elatach, la plus grande de toutes les riuieres de ces quartiers; elle se rend par plusieurs emboucheures dans la mer, inonde & fait des marests des terres qui en sont proche : Ceux qui habitent ces quartiers, & qui y nauigent, disent que les eaux de cette riuiere se meslant auec l'eau de la mer, celles de la mer deuiennent de differentes couleurs, & qu'on y peut nauiger quelques iours à l'endroit de l'emboucheure, sans que ces eaux se trouuent sallées.

In septima parte climatis quarti. Itaque dicimus mare Tabarestan esse mare separatum, nulli cæterorum marium connexum, & eius longitudinem porrigi ab Occidente in Orientem aliquanto cum flexu ad Septentrionem, spatio octingentorum milliarium, latitudinem verò sexcentorum milliarium,

Le Sherif Alderisi, Cité iusques à cette heure sous le nom de Geographe de Nubie, luy donne aussi sa plus grande estenduë du Couchant à l'Orient, fait sa longueur de huit cens milles, & la largeur de six cens.

Outre la connoissance que Ienkinson nous donne de la mer Caspienne, il décrit aussi son voyage dans les Prouinces qui sont le long du Iaxartes & de l'Oxus, & le peu qu'il en dit donne de grandes lumieres pour l'Histoire & pour la position de ces Pays; ce n'est pas qu'il éclaircisse tous les doutes que l'on a iusques à cette heure sur le sujet du cours de l'Oxus, sur celuy de la riuiere qu'il appelle Ardock, qui est apparamment le Iaxartes; car c'est des Geographes Orientaux qu'il faut attendre cét entier éclaircissement, que l'Autheur de ce Recueil ne desespere pas de pouuoir mettre vn iour dans la suite de ce Recueil : on y auroit desia pû mettre la Prouince de Mauralnahr, & le Chorrasen, que Grauius a traduit de Abulfeda; mais on ne l'a point fait à cause que cette traduction a desia esté imprimée en Latin.

VOYAGE D'ANTHOINE IENKINSON,

Pour decouurir le chemin du Cattay par la Tartarie, écrit par luy-mesme aux Marchands Anglois de la Compagnie de Moscovv, qui l'auoient obligé de faire ce voyage.

IE m'embarquay à Astracan le sixiéme iour du mois d'Aoust de l'année mil cinq cent cinquante-huit, auec les deux Iohnsons Anglois, & quelques Tartares & Persans: l'estois chargé auec ces deux Anglois, de la conduite de cette Nauigation: Nous courûmes le long de la riue Orientale du Volga, & nous en débouquâmes à vingt lieuës d'Astracan sous la hauteur de quarante-six degrez vingt-sept minutes. Le Volga entre dans cette mer par dix-sept embouchеures; au sortir, nous rangeâmes la coste qui court Nord-Est, auec vn vent fauorable. Le onziéme nous fismes sept lieuës, la course est Nordest, & nous arriuâmes en vne Isle où l'on void vne haute montagne appellée Accurgar, qui la fait connoistre de loin: de là, nous courûmes dix lieuës vers l'Est jusques à Bawhiata, autre Isle plus haute que la premiere: Entre ces deux Isles du costé du Nord, il y a vn Golphe qu'ils appellent la Mer-bleuë: de là, nostre route fut Est-quart au Nord dix lieuës; & le vent s'estant tourné contraire, nous moüillâmes à vne brasse d'eau, & demeurâmes à l'Ancre jusqu'au quinziéme, qu'vne tempeste qui venoit du Sud-Est nous obligea de nous mettre à la mer: le vent se tourna au Nord, & nous prîmes nostre course vers le Sud-Est, & fismes ce jour-là huit lieuës. Le dix-septiéme, nous perdîmes la terre de veuë, & fismes trente lieuës. Le dix-huitiéme nous fismes vingt lieuës, nostre course estoit vers l'Est, & nous nous trouuâmes par le trauers du païs de Baughicata qui est à soixante & quatorze lieuës de l'embouchеure du Volga sous la hauteur de quarante-six degrez cinquante-quatre minutes, la coste court Est-au-Sud: Sur vne pointe de cette coste, est le Sepulchre d'vn Prophete Tartare, que tous ceux de ce pays visitent auec grande deuotion.

Le dix-neufiéme, le vent Oüest, nostre route Est-Sud-Est, nous auançâmes dix lieuës, & passâmes deuant l'embouchеure d'vne grande riuiere appellée Iaïc, dont la source est dans la Prouince de Siberia; cette riuiere trauerse le pays des Tartares Nogaïs: On me dit qu'à vne journée de chemin en remontant cette riuiere, il y auoit vne ville nommée Serachick sujette à Mursa-Smille Prince des Tartares, qui est maintenant en paix auec les Moscouites, que la monnoye n'a point de cours dans ce pays; & comme ces peuples sont continuellement en guerre, ou occupez à la conduite de leurs bestiaux, il ne s'y fait point de commerce.

Nôtre Vaisseau estoit à l'Ancre, à l'embouchеure de la riuiere du Iaïc, tous nos gens à terre. Pour moy ie me trouuois mal, & estois demeuré par cette raison dans la barque auec cinq Tartares, l'vn desquels nômé Azi passoit auprés d'eux pour vn Saint, à cause qu'il reuenoit du voyage de la Méque: Dans ce têps, vn Batteau armé de 30. hommes nous aborda, nostre Pelerin de la Méque leur demanda ce qu'ils vouloient, & se mit à faire des prieres à sa mode: Sa presence arresta ces voleurs; ils dirent qu'ils estoient Gentils-hommes, bannis de leur pays, & qu'ils venoient voir s'il n'y auoit point de Moscouites ou autres Infideles dans ce Batteau; il leur répondit auec vne contenance fort asseurée, qu'il n'y en auoit point, & leur en fit de grands sermens: ils s'en allerent là dessus, & la fidelité de ce Tartare nous sauua, & toutes nos Marchandises. Nos gens reuinrent au bord; & le vent estant bon, nous partîmes le vingtiéme Aoust, fismes seize lieuës, nostre course Est-Sud-Est. Le vingt-vniéme nous, passâmes vne Baye de six lieuës de large, fermée par vn Cap fort aisé à reconnoistre, à cause de deux Isles qu'il a au Sud-Est. Nous le doublâmes, la coste retourne apres au Nord-Est, & fait vne autre Baye ou Golphe dans lequel tombe la grande riuiere de Iem, dont la source est dans le pays de Colmack. Le vingt-deux, vingt-trois, & vingt-quatriéme, nous demeurâmes à l'Ancre. Le vingt-cinquiéme, le vent fut fauorable, & nous fismes vingt lieuës ce jour-là, & vîmes en passant vne Isle dont la terre est basse, & qui a à l'entour d'elle quantité de battures & de bancs de sable. Au Nord de cette Isle, il y a vn Golphe; mais nous nous en éloignâmes pour faire la route du Sud, & fismes dix lieuës, assez empeschez à nous déméler de ses bancs & de ses battures: Nous fismes apres vingt lieuës, courant Est-Sud-Est, & découurîmes la terre-ferme, dont la coste nous parut coupée de montagnes: Nous courûmes vingt lieuës le long de cette coste; & plus nous auancions, plus la terre nous paroissoit haute. Le vingt-septiéme nous trauersâmes vn Golphe, la coste de ce Golphe qui est au Sud estoit plus haute que l'autre: nous trouuâmes apres vn Cap, dont les terres estoient fort hautes; & l'ayant doublé, il suruint vne si furieuse tempeste du costé de l'Est, que nous crûmes y deuoir perir, elle dura trois iours: de ce Cap, nous allâmes chercher vn Port nommé Mangusslaue, place où nous deuions aborder, elle est à douze lieuës de l'emboucheure du Golphe, & du costé du Sud; mais la tempeste nous jetta sur la coste qui est au Nord, au de là de Mangusslaue; & à son opposite, la terre est basse, le lieu peu seur pour les Vaisseaux, & il n'y estoit peut-estre iamais arriué de Barque deuant la nostre.

Nous enuoyâmes nos gens à terre pour traitter auec le Gouuerneur, auoir des viures & des voitures pour charrier nos marchandises à Sellizure à vingt-cinq iournées de nôtre terrissement: nos Enuoyez retournerent auec beaucoup de belles promesses; & le troisiéme de Septembre sur leurs asseurances nous déchargeâmes nôtre barque: Le Prince me reçeut bien; mais estant venu à traiter pour des voitures & pour des viures, ils nous rançonnerent, nous firent achepter iusqu'à l'eau, & en payer deux fois plus qu'il ne falloit; il nous fut force de donner ce qu'ils demandoient, & pour chaque Chameau qui ne porte que quatre cens pesant, nous leur donnâmes trois peaux de Russie, quatre plats de bois, & au Prince ou Gouuerneur du païs vne neufaine & vne septaine; c'est à dire vn present de neuf choses particulieres, & vne autre de sept, car ils ne se seruent point de monnoye.

Le quatorziéme de Septembre nous partîmes auec vne Carauanne de mille Chameaux; & ayant fait cinq journées de chemin, nous nous trouuâmes sur les Estats d'vn autre Prince Tartare; nous trouuâmes sur le chemin quelques Caualiers de la maison de Sultan Timer Prince de Mangusslaue, ils nous firent commandement de la part de leur Prince de demeurer là, firent ouurir nos caisses, & prirent sans nous payer, ce qu'ils creurent pouuoir estre plus à son gré. Ie pris la resolution de l'aller trouuer; & luy ayant demandé sa protection, & vn passe-port pour estre en seureté dans ses Estats, il me l'accorda, me reçeut bien: on me regala par son ordre de viandes & de laict de Caualle; car pour du pain, ils n'en ont point: & en payement des Marchandises que ses gens m'auoient enleuées, qui pouuoient bien valoir quinze rubles de Moscouie, il me donna vn passe-port, & vn Cheual qui valoit bien sept rubles; car l'argent n'a point de cours parmy eux. Bien m'en prit de luy auoir rendu cette ciuilité; car on m'asseura que l'ordre estoit desia donné de me faire détrousser, si j'y eusse manqué.

Chaque Ruble peut valoir cent huit sols de nostre monnoye.

Ce Prince est tousiours en campagne, n'a ny Chasteaux ny Villes; Ie le trouuay sous vne petite loge ronde faite de rozeaux, couuerte de feutre par dehors, & de tapis au dedans: Ie vis auec luy l'Euesque de ce pays sauuage, reueré entre-eux cõme le Pape l'est à Rome; l'vn & l'autre me fit diuerses questiõs de nos Pays, de nos Loix, & de nostre Religion, & du dessein de mon voyage; il me parut assez satisfait des réponses que ie luy en fis. I'allay retrouuer les gens de la Carauanne, auec laquelle ie voyageay vingt iours dans le desert sans voir aucune ville ny habitation: Nous auions fait prouision de viures; mais comme ils nous manquerent, nous mangeâmes vn de mes Cheuaux, le reste de la Carauanne ayant payé les iours suiuans son écot de mesme maniere: Nous fusmes trois iours sans trouuer d'eau; & celles que nous trouuâmes les iours suiuans, il la falloit tirer de certains puits fort creux, encore estoit-ce de l'eau sallée.

Le cinquiéme iour du mois d'Octobre, nous nous trouuâmes sur les bords d'vn Golphe de la mer Caspiene, où les eaux sont fort bonnes : ceux qui y tenoient la Doüane pour le Roy des Turquemens, prirent quatre pour cent de nos Marchandises, & vn present de sept choses differentes pour le Roy ; nous n'y demeurâmes qu'vn iour, & partîmes apres nous y estre vn peu rafraîchis : vous remarquerez que la riuiere d'Oxus se rendoit autrefois dans ce Golphe, mais que maintenant elle ne vient pas jusques-là ; qu'elle tombe dans vne autre riuiere nommée Ardock, qui a son cours vers le Nord ; qu'elle passe sous-terre l'espace de plus de cinq cens milles, qu'elle en ressort apres, & qu'elle se rend dans le lac de Kitay. Nous partîmes de ce Golphe le quatriéme d'Octobre, & arriuâmes à vn chasteau nommé Sellizure le septiéme du mesme mois. Vn Prince nommé Azimcan y reside, auec trois de ses freres ; j'eus ordre de l'aller voir, & ie luy presentay les Lettres de l'Empereur de Moscouie, auec vn present de neuf choses : il me reçeut bien, & me fit manger en sa presence : on me regala d'vn Cheual sauuage & de laict de Caualle : il me renuoya querir vne autre fois, & me fit diuerses questions sur les Estats des Moscouites, & me donna apres vn passe-port.

Ce qu'il dit icy de l'Ardock & de l'Oxus est fort obscur.

Le Chasteau de Sellisure residence du Can, est situé sur vne haute montagne. La maison du Prince est bastie de terre, le peuple est pauure, & n'a point de Marchandise. Au Sud de ce Chasteau c'est vn bas pays, mais fort fertil, où il croist beaucoup de bons fruits, & entre-autres vn qu'ils nomment Dynié, fort gros & plein de suc ; les peuples le mangent à la fin du repas, & leur tient lieu de boisson ; ils en ont vn autre nommé Carbuse, de la grosseur d'vn gros concombre ; il est jaune & sucré, & outre cela vne espece de grain qu'ils appellent Iegur, dont la tige ressemble à la canne de sucre ; car elle est aussi haute, & le grain est semblable au Rys, & vient par grappe. Toute l'eau dont ils se seruent dans le pays est tirée par canaux de la riuiere d'Oxus, & c'est aussi par cette raison qu'elle ne se décharge plus dans la mer Caspienne ; & ce pays court risque d'estre vn iour desert, quand ces peuples auront acheué de ruïner par leurs canaux le cours de cette riuiere.

Sellizure.

Selon cette description, ce doit estre quelque espece de Sorgho ou de Millet.

Le 14. du mois, nous partîmes de Sellisure, & nous arriuâmes le seiziéme à vne ville appellée Vrgence, où nous payâmes vn impost par teste, & autant pour celles de nos cheuaux, que pour les nostres : nous y demeurâmes vn mois, le Prince du pays se nomme Aly-Sultan frere d'Azimcan dont ie viens de parler : il reuenoit de la ville de Corasan qu'il auoit depuis peu conquise sur le Persan ; car ils ont continuellement la guerre auec le Roy de Perse : l'eus ordre de l'aller trouuer, ie luy presentay vne lettre de l'Empereur de Moscouie, & il me donna vn passe-port.

Vrgence est dans vne plaine, elle a plus de quatre milles de circuit ; les murailles sont de terre, ses maisons aussi de terre & mal basties. I'y remarquay vne grande ruë couuerte par en haut qui sert de marché, elle a esté prise quatre fois en 7. ans qu'ont duré leurs guerres ciuile. Les Marchands y sont fort pauures par cette raison, & ie ne trouuay à y vendre que quatre pieces de serge. Il y a fort peu de trafic à faire, l'on n'y trouue point d'autres Marchandises que celles qui viennent de Boghar & de la Perse. Le pays qui est entre les bords de la mer Caspienne & cette Ville, est appellé le pays des Turkemans. Azimcan y commande auec cinq de ses freres ; le plus puissant porte le nom de Can ; mais cette superiorité n'est reconnuë qu'au lieu où il fait sa residence ; car chacun des autres veut estre Souuerain dans ses Estats, & ne songe qu'à détruire son voisin : ils viennent de differentes femmes, & ainsi ils n'ont point les sentimens que les autres ont pour leurs freres. Chacun de ses Sultans à quatre ou cinq femmes, auec plusieurs concubines & de jeunes garçons, & menent vne vie fort dereglée. Ces freres sont presque tousiours en guerre, les vaincus se retirent à la campagne auec leur bestail, & viuent des pilleries qu'ils font sur les Carauannes & sur les Marchands qu'ils attaquent au lieu où ils sçauent qu'ils doiuent se fournir d'eau, continuant cette vie vagabonde jusqu'à ce qu'ils ayent trouué quelque occasion de rentrer dans leurs Estats. Le peuple n'a point de demeure arrestée, & passe

Vrgence.

d'vn lieu à vn autre auec les troupeaux de Moutons, de Chameaux, & de Cheuaux. Leurs Moutons sont fort gros, auec des queuës qui peseront quelquefois quatre-vingt liures. Ils ont grand nombre de Cheuaux sauuages, que les Tartares prennent souuent auec leurs Faucons de la maniere suiuante. Ces Faucons sont dressez à s'abbatre sur les testes de ces bestes; ils les battent de leurs aisles, & les embarassent en sorte que le Chasseur a le temps de les joindre, & les tuë à coups de fléches ou d'épée. Il n'y a point d'herbe dans tout le pays; mais de certains arbrisseaux dont le bestail se nourrit & deuient fort gras. Ces Tartares n'ont ny or ny argent; ils troquent de leur bestail contre les choses qui leur sont necessaires; ils ne connoissent point l'vsage du pain, mais sont grands carnaciers, & ayment principalement la chair de Cheual; leur boisson est de laict aigre de Caualle, dont ils s'enyurent souuent aussi bien que les Tartares Nogaïs. Depuis le lieu où nous débarquâmes jusqu'à ce second Golphe, nous ne trouuâmes point d'autre eau que de l'eau de puits. Le vingt-sixiéme de Nouembre nous partîmes d'Vrgence; & apres auoir fait cent mil le long de la riuiere d'Oxus, nous trauersâmes vne autre riuiere nommée Ardock, où nous payâmes quelques petits droits. Ardock est vne grande riuiere fort rapide qui vient de l'Oxus; & apres auoir couru mille milles vers le Nord, se cache sous terre, & cinq cens mil apres elle reparoist & tombe dans le lac de Citay. Le septiéme de Decembre nous arriuâmes à vn Chasteau nommé Kaït, qui appartient à Sultan Saramet; il n'y eust que la crainte du Prince d'Vrgence qui l'empescha de voler nostre Carauanne, il se contenta de nous obliger à luy faire vn present, nous luy donnâmes vne peau de vache de roussy pour chaque Chameau, & d'autres petits presens à ses Officiers.

L'obscurité qui est dans la description de ces deux riuieres, est aussi dans le texte Anglois.

La nuict du dixiéme du mesme mois, comme nous eûmes posé nos gardes, nous prîmes quatre Caualiers qui nous auoüerent qu'il y auoit quantité de voleurs dans ce pays. Nous les liâmes, & les enuoyâmes au Sultan de Kayté qui vint aussi-tost auec trois cens hommes, auquel ils confesserent qu'ils estoient de la troupe d'vn Prince banny, qui nous attendoit à trois iournées de là auec quarante hommes pour nous voler. Le Sultan nous donna quatre-vingt hommes auec vn Capitaine pour nous escorter, & mena auec luy nos quatre prisonniers. Cette escorte consuma vne grande partie de nos viures; & le troisiéme iour au matin ils se détacherent de la Carauanne, pour aller, ce disoient-ils, reconnoistre le desert: nous les vîmes reuenir quatre heures apres à toute bride, & nous dirent qu'ils auoient veu l'estrac de quantité de Cheuaux, nous demandans ce que nous leur voulions donner pour nous tirer du danger où nous estions. Nous n'en pûmes pas conuenir, & ils s'en retournerent vers le Prince, qui asseurément estoit d'intelligence auec les voleurs que nous deuions trouuer. Cependant, quelques Tartares de nostre troupe qui passoient pour Saints à cause qu'ils auoient esté à la Méque, firent arrester la Carauanne, se mirent en priere; & en suite à deuiner si nous ferions vne mauuaise rencontre; la deuination se fit de la sorte, ils tuerent vn Mouton, en osterent les os, les firent boüillir, puis brûler; ils mélerent de la cendre de ces os auec du sang du Mouton, & en écriuirent quelques caracteres auec ceremonies, & plusieurs paroles: le jugement fut, que nous serions attaquez, mais que nous viendrions à bout de nos ennemis; pour moy, ie n'auois aucune creance à cette sorte de deuination; mais le matin quinziéme Decembre nous découurîmes de loin quantité de gens de Cheual; nous estions bien quarante en estat de combattre: nous fîmes nos prieres, Tartares, Persans, Chrestiens, chacun à nostre mode, & nous iurâmes de ne nous point abandonner. Ils estoient trente-sept Caualiers, & à leur teste ce Prince banny; ils nous crierent que nous nous rendissions, & nous commençâmes à tirer, l'escarmouche dura depuis le matin iusqu'à deux heures de nuict. Ils estoient mieux armez que nous, & se seruoient plus adroitement de leurs fléches; mais i'auois sur eux l'auantage de quatre harquebuses, auec lesquelles ie leur tuay du monde. Nous traitâmes enfin vne tréue, & nous nous campâmes sur vne éminence, faisant vn retranchement de nos Chameaux & de nos Marchandises. Ils firent la mesme chose, se retranchans aussi à la portée d'vn arc; mais auec cét aduantage, qu'ils nous auoient couppé le chemin de l'eau dont nous auions grand besoin. Sur la minuit, vn de ses gens s'auança, demanda à parler au Boma ou Capitaine de la Carauanne; il répondit que si le Prince luy promettoit sur sa Loy de ne luy point faire de tort, il enuoyeroit deux des siens pour traiter auec luy: Le Prince fit serment auec tous ceux de sa troupe à haute voix, en sorte que nous les pûmes entendre. Nous enuoyâmes vn de la Carauanne qui passoit pour vn Saint; le Prince, dit son Enuoyé, veut que vous autres qui estes la pluspart Bussarmans, c'est à dire circoncis, luy remettiez entre les mains les Caphres ou Infideles qui sont dans vostre troupe auec leurs Marchandises; ce faisant, il vous laissera aller en liberté, autrement il vous traitera comme ces Infideles.

Le Capitaine de la Carauanne répondit, qu'il n'auoit point de ces Caphres ou Infideles dans sa troupe; & que quand il en auroit, il periroit plustost que de les remettre entre ses mains: qu'au reste, il verroit bien quand il seroit iour, qu'il n'apprehendoit pas; & cependant, sans auoir égard à leur iurement, ils enleuerent nostre Enuoyé, crians *Ollo*, *Ollo*, qui est parmy eux vn cry de victoire. Nous apprehendions fort que cét Enuoyé ne nous découurit; mais il ne le fit pas, & garda la mesme fidelité pour toute la troupe, n'ayant point dit combien nous auions perdu d'hommes dans cette escarmouche. Le matin, on escarmoucha de nouueau; on traita vne seconde fois, les gens de nostre Carauanne, estans las d'exposer si souuent leur vie, nous demeurâmes d'accord de donner à ces voleurs 20. presens de 9. choses chacun, & vn Chameau pour le porter, & ils se retirerent de nostre coste.

Nous continuâmes nostre chemin, & arriuâmes sur la nuict au bord de la riuiere Oxus; ce nous fut vn grand rafraîchissement, car il y auoit trois iours que nous n'auions trouué d'eau; nous y demeurâmes vn iour entier, & y fismes bonne chere des Chameaux & Cheuaux qui auoient esté tuez: nous quittâmes apres le grand chemin qui alloit le long de la riuiere, pour éuiter la rencontre des voleurs, & trauersâmes le desert, où en trois iours de temps nous ne trouuâmes qu'vn puits, dont l'eau estoit fort sallée, & fûmes obligez de tuer de nos Cheuaux & de nos Chameaux pour viure vne nuit que nous estions dans ce desert. Des voleurs enleuerent vn de nos gens qui s'estoit écarté de la Carauanne, on en prit aussi-tost l'allarme; & quoy que la nuict fut fort obscure, on chargea, & partit à minuit, & marchâmes iusqu'à ce que l'on eust gagné l'Oxus, où nous prîmes quelque repos apres nous estre fortifiez le long de ses riues.

Le vingt-troisiéme Decembre, nous arriuâmes à la ville de Boghar, située dans la Bachtriane pays le plus bas de tous ces quartiers; elle est fermée d'vne haute muraille de terre, & diuisée en trois quartiers: le Roy auec sa Cour en occupe deux; le troisiéme est pour les Marchands & estrangers; & dans ce troisiéme chaque art ou marchandise a son département particulier: la ville est fort grande, leurs maisons sont basties pour la plufpart de terre; mais les bastimens publics: les Temples, par exemple, & leurs monumens sont fort superbes, fort dorez par dedans; mais sur tout, les bains qui sont les plus beaux du monde; la description en seroit trop longue pour l'inserer icy. Il y a vne petite riuiere qui court au milieu de cette Ville, mais l'eau en est fort mal-saine; car il vient ordinairement des vers d'vne aulne de long aux iambes de ceux qui en vsent; ce qui arriue principalement aux estrangers. Ce vers se forme entre la chair & la peau, est roullé en plusieurs cercles. Les Chirurgiens du pays ont vne grande addresse à le tirer; car s'il rompoit en le tirant, la partie où se trouue le reste du vers deuient morte ou gangrainée; c'est pourquoy on le tire petit à petit chaque iour la longueur d'vn poulce; cependant, il ne leur est point permis de boire du vin ny d'autre boisson forte; on punit seuerement ceux dans la maison desquels il s'en trouue; cette seuerité vient de celuy qui est chef de la Religion, dont l'authorité est si grande, qu'il depose quelquefois le Prince, comme il deposa celuy qui regnoit de nostre temps: Il auoit fait le mesme à son predecesseur qu'il auoit assassiné de nuict dans sa chambre; ce Prince aymoit fort les Chrestiens.

Boghar a esté sujette autrefois au Persan, & fait maintenant vne Prouince ou Royaume separé; ces peuples sont continuellement en guerre auec les Persans; & vne des raisons de cette guerre, est que les Persans ne veulent pas coupper les moustaches de leurs barbes, comme font les Tartares, qui croyent que c'est vn grand crime d'en vser autrement, & appellent par cette raison les Persans infideles, quoy qu'ils s'accordent auec eux dans tous les autres points de la Religion Mahometane. Le Roy de Boghar n'a point de plus grand reuenu que celuy qu'il tire de cette Ville, où toutes les Marchandises qui se vendent luy payent le dixiéme; outre que quand il a affaire d'argent, il prend par force des Marchandises dans les boutiques, comme il fit pour me payer dix-neuf pieces d'étoffe d'Angleterre qu'il me deuoit. Ils ont de la monnoye d'argent & de cuiure; leur monnoye d'argent vaut enuiron douze sols; celle de cuiure est appellée pole, & il en faut six-vingt pour faire douze sols; cette monnoye de cuiure y est plus ordinaire que celle d'argent, elle change de prix selon le caprice du Prince: de mon temps, elle haussa & baissa deux fois en vn mesme mois: ce desordre, le droit du dixiéme que tire le Prince, & les frequens changemens qui arriuent dans le pays, où vn mesme Prince ne regne gueres plus de deux ans, est cause de sa pauureté & de sa ruïne.

Le vingt-sixiéme, j'eus ordre de me presenter deuant luy auec mes lettres de l'Empereur de Moscouie; il me receut bien, me fit manger en sa presence, & me fit diuerses questions sur les Estats de l'Europe, & principalement sur les Moscouites, & voulut que ie tirasse au blanc de l'harquebuze deuãt luy; il tira luy-mesme quelques coups: il partit enfin sans me payer ce qu'il me deuoit, se contentant d'en laisser l'ordre, qui fut fort mal executé: Ie fus obligé de prendre des nippes & des marchandises en payement. Ce n'est pas que ie ne luy doiue cette loüange, d'auoir enuoyé cent hommes dans le desert pour prendre les voleurs dont j'ay parlé: ce qui fut executé, & on luy en amena quatre en vie; il me les fit voir, & les fit pendre aux portes de son Palais pour vn plus grand exemple. Il vient à Boghar beaucoup de Marchands tous les ans, des Indes, de Moscouie, de Perse, & de Balgh; mais ils y apportent fort peu de Marchandises, & y demeurent quelquefois deux ans pour les vendre; si bien qu'il n'y a pas grand fondement à faire sur ce commerce. Les Indiens y apportent des toiles de cotton blanches, dont les Tartares font des turbans; leurs habits sont aussi faits de cette estoffe & de crasko. Ils n'y apportent ny or, ny argent, ny pierres precieuses, ny épiceries; leur retour est de soye trauaillée, de peaux de vache de russie, d'esclaues & de cheuaux: j'offris à ces Indiens, entre lesquels il y en auoit des riues du Gãge & du Golphe de Bẽgale, des Kressez & des draps, mais ils n'en firent aucun cas. Les Persans y apportent du craska, des draps de laine, des toiles, des estoffes de soye, & de l'argomack: ie connus qu'ils se fournissoient de drap par la voye d'Alep; les Moscouites y portent des peaux de Russie, des peaux de Mouton, des brides, des selles, des plats de bois, & en rapportent des estoffes de laine, du crasko, mais en petite quantité. En temps de paix, que le commerce auec le Catay est ouuert, on leur apporte du musc, de la rhubarbe, du satin, du damas. Il y auoit trois ans, me disoient-ils, que deux Princes Tartares qui sont sur le chemin du Catay estoient en guerre; les pays de ces Princes se nomment Taskent & Cascar, ceux de Taskent auoient aussi guerre auec les Cassaks qui sont Mahometans, & ils appellent les Roys ces peuples qui ont guerre auec le Prince de Cascar; les Roys sont Payens & Idolâtres. Ces deux Nations barbares sont fort nõbreuses, n'ont point de Villes & auoient tellemẽt barré les chemins des villes de Taskent & de Cascar, que les Carauannes ne pouuoient aller au Catay: quand le chemin est libre, c'est vn voyage de neuf mois. I'ay crû qu'il estoit plus à propos de vous informer de bouche de ce que j'ay appris du Catay, que de le mettre icy, en

ayant

ayant eu vne information fort ample dans le temps de tout vn hyuer, que ie demeuray à Boghar. L'aduis que i'eus que le Roy auoit esté deffait, & que la ville estoit sur le point d'estre assiegée, m'obligea à en partir. La Perse estant lors en guerre, ie fus obligé à m'en retourner par la mer Caspienne. Ie partis de Boghar le 8. Mars 1659. auec vne Carauanne de 60. Chameaux, & bien nous en prist : car dix iours apres le Roy de Samarcand assiegea Boghar auec vne puissante armée, cependãt que son Prince estoit allé faire la guerre à vn autre de ses parens. Il est extraordinaire qu'vn Prince dure trois ans entier tãt les reuolutiõs y sont frequẽtes.

Le 29. de Mars nous arriuâmes à Vrgense, apres auoir éuité vne troupe de 400. voleurs qui nous attendoiẽt, & qui estoient de mesme pays que ceux que nous auiõs rencõtré la premiere fois, cõme nous l'aprîmes de quatre espiõs qu'ils auoiẽt enuoyez : I'estois chargé de la conduite de deux Ambassadeurs que le Prince de Boghar & celuy de Balk enuoyoient à l'Empereur de Moscouie. Le Roy d'Vrgence y en enuoya aussi deux autres, auec la réponse aux lettres que ie luy auois apporté de la part du Moscouite. Ie leur promis qu'ils seroient bien receus, auec tout cela ils ne venoient qu'auec crainte, à cause qu'il y auoit long-temps que les Tartares n'auoient point enuoyé d'Ambassadeurs en ce pays-là. Nous partîmes le 4. d'Auril d'Vrgence, & arriuâmes le 1. sur les bords de la Mer Caspienne, ou nous trouuasmes nôtre barque sans ancre, sans funin, & sans voiles. Nous auiõs porté du chanvre, nous en fismes vn cable; nôtre toille de coton nous seruit à faire des voiles. Cõme nous songions à faire vn ancre d'vne roue de chariot, il arriua vne barque de Moscouites d'Astracan, nous leur en achetasmes vne. On se mit à la voile, les deux Iohusons & moy faisions toute l'equipage du vaisseau, ayant auec nous ces six Ambassadeurs & 25. Moscouites qui auoient esté long-temps esclaues en Tartarie. Le 13. May nous eûmes le vent contraire, nous moüillasmes à 3. lieuës de la coste; il se leua vne tempeste qui dura 44. heures. Le cable que nous auions mal filé rompit : Nous mîmes nostre voile pour tascher d'éuiter la coste sur laquelle la tempeste nous jettoit; nous eschoüâmes enfin dans vne anse de fonds vaseux, ce qui nous sauua la vie. La tempeste passée, nous remîmes nostre barque en mer; & cõme par le moyen de la boussole nous auions marqué precisément le lieu ou nous auions moüillé, Nous retirasmes nostre ancre, ce qui estonnoit fort les Moscouites, qui ne pouuoient s'imaginer comment nous l'auions pû trouuer: c'estoit fait de nous si le vaisseau se fût perdu à la coste, car les peuples qui l'habitent viuent comme des bestes. Deux iours apres nous eûmes vne autre grande tempeste du costé du Nordest; nous courusmes grand danger de perir tant les vagues estoient hautes: nos Tartares apprehẽdoient fort d'estre jettez sur la coste de Perse, & de tomber entre les mains de leurs ennemis. Nous gaignasmes à la fin la riuiere du Yaïk, durant nostre nauigation nous arborasmes le Pauillon d'Angleterre & la Croix rouge de S. George qui n'auoit point encore esté veu dans la Mer Caspienne; & apres auoir couru plusieurs fortunes, nous arriuasmes enfin le 28. May à Astracan, ou ie demeuray iusqu'au 10. du mois suiuant, cependant que l'on preparoit des barques pour les Ambassadeurs qui deuoient aller à Moscou.

La mer Caspienne a enuiron 200. lieuës de longueur, & 150. de largeur. La coste Orientale de cette mer est habitée par des Tartares nommez Turkemen : à l'Oüest elle a les Circasses & le mont Caucase, & le Pont Euxin qui en est éloigné de quelques cent lieuës. Au Sud elle a la Medie & la Perse, & au Nord le Volga & les Nogays. Les eaux de la Mer Caspienne sont douces en quelques endroits, & salées aux autres comme celles de l'Occean : Elle reçoit plusieurs riuieres qui s'y déchargent, la plus grande est celle du Volga, les Tartares l'appellent Edel, sa source est esloignée de quelques deux cens lieuës de son emboucheure : La riuiere du Yaïc & du Yem viennẽt de la Syberie, pour le Cyrus & l'Arax, ils descendẽt du Mont-caucase. Le 8. de Iuin nous partîmes d'Astracan pour aller à Moscou auec vne escorte de cent mousquetaires. Nous y arriuasmes le 2. de Septembre: on

Description de la mer Caspienne.

Les Rabis l'appellent Athel.

me presenta à l'Audiance de l'Empereur; ie luy baisay la main, & luy fis present d'vne queuë de vache de Tartarie, & d'vne tymbale du mesme pays, qu'il receut comme vne chose fort curieuse. Ie luy presentay les Ambassadeurs qu'on auoit mis sous ma conduite, & ce iour-là le Prince voulut que l'on me seruit à disner en sa presence, & me fit diuerses questions sur les pays où i'auois esté. Ie demeuray à Moscou pour les affaires de la Compagnie iusqu'au 17. de Feurier, elle m'excusera si ie l'ay ennuyée par cette relation que ie n'ay pas pû faire plus courte.

Les latitudes ou hauteurs de certaines places principales de Moscouie, & autres pays.

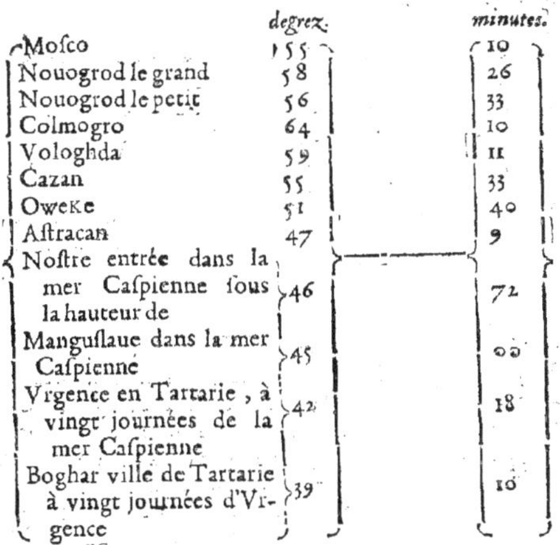

	degrez.	*minutes.*
Mosco	55	10
Nouogrod le grand	58	26
Nouogrod le petit	56	33
Colmogro	64	10
Vologhda	59	11
Cazan	55	33
Oweke	51	40
Astracan	47	9
Nostre entrée dans la mer Caspienne sous la hauteur de	46	72
Manguslaue dans la mer Caspienne	45	00
Vrgence en Tartarie, à vingt journées de la mer Caspienne	42	18
Boghar ville de Tartarie à vingt journées d'Vrgence	39	10

Remarques faites par Richard Iohnson (qui estoit à Boghar auec M. Anthoine Ienkinson) sur le rapport des Moscouites & autres estrangers, des chemins de Moscouie au Catay; où il est fait mention de diuers peuples qui n'ont point esté encore connus.

Route donnée par vn Tartare nommé Sarnichoke Suiet du Prince de Boghar.

D'Astracan à Serachick par terre, en faisant petites journées comme sont celles des Carauannes, 10. de ces journées.
De Serachik à vne ville nommée Vrgence, 15. journées.
D'Vrgence à Boghar, 15. journées.
De Boghar à Cascar, 30. journées.
De Cascar au Cathaya, 30. journées.

Autre Route donnée par la mesme personne, qu'elle disoit estre la plus seure.

D'Astracan au pays des Turkemens par la mer Caspienne, 10. journées.
Des Turkemens auec des Chameaux qui portent cinq cens de charge, 10. journées iusques à Vrgence.
D'Vrgence à Boghar, 15. journées.

Nota. La ville de Boghar est le lieu où les Tartares traitent auec les Cathayens & autres Nations de ces quartiers-là. L'on y paye deux & demy pour cent des Marchandises.

De là à Cascar, ville de la frontiere du Grand Can vn mois de chemin ; il disoit qu'il y auoit plusieurs places entre deux.

De Cascar au Catay vn autre mois de chemin. Adjoustoit auoir entendu dire (car il n'y auoit point esté) que l'on pouuoit passer de là par mer aux Indes, mais il ne sçauoit pas comment gisoit la coste.

Relation d'vn autre Tartare, Marchand de la ville de Boghar, selon qu'il auoit esté informé par vn homme de son pays qui auoit esté au Catay.

D'Astracan par mer à Serachick, 15. journées ; il confirme que l'on pouuoit faire le chemin par terre, marqué cy-dessus.

De Serachick à Vrgence, 15. journées.

D'Vrgence à Boghar, 15. autres iournées.

Nota. Il nous faisoit remarquer que dans ces 15. journées de chemin on ne trouuoit point d'habitation ; mais seulement des puits de iournée en iournée.

De Boghar à Taskent beau chemin, 14. journées.

De Taskent à Occient, 7. journées.

D'Occient à Cascar, 20. journées. Cascar est la ville principale d'vn Royaume qui est entre Boghar & le Catay, dont le Prince se nomme Reshit-can.

De Cascar à Sowchick, 30. journées de chemin. Sowchick est la premiere place de la frontiere du Catay.

De Sowchick à Camchick 5. iournées de chemin, & de Camchick au Catay deux mois de chemin au trauers d'vn pays fort peuplé, fort temperé, abondant en toutes sortes de fruits, dont la Ville principale se nomme Cambalu, & est à dix iournées du Catay.

Ces gens nous asseurent qu'au dela du Catay qu'ils disent estre en vn Pays fort polys & plus riche qu'on ne le sçauroit croire il y a vn autre Pays nommé en langue Tartare, Cara-calmack, habitée par des Négres ; car pour le Catay, comme il tire vers l'Orient les peuples sont blancs, & bien-faits de leurs personnes : leur Religion, selon le rapport de ce Tartare, est celle des Chrestiens, ou en approche beaucoup, & leur langue fort differente de la langue Tartare.

Ce Reshit-can est peut estre le Prestre-Iean que l'on a placé en ces quartiers ; & comme le mot de Terist-chan a fait nommer l'Empereur des Abyssins, Prestre-Iean, Terist-cã en langue Persanne signifie l'enuoyé & exprime biẽ le titre d'Apostre que prend ce Prince.

On ne trouue point d'Ours dans cette route, mais des loups blancs & des noirs, ce qui vient peut-estre de ce que les bois du pays ne sont point si forts que ceux de Moscouie qui en nourrissent beaucoup. L'on y trouue, selon leur rapport, vn animal que les Moscouites nomment Barse, autant que i'en puis iuger par la peau qu'ils me monstrerent, il est aussi grand qu'vn lyon, la peau tachetée, & ie croy que c'est vn Tigre ou vn Leopard.

Vous remarquerez encor qu'à 20. iournées du Catay est vn pays nommé Angrim, où se treuue l'animal qui porte le meilleur musc ; la plus grande partie se tire des genoux du masle, le peuple est Oliuastre, & à cause que les hommes ne portent point de barbe, & sont du reste fort semblables aux femmes ; pour les distinguer, les hommes portent sur leurs espaules vn rond de fer, & les femmes le portent au dessous de leur ceinture. Ils se nourrissent de chair cruë aussi bien que dans vn autre pays nommé Titay, dont le Prince se nomme Can ; ces derniers adorent le feu, & sont à 34. iournées du grand Catay. Entre le Titay & le Catay, on trouue des peuples de bonne mine qui se seruent de cousteaux d'or ; on appelle ces peuples Comorom sont, selon leur rapport, plus prés de Moscouie que du Catay.

EXTRAICT DE DEVX LETTRES ESCRITES DE Petschora à Monsieur Hacluit par Ionas Logan du 24. Feurier 1611.

Cette piece de la dent d'vn Elephãt fut portée en Angleterre.

IL vient icy ordinairemẽt dans la saison de l'Hyuer deux milles Samoydes entre lesquels il en vint vn qui nous apportast vn morceau de dent d'Elephant qu'il dit auoir achептée d'vn homme de son Pays : Il nous parla de certains peuples appellés Tingussi, qui habitent vn Pays qui est au dela de la riuiere d'Oby & celle du Tas ; leur pays s'estend le long de la riuiere Ienisse, riuiere fort grande & qui tombe dans la Mer Naronzie : Il semble que ce Pays ne doit pas estre fort esloigné de la Chine ; & que l'on pourra par là en découurir le chemin si on s'y prend de bonne maniere.

Autre Lettre de Petschora du 16. Aoust 16.....

IL vient icy deux ou trois milles Samoydes qui y apportent diuerses fourrures, des Sables, des peaux de Castors, des Renards noirs, des Escureuils, des Loups, des Rosomacs & des Hermines ; on y trouue au mois de Septembre beaucoup de Saumons, d'huyle d'vn grand poisson nommé Bealouga, d'huyle de Morsses, & en esté de l'huyle de Balleine auec des peaux de Renard blanc & des plumes : i'ay eu quelque conference auec vn Moscouite, qui m'a dit qu'il auoit appris des Samoydes qu'ils auoient trouué sur leurs frontieres des tombeaux de Minchins, c'est à dire d'estrangers qui auoient esté enterrés dans des bieres les bras croisés sur leur poictrine : ils adioustoient qu'il pouuoit bien y auoir soixante ans qu'ils auoient esté enterrés, qu'ils auoient trouué dans ces bieres des tablettes écrites & d'autres bagatelles, que le passage du Vveygas est quelquesfois fermé par les glaces & quelquesfois ouuert : que là proche il y a du christal de montagnes, que les Moscouites & les Permaques trafiquẽt tous les ans sur la riuiere d'Oby & en deçà ; qu'ils vont quelquesfois par Mer dans vn grãd Golphe qui est en deçà de Petchora, ils l'appellent en leur langue yovvgorsky shar : qu'il y a quatre riuieres qui s'y rendent, que celle qui est plus vers l'Orient s'appelle Cara reca, ou la riuiere noire, qu'il y en a vne autre nommée Moetnaia Reca, que de là ils trouuent vn Volock ou nez de terre, ils entendent vn promontoire qui s'estend en Mer l'espace de trois Verst ; qu'ils le trauersent & transportent par terre leurs marchandises & batteaux, & qu'ils trouuent apres vne autre riuiere nommée Zelana reca, c'est à dire, la riuierre Verte ; qu'en suiuant cette riuiere ils descendent dans l'Oby ; que la riuiere du Tas y entre du costé de l'Est & se rend auec l Oby dans la Mer. Ces deux riuieres n'ayant qu'vne mesme emboucheure, qu'il y a beaucoup d'Isles à l'emboucheure & que d'vn bord on peut voir l'autre.

Martinius dit que les Tartares appellent Minchin les estrangers, & que c'est de là que vient Mangi, & le nom que les Tartares & Maria Polo dõnent à la Chine, ce qui est icy tres-remarquable aussi bien que les bieres dont parle cette Lettre.

Il nous parla d'vne autre riuiere nomée Yenissy au deçà du Tas, plus grande & plus profonde que l'Oby, qu'elle entre bien auant dãs les terres, que personne d'entr'eux ne connoist sa source, qu'ils l'auoient remontée à la rame l'espace de quatorze iournées. Les Tingussy qui demeurẽt le long de ses bords, ne leur peurent dire iusqu'où elle s'estendoit ; ils la remonterent iusqu'à vne ville dont la muraille & les maisons leur parurent blãches, ce qui leur fit croire qu'elle estoit bastie de pierre de taille ; car ils n'oserent pas s'en approcher de plus prés ; qu'ils y entendirent vn grand bruit de cloches, & virent des bestes qui n'auoient point de ressemblance à leurs Elans ; car elles ont, ce disent-ils, vne logue queuë, n'ont point de cornes, la piste de leurs pieds est ronde, & n'est point fenduë comme celle des Elans. Ces peuples, adioûtoient-ils, montent sur le dos de ces bestes, & ne s'en seruent point à faire tirer des traîneaux comme nous, ie m'imagine que ces bestes estoient des cheuaux ; ces mesmes Samoydes dirent encore qu'ils virent des hommes tout vestus de fer ; leurs testes, leurs bras, en sorte que ny les espées, ny les fléches ne leur peuuent faire mal ; & que deux cents de ces hommes pourroient conquerir tout leur pays ; vous voyez par là qu'ils ne sont pas fort esloignés de la Chine & du Cathay ; ie croy vous auoir reuelé vn grand secret que ie vous prie de communiquer au Comte de Salisbuny, & vous souhaittant toute sorte de prosperités, ie demeure

EXTRAIT DV VOYAGE DES HOLLANDOIS, *enuoyez és années 1656. & 1657. en qualité d'Ambassadeurs vers l'Empereur des Tartares, maintenant Maistre de la Chine, traduit du Manuscrit Hollandois.*

LEs Hollandois enuoyerent vne Armée nauale dés l'année 1618. sur les Costes de la Chine pour obliger les Chinois à traitter auec eux; il n'y a moyen qu'ils n'ayent tenté depuis pour les faire venir à ce poinct, mais quoy qu'ils soient Maistres maintenant de tout le commerce des Indes, ils n'ont encore pû mettre le pied dans la Chine.

Lors que Bontkoë les vid, se traisnant à genoux sur le tillac de son vaisseau, & le regardant auec admiration, on luy dit qu'il couroit parmy eux vne Prophetie, que des hommes qui auoient les cheueux tirant sur le roux & les yeux bleus, se deuoient vn iour rendre Maistre de leur Païs; Martinius en parle autrement, & dit qu'ils ont en horreur ceux qui sont de ce poil : Enfin, soit qu'ils ayent cette prophetie ou cette auersion, il est certain que l'interest que les Portugais ont eû iusqu'à cette heure de leur empescher ce commerce & celuy des Marchands Chinois de la riuiere de Chincheo, ont esté les plus grands empeschemens qu'ils ont trouué dans ce dessein.

La Relation des Philipines qu'on donnera dãs le Volume suiuant, asseure aussi que les Chinois ont cette Prophetie.

Les Tartares du Kin, qui sont à l'Orient de la Chine, s'en estans rendus les Maistres dans ces derniers temps, les Hollandois creurent qu'il leur seroit plus facile d'y entrer; ils enuoyerent vne solemnelle Ambassade de Battauia auec beaucoup de presens, pour obtenir de ce Prince la liberté du commerce. On les conduisit tousiours par eau iusqu'à Peking, qui est maintenant la residence de l'Empereur; il les receut dans vne place semblable à la Place Royale, pour sa grandeur & pour la simetrie de ses bastimens : les costez de cette Place estoient bordez de ses Gardes tous habillez de rouge; ils estoient à pied, & leurs cheuaux rangez sous les Portiques de la Place. On fit venir les presens que les Hollandois n'auoient pas encore tirez des quaisses; l'impatience de les voir fut si grande, que les Principaux de sa Cour se ietterent dessus pour les déballer & les ouurir; ce qui ne se fit qu'auec beaucoup de peine; & s'estant fait apporter à manger apres cette fatigue, on leur seruit du lard qu'ils mãgerẽt tout crud & degouttãt de sãg.

Ils eurent facilité de se faire entendre, car outre qu'ils auoient auec eux des Interpretes, ils trouuerent aux costez de ce Prince vn vieillard couuert d'vne robbe de brocard d'or, & razé à la Tartare, qui à la fin de l'audience les vint trouuer, & leur dit en bas Allemand qu'il estoit Iesuite.

L'endroit de cette Relation qui parle des Iesuites est remarquable, puis que ceux qui l'ont faite ne peuuent pas estre soupçonnez d'intelligence ny de partialité.

Les Iesuites disent que l'Empereur est entré vne fois dans l'Eglise qu'ils ont à Peking. Il est vray qu'ils sont fort bien venus & fort considerez par toute la Chine, que le Pere Adam Schaall est en si grande faueur auprés de ce Prince, qu'il a les entrées libres à toute heure; il y a 46. ans qu'il est à la Chine, il est de Cologne, & la principale cause de la consideration en laquelle sont les Iesuites en ce Païs, vient de la connoissance qu'ils ont de l'Astronomie à laquelle ce Prince & les Principaux de sa Cour sont fort adonnez, & s'y exercent mesmes quelques fois.

Nota. Martinius dit qu'ayant esté arresté que l'on corrigeroit le Calendrier Chinois, la premiere année du regne de il commanda aux Iesuites de trauailler à cette correction, & qu'elle fut acheuée de son regne. Vn autre Iesuite rapporte que ce P. Adam Schaall en eut le soin.

La Tartarie Oriẽtale est appellée Kin par les Chinois, c'est à dire de l'or, on appelle cõmunemẽt ces Tartares les seigneurs des montagnes d'or, parce que leurs païs en sont fort riches. Cette Tartarie est bornée au Nord & au Nord-Est par vn autre Royaume de Tartarie nõmé Niulhan, au Leuant de celuy d'Yesso au Midy, elle touche à la Peninsule Chorea : le grand fleuue Linohang la borne du costé de l'Ouest; Ces Tartares sont ceux qui sont maintenant Maistres de la Chine.

Peking est la principale Ville de cét Estat, l'Empereur y tient sa residence, & c'est le veritable Cambalu, & la partie de la Chine où elle est scituée, est ce Cathay qu'on cherche il y a si long-temps : car les Mahometans appellent ainsi les six Prouinces de la Chine qui sont vers le Nord. Peking signifie la Cour du Nord; elle est vn peu auancée dans les terres, sa latitude est de 40. degrez; au sortir de la ville sur la main gauche, il y a des collines, du haut desquelles on peut voir la grande muraille & remarquer comment elle est tirée entre les montagnes.

Les murailles qui ferment le circuit de la ville interieure ont des boulleuarts fort prés les vns des autres, & des courtines entre-deux fort courtes, auec vn fossé tout au tour, dans lequel passe vne eau courante; les ruës ne sont point pauées, tellement que l'Esté la poussiere y est insupportable; les personnes de condition pour éuiter cette incommodité, se couurent souuent le visage d'vn voile fort delié, qui leur tombe du haut de la teste iusques sur la poitrine, au trauers duquel ils voyent sans estre veus, & en ont encore cét auantage de pouuoir aller par tout sans estre obligez à aucunes de ces bien-seances ausquelles doiuent auoir égard les personnes de condition aux lieux où elles sont connuës.

Le Palais du Prince est iustement au milieu de la ville, sa figure est quarrée, il est fermé d'vne double enceinte de murailles; l'interieure a 12. ly de circuit, c'est à dire trois quarts d'heure de chemin. Les Tartares ont tenu cette ville l'espace de 80. ans; mais en ces derniers temps vn volleur nommé Ly s'en rendit le Maistre, & les Chinois pour s'en deliurer se soûmirent au Tartare du Kin, qui est maintenant Maistre de toute la Chine. Ce Tartare n'est point le grand Cham, mais l'vn des moindres Princes de la Tartarie: Elle est diuisée sous la domination de huit Princes differens, chacun desquels est Souuerain en son Canton: ils sont tous fort pauures, & viennent souuent rendre visite à celuy qui est Maistre de la Chine pour en receuoir des presens.* Le Conseil d'Estat de cét Empire estoit auparauant composé de six personnes, chacune desquelles outre cét employ auoit encor son departement particulier, & vn Conseil où il presidoit. Le premier de ces Conseils auoit la direction des affaires d'Estat, le 2. celle des affaires de la Guerre; le 3. la Sur-intendance des Bastimens; le 4. celle des Impots & des tresors du Roy; le 5. la punition des crimes; le 6. la Surintendance des Offices qui regardent la police du Royaume, dont ce Conseil disposoit. Le Tartare n'a rien changé dans cét ordre; & s'est contenté de donner à chacun de ces Officiers vn de ses Tartares pour Collegue: chacun desquels a aussi sous luy vn Conseil de sa nation. Nos propositions & nos demandes furent examinées dans le premier de ces Conseils; il est composé de Tartares Orientaux, d'Occidentaux, & de Chinois; les resolutions s'y prennent du consentement de tous ceux qui composent ce Conseil, vne seule voix pouuant arrester vne deliberation dont tous les autres seroient demeurez d'accord, comme il se pratique aussi dans les autres Colleges.

Quand l'Empereur sort, le bruit des tymbales, des trompettes, des fanfares, & la foule qui l'accõpagne, fait qu'on ne peut rien voir ny entendre, il est toûjours suiuy de 2000. cheuaux Tartares, & marche au milieu de quatre des principaux Seigneurs de sa Cour: il a dans ses ports plus de mille vaisseaux au dessus du port de cent tonneaux: il a le quint de toute la porcelaine, & l'impost de tous les vaisseaux qui entrent dans la Prouince de Canton; n'a point maintenant d'autres ennemis que le Pyrate Coxinga qui fait quelquefois des descentes dans la Prouince de Chincheu. Le pere de ce Pyrate, nõmé Itquam, a esté arresté à Peking, on a muré les portes de sa maison, on l'y tient chargé de chaisnes au col & aux pieds; on les luy augmenta dans le temps de nostre sejour iusqu'au nombre de 15. à l'occasion de quelques mauuaises nouuelles qui vinrent de son fils. Nous trouuasmes en cette Cour vn Ambassadeur de Moscouie qui y estoit venu par terre

*Les Chinois sont diuisez en 3. Sectes, la plus ancienne est celle des Philosophes, la secõde celle des Idolâtres, la 3. est celle des Epicuriens; la premiere est la plus considerable, à cause que les Philosophes ont entre leurs mains le Gouuernement de l'Estat: Ces Philosophes reconnoissent vn premier Principe, vn premier & Souuerain Empereur qui gouuerne tout le monde; ils auoüẽt qu'ils ne sçauent pas quelle est sa Nature & son Essence, ny qu'ils ne sçauẽt point de culte qui luy puisse estre agreable; c'est pourquoy ils ayment mieux ne luy rendre point de culte que de luy en rẽdre qui soit indigne de luy: ainsi ils se cõtentent de rapporter toute leur estude à ce que le gouuernement de la Republique soit juste & parfait, & à pratiquer chacun en son particulier les vertus morales, & à regler les deuoirs respectifs de la vie humaine, du

en six mois;il nous dit qu'en Esté il auroit pû faire ce chemin en 4. mois:* il voulut faire plus de bruit qu'il n'estoit à propos dans cette Cour, le 14. Septembre 1656. ils le renuoyerent sans luy auoir donné audience, & sansluy faire aucun present: Il prit congé de nos Ambassadeurs, & les Tartares s'adresserent à nous pour estre informez de l'estat de la Moscouie: Le plus puissant des Princes Tartares qui tient sa residence dans la ville de Samarkand, auoit donné à cét Ambassadeur de Moscouie trente personnes pour luy seruir d'escorte, qu'on renuoya auec presens.

Les Mahometans ont tasché il y a long-temps d'introduire leur religion dans la Chine, ils y estoient entrez du costé des Estats du Mogol; l'Empereur des Tartares ayant esté auerty qu'ils estoient deuenus fort puissans dans vne ville de la Prouince de Kensi, leur commanda d'en sortir, sans leur permettre d'en emmener leurs femmes; les Mores se mirent en estat de se defendre, & furent tous tuez. Il arriua aussi à Peking le 3. Aoust de l'année 1656. vn Ambassadeur qui se disoit enuoyé du Grand Mogol, & qui auoit amené pour present 3000. cheuaux communs, 2. cheuaux Persans, 10. picols de pierres de Coldrin, 2. Austruches, 20. cousteaux Moresques, 4. Dromadaires, 2. tapits, 4 arcs, vne selle auec son harnois, 8. cornes de Rhynoceros: il vient tous les ans des Ambassadeurs de cette partie de Tartarie Septentrionale, qui est vers le païs d'Eso, ils apportent toutes sortes de pelletries, & dans le temps de nostre sejour, nous visines arriuer 3000. pauures familles de ces quartiers, tous habillez de peaux de poisson marin, on les distribua à Canton & ailleurs. Ceux de l'Isle Coréa luy enuoyent aussi faire compliment tous les ans.

On enterre les morts en la Chine auec des ceremonies presque semblables à celles de l'Europe; le corps est suiuy d'vn grand nombre de gens, tous habillez de noir; mais leur maniere de se marier est bien differente. Les Chinois se marient sans connoistre en façon du monde leurs maistresses, les parens du garçon & de la fille traittent le mariage; & quand ils sont demeurez d'accord des conditions, on enuoye la mariée dans vne chaise fermée à clef, à son futur Espoux qui ne l'a iamais veuë; on l'accompagne auec quantité de flambeaux, quand mesme ce seroit en plein iour: on luy presente la clef lors que la chaise est arriuée chez luy, & il tire au hazard sa maistresse de la chaise, void si elle est grande ou petite, brune ou blonde, & iuge en l'examinant plus particulierement de sa bonne ou mauuaise fortune.

L'Empereur n'a eu iusqu'à cette heure que 21. femmes, mais il a esté resolu dans son Conseil d'augmenter ce nombre iusqu'à cent sept; car les Empereurs de la Chine en ont tousiours eu autant. Le Pere qui a donné sa fille à l'Empereur, peut faire son compte qu'il ne la reuerra iamais, tant elles sont gardées estroitement, & celles qu'il ne trouue pas à son gré, sont mises à mort dés la premiere nuit.

Nanking est la seconde place de cét Empire, sous la hauteur de 32. degrez à 15. milles de la Mer; le tour de l'enceinte interieure de la ville est de 5. heures de chemin; mais la seconde enceinte est de six de nos milles, sans y comprendre ses fauxbourgs, dont nous n'auons pas veu le bout; ses ruës sont tirées en droite ligne, larges de 28. pas, pauées de pierre; les maisons sont mal basties, peu esleuées, mais les boutiques fort propres & bien fournies de toutes sortes de marchandises: Ils disent qu'il y a dix millions d'hommes dans cette ville.

mary enuers sa femme, du pere enuers ses enfans, du Roy à l'égard de ses Sujets; & en quatriéme lieu, ils ont 3000. petites ceremonies ou preceptes qui regardent les deuoirs & offices que les hommes se doiuent les vns aux autres *Marti.*

* Cette Relation doit apporter vn grand changement dãs les Cartes de l'Asie.

Coldrin, pierre non encores décrite sous ce nom.

Picol est vne mesure qui répond à cét de nos liures enuirõ.

Nota. Il faudroit que ses fauxbourgs fussent infiniment plus grãds que la ville, puis que les maisons n'ont qu'vn estage: & cependant il est constant que les Chinois sçauent exactement ce qu'il y a de peuple dans leurs villes, le maistre de chaque maison estant obligé de mettre sur sa porte vn escriteau qui contienne le nõbre des hõmes qui y sont logez, outre que toutes les maisons sont diuisées par dix, auec vn Dixenier qui a le soin de leur faire executer cét ordre & tous les autres ordres qui regardent la police de la ville. Le Païs parut fort peuplé aux Hollandois, & les riuieres autant habitées que la terre, car il y a des familles entieres qui viuent dessus dans des batteaux, y ont leur mesnage, y font toutes sortes de nourritures, qu'ils mettent à terre du costé qu'ils veulent, comme si ne pouuant point trouuer de place à terre pour s'establir, ils auoient esté reduits à se retirer sur cét Element. Le grand nombre de peuple a fait dire à Martinius, que toute la Chine estoit comme vne grande ville, & que la grande muraille & la montagne qui la separe du reste du Monde, estoient des murailles proportionnées à la grandeur de cette ville.

La Campagne où Nanking est scituée, est fort abondante, Nanking signifie la Cour du Midy; les Empereurs de la Chine y ont autrefois fait leur residence; vn des costez du Palais qu'ils y ont, a 2000. pas de longueur; sur l'vne des portes de ce Palais est vne cloche qui a deux fois la hauteur d'vn homme, elle a 32. brasses de circonference & vn quart d'aune d'épaisseur, le son n'en est pas bon: au costé du Sud de la ville est le grand Temple, ou Pagod Paolinxi; il est seruy par 1000. Prestres, & on y void plus de 1000. Idoles: au milieu de la place de la Ville est vne tour de porcelaine qui y a esté bastie il y a plus de 700 ans par les Tartares, elle a neuf estages ou voutes l'vne sur l'autre, 184. degrez portent iusques au haut de la tour; à tous les coins de laquelle sont de petites cloches de cuivre de diuerses grandeurs, qui font vne sonnerie fort agreable quand il fait du vent.

Tour de Porcelaine.

Les Portugais de Macao & les principaux Marchands de la Chine trauerserent en sorte la negotiation des Hollandois, qu'ils ne peurent obtenir la liberté du commerce qu'ils demandoient: ils firent entendre aux Tartares que les Hollandois estoient vn peuple qui n'auoit point trouué de Place dans l'Europe où on les voulust receuoir, que pour cette raison ils estoiét tousiours sur leurs vaisseaux, & qu'ils demandoient la liberté du cõmerce dans le Pays, pour s'y establir sous ce pretexte.

Vn autre Relation dit, que les Hollandois ont dépensé plus d'vn million en presens & autres frais de cette Ambassade.

Le Tartare leur demanda combien ils auoient fait de lieuës de chemin depuis la Hollande iusques à la Chine; ils dirent qu'ils en auoient fait plus de cinq mille, car par mer il y en a bien autant; mais ils se trouuerent fort embarassez lors qu'on les obligea de tracer vne carte du Monde, & d'y mettre leur Païs, auec ceux qui sont entre la Hollande & la Chine; car apprehendant de ne pouuoir pas faire comprendre à ces Peuples qu'ils eussent pris le plus long, il fallut dans leur Carte representer la Chine éloignée de six mille lieuës de la Hollande.

RELATION DE LA PRISE DE L'ISLE FORMOSA par les Chinois, le cinquiesme Iuillet 1661. traduite de l'Hollandois.

Toute la Chine est maintenant soûmise aux Tartares, à l'exception de quelques Chinois, qui n'ayant point voulu couper leurs cheueux, ny passer sous leur joug, se sont retirez dans les Isles qui en sont proches, & s'y sont maintenus par les courses qu'ils ont faites dans ces mers, vn * Tailleur de l'Isle de Taywan nommé Equam, auoit acquis authorité parmy eux, les auoit alliez, & s'estoit rendu Maistre de ces mers, pillant sans distinction tous les vaisseaux qu'il rencontroit. Equam estant mort, Cocxinia son fils succeda à ce commandement, il se vid en ces derniers temps suiuy d'vn grand nombre de Chinois, que l'esperance du butin, ou l'auersion du gouuernement faisoit passer tous les iours de son costé, & son armée nauale augmẽtée iusques au nõbre de six cens vaisseaux; auec cela sa fortune luy paroissoit mal asseurée, tant qu'il n'auroit point d'autre retraite que les Isles, ou la mer & ses vaisseaux: il apprit par le moyen des intelligences qu'il auoit dans l'Isle de Formosa, que la forteresse nommée Zelande que les Hollandois y ont bastie, & les autres Forts estoient en assez mauuais estat: & apres auoir mesuré ses forces, il creut qu'il deuoit tenter cette entreprise qui luy promettoit vn poste le plus auãtageux qu'il pût choisir pour son dessein.

** Tous les Chinois les plus puissãs apprennent quelque métier, peut-estre que celuy de Tailleur auoit esté choisi par Equam, dont parle l'Extraict de la Relation Hollandoise, où il est nommé Iquam.*

La Relation de l'Isle est tirée du Manuscrit de M. de la Mauriniere, qui y a demeuré 5. ans.

L'Isle Formosa est scituée à 22. deg. & ½ de latitude, sous le tropique de Cancer, à l'Orient de la Chine, & en est éloignée de 24. lieuës & de cét cinquãte du Iapon. Le Fort Zelandia & la ville de Theouan, sont bastis sur vn petit banc de sable enuiron de deux lieuës de long, & esloigné de l'Isle de Formose, d'vn bon quart de lieuë; le fort est vn peu plus esleué que la ville a quatre bastions, & au dessous vers la mer sont encore deux autres bastions auec le logis du Gouuerneur; les magasins & quelques autres logemens tout entouré de bonnes murailles, qui s'attachẽt & tiennent à celles du fort. Il y a aussi autour du Fort vne fausse-braye auec quatre demy-lunes: la ville est à vne portée de mousquet de la forteresse; elle n'a pas plus d'vne demy heure de tour, mais fort bien bastie, peuplée de quantité de riches marchands Chinois & de quelques Hollandois; les vaisseaux peuuent entrer dans le havre qui est tousiours plein de vaisseaux Chinois, qu'ils appellent Yoncs, les plus grands qui y viennent sont du port de quatre cens tonneaux, ce n'est pas qu'il n'y en ait à present de bien plus grands; ils apportent là leurs marchandises & y en viennent querir; car les Chinois ne permettent pas aux Hollandois d'aller trafiquer chez eux; les marchãdises des Chinois sõt toutes sortes d'ouurages de soye fort biẽ trauaillez, de l'or en lingots & quelques porcelaines, ils en remportent de toutes sortes d'épiceries, de toiles de cotton, des draps d'écarlatte & de l'argent; il y a ordinairement vingt-cinq ou trente mille Chinois qui demeurent partie dans vn quartier de la ville, & le reste dans l'Isle, où ils trauaillent tous à cultiuer la terre, & principalement le sucre, y estans fort experts.

Tayyvan en langue Chinoise, signifie vn banc de sable.

Sõt tributaires de la Cõpagnie, & sont obligez de payer tous les mois 13. sols par teste, taxe qu'elle fait mesme payer aux enfans dés l'âge de sept ans; ce qui leur rapporte prés de deux cens mil liures par an. Les Chinois sont fort adonnez au trafic & à l'étude de leurs lettres, ils ont prés de 60000. caracteres, qui signifient autant de mots; ils escriuent de haut en bas & de droit à gauche; sont fort subtils & trompeurs; portent pour habit tant hommes que femmes, de longues robes, les manches fort longues & larges; laissent croistre leurs cheueux, & l'en trouue quantité entr'eux à qui les cheueux descendent plus bas que le genoüil; ils les noüent derriere la teste, & passent vne aiguille d'or ou d'argent au trauers auec vn peigne pour les tenir; ont diuerses sortes de coëffures, selon la differente qualité des personnes; ont le visage plat & bazané, la barbe fort longue & claire; il s'en trouue aussi entr'eux de fort blancs, & principalement parmy les femmes, lesquelles sont ordinairemẽt fort belles, les maris en sont aussi fort jaloux, quoy qu'ils en ayent autant qu'ils en peuuent nourrir, & s'en défont quand ils veulent, car souuent ils les changent ou vendent, mais s'en reseruent tousiours vne entre les autres qu'ils épousent & de qui les enfans heritent; les tiennent tousiours enfermées, elles ne sortent point que voilées, & sont menées par de petits garçons, ont toutes le pied extrémement petit, elles se le bandent si fort dés leur ieunesse, que cela leur apporte vne grande incommodité à marcher.

Les robes des femmes sont fort lõgues, & leur couurent les pieds, & prẽnent depuis le col iusqu'aux talõs, de façon qu'elles n'õt rien de découuert que la face.

Pour ce qui est de leur religion, ils y sõt fort opiniastres, & de tous les Chinois qui sõt dans l'isle Formosa, il n'y en a aucun qui soit Chrestien; ils croyent qu'il y a vn Dieu qui est tout-puissant, ils l'appellent en leur langue Ishy; ils croyent aussi qu'il y a des Diables qu'ils appellent Kouy, ils luy sacrifient, disant que le Diable est meschant, qu'il leur fait du mal, & qu'ils l'appaisent par leurs sacrifices; que Dieu ne leur fait point de mal, aussi ils ne luy sacrifient que rarement; ils ont sur leurs Autels l'image d'vn Chinois, qui disent auoir esté vn grand personnage, que par cette raison ils appellent Yosse, à qui ils sacrifient, & luy adressent leurs oraisons. Ils en ont vn autre qu'ils appellent Chekoua, qu'ils reclament tousiours quand ils se voyent en danger. Ils n'ont aucun lieu à Theouan où ils se puissent assembler pour y faire leurs deuotions & leurs sacrifices, chacun les fait en son particulier dans son logis: car les Hollandois ne leur permettẽt pas d'auoir de lieu destiné pour cela: quand ils font leurs sacrifices à Yosse, ils preparent l'Autel sur lequel il est, & mettent aux deux bouts deux vases d'airain dans lesquels ils bruslent leurs bois de senteur qui fume continuellement, & vn autre vase qu'ils mettent iustement deuant leur Idole, dans lequel sont quantité de petits bastons, gros comme vn fer

Elles cachẽt leurs mains dans leurs manches: ce n'est pas leur coustume de rien prendre de la main des hõmes; mais on le met premierement sur vn escabeau ou sur vne table, puis ils couurent la main, & prennent ce qu'on leur presente.

d'éguillette, faits d'vne certaine paste composée de toutes sortes de parfums, ces bastons quand ils sont allumez, bruslent comme de la mesche, ne font qu'vn charbon, & rendent vn parfum fort agreable; pour l'Autel, ils le couurent de viandes cuittes, comme de chevreau, de cerf, de porc, & de volailles, seruies dans de beaux plats de porcelaine, puis se mettent tous à l'entour de l'Autel, & vn d'eux fait l'oraison, qu'il ne prononce pas tout haut, mais en recite la moitié entre ses dents, & de fois à autre il s'encline la face iusques à terre, & tous les autres en font autant; ils ont aussi du papier qu'ils preparent exprés, le couurant de feüilles d'or, & le decoupant en ondes le bruslent & le iettent en l'air, disant, Camchia Yosse, qui signifie, c'est vn present ou offrande que nous te faisons Yosse? puis quand toutes leurs ceremonies sont faites, ils ostent toutes les viandes & les seruent sur vne autre table, à l'entour de laquelle ils se rangẽt & en font bõne chere; les femmes ne viennent iamais à leurs sacrifices; ils ont vne place où ils enterrent leurs morts, les mettans dans vne fosse qu'ils massonnent par dessus en forme de voûte, & y font vne petite porte enuiron d'vn pied de haut, & apportent auec le corps mort des viandes cuittes & de leur boisson auec du ris qu'ils mettent deuant la fosse, & le laissent là, disant que c'est vne offrande qu'ils font au Diable; ils loüent des femmes exprés pour pleurer quand on porte le corps en terre, & luy vont criant, Pourquoy es-tu mort? as-tu eu faute de viande, de ris, &c. luy nommant tout ce qui est necessaire à la vie, & puis crient & hurlent, pourquoy es-tu donc mort. Les femmes dans leurs repas ordinaires ne mangent pas auec eux : quand ils ne trouuent pas de femmes dans l'Isle à leur fantaisie, ils en font venir de la Chine, en escriuant à leurs amis qui leurs en enuoyent, & en font negoce comme d'vne marchandise ordinaire : dans l'Isle Formosa il y a quantité de Chinois qui y demeurent tousiours, & font cultiuer la terre qu'ils prennent à ferme de la Compagnie : les Sauuages de l'Isle ne les aiment gueres, mais neantmoins ils sont contraints de les souffrir. Il y en a dans chaque village qui y demeurent, que nous appellons Pacters, ils y sont pour acheter les Cerfs que les Sauuages prennent, & pour en faire seicher les viandes qu'ils enuoyent puis apres en la Chine; pour les peaux, ils les reuendent à la Compagnie pour enuoyer au Iappon, tous les villages sont affermez; ie nommeray icy les principaux, du costé du Nord est Sinkam, Baklouam, Soulan, Mattaw, Toulissant, Takays, &c. & plus loin vers le Nord sont encor deux petites forteresses éloignées de douze lieuës l'vne de l'autre, à sçauoir Quilam & Tamsuy, qui ont esté autrefois basties par les Portugais, & prises par les Hollandois enuiron l'an 34. ou 35. Il y a ordinairement dans chacun quarante soldats de garnison : ces deux Forts sont à 60. lieuës de Theouan, du costé de Sud-Est; Farbrou est éloigné de 25. lieuës de Theouan, il y a ordinairemẽt 30. soldats & vn Lieutenant. Plus loin est Pansoy, Akaw, Etné, Soutenaw, & Tictayan, qui est le plus éloigné & le dernier des villages qui reconnoissent les Hollandois; dans chacun de ces villages, & principalement dans ceux qui sont vers le Nord, la Compagnie y entretient tousiours sept ou huit Maistres d'Escolle qui instruisent la ieunesse en leur propre langue, leur apprenant à lire & à escrire nos caracteres, & ont aussi translaté vne partie de la Bible qu'ils ont fait imprimer en Hollande, & quantité d'autres petits liures pour apprendre à lire.

Tous ces villages sont fort peuplez, & dans chacun la Compagnie y establit vn ou deux Capitaines choisis entre ceux du Païs qui ont le commandement absolu sur tous ceux du village; on leur donne pour marque de leur commandement vne canne ferrée d'argent auec les armes de la Cõpagnie grauées dessus. Tous les Sauuages de Formosa s'exercent à bien tirer de l'arc, à lancer le jauelot, & à nager; ils s'exercent aussi sur tout à la course, & ie croy qu'il n'y a nation au monde qui les surpasse, il n'y a point de cheuaux qui puissent courir si long-temps qu'eux : quand ils courent ils portent à leurs deux bras vn morceau de fer fort luisant & qui rend vn son comme vne grosse sonnette, auec lequel ils s'animent à courir.

Le Gouuerneur fait tenir tous les ans vne Assemblée qu'on appelle Lantdag,ou grands Iours, tous les Capitaines & Principaux de chaque Village sont obligez de s'y trouuer & de rendre compte de leur conduite : on interroge le peuple s'il n'a point de plainte à faire contre ses Gouuerneurs, & s'ils ont entr'eux quelques differens, on les met d'accord ; apres qu'on les a tous ouys on les exhorte derechef à se bien comporter, se maintenir dans leur deuoir, & à ne rien entreprendre contre la Compagnie, qui les asseure de les maintenir tousiours en bonne paix, & de les defendre contre leurs ennemis, puis on leur fait de petits presens & principalement aux Capitaines, à qui on donne de belles robbes du Iapon & des chapeaux ; ce qui les rend les plus contans du monde : on leur fait apres vn festin de toutes sortes de viandes en abondance dans vn lieu preparé pour cela, où il se trouue quelquefois sept ou huict cens Sauuages à table ; ainsi faisant, la Compagnie s'entretient tousiours en bonne intelligence auec eux ; & quand on en a eu affaire ils ont tousiours esté prests, & ne manquent point de venir aux premiers commandemens, & mesme on les fait souuent aller à la guerre contre ceux de leur propre nation, lors qu'il s'en rencontre qui ne veulent pas obeïr. C'est pourquoy les Chinois n'oseroient rien entreprendre en ayans esté desia bien chastiez l'année que i'y arriuay, qui estoit en 53.

Ils firent vne conspiration d'exterminer tous les Hollandois qui estoient dans l'Isle, & de se rendre Maistres du Fort, par vne trahison assez bien cōcertée ; outre que la garnison estoit alors vn peu foible ; pour cét effet ils s'assemblerent dans l'Isle iusques au nombre de huict mille hommes, vn nommé Fayet en deuoit estre le Chef, & tous ceux qui estoient dans la ville de Theouan deuoient aussi estre de la partie, & auoient ordre de commencer les premiers : le complot estoit de prier le Gouuerneur à souper, auec la pluspar des Officiers ; ce qu'ils faisoient lors assez souuent, & durant le festin ils deuoient tout tuer, chacun d'eux deuant cacher sous sa robbe vn poignard pour cét effet ; & pour les douze soldats qui suiuent ordinairement le Gouuerneur, ils les deuoient enyvrer, & apres s'en estre défaits, prendre leurs habits & leurs armes, se presenter à la porte de la forteresse en mesme ordre que le Gouuerneneur y vient ; s'en rendre les maistres, & asseurer entrée au reste de leurs gens qui auroient esté prests pour donner en mesme temps : deux iours deuant que l'entreprise se deust executer, ils prirent trois ou quatre des nostres dans l'Isle qu'ils firent mourir cruellement : nous en trouuasmes vn qui auoit la teste coupée, & les parties honteuses dans la bouche ; nous trouuasmes aussi vne Hollandoise à qui ils auoient fendu le ventre, & luy en auoient arraché vn petit enfant qu'on trouua coupé par morceaux auprés d'elle. L'entreprise ayant esté découuerte par le frere mesme de celuy qui en estoit l'autheur, se doutant bien que si elle ne reüssissoit pas, on n'auroit donné quartier à pas vn, il aima mieux s'en tirer de bonne heure, esperant aussi vne bonne recompense, qui luy fut en effet donnée : On enuoya aussi tost à tous les villages d'alentour faire commandement à tous les Sauuages de se trouuer auec leurs armes dans vn lieu assigné pour le lendemain, & on nous commanda enuiron deux cens pour aller au deuant ; nous passasmes dans l'Isle dans des chalouppes ; ils estoient sur le bord de la mer prés de huict mille qui nous attendoient de pied-ferme ; ils auoient pour armes des picques, des sabres, des iauelots & peu de leurs mousquets bien plus petits que les nostres : ils parurent au commencement assez asseurez ; mais quand nous fusmes plus prés, & que nous commençasmes à les escarmoucher en bon ordre, ils se retirerent dans le village qui est à deux portées de mousquet du bord de la mer, il y en auoit quantité des leurs qui prenoient des couuertures picquées auec du cotton par dedans, qu'ils mettoient en trois ou quatre doubles deuant eux pour s'exempter des coups de mousquet ; mais cette defense leur fut inutile, nous mismes le feu dans le village, d'où ils se retirerent ; le lendemain nous eusmes prés de trois mille Sauuages auec nous qui ne nous seruirent pas beaucoup que quand nous eusmes mis les ennemis en déroute; car alors ils donnerent dessus, & en firent l'espace de trois iours vne cruelle boucherie, on leur auoit promis de chaque teste vne brasse de toile; ils apportoient tant de testes, que pour les soulager on leur fit seulement apporter les oreilles: il y en eut en 3. iours plus de 6000. tuez par les Sauuages; & si on les eust laissé faire ils en eussent en peu de temps dépeuplé l'Isle. Tous ceux qui demeurerét sans se soûleuer dans la ville de Theouan furent exempts de ce massacre, mais il leur en cousta quantité d'argent; la teste de leur General fut mise sur le gibet; on prit aussi trois de ceux qui auoient massacré quelques-vns des nostres, qu'on fit mourir dans la place publique à la veuë de tous les Chinois qui estoient demeurez dans la ville: on fit premierement entourer la Place de soldats en armes, puis on fit faire vn grand feu, auprés duquel on dressa vn pilier & vn banc; on en prit vn des trois qu'on despoüilla tout nud, & on l'attacha tout vif au pilier, puis on luy coupa les parties honteuses, desquelles le bourreau luy en ayant donné par le nez les ietta dans le feu, apres il luy fendit le ventre & luy aracha le cœur qu'il mit encore tout groüillant sur la pointe de son cousteau, & le monstra ainsi à tout le monde, & apres le ietta aussi dans le feu: il luy arracha en suite les entrailles qui furent pareillement mises au feu, puis le deslia du pilier & le mit sur le banc, & auec vne hache luy coupa premierement la teste, puis les quatre quartiers, & ainsi aux deux autres à qui on fit vn pareil traitement: ils endurerent la mort tous constamment sans dire mot; le premier s'écria seulement vne fois ou deux Ah CheKoua, tous leurs quartiers & leurs testes furent mises sur des roües par les chemins: ceux qui resterent enuoyerent des Deputez au Gouuerneur qui estoit pour lors vn nommé Nicolas Verbeug d'Amsterdam, à qui ils firent de grands presens & demanderent pardon, s'excusans le mieux qu'ils pûrent, & promettant de ne rien entreprendre d'oresnauant contre la Compagnie: le Gouuerneur eust pû faire tout tuer, mais cela eust causé grand preiudice pour le commerce, & la Compagnie eust perdu vn grand reuenu que les Chinois leur apportent tous les ans.

Les Chinois ont traité auec la mesme cruauté les Hollandois, comme on le verra dans la Relation de la prise.

L'annee d'apres on commanda encor deux Compagnies de fuziliers de soixante hommes chacune, où ie fus aussi commandé, pour aller dans le Païs faire reueuë de tous les villages, & pour en ranger quelques-vns qui s'estoient reuoltez; ce qu'on pratique ordinairement tous les trois ou quatre ans, afin de tenir tousiours les Sauuages en crainte: nous fusmes par mer iusques à Pansoy, qui est à vingt-cinq lieuës de Theouan, où nous prismes deux cens Sauuages pour porter nos viures, & fusmes visiter tous les villages d'alentour, qui nous receurent fort bien nous traittans par tout où nous venions, de viande, de cerf, de porc sauuage, & d'vne certaine boisson qu'ils appellent Machiko, laquelle est faite auec du ris; c'est vn breuuage fort comme du vin, dont le goust est agreable, principalement lors qu'il y a 18. ou 20. ans qu'il est fait: Ils le conseruent dans de grands pots couuerts de terre, & se trouue des logis où il y en a iusques à trois cens; ils le gardent quelquefois trente ans, estant meilleur tant plus il est vieil: ils en font deux ou trois pots lors qu'il leur naist vn enfant,* & ne les boiuent que quand ils le mariét; ils sont tous fort adonnez à cette boisson, & c'est aussi le plus grand regale qu'ils fassent lors qu'on les va voir: nous fusmes iusques dans les montagnes où les Sauuages nous estoient ennemis, ils nous dresserent beaucoup d'embuscades; & dans les chemins qui sõt là fort estroits, ils plantoient dans terre de petits piquets d'vn certain bois fort dur & pointu comme vne alesne, ce qui blessa quantité de nos gens, & les blessures en estoient dangereuses; nous mismes le feu dans leurs villages & bruslasmes toutes leurs campagnes de ris, qui estoit le plus grand mal que nous leur pûssions faire; nous fûmes 5. ou 6. semaines à courir ainsi le Païs, mais sur la fin nous fûmes contraints de nous retirer, parce que la pluspart de nos gens tomboient malades; on trouuoit par tout si grande abondance

* M. Caron dit, qu'estant entré vn iour dans la maison d'vn des Habitans de l'Isle, il vid au coin du feu la Maistresse qui venoit d'accoucher, & son mary au lict; car les maris en ces quartiers-là sont en couches en la place de leurs femmes; le feu brûloit mal, l'impatience prit à l'accouché, & sortit de son lict pour le faire mieux brûler, & s'y remit apres.

dance de fruicts les meilleurs du monde, & principalement d'Ananas, le Cocos, & la pluspart en mangerent tant que cela leur causa presque à tous la dyssenterie : ie remarquay que parmy ces Sauuages ils ont de diuerses sortes de langues, & quelquefois nous trouuions que 2. villages éloignez de 3. ou 4. lieuës l'vn de l'autre ne s'entendoiẽt plus, & deuant que les Hollandois s'en fussent rendus maistres, ils estoient continuellement en guerre, village contre village, & principalement ceux des montagnes auec ceux qui habitent le plat païs ; Nous trouuions encor dans leurs logis des testes & ossemens de leurs ennemis qu'ils gardent comme des trophées à la posterité ; & quand ils sortoient les vns contre les autres, ils ne se battoient pas tous, mais ils se faisoient des défis les vns aux autres ; il s'en presentoit vn d'vne troupe qui demandoit le combat, armé d'vne rondache & de deux petits coutelats d'enuiron vn pied & demy de long, d'vn dard lequel est fait en sorte qu'estant bandé il leur sert aussi d'arc & de cinq ou six fléches ; vn autre se presentoit aussi-tost du party contraire auec les mesmes armes, & se battoient ainsi tant qu'vn d'eux fust vaincu, & le victorieux luy coupoit la teste qu'il apportoit à ses gens, qui s'en retournoient comme en triomphe, & mettoient cette teste rostir sur les charbons, puis en mangeoient la ceruelle en grande ceremonie en beuuant de leur machiko ; mais à present ils viuent tous en paix ; & quand ils ont quelque different on les accorde aussi-tost.

La Compagnie ne peut enuoyer de soldats dans l'Isle que dans vn certain temps de l'année, comme au mois de Nouembre, Decembre, Ianuier & Feurier, qui est lors que les riuieres sont basses, & que l'on les peut passer à guay, parce que dans les autres saisons elles sont si larges & si rudes qu'il nous seroit impossible de les passer : nous en passasmes vne auprés de Soutenau, qui n'auoit pas pour lors vne portée de pistolet de large, & qui a en Esté vne grande lieuë & demie de large en beaucoup d'endroits, & si profonde que les plus grands vaisseaux y pourroient nauiger. Le courant de l'eau en est extrémement rapide ; ce sont des eaux qui descendent des montagnes, où il pleut quelquefois trois mois durant ; cela n'empesche pas que les Sauuages ne la passent à nage, aussi bien les femmes que les hommes ; car ils sont tous fort bons nageurs, & lors que quelqu'vn des nostres est obligé de passer ces riuieres, nous prenons quatre de ces Sauuages qui nous passent sur de petites chaises qu'ils font, & peuuent ainsi passer de l'autre costé des plus grandes riuieres vn soldat auec ses armes sans qu'il soit moüillé : le Païs est tout plein de ces riuieres, mais non pas toutes si grandes.

L'Isle Formosa est sujette à de grands tremblemens de terre, qui se font ordinairement sur la fin de l'année : en l'an 55. nous en eusmes vn fort grand & qui dura plus de trois semaines ; ce qu'on pouuoit voir aisément en mettant de l'eau dans vn bassin qu'on voyoit continuellement mouuoir : la premiere secousse fit vn grand degast dans la ville, & mesme aux murailles du Fort, on n'entroit dans les maisons qu'en crainte, craignant tousiours qu'elles deussent tomber : les pieces de canon qui estoient en batterie sur les bastions rouloient auec leurs affusts hors de leurs places. Il y eut vne fort belle tour auec vne platte-forme en haut, qui fut toute creuée, & dans le Païs il y eut des montagnes qui furent fenduës depuis le haut iusques en bas. Les Chinois disent de cela que c'est le Diable qui est en colere & qui remuë la terre, & le croyent appaiser par leurs sacrifices qu'ils font lors en grande deuotion, & toutes les raisons naturelles qu'on leur en peut dire ne leur sçauroient persuader le contraire.

Il s'y fait aussi souuent des vents & des orages horribles : il s'en fit vn en l'an 56. le 7. d'Octobre si furieux que les plus vieils habitans de l'Isle n'en auoient iamais veu vn pareil : i'estois pour lors moy quinziéme à vne garde auancée sur vne petite Isle proche de la coste, esloignée de cinq lieuës de nostre Fort, où nous nous trouuasmes tous en grand peril, quoy que nous fussions sur vne petite éminence, où la mer en ses plus hautes marées, n'approchoit iamais ; sur les quatre ou cinq heures du soir la mer commença à monter, & vn grand vent de Nord s'éleua en mesme temps, & le Ciel tout obscurcy de nuages entrecoupez d'éclairs, nous presageoit vne furieuse tempeste ; le vent se tournant à l'Est amena vne orage de pluye, & augmentoit tousiours de plus en plus, & la mer montoit de mesme ; sur les 9. à 10. heures le vent nous emporta la maison où nous faisions nostre corps de garde, nous fusmes contraints de descendre vn peu plus bas dans vne petite cuisine où nous nous mismes à l'abry ; nous auions aussi vne chaloupe qu'il nous fut impossible de sauuer, la mer continuoit à monter extraordinairement, & vint iusques où nous estions, ce qui nous estonna fort ; nous regagnasmes aussi-tost nostre petite butte, craignans que l'eau ne nous coupa chemin ; nous nous vismes bien-tost apres tout entourez d'eau, & dans l'obscurité de la nuit, sans voir aucun moyen de nous pouuoir sauuer : le vent & l'orage estoit si forte que nous estions contraints de nous tenir tous les vns les autres craignans que le vent ne nous emportast : nous demeurasmes ainsi toute la nuict sur cette petite butte, & la mer tout autour de nous, & voyons le terrain où nous estions, diminuer à veuë d'œil, tombant de gros morceaux de terre, à mesure que les vagues donnoient contre, de sorte que nous fusmes reduits à vne petite espace qui estoit tout ce que nous pouuions faire de nous y tenir, en attendant tousiours que tout vint à creuer sous nous ; le vent fit tout le tour de la Boussole cette nuit-là, & la mer monta depuis les cinq heures du soir iusques à cinq heures du matin qu'elle commença à baisser, & le vent à cesser en mesme temps. Nous sceûmes depuis à Theouā que cette nuit là il estoit peri plus de deux mille personnes qui auoient esté submergées, que toutes les petites barques des Chinois estoient toutes peries & brisées ; il y auoit deux nauires dās le havre, l'vn fut renuersé & perdu, & l'autre fut obligé de couper tous ses masts, qui estoit vne chose qui ne s'estoit iamais veuë dans vn havre. Le Fort fut aussi en grand danger, n'estant basty que sur le sable : on fut le lendemain assez occupé à enterrer les corps morts qui estoient iettez sur le bord de la mer ; cent cinquāte des nostres y perirent & beaucoup de Chinois. Il y eut vne redoute qui estoit bastie sur le bord de la mer de l'autre costé du havre à vne portée de canon de Theouan, qui abysma auec tous ceux qui estoient dedans, quoy que les murailles eussent plus de vingt pieds d'épais, il y auoit trente ans qu'elle estoit bastie ; iamais les habitans de l'Isle n'auoient veu la mer monter si haut qu'elle fit cette nuit-là ; la ville en fut fort endommagée, & il y eut quantité de maisons qui tomberent..

Ie diray icy deux mots de ce que i'ay pû apprendre à Theouan des affaires de la Chine auec les Tartares, lesquels entrerent dans le Païs enuiron l'an 1650. ou 51. auec vne puissante armée, & se rendirent maistres en peu de temps de beaucoup de Païs ; ils auoient auec eux quantité de Chrestiens, comme ie l'ay sceu des Chinois. Quand ils eurēt gagné quelques Prouinces, les Tartares firent prendre les armes aux Chinois, & ils les forçoient d'aller à la guerre contre leur propre nation, & ainsi ils conseruoient tousiours leur armée. Dans ce temps-là le Roy de la Chine mourut, quelques-vns croyent qu'il s'empoisonna, il auoit aussi vne puissante armée sur pied, commandée par vn nommé Teko, lequel apres plusieurs batailles où il auoit tousiours du pire, fut enfin tué & toute son armée défaite. Ce qui augmenta encore les conquestes des Tartares. Il y auoit dans vne des Prouinces maritimes nommée Chinchen vn Gouuerneur nommé Koesinia, lequel voyant toutes les affaires en si mauuais estat, se resolut de conseruer ce qu'il auoit, & pour cét effet leua vne puissante armée dans sa Prouince, & rassembla tout ce qu'il pût des restes de l'armée, & marcha ainsi au deuant du Tartare qu'il arresta ; ils se donnerent diuerses batailles, où il auoit neantmoins le plus souuent du pire. Sur ces entrefaites Coxcinia enuoya vn

Voilà vne autre Relation de Coxinga differēte en quelque chose des autres, pour le nom ie m'arreste à la prononciation des Hollandois.

Ambaſſadeur à noſtre Gouuerneur, ſçauoir de luy s'il luy vouloit permettre qu'en cas qu'il fuſt battu du Tartare, qu'il ſe puſt retirer auec le reſte de ſon monde dans l'Iſle Formoſa, quoy qu'il ſe ſentit encore aſſez fort pour luy reſiſter long-temps; ce qu'on ne luy voulut accorder pour ſes gens, mais pour luy on rẽpõdit qu'il y pouuoit venir en ſeureté. Il renuoya derechef ſon Ambaſſadeur, & fit commãdement à tous les Chinois qui eſtoiẽt dans l'Iſle, que dans vn mois ils euſſent tous à ſe rẽdre auprés de luy, ſur peine de confiſcation de tous leurs biens qu'ils pouuoient auoir dans la Chine, & quand il les pourroit attraper de leur faire couper la teſte. Il y en eut preſque la moitié qui obeïrent, & le reſte demeura. Il fit auſſi defenſes que pas vn Ionck n'euſt à venir à Theouan; & en meſme temps nous declara la guerre, tellement que nous fuſmes vn an & demy ſans qu'il nous vint aucun Ionck de la Chine, nous en prenions quelquefois ſur leurs coſtes. Coxcinia fit dans ce temps-là ſon dernier effort ſur les Tartares, où il eut quelque auantage dans vne bataille qu'il donna: enfin il leur demanda la Paix, qu'ils luy accorderent, auec des conditions aſſez bonnes, ſe reſeruant encore prés de trois Prouinces pour luy, mais au deſauantage de toute ſa nation; car par l'accord qui ſe fit entr'eux, les Chinois eſtoient obligez de ſe couper les cheueux, au lieu qu'ils les portoient fort longs, & meſme il s'en trouuoit quantité entr'eux à qui les cheueux deſcendoient au deſſous du genoüil; ils en faiſoient vn tour qui ſe lioit derriere la teſte, à preſent ceux qui viennent de la Chine ne portent qu'vn petit toupet de cheueux ſur le ſommet de la teſte, & le reſte eſt raſé à la façõ des Tartares, qui eſt vne marque de ſujettion, & la choſe qui leur rẽd le joug des Tartares plus rude, cela a eſté cauſe que tous ceux qui ſont demeurez dans l'Iſle ne veulent plus retourner en la Chine, afin ſeulement de conſeruer leurs cheueux qu'ils ſeroient obligez de couper s'ils y retournoient; ce qui fait croire qu'ils eſtiment fort leur grande cheuelure, c'eſt que comme ils ſont grands ioüeurs, apres qu'ils ont perdu tout leur bien, ils ioüent leurs femmes & enfans, & apres ſe ioüẽt eux-meſmes, & leur cheuelure en dernier lieu qu'ils font razer & ſe rendent ainſi eſclaues les vns des autres pour vn certain tẽps. Apres que Coxcinia eut fait ſa paix auec le Tartare, les Chinois qui eſtoient demeurez à Formoſa ſupplierent noſtre Gouuerneur de faire paix auec luy, & de luy enuoyer vn Ambaſſadeur en ſon nom auec quelques preſens qu'ils s'obligeoient de payer & de fournir à tous les frais de l'Ambaſſade, c'eſtoient tous riches Marchands qui eſtoient demeurez, & cherchoient de continuer leur commerce; le Gouuerneur le ſouhaittoit autant que les Chinois, mais il vouloit que cela vint d'eux-meſmes: c'eſt pourquoy il les fit tous aſſembler, & en deputa vn d'entr'eux des plus apparens, à qui il donna ſes lettres eſcrites en Portugais: il enuoya auſſi pour preſent deux beaux cheuaux auec leurs ſelles & équipage en broderie, & deux belles paires de piſtolets auſſi garnis d'argent, dix ou douze pieces de fines écarlattes, quelques dentelles d'argent auec vn grand miroir: d'abord Coxcinia renuoya l'Ambaſſadeur auec ſon preſent, faiſant difficulté ſur quelques conditions qu'on luy demandoit: on le renuoya vne ſeconde fois, il fit la Paix comme on le ſouhaittoit, & permit à tous ſes gens de venir librement trafiquer auec nous comme par le paſſé, & à ceux de Theouan la meſme liberté pour venir en la Chine; ce qui apporta vn grand contentement à tous les Chinois de Theouan, ayant eſté prés de deux ans ſans qu'il vint aucun Ionck de la Chine.

Suite de la Relation de la Priſe de l'Iſle Formoſa.

LE Chinois qui trouuoit dans cette Iſle tout ce qui manquoit à ſes autres retraites, tourna toutes ſes penſées de ce coſté-là, d'autant plus qu'il eſtoit aduerty, comme nous auons dit, que les Forts eſtoient en mauuais eſtat; le Gouuerneur qui cõmandoit dans l'Iſle pour les Hollandois, auoit aduerty de ſon deſſein le Conſeil general de cette Compagnie qui ſe tient à Batauia; mais cependant qu'on luy prepare le ſecours qu'il demande, Coxcinia ſe preſente ſous la Place au mois de Mars de l'année 1661. auec ſix cens Ionques ou vaiſſeaux bien armez, & bien garnis d'artillerie; prend d'abord le Fort de Stegan, & les autres de l'Iſle, ſe rend maiſtre de la Ville, &

de l'habitation des Sauuages; mais cõme il s'attendoit bien qu'il ne trouueroit pas la mesme facilité à prendre la Forteresse principale nommée la Zelande; il fit venir les Ministres Hollandois, & les Maistres d'Escolle qui estoient tombez entre ses mains; il s'adressa à vn nommé Hantbrock, & le charge d'aller auec les autres Ministres trouuer de sa part le Gouuerneur de la Place, & de luy porter parole que s'il la rendoit, il ne toucheroit ny aux biens ny aux personnes des Hollandois, & qu'il les laisseroit viure en paix dans l'Isle, qu'autrement il ne pardonneroit à personne, & mettroit tout à feu & à sang; Coiet respondit qu'il estoit engagé par serment de defendre sa Place: les Ministres luy representent que la vie de tous les Hollandois dépendoit de sa response; il les renuoye leur disant qu'il estoit fort touché de l'extremité où il les voyoit, mais qu'il n'y auoit point de consideration qui le pust empescher de satisfaire au seruice qu'il deuoit à la Compagnie. Coxinga sur cette response donna ordre de faire main-basse sur tous les Hollandois, & de n'espargner ny les femmes ny les enfans; ce qui fut executé sur le champ auec mille cruautez. *

Sur ces entrefaites neuf vaisseaux de la Compagnie arriuent pour secourir la Place; les Troupes qui estoient dessus se ioignent à celles du Fort, attaquent de concert auec ceux du Fort vne Redoute que les Chinois faisoient éleuer dans vn lieu nommé le Baxenboy pour y loger du Canon, & battre de là la Forteresse; ils y trouuerent six mille Chinois qui les attendoient en fort bon ordre, tous armez depuis les pieds iusques à la teste, & couuerts d'armes blâches & luisantes, si bien qu'à les voir de loin, cette Trouppe paroissoit cõme vne mõtagne d'estain. * Les Chinois les receurẽt auec tant de resolution, qu'ils furent contraints de se retirer, apres auoir laissé 400. de leurs hommes sur la Place. Les vaisseaux voulurent aussi faire vne autre tentatiue; ils se meslerent entre les Ioncques Chinois, mais ceux qui se meslerent le plus auant, eurent bien de la peine à s'en retirer, car ils se virent inuestis d'vn grand nombre de ces petits vaisseaux d'où il sortoit vne multitude incroyable d'hommes; & d'ailleurs les Ioncques estant fort legers, & prenant peu d'eau, ils se logeoient iusques sous le Fort & eschoüoient sans danger sur les bancs qui y sont, * où les vaisseaux Hollandois n'osoient pas les suiure; car l'vn des neuf s'y estant engagé, il échoüa, & l'on y perdit quatre cens hommes, qui tomberent entre les mains des Chinois, nonobstant les efforts que fit le Gouuerneur pour les dégager; le feu prit aussi au vaisseau nommé Hector, & Iacques Cauwn qui commãdoit le secours voyant que les viures luy manquoient, se resolut de retourner à Batauia auec deux cens femmes & enfans, qui s'estoient sauuez des mains des Chinois; ils y arriuerent auec beaucoup de bon-heur en quatre sepmaines & six iours, car s'ils eussent tardé plus long-temps ils eussent couru risque de mourir de faim; sur les nouuelles qu'ils porterent, on prepare vn nouueau secours; l'on dépesche quatre vaisseaux auec des Ambassadeurs au Cham des Tartares pour luy demander secours contre ces Chinois ses rebelles, mais Coiet qui n'auoit pas crû qu'on le deust presser de si prés, rend cependant sa Place par capitulation, & s'en vient à Batauia, où on l'a retenu prisonnier; la Compagnie des Indes Orientales ne laisse pas d'auoir tousiours l'esperance de rentrer dans ses Conquestes, & de reprendre cette Isle; les Tartares d'ailleurs ayant tesmoigné de la disposition à les secourir dans ce rencontre, & à leur accorder le commerce dans la Chine; cette liberté du commerce qu'ils souhaittent il y a si long-temps, releueroit infiniment plus les affaires de la Compagnie, que la perte de l'Isle ne luy fait de preiudice.

* Semblables à celles auec laquelle on auoit fait mourir les Chinois reuoltez dãs l'Isle cõme nous auons dit cy-deuant.

* L'Hollandois dit Tinneberg mõtagne d'estain.

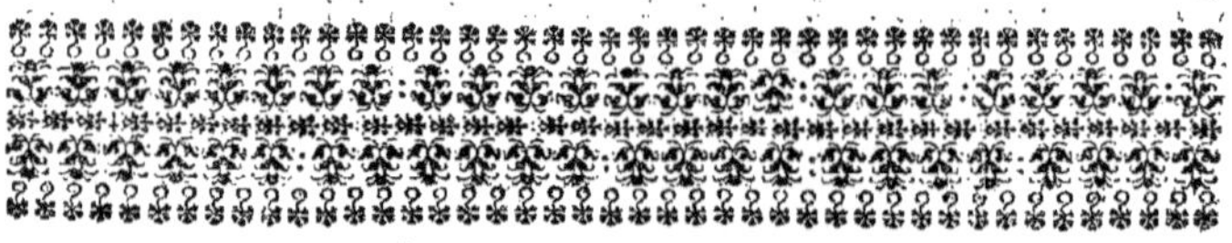

RELATION DE LA COVR DV MOGOL,

PAR LE CAPITAINE HAVVKINS.

LA dépense de la Cour du Mogol se monte tous les iours à vingt quatre mil escus : on en conte seize mil pour la dépense de ses femmes ; il a deux tresors l'vn à Agra & l'autre à Lahor, où sont ces immenses richesses qui luy viennent principalement du bien de ses sujets dont il herite lors qu'ils meurent : il eut de mon temps la despoüille d'vn Prince Indien nommé Raya Gaginat, qui auoit en pierreries & autres richesses la valeur de trois mil sept cent dix marcs d'Or.

L'Anglois du cinquante mille Roupias & selon Mr Tauernier le Roupias ne vaut que vingt-huit de nos sols.

On luy fait voir tous les iours quelque partie de ses thresors, tantost ses Elephãs, ses Lions & ses Dromadaires, tantost ses pierreries ; il ne voit chaque chose qu'vne fois l'an, car tout le thresor est diuisé en autant de parties qu'il y a de iours en l'année ; il a trois cens Elephans qui seruent pour sa monture, on les fait paroistre quelquesfois deuant luy en grande pompe, accompagnez chacun de vingt-cinq ou trente hommes qui ioüent des instrumens ; couuerts de drap d'or, de velous & d'autres estoffes fort riches : les grands Elephans ont tousiours auec eux leurs femelles & sont suiuis de cinq ou six autres petits Elephans, qui semblent n'estre là que pour les seruir. Ces Elephans sont entretenus dans la maison des Grands ausquels le Roy paye leur entretien : & quoy qu'il donne moins qu'ils ne despensent, car ils coustent bien dix escus par iour, en sucre, en beurre, en grains & en cannes de sucre, c'est à qui fera plus de despense pour les entretenir ; car s'ils estoient en mauuais estat, celuy qui les a en garde courreroit risque de perdre sa fortune, & la faueur du Prince ; il ne se peut rien voir de plus admirable que ces bestes : le Roy commanda vn iour en ma presence à vn de ses fils nommé Sultan Sariar, qui n'auoit que sept ans, de s'approcher de son Elephant ; il le prit auec sa trompe, & le mit entre les mains de celuy qui le montoit, il fit le mesme à beaucoup d'autres enfans qui estoient-là.

L'Anglois dit 60. moõs & chaque moon pese 55. liures, selon de laët.

Les Tentes du Mogol, lorsqu'il est en campagne pour quelque expedition de guerre, ou pour quelque partie de Chasse, ont presque autant de circuit que la Ville de Londres, on y conte ordinairement deux cens mil hommes, & ce camp est fourny de toutes les commoditez que l'on peut desirer dans les meilleures Villes. Il n'y a point de Prince en Europe si puissant en richesses ny en troupes ; il y a dãs ses Estats quarante mille Elephans, dont vne partie est dressée pour la guerre & pour le cõbat, & les autres pour seruir dãs le bagage. Ie ne sçaurois m'empécher de rapporter icy ce qu'on m'a dit d'vn de ces Elephans ; il auoit esté mal traitté par celuy qui en auoit la conduite, il l'auoit fait trauailler dans vn voyage plus qu'à l'ordinaire ; vn iour que ce fâcheux maître s'estoit endormy assez proche de luy, mais toutesfois hors de la portée de sa trompe, l'Elephant prit vne Canne ou

Roseau, car c'est leur nourriture la plus ordinaire ; il fendit le bout de cette Canne, & adroittement la passa entre les cheueux de son gardien endormy, dont le Turban estoit tombé ; les hommes dans cette partie des Indes portent les cheueux longs comme des femmes, & ainsi il luy fut aisé de les entortiller au bout de sa Canne, & attira vers luy son ennemy qu'il tua quand il fut à la portée de sa trompe.

Il a aussi grand nombre de Dromadaires, animaux fort vistes & fort propres pour cette raison, à enleuer vn quartier, à surprendre vne Ville, & aux autres exploits de guerre. Le pere du Roy d'aujourd'huy se sçeut bien preualoir de cét aduantage ; il vint d'Agra à Amadauas en neuf iournées auec douze mille hommes montez sur ces animaux, Chancanna commandoit alors son Armée contre les Guzarates : le iour que se deuoit dôner la bataille, la nouuelle estant venuë que le Roy estoit arriué auec ces douze mil Dromadaires, en vn temps que les ennemis le croyoient à Agra. Cette nouuelle porta vne si grande consternation dans les Troupes des Guzarates, que leur Armée se dissipa sans donner de combat, & leur pays demeura conquis, & reduit en Prouince.

Le Roy d'apresent a licencié ses anciens Capitaines Rasbouts de Nation ou Indiens, & a mis en leurs places des Mahometans, sans considerer la perte qu'il fait dans ce change, car les Mahometans sont gens sans cœur & peu propres à la guerre, tellement qu'il a perdu depuis la pluspart des conquestes que Ecbar son pere auoit fait dans le Royaume de Decan ; il luy reste à la verité quelques-vns de ses anciens Officiers Indiens qui auoient seruy son pere, mais ils ne sont point considerez de ce Prince qui n'a iamais oublié que lors qu'il se reuolta contre luy ; ils refuserent tous de prendre son party, disant qu'il estoit iniuste & qu'il alloit entreprendre sur sa vie & sur sa couronne ; en effet il auoit mis sur pied huit mil cheuaux à Artabaze lieu de la residence de l'ancien Porus, auec dessein de surprendre Agra, & de se rendre Maistre du thresor du Mogol, qui estoit alors embarassé dans les guerres du Decan. Cette nouuelle luy fit quitter son entreprise & les desseins de cette conqueste pour venir r'asseurer cette Place & couurir ses Estats : En effet Ecbar le preuint, & estant arriué à Agra deuãt luy, il luy enuoya dire qu'il se preparast ou à luy donner bataille ou à se venir jetter à ses pieds ; Selim, qui redoutoit la valeur de son pere, prit le dernier party, vint à la Cour, fut fait prisonnier, & peu de temps apres remis en liberté, à la priere de sa Mere & de ses Sœurs. Durant la reuolte de Selim, Ecbar auoit declaré pour son successeur l'aisné des fils de Selim nommé Corseronne, car les autres freres de Selim estoient morts dans les guerres du Decan & du Guzeratte. Eckbar mourut quelque temps apres, & quoy qu'il pardonna à Selim au lit de la mort, Corseroune ne laissa pas de trouuer des Partisans & de se faire proclamer Empereur ; il presenta la bataille à Selim son Pere, fut pris, & de mon temps il estoit encore en prison ; le bruit commun est que son pere luy a fait perdre la veuë : il y a neuf ans qu'il y est, il a fait mourir tous ceux qui auoient pris le party de ce Prince ; les vns ont esté pendus, & les autres mis en pieces par les Elephans : son regne a esté depuis fort tranquille, il est fort hay de ses sujets, mais ils le craignent ; il passe ordinairement le temps à la chasse.

Rhoë ne dit point qu'il eut perdu la veuë.

Quand il sort de son Palais à quelque expedition de guerre, il sort à Cheual, & se fait porter sur vn Elephant ou dans vn Pallanquin, quand c'est pour quelque partie de chasse ou de plaisir. Dans le temps que i'estois de sa Cour, i'ay veu souuent combatre ses Elephans, & plusieurs de ses sujets perdre la vie dans ces combats : lors qu'il arriuoit que quelqu'vn y estoit blessé, il commandoit quo'n le jettast dans l'eau ; il vaut mieux qu'il meure, disoit-il, car autrement tant qu'il viuroit il feroit tous les iours des imprecations contre ma personne. Ie luy ay veu faire beaucoup de semblables cruautez, & prendre souuent plaisir à voir executer & mettre en piece par ses Elephans les Criminels condamnez à mort : de mon temps sur vn simple soupçon il donna vn coup d'épée à son Secretaire, & le fit acheuer par ses Elephans. Vn de mes amis, qui auoit le soin de sa garde-robbe & de ses curiositez, trouua vn iour vn plat de Porcelaine cassé par la cheute d'vn Chameau sur lequel on l'auoit mis; l'Officier qui sçauoit combien le Roy estimoit cette piece, enuoya aussi-tost vn de ses gens à la Chine Machina pour en rapporter vn autre, esperant qu'il seroit reuenu auparauant que le Roy l'eust demandé: deux ans apres le Roy demanda cette piece de Porcelaine, & cét homme n'estoit pas encore de retour, on fut obligé de luy dire qu'elle estoit rompuë; il fit battre à coups de cordes ce Maistre de sa garde-robbe, & apres qu'il en eut receu six-vingts coups, il commanda aux Huissiers de son Palais, qui font ordinairement ces executions, de rompre sur luy leurs bastons, si bien que dix hommes épuiserent leurs forces à battre ce mal-heureux Officier. Le iour d'apres le Roy leur demanda s'il estoit encore en vie, & commanda qu'on le mit en vne prison perpetuelle. Le fils du Roy obtint sa liberté, & la permission de le faire traitter chez luy: & comme il fut vn peu reuenu de ces coups, & qu'on l'eust presenté au Roy, il luy deffendit de reuenir en sa presence qu'il ne luy eust apporté vn semblable Plat, auec ordre d'aller luy-mesme en querir vn à la Chine: il luy donna prés de quatre mil écus pour la dépense de son voyage, & luy promit de luy rendre la quatriéme partie des appointemens qu'il auoit auparauant. Quand ie partis, il y auoit quatorze mois qu'il estoit en voyage, & i'appris que le Roy de Perse, qui auoit vn semblable Plat, luy auoit donné pour d'autres curiositez, & que mon amy estoit sur le point de retourner.

Cét endroit explique le mot Mangis employé si souuent dãs le Liure de Marco Polo. Chine Machin signifie les Prouinces Meridionales de la Chine.

L'équiuoque qui est dans la traduction est aussi dans l'Anglois.

Vn Soldat de Patan, homme bien fait, presenta vne Requeste à vn des fils du Roy, nommé Sultan Paruis; ce Prince luy demanda s'il le vouloit seruir, l'autre luy dit que non, pource qu'il ne croyoit pas qu'il fut d'humeur à luy donner les appointemens qu'il pretendoit; le Prince prit plaisir à cette liberté, & luy demanda quels appointemens il vouloit auoir; l'autre répondit qu'il ne vouloit pas moins de mil écus par iour: on luy demanda surquoy il fondoit cette pretention; le Soldat répondit qu'on fit épreuue de sa brauoure, & de la connoissance qu'il auoit de l'art militaire, & qu'on trouueroit que ce n'estoit pas sans raison qu'il croyoit meriter de si grãds appointemẽs: vn soir que le Roy auoit fait la débauche, le Prince le trouuãt de belle humeur, luy parla de cét homme; on le fit venir, & en mesme tẽps vn Lion fort grand enchaisné & conduit par douze hommes; le Roy demanda au Soldat de quel pays il estoit, de quelle famille, & pourquoy il demandoit de si grands appointemens; sa response fut que le Roy ne s'en estonneroit pas quand il auroit esprouué son courage. Le Roy luy dit qu'il l'éprouuãt contre ce Lion; le Soldat se voulut excuser, disant que c'estoit vne beste sauuage, & que de s'exposer à cette beste sans armes, en l'estat où il estoit, ce n'estoit pas vne occasion où il peût faire connoistre ce qu'il valoit: le Roy reïtera le commandement; le Soldat se mit en estat de l'executer, le Lion ayant esté abandonné par ceux qui le conduisoient, qui ne luy auoient pas toutefois osté ses chaisnes, emporta de ses griffes la moitié du visage de ce braue Soldat & le mit apres en pieces: le Mogol fit venir dix de ses Caualiers, qui estoient en ce temps-là en garde, car c'est la coustume du pays, que tous ceux qui tirent appointement du Roy entrent en garde vne fois la Semaine, & les obligea les vns apres les autres de combatre auec le Lion: trois y perdirent la vie, les autres en furent fort blessez; cette humeur cruelle luy dura trois mois, durant lesquels elle cousta la vie à quãtité de gens, & en fit estropier plusieurs autres. Sur la fin du sejour que ie fis dans le pays, on auoit appriuoisé dans son Palais 15. jeunes Lions, que l'on faisoit paroistre souuent à la Cour, & deuant le Roy; ils estoient fort priuez, & se méloient parmy ceux de sa Cour sans faire mal à personne.

Le plus grand des crimes dans cette Cour est d'auoir quelque pierre precieuse & de consequence & de ne la pas presenter au Roy; son Ioaillier, qui estoit vn Banjan, nommé Herranand, auoit acheté vn Diamant de trois Methegales, & en auoit dõné cét mille roupias; la chose vint aux oreilles du Roy, & ce Banjan en fut aduerti;

il se presente au Roy en mesme tẽps, le fit souuenir qu'il luy auoit souuent promis de venir se diuertir en sa maison, que c'estoit le temps de luy faire cét hõneur, puisqu'il auoit vn present à luy faire digne de sa Majesté ; vous auez bien fait de me preuenir, dit le Prince, & fut chez luy : cette crainte fait qu'on luy apporte tous les Diamans au dessus de cinq Carats, & il ne paye pas ordinairement le tiers de ce qu'ils vallent: vn Orphéure de mes amis, en reputatiõ de bien tailler les Diamants, fut appellé pour en tailler vn qui pesoit 3. onces ou methegales, il demãda quelque Diamant imparfait pour le mettre en poudre & pour s'en seruir à tailler l'autre : on luy apporta vne caisse de trois palmes de long, large d'vn palme & demy, & haute de mesme, toute pleine de Diamans de toutes sortes & de toutes grandeurs ; il n'en trouua point qui fut plus propre pour sõ dessein qu'vn de cinq rõties, encore estoit-il assez parfait. Il est fort riche en Diamans & en pierreries, il en porte tousiours quelqu'vn, & celuy qu'il a porté vn iour il ne le reporte qu'vn an apres : car comme i'ay dé-ja dit, son thresor & ses pierreries sont diuisées en autant de parties qu'il y a de iours en l'année: il portera vn iour des chaisnes de fort grosses Perles, vn autre des chaisnes d'Emeraudes, puis des Rubis. Il ne faut pas s'estonner s'il est si riche en pierreries, en or & en argẽt ; car il a ensemble tous les thresors & les pierreries de quantité de petits Princes ses voisins, dont les Ancestres, qui auoient vescu long-tẽps dans cette curiosité, auoient fait amas; outre que tout l'argent & toutes les pierreries des grands Seigneurs de sa Cour retournent dans son thresor lorsqu'ils meurent ; il ne donne à leurs heritiers & enfans que ce qu'il luy plaist, car il est heritier vniuersel de tous ceux qui tirent de luy quelque pension.

Monsieur Tauernier dit que six Megales font vn peu plus d'vne once, que c'est vn prix vsité en Perse, que le Raty ou Ratie est vn autre poids, selon lequel on estime les pierreries dans les Estats du Mogol, que le Raty fait trois grains & demy de nos Carats, qui sont de quatre grains.

Son pays est fort riche, il y a quantité d'argent à cause que toutes les Nations y en apportent, & qu'on ne permet point d'en tirer dehors ; toutes les terres du pays sont en sa disposition, il les donne & les oste selon qu'il luy plaist ; & par exemple, si i'auois des terres proche de Lahor & qu'on m'enuoyast pour seruir dãs les Armées contre le Decan, on donneroit à vn autre mes terres, & en eschange on m'en donneroit d'autres en ce pays-là. Il faut que ses Courtisans prennent bien garde à leur conduite, car sur la moindre chose on leur oste tout ce qu'ils ont. Il est principalement fort seuere à punir ceux qui souffrent des Bandits dans leurs Gouuernemens ; de mon temps huit Capitaines, dont la pension estoit assignée sur la frontiere de Bengale, & sur vne Ville nommée Patena, la laisserent forcer par des Bandis ou Rebelles & s'enfuirent ; vn de ses principaux Officiers reprit cette place & enuoya ces Capitaines à la Cour ; ils se presenterent chargez de chaisnes ; le Mogol commanda qu'ils fussent rasez, qu'on les habillast en femmes, & qu'on les promenast en suitte par toute la Ville ; & au retour on les ramena apres deuant le Roy où ils furent foüettez cruellement.

Il dõne les Gouuernemens à ferme au plus offrant, mais pour ce qui est des terres qu'il leur dõne pour leur entretiẽn ou à tiltre de pension, ils n'en rendent au Prince que le tiers du profit qu'ils en tirent.

Quand ceux du Peuple ont quelque plainte à faire au Roy contre les Gouuerneurs, ils viennent à vn lieu du Palais, où il y a vne corde tenduë entre deux Colonnes, à laquelle il y a plusieurs clochettes d'or attachées; elles sonnent lorsqu'on tire vne corde, & le Roy qui en est proche en entend le bruit & enuoye pour en sçauoir la cause; mais si la plainte est jugée sans fondement, il en couste la vie à celuy qui a sonné mal-à-propos. Au commencement de son regne il estoit encore plus seuere qu'il ne l'est maintenant ; il a remarqué que cette seuerité auoit fait reuolter plusieurs Grands du pays, si bien qu'il en a encores des troupes entieres qui tiennent la campagne & pillent les voyageurs.

Entre Agra & Amadabat est l'Estat d'vn Prince nommé Ranna qu'ils disent estre successeur de ce Porus, qui fut vaincu par Alexandre : il peut mettre 50000. hõmes sur pied & vingt mil Cheuaux ; ses Estats seruẽt de retraitte à tous les Rebelles; il y en a aussi beaucoup vers Candahor, Cabul, Mettan, Sinde, & vers le Royaume de Bolac. Le pays du Decan & de Gusserat en est plein, si bien qu'il y a beaucoup de dãger à voyager dans le païs; ce desordre viẽt principalement de l'auarice des Gouuerneurs, qui ne deuant demeurer qu'vne année dans leur Charge ou Ferme, rançõnent les peuples, en tirẽt le plus qu'ils peuuẽt, & les reduisent dãs vne extrême misere. Les terres changent tous les iours de Maistre, & ceux qui ont assez de faueur pour y estre conseruez cinq ou six ans, amassent des richesses immenses.

Les pensions que le Roy donne, s'estiment par le nombre de Cheuaux qu'il entretient : l'entretien d'vn Cheual se paye sur le pied d'enuiron vingt-deux roupias par mois, & outre cela deux jôcque par chaque Cheual pour la table du Capitaine ; ainsi celuy dont la pension est de cinq mille Cheuaux, reçoit du Prince, outre l'entretien des cinq mille Cheuaux prés de cinq mille escus par mois pour sa table, & c'est sur le pied que ie viens de dire enuiron dix mille roupias.

Il faut que ie dise icy quelque chose des manieres de ce Prince, de sa Religion & des façons de faire de sa Cour.

Il prie Dieu à la pointe du iour, à genoux, sur vne pierre de Getz, couuerte d'vne peau de Marroquin, la teste tournée vers l'Occident, tenant entre ses mains huit chaînes, les vnes de perles, les autres de Rubis ballays, de Diamans, de bois d'Aloës, d'Heschen & de Corail ; il en faisoit passer les grains entre ses doigts, & disoit vne parole sur chacun, de la mesme maniere que les Catholiques disent leur Chapelet ; & j'obseruay qu'il auoit deuant luy la figure d'vn Christ & d'vne Vierge en relief de pierre.

L'Anglois porte que chacune des chaînes est de quatre cens grains, & qu'ainsi sa priere est toûjours de trois mil deux cens mots.

Sa priere faite, il se montre apres au Peuple qui vient en grande foule pour luy donner le bon-jour, il auoit coustume d'aller dormir apres l'espace de deux heures, on luy seruoit en suite à disner, & passoit de-là chez ces femmes. Sur le midy il se montre vne seconde fois au Peuple, & prend le plaisir de voir combatre ses Elephans, & autres diuertissemens. Sur les trois heures apres midy ce qu'il y a de grands Seigneurs à la Cour se rendent aupres du Roy, qui est assis prés de son Throsne, les Grands du pays sont placez sur vn Eschaffaut esleué de trois degrez plus haut que tout le reste de la Cour : le Lieutenant general de l'Estat place tous les Grands chacun selon son rang ; les premiers sont admis dans vne place qu'ils appellent la Balustrade de Roseaux, c'est vne Estrade esleuée de trois degrez : on leur marque la place qu'ils y doiuent tenir, i'y auois ma place entre les plus grands Seigneurs ; ceux de moindre condition demeurent dans vn autre retranchement fort grand, & qui est aussi enfermé d'vn balustrade, & tout le reste de la Cour est dehors. Ces balustrades ou retranchemẽs dõt ie viens de parler, ont plusieurs portes, à chacune desquelles il y a des Huissiers auec des Cannes blanches. L'Executeur Major de la haute Iustice a sa place au milieu de la Cour deuant le Roy, il en a 40. autres sous luy tous distinguez par vn habillement particulier, les vns ont des verges, & les autres des haches, tous attentifs à executer les ordres du Roy, qui y rend tous les iours la iustice, & puis va faire ses prieres ; ses prieres acheuées on luy sert cinq ou six plats de boüilly & de rosty, dõt il ne mange ordinairemẽt qu'vn morceau de chacun & boit vn coup de ces boissõs fortes qui sont en vsage dans le pays ; il passe apres dans vn Appartemẽt fort retiré, où personne n'entre que ceux qu'il y appelle ; i'y ay esté admis l'espace de deux ans : là il fait vn autre repas, & boit reglement cinq coups par Ordonnance de ses Medecins, il prend apres de l'Opium, & quãd le vin & l'Opium cõmencent à faire leur effet, tout le monde le quitte. On l'esueille apres qu'il a dormy deux heures, & on luy porte son souper : pour ce repas il y a des Officiers qui luy portent les morceaux iusqu'à la bouche, il le fait ordinairement à vne heure apres minuit, & dort le reste de la nuit. Lors mesmes qu'il est retiré dans cét Appartement que ie viens de dire, il y a des Escriuains qui écriuẽt tout ce qu'il fait, iusqu'à marquer cõbien de fois il va à la Garderobbe, auec quelles femmes il se diuertit, afin, ce disent-ils, que l'on puisse mettre dans les Chroniques du pays, l'histoire particuliere de sa vie.

La plusparts des Roys des Indes font le mesme, & rendent Iustice tous les iours à leurs Sujets.

Il fit de mon temps ses Neveux Chrestiens, non pas par aucun zele qu'il eut pour le Christianisme, comme les Peres Iesuites & les autres Chrestiens se l'imaginerent, mais sur la prophetie de certains Gentils qui luy auoient predit que ses Neveux vsurperoient vn iour la Couronne sur ses propres fils ; ils les fit Chreſtiens pour leur attirer la haine des Mahometans, & les exclurre, par-là, de la ſucceſſion à la Couronne. Le Roy entr'autres enfans en a vn de ſept ans appellé Sultan Sariach, ſon pere luy demanda vn iour ſ'il vouloit ſortir auec luy, l'enfant luy reſpondit qu'il feroit ce qu'il luy plairoit; le Mogol luy donna vn ſoufflet, à cauſe, diſoit-il, qu'il ne luy auoit pas teſmoigné aſſez d'enuie de le ſuiure, il luy demanda enſuite pourquoy il ne crioit point, ſa reſponſe fut que ſa nourrice luy auoit dit que la plus honteuſe choſe que peut faire vn Prince eſtoit de crier ou de ſe plaindre, & quand on me couperoit la gorge, continua-t-il, ie ne crirois point: ſon pere luy donna vn autre coup, & apres luy fit paſſer vne aiguille au trauers de la ioüe. Le ſang en ſortit en quantité, mais cela meſme ne le peût obliger de ſe plaindre, l'on a vne grande opinion dans ce pays de la reüſſité de ce ieune Prince.

Nouroux.

Entre les Feſtes qu'ils ſolemniſent dans le païs il y en a vne qu'ils appellẽt Nouroux, ou premier iour de l'année, elle dure dix-huit iours; il n'y a rien de plus admirable que la richeſſe qui paroiſt ce iour-là dans la Cour du Mogol. Au milieu d'vne grande place on dreſſe vne Tente ſi magnifique & ſi riche que ie ne crois pas qu'on en pût dreſſer vne ſemblable dans tout le reſte du monde; de grandes piéces de velours en broderie d'or, ſont tẽduës pour faire ombre & empeſcher que le Soleil ne donne ſur la Tente: elle occupe bien deux arpens de terre, le bas eſt couuert de Tapis trauaillez auec de l'or, i'y vis des Tapiſſeries de velours brodées de Perles, & d'autres enrichies de meſmes: il y a cinq Chaiſes ou autant de Throſnes ſous cette Tente pour le Roy, & des retranchemens pour ſes femmes, d'où elles voyent la Ceremonie ſans pouuoir eſtre veuës; le reſte de l'enceinte a bien cinq arpens: cette eſpace eſt diuiſée à tous les Seigneurs de la Cour, chacun d'eux dreſſe ſa Tente ſelon ſa condition & ſes richeſſes; le Roy viſite les Tentes de ceux à qui il veut faire faueur, il y eſt receu auec beaucoup de magnificence, & au ſortir la coûtume eſt de luy faire vn preſent: mais à cauſe qu'il a ſemblé à ces Princes qu'il y auroit quelque honte à receuoir des preſens de leurs ſujets, le Threſorier vient apres qui en eſtime la valeur, mais ordinairement il ne l'eſtime que la moitié de ce qu'il vaut. Les Grands du pays cherchent de tous coſtez des choſes curieuſes pour les preſenter ce iour-là, & on remarque que tous les ans cette feſte va en augmentant de magnificence & de richeſſes; ils commencent leurs années au premier iour de la Lune de Mars. L'autre feſte ſe fait quatre mois apres, c'eſt celle du iour de la naiſſance du Prince, les Courtiſans paroiſſent alors à l'enuy l'vn de l'autre; c'eſt à qui aura les plus rares pierreries: apres toutes ſortes de diuertiſſemens qu'on trouue ce iour-là dans le Palais, le Roy paſſe à l'Appartement de ſa Mere, & chacun des Courtiſans luy preſente quelque pierrerie ſelon ſa condition. Apres ſouper le Roy entre dans vn Appartement où on dreſſe vne Ballance d'or maſſif, vn des plats de la Ballance eſt remply d'or, d'argent, de plomb, de diuerſes ſortes de grains, vn peu de tous les metaux, & de toutes ſortes de pierreries: le Roy ſe met dans l'autre Ballance qui eſt vuide, & on le peſe cõtre ces choſes qu'on dõne le iour ſuiuant aux pauures: ils diſent dans le pays que ces choſes, contre leſquelles on le peſe, vallent bien cent mille francs; mais ce iour-là lorſqu'il entre dans l'Appartement de ſa Mere, chacun des Grands luy fait vn preſent qui vaut dix fois plus que ces 10000. francs. La couſtume du pays eſt de luy faire touſiours quelque preſent quand on a quelque choſe à luy demander; car ſoit que la requeſte ſoit eſcrite, ou qu'elle ſe doiue faire de bouche, la ſeule maniere de ſe faire entendre au Prince eſt de luy faire vn preſent, ainſi ceux qui n'en peuuent approcher le mettent ſur leurs teſtes.

Monſieur Tauernier dit que c'eſt ce qui fait ſi biẽ vendre aux Marchands leurs curioſitez qu'ils portent dans le pays.

Les Indiens bruſlent les corps de leurs morts, les femmes ſe font bruſler ſur le corps de leurs maris pour meriter la gloire dans les regiſtres qu'ils en tiennent d'auoir eſté fort ſages & fort affectionnées à leur mary. I'ay veu ſouuent des Dames fort bien faites ſe preſenter deuant le Roy pour obtenir la permiſſion de ſe bruſler, car elles ne le peuuent faire ſans ſa permiſſion. Le Roy taſchoit toûiours de les diuertir de cette resolution par promesses; mais dans tout le temps que i'y ay esté, ie n'ay pas veu vne de ces femmes qui se soit renduë à ses promesses : le Roy ne les pouuant persuader, à la fin leur donnoit la permission, & elles s'alloient brûler sur le corps de leur mary.

Apres auoir escrit iusques icy cette Relation, ie me suis souuenu d'vne autre Feste qui se fait à la memoire de son pere, en vn lieu où est son Tombeau ou Sepulchre. Ce Sepulchre est vn des plus beaux Monumens du monde, il y a desia quatorze ans qu'on y trauaille, & il en faut encore plus de sept ou huit pour l'acheuer, quoy qu'il y ait trois mille hommes qui y trauaillent continuellement, mais ie puis dire qu'vn de nos Ouuriers fait plus de besongne que trois de ces pay-là; ce Monument ou Sepulchre est carré, il a bien trois ou quatre mille de circuit, il y a sept estages bastis en retraite, en sorte que le dernier est le plus petit de tous, & dans ce dernier estage est le corps du Prince. Deuant que d'arriuer à ce Sepulchre on trouue vn grand Palais qui peut auoir trois milles de circuit, & dont les cours seruent comme d'aduenuë à l'entrée de ce Monument, il est à quelque quatre lieuës de la Ville d'Agra.

DISCOVRS

Sur les Memoires de Thomas Rhoë.

Homas Rhoë auoit esté enuoyé au Mogol en qualité d'Ambassadeur du Roy d'Angleterre; mais sur la bourse des Marchands Anglois de la Compagnie des Indes Orientales, le negoce de cette compagnie estant d'assez grande consideration pour souffrir vne semblable dépense.

Le trafic estoit le suiet de son voyage, c'estoit aussi des affaires de cette nature que ses memoires estoient pleins; mais la Compagnie Angloise, aussi bien que la Hollandoise les tient encor auiourd'huy les plus secretes qu'elle peut, & Purchas auouë qu'il a osté de cette piece (pour me seruir de ses termes,) les mysteres de ce commerce.

Cependant ces retranchemens, outre qu'ils interrompent la suite de cette piece, la rendent encore obscure en quelques endroits; & ie diray icy, pour seruir d'éclaircissement à ce qu'il rapporte des manieres de cette Cour & de l'histoire du Pays; Que les Mogols qui sont maintenant Maistres de la Partie de l'Asie communément appellée Indostan, ne sont point originaires du Pays où ils commandent, ce sont des Menguls ou Tartares d'origine; & le Sceau du Grand Mogol Selim (comme on le peut voir dans la Carte Geographique inserée en ce recueil) contient sa Genealogie depuis Teimurleng.

Teimurleng, au reste n'estoit point, comme nous auons long-temps crû dans l'Europe, homme de basse naissance; car les Historiens du Pays, & leb Tarich dont l'on mettra dans ce recueil la Traduction le fait descendre de Kinghiskan.

Kinghiskan est l'Alexandre des Orientaux, & nous est encore moins connu que Teimurleng, cependant, c'est peut estre le plus grand Conquerant dont l'histoire nous ait conserué la memoire. Car il conquist toute l'Asie & plus de Pays que l'Alexandre des Grecs, Prince d'ailleurs d'vne si grande iustice, que les constitutions qu'ils appellent iasa kingis chan sont encor auiourd'huy dans la mesme veneration aupres de ces peuples, que les loix des douze tables l'estoient chez les Romains.

L'Indostan, lors que les Princes de cette Maison le conquirent (car ie ne sçay point d'Autheur qui en ayt décrit l'histoire deuant ce temps-là) estoit diuisé sous la domination de plusieurs Princes particuliers, entre lesquels, selon la tradition du pays, il y en auoit de Maisons fort anciennes, & tous fort respectés de leurs suiets. Il en reste mesme encore auiourd'huy quelques vns qui payent tribut au Mogol, & d'autres dont les Estats sont dans les montagnes, & dans des pays de si difficiles accés, qu'ils conseruent leur liberté au milieu de cét Empire, & dans les reuolutions qui y sont fort frequentes sortent de leurs bois, ou de leurs montagnes, & font des courses sur les Prouinces du Mogol, estans asseurés de la retraitte toutes les fois qu'ils sont poussez par ses armées.

Eckbar veut dire, grand, sans égal; & chez eux c'est vn des attributs de Dieu : Alla, Kebar Eckbar.

Gelal-Eddin, le Grand-Pere du Mogol d'apresent qu'ils nomment plus communément Eckbar, s'assuiettit plusieurs de ces Princes, & c'est celuy des Mogols qui a le plus estendu les bornes de cét Empire ; car il laissa à ses successeurs les Prouinces ou Royaumes de Kandahar, Kabul, Cassamier, Chassenie, Benazard, Guzaratte, Sinda ou Tatta, Gandhees, Brampor, Barar, Bengala, Orixa, Ode, Malouvv, Agra & Delly, dont il dépoüilla autant de Princes : Ceux d'entr'eux qui ont conserué leur liberté, comme ie viens de dire, dans les bois & dans les montagnes, sont ces Radgias, ou Rayas, & ces Rasboutes, dont Rhoë parle dans ses memoires, qui pillent si souuent les Carauannes appellées Cafilas par les Persans.

L'exemple du Raya de Bandoa, nommé Radzia-Rãziend en attira plusieurs qui rechercherent comme luy l'amitié du Mogol, & pour s'en mieux asseurer enuoyerent leurs filles dans son Serrail, ce qu'ils continuënt encore à cette heure.

Eckbar, apres auoir reduit en Prouinces les Estats de ces Princes, entreprist la conqueste du Royaume de Decan; pendant qu'il y estoit occupé, son fils Selim à qui il auoit donné le Commandement d'vne autre Armée, pour subiuguer Radzia Rana Mardout, fit reuolter ses troupes & se declara contre son Pere; mais il fit sa paix peu de temps auparauant sa mort; car Eckbar ayant resolu d'empoisonner vn Mirza-Gazia, & s'estant fait preparer deux pilules, dont l'vne estoit vn purgatif & l'autre vn poison, auec dessein d'en empoisonner ce Mirza ou Prince, il se trompa dans le choix qu'il en fit & s'empoisonna luy-mesme; estant au lict de la mort, il mit son Turban sur la teste de Selim, & luy donna l'épée de Homayon, le declarant par là son successeur; neantmoins, apres sa mort, qui arriua la soixantiesme année de son Reigne & l'an mil quatorze de l'Egire, les Principaux du Pays se partagerent en deux factions, dont l'vne prit le party de Sultan Corsoronne fils aisné de Selim, pretendant, à ce que i'ay veu dans vne autre relation, qu'Eckbar l'auoit declaré son successeur dans le temps de la reuolte de Selim ; mais il se soûmit & feit sa paix : la mesme Faction l'obligea quelque temps apres à reprendre vne autre fois les armes, auec aussi peu de succés; car ses troupes furent défaites, il fut pris prisonnier & conduit iusqu'au Chasteau de Lahor sur vn Elephant; on le fit passer le long d'vne route, des deux costez de laquelle on auoit fait abbatre les branches des arbres afin qu'il pût mieux voir les testes de ceux de son party, qu'on y auoit mises pour luy en rendre le spectacle plus affreux & luy faire apprehender dauantage la colere de son Pere : Les Principaux Seigneurs de la Cour entroient tour à tour en Garde auprés de ce Prince, ceux d'vne mesme Faction s'y estans rencontrez, Mirza Fetulha, Mirza Charief, fils d'Ethamandaulet, Mirza-Mouradin, Mirza Ziafferbeck & plusieurs autres, conspirerent contre le Roy, firent dessein de l'assasiner dans les montagnes de Cabul par où il deuoit passer, & de mettre Sultan Corsoronne en sa place; mais ils n'en trouuerent pas l'occasion. Quelque temps apres, cette conspiration fut reuelée au Roy; il fit mourir les complices, à l'exception d'Ethamandaulet, qui racheta sa vie de 2000. lek de Rupias qu'il promit de payer.

Herbert dit qu'il s'estoit desia seruy plusieurs fois de ce poizõ, & qu'il purgeoit ainsi l'ame du corps de ses ennemis; mais ie ne sçay de qui il tient cette tradition.

Homayon signifie l'heureux. Homayon estoit grand Pere de Selim, & sa memoire est en grãde venerariõ aupres de ces peuples.

Le Roy se resolut par le conseil de Mirza Ombravve de faire perdre la veuë à son fils Sultan Corsoronne auec le suc d'vne herbe appellée Aëck, il n'en perdit qu'vn oeil, & il luy resta quelque vsage de l'autre. Ethamandaulet auec sa fille Meer Metzia veufue de Cheer-Afghan fut conduit quelque temps apres à Agra pour trouuer l'argent qu'il auoit promis. Mer-Metzia alloit souuent chez la Sultana Rockia Mere du Mogol, qui ne se pouuoit passer d'elle; le Mogol la rencontra vn iour dans son Serrail où la Sultane l'auoit fait entrer auec sa fille qui n'auoit que cinq ou six ans : le Mogol luy leua son voile & luy dit qu'il vouloit estre le Pere de sa fille, luy declarant ainsi sa passion; peu de temps apres il l'enuoya demander en mariage à Ethamandaulet son Pere, & la prit pour femme auec les solemnitez ordinaires, changeant son nom de Meer-Metzia en celuy de Nourziam-Begem, c'est à dire la lumiere du monde; Ethamadaulet de prisonnier qu'il estoit fut fait premier Ministre en la place de Mirza Ombravve, qui estoit mort quelque temps auparauant, & fit tomber les premieres charges de la Cour entre les mains de son fils Asaph-Can & de ses autres parens. C'est là l'histoire de cette Princesse Nourziam-Begem que Rhoë appelle Nourmahal; c'est à dire lumiere du Serrail, dont il est si souuent parlé dans ses memoires, ce que i'ay crû deuoir rapporter pour les rendre plus intelligibles.

Rhoë le nomme Etimõ Doulet

Lek signifie cent mille, façon de parler semblable à celle des Hollandois, qui pour dire

On verra dans vn fragment de l'histoire de ce Pays, traduit du Persan, & qui peut seruir de continuation à celle de Leb Tarik, que Sultan Coronne le troisiesme des fils du Mogol fit estrangler de nuict Sultan Corsoronne son frere aisné dont on luy auoit confié la garde, & qu'apres s'estre asseuré par ce crime la succession de l'Empire, impatient de l'attendre plus long-temps, il s'vnit plus etroitement auec Asaphcan dont il espousa la fille, tascha d'enleuer les thresors du Mogol, & les ayant manqués, luy déclara la guerre, qu'il continua iusqu'à sa mort; Selim mourut l'an 1627. Normahal auoit

auoit enuoyé auparauant Sultan Sheriar son fils à Lahor, pour le mettre en possession de l'Empire & tascha d'attirer dans son party les trouppes; mais Asaph-chan qui auoit dessein de le mettre entre les mains de Coronne, luy donna auis de ce changement, & cependant, pour contenir les trouppes dans sa dépendance, persuada Sultan Bolack fils de Corsoronne, de se faire proclamer Empereur par les principaux Chefs de l'Armée qu'il auoit gaignez, & donna des Gardes à sa sœur. Sheriar fut deffait auparauant l'arriuée de Coronne, & on luy fit perdre la veuë & la vie quelque temps apres, auec Sultan Bolack & les autres Princes du Sang Royal. Coronne ou Sha* Bedin-Mahamet, donna sa principale confiance à Asaph-chan, & pardonna en sa consideration à Normahal. Les dernieres nouuelles que nous en auons, sont celles que M. Bernier, maintenant Medecin du Mogol, à écrites à M. de Meruilles son genereux amy.

cent milles francs disent vne tonne d'argent.

Vous sçaurez, dit-il, qu'il s'est ioüé icy vne horrible Tragedie, que i'aurois de la peine à croire, si ie n'en voyois encore la suite de mes yeux; car tout y est encore en feu & en armes. Sultan Corone, autrement le Roy Schagehan, auoit quatre fils, Darachakour, Moradbeg, Oranzebe, Sultan Sugus, il fit Oranzebe Roy, ou plustost Viceroy de Decan; Sultan Sugus de Bengale; Moradbek du Guzarat; & pour Darachakour, qui estoit l'aisné, il le retint auprés de luy pour estre l'heritier de la Couronne. Il y a enuiron deux ans que Shagehan tomba malade au retour d'vn voyage qu'il auoit fait vers Asemeer, en sorte que le bruit courut par tout le Royaume qu'il estoit mort. Ces quatre Princes arment chacun de leur costé; celuy de Decan & celuy de Guzarat se rencontrent à Brampour, & s'accordent ensemble d'attaquer iusques dans Agra l'aisné, & de s'emparer de l'Empire, Oranzebe promettant à Moradbak de le luy remettre entre les mains; par cette raison, ce disoit-il, qu'il auoit renoncé au monde, & qu'il vouloit viure dans la retraitte & en Deruis ou Religieux: Ils marchent donc auec leurs trouppes, & gagnent la premiere Bataille contre vne Armée que Darchakour auoit enuoyé au deuant d'eux, pour s'opposer au passage d'vne riuiere qui est à trente ou quarante lieuës d'icy, & auancent vers Agra où estoit Darachakour, qui marcha aussi auec vne grande Armée contre-eux, cependant que son fils aisné Solimanchakour donne bataille à Sultan Sugus du costé d'Elabat, le défait, & le pousse iusques dans le fond de son Pays, & se haste de venir trouuer son frere Darachakour pour donner conioinctement sur Oranzebe & sur Moradbek: mais il ne pût venir assez tost; l'impatience de Darachakour qui se voyoit auec de tres-grandes forces contre des gens qui venoient de bien loin, & qui estoient demy-morts de fatigue & de l'excessiue chaleur, fut trop grande. Il donna Bataille, son General d'Armée fut tué; il perdit le combat, & fut contraint de s'enfuïr en tres grand desordre dans Agra, où estoit Chagehan qui se portoit bien. Shagehan sans le vouloir voir, pource qu'il auoit combattu contre ses ordres, luy ouurit ses tresors, & luy commanda de s'en aller vers Delly & vers Lahor pour leuer de nouuelles trouppes, ayant dessein d'attrapper adroitement & sous pretexte de visite, les deux victorieux: mais quand ils furent à Agra ils differerẽt de iour à autre à rendre visite à Chagehan qui faisoit encore le malade pour les attirer dedans la Forteresse où il estoit, & cepẽdant y firent adroitement entrer de leurs gens, disant qu'il n'estoit pas raisonnable d'y aller seuls, & firent si bien qu'en quatre ou cinq iours ils s'en rendirent maistres, en chasserent tous les soldats du Roy Shagehan, & s'asseurerent auec vne bonne garde de sa personne; il y est encore à present, de là ils vinrent vers Delly poursuiuant Darachakour. Dans le chemin d'Agra à Delly, l'vn des deux victorieux qui estoit Oranzebe, & le plus fin, se saisit de Moradbek, & le fit conduire à Goualcor; & se voyant fortifié de ses trouppes qui prirent party dans les siennes, vint à Delly.

Coronne épousa quelque temps apres la fille d'Asaph-Can.

Nourmahal signifie la lumiere du Serail.

Asaph-Can estoit fils d'Echimon-Doulet.

*Chagehan signifie le Roy du monde, c'est le titre que prit Sultan Coronne auec celuy de Bedin Mahamet, lors qu'il fut asseuré de l'Empire.

M. Bernier corrompt asseurement les noms de ces Princes; mais il n'y aura point de remede à ce defaut iusques à ce que l'on les aye écrits en caracteres de la lãgue du païs.

Darachakour fut obligé de se retirer de Lahor dãs la Forteresse de Pakar, qui est vne forte place au milieu de la riuiere de l'Inde; & de là sans s'arrester beaucoup, passa auec vne partie de ses tresors à Tatta, & de Tatta à Amedabat, dont il se rendit maistre sans resistance, & là commẽça à faire des gens; de sorte qu'en peu de temps auec son argent & la reputation de bien payer ses soldats, il fit vne fort bonne Armée, mais sans Chef capable de la faire agir, & sans autre conseil que celuy de sa teste, Prince d'ailleurs sans experience, & qui auoitt affaire à vn ennemi fort ruzé qui auoit quasi toutes les forces de l'Estat en main. Cependãt, Solimãchakour auoit esté abandõné de la meilleure partie de son Armée, qui prit le party d'Oranzebe; il eut bien de la peine luy mesme à se sauuer dans les Montagnes du Ragia de Serenagar, où il est encore à present, Darachakour au lieu de gagner temps, & de fortifier son party dans le Guzarat, s'auança auec ses nouuelles trouppes; Oranzebe fait la moitié du chemin, la Bataille se donne à Assemere: Darachakour est trahi, &

contraint de se sauuer vers Amedabat auec quatre ou cinq cens Caualiers seulement, comme i'ay veu moy-mesme m'estant rencontré sur sa route dans cette fuite, c'estoit veritablement vn spectacle digne de compassion. Quand il fut à vne iournée d'Amedabat, il eut nouuelle que les portes en estoient fermées, & que le Gouuerneur de la Ville & de la Citadelle s'estoient declarez pour Oranzebe; de sorte qu'il fut contraint de s'enfuyr à grande haste du costé de Tatta, pour pouuoir gagner Bakar où il auoit laissé de l'argent: mais il n'y fut pas à temps, Bakar estoit desia assiegée par vne Armée d'Oranzebe. Il estoit resolut de passer l'Indus, & d'aller en Perse, lors qu'il se souuint qu'il auoit autrefois fort obligé vn Patan qui est puissant du costé de Bakar, & crût par son moyen, de faire leuer le Siege de Bakar, comme il luy promettoit, & prendre là son argent auparauant que de passer en Perse; mais cét ingrat le mit entre les mains de ses ennemis: on l'amena il y a enuiron six mois icy prisonnier auec son fils; & apres auoir trauersé la ville de Delly sur vn Elephant, on luy couppa la teste à vne lieuë de cette ville. Dans ces entrefaites, Sultan Sugas du costé de Bengale a eu quelque relasche, & à fait vne Armée assez bonne.

Oranzebe est party d'icy il y a 4. mois, & est allé vers les Montagnes de Serenagar auec toute son Armée, pour obliger le Ragia qui y commande à luy remettre entre les mains Solimanchakour; ce qu'il a iusques icy refusé de faire. Aussi Oranzebe n'a-t'il point encore voulu risquer d'entrer dans ces Montagnes, presque inaccessibles, & entendant dire que son Armée qui estoit contre Sugas n'estoit pas assez forte, & que son fils mesme Sultan Mahmone s'estoit tourné du costé de Sugas, de peur qu'il auoit de son pere. Il se resolut de s'en aller à Bengale; quand il fut à moitié chemin, son General luy manda qu'il n'estoit pas necessaire qu'il vint; de sorte que dans la crainte qu'il ne se fist icy quelque partie contre luy pour retirer de prison le Roy Chagehan son pere, ou que Solimanchakour ne descendit de la montagne, il s'en est reuenu icy depuis quinze iours auec toute l'Armée. Depuis huict iours, le bruit court que Sultan Sugas a esté battu, & qu'il s'enfuyt, & nous auons nouuelle que Sultan Mahmone l'a quitté, & qu'il reuient icy vers son pere. Voyez vn peu quelles intrigues; il y en a beaucoup qui disent qu'il n'estoit allez vers Sugas que pour le prendre, tout se découurira. La fortune iusqu'icy semble s'estre declarée pour Oranzebe. Il auoit couru vn grand bruit que le Persan venoit auec vne forte Armée, & que l'Artillerie estoit desia à Kandahar; mais cela ne continuë pas: il est bien vray qu'il y a vn Ambassadeur de Perse qui est arriué à Lahor; mais l'on commence à croire que ce n'est pas pour declarer la guerre: en tout cas, l'on fait icy des preparatifs pour le receuoir: Voilà où nous en sommes. Par ma premiere, ie vous écriray tout par le menu ce qui arriuera, & ce que c'est que de la force & des épouuentables Armées de ce Grand Mogol: Cependant, ie vous diray qu'il ne faut plus trouuer incroyable ce qu'à fait Alexandre; car ie suis asseuré qu'vne Armée de vingt-cinq mille François bien conduits vont passer sur le ventre à toute l'Inde, sans difficulté. Ce ne sont pas des soldats, mais des vaches; non vne Armée, mais vn chaos & vne confusion plus facile à deffaire que ie ne le vous sçaurois dire.

Dans la seconde lettre du 1. Octobre de la mesme année 1660. qu'il luy a enuoyée par Bassora & par Alep; il luy repete les mesmes choses, à toutes fins, pour suppleer au defaut de la premiere qu'il luy auoit escrite par la voye d'Angleterre, si elle ne luy auoit pas esté renduë, & y adiouste seulement ce qui s'estoit passé depuis. A sçauoir que *durant les mal-heurs de Dara-Chakour, sa mort & la prison de son Fils dans la Forteresse de Goualeor, où Moradbakche auoit aussi esté conduit; Sultan Sugas s'estoit defendu comme il auoit pû dans le Royaume de Bengale, où il s'estoit donné plusieurs Combats; iusques à ce que Oranzebe deffait de ses autres Freres, auoit enuoyé de grands renforts à ses Armées, & auoit entierement deffait celuy-cy.* Il continuë ainsi: *Il est maintenant auec trois ou quatre Vaisseaux sur le bord de la mer; l'on ne sçait quel party il prendra, s'il s'enfuyra en Perse, ou s'il ne se iettera point auec le Roy de Golconda, à qui la puissance d'Oranzebe donne de grandes apprehensions. La grande épine qui tient à present Oranzebe, c'est Solimanchakour qui est dans les montagnes inaccessibles de Serenagar. Le Ragia ne l'ayant point voulu liurer iusqu'icy, quelque promesse & menace que luy fasse Oranzebe: On dit qu'il y ira cette année; mais il n'y a gueres d'apparence qu'il reüssisse par la force, à cause de la difficulté des Montagnes, & qu'on a couppé les auenuës de tous costez. Il s'est réueillé vn petit Raya nommé Karne, qui fait grand bruit: ce n'est pas vn Raya fort puis-*

sant; & cependant on void qu'il a vne fort bonne Armée, cela fait soupçonner qu'il y en quelqu'autre plus puissant qui sous main l'assiste; on soupçonne Ranna ou Yasumsingua; de sorte qu'Oranzebe a esté obligé d'y enuoyer ces iours passez vne Armée. D'autre costé on a nouuelle que le Gouuerneur de Kaboul vers Kandahar ne veut point receuoir les ordres d'Oranzebe. Nous auons encore nouuelles que du costé de Decan, vn tres-puissant Raya nommé Sauuagi, est là auec vne Armée considerable, & qu'il pretend entrer dans le Decan; de sorte que tout n'est pas encore finy. Cependant, Oranzebe tient en prison son propre fils aisné Sultan Mahmone, dans la crainte qu'il a qu'il ne se reuolte contre luy, & qu'il ne se iette auec le Roy de Golconda son beau-pere, qui luy a promis le Royaume de Golconda apres sa mort, n'ayant point d'enfans masles. La famine sera grande cette année, à cause qu'il a fait vn terrible Esté, & qu'il n'a pas assez plû. Dieu nous garde de la peste.

Outre ce que ie viens de dire, & qui peut seruir d'éclaircissement à ces Memoires, ie dois encore adiouster ce que i'ay trouué dans les écrits d'vn Anglois domestique de Rhoë, il dit que le Mogol paye vn million de Cheuaux, & qu'il donne par an pour chaque cheual dix-huit Iacobus; ainsi l'estat des pensions que donne ce Prince seroit de plus de deux cens millions de liures. Qu'il n'y a point de Courtisans qui fassent leur Cour auec plus de sumission; qu'ils se rasent tous les iours lors qu'ils sont à la Cour; mais qu'ils laissent croistre leur barbe lors qu'ils sont employez dans les Prouinces, pour tesmoigner par là le desplaisir qu'ils ont d'estre éloignez de leur Prince, & qu'ils ne la coupent point qu'apres leur retour.

Thomas Rhoë se trompe, auec les autres Autheurs qui ont escrit de ce Païs, lors qu'il explique le nom de Nouroux, comme s'il signifioit neuf iours; la Feste du Nouroux tire son origine du Persan, & merite qu'on l'explique, à cause qu'elle nous donne connoissance d'vne opaque dont pas vn de ces Chronologistes ne sçache, n'a parlé. Les Persans ont long-temps compté leurs années par le temps du regne de leurs Roys ils ont conserué cette coustume iusques au temps d'Isdescherid, il commença à regner en Perse la onziéme année de la fuitte de Mahomet, & les Arabes s'estans rendus maistres de la Perse, ils y introduisirent leur Hegire pour Epoque, on l'a suiuie l'espace de quatre cens soixante-quatre ans iusques au temps de Shelal-Eddin: il commença son regne l'an de l'Egire 475. le 8. iour du mois de Rumankan, auquel iour à l'heure de Midy precisément, le Soleil entra selon la supposition de ce peuple, dans le signe du Belier: Comme il receuoit les complimens des principaux du Païs, & que l'on vint à parler de l'Hegire & des autres Epoques, vn Astronome nommé Omenchiamus, qui estoit de cette conuersation, proposa de faire de ce iour-là leur Hegire & le premier iour de leur année, & de satisfaire en cela à la veneraiton de ces peuples auoient pour le premier iour du regne de leur Prince, & à la Nature mesme, selon laquelle en effet il semble que les années deuroient commencer de ce poinct. Ainsi le mot Nouroux signifie nouueau iour ou nouuelle année. Durant le regne de ce Prince on celebroit tous les ans cette Feste auec de nouuelles solemnitez. Ses successeurs ont continué de mesme, & c'est par cette raison que le Poëte Sady dans son Gulistan, d'où i'ay tiré cette erudition, appelle ces années, les années Sebâlienes; car ce Ferardin se nommoit aussi Schaal. C'est la veritable origine de la Feste du Nouroux que les Mogols tiennent des Persans.

La racine que Rhoë nomme Ningin est appellée par les Chinois Gisfeng, & comme elle n'est point marquée dás nos Liures des Plantes, ie raporteray icy l'endroit de l'histoire naturelle où elle est décrite. Les Sauuages du Cap l'appellent Cannaielle ne fait que commencer à pousser sa fueille vers le vingtiéme de May, & le temps le plus propre pour la ramasser est les mois de Decembre, Ianuier & Feurier: ce que i'ay tiré d'autres Relations Angloises, l'on m'a dit qu'elle commençoit à estre connuë en Hollande. Martinius dans son Atlas de la Chine la décrit de cette sorte:

Ceux du Iapon l'appellent Nisi; les Chinois la nomment Ginseng, à cause qu'elle a la forme d'vn homme qui ouure les jambes (car ils appellent vn homme Gin) vous croiriez que c'est nostre Mandragore, si ce n'est qu'elle est plus petite, toutefois ie ne doute point que ce n'en soit vne espece, car elle en a la figure & la vertu; ie n'en ay iusques icy encore pû voir des fueilles, la racine deuient jaune lors qu'elle est seiche; elle n'a presque point de fibres ny de filamens, par lesquels elle puisse tirer sa nourriture; elle est toute parsemée de petites veines noirastres, comme si on les y auoit tirées subtilement auec de l'encre; lors qu'on la masche elle est desagreable, à cause de sa douceur meslée d'vn peu d'amertume; elle augmente beaucoup les esprits vitaux, combien que sa dose ne soit qu'à peine que de deux scrupules; si on en prend vn peu dauantage, elle redonne les forces aux debiles, & excite vne chaleur agreable dans le corps; on s'en sert quand elle est passée par le bain Marie, car elle rend vne odeur suaue comme les senteurs aromatiques; ceux qui sont d'vne constitution plus robuste & plus chaude, sont en danger de leur vie s'ils en vsent, à cause de la grande efferuence qu'elle excite dans les esprits, mais elle fait miracle pour les debiles & trauaillez, & pour ceux qu'vne longue maladie ou quelqu'autre accident a épuisé de forces ; elle restituë tellement les esprits vitaux aux moribons, en sorte qu'ils ont souuent assez de temps pour se seruir d'autres remedes & recouurer leur santé. Les Chinois en disent merueille ; pour vne liure de cette racine, on en donne trois d'argent.

La description de cette plante est si imparfaite dans Martinius, que i'ay creu en deuoir mettre icy la veritable figure, tirée de l'Histoire des choses naturelles non décrites, qu'on mettra dãs la suite de ce Recueil, ou si elle a quelque ressẽblance à la Mãdragore par sa racine, ses fueilles font bien voir qu'il la faut mettre sous vn autre genre.

Les terres où est la Baye de Saldaigne ne sont point vne Isle comme le croid Rhoë, car les Hollandois qui y ont maintenant vne habitation, ont trouué que le Rio-dolce ne s'auançoit pas fort auant dans les terres.

Il y a peu d'apparence qu'il n'y ait point eu d'interruption dans la Descendance de ce Prince Ranna, qu'il dit estre venu en ligne directe de Porus qui fut vaincu par Alexandre.

La charge de Kutvual a plus de rapport à celle du grãd Preuost qu'à celle du Lieutenant Ciuil, comme l'a expliqué le Traducteur.

Pour ce qui est de la valeur de la monnoye du Païs, & principalement des Rupias, Monsieur Tauernier dit qu'elles ne vallent que 28. sols de nostre monnoye, & cependant dans quelques endroits de ce Discours le Traducteur les fait valoir enuiron vn escu cinq sols.

Les Cosses, Courses, ou Cos (car ces trois mots signifient vne mesme chose) sont plus grands en des Prouinces & plus petites en des autres ; les plus grandes sont vne de nos lieuës de France, & les moindres vne demie.

Le Liure que le Pere Hieronymo Xauier Iesuite Nauarrois escriuit de la verité de la Religion Chrestienne, & dont parle Rhoë, auoit pour titre, Le Miroir qui represente la verité : Alabedin Persan y a fait de nos iours vne Response en sa Langue, & a ramassé tout ce que les Mahometans disent contre nostre Religion : Le Pere Guadagnoli depuis peu a respondu au Persan, & sa Response a esté imprimée en Arabe à Rome, par ordre de la Congregation de Propaganda : Son Liure commence par quantité d'imprecations contre Mahomet. Des personnes informées des manieres du Leuant, luy dirent que c'estoit rendre son liure inutile aux Orientaux que de mettre dés le commencement ces imprecations, qui empescheroient que ceux pour qui il auoit principalement esté fait ne le leussent : le Pere en fit vne seconde impression pour corriger cette faute que l'on auoit trouuée dans la premiere ; mais cette fois-là il parla si bien de Mahomet, que ses Superieurs y trouuerent à redire, & on luy en fit mesmes vne seuere correction, dont il se plaignoit à ses amis lors qu'ils luy parloient de son Ouurage.

Les Firmans dont Rhoë parle si souuent dans ses Memoires, sont lettres Patentes du Prince appellées de la sorte, à cause que leur style ordinaire est de commencer par la parole de Ferman, & Rhoe a esté le premier qui ait establi dans l'Indostan ces Firmans & les conditions du commerce entre ces peuples, & les Agens & Facteurs de la Compagnie Angloise des Indes Orientales. Au retour de cét employ il fut enuoyé Ambassadeur à Constantinople, d'où il a escrit plusieurs dépesches que i'espere mettre vn iour dans la suite de ce Recueil.

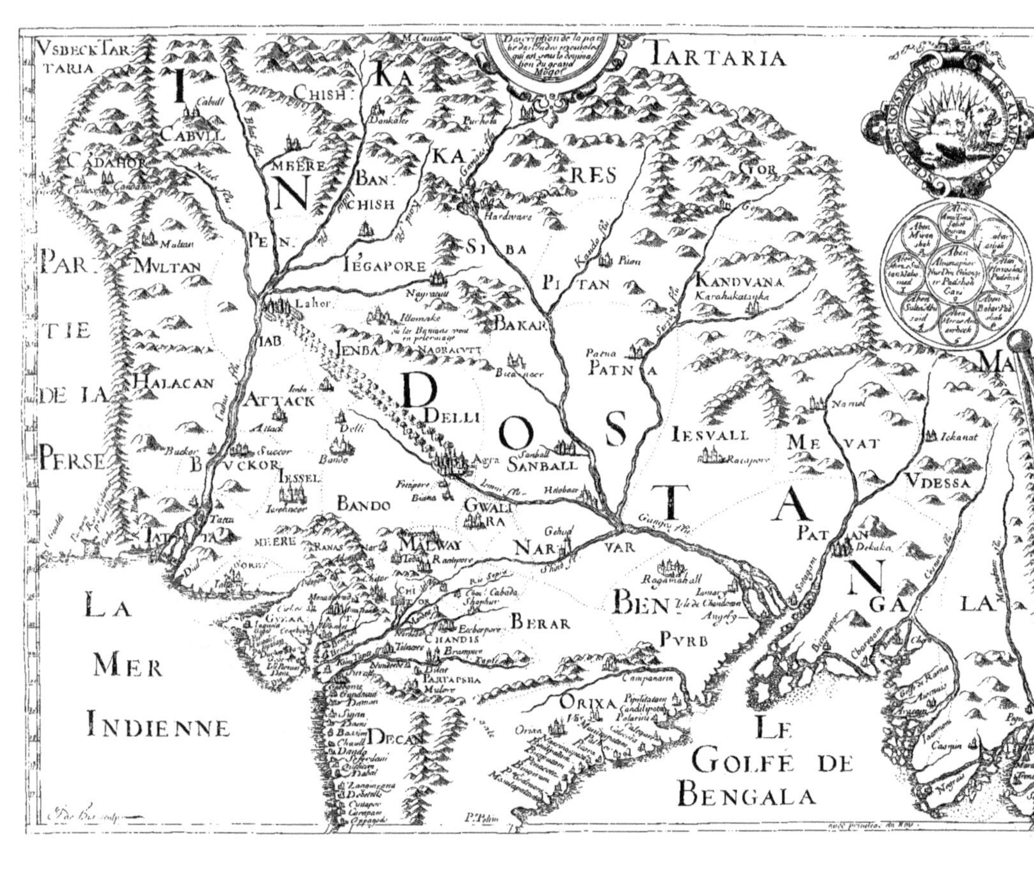
VSBECK TARTARIA
TARTARIA
CHISH
KA
CABVLL
MEERE
BAN
CHISH
KA
RES
GOR
PEN
IEGAPORE
SI BA
PARTIE DE LA PERSE
MVLTAN
PI TAN
KANDVANA
Lahor
IAB
JENBA
NAGRACVTT
BAKAR
PATNA
HALACAN
ATTACK
DELLI
IESVALL
ME VAT
BVCKOR
Agra
SANBALL
IESSEL
VDESSA
BANDO
GWALI ERA
MALWAY
NAR VAR
PAT AN
LA MER INDIENNE
CHANDIS
BERAR
BEN GA LA
PVRB
ORIXA
DECAN
LE GOLFE DE BENGALA
INDOSTAN

MEMOIRES DE THOMAS RHOE,

AMBASSADEVR DV ROY D'ANGLETERRE AVPRES DV MOGOL, Pour les affaires de la Compagnie Angloise des Indes Orientales.

§. I.

Sa Nauigation jusques à Surat.

OSTRE embarquement se fit à Grauesende, & nous arriuâmes le 5. du mois de Iuin a la rade de Saldaigne, où j'éprouuay que la variation de l'Ayman, que l'on tient estre vne des plus seures methodes pour sçauoir combien on est proche de terre, n'est pas si certaine qu'on l'a croid, & qu'elle ne peut seruir que comme vn auertissement pour se tenir sur ses gardes. En effet, la variation de l'Ayman ne diminuë point proche des terres, dans la proportion qu'elle diminuë lors qu'on en est plus loin. I'en pourrois donner vne raison bien claire, mais elle est d'vne trop longue discution pour la rapporter icy. Enfin, ie ne croy point que par cette methode on puisse s'asseurer d'vne estime à 20. lieuës prés, puis que le mouuement du Vaisseau & celuy de l'aiguille, font que l'on s'y peut aisément tromper d'vn degré.

Saldaigne est vne Isle, à ce que ie croy. Sa pointe qui est vers le Midy, fait le Cap de Bonne-Esperance. Elle est separée de la terre ferme de l'Affrique, par vne Baye profonde du costé du Zudest; & de celuy de l'Est, par vne riuiere que nous auons remarquée de dessus la montagne nómée la Table, à cause qu'elle est platte par le haut. La terre y est fertile, & couuerte d'vne herbe basse & épaisse. Le continent est coupé par des mótagnes fort hautes, pleines de rochers couuerts de neige & impenetrables, si ce n'est qu'on y entre en remontant le Rio-dolce. Cette riuiere est fort grande, & se rend dans la mer au costé Oriental de cette Baye. Il y a dans cette Isle 5. à 600. hommes les plus barbares gens du móde. Ils se nourrissent de charognes, de bestes mortes, & portent entortillez à l'entour de leur col, les entrailles & les intestins de ces bestes, qu'ils croyent seruir beaucoup à cóseruer leur santé. Ils ont le poil frisé comme les Negres. Ils se le frottent de l'ordure de ces bestes, dont la peau leur sert d'habits. Ils en couurent leurs épaules, & mettent

Saldaigne. Tous les autres voyageurs l'appellent la Baye de Saldaigne.

** A

le poil en dedans ou en dehors, selon qu'il fait chaud ou froid. Leurs maisons sont couuertes d'vne espece de natte, & ont la forme d'vn four. Ils les tournent à mesure que le vent change, car l'endroit par où ils entrent ne se ferme point. On ne se plaint plus tant de leurs voleries depuis que nous traitons auec eux. Ils sont sans Religion, & n'ont aucune connoissance de Dieu. L'air de ces quartiers-là est fort sain & fort subtil; les eaux sont aussi fort bonnes, & passent aisément. Cette Isle abonde en Taureaux, en Vaches, en Singes, en Faisans, en Perdrix, en Oyes sauuages, en Canards, & en grand nombre d'autres Oyseaux. Dans l'Isle de Pynguin, l'on en void vne sorte qu'on y appelle des Pynguins. Ils marchent droits sur leurs pieds, ont des âilerons sans plumes qui leurs pendent comme des manches, barrées ou rayées de blanc, ne volent point, & se cantonnent en vn des coins de cette Isle, sans se méler auec les autres oyseaux.

C'est vn estrange Oyseau, ou pour mieux dire vn Monstre, qui tient de l'homme, en ce qu'il est droit sur ses pieds, de l'oyseau & du poisson. Mais il tient plus de l'oyseau que de tout autre animal, pouuant seruir d'exemple contre la definition de l'homme, que quelques-vns ont definy vn animal à deux pieds, qui n'a point de plumes. On ne fait point de trafic en ce Pays-là, que de bœufs & de moutons, qu'on ne doit prendre que dans la saison où ils sont fort gras, c'est à dire, au temps que le Soleil s'est retiré d'eux, pour retourner du costé du Nord. Il y a de certaines racines qu'ils appellent Maugin, nos Marchands croyent qu'il y a de

L'Arras.

Ie croy fermement y auoir découuert vne roche, qui tient du vif argent & du vermillon, parce que les pierres de cette roche sont par tout marquetées d'vn rouge fort pur, & aussi vif qu'aucune peinture rouge que nous ayons, mais qui s'efface quand il est mis sur du papier. Cette matiere est pareillement fort pesante, & elle brille en quelques endroits comme vne Marcassite; ce qui se rapporte fort à la description qu'Acosta nous a laissé de la nature de cette sorte de mine. La table ou la roche ainsi nômée, est de la hauteur de onze mil huit cens cinquante-trois pieds. Il y a beaucoup de Balleines & de Loups marins dans cette Baye. Les Hollandois y sont venus souuent pour en faire la pesche dans l'Isle des Pynguins. Elle est à 33. degrez 45. minutes de hauteur, & a 28. degrez 30. minutes de longitude prise du meridien de Lisart. L'on doute si l'aiguille y varie vers l'Est ou vers l'Oüest: pour moy ie tiens que la variation est de 30. minutes vers l'Oüest, & qu'il y a quelque chose dans les terres qui fait varier l'aiguille, & que c'est de là que viennent les frequens changemens que l'on obserue dans la variation de l'aiguille, en allant depuis le Cabo-falso vers l'Oüest. Si iamais il se rencontre quelques Vaisseaux qui ayent assez de loisir pour découurir les terres vne centaine de lieuës plus vers le Nord, ce qui se peut faire auec facilité, ie suis certain qu'on y trouuera beaucoup de bestail & d'autres marchandises. On pourroit aussi laisser là des gens pour traiter plus auant dans le Pays, & peut-estre qu'ils découuriroient ces Peuples qui ont de l'or, & qui le portent aux Portugais du costé de Cuama. L'on pourroit traiter auec eux de la même maniere que l'on traite auec les Mores de Gago en Barbarie. Il ne faut point s'attendre que les Anglois exilez qu'on a laissez au Cap de Bonne-Esperance, fassent aucune découuerte, ny rien de semblable; mais bien qu'ils se seruiront de la premiere occasion qui se presentera pour retourner en Angleterre. Au reste, ils ne sont pas en vn lieu où ils puissent deuenir meilleurs, & ils ne profiteront pas beaucoup parmy des gens qui sont hommes que par ce qu'ils parlent.

La montagne ou roche nômée la Table.

Molalia est l'vne des quatre Isles de Gomarra Angazesia, Iuanny & Majotta sont les trois autres. Ces trois dernieres sont sous vne mesme ligne, Angazesia est vn peu plus auancée vers le Nord. Molalia à douze degrez 20. min. de lat. Austr. la variation est de 16. degrez 40. minutes.

Le texte Anglois porte qu'elle est sous le mesme Meridien que le Cap Augustin.

Angazesia.

Angazesia est au Nort quart à l'Oüest de Molalia, & en est éloignée de sept lieuës. La pointe la plus auancée est sous le 11. degré 55. minutes, & la plus proche de la ligne 11. degrés 6. minutes. C'eſt la terre & la coſte la plus éleuée que j'aye iamais veuë. Elle eſt habitée par les Mores qui trafiquent de leur beſtail & de leurs fruits en diuers endroits de la terre ferme, & aux Iſles qui leur ſont à l'Eſt. Ils changent leur beſtail & leurs fruits contre des Callicoos & autres ſortes de toiles & étoffes de cotton dont ils font leurs habits. Ce Pays eſt ſous la domination de 10. Seigneurs differens. Il eſt aſſez abondant en Vaches, Bœufs, Cabrys, en noix de Cocos, en Oranges, & en Citrons. Ils firent des feux lors que nous paſſâmes, & nous parurent auoir grande enuie de traiter auec nous de nos marchandiſes, pour en auoir les premiers, parce qu'ordinairement il faut qu'ils les aillent acheter des Habitans de Molalia, où nos Vaiſſeaux ont coûtume de ſ'arreſter. Cette Nation eſt fort décriée du coſté de la fidelité & de la bonne foy, il y a meſme quelque-temps que les gens de l'équipage du Capitaine Lancaeſtre y furent trahis ; mais peut-eſtre que la communication qu'ils auront eüe depuis auec ceux de noſtre Nation, les aura rendus plus traitables & de meilleure foy. Iuanny eſt ſituée à l'Eſt de Molalia & de Majotta. Les coſtes de ces deux Iſles ſont fort ſeures. Majotta.

Ces trois Iſles ne manquent d'aucune choſe neceſſaire à la vie ; mais ſur tout, celle de Majotta, comme ie l'ay appris des Arabes trafiquans à Molalia, & des Hollandois qui s'y arreſtent quelquefois.

L'Iſle Iuanny ne cede de gueres aux trois autres, pour la fertilité de ſon terroir. Ses Habitans ſont gouuernez par vne vieille Sultane qu'ils reconnoiſſent pour leur Souueraine. Iuanny, d'autres l'appellent Iean de Caſtro.

Molalia eſt maintenant diuiſée ſous la domination des enfans d'vn Sultan. Ses trois enfans, deux garçons & vne fille, gouuernent chacun dans vn canton de cette Iſle. Le Sultan de qui dépend le canton où nous eſtions à l'Anchre, tient ſes Sujets dans vne ſi grande ſeruitude, qu'ils n'oſerent pas nous rien vendre ſans ſa permiſſion. Le Capitaine Keyling enuoya pour cette raiſon quelques-vns de nos gens dans la Ville, pour demander qu'il luy fuſt permis de negocier auec eux. Le Gouuerneur nous permit de mettre à terre quarante de nos hommes, auec le Capitaine Nevvport. Ce Gouuerneur nous reçeut, eſtant aſſis ſur vne natte de paille, accompagné d'enuiron 50. hommes. Son habit eſtoit d'vne toile rouge & bleuë, qui le couuroit juſqu'aux genoux, les jambes & les pieds nuds, la teſte couuerte d'vn turban. Il auoit des truchemẽs qui parloient Arabe, & vn peu Portugais. Le Capitaine Nevvport le regala d'vne petite piece d'Artillerie, & d'vne épée. Le Gouuerneur de ſon coſté luy fit preſent de quatre Taureaux, & luy donna la permiſſion d'acheter & de vendre, la faiſant publier aux Habitans de ce lieu. Il promit meſme d'y faire conduire ſon propre beſtail, adjoûtant qu'il ne vouloit point preſcrire aux acheteurs ny aux vendeurs, le prix de leurs marchandiſes ; mais que c'eſtoit vne chôſe qu'il laiſſoit à la diſcretion des vns & des autres. Il enuoya querir des noix de Cocos, pour en faire preſent à la compagnie, pendant que de ſon coſté il ſ'amuſoit à mâcher d'vne certaine compoſition faite d'écailles d'huyſtres brûlées, & d'vne noix qu'ils appellent Areca, aſſez ſemblable à noſtre Glan. Cette compoſition pique ſur la langue, elle arreſte les defluxions, rafraichit le cerueau, & raffermit les genciues. Elle feroit tourner la teſte à ceux qui n'y ſeroient point accouſtumez ; elle fait cracher, & à la longue elle teint en rouge les dents de ceux qui en vſent ; ce que les plus propres d'entre-eux tiennent pour vn grãd ornemẽt. Tout le mõde de ce païs ſe ſert de cette drogue à toutes les heures du jour, & ne connoiſt point d'autre remede que celuy-là. Molalia. Pour habit il auoit vne toile rouge & bleuë.

De chez le Gouuerneur on cõduiſit nos gens en la maiſõ d'vn maiſtre Charpentier. Cette maiſon eſtoit baſtie de pierre & de mortier. Les murailles eſtoient enduites de chaux, le toict fort bas, couuert de bardeau, & pardeſſus de fueilles. La maiſon eſtoit au milieu d'vne autre, enceinte faite de roſeaux : Leurs jardins ſont fermez de meſme. Ils y ont du Tabac & des Platanes ou figuiers d'Adam. Pour nous ſeruir à diſner on mit vne planche ſur des Treteaux, & on la couurit d'vne natte fort propre. Les bancs estoient couuerts de mesme. L'on apporta d'abord de l'eau pour lauer les mains dans vne coquille de Cocos, vn plat de bois seruoit de bassin, & pour s'essuyer on presenta de la pleure ou de l'escorce de ces mesmes arbres de Cocos. On leur seruit apres du Rys boüilly, du fruict de Platane rosti qui fut seruy sur vn plat de rys, des poules & de la chair de Chevreau. Leur pain estoit fait de farine de noix de Cocos cuite au four auec vn peu de miel. Le vin de Palmites & le suc du Cocos est leur boisson. I'enuoyay vn de ceux de ma compagnie, & auec luy mon Chappellain vers le Sultan. Il fait sa residence plus auant dans le païs à trois lieuës de Fambone, où ils le rencontrerent. Il les receut auec grande ciuilité, & les retint à sa table, qui fut seruie presque de la mesme maniere que celle du Charpentier. Ils le nomment Sultan Amar-adel, il se dit parent de Mahomet. Ses habits ne differoient gueres de ceux du Gouuerneur, excepté que l'estoffe en estoit plus fine ; mais sa maniere & ses façons de faire n'estoient pas accompagnées de tant de bien-seance & de grauité. Il nous fut fort facile de l'enyurer de nostre vin. L'autre Sultan son frere vint auec trois esclaues pour traiter au lieu où estoit nostre vaisseau, ie le vis à loisir : Il auoit apporté vn certificat du Capitaine Sayers, comme il auoit bien traitté les Anglois dans l'estenduë de son ressort. Il est Xerif & Sultan tout ensemble. Il vint à nous auec assez de grauité, & s'offrit de traitter pour du vif argent. Nous luy demandâmes la quantité qu'il en auoit. Il fit response qu'il en auoit pour quatre ou cinq pieces de huict ; & en fin ce Sultan & Xerif en vint iusques à nous demander vne paire de souliers.

Ce peuple est Mahumetan, obseruant exactement les anciennes Loix de leur Prophete ; & parce que les iours de leur Randam ou Quaresme approchoit, ils faisoient vn grand crime de boire du vin. Ils ne laissent point voir leurs femmes ny leurs Mosquées : ce qui nous parut assez à l'allarme qu'en prit vn de leurs Prêtres. Comme il eut apperceu vn de nos gens qui s'approchoit d'vn vilage, il fit aussi-tost renfermer toutes les femmes, & cria que si nous approchions de la Mosquée ils feroient tirer sur nous. Le Xerif appaisa l'emportement du Prestre, & nous permit ce que l'autre nous deffendoit auec tant de bruit. Il y en a beaucoup parmy eux qui sçauent parler & escrire l'Arabe, quelques-vns aussi ont appris le Portugais à Mosambique, où ils trafiquent auec leurs Ionckes ou Barques de trente ou quarante tonneaux.

Nostre flotte prit là des rafraichissemens ; & y fit prouision de bestail choisissant les bestes les plus jeunes; dõt la chair est excellente. Nos gens y trouuerent aussi des moutons d'Arabie, des poules, des noix de cocos, des oranges & des citrons en grande abondance. Les habitans leur donnoient ces rafraichissemens en eschange de toiles, d'épées, de pieces de huict, & leurs fruicts, pour des coûteaux, pour des grains de verre, & semblables merceries.

Faures des Cartes marines.

Vn Vaisseau Marchand de Madagascar chargé d'Esclaues, se trouua à l'Anchre en ce mesme endroit. Le Pilote parloit Portugais, & me dit que du costé de l'Isle de S. Laurens, il y auoit quantité d'Ambre gris & de noix de Cocos. Il auoit vne connoissance particuliere de ces costes ; il me fit voir vne Carte marine en parchemin fort bien grauée ; quand il eut vû la mienne, il y trouua à redire en plusieurs choses, que ie corrigeay sur son rapport, & particulierement la distance qu'il y a de Soccatora à la coste de la terre ferme, & certaines autres Isles que ma Carte mettoit au Zud de Molalia, m'asseurant qu'elles ne s'y trouuoient point. Il me disoit que son Pays estoit situé depuis le 5. degré 50. minutes, jusqu'au 4. degré: Que le Port du Pays est sous 2. degrez 10. min. de latit. Sept. & est gouuerné par vn Roy. Il m'asseura qu'il y auoit dans ce Port assez d'yuoire, de tinta-roxa, & d'ambre gris, pour la charge d'vn Nauire. Ie ne sçay ce qui l'empescha de me reuenir voir, & de m'apporter, comme il m'auoit promis, vn échantillon de cette tinta-roxa, ou ancre rouge, auec vn dessein de l'entrée de ce Port ; car j'allois tâché à l'obliger de reuenir par de grandes promesses. Que les Ports qui sont le long de cette coste au Zud de Magadoxa jusqu'à Mosambique, sont tenus par des Seigneurs particuliers, Mahometans de Religion. Ce Pilote me vouloit faire croire que nous y pourrions trouuer de l'or en sable mélé de terre, & de l'argent, dont les Habitans ne faisoient aucune estime. Que les toicts des maisons de Magadoxa estoient dorez. Pour ce qui est des Places qui sont plus auant dans le Pays, il me fit bien voir qu'il n'en auoit pas beaucoup de connoissance; il m'en nomma seulement quelques-vnes qui estoient entre Magadoxa & les terres du Prestre Iean, comme Odela, Mahesa, Rohamy, & Gala; que Odela & Gala sont habitées par des Caffres ou Infideles. Ie ne sçay s'il entend par là les Payens ou les Chrestiens, puis qu'ils comprennent aussi bien les Payens que les Chrestiens & Abyssins sous ce nom. Au regard du Preste Iean, il ne m'en sçeut dire autre chose, sinon que c'estoit vn grand Prince & vn Caphar. Mais pour ce qui est des contrées de Magadoxa jusqu'à Cambaya, il en estoit fort bien informé. Son frere qui estoit venu en sa compagnie, s'estoit trouué au combat des Portugais contre vn de nos Vaisseaux nommé l'Esperance. Il disoit que les Portugais y auoient esté battus, & que trois de leurs Vaisseaux ayans esté brûlez, les autres auoient pris la fuite. Il nous asseura que le Roy de Dabul, animé par cét auantage, auoit armé puissamment, & qu'il auoit pris sur les Portugais les Ports de Chaul, de Damon, & autres Places maritimes. Que pour lors il marchoit du costé de Goa, qui manquoit de viures. I'esperois bien en apprendre dauantage de luy, mais on l'empécha sous main d'auoir auec moi vne plus longue communication. Le temps que l'on mettroit à reconnoistre ce Pays-là, ne seroit peut-estre pas mal employé; mais ie doute de la disposition des Peuples qui l'habitent, à l'égard de ceux de nostre Nation. Magadoxa.

Le 22. d'Aoust, les vents furent si grands sous les costes de Abad-elcora, & le fonds où nous estions estoit si plein de roches, que ie dois auertir ceux de nostre Nation, que lors qu'ils se trouueront sous cette coste, ils se gardent bien de moüiller les Anchres en cét endroit; car ils les perdroient de nuit, & décendroient si bas qu'ils ne pourroient plus regagner l'Isle: mais si le mauuais temps les obligeoit de jetter l'Anchre, ils doiuent choisir vn lieu qui soit à couuert des vents qui viennent des montagnes. Nous y moüillâmes l'Anchre au second quartier de la Lune; elle se leuoit alors sur l'horison, à heures, & se couchoit à minuit. Ces grands vents soufflent aussi long-temps qu'elle est sous l'horison, & cessent aussi-tost qu'elle commence à paroistre dessus; tellement qu'il faut auoüer que la Lune est la maistresse du temps en ce Pays-là, & qu'il faut obseruer soigneusement son cours & tous ses changemens. Les vents dépendent de la Lune.

Le 23. nous mîmes à la voile, & fûmes moüiller l'Anchre à la rade de Tamara, à 10. brasses d'eau, nous estions à vne lieuë de la Ville; en sorte que la pointe la plus basse, & l'éminence des montagnes qui sont vers l'Est, se trouuoit sur vne mesme ligne auec nostre Vaisseau. Le Sultan qui y fait sa residence, nous fit entendre que les vents qui viennent des montagnes estoient si furieux, que nous aurions de la peine à y demeurer, & que nous ferions mieux d'aller jusqu'à Bayadelicia, deux lieuës plus vers l'Est, où il nous viendroit trouuer. Le Port en est fort commode, & merite le nom d'agreable, à cause des collines dont il est entouré, & qui le mettent à couuert des grands vents: la latitude de ce lieu est de 13. degrez 5. minutes, & la variation 18. degrez 2. minutes. Le fond est de sable blanc, mais plein de roches: c'est pourquoy il faut bien prendre garde aux cables: car si elles les touchent, elles les coupent.

Soccotora est vne autre Isle à l'emboucheure de la Mer-rouge; c'est la Dioscuria ou Dioscorida des anciens. Elle est sous la hauteur de 12. degrez 55. minutes. Vn Sultan appellé Abar-ben-seid y commande, il est fils de Seid-ben-seid, Roy de Fartaque dans l'Arabie heureuse, & luy doit succeder, Soccotora estant com- Soccotora.

me l'appanage des aînez de ces Roys. Le Royaume de Fartaque a son estenduë & sa situation, depuis le 15. degré jusqu'au 18. le long de la coste d'Arabie ; & du costé du Nord, il s'estend vers les montagnes. Il est en paix auec le Grand Seigneur, à qui toute l'Arabie paye tribut, excepté ce Pays-cy, qui n'est obligé à autre chose qu'à luy enuoyer cinq mille hommes quand il les demande, à condition toutefois du costé du Grand Seigneur, de les payer & de les entretenir.

Amar-ben-seid nous dit aussi qu'il y auoit vn autre Seigneur particulier proche de Dozar, qui est sous la protection de la Porte. Ce Sultan de Soccotora fit dresser ses tantes à Baia-delicia, & vint trouuer nostre General, auec vne suite de 300. personnes ; il le receut bien, c'est vn Prince fort sage, comme il nous parut au discours qu'il nous fit, & à sa maniere de gouuerner. Il vit & s'habille comme les Arabes, & est Mahometan de Religion.

Tamara.

La ville de Tamara, où ce Sultan fait sa residence, est assez bien bastie. Les maisons sont crépies de chaux ; tellement qu'en les voyant du Port auec les terrasses de leurs toicts, elles font vne perspectiue assez agreable : mais les dedans ne répondent pas à cette apparence exterieure. Le Sieur Boughton emprunta vn cheual de l'Escurie du Roy, & eust permission d'aller faire le tour de son Palais. Le Roy enuoya vn Sheck pour l'accompagner ; mais Boughton fut bien surpris de trouuer ce bastiment si different de ce qu'il auoit crû. Il n'estoit pas neantmoins si mauuais, qu'vn petit Gentil-hôme d'Angleterre ne s'en pût bien passer. Il entra dans la Mosquée, & il y trouua vn Xerif occuppé aux Ceremonies de sa Religion. Côme Boughton eût tiré sa monstre de sa poche pour voir quelle heure il estoit, le Xerif s'en vint promptement à luy ; & considerant cette monstre, il n'en pouuoit assez admirer la beauté. On luy seruit pour son dîner trois Poulets & vn peu de Rys, & pour boisson du Cahüé : le Roy luy fit des excuses sur le traitement qu'on luy auoit fait, & luy dit que cette Place ne meritoit pas la curiosité qu'il auoit euë de la voir. Nous vîmes de loin vn Château basti en quarré sur vne môtagne à vne lieuë de Tamara, où l'on ne voulut point nous permettre d'étrer.

Maison du Sultan de Soccotora.

Habitans de Soccotora.

Il y a quatre Nations differentes dans ce Pays. Les Arabes qui n'en sont pas originaires, mais qui y sont passez auec les ancestres du Sultan qui y regne aujourd'huy, lors qu'ils en firent la conqueste : ceux-là luy baisent la main quand ils se presentent deuant luy. La seconde sorte, c'est vn Peuple traité en Esclaue, qui luy baise les pieds, & trauaille continuellement à son seruice & à preparer son Aloë. Les Bedvvyns qui sont la troisiéme sorte, sont plus anciens dans le Pays que ceux que nous venons de dire. Le Roy de Soccotoa a eu de longues guerres auec ces Bedvvyns. Ils viuent dans les montagnes où ils sont en grand nombre, & l'on les laisse maintenant en paix, à condition qu'ils ne remuëront plus, & qu'ils éleueront & feront instruire leurs enfans dans la Religion de Mahomet : ce que neantmoins ils ne font point, & n'ont aucun commerce auec les Arabes. Ie tiens que ces gens-cy sont les anciens Chrestiens Iacobites ; & ce qui arriua à Boughton me confirme dans cette croyance. Comme il alloit à Tamara, il apperceut vne de leurs anciennes Eglises ; la porte en estoit mal fermée, & Boughton auoit grande curiosité d'y entrer. Ce Sheck qui l'accompagnoit, luy dit qu'il y reuenoit des esprits. Cela augmenta la curiosité qu'il auoit d'y entrer, côme il fit. Il y trouua vn Autel & des Images, & sur l'Autel vne Croix qu'il emporta. Le Sheck luy dit que c'estoit vn Peuple d'vne autre Religion ; & de la maniere qu'il en parloit, il faisoit bien voir qu'il ne prenoit pas plaisir qu'on luy en fit tant de questions. Ie m'imagine que ce Sheck sçauoit bien qu'ils estoient Chrestiens, & qu'il apprehendoit par cette raison que nous ne prissions le soin de les tirer de l'oppression des Arabes.

Bedvvins.

Chrestiens Iacobites.

Vn Geographe Persan dit qu'il y a des Chrétiens dans cette Isle, mais il adjoûte qu'Alexandre les y auoit trásportez.

La quatriéme sorte de ces Insulaires est vn Peuple grossier, miserable, qui n'a point de demeure arrestée, qui couche le plus souuent dans les bois, tout nuds, défigurez, portant de longs cheueux, qui viuent de racines, qui n'ont point de communication auec les autres à qui la moindre chose fait peur, & qui meine vne vie peu differente de celle des bestes brutes. Ie tiens que ces Sauuages sont les Habitans originaires de cette Isle. La terre en est fort sterile & pleine de montagnes. On y trouue des Bœufs, des Cabrits, & des Moutons, mais en petit nombre. Pour fruits, ils ont des Dattes & des Oranges; il y a aussi vn peu de Rys & de l'Aloë pour toute marchandise. Le Roy auoit du sang de Dragon, de l'Indigo de Lahor, & de la Ciuette; mais il estimoit ces drogues bien cherement, se reseruant à luy seul ce Commerce, & le deffendant au reste de ses Sujets. Il a vne petite Galiotte ou Ionck, auec quelques Rameurs de Suratte qui le seruent à l'année. Ce Prince a connoissance du Preste-Ian, il nous dit que c'est le plus grand & le plus puissant Prince du monde, le mettant au dessus du Grand Seigneur, & du Sophy de Perse. Ils ont en grande veneration les tombeaux où leurs morts sont enterrez. Il y a beaucoup de ces tombeaux dans le Pays; mais leur plus grande deuotion est pour celuy de Serdy Hachim qui est enterré à Tamara. Il fut tué il y a prés de 100. ans par les Portugais. Il leur a apparu depuis, & les auertit, à ce que disent ceux du Pays, de tous les accidens qui leur arriuent. Ils attribuënt au mouuement qu'il fait lors qu'il marche, la force des vents, & luy rendent tout le culte dont ils se peuuent auiser. Ce que j'en ay mis icy, ie l'ay appris des autres qui mirent pied à terre. Pour moy, ie croy que nos Flottes feront mieux desormais de passer de Molalia, droit au Cap de Guarda-fuy, s'y rafraîchir, y attendre le Mousson, & tirer en suite vers Suratte, sans s'arrester à Soccotora. Si quelqu'vn me replique qu'elles manqueroient de rafraichissemens, ie répondray que les viures que l'on prend à Soccotora, sont fort mal conditionnez, & coustent aussi cher, prix pour prix, qu'en Angleterre, outre qu'il faut aller querir l'eau bien loin, & auec beaucoup de danger; en sorte que nos Vaisseaux y ont perdu souuent de leurs gens. Au Cap de Guarda-fuy, au contraire, toutes choses s'y trouuent en abondance & à bon marché. La rade y est fort seure, & quoy que nous n'ayons pas traité auec ces Peuples, toutesfois il y a toute sorte d'apparence qu'il seroit aisé de le faire.

Serdy Hachim.

§. II.

Son voïage du Port de Suratte à la Cour du Mogol. Sa reception, & les manieres de cette Cour.

LE 26. Septembre, ie mis pied à terre auec le General & les principaux Marchands de nostre Flotte. Le Capitaine Harris fut commandé pour me faire escorte, auec 100. Mousquetaires. L'équipage des Vaisseaux parut en bon ordre quand ie passay, & ils me salüerent de toute leur Artillerie.

Le 15. Nouembre j'arriuay à Brampour. Cette place, selon ma conjecture, est à l'E. de Suratte, & en est éloignée de 223. miles. Le Pays est pauure, & peu habité. Ses Villes & ses Villages sont basties de terre; si bien qu'on n'y trouue pas vne maison raisonnable. Le mesme iour j'arriuay à Baterpore, qui est vn village éloigné de deux miles de Brampour. C'est l'Arsenal du Mogol, j'y vis des pieces de fonte de diuers calibres, mais generalement trop courtes & trop pauures de métail. Kutevval vint au deuant de moy, accompagné d'vne grande suite, & precedé de 16. Drappeaux que l'on portoit à la teste de sa trouppe. Il me conduisit jusques à Serralia, où l'on auoit marqué mon logement. Il me quitta à l'entrée de la place; ie n'y trouuay point d'autre logement que quatre petites chambres, ou plustost quatre fours, car elles en auoient la figure, à cause de leurs voûtes basses qui touchoient quasi au plancher, comme celles des fours de nos quartiers. Cette demeure me sembla estrange; mais j'eus recours à mes tentes que ie fis dresser,

Purchas marque icy qu'il a osté de cette Relation, ce qui se passa à Suratte.

Kutevval signifie le Magistrat de la Police, ou Lieutenant Ciuil.

l'enuoyay dire à Kutevval que ie voulois partir à l'instant; & me plaignis de la maniere dont on me traitoit. Il me pria d'auoir patience iusqu'au lendemain matin. Sultan Peruies, le second fils du Roy, reside en cette Place, comme Lieutenant de son pere, auec Chan-Canna, le plus puissant des Sujets du Mogol. Il est General de ses Armées, & a tousiours auprés de luy 4000. Cheuaux. Le Prince à bien le titre & le train d'vn General, mais Chan-Canna en a toute l'authorité.

Sultan Parues.

Le 18. j'allay voir le Prince, & luy portay vn present. Ie le fis pour plusieurs raisons: car j'estois bien aise de voir les manieres de cette Cour, & ie croyois qu'il importoit de m'asseurer de sa faueur, pour le dessein que j'auois d'y establir vne Factorie. I'auois trouué par experience, que nos lames d'épées se vendroient fort bien dans son Armée. Kutevval me mena à l'Audiance, ie trouuay cent Caualiers qui attendoient le Prince pour luy faire la reuerence, & qui faisoient haye des deux costez de l'entrée de son Palais. Le Prince estoit dans la seconde Cour, sous vn Daix, & vn tapis deuant luy, dans vn équipage de grand Seigneur, mais d'vn grand Seigneur Barbare. Comme ie m'auançois vers luy à trauers du peuple qui faisoit haye des deux costez, l'vn de ses Officiers vint au deuant de moy, & me dit qu'il falloit que ie baissasse la teste jusques à terre. Ie luy répondis que ma condition me dispensoit de cette maniere seruile, de saluer son Maistre. Ainsi ie m'auançay jusques à la ballustrade, & au pied d'vne estrade de trois degrez. Ie m'arrestay là pour luy faire la reuerēce. Il me fit vne inclination de corps. I'entray en suite dās la ballustrade, où ie trouuay tous les principaux Seigneurs de la Ville, dans vne posture & dans vne soûmission d'esclaues. Le Daix qui couuroit cette place estoit fort riche, & le bas estoit couuert de beaux tapis. Quand ie fus entré, ie ne sçauois où ie deuois prendre place: mais dans ce doute, ie me presentay droit deuant luy: Son Secretaire estoit sur les degrez d'vne seconde estrade, sur laquelle ce Prince estoit assis comme vn Roy de theâtre. Ie luy exposay que le Roy d'Angleterre m'ayant enuoyé pour Ambassadeur auprés du grand Mogol son pere: & passant par vn lieu où il estoit, j'auois crû estre obligé de luy faire la reuerence. Il me répondit que j'estois le tres-bien venu, & me fit plusieurs questions sur le sujet du Roy mon Maistre; ausquelles ie répondis selon que ie jugeay à propos. Mais me trouuant de cette maniere placé au bas, ie luy demanday permission de monter les degrez, & de le pouuoir entretenir de plus prés. Il me répondit, que si le Roy de Perse & le grand Turc estoient là, ils n'y seroient pas admis. Ie repliquai, que ie meritois en cela quelque excuse, puis que ie ne doutois point qu'en semblables rencontres il n'eust esté au deuant d'eux jusques à la porte, & qu'enfin ie ne pretendois point d'autres traitemens que ceux qu'il fait aux Ambassadeurs des Princes qu'il m'auoit nommés, puis que ie ne deuois leur ceder en quoy que ce fût. Il m'asseura que j'estois traité comme eux, & que ie le serois en toute sorte de rencontre. Ie demanday en suite vne chaise. On me répondit, que iamais personne ne s'estoit assis en ce lieu; & l'on m'offrit comme par vne grace particuliere, la liberté de m'appuyer contre vne colomne couuerte de placques d'argent, qui soûtenoit son Daix. Ie luy demanday la permission d'établir vn magazin dans sa Ville, & d'y tenir des facteurs. Il me l'accorda, & donna ordre sur le champ au Buxy, de dresser les Patentes pour faire receuoir mes gens, & pour y pouuoir établir leur residence. Ie le priay aussi de donner ordre qu'on fist trouuer des voitures pour les presens que j'allois porter à son pere. Il en donna la charge à Kutvval, receut de bonne maniere les presens que ie luy fis; & apres quelques questions, me dit que pour me satisfaire, il me receuroit en vn autre lieu, où ie pourrois estre plus proche de luy; ce qu'il ne me pouuoit pas accorder alors. Entre mes presens, il y auoit vne caisse pleine de bouteilles de vin; & j'appris apres auoir attendu quelque-temps, qu'il ne me pouuoit tenir sa parole; parce qu'il s'estoit enyuré de mon vin. En effet, vn de ses Officiers me vint faire excuse de sa part, & me prier de remettre

ma

ma visite à vne autre fois. La nuit de ce jour-là, la fiéure me reprit.

Le 6. Decembre, nous passâmes la nuit dans vn bois qui n'estoit pas fort éloigné du fameux Chasteau de Mandoa. Il est situé sur vne montagne escarpée, & toute close de murailles, qui ont bien sept lieuës de circuit. Ce Chasteau est beau, & d'vne grandeur estonnante.

Le 22. Edoüard Terry vint au deuant de moy accompagné de Thomas Coriat, qui auoit fait le voïage d'Angleterre aux Indes, toûjours à pied. A cinq cosses de là, nous trouuâmes sur vne montagne la ville de Chitor, dont la grandeur paroist encore dans les ruïnes dans lesquelles elle a esté enseuelie. On y void les restes de quantité de Temples bastis superbement de pierre de taille, plusieurs belles tours, quantité de colomnes, vn grand nombre de maisons, dont il n'y en a pas vne d'habitée. Il n'y a qu'vn endroit par où l'on y puisse monter, encore est-ce par vn precipice. On passe en montant quatre portes, auant qu'on arriue à celle de la Ville, qui est magnifique. Le sommet de la montagne à huit cosses de circuit; & du costé du Zudoüest, il y a vn vieux Chasteau qui est assez bon; ie logeay dans vn petit Village qui est au pied de la montagne. Cette Ville est dans les Estats du Prince Ranna, qui est nouuellement soûmis au Mogol; ou plustost qui a reçeu de l'argent pour se dire son tributaire. Eckbarsha pere du Mogol d'aujourd'huy, a fait cette conqueste. Ville de Chitor.

Ranna vient en ligne directe de Porus ce fameux Indien, qui fut vaincu par Alexandre. Pour moy, ie crois que la Ville de Chitor a esté autrefois la residence de Porus, quoy que Delly, qui est bien plus auancée vers le Nord, ait esté la Capitale de ses Estats. Delly n'est maintenant fameuse que par ses ruïnes. Proche de la Ville, il y a vne colône qui fut mise par Alexandre, auec vne longue inscription. Le Mogol d'aujourd'huy & ses ancestres, qui descendent de Temurlam ont ruïné toutes les Villes anciennes, & ont deffendu de les rebastir. Ie ne sçay par quelle raison, si ce n'est qu'ils ayent voulu abolir la memoire de tout ce qu'il y a eu de plus grand & de plus ancien que la puissance de leur Maison. Ranna Prince de la race de Porus.

Le 23. j'arriuay à Asmere, à 209. cosses de Brampour, qui font 418. miles d'Angleterre. Les cosses sont plus longues en ces quartiers-là que vers la coste.

Le 10. Ianuier, j'arriuay à la Cour à 4. heures apres midy. Ie fus au Durbal, qui est le lieu où le Mogol donne Audience aux Estrangers & à ses Sujets. Il y donne aussi les ordres pour le gouuernement de ses Estats. Deuant que de vous décrire ma reception, ie diray quelque chose des façons de faire de cette Cour. Il n'y a que les Eunuques qui entrent dans les Apartemens du Roy. Ses femmes y font la garde armées de toutes sortes d'armes. Tous les matins le Mogol se presente à vne fenestre tournée vers l'Orient, appellée le Iarneo. Elle a veuë sur vne grande place qui est deuant la porte de son Palais, où tout le peuple se rend pour le voir. Sur le midy il y retourne, & y demeure quelque-temps pour voir les combats des Elephans & des bestes sauuages. Les personnes de condition de sa Cour sont au dessous de luy sur vn échaffaut. Au sortir du Iarneo, il se retire dans les appartemens des femmes. Apres midy il y retourne, & sur les huict heures. Apres soupper il descend au Gouzelcan, qui est vne grande Cour, au milieu de laquelle il y a vn trône éleué de pierre de taille, sur lequel il s'assied, ou bien sur vne chaise qui est à costé du throsne. Il n'y a que des personnes de grande qualité qui y soient admises, mêmes entre celles-là il n'y en a pas vne qui y ose entrer sans y estre appellée. On n'y parle point d'affaires d'Estat, & elles se traitent toutes au Durbal, ou au Iarneo, comme nous auons dit. Les resolutions les plus importantes, se prennent en public, & s'enregistrent de mesme. On peut voir ce Registre pour vn teston, si on en a la curiosité. Ainsi le menu peuple sçait autant des affaires du Prince que ceux de son Conseil, & chacun se dõne la liberté de les examiner & cẽsurer selon son sentimẽt. Tous les iours se passent de la mesme ma- Cour du Mogol.

niere. Le Prince ne mãque point à se trouuer en ces lieux, s'il n'est yvre ou s'il n'est malade. Encore dans ces rencõtres, faut-il qu'il le fasse sçauoir. Ses Sujets sõt bien ses esclaues ; mais de son costé, il est obligé enuers eux, de s'assujettir à ces heures, & d'obseruer ces coustumes si precisément, que s'il auoit manqué vn iour à se faire voir, sans rendre raison de ce changement, le peuple se soûleueroit, & il n'y a rien qui le puisse excuser s'il y manque deux fois de suite. Quand la necessité l'y oblige, il faut qu'il fasse ouurir ses portes, & qu'il se montre à quelques-vns d'entr'eux pour satisfaire les autres. Le Ieudy, il rend ses Iugemens au Iarneo. Il entend patiemment les plaintes des moindres de ses Sujets, & prend quelquesfois trop de plaisir à voir les supplices des criminels, qui sont executez par ses Elephans. Mais pour en reuenir à ma premiere audiance, ie fus conduit au Durbal. A l'entrée de la premiere ballustrade, deux de ses principaux esclaues vinrent au deuant de moy pour me conduire à l'audience. J'auois demandé la permission de luy rendre mes respects & mes soûmissions, à la maniere de mon Pays. On me l'auoit accordé. En entrant dans la premiere ballustrade, ie fis vne reuerence ; dans la seconde, vne autre ; & vne troisiéme, quand ie me trouuay au dessous du lieu où estoit le Roy. Ce Durbal est vne grande Cour, où toutes sortes de gens se rendẽt. Le Roy est assis en vne petite gallerie ou loge, éleuée au dessus du rez de chaussée de la Cour. Les Ambassadeurs, les premiers de son Estat, & les estrãgers de cõdition, sont admis dans l'enceinte d'vne ballustrade qui est au dessous du lieu où il est. Le plan de cette ballustrade est éleué vn peu plus haut que le reste de la Cour ; & tout l'espace qu'elle enferme, est couuert par le haut de grandes pieces de velours, & le plancher de beaux tapis. Les personnes de cõdition mediocre sont dans la seconde ballustrade. Le peuple n'y entre point, & est dans vne Cour plus basse ; mais disposée en sorte, qu'ils peuuent tous voir le Roy. Cette maniere de seance a beaucoup de ressemblance à vn theâtre. Les principaux de son Estat y sont placez comme les Acteurs d'vne Comedie sur vne Scene, & le peuple plus bas comme dans le parterre. Le Roy preuint mon Interprete qui estoit fort grossier, & me dit ; Tu sois le bien-venu, traitant dans la suite du discours le Roy d'Angleterre de frere. Ie luy presentay les Lettres du Roy mon Maistre, traduites en la langue que l'on parle dans les Estats du Mogol ; ma Commission qu'il examina curieusement, & enfin, les presens qui furent fort bien reçeus. Il me fit quelques questions ; & me témoignant estre en peine de ma santé, il m'offrit son Medecin, & me conseilla de garder la maison jusques à ce que j'eusse repris mes forces. Que si dãs ce temps-là j'auois besoin de quelque chose, ie pouuois librement le luy faire sçauoir, auec asseurance qu'elle me seroit accordée. Il me licentia auec plus de demonstrations de faueur, qu'il n'en ait iamais fait aux Ambassadeurs du Turc, du Persan, ny de quelqu'autre Prince que ce soit. Au moins, les Chrestiens qui estoient là presens, en faisoient ce jugement. Le 14. j'enuoyay vers le Prince Sultan Coronne son troisiéme fils, selon le rang de la naissance, mais le premier dans la faueur du pere. Ie luy fis sçauoir que ie souhaitois de luy rendre visite, ne doutant point qu'il ne me dût receuoir selon ma qualité. Ie crûs estre obligé de faire demander l'Audience en ces termes, car j'auois esté aduerty qu'il estoit ennemy de tous les Chrestiens. Il me répondit que ie serois le bien-venu, & que ie receurois de luy les mesmes satisfactions que j'auois reçeuës de son pere. Il est Seigneur de Suratte, nostre principale residence ; & pour cette raison, il importoit beaucoup d'auoir sa bien-veillance & son appuy.

Audiance de Rhoë.

Le 22. ie luy rendis ma visite sur le midy, qui est le temps auquel il donne Audiance, & se fait voir aux gens de sa Cour. Il est fier de son naturel, & j'apprehendois pour le traitement qu'il me deuoit faire. Ie ne sçay quelle rencontre l'empescha de venir ce jour-là au Durbal ; mais si-tost qu'il sçeut mon arriuée, il enuoya vn de ses principaux Officiers au deuant de moy. Cét Officier me conduisit dans vn lieu où personne auant moy n'auoit esté admis, & m'entretint sur le sujet de mes affaires durant vne demie-heure, en attendant que le Prince fust visible. Il suruint comme nous parlions, il me traita encore mieux qu'il ne m'auoit promis. Ie luy fis vn present, que j'accompagnay d'excuses, que le Roy mon Maître ne sçauoit pas qu'il fust Seigneur de Suratte, mais que ie ne doutois point que sa Majesté ne luy en enuoyast vn digne de luy : que pour celuy-là, ie le priois de le receuoir comme vn respect que luy rendoient les Marchands, qui se recommandoient à sa faueur & à sa protection. Il le receut en bonne part; ie luy fis en suite quelques plaintes du mauuais traitemēt que ses Officiers nous auoient fait à Suratte, & luy dis que le respect que j'auois pour luy m'auoit empesché d'en faire mes plaintes au Roy son pere. Il me promit d'en faire vne prōpte justice, & d'establir nostre seureté dans cette place, en nous accordant toutes les conditions que nous pouuions souhaiter de luy, m'asseurant qu'il ne sçauoit rien de ce qui s'estoit passé, que ce qu'il en auoit appris par le moyen d'Asaphchan qui l'en auoit informé; sur tout, qu'il ne sçauoit rien du commandement qu'on nous auoit fait de partir de la Ville : qu'il falloit que le Gouuerneur l'eust fait de son chef, & qu'il luy en répondroit. Sur cela, il me congedia, & me laissa tout plein d'esperance, qu'il r'establiroit la reputation de nos affaires; que ces mauuais traitemens nous auoient fait perdre à Suratte; & cela par le moyen d'vn Firman qu'il me promettoit.

Le 24. ie fus trouuer le Roy au Durbal; Comme il me découurit de loin, il me fit signe de la main que ie n'auois que faire de demander audiance, & que ie pouuois sans autre façon m'approcher de luy. Il me fit donner place au dessus de tous ceux qui y estoient. I'ay tousiours crû depuis, me deuoir conseruer la possession de cette place. La coustume est, que tous ceux qui ont affaire à luy, luy doiuent faire quelque present. Ceux qui ne peuuent pas en approcher, luy enuoyent leurs presens, & les luy monstrent, les éleuant au dessus de leurs testes, quand le present ne vaudroit pas plus d'vn écu. Ie luy fis donc vn petit present, qu'il considera auec beaucoup de curiosité; & apres m'auoir fait plusieurs questions sur le sujet de ce present, il me demanda; Que voulez-vous de moy? Iustice, luy répondis-je, sur l'asseurance du Firman que vostre Majesté a enuoyé en Angleterre au Roy mon Maistre. Il n'a pas seulement donné permission à ses Sujets, de faire vn si long & si dangereux voïage, & d'apporter leurs biens & leurs marchandises dans vos Estats, il m'a encore enuoyé exprés vers vostre Majesté, pour luy témoigner la joye qu'il a de l'amitié qui cōmence à s'establir si heureusement entre deux Nations si puissantes. Cependant ie trouue que les Anglois qui sont à Amadabas, reçoiuent tous les iours mille mauuais traitemens en leurs personnes & en leurs biens. Le Gouuerneur de ce lieu leur impose des charges extraordinaires, leur fait des auanies, les met dans les prisons. En chaque ville de ce Gouuernement on leur fait payer de nouuelles Doüanes des marchandises qu'ils portent à Suratte, & cela contre toute justice & contre les articles du commerce arrestez cy-deuant. Il me répondit qu'il en estoit fasché, qu'il y apporteroit remede, & donna ordre sur le champ pour deux firmans fort exprés & dressez en la maniere que ie pouuois desirer : L'vn s'adressa à Amadabas pour nous faire rendre l'argent que le Gouuerneur auoit tiré de Mre Kerridge, & pour luy faire sçauoir qu'il eut à traiter nostre Nation auec plus de douceur.

Le second portoit, que l'on ne nous demandast d'oresnauant aucune Gabelle; & que si l'on nous en auoit fait payer aucune par le passé, on eût à nous rendre ce que l'on auroit exigé de nous, & nous satisfaire. Il adiousta que si le Gouuerneur n'y apportoit promptement remede, ie luy en fisse de nouueau mes plaintes, & qu'il enuoyeroit exprés sur les lieux vers le Gouuerneur pour luy en faire rendre raison. Ie fus congedié là dessus : Le premier iour de Decembre, ie fus voir vne maison de plaisance, que Asaphchan auoit donnée au Roy. Elle est à deux miles d'Asmere entre deux roches fort hautes, qui la couurent tellement Maison de plaisance.

du Soleil, qu'à peine y trouue-on vn endroit d'où on le puisse voir. La roche taillée en quelques endroits, sert de fondemēt & de muraille ; le reste est de pierre viue auec vn petit jardin qui a cinq fontaines & deux grands estangs, dont l'vn est de 30. marches plus éleué que l'autre. Le chemin pour aller à cette maison, est fort estroit, & vne ou deux personnes tout au plus y peuuent passer de front. Ce chemin est fort roide & ferré, c'est vne solitude tres-agreable & tres-seure. On n'y trouue point d'autre compagnie que celle des Pans sauuages, des Tourterelles, & autres oyseaux & des Singes, que l'on void de tous costez sur les pointes de ces rochers.

Feste du Nou-roux.

Voyez le discours sur le voyage par en haut.

Le 2. de Mars dés le soir, on commença la Feste du Nou-roux. Ils ont coûtume de solemniser par cette Feste, le commencement de leurs années. La ceremonie s'en fait ordinairement à la premiere nouuelle Lune de l'année. Les Persans font le mesme iour vne semblable ceremonie. Nou-roux en leur langue signifie neuf iours, parce qu'anciennement cette Feste ne duroit pas dauantage; maintenant elle dure dix-huit iours. On auoit éleué vn thrône quatre pieds plus haut que la Cour du Durbal : l'espace d'entre ce trône & le lieu par lequel le Roy doit entrer, est vne estrade de 56. pieds de long, & de 43. de large, fermée de ballustrades des deux costez, & couuertes de draps d'or, de soye, & de velours, joints ensemble, & qui estoient soustenus par de grosses cannes reuestuës de mesme estoffe. Au bout de cette place, estoient les portraits du Roy d'Angleterre, de la Reyne, de Madame Elizabeth, des Comtesses de Somerset & de Salisberry, & celuy de la femme d'vn Bourgeois de Londres. Au dessous de ces portraits, estoit celuy du sieur Thomas Smith Gouuerneur de la compagnie des Indes Orientales. On auoit estēdu sur cette estrade des tapis de Perse d'vne grande largeur. Dans cette place estoient toutes les personnes de qualité de la Cour, excepté fort peu qui estoient dans vne autre petite espace, enfermé de mesme d'vne ballustrade, mais tout deuant le trône du Prince pour receuoir de plus prés ses commandemens. Dans cette petite place, on auoit mis en parade plusieurs curiositez de prix, & entr'autres vne maison d'argent. Du costé gauche, estoit le pauillon du Prince Sultan Cosronoë; les pilliers qui le soustenoiēt estoient couuerts d'argent, comme aussi ceux qui estoient proche du trône du Roy. La forme de ce thrône estoit quarrée, les quatre pilliers portoient vn Daix de drap d'or ; la frange ou crépine de ce Daix, estoit enfilée de perles fines, & d'espace en espace il y auoit des Grenades, des Poires, des Pommes, & autres fruits d'or massif. Le Prince estoit assis sur des coussins couuerts de perles & de pierres precieuses. Les premiers de sa Cour auoient dressé leurs tentes le long de la Cour du Durbal. La plus grande partie de ces tentes estoient de taffetas, les autres de damas, & quelques-vnes couuertes de drap d'or, mais en petit nombre. Ils étallent toutes leurs richesses sous ces tentes. Le Roy anciennement auoit accoûtumé d'entrer dans chaque tente, & d'y prendre ce qu'il luy plaisoit. Maintenant il reçoit en sa place, les presens & les estreines que chacun des grands luy porte. Il paroist en public, & vient au Durbal à son heure ordinaire, & s'en retourne de mesme. On luy fait là toutes sortes de presens ; & quoy qu'ils ne soient pas peut-estre si grands qu'on vous l'a rapporté autrefois, ils ne laissent pas d'estre beaucoup au dessus de tout ce qui se pratique ailleurs. Le Roy en recompense des presens qu'il a receu, auance ses Courtisans dans les charges qui sont vacantes, & augmente les appointemens qu'il leur donne.

Le 12. j'allay à l'audiance du Roy, où ie luy fis mon present qu'il attendoit, & qu'il receut auec beaucoup de satisfaction. Il commanda qu'on me fit entrer dans sa ballustrade, afin que ie peusse estre plus prest de luy. Mais comme on ne me permit pas de monter sur l'estrade où estoit son trône, ie n'en voyois qu'vne partie, à cause que la ballustrade qui le fermoit par deuant estoit haute, & couuerte de tapis. Ie ne laissay pas à la fin d'en voir la partie la plus enfoncée. On ne peut pas dire que le dedans ne fust richement paré ; mais il l'estoit de tant de diuerses pieces, & qui auoient si peu de rapport l'vne à l'autre, que ce mauuais ordre en diminuoit beaucoup l'éclat. Il sembloit qu'ils eussent pris a tâche de monstrer en ce lieu tout ce qu'ils auoient de plus riche, sans considerer si ces pieces deuoient estre mises en parade en vne semblable Feste. L'apresmidy, le fils de Ranna son nouueau vassal, se presenta deuant luy auec beaucoup de ceremonie, se mettant à genoux trois fois, & frapant la teste contre terre. Son pere l'auoit enuoyé auec vn present. On le fit entrer dans la petite ballustrade. Le Roy en le remerciant, luy pressa la teste entre ses bras. Son present estoit vne grande caisse toute d'or ; on le mena en suite vers le Prince. On fit paroistre ce jour-là quelques Elephans, & quelques courtisannes finirent la réjouyssance de cette Feste par leurs sauts & par leurs danses.

Audiance au Guzalcan.

Le 30. sur le soir, ie fus au Guzalcan, qui est le lieu le plus propre pour parler d'affaire ; ie menay auec moy l'Italien, estãt bien resolu de ne demeurer pas dauãtage dans l'incertitude où j'estois, mais d'apprendre du Roy mesme ce que ie deuois attendre, ayant esté tousiours jusques alors remis & refusé. On me fit entrer auec mon vieil Agent ou Facteur : pour mon Interprete, on ne luy permit pas d'entrer, & cela par l'addresse d'Asaphchan qui auoit peur que ie ne disse quelque chose qu'il n'auoit pas enuie d'entendre. Quand ie me presentay deuant le Roy, on me fit place vis-à-vis de luy. Il m'enuoya demander plusieurs choses sur le sujet du Roy d'Angleterre, & du present que ie luy auois fait le iour precedent. Ie répondis à quelques-vnes, mais enfin ie leur fis entendre que ie ne sçauois pas assez bien parler Portugais, pour satisfaire à sa Majesté sur ses demandes, si l'on ne faisoit entrer mon Interprete qui estoit dehors. On le fit entrer mal-gré Asaphchan, ie luy commanday de dire au Roy que ie desirois l'entretenir. Il répondit qu'il m'entendroit volontiers : le fils d'Asaphchan ne luy en laissa pas dire dauantage, & le tira par force. Cependant que ceux de sa faction s'estans mis deuant moy, m'empeschoient de me faire voir du Roy, & mon Interprete d'en approcher. Ie commanday à mon Interprete d'éleuer sa voix, & de dire au Roy, que ie luy demandois audiance. Il le fit, ie fus appellé, & ils furent obligez de me faire place. Asaphchan estoit à vn des costez de mon interprete, & moy à l'autre. Cependant que ie luy faisois entendre ce qu'il deuoit dire, Asaphchan taschoit de l'embarrasser en l'interrompant : ie luy commanday de dire qu'il y auoit deux mois que i'estois en cette Cour ; que i'auois passé l'vn de ces mois dans vne maladie fascheuse ; que l'on m'auoit fait passer l'autre en ceremonie, & que cependant on n'auoit rien executé des choses pour lesquelles le Roy mon Maistre m'auoit enuoyé ; qui estoit de conclure vne constante amitié entre les deux Nations, d'establir la seureté du commerce, & de la residence des marchands Anglois qui y viendroient trafiquer. Sa response fut que la chose m'auoit desia esté accordée. Ie repliquay qu'on me l'auoit accordée en effect, mais auec des conditions, ou onereuses, ou mal expliquées ; & que la chose estant de cette importance, il en falloit mieux expliquer tous les articles, & les faire executer par quelque autre voïe que celle des firmans, qui sont des ordres qui se donnent de iour à autre, & qui aussi sont executées selon les temps. Il me demanda quel present ie luy apporterois, ie luy respondis que nostre trafic ne faisoit encor' que de commencer ; qu'il estoit mal estabIi, mais qu'il y auoit quantité de curiositez dans nos païs que le Roy luy enuoyeroit, & que les marchands en feroient chercher de tous costez, s'il leur accordoit auec sa protection vn commerce tranquille & asseuré : Que cette protection leur estoit fort necessaire, puis qu'ils auoient esté mal traittez en plusieurs rencontres : Il me demanda de quelles sortes de curiositez i'entendois parler, si c'estoit de diamans ou de quelques autres pierres precieuses. Ie luy repliquai que ie ne croyois pas que ces sortes de curiositez qui venoiẽt d'vn païs dõt il estoit le maistre, fussẽt propres pour luy faire vn presẽt ; que ie tâcherois de trouuer pour sa Majesté les choses qui n'auoient point encore esté veuës dans ses Estats; comme d'excellentes peintures, de belles sculptures, & de belles figures de fonte ou de pierre; de belles broderies, de riches estoffes d'or & d'argent. Il dit que cela estoit bien, mais qu'il aimeroit mieux vn cheual Anglois; Ie luy respondis qu'il estoit impossible de le faire venir par mer, & que par terre le Turc ne le permettroit pas; Il me repliqua que la chose n'estoit pas impossible par mer: Ie luy exposay la difficulté qu'il y auoit à cause des tempestes & de la longueur de la Nauigation; il me dit que si l'on en mettoit six dans vn vaisseau, il s'en pourroit sauuer quelqu'vn; & que quand mesme il seroit fort maigre, on trouueroit bien le moyen de l'engraisser. Ie continuay de luy dire que ie ne croyois pas que cela peût reüssir, & que neantmoins pour satisfaire sa curiosité i'escrirois en Angleterre, & que l'on en feroit l'experience. Il me demanda ce que ie voulois de luy; ie luy dis que ie le voulois prier qu'il luy pleût m'accorder quelques conditions raisonnables, que ie croyois necessaires pour mieux establir nostre ligue, la seureté de nos persõnes, & la liberté du cõmerce de ceux de nostre Nation; que cela leur estoit tout à fait necessaire apres auoir esté si souuent mal traittez; que la chose ne pouuoit pas demeurer en cet estat; que ie n'entrerois point dans le detail de ce qui s'estoit passé, esperant que par d'autres moyens on y mettroit ordre. A ces mots Asaphchan s'auança pour pousser mon interprete, mais ie le retins, luy laissant seulement la liberté de le menacer par signes. Le Roy se mit en colere, dit qu'il vouloit sçauoir qui nous auoit fait tort, & cela auec tant de furie, que ie creus ne deuoir pas l'exciter dauantage. Ie commanday à mon interprete, en mauuais Espagnol, de dire que ie ne voulois point importuner sa Majesté pour les choses qui s'estoient passées, mais que ie m'addresserois au Prince son fils pour en tirer justice, ne doutant point qu'il ne fust fort bien intentionné enuers nous, & fort disposé à nous la faire. Le Roy n'attendit pas que mon interprete eust acheué, mais comme il nommoit son fils, il s'imagina que ie me plaignois de luy, il repeta deux fois *mio filio, mio filio*, & le fit appeller. Il vint en fin, la peur & la sumission estoient peintes sur son visage. Asaphchan trembloit aussi, & tous ceux qui estoient presens estoient fort estonnez. Le Roy traita fort mal le Prince qui s'excusoit du mieux qu'il luy estoit possible. Pour moy connoissant l'equiuoque que le Roy auoit prise, ie luy fis entendre par le moyen d'vn Prince Persan qui eust la bonté de suppléer au defaut de mon interprete, qui ne parloit pas fort bien la langue Persane, & de faire connoistre qu'il s'estoit mal expliqué, ie remis l'esprit du Roy & du Prince, en disant que ie n'auois iamais songé à accuser le Prince, mais que ie pretendois seulement auoir recours à luy pour me faire justice dans les choses qui se passeroient dans son Gouuernement. Le Roy approuua la chose, & luy commanda de l'executer. Le Prince dit pour sa satisfaction, qu'il m'auoit offert vn Firman que i'auois refusé, me pressant de dire quelle raison j'auois eu de le refuser. Ie luy respondis que ie le remerciois de cet offre, mais qu'il sçauoit bien qu'il contenoit des conditions que ie ne pouuois pas accepter; que ie presenterois vn memoire dans lequel ie mettrois toutes les demandes que i'auois à leur faire de la part de mon Maistre, afin de n'estre point obligé tous les iours à leur venir faire de nouuelles plaintes, & qu'en mesme temps ie m'engagerois de la part de mon Maistre à correspondre à ce bon traitement, & ceux de nostre Nation à les contenter dans les choses qu'ils pourroient raisonnablement attendre d'eux.

Que pour cet effect ie ferois dresser trois copies d'vn mesme Firman; que Sa Majesté en signeroit vne si elle l'auoit pour agreable, que le Prince signeroit l'autre, & moy la troisiéme au nom de mon Maistre. Le Roy me pressa de luy dire quelles estoient les conditions du Firman du Prince, ausquelles ie ne voulois point m'assujettir. Ie les dis, & l'on se mit à disputer là dessus auec chaleur; Mocrebchan prenant la parole, dit qu'il ne pouuoit abandonner l'interest des Portugais, & se mit à parler auec mépris de nostre Nation, & à soustenir que le Roy ne signeroit iamais aucun article à leur desauantage. Ie répondis que mes propositions n'alloient point contre la Nation Portugaise, mais bien à deffendre la justice de nos interests, & que ie n'aurois pas crû qu'il eust esté si fort engagé dans les leurs. Les Iesuites & ceux qui tenoient le party des Portugais, appuyerent tant sur ce discours de Mocrebchan, que ie fus obligé de m'expliquer plus amplement dans les choses qui les regardoient. Cét éclaircissement fut en substance, de leur offrir vne paix conditionnelle, & de leur témoigner que leur amitié ou leur haine nous estoient presque indifferents. Le Roy prit la parole, & dit que mes demandes estoient justes, ma réponse genereuse, & me pressa de faire mes propositions: Asaphchan qui auoit esté müet pendant tout ce discours, & qui auoit de l'impatience d'en voir la fin, prit la parole, & dit que quand mesmes nous disputerions toute la nuit, il faudroit enfin que la chose en vint à ce poinct, de mettre mes demandes par écrit, & de les presenter au Roy. Que si elles estoient trouuées raisonnables, le Roy les signeroit. Le Roy prit la parole, & dit que oüy. Ie témoignay souhaiter la mesme approbation du Prince. Il me répondit qu'il le feroit. Le Roy se leua; & comme ie continuois à parler, il se tourna vers moy, & ie luy fis dire par mon Interprete, que le iour precedent j'estois venu pour voir Sa Majesté, & les ceremonies de la Feste. Que j'auois esté placé assez proche de luy, auec beaucoup d'honneur à la verité; mais auec ce regret toutefois, de n'auoir pû bien voir toute cette magnificence. Que ie priois Sa Majesté pour cette raison, de me permettre d'estre vne autre fois auprés d'elle proche de son trône. Le Roy commanda à Asaphchan, qu'en ce rencontre on me laissast choisir la place où ie voudrois estre.

Le 14. j'enuoyay au matin chez Asaphchan, pour luy faire comprendre que le Roy s'estoit fasché sur vne équiuoque, par la mauuaise expression de mon Interprete; que mon intention n'auoit point esté de me plaindre du Prince ny de luy; que ie n'en auois eu aucune pensée. Mais que j'auois esté obligé de luy faire voir que ie ne voulois point me seruir dauantage de son entremise, pour parler au Roy de mes affaires; & que s'il continuoit son procedé à ne rien dire au Roy de ce que ie luy disois, & de ne luy en rapporter que ce qu'il luy plaisoit, ie trouuerois vn autre entremetteur. Ie faisois cét office pour les éclaircir de ce soupçon s'ils l'eussent eu encore; & ie m'estois persuadé qu'en ayant esté éclaircy, il auroit toûjours seruy a rendre le Prince plus fauorable à nos pretentions pour Suratte. Sa réponse fut, que ny luy, ny le Prince, n'auoient aucune raison de croire que j'eusse eu dessein de me plaindre d'eux; que l'équiuoque estoit toute éuidente, que pour luy il auoit tousiours aymé les Anglois, & qu'il conserueroit tousiours les mesmes sentimens pour eux.

Le 26. d'Auril, ie fus auerty que le Prince auoit fait demander au Roy au Durbal, par vn de ses Officiers, pourquoy il receuoit si bien les Anglois; que ces caresses estoient cause que les Portugais ne venoient plus à Suratte; que leur commerce apportoit au Roy beaucoup plus d'vtilité que celuy des Anglois: que ceux-cy n'y venoient que pour s'y enrichir, & n'y apportoient que des marchandises de peu de valeur? Comme des draps, des épées, & des cousteaux, au lieu que les autres y apportoient des perles, des rubis, & toutes sortes de pierreries. Le Roy répondit que cela estoit vray, mais qu'il n'y auoit point de remede. Ce discours me fit connoistre le peu d'affection que le Prince auoit pour l'Angleterre, & me seruit d'auertissement d'estre sur mes gardes, & de songer aux moyens de me conseruer la faueur du Roy en quoy consistoit nostre esperance. Ie resolus de ne point dissimuler l'auis que j'en auois, & d'éprouuer si ie ne pourrois point mettre dans l'esprit du Roy, vne meilleure opinion que celle qu'on luy vouloit faire prendre de nostre Nation.

Intrigues des Portugais pour décrier la Nation Angloise.

Le 22. de May, ie fus au Durbal, & luy fis entendre que j'auois

Il semble que la suite

du Iournal soit icy interrompuë, & que Purchas ou l'Autheur en ait osté quelque chose.

Asaphchan.

recours à luy, pour retirer des mains d'vn Italien vn jeune garçon Anglois qui s'estoit enfuy, & auoit quitté mon seruice, les Italiens le protegeant, & se seruans de l'authorité de Sa Majesté, au grand dés-honneur de nostre Nation. Le Roy donna ordre qu'on nous le remît entre les mains. Le Prince d'ailleurs qui n'attendoit que l'occasion de nous faire quelque piece, & cela à cause que ie m'estois broüillé auec son fauory, sur vn discours que nous auions eu ensemble, & que ie luy auois fait entendre que ie ne tarderois pas dauãtage d'en faire mes plaintes au Roy, persuada au Roy de faire venir deuant luy ce jeune homme. Il vint en effet au Gouzalcan; & se voyant appuyé du Prince, il eût la hardiesse de passer deuant moy, & de demander au Roy qu'il luy sauuât la vie. Le Roy touché de compassion, au lieu de me le remettre entre les mains, l'enuoya prisonnier à Suratte. Le Prince pour me brauer, le demanda au Roy pour s'en seruir; ce qui luy fut accordé, quelques raisons que ie peusse dire au contraire. Le Prince luy donna aussi-tost 150. Rupias, & la paye de deux cheuaux, me deffendant d'auoir aucun commerce auec luy.

Le 23. ce jeune hõme me vint trouuer de nuit, se jetta à mes pieds, & me demãda pardon de sa faute & de son extrauagãce, s'offrant à la reparer par toutes sortes de soûmissions. Ie luy dis que ie ne voulois point le retenir, puis qu'il estoit au seruice du Prince; & qu'auant de luy rendre aucune réponse, ie voulois qu'il me fist vne satisfaction publique. Le 24. il trouua moyen d'entrer au Gouzalcan, où il demanda pardon au Roy de sa fourbe, desauoüant tout ce qu'il auoit dit, adjoûtant qu'il l'auoit fait pour se mettre à couuert du chastiment qu'il meritoit, & suppliant le Roy de m'enuoyer querir, afin qu'en sa presence il me pût demander pardon. Le Roy l'approuuoit assez, mais le Prince en parut fort picqué.

Le 25. ie fus au Gouzalcan, le Roy me fit plusieurs protestations qu'il n'auoit iamais eu la pensée de proteger ce ieune homme, que c'estoit vn coquin, mais qu'il n'auoit pas pû moins faire que de le receuoir lors qu'il s'estoit jetté entre ses bras. On l'enuoya querir, & il me demanda pardon à genoux, & jura en presence du Roy qu'il n'auoit pas dit vn mot de verité: qu'au reste il faisoit cette declaration volontairement, & sans qu'il luy restast aucune esperance de retourner en Angleterre. Le Roy luy fit quelque reprimande, & luy dit que ny luy ny personne de bon sens ne l'auoit creu. Le Prince s'échauffa fort, & luy dit plusieurs choses pour l'obliger à persister en sa premiere deposition. Mais il y resista toûjours, & eût ordre de se retirer. Le Prince le rappella publiquement, & luy commanda auec beaucoup de bassesse, de luy rapporter les 150. Rupias qu'il luy auoit donnés, disant que cette somme luy auoit esté donnée pour s'en seruir, estant hors de mon seruice, & que puis qu'il auoit fait sa paix, il vouloit que cét argent luy fust rendu. Le compagnon luy promit qu'il l'auroit sur le champ; & pour le r'auoir, le Prince enuoya vn de ses Officiers à la maison où il estoit logé, car ie n'auois pas voulu souffrir qu'il mist le pied dans la mienne.

Le 27. ie fus obligé de faire semblant d'estre content, à cause qu'il ne me restoit point de moyens pour demander satisfaction. Ie n'auois plus de presens, & le Roy ne reçoit iamais bien aucune requeste, si elle n'est accompagnée de quelque regale, & il les demande souuent sans en faire la petite bouche. Le Prince se seruoit de cét auantage en faueur des Portugais, les pressant d'apporter des pierreries, des rubis, & des perles. Le 29. les Portugais se presenterent deuant le Roy, auec vn present & vn rubis Balay à vendre; il pesoit 13. tolles, deux de ces tolles & demy font vne once. Ils en demanderent au Roy cinq Leckesde Rupias. Le Roy en offrit vn. Asaphchan estoit aussi leur solliciteur. Ils luy firent vn present de pierreries. Ils auoient des rubis ballais, des emeraudes, & autres pierreries à vendre; ce qui les rendoit si agreables au Roy & au reste de la Cour, que nous n'osions quasi paroistre durant ce temps-là.

I'auois jugé jusques alors de ce Pays-là sur le rapport d'autruy; mais ie commen-

çay

çay alors à connoiſtre par experience la difference que l'on y fait entre les Portugais & nous. Tout le monde court apres eux ; au lieu que quand ils acheptent nos marchandiſes, ils croyent nous donner l'aumône. Outre l'auantage qu'ils ont d'eſtre voiſins du Mogol, ils peuuent encore empeſcher le trafic de la Mer-rouge. Noſtre trafic n'eſt de nulle conſideration, ſi on le compare auec le leur ; & il n'y a que l'apprehenſion de nos Vaiſſeaux qui oblige le Mogol à nous receuoir.

§. III.

Memoires de ce qui ſe paſſa aux mois de Iuin, Iuillet, & Aouſt 1616.

LE 12. iour de Iuin, la reſolution fut priſe que Sultan Coronne iroit commander les Armées qui deuoient faire la guerre dans le Pays de Decan. Tous les Bramenes furent conſultez pour le choix du iour de ſon départ, qui fut à l'ordinaire arreſté ſelon leur jugement. Le Prince Paruis eût ordre de venir en Cour. On dit qu'il écriuit à ſon pere, que s'il enuoyoit ſon frere aiſné pour commander ſes Armées, il luy obeyroit ſans aucune repugnance ; mais qu'il y iroit trop de ſon honneur ſi on luy preferoit Sultan Coronne, & qu'il ſeroit obligé d'en tirer raiſon en s'attaquant à ſa perſonne, pour aller apres mettre fin à cette guerre. Tous les principaux Officiers ſe declarerent qu'ils demanderoient leur congé, ſi on les vouloit obliger de ſeruir ſous le General Coronne ; ſi grande eſt l'auerſion que les gens de guerre ont pour luy. En effet, tout le monde le craint plus que le Roy meſme ; cela n'empeſchera pas qu'il ne commande l'Armée. Le Roy ne pouuant changer la reſolution qu'il en a priſe ; il doit partir d'icy dans trois ſemaines, & la precipitation de ce départ m'obligera à mettre fin à nos affaires, & à taſcher d'en tirer vne reſolution finale : Car lors que le Roy ſera party auec ſon fauory Sulphekcarcon, il n'y aura point de moyen de tirer vn ſol de ce qui nous eſt dû.

Le 18. vn des fils du frere du Mogol, qui s'eſtoit conuerty à la Foy Chreſtienne, à quoy le Roy l'auoit porté pour attirer ſur luy la haine de ſes Peuples, eût ordre du Roy de s'aller mettre ſur le col d'vn Lion qu'on auoit amené en ſa preſence. La peur qu'en eût ce Prince, l'empeſcha d'obeyr. Le Roy commanda la meſme choſe à ſon cadet, qui l'executa, ſans que le Lion luy fiſt aucun mal. Le Roy prit occaſion de là, d'enuoyer l'aiſné dans vn cachot ; d'où apparamment il ne ſortira iamais. Le 24. la femme du Prince Coronne accoucha d'vn fils. Il faiſoit cependant ſes preparatifs pour la campagne. Tous les Grands le ſuiuoient, & luy faiſoient la Cour, non pas par affection qu'ils euſſent pour luy ; mais partie par flatterie, partie auſſi à cauſe de l'vtilité qu'ils en pouuoient eſperer. On luy donna pour ſes appointemens la valeur de deux cens mille Iacobus ; il commença à en faire largeſſe. Mais nonobſtant l'affection que ſon pere faiſoit paroiſtre pour luy, vn des principaux Seigneurs du Pays ne laiſſa pas d'auertir le Roy que le voyage ſeroit dangereux, qu'il pouuoit auoir de faſcheuſes ſuites. Que le Prince Peruis, dont l'honneur eſtoit offenſé par ce choix, ne reuiendroit iamais ſans s'en reſſentir. Qu'ils ſe battent, dit le Roy, j'en ſuis content ; celuy qui ſe monſtrera le plus vaillant, continuëra à commander mes Armées.

Dans l'Anglois, il y a vingt Leks de Rupias. Lek ſignifie cent mille, & la Roupia vaut enuiron vn écu cinq ſols de nôtre monnoye.

Abdala-Haſſan eſt comme Lieutenant general ; il tire de grands appointemens de la Cour, & eſt le Treſorier de l'Armée. Ie le vis auant que de partir. Il me reçeut auec beaucoup d'honneſteté. Il m'entretint, & fit tirer au blanc ſes ſoldats en ma preſence. La pluſpart auec leurs fléches ou leurs mouſquets chargez d'vne

Abdala-Haſſan.

** D

seule balle, donnerent dans le blanc, qui estoit de la largeur de la main. Nous nous separâmes, apres quelques discours sur l'vsage des armes dont nous nous seruons en Europe.

Le 30. de Iuillet au matin, j'enuoyay à Sultan Coronne trois bouteilles de vin d'Espagne, & vne Lettre sur le sujet des differens que nous auions auec les Portugais pour nostre trafic, & pour obtenir la ferme des droits que nous deuions payer pour les marchandises. La coppie de cette Lettre est enregistrée. Le Prince la fit lire deux ou trois fois en public par son Secretaire, selon la coustume du Pays, qui est tout à fait Barbare. Et apres l'auoir interrompu par des questions qu'il luy fit sur cette Lettre, il promit que sur le soir il la liroit luy-mesme, qu'il la considereroit, & que son Secretaire Merze Sorcolla y feroit réponse. Ce mesme soir, ie fus au Durbal pour voir le Roy. Aussi-tost que ie fus entré, il me fit dire par Asaph-chan qu'il auoit appris que j'auois chez moy vn excellent Peintre, qu'il auroit souhaitté de pouuoir voir quelque chose de ses ouurages. Ie luy répondis que ie n'auois point de Peintre; mais bien vn jeune homme Marchand de profession, qui faisoit pour son diuertissement des figures à la plume, mais fort grossierement; & qu'il estoit fort éloigné de la perfection d'vn bon Peintre. Le Roy adjousta que ie ne deuois point apprehender, qu'il ne me vouloit point oster par force aucun de mes domestiques; qu'il ne me vouloit point faire de tort, ny souffrir que l'on m'en fist, & qu'il souhaitoit de voir cét homme & de ses ouurages, tels qu'ils peussent estre. Ie luy dis que iamais ce soubçon ne m'estoit entré dans la pensée; & que pour satisfaire à son ordre, ie menerois ce jeune homme au Gouzalcan, qu'il y porteroit ce qu'il pouuoit auoir, cõme, le dessein d'vn Elephant, d'vn Cerf, ou chose semblable, sur du papier. A cette réponse, le Roy fit vne inclination, & me dit que si j'auois la curiosité d'auoir vn Elephant, ou sa figure, ou quelqu'autre chose qui fust dans ses Estats, ie n'auois que faire de l'achepter, ny chercher d'autres moyens pour l'auoir, que le sien; qu'il me donneroit tout ce que ie pourrois souhaiter. Que ie luy pouuois parler librement, & qu'il estoit mon amy. Ie luy fis vne reuerence, & le remerciay tres-humblement, luy disant que ie ne me seruois point d'Elephant, que ce n'estoit point la coustume de ceux de mon Pays, encore moins de ceux qui estoient en ma place de rien demander. Que quand mesme Sa Majesté ne me donneroit que la valeur d'vn teston ie la receurois, & l'estimerois infiniment comme vne marque de sa bien-veillance. Il me dit qu'il ne sçauoit pas ce que ie desirois, qu'il se pouuoit faire qu'il eust dans son païs des choses qui estoient rares en Angleterre; Que ie ne deuois point faire de difficulté de dire ce que i'aurois aimé dauantage, parce qu'il me l'auroit donné tres-volontiers; qu'il aimoit ceux de nostre nation, & moy principalement; qu'il nous vouloit proteger enuers tous & contre tous; & enfin que ie le vinsse trouuer le soir auec ce ieune homme & ses peintures. Asaph-Chan prit delà occasion de me prier de venir chez luy, & de donner ordre que l'on y fit venir ce peintre; adioustant que ie pourrois ainsi attendre plus commodément l'heure à laquelle le Roy deuoit sortir; ie pris ce party. Ie n'auois point encore receu tant de faueur du Roy qu'il m'en fit ce iour-là. Toute la Cour le sçeut, & changea en vn moment de maniere d'agir enuers moy, & il se rencontra fort plaisamment que le Roy voulut que le Iesuite nostre ennemy fut l'interprete de toutes ses caresses. Ce iour-là vne damoiselle de la Princesse Normal fut surprise auec vn Eunuque dans la maison du Roy, par vn autre Eunuque qui l'aimoit aussi. Il perça d'vn coup son riual. Pour la fille elle fut enterrée iusques aux aisselles, le bras attaché à vn poteau, & condamnée à demeurer là trois iours & deux nuicts sans receuoir aucune nourriture, la teste & les bras exposez à la chaleur du Soleil; si elle ne mourroit point dans ce temps-là on luy pardonnoit sa faute. L'Eunuque fut condamné à estre mis en pieces par les Elephans. On trouua que cette damoiselle auoit en perles, en pierreries, & en argent, prés de deux millions d'or.

Supplice d'vne des filles de la Princesse Normal.

Le 22. ie receus des lettres de Brampour, en responce de celles que i'auois écrites à Mahobet Chan. Il m'auoit d'abord accordé ma priere, & vn Firman bien exprés pour le Gouuerneur de Baroch, luy commandant de receuoir auec ciuilité ceux de nostre Nation, & de leur donner vne maison proche de la sienne, auec deffenses que personne ne nous fist aucun tort, ny par mer ny par terre; qu'on n'exigeast de nous aucune imposition, & que l'on ne nous fist aucune auanie sous ce pretexte, Qu'enfin on nous laissast la liberté d'achepter, vendre & transporter toutes sortes de marchandises, sans aucun empeschement, Qu'il ne luy escriuit pas dauantage sur ce sujet, mais qu'il eût à executer ponctuellement cét ordre. Ie receus en mesme temps vne lettre de Mahobet, qui en vsa en cela plus ciuilement que n'auoient fait les autres Indiens. Cette lettre estoit pleine de ciuilitez & de marques du respect qu'il auoit pour moy, m'asseurant qu'il desiroit me contenter, & que ie n'auois qu'à luy faire connoître les choses que ie souhaitterois de luy, pource qu'il le feroit auec soin & plaisir. Les copies de ces lettres meritent d'estre veuës, à cause que la phrase & les expressions en sont extraordinaires. Par ce moyen, la ville de Baroch sera nostre azile, & vne bonne retraite pour nous mettre à couuert de l'oppression du Prince, & cette exemption des droits que payent les marchandises nous épargnera bien par an la valeur de 1500. Iacobus, sans compter les extorsions & recherches qui se font en faisant payer ces droits. Pour ce qui est de l'execution de ce qu'il nous promet, personne n'en doute icy. Tout le monde sçait qu'il ne se soucie point du Prince, qu'il ne l'apprehende point, & qu'il n'a besoin de l'assistance de personne, estant vn des plus considerés du Pays, & peut-estre le seul que le Roy aime. Du reste, il a tousiours esté si liberal & si religieux à obseruer sa parole, qu'il en est estimé de tout le monde. Le Roy ne prend aucun de ces droits. Les Gouuerneurs en font leur profit, & Mahobet disoit hautemēt qu'il y va de la reputation de son Maistre, de vendre ainsi la liberté qu'il promet à ceux qui hantent ses Ports. Le 6. d'Aoust, on m'enuoya querir pour venir au Durbal, sur le sujet d'vne peinture que j'auois depuis peu donnée au Roy, l'asseurant qu'il n'y auoit personne aux Indes qui en pût faire vne semblable. Aussi tost que ie fus arriué; Que donnerez-vous, dit-il, au Peintre qui en a fait vne coppie si semblable, que vous ne la pourrez pas discerner d'auec vostre Original. Ce Peintre, répondis-ie, aura 20. pistoles. Le Roy repliqua, il est Gentil-homme, & ce que vous luy promettez est trop peu de chose. Ie donneray ma peinture de bon cœur, dis-je alors, quoy que ie l'estime tres-rare, ne pretendant point au reste faire de gageure. Car si vostre Peintre a si bien reüssi, & qu'il ne soit pas content de la recompense que ie luy donneray, Vostre Majesté a dequoy le recompenser. Ainsi apres plusieurs traits de raillerie, sur le sujet des Arts qui se pratiquent en ce Pays-là, il se mit à me faire des questions, me demandant combien de fois ie beuuois en vn iour, combien à chaque fois, & quel estoit mon breuuage; ce que ie beuuois lors que j'estois en Angleterre; ce que c'estoit que de la bierre, comment on la fait, & si j'en pourrois faire en son Pays. Ie répondis du mieux qu'il me fut possible à toutes ces demandes importantes. Sa conclusion fut, que ie retournerois au Gouzalcan, & que là il me feroit voir les peintures. Sur le soir il m'enuoya querir, dans l'impatience de triompher de l'excellence de son Peintre. Il me monstra six peintures, entre lesquelles estoit mon Original. Elles estoient toutes sur vne table, & si semblables, que ie fus assez empesché de le discerner à la chandelle d'auec les copies; & il faut que ie confesse que ie ne croyois pas qu'elles peussent en approcher de si prés. Ie ne laissay pas de luy monstrer l'Original, & de luy faire remarquer la difference qu'vne personne vn peu intelligente dans les choses de l'Art, n'auroit pas eu peine à connoistre. Il ne laissa pas d'estre fort réjouy, de ce qu'au premier abord ie n'auois pas connu cette difference, & en fit grand bruit. Ie luy en donnay tout le plaisir, en loüant l'excellence de son Peintre. Hé bien! qu'en dites-vous, me dit-il? Ie dis que V.M. n'a pas besoin qu'on luy enuoye des Peintres d'Angleterre. Que donnerez-vous au Peintre, repris-je? Ie luy répondis, Que puis qu'il auoit surpassé de si loin mon attente, ie luy dōnerois le double de ce que j'a-

L'art de la peinture pratiqué dans les Indes.

uois promis; & que s'il venoit chez moy, ie luy dónerois cent rupias pour achepter vn bidet. Le Roy receut bien cela, mais il me dit en continuant, qu'il auroit mieux aymé quelqu'autre chose que de l'argent; & il me demanda en suite quel present luy ferez-vous: Ie luy dis que cela deuoit dépendre de ma discretion. Le Roy en demeura d'accord, mais il voulut neantmoins que ie luy disse le present que ie voulois faire. Ie luy donneray vne bonne épée, vn pistolet, & vn tableau. Enfin, me dit le Roy, vous demeurez d'accord que c'est vn bon Peintre, faites-le venir chez vous, monstrez-luy vos curiositez, & laissez-le choisir ce qu'il voudra. Il vous donnera vne de ses copies pour la faire voir en Angleterre, & faire connoistre à ceux de vostre Pays, que nous ne sommes pas si ignorans dans cét Art, qu'ils se l'imaginent. Il me pressa de choisir vne des copies; ce que ie fis: il la prit, l'enueloppa luy-mesme dans du papier, & la mit dans la boëte qui auoit seruy à mon Original, paroissant fort content de la victoire qu'il supposoit que son Peintre auoit remportée. Ie luy monstray vn portrait que j'auois de Sa Majesté; mais il estoit d'vne maniere bien au dessous de celle du Peintre qui auoit fait les copies. Ie luy dis que ç'auoit esté là la cause de mon erreur, & que par ce portrait-là qu'on m'auoit donné pour estre de la main d'vn des meilleurs Peintres du Pays, j'auois jugé de la capacité des autres. Il me demãda où ie l'auois eu; ie le luy dis. Hé, comment, repliqua-il! vous achetez de semblables choses? Ne sçauez-vous pas bien que j'ay ce qu'il y a de plus parfait en ces gẽre-là, & ne vous auois-je pas dit que ie vous donnerois tout ce que vous pourriez souhaiter de moy? Ie remerciay Sa Majesté, luy disant que j'auois crû qu'il y auroit eu de l'indiscretion à luy faire de semblables demandes. Il me dit qu'il n'y auoit point de honte à luy demander, qu'il vouloit que ie luy parlasse tousiours librement, & me pressa de luy demander quelque chose. Ie luy répondis que ce n'estoit pas à moy à choisir; que tout ce qui viendroit de Sa Majesté, ie le receurois comme vne marque d'honneur. Si vous voulez mon portrait, répondit-il, ie vous en donneray vn pour vous, & vn autre pour vostre Roy. Ie luy dis que si Sa Majesté en vouloit enuoyer vn au Roy mon Maistre, ie serois fort ayse de le luy porter, & que j'estois asseuré qu'il le receuroit auec plaisir, & l'estimeroit beaucoup; mais puisque Sa Majesté me permettoit de prendre quelque hardiesse, ie prendrois celle de luy en demander vn pour moy-mesme, que ie garderois & que ie laisserois à ceux de ma maison, comme vne marque de la faueur que Sa Majesté m'auoit faite. Il repliqua, vostre Roy ne s'en soucie point. Pour vous, ie vois que vous serez bien-aise d'en auoir vn, c'est pourquoy vous l'aurez. Il donna ordre sur le champ qu'on m'en fit vn, & se mit à railler. Apres qu'il eut continué quelque-temps dans cette belle humeur, ie pris congé de luy.

Entretien du Roy auec l'Ambassadeur Rhoë.

Le 12. d'Aoust, j'allay rendre visite à Gemaldin Vssain, Vice-Roy de Pantan. Ce Gemaldin est vn vieillard de soixante & dix ans. Il est Seigneur de quatre Villes qui sont dans la Prouince de Bengale; mais ce qui le rend plus considerable, c'est la longue experience qu'il s'est acquise dans les affaires, ayant esté employé toute sa vie dans les plus grandes Ambassades & dans les plus importans emplois de cét Estat. Il a auec cela plus d'esprit & de politesse, que ceux de son Pays n'en ont d'ordinaire. Il m'auoit prié plusieurs fois de le venir voir. I'y fus enfin, & il me receut auec de grandes demonstrations d'amitié, jusques à m'offrir trente mille pistoles, me disãt que ie pouuois disposer du credit qu'il auoit auprés du Roy, me seruir de son conseil, & de tout ce qui pourroit dépendre de luy. Ces offres venant d'vne personne venerable comme il l'estoit pour son âge, me parurent fort sinceres. En effet, ie l'ay connu depuis pour vn homme d'honneur, & qui estoit fort genereux. Il m'entretint fort particulierement des façons de faire du Pays, & de leur esclauage; qu'ils manquoient de Loix. Il me parla de l'accroissement de cét Empire, & me dit qu'il auoit seruy trois Roys, auprés desquels il auoit esté en faueur, & me monstra vn Liure de l'histoire de son temps

Regale que Gemaldin Vssain fait à Rhoe.

qu'il auoit cōposé, marquant iour par iour toutes les choses qui estoiēt venuës à sa connoissance. Il m'offrit de m'en dōner vne copie, si ie la voulois faire traduire. Il me parla des reuenus du Mogol, qui cōsistēt en cōfiscations, en presēs, qu'il exige, & en taxes qu'on leue sur les personnes riches. Il me disoit que le Gouuerneur de chaque Prouince payoit tous les ans au Roy vne somme, comme s'il en estoit le Fermier : qu'il donnoit au Roy pour celle de Pantam dont il estoit Gouuerneur, vn Lek de roupias. Auec cela, les Gouuerneurs ont vne authorité absoluë de leuer sur les peuples de leur Gouuernement tout ce qui leur plaist, & qu'il tiroit bien de profit de sa Prouince, l'entretien de 4000. Cheuaux, c'est à dire 200000. roupias. Outre ce reuenu, il tiroit du Roy la paye de 5000. Cheuaux ; qu'il en auoit 1500. sur pied, & profitoit du reste, comme d'autant de morte-payes. Qu'il auoit encore vne pension d'vn millier de roupias par iour, & les profits de quelques autres petits Gouuernemens. Et comme il vid que j'estois estonné de la grandeur de ce reuenu, il me dit qu'il y auoit dans cette Cour plusieurs personnes vne fois aussi riches que luy, & qu'il m'en pouuoit bien nommer vne vingtaine qui auoient pour le moins autant de reuenu. Il parloit auec reuerence de la Religion Chrestienne & de Iesus-Christ, comme d'vn grand Prophete : sa conuersation estoit solide & fort agreable.

Lek signifie cent mille Roupias, vaut vn peu plus d'vn écu 5. sols.

Il y auoit desia quelques iours que cette visite s'estoit passée, & ie croyois que sa ciuilité ne deût pas aller plus auant lors qu'il m'inuita d'aller à vne maison de plaisance qu'il auoit empruntée du Roy pour m'y regaler. Cette maison estoit éloignée d'vn mille de la Ville. Il me pressa fort d'y venir ; ce que ie luy promis : & sur la minuit, il y alla luy-mesme, y faisant porter son équipage & ses tentes qu'il fit dresser le long d'vn des costez de l'estang. I'y fus le matin, & il vint au deuant de moy auec vne ciuilité extraordinaire ; il me conduisit dans l'appartement qu'il m'auoit fait preparer. Il auoit à sa suite cent personnes de condition qui luy faisoient cortege, entr'autres deux de ses fils. On me dit qu'il en auoit trente ; il m'entretint en me monstrant les lieux où le Mogol se plaisoit dauantage. Ses cabinets, où ie vis diuerses peintures, & entr'autres les portraits des Roys de France & d'autres Princes Chrestiens, & beaucoup de fort beaux meubles, me disant que pour luy il estoit vn pauure homme esclaue de son Roy, qu'il auoit souhaité de me faire bien passer le temps, & qu'il m'auoit pour cela engagé à vn mauuais repas ; afin, ce disoit-il, que nous peussions manger ensemble du pain & du sel, & seeler ainsi la promesse d'vne amitié reciproque ; que dans cette Cour il y auoit beaucoup de personnes puissantes qui m'auroient pû faire plus de complimens, mais que c'estoient des personnes superbes & grands fourbes, m'aduertissant de ne me fier à pas vn d'eux ; que si j'auois des affaires d'importance à traiter auec le Roy, soit qu'elles regardassent les Portugais ou d'autres, ceux qui me seruiroient d'interpretes n'expliqueroient iamais fidelement mes sentimens ; qu'ils parleroient plustost selon leur sens que selon le mien, ou qu'ils ne diroient que ce qu'ils croiroient deuoir estre receu plus agreablement du Mogol ; que par cette raison ie ne pourrois iamais parler de mes affaires sans y estre trompé, ny iamais sçauoir au vray en quel estat j'estois en cette Cour, jusqu'à ce que j'eusse vn homme de mon Pays qui sceust parler Persan, & qui pût expliquer mes paroles sans se seruir d'vn autre. Que le Roy m'accorderoit volontiers la permission de me seruir d'vn Anglois, & qu'il estoit fort bien disposé en ma faueur, adjoustant que la nuit precedente on luy auoit porté au Gouzalcan les pierreries du Gouuerneur de Lahor, qui estoit mort depuis peu. Que le Roy s'estoit ressouuenu de moy, & qu'ayant trouué entr'autres choses vn de ses portraits, qui luy auoit semblé bien fait, il l'auoit remis entre les mains d'Asaph-chan, luy commandant de me le porter, & me dire que ie le gardasse pour l'amour de luy, accompagnant cét ordre de plusieurs paroles obligeantes ; ce qui feroit que les principaux de la Cour me considereroient dauantage à l'auenir. Là dessus on couurit la table ; nous

Autre regale de Gemaldin, en vne maison de campagne.

estions assis sur des tapis; on estendit deuant nous vne piece de drap, qui fut aussi-tost couuerte de plusieurs plats; & au bas, il y auoit vne autre table qui fut seruie en mesme temps, pour des Gentils-hommes de sa suite, auec lesquels il alla s'asseoir; car ils font scrupule de manger auec nous. Ie luy dis à cette occasion, qu'il m'auoit promis que nous mangerions du pain & du sel ensemble, que ie n'aurois point d'appetit si ce n'estoit en sa compagnie. Il se leua, & se vint seoir auprés de moy, & nous commençâmes à disner. On seruit d'abord des raisins, des amandes, des pistaches, & autres sortes de fruits. Apresdîné il se mit à joüer aux Eschets. Ie m'allay promener durant ce temps-là; & estant retourné, ie vins prendre congé de luy; apres vn peu de conuersation, il me dit qu'il m'auoit prié de venir manger chez luy; que ce qui s'estoit passé n'estoit qu'vne collation, que ie ne m'en retournerois point que ie n'eusse soupé; ce que ie luy accorday fort aisément. Vne heure apres, vn des Ambassadeurs du Roy de Decan luy vint rendre visite; il me le presenta, & luy fit beaucoup de ciuilité, mais beaucoup moins qu'il ne m'en auoit fait. Il me demanda si le Roy mon Maistre ne trouuerroit point mauuais qu'vn aussi pauure hôme que luy, luy fist offre de son seruice, & s'il pardonneroit à vn estranger la liberté qu'il prendroit de luy enuoyer vn present; que si ie l'approuuois, il enuoyeroit vn Gentil-homme auec moy pour faire la reuerence à Sa Majesté. Ayant enuoyé querir sur le champ vn de ses Gentils-hommes, il luy demanda s'il vouloit se hazarder à faire ce voyage; & comme ce Gentil-homme parut resolu d'encourir le risque, il me le presenta, & me dit qu'il vouloit faire mettre ensemble quelques curiositez du Pays pour les enuoyer à Sa Majesté par ce Gentil-homme, qui feroit le voyage auec moy. Ce Gentil-homme me parut à sa mine homme d'esprit. Cependant que nous passions ainsi le temps, le souper vint. On étendit deux pieces de drap, comme on auoit fait le matin. On seruit diuerses salades, diuers plats de viande rostie, fricassée & boüillie, & du Rys preparé de diuerses façons. Il me pria de l'excuser, de ce que la coustume du Pays l'obligeoit à manger auec les siens, qu'ils auroient trouué mauuais s'il en vsoit autrement: & ainsi nous fismes bonne chere, luy de son costé auec les Indiens, & moy du mien auec mon Chapelain & vn Marchand, qui estoient en ma compagnie. Les viandes n'y furent pas épargnées; mais l'ordre & la maniere dont elles estoient seruies, faisoit encore plus estimer sa bonne chere. Ses gens faisant chacun leur charge, auec beaucoup de soin & de respect. Il me donna pour presẽt, cõme on fait tousiours en ce Pays-là à ceux qu'on a inuitez, cinq caisses de sucre candy preparé auec du musc; vn pain de sucre qui pesoit bien 50. liures, fort fin & aussi blanc que de la neige, me priant d'en receuoir 50. autres de la mesme façon quand ie m'en irois; & me dit, Vous faites peut-estre difficulté de le receuoir à cause que vous voyez que ie suis vn pauure homme; mais vous deuez sçauoir qu'il ne me couste rien, & qu'il se fait dans mon Gouuernement. Ie luy répondis que ie luy estois desia trop obligé; que ie ne refuserois point cette grace lors que ie serois prest à partir. Il me répondit qu'il se pourroit faire qu'il n'en auroit point en ce temps-là, & que par cette raison il me prioit de le receuoir dés cette heure, afin que cette offre ne courust point risque de demeurer sans effet. Et enfin, faisant profession d'estre mon pere & moy son fils, & quelques autres complimens, ie pris congé de luy.

Gemaldin propose à l'Ambassadeur d'enuoyer vn de ses Gentils-hommes en Angleterre.

Le seiziéme ie fus voir le Roy; aussi-tost que i'entray il appella ses femmes, & fit apporter son portrait ou medaille d'or: Cette medaille estoit attachée à vne chaîne d'or, & auoit au bas vne grosse perle en forme de pendant: Il mit le portrait entre les mains d'Asaph-Chan, l'aduertissant de ne m'obliger point à faire d'autres soûmissions en le receuant, que celles que ie luy rendrois de moy-mesme. Quand ils reçoiuent quelque faueur du Prince; la coustume veut que celuy qui la reçoit se mette à genoux, & baisse la teste iusqu'à terre: On auoit exigé cette soûmission des Ambassadeurs de Perse. Lors qu'Asaph-Chan m'a-

Le grand Mogol donne à Rhoë sa medaille.

borda, ie me presantay pour receuoir le Present : Il me fit entendre que j'ostasse mon chappeau, & mit le portrait à mon col, me conduisant deuant le Roy. Ie ne sçauois à quel dessein il le faisoit, mais i'eus quelque crainte qu'il ne voulust exiger de moy vne soûmission qu'ils appellent Sizeda. I'estois resolu de luy rendre son Present, plustost que de me mettre en cette posture. Il me fit signe de remercier le Roy, ce que ie fis à ma maniere. Quelques Officiers m'aduertirent de faire le Sizeda, mais le Roy dit en langue Persane, Non, Non, & me renuoya auec beaucoup de paroles fort ciuiles, puis ie m'en retournay en ma place. Vous pouuez par là iuger de la liberalité du Prince : Son present ne valoit pas en tout trente Iacobus ; quoy que ce present fût de peu de valeur, il estoit toutesfois plus riche que ceux de ce genre qu'il fait ordinairement, & que l'on reçoit pour vne faueur tres-grande. Car tous les grands Seigneurs qui portent la medaille du Roy, ce que pas vn d'eux n'oseroit faire s'il ne l'a receuë du Roy mesme, n'ont qu'vne medaille de la grandeur d'vn Ecu d'or, auec vne petite chaîne longue de quatre poulces pour l'attacher sur leur turban. Ils l'enrichissent apres de pierreries, ou la garnissent de pendans de perles ; mais tout cela à leurs dépens.

Le 19. Gemaldin Vssin ayant esté fait Gouuerneur de Sinda vint dîner chez moy auec deux de ses fils, & deux autres personnes, suiuis d'vne centaine de valets. Il mangea de quelques viandes qu'vn cuisinier Mahometan auoit aprestées ; mais par ie ne sçay quelle superstition, il s'abstint de toucher aux autres viandes qui estoient accommodées à nostre maniere, quoy qu'il eut grande enuie d'en manger. Il voulut que ie luy en enuoyasse chez luy quatre ou cinq plats qu'il auoit choisis ; C'estoit des pieces de four qu'ils ne sçauent point faire en ce païs-là ; disant qu'il les mangeroit en sō particulier. L'ordre en fut dōné, & à la fin du repas il nous offrit la ville de Sinda, & toutes les choses qui pouuoient dépendre de son authorité. Ie luy fis vn petit present conformément à la coustume du païs. Ce iour-là monsieur Hal, Chapelain, mourut de mort subite. C'estoit vn homme d'vne humeur fort douce, grand obseruateur des choses de sa Religion, & d'vne vie sans reproche.

Le 20. au matin il vint vn deluge de pluïe qu'ils appellent Olifan, assez ordinaire dans ce païs ; mais celuy-cy fut si grand qu'on le compta pour vne chose fort extraordinaire. Il en tomba dās l'estang vne si grande quantité qu'elle en rompit la chaussée, quoy qu'elle fut de pierre, & d'vne structure extremement forte. On eut l'alarme bien chaude, & grand sujet de craindre que l'eau n'emportast toute la partie de la ville où ie demeurois : Tellement que le Prince auec toutes ses femmes abandonna son Palais. Vn voisin que j'auois tira hors de chez luy ses meubles, les chargea sur vn Elephant & sur vn Chameau, & se tint prest pour se sauuer vers la montagne. Ils auoient tous leurs cheuaux seellez à leurs portes ; pour en faire autant ; de sorte que nous fusmes dans vne grande apprehension jusques à minuict, pource que nous nous croyons dans la necessité de nous enfuïr, & d'abandonner ainsi tout ce qui estoit chez nous de meubles & de marchandises. Ils disoient que l'eau monteroit plus haut de trois pieds que le toict de ma maison ; & comme elle n'estoit faite que de terre & de paille qu'elle l'emporteroit sans doute. Que 14. ans auparauant ils auoient fait vne triste experience de ces torrents, le fond de l'estang ayant esté niuelé auec nostre maison, il s'estoit trouué plus haut que la couuerture. Elle estoit située dans vn fond, & au milieu du courant de l'eau. La moindre pluïe faisoit ordinairement vn si grand torrent à ma porte, que ie puis dire que l'eau ne court point plus viste sous les arches du pont de Londres. Quelquesfois on n'y pouuoit passer ny à pied ny à cheual l'espace de quatre heures ; Le Roy pour y remedier, fit ouurir vne écluse pour faire passage à l'eau. Auec tout cela la pluye auoit tellement laué les murailles de ma maison, & l'auoit tellement affoiblie par diuerses bréches qu'elle auoit faites, que j'apprehendois dauantage sa cheute que le danger de l'eau ;

elle l'auoit tellement gagnée, qu'il n'y auoit point d'endroit qui peût estre à sec; cela m'obligera à faire de nouuelles reparations. Ainsi nous n'estions iamais sans quelque affliction, c'estoit tantost du feu, tantost la pluye, tantost vn torrent, & toûjours vne chaleur & vne poussiere insupportable, & auec tout cela vn air extrémement mal-sain.

Le dix-neufiéme, le Roy fut à Hauas Gemal, & de là il fut à la chasse. La resolution y fut prise de se retirer à Mandoa, qui est vn Chasteau tout seul, proche duquel il n'y auoit point de Ville. Le Sultan Peruys estoit retourné de l'Armée; & estant auec son train proche d'Asmeere, le Roy luy enuoya vn ordre d'aller à Bengala, & de ne point venir à la Cour, éuitant ainsi les suites qui estoient à craindre, si les deux freres se fussent rencontrez. Il resolut en luy-mesme de donner le commandement de l'Armée de Decan à Sultan Coronne. Tous les principaux Officiers luy estoient si contraires, que la mesme resolution ayant esté prise vn mois auparauant, le Roy n'auoit osé l'enuoyer à l'Armée, & auoit esté obligé de cacher ce dessein iusqu'à ce que l'autre Prince fut éloigné, & qu'il eût trauaillé luy-mesme à luy regagner l'affection des gens de guerre. Ce changement de demeure nous donna bien de l'embarras, & nous obligea à vne nouuelle dépense. Il fallut bastir vne nouuelle maison pour nous y loger, & y faire vn magazin pour nos Marchandises; car Mandoa est vn Chasteau basty sur le haut d'vne Montagne, sans qu'il y eut aucun logement aux enuirons.

Le 30. le Roy vint fort tard de la chasse. Il m'enuoya sur les onze heures du soir vn Sanglier fort gras, & si grand qu'il en voulut garder les deffenses par curiosité. On me l'apporta auec ce message, qu'il l'auoit tué de sa main, & que pour cette raison j'en mangeasse de bon appetit, & que j'en fisse bonne chere. Celuy qui auoit esté enuoyé de la part du Roy pour me l'apporter, se chargea de dire à Asaph-Chan que ie faisois estat de luy rendre visite le lendemain, & que i'esperois de receuoir de sa main les priuileges que Sa Majesté m'auoit accordez. Il répondit qu'il ne les pouuoit pas expedier si-tost; mais qu'ils seroient expediez & seellez dans deux ou trois iours, & qu'il auroit de la confusion de me voir deuant que de m'auoir donné la satisfaction que i'attendois de luy.

---

§. IV.

La maniere dont on solemnise le iour de la Naissance du Roy.

LE deuxiéme iour de Septembre, estoit celuy de la Naissance du Roy; ils le solemnisent comme leur plus grande Feste. On pese le Roy dans vne balance; on le met d'vn costé, & de l'autre des pierreries, de l'or, de l'argent, des estoffes du Pays, du fruict, & beaucoup d'autres choses, vn peu de chaque sorte. La ceremonie estant acheuée, on distribuë toutes ces choses aux Bramans. Le Roy commanda à Asaph-Chan de m'enuoyer querir pour assister à cette Feste. Il me marqua la place où ie deuois attendre l'heure d'estre introduit; mais celuy qu'il enuoya entendit mal son ordre, & ie ne peus entrer qu'au temps du Durbal: ainsi, ie manquay à voir vne partie de cette ceremonie, estant venu trop tard. Le Roy en sortant m'apperceut, & m'enuoya demander pourquoy ie n'estois point entré, puis qu'il en auoit donné l'ordre. Ma réponse fut sur l'équiuoque qu'on auoit prise. Il en parut fort en colere, & en fit des reprimandes publiquement à Asaph-Chan. Le Roy ce jour-là auoit tant de pierreries sur luy, qu'il faut que j'aduouë que ie n'ay iamais veu ensemble tant de richesses. Le temps se passa à faire passer deuant luy ses grands Elephans; les plus beaux auoient leurs chaînes, leurs sonnettes, & tout le reste de la ferrure de leur harnois, d'or & d'argent. On portoit deuant eux des drapeaux; chacun de ces principaux Elephans en auoit neuf ou dix autres petits, qui ne parroissoient estre auprés d'eux que pour les seruir;

uir : leurs couuertures estoient d'étoffes de soye en broderie d'or & d'argent ; il y en auoit douze Compagnies richement harnachées. Le premier qui parut, estoit vne beste d'vne prodigieuse grandeur : les placques qui couuroient sa teste & son poictrail, estoient semées de rubis & d'émeraudes. En passant deuant le Roy, ils plioyent tous le genoüil, luy faisant la reuerence fort ciuilement ; & en matiere de beste, il ne se peut rien voir de plus curieux. Les gardiens de chacun de ces Elephans firent vn present au Roy ; il se leua en suite, & r'entra dans son Palais apres m'auoir fait quelque compliment.

Sur les dix heures du soir, le Roy enuoya à mon logis, l'on me trouua couché. Le message fut, qu'il auoit appris que j'auois vne peinture que ie ne luy auois point monstré ; qu'il souhaittoit que ie le fusse trouuer, & que ie la luy portasse ; que si ie ne voulois pas luy en faire vn present, qu'au moins il la pût voir, & en faire prendre des copies pour ses femmes. Ie me leuay, & ie l'allay trouuer auec cette Peinture. Il estoit assis les jambes croisées, sur vn petit Trône tout couuert de diamans, de perles, & de rubis. Il auoit deuant luy vne table d'or massif, & sur cette table cinquante placques d'or enrichies de pierreries : les vnes fort grandes & fort riches ; les autres de moindre valeur, mais toutes couuertes de pierres fines. Les Seigneurs de sa Cour estoient à l'entour de luy, dans leur meilleur équipage. Il commanda que l'on beût gayement ; & pour cela, il y auoit de diuerses sortes de vins dans de grands flacons. Quand ie m'approchay de luy, il me demanda des nouuelles de la Peinture ; ie luy monstray deux portraits, l'vn desquels il regarda auec estonnement, & me demanda de qui il estoit. Ie luy dis que c'estoit le portrait d'vne de mes amies qui estoit morte. Me le voulez-vous donner, adjoûta-il ? Ie luy répondis que ie l'estimois plus que quoy que ce soit que j'eusse au monde, à cause que c'estoit le portrait d'vne personne que j'auois aymée tendrement ; mais que si Sa Majesté vouloit excuser ma passion, & la liberté que ie prenois, ie l'aurois priée d'accepter l'autre qui estoit le portrait d'vne Françoise, d'vne main tres-excellente. Il m'en remercia, & me dit qu'il n'aymoit que celle qu'il me demandoit, & qu'il l'aymoit autant que ie la pouuois aymer : que si ie la luy donnois, il l'estimeroit dauantage que la piece la plus rare qui fust dans son tresor. Ie dis alors que ie ne pouuois auoir tant d'amitié pour quoy que ce fust au monde, que ie la voulusse refuser à Sa Majesté ; que j'estois extrémement aise de luy rendre quelque seruice, & que si ie pouuois luy donner quelque meilleur témoignage de mon respect & de la passion que j'auois de le seruir, j'aurois esté rauy de le pouuoir faire. A ces paroles, il s'inclina vn peu, & me dit que le témoignage que ie luy en donnois en estoit vne preuue suffisante ; qu'il auoüoit qu'il n'auoit iamais rien veu de si bien peint, ny vne si belle persõne. Il me conjura en suite de luy dire de bonne foy en quel Pays du monde estoit cette belle femme. Ie répondis qu'elle estoit morte. Il adjoûta qu'il approuuoit fort ma passion pour cette personne, & de ce que ie luy auois donné de si bonne maniere vne chose que j'estimois tant qu'il ne vouloit pas me l'oster, que seulement il la feroit voir à ses femmes, qu'il en feroit faire cinq copies par ses Peintres ; & que si entre ces copies ie reconnoissois mon Original, il me le rendroit. Ie répondis que ie l'auois donné de bon cœur, & que j'estois fort aise de l'honneur que Sa Majesté m'auoit fait de l'accepter. Il repliqua qu'il ne le vouloit point prendre, qu'il m'en aymoit dauantage, de ce que j'aymois la memoire de mon amie ; qu'il connoissoit toute l'injustice qu'il y auroit à m'en priuer ; qu'il ne l'auoit prise que pour en faire prendre des copies ; qu'il me l'auroit renduë luy-mesme, & que ses femmes auroient porté les copies sur elles. En effet, pour vne Mignature, il ne se pouuoit rien voir de plus acheué : & pour l'autre peinture qui estoit en huyle, il ne la trouuoit pas si belle. Il me dit en suite que ce jour-là estoit celuy de sa Naissance, & que tout le monde en faisoit des réjouyssances. Il me demanda en suite si ie ne voulois pas boire auec luy. Ie répondis ; ce qu'il plaira à Vostre Majesté, & luy

Débauche du grand Mogol.

souhaittay de longues & heureuses années, & que cette mesme ceremonie peust estre renouuellée encore dans cent ans. Il me demanda quel vin ie voulois boire, si i'amois mieux du vin de grappe ou du vin artificiel; si ie l'aimois fort ou autrement: Ie respondis que ie ferois ce qu'il me diroit, esperant qu'il ne me commanderoit point d'en boire trop ny de trop fort. Il se fit apporter vne coupe d'or pleine de vin meslé, moitié de vin en grappe, & moitié de vin artificiel. Il en beut, & l'ayant fait remplir me l'enuoya par vn de ses gentils-hommes auec ce message qu'il me prioit d'en boire 2. 3. 4. ou 5. fois à sa santé, & d'accepter la couppe qui en dependoit comme vn present qu'il me faisoit. Ie beus vn peu de vin, mais iamais ie n'en ay beu de si fort: Il me fit esternüer, dequoy le Roy se prît à rire: Il me fit presenter en suitte des raisins, des amandes, & des citrons coupez par tranches dans vn plat d'or, me priant de manger & de boire à ma liberté sans aucune contrainte. Ie luy fis vne reuerence à ma mode, pour le remercier du present qu'il m'auoit fait: Asaphchan auroit voulu que ie me fusse mis à genoux, & que i'eusse frappé de la teste contre terre; mais Sa Majesté se contenta de la reuerence que ie luy fis. La Coupe estoit d'or enrichie de petites turquoises & de rubis; le couuercle estoit de même; mais les émeraudes, les turquoises & les rubis qui y étoiẽt mis en œuure, estoient plus beaux, auec vne sous-coupe également riche. Ie ne peux pas dire ce qu'elle vaut, à cause que la pluspart des pierres sont petites, & que les plus grandes ne sont pas parfaites: Il y en a bien deux milles, & elle poise enuiron vn marc & demy d'or. Le Roy deuint de belle humeur, & me dit qu'il m'estimoit dauantage que pas vn Franc qu'il eust connu, & me demanda si i'auois trouué bon le Sanglier qu'il m'auoit enuoyé peu de iours auparauant, à quelle saulce ie l'auois mangé, quelle boisson l'on m'auoit seruie à ce repas, & semblable questions, qu'enfin qu'il ne me manqueroit rien en son païs. Cette demonstration de faueur parut aux yeux de toute la Cour. Il jetta en suitte à ceux qui estoient assis au dessous de luy deux grands bassins pleins de rubis, & à nous autres deux autres grãds bassins d'amandes toutes d'or & d'argent meslées ensemble, mais creuses par dedans: Ie ne creûs pas me deuoir jetter dessus comme faisoient les principaux de sa Cour; car ie remarquay que son fils n'en prit point: il donna apres aux musiciens & autres de ses courtisans, des pieces d'estoffes fort riches pour faire des turbans & des ceintures, continuant tousiours à boire, & commandant que les autres en fissent de mesme; tellement que Sa Majesté & tous les principaux Seigneurs de sa Cour parurent dans vne diuersité d'humeurs admirable, à l'exception de son fils, d'Asaphchan, de deux vieillards, du Roy de Candahar, & de moy, qui ne m'en enyuray point. Quand le Roy ne se peût plus soustenir, il se mit à dormir. Nous nous retirâmes tous. Au sortir ie priay Asaphchan pour l'expedition des priuileges que ie poursuiuois, l'asseurant que Sa Majesté ne me pouuoit pas faire de presẽt plus agreable que cette expeditiõ, que ie ne m'en mettrois point en peine si la chose estoit entierement en son pouuoir, mais que ie me doutois bien que quelqu'vn en auoit trauersé l'expedition; que le lendemain matin i'en parlerois à Sa Majesté. Il me dit qu'il n'estoit pas necessaire que ie le fisse, que le Roy m'aimoit, qu'il en auoit desia donné l'ordre, que les preparatifs de cette feste auoient empesché mon expedition, & que sans cela il me l'auroit enuoyée, & qu'il me feroit toute sorte de seruice.

Present que le Mogol fait à l'Autheur.

Le 4. de Septembre ie fis vne nouuelle experience de la peine qu'il y a à negocier auec les gens de ce Païs; ils ne tiennent iamais leur parole: depuis sept mois Asaphchan me promettoit cette expedition de semaine en semaine, & de iour en iour; mais comme il vid que i'auois porté les choses à tel point que ie me pouuois passer du Prince, il desaduoüa sa parole auec vn emportement extréme de colere & de rage: ie n'osois rompre auec luy, ny publier son manquement de Foy: Il s'estoit au commencement engagé auec nous, promettant d'estre nostre solliciteur dans nos affaires; cependant il protegeoit nos ennemis, &

Il entend les Portugais.

s'estoit rendu leur esclaue pour des bagatelles qu'ils luy donnoient, ie tenois alors le Loup par les oreilles comme l'on dit, pour me tirer de ce mauuais pas; Ie dissimulay la connoissance que i'auois de sa mauuaise foy; ie fis semblant de croire que l'ennuy de la lecture de nostre Lettre & de sõ mauuais stile, estoit la seule cause de cét emportement; & sur cette supposition ie luy en enuoyay vne autre pour mieux expliquer ma pensée, auec vn memoire des choses que nous souhaitions, & qu'on nous auoit promises, le priant de faire dresser vn Firman sur ce memoire, dans la forme qu'il luy plairoit, & de le faire seeler; qu'autrement si il en faisoit difficulté, il ne trouua pas mauuais que j'allasse demander la mesme grace au Roy, ou vn Passe-port, pour sortir du Païs, si il me la refusoit. Ces deux escrits sont dans mon Registre en ordre, dans lequel ils ont esté dressez.

Le 8. Asaphchan me fit réponse qu'il ne pouuoit en rien auancer mes affaires auprés du Roy; que si ie desirois quelque chose qui regardast le gouuernement du Prince, ie la deuois attẽdre immediatemẽt de luy; que ses Firmãs suffisoiẽt, & ainsi il me fit connoistre le dessein qu'il pratiquoit il y auoit si long-temps, de faire en sorte que ie dépendisse absolument du Prince. I'eus alors vn iuste sujet de prendre d'autres mesures, personne ne pouuant trouuer mauuais que ie songeasse à faire de nouueaux amis, apres auoir esté abandonné par les premiers. Ie resolus donc d'esprouuer ce que ie me pourrois promettre du Prince, & de faire semblant de dépendre absolument de luy. I'enuoyay à son Secretaire quatre articles, pourquoy ie luy demandois vn Firman, afin qu'il me peust seruir dans ce mesme temps à Suratte à l'arriuée de la flotte qu'on attendoit de iour en iour, ce que son Altesse m'accorda.

Le 10. ie me presentay deuant le Prince, qui dicta à son Secretaire le Firmant que ie desirois, & qu'il m'auoit promis; si bien que ie croyois lors estre venu à bout de mes desseins. Le 11. on me l'enuoya, mais quand ie vins à le lire, ie trouuay qu'on auoit changé deux ou trois articles que i'auois demandez, & qu'on m'auoit promis, & mesmes qu'on en auoit retranché vn tout entier. Ie retournay disant resolument que ie ne le receurois point en cette forme, que ie ne souffrirois point qu'on mist à terre pas vne des marchandises de la flotte. Iamais homme n'a eu à combattre tant de faussetez, d'auarice & d'orgueil. La nuict i'allay trouuer le Secretaire du Prince pour luy faire mes plaintes, & pour luy declarer que i'estois resolu de partir, il me fit voir que le Firmant n'estoit pas tel qu'on me l'auoit expliqué; qu'il contenoit toutes clauses que i'auois desirées; les termes dans lesquels elles estoient exprimées ne me plaisoient pas; mais le Secretaire leur donnoit le bon sens, & me declaroit, que l'intention du Prince estoit que ie fusse plainement satisfait, & que ce Firman me deuoit suffire. Ie le pressay sur l'obscurité de quelques poincts, & le priay de les éclaircir, & me donner vne lettre pour le Gouuerneur de Surat; ce qu'il m'accorda, auec ordre pour celuy qui tenoit la Doüane, de payer à nos Facteurs cinquante pieces de drap qu'il auoit achepté d'eux depuis plusieurs mois, & qu'il leur vouloit rendre alors à leur grãd preiudice. Enfin, le Secretaire se découurit à moi du desir que le Prince auoit depuis long-tẽps que ie n'eusse point d'autre recours qu'à luy, & que ie ne le trauersasse point aupres du Roy sõ pere dans les affaires de sõ Gouuernement; que ie l'esprouuerois meilleur amy que ie ne l'auois esperé, & enfin il me donna satisfaction sur tous les poincts contestez. Ie commençay alors à auoir meilleure esperance du succés de nos affaires, me fondant principalement sur ce qu'il n'est pas si aspre aux Presens que l'ordinaire des gens de ce pays, qu'il passe pour estre honneste homme, & qu'il se faisoit fort d'auoir assez de credit pour empescher qu'on ne nous fist aucune iniure, ny le moindre tort du monde. Ie receus donc le Firmant que ie trouuay fort exprés & en bonne forme, lors qu'on m'en eut fait la traduction.

Dans toute la suite de ces memoires, Rhoë ou Pourchas qui en a fait l'extrait, n'explique point les conditions ou priuileges, ce qui rend les endroits où il en est parlé vn peu obscurs.

Le seiziesme ie rendis visite au Prince, auec la resolution de continuer tousiours dans le mesme chemin que j'auois pris, de faire croire que ie ne voulois point auoir dans cette Cour-là d'autre dépendance que de luy, & cela jusques à ce que j'eusse des nouuelles de nos Vaisseaux, & que j'eusse sçeu de quelle maniere ils seroient reçeus cette année-là. Ie luy trouuay l'esprit embarassé, il apprehendoit que Sultan Paruis son frere ne vint à la Cour, car il n'en estoit éloigné que de huit cosses, & faisoit instance d'estre admis à baiser les mains de son pere: Ce qui luy auoit desia esté accordé; mais Normal eut assez de credit sur l'esprit du Roy pour le faire changer, & pour luy faire enuoyer vn contre-ordre d'aller droit à Bengale. Le Roy cõtinuë cepẽdant dãs sa retraite, sans qu'on sçache precisément le lieu où il est.

§. V.

Arriuée d'Abdalacan à la Cour du Mogol. Reception de l'Ambassadeur du Roy de Perse.

LE 10. d'Octobre, Abdalacan Gouuerneur d'Amadauat, qui auoit eu ordre de se rendre à la Cour, pour rendre raison de la negligence qu'il auoit apportée à l'execution de quelque commandement du Mogol, se presenta au Iarneo. Il estoit demeuré jusques là sur ses gardes, & auoit refusé de venir à la Cour. Le Prince Sultan Coronne qui tiroit auantage de toutes sortes d'occasions, voulut profiter de la disgrace d'Abdalacan. Il le connoissoit pour vn homme de grand cœur, d'vne haute estime, & de la premiere qualité. Il jugea qu'estant tel, il ne le pouuoit acquerir sans fortifier beaucoup son party; c'est pourquoy il luy auoit fait dire quelque-temps apres, qu'il vint hardiment à la Cour, & qu'il y trouueroit des amis. Abdalacan le crût, & se resolut d'obeyr aux ordres du Roy. Il partit donc d'Amadauat en habit de pelerin, accompagné seulement de quarante personnes. Il fit vne partie du chemin qui estoit de soixante milles à pied, & arriua à la Cour en cét équipage. Il est vray qu'il faisoit marcher apres luy, mais à la distance d'vne journée de chemin, deux cens cheuaux pour s'en seruir, si l'occasion l'y obligeoit. Il se presenta deuant le Roy, entre deux personnes de condition qui furent ses Introducteurs. Il parut les pieds nuds & chargez de chaînes, le visage abbatu, les cheueux negligez, & le turban enfoncé sur les yeux; ne voulant pas, disoit-il, paroistre autrement deuant la face irritée de son Prince. Apres qu'il luy eut fait ses soûmissions, & qu'il eut répondu à quelques demandes que le Roy luy fit, il obtint son pardon. Le Mogol luy fit oster ses fers, & luy donna vne veste de drap d'or, auec vn turban & vne ceinture selon la coustume du Pays. D'ailleurs, le Prince Coronne qui auoit gagné Abdalacan, tourna toutes ses pensées à l'establissement de sa Grandeur, & à la ruïne de son aîné. Il crût que s'il pouuoit obtenir du Roy son pere le commandement de ses Armées, il se rendroit le plus puissant de l'Estat. La guerre qu'on vouloit continuer contre le Roy de Decan, luy en fut vn pretexte fort specieux. Son frere aîné y auoit mal reüssi, & Cham-canna le plus grand Capitaine de l'Empire n'y auoit pas esté plus heureux. Il se promit vn meilleur succez, & par là s'acquerir vne gloire qui le mettroit au dessus de l'vn & de l'autre. Dans cette esperance, il presse le Roy son pere, & l'oblige à rappeller Cham-canna; non seulement pource qu'il auoit esté mal-heureux, mais parce qu'il estoit soubçonné auec raison de fauoriser le Roy de Decan, & d'estre son pensionnaire. Le Mogol consentit à tout ce que le Prince desira de luy. Il enuoye à Cham-canna vn ordre exprés de venir à la Cour; mais Cham-canna refusa d'obeyr, disãt qu'il ne pouuoit pas quitter l'Armée, sans l'exposer au dãger de se perdre. Il pria le Roy par Lettres, qu'il ne luy dõnast point pour Successeur dans le Cõmandement Sultan Coronne; mais en sa place, que s'il luy plaisoit de luy enuoyer le plus jeune de ses fils qui n'auoit que quinze ans, il ne manqueroit pas d'obeyr. Coronne offensé de la declaration de Cham-canna, prit la chose à cœur, & crût qu'il ne se pouuoit mieux vanger de luy, que d'emporter sur l'esprit du Roy son pere la resolution de la guerre de Decan. Il promit en mesme temps à Abdalacan le commandement de l'Armée sous luy, & de luy donner le Gouuernement de Cham-canna. Le Roy apprehendant les troubles qui pouuoient naistre dans ses Estats par l'ambition de Sultan Coronne, par le mécontentement de ses deux fils aînez, & le credit de Cham-canna, auoit enuie d'accommoder toutes ces broüilleries, en faisant la paix auec le Roy de Decan. Pour y paruenir, il confirma Cham-canna dans son Gouuernement, & resolut de luy enuoyer vne veste, qui est la marque d'vne veritable reconciliation. Auant que de l'enuoyer, il en donna aduis à vne des parentes de ce grand Capitaine qui estoit dans le Serrail. Cette femme, soit qu'elle fust gagnée par Sultan Coronne, ou qu'elle eust du ressentiment du mauuais traitement qu'on auoit fait au Chef de sa famille, apres les grands seruices qu'il auoit rendus, répondit hardiment qu'elle ne croyoit pas que Cham-canna voulust rien porter de ce qui luy seroit enuoyé de la part du Roy; qu'il connoissoit que Sa Majesté le haïssoit; qu'vne fois ou deux il auoit tasché de l'empoisonner. Que cela estoit si vray, qu'il auoit encore le poison, & qu'il l'auoit adroitement détourné au lieu de le porter à sa bouche. Qu'apres de si justes défiances, elle ne croyoit pas qu'il voulust se hazarder à porter sur luy aucunes des choses que le Roy luy auroit enuoyées. Le Roy répondit à cette femme, que pour oster tout soubçon, il porteroit luy-mesme la veste qu'il luy vouloit enuoyer l'espace d'vne heure, à la charge qu'elle luy écriroit la maniere dont il en auoit vsé, pour luy retrancher tout sujet de craindre. Elle repliqua qu'elle ne croyoit point que ny le Roy, ny Cham-canna en deussent venir à cette épreuue. Neantmoins, que si le Roy luy permettoit de viure en repos dans la charge qu'il luy auoit donnée, il continuëroit de rendre à Sa Majesté tout le fidel seruice qu'il estoit en possession de luy rendre. Le discours insolent de cette femme fit changer de dessein au Mogol, il resolut à l'heure mesme de donner le commandement de l'armée de Decan, à Sultan Coronne; & pour donner plus de reputation à ses premieres entreprises, il publia qu'il vouloit suiure l'Armée de son fils en personne, auec d'autres troupes & vne autre Armée.

Cham-canna ayant découuert de loin cette tempeste qui se formoit contre luy, & qui menaçoit sa fortune aussi bien que celle des Roys de Decan, ne manqua pas de preuenir le mal, & de prendre des liaisons encore plus estroites auec les Roys de Decan, qu'il n'auoit euës par le passé, afin de se guarantir de l'oppression. Ce fut par son conseil que ces Roys resolurent d'enuoyer vne Ambassade au Mogol, & de luy offrir la paix. Ils choisirent deux hommes capables de negocier, & les enuoyerent en mesme temps au Mogol. Ces Ambassadeurs luy presenterent des Cheuaux richement harnachez. D'abord, le Roy ne les voulut point voir; & apres auoir refusé de leur donner Audiance, & mesme de receuoir leurs presens, les renuoya à son fils, & leur fit dire qu'il se remettoit à luy de la resolution de faire la guerre, ou de conclurre la paix.

Ce Cham-canna est tousiours vn des principaux Autheurs dans toutes les intrigues décrites dãs les memoires.

Le Prince connoissant par là qu'il estoit fort bien dans l'esprit du Roy son pere, leur declare qu'il luy seroit honteux de consentir à la paix, apres les desauantages passez. Il conneust bien neantmoins que les conditions que les Ambassadeurs luy proposerent, estoient fort justes & fort auantageuses, & que le Roy son pere les auroit volontiers acceptées. Pour laisser aussi quelque esperance aux Ambassadeurs, il leur dit que quand il se porteroit à la paix, il n'en vouloit point traiter que son Armée ne fust en campagne, & que Cham-canna ne fust hors d'estat de luy disputer l'honneur d'auoir mis fin à la guerre.

L'ambition de ce jeune Prince est connuë & si publique, que tout le monde en parle. Mais le pere le souffre par ie ne sçay quelle raison d'Estat, quoy que son intention ne soit pas d'en faire son Successeur. Il reserue l'Empire pour Sultan Cossoronne son fils aîné, & qui a l'amitié & la veneration de tout le monde. Il l'ayme aussi beaucoup. Il connoist ce qu'il vaut. Il en estime toutes les qualitez; mais il s'est imaginé que s'il le mettoit en liberté, sa gloire en seroit diminuée. Il ne void pas cependant que les intrigues ambitieuses de Sultan Coronne, ternissent bien plus l'éclat & la reputation dont il est si jaloux, que ne feroient les actions les plus vertueuses de Sultan Corsoronne. Par cette mauuaise politique, il nourrit vne secrete & dangereuse diuision entre ces freres, & rend le cadet si redoutable, croyant qu'il pourra bien tousiours luy oster l'authorité qu'il luy donne pour vn temps. Les plus sages apprehendent les suites de cette conduite, & le danger que court le Pays de tomber dans vne guerre Ciuile apres la mort de ce Prince.

La varieté des éuenemens qui se rencontrent dans l'Histoire de ce Pays-là, & principalement sous le Regne d'Eckbarsa pere du Roy d'apresent, jointe aux dernieres intrigues dont ie parle, meriteroient bien d'estre écrites; mais les vns n'en feroient point de cas à cause qu'elles se sont passées dans vn Pays fort éloigné; & les autres auroient de la peine à le croire, dans l'opinion qu'ils ont que ces Peuples-là sont des Barbares. Ie me contente par cette consideration, de ne les toucher qu'en passant. Ie ne puis toutefois m'empécher de rapporter icy ce qui se passa il n'y a pas long-temps au pays du Mogol, faire voir iusqu'où peut aller la patience & la sagesse d'vn pere, la fidelité d'vn Ministre, les fourberies d'vn frere, & l'imprudence d'vne Faction qui ose tout entreprendre, & qui abuse insolemment de l'authorité du Roy, sans estre retenus ny par la crainte des châtimens, ny par le bien de l'Estat, ny par aucune autre consideration. Le Prince Sultan Coronne, Normahal sa belle-sœur, Asaphchan & Etimon Doulet pere de Normahal qui font le Parti le plus puissant de cette Cour; apres s'estre assemblez pour trouuer les moyens pour se maintenir dans leur fortune presente, demeurerent tous d'accord qu'ils ne s'y pouuoient conseruer s'ils ne se defaisoient du Prince Corsoronne: ils voyoient qu'il estoit aimé des grands, & qu'il n'y auoit point de seureté pour eux s'il estoit iamais en liberté. Ils se mirent donc à penser par quel artifice ils le pourroient faire passer entre leurs mains, afin de le pouuoir empoisonner sans qu'il y parust. S'estant resolus là dessus, chacun se separa pour y trauailler. Normahal fut la premiere. Elle n'oublia rien pour s'insinuer dans l'esprit du Roy, & pour le gaigner. D'abord elle se jetta à ses pieds toute en larmes, & luy representa que Sultan Corsoronne ne changeoit point de sentiment; & qu'ayant tousiours la mesme ambition, il estoit capable de se porter aux dernieres extremitez. Le Roy la laissa dire, & ne fit pas semblant d'en entendre dauantage que ce qu'elle en disoit. Cette premiere attaque ne luy ayāt pas reüssi, les conjurez n'en demeurerent pas là. Ils prirent le temps que le Roy auoit beu par excez, & luy presenterent par la bouche d'Etimon Doulet, & Asaphchan, qu'il seroit plus de la dignité, & tout ensemble plus de la seureté de Sultan Corsoronne, que Sa Majesté le mit en la compagnie & en la garde du Prince son frere, que si elle le laissoit dauantage entre les mains d'vn Rasboot, qui pouuoit estre gaigné par promesse ou par menaces; Ces considerations (adiousterent-ils) les obligeoient de supplier Sa Majesté de ne laisser plus le Prince Corsoronne en de mauuaises mains, mais de le conferer aux soins & à l'affection du Prince son frere. Le Roy accorda leur demande, & se mit à dormir.

Ces conspirateurs ayant l'ordre du Mogol, & estans appuyez par le Prince Coronne, & d'ailleurs estant en grande consideration en cette Cour, ils crurent qu'ils ne trouueroient point de difficulté à retirer le Prince Corsoronne des mains de celuy qui le gardoit. Asaphchan se presente à la porte de son logis auec les Gardes du Prince, & demande par ordre du Roy son pere, qu'on lui mette entre les mains Sultan Corsoronne. Anna Rasboot luy répōd qu'il estoit tres-humble seruiteur de Sultan Coronne; mais que le Roy luy ayant mis entre les mains le Prince son fils, il ne luy pouuoit pas obeïr: Qu'il le prioit d'auoir patience iusqu'au lendemain, pource qu'il s'en déchargeroit en ce temps-là entre les mains de sa Majesté; qui

Prince Rasboot.

en disposeroit selon son plaisir. Cette réponse changea l'estat de leurs esperances; car Annarah ayant rendu compte au Roy de sa réponse, & ayant adiousté qu'il periroit plustost auec les quatre mille Cheuaux que le Roy luy auoit donnez, que de mettre iamais le Prince entre les mains de ses ennemis. Le Roy luy répondit qu'il en auoit vsé en homme d'honneur, que sa réponse auoit esté prudente, & qu'il continuast à en vser de mesme à l'auenir, sans s'arrester aux ordres qui luy pouuoient venir, mesme de sa part. Ie veux faire semblant d'ignorer la chose, adiousta-il; & pour vous, ie vous commande de n'en faire pas dauantage de bruit. Continuez seulement à estre fidele, & nous verrons jusques où les autres pousseront leurs desseins.

Les amis du Prince voyant que le Roy ne parloit point de ce qui s'estoit passé la nuict precedente, creurent qu'il l'auroit oublié, ou qu'il n'auroit pas sçeu leur tentatiue, ny le refus qu'on leur auoit fait; mais ne laisserét pas de demeurer en défiance d'vn costé & d'autre. Ce que ie rapporte icy, pour vous aduertir qu'il faut bien prendre garde de ne se pas engager trop auant dans le Pays, & ne pas disperser vos marchandises en de differens lieux: car l'on verra dans peu de temps tous ces Pays en combustion, & vne partie engagée contre l'autre, dans vne guerre & dans vne querelle de longue discution. Si Sultan Corsoronne auoit le dessus, le Royaume du Mogol seroit vn azile pour les Chrestiens; car il ayme & fauorise les sciences, la valeur, & la discipline militaire, & a de l'horreur pour l'auarice & pour les auanies que ses ancestres & les grands du Royaume ont fait de tout temps aux estrangers. Ce sera tout le contraire, si la faction de son frere l'emporte. Ce Prince est ennemy des Chrestiens, superbe, fourbe, de mauuaise foy, & tyran jusqu'à l'excez. L'on attend tous les iours l'Ambassadeur de Shabas Roy de Perse.

Le 30. Decembre vers le soir, le Roy retourna, & m'enuoya vn Sanglier. I'eus nouuelles ce iour-là de l'arriuée de quatre Vaisseaux au Port de Svvaly, & i'appris par les Lettres des Commandans la rencontre qu'ils auoient faite de la Caraque, Vice-Admirale des Indes; laquelle apres vn long combat s'estoit écholiée & brûlée sous la coste des Isles de Gazedia. *Voyez le Voyage de Terry.*

Le iour suiuant, j'allay faire vn compliment au Mogol de la part du Roy mon Maistre. Il le reçeut auec beaucoup de ciuilité, mais il tomba aussi-tost à me demander des nouuelles des presens. Au lieu de répondre à sa demande, ie luy contay le dernier combat des nostres. Il sembloit prendre part à nostre gloire, & donner des applaudissemens à la valeur de ceux de nostre Nation; mais il passa vne seconde fois à me parler des presens, & à demander; Qu'est-ce, me dit-il, que le Roy m'a enuoyé? Ie luy répondis qu'il luy enuoyoit plusieurs marques de son amitié; qu'il sçauoit assez qu'il estoit maistre de la meilleure partie de l'Asie, & le plus riche Prince de tout l'Orient; que d'enuoyer des presens à Sa Majesté, il auroit crû que sçauroit esté porter des perles dans l'Ocean d'où elles viennent. Que le Roy d'Angleterre, par cette raison, n'auoit pas jugé à propos de le faire; mais qu'il luy faisoit present de son amitié, auec quelques petites curiositez que j'esperois luy deuoir estre agreables. Il me parla de la panne ou velours de France. Ie luy dis que toutes mes Lettres n'estoient pas encore arriuées, mais que j'auois desia quelque chose de ce qu'il souhaitoit. Il me fit aussi mention des dogues que ie luy auois promis, & ie luy dis que quelques-vns auoient esté tuez dans le combat; mais que l'on en auoit sauué deux pour Sa Majesté. Il en témoigna de la joye, & me dit que si ie pouuois luy pouuoir faire auoir vn grand Cheual de la taille des Cheuaux d'Allemagne, tels que ie les luy auois décrits, il auroit eu ce present plus agreable que si on luy auoit donné vne Couronne. Ie luy répondis que ie ferois mon possible pour le satisfaire, mais que j'apprehendois de n'en pouuoir pas venir à bout. Il adjousta que si ie luy en faisois auoir vn, il m'en donneroit dix mille Iacobus. Ie luy demanday vne Lettre & vn ordre pour faire venir à la Cour les presens du Roy mon Maistre, sans qu'ils fussent ouuerts, & pour le bon traitement de nos gens. Il me repliqua que le Port de Suratte estoit à son fils; & l'ayant aussi-tost enuoyé querir, il luy commanda expressément en presence de tout le monde, de m'accorder ce que j'auois demandé, qui estoit, que l'on n'ouuriroit point nos balles; que celles que j'auois auoüées ne payeroiēt point d'imposition; que l'on nous expediroit promptement, & que l'on ne troubleroit point le transport qui se deuoit faire des presens, dont ie ferois apres la distribution comme ie voudrois; que ceux de nostre Nation seroient bien receus à Surate, & que j'y receurois vne entiere satisfaction. Cette faueur neantmoins ne s'estendit pas jusqu'à nous accorder le Fort que nous demandions, car Asaph-chan s'y opposoit. Le Prince fit appeller Asaph-chan, & promit en presence de son pere & de toute la Cour, de me donner satisfaction, tant est grande la force des nouueaux presens.

Le 15. l'on me manda de Masulipatan que le Capitaine Keeling auoit pris en la coste de Cochin vn vaisseau Portugais & deux Barques, dont l'vne estoit chargée d'Estain, & l'autre auoit esté chargée à Bengale: Que le sieur Robert Sherly estoit sorty mal contant de Goa, & qu'il s'estoit mis en chemin pour passer à Masulipatan par terre, ce qui ne me sembla peu croyable. Le 17. le Prince Coronne qui auoit tousiours en teste de faire de son chef la guerre à Decan, differoit à rendre responce aux Ambassadeurs de ce Pays-là: mais croyant auec ceux de sa Faction, qu'il n'y auoit point de seureté pour luy, si Sultan Corsoronne demeuroit entre les mains d'Annarah, parce qu'il pourroit faire sa paix pendant son absence, renuerser par là tous les desseins, & se mettre en estat de vanger l'iniure qu'on luy faisoit: il alla faire donner vne nouuelle tentatiue sur l'esprit du Roy: il luy fit proposer sous main de donner à Asaphchan la garde du Prince son frere, & luy voulut persuader que s'il luy faisoit l'honneur de se fier à luy de la vie & de la liberté de ce Prince, il estoit tout certain que Cham-canna & ceux de Decan n'auroient pas plustost appris que Sa Majesté luy auoit fait cette grace extraordinaire, qu'ils le craindroient dauantage, & s'en mettroient plustost à la raison. Ce iour-là il est à croire que le Mogol consentit à cette trahison: car les soldats d'Asaphchan entrerent en garde auprés de Corsoronne, auec deux cens cheuaux des troupes du Prince son frere. Sa sœur & la pluspart des autres femmes du Serrail detestant la cruauté du Roy, refusent de manger, & protestent que si le Prince Corsoronne meurt, elles luy sacrifieront tous les enfans qui estoient dans le Serrail. Le Roy leur donne de belles paroles, leur proteste qu'il ne luy arriuera rien de mal, les asseure de sa liberté, & leur enuoye Normal pour les appaiser. On la menace dans le Serrail. On refuse de la voir: Le peuple s'émeût, & dit tout haut que le Roy a mis sō fils entre les mains d'vn Prince ambitieux, & à la mercy de gens lasches & sanguinaires. Qu'il ne souffrira pas ce parricide. Que Coronne en veut apparament à son aîné; mais que la verité est qu'il attente indirectement à la vie du Roy son pere, & que par l'assassinat de l'vn & de l'autre, il vouloit se faire des degrez de leurs corps, pour monter sans peine sur le Thrône. Cependant le peuple s'attroupe. On seme par les places des bruits de reuolte; on dit qu'il faut penser à asseurer la vie du Prince. Enfin chacun en parle selon sa crainte, ou selon son desir. Le pauure Prince Corsoronne estcependant au pouuoir d'vn Tygre; il refuse de manger, & enuoye prier le Roy son pere de luy faire oster la vie, plustost que de le faire seruir au triomphe de ses ennemis. Toute la Cour en est esmeuë, les Grands en témoignent de la tristesse. Le Peuple renouuelle ses clameurs, mais il n'a ny pied ny teste. Les suites de ces troubles sont fort à craindre pour nous.

Entrée de l'Ambassadeur de Perse.

Le 19. l'Ambassadeur de Perse Mahomet Roza Beg fit son Entrée dans la ville sur le midy, accompagné d'vn grand Cortége, dont la plus grande partie auoit esté enuoyée au deuant de luy pour l'honnorer; mais sans autre personne de marque que celles qui ont accoûtumé dans ces rencontres d'aller au deuant des estrāgers. On luy auoit aussi enuoyé la Musique, & vne centaine d'Elephans. Son Train estoit composé de cinquante cheuaux couuerts de housses de brocard d'or.

Les

Les Arcs, les Boucliers & les Carquois estoient richement garnis. Quarante mousquetaires & quelques deux cens personnes conduisoient son bagage. On le mena reposer dans vn appartement de l'auant-cour du Palais. Il fut au Durbal. I'y enuoyay mon Secretaire, pour obseruer comme il seroit receu. Comme il se fut approché du Roy, il fit au premier ballustre trois Tesselines & vn Syzeda, en se prosternant & se coignant la teste contre terre. Il fit le mesme en entrant, & presenta la lettre de Shaabas. Le Roy la receut, en s'inclinant vn peu, & demanda seulement comment se porte mon frere sans le traitter de Roy; & apres luy auoir dit peu de paroles, il fut placé au septiéme rang vis à vis de proche la porte, les rangs du dessus estans occupez par les premiers Seigneurs de la Cour. Cette place selon mon sens, estoit indigne de luy, mais il meritoit bien ce traittement, puis qu'il s'estoit soubmis à faire ce Syzeda ou reuerence, ce que tous ceux qui l'auoient precedé en cette qualité auoient refusé de faire. On l'excusoit en disant qu'il auoit ordre de satisfaire en toute maniere le Mogol; & l'on tiroit de là coniecture qu'il estoit venu pour luy demander quelque secours d'argent contre le Turc, comme il en auoit tiré souuent en de pareils rencontres.

L'Ambassadeur disoit qu'il estoit venu seulement pour traitter de Paix entre le Mogol & le Roy du Decan. Chabas aussi en prenoit la protection, & la prenoit par la jalousie qu'il auoit de l'accroissement de l'Empire du Mogol. Le Roy selon la coustume le regala d'vn beau Turban, d'vne veste & d'vne ceinture. Il le remercia en faisant trois reuerences, & vne Ricedas qui est encore vne autre reuerence iusqu'à terre. Il luy fit ses presens à trois fois differentes, & à chaque fois luy presenta neuf cheuaux Persans ou Arabes. Le nombre de neuf est mysterieux parmy eux. Il luy donna auec cela neuf mulets fort beaux, sept chameaux chargez de velours, deux tentures de tapisserie, des pieces de velours trauaillé auec de l'or, deux caisses de tapisseries de Perse, vn cabinet fort riche, quatre mousquets, cinq claches, vn chameau chargé de drap d'or fait en Perse, huit tapis de soye, deux rubis ballays, vingt & vn chameaux chargez de vin de grappe, quatorze chameaux chargez de diuerses eaux distillées, sept chameaux chargez d'eau-roze, sept poignards enrichis de pierreries, cinq épées de mesme, sept miroirs de Venise, si riches, que j'auois de la honte de les comparer auec les nostres. Ces Presens ne furent pas faits à la premiere Audiance du Persan, il ne fit qu'en donner le memoire. Son train estoit magnifique; on luy menoit en main huit Cheuaux harnachez d'or & d'argent. Diuers rangs de perles, de rubis & de turquoises, faisoient le tour de son Turban. Auec tout cela, ayant fait obseruer diligemment le traitement qu'on luy fit, lors que ie le comparois auec celuy qu'on m'auoit fait, ie ne trouuois pas qu'il eust esté traité plus fauorablement que moy. Il y auoit mesme cette difference, qu'on luy auoit donné vne place à l'Audiance bien au dessous de la mienne. Pour ce qui est de la ceremonie qu'on luy fit d'aller au deuant de luy, on m'auroit fait le mesme si ie ne me fusse point trouué malade, ou que ie l'eusse demandé. On remarqua aussi que le Mogol ne reçeut point la Lettre du Persan auec tant de respect, qu'il auoit reçeu celle du Roy d'Angleterre que ie luy auois presentée. En parlant du Roy d'Angleterre, il dit le Roy mon Frere; & parlant du Persan, il dit seulement mon Frere, sans y adjouster autre chose; comme obserua le Iesuite qui se trouua à cette Audiance, & qui entend fort bien la langue du Pays.

---

§. VI.

Entrée & reception de l'Ambassadeur de Perse.

LE 21. d'Octobre, ie fus chez le Prince Coronne pour les affaires de la compagnie; il me parla des presens, & me voulut mener auec luy au lieu où estoient les caiſſes pour les faire ouurir & les voir ; ie luy dis que ie ne le pouuois pas faire que ie n'euſſe auparauant preſenté au Roy ceux qui luy eſtoient deſtinez, qu'immediatement apres il auroit les ſiens. Il me demanda ſi ie luy voulois donner vne plume blanche qu'il vit ſur mon chapeau ; ie luy dis que tout ce que j'auois eſtoit à ſon ſeruice : mais que ie ne pouuois pas ſans quelque confuſion, luy preſenter vne choſe que j'auois portée. Il la prit, & m'en demanda d'autres, diſant qu'il n'en auoit pû trouuer, & qu'il en auoit à faire, à cauſe qu'il deuoit paroiſtre deuant le Roy auec tout ſon équipage dans deux ou trois iours. Abdalacan ſuruint ; il eſtoit ce iour habillé en homme de guerre, & tous ceux de ſa ſuite fort leſtes. Il fit preſent au Roy d'vn Cheual blanc, dont la ſelle & le reſte du harnois eſtoient couuerts de mailles d'or. Le Cheual auoit vn fort bel air, & eſtoit d'vne belle taille, & ce Prince luy donna vne épée & vn baudrier. On portoit deuant luy diuers autres preſens, des gardes d'épées d'argent auec les fourreaux couuerts de pierreries, des boucliers couuerts de velours ; quelques-vns peints, les autres releuez en or & en argent. Il en donna à ſes Courtiſans. Il y auoit auſſi pluſieurs ſelles & harnois d'or enrichis de pierreries, qui deuoient ſeruir à ſes Cheuaux de main. Des bottes en broderie, & de toutes ſortes d'autres habits magnifiques. Il faut que i'aduoüe que la dépenſe de ces gens-là paſſe tout ce qu'on a iamais vû de plus magnifique en tout le reſte du monde. Toute la nuit s'eſtant paſsée en ces ſortes de ſpectacles, on me dit le matin que ſix des Officiers du Prince Coronne eſtoient venus pour aſſaſiner le Prince Corſoronne, mais que le Portier leur auoit refuſé l'entrée, & que la Reine Mere eſtoit allée trouuer le Roy, & luy auoit fait entendre toute cette coniuration. On n'en ſçait point la verité, & il y a du danger à s'en enquerir. Sur le ſoir ie fus voir le Roy au Durbal. I'y rencontray l'Ambaſſadeur de Perſe, qui deuoit ce iour-là faire la premiere montre de ſes Preſens. Il auoit plus la mine d'vn Saltin Banque que d'vn Ambaſſadeur. Il couroit haut, bas, & accompagnoit toutes ſes paroles de geſtes & de manieres plus propres à vn Comedien, qu'à vne perſonne graue, & à l'Ambaſſadeur d'vn grand Roy. Il donna luy-meſme ſes Preſens, & le Roy les receut de ſes mains auec vn ſouſris & des paroles qui témoignoient qu'il en eſtoit content. Ce luy eſtoit vn grand auantage d'eſtre entendu dans ſa langue : Il parla touſiours auec tant de ſubmiſſion & de flatteries, que ſes paroles furent encor' plus agreables que ſes preſens. Il appelloit à tout propos le grand Mogol le Roy & le Commandeur de tout le Monde, & ne ſe ſouuenoit pas que ſon Maiſtre y auoit quelque part. Sur la moindre parole que luy diſoit le Roy, il faiſoit des reuerences à la mode du païs. Quand il eut fait tous les preſens qu'il deuoit donner ce iour-là, il s'abaiſſa iuſques en terre, & heurta de la teſte fort rudement. Ses Preſens de ce jour-là eſtoient vn Carquois, vn Arc, & des fléches ; toute ſorte de fruicts de l'Europe faits artificiellement dans des differens plats ; des bottines brodées & couuertes auec des lames d'or ; des grands miroirs auec des belles bordures ; vne piece de velours quarrée auec vne haute broderie, ſur laquelle il y auoit des peintures. L'Ambaſſadeur dit que ces peintures eſtoient les portraits du Roy & de la Reine de Veniſe. Ie croy qu'elles auoient ſeruy de tapiſſerie. Quoy qu'on n'en monſtraſt qu'vne piece il y en auoit ſix aulnes de la meſme façon, auec cela pluſieurs autres broderies de peu de valeur. On fit paſſer en ſuite trois petits cheuaux & trois petits mulets. Les mulets eſtoient beaux : Pour les cheuaux ils deuoient auoir perdu leur embonpoint & leur beauté ; car il n'y en auoit qu'vn qui meritaſt d'eſtre preſenté à vn Prince. Apres auoir preſẽté auec cela pluſieurs autres bagatelles, il retourna à ſa place qui eſtoit bien au deſſous de la miẽne ; Car dãs ce rãg-là j'eſtois au deſſus de tous les Sujets du Prince. Aſaphchan au cõmencement me voulut mettre aupres du Perſan, mais ie me cõſeruay la poſſeſſion de la place que i'auois priſe dés les premiers iours de mon arriuée. Ce ne fut que le premier Acte des preſens : Cét Ambaſſadeur en fera ſans doute vne

Premiere Audiance de l'Ambaſſadeur de Perſe.

Comedie qui durera plus de dix iours. Sur le soir i'enuoyay vers la sœur du Prince Coronne pour en tirer l'escrit qu'il m'auoit promis, mais le Prince ne se pouuoit resoudre à laisser passer le present sans en prendre sa part ; & comme il auoit changé de volonté, il refusa de seeller la lettre qu'on luy demandoit pour moy.

Le 22. à mon arriuée, ie luy donnay deux plumes & deux oyseaux de Paradis, qu'il receut agreablement. Ayant parlé de mon affaire, & ayant fait entendre la resolution que i'auois prise de ne souffrir point qu'on ouurit mes caisses, ny qu'elles passassent par d'autres mains que par celles de mes gens, il me l'accorda en fin, & commanda à son Secretaire de m'expedier. La nuit ie vins au Durbal pour obseruer l'Ambassadeur de Perse. Ie trouuay qu'il occupoit le mesme rang où on l'auoit mis la premiere fois, & qu'il estoit souuêt obligé de changer de place, & de la ceder aux grands de la Cour quand ils entroient. Le Roy luy parla vne fois, dont il parut fort vain. On ne luy fit point de present, & le Roy commanda seulement aux principaux de sa Cour de luy faire caresse. Le temps se passa à voir des selles, des garnitures pour le voyage qui se deuoit faire au premier iour. Le Roy en dõna à ceux qui le deuoient suiure. Ses Tentes estoient à quatre iournées de chemin de sa Cour. I'enuoyay chez le Secretaire pour auoir mon Firman : il me remit, & m'en fit des excuses. Le 24. le Roy s'alla diuertir à l'Hauar Gemal. Il y appella l'Ambassadeur de Perse. Il mangea en presence du Roy auec les Seigneurs de sa Cour, comme i'auois fait le iour de sa naissance, auec cette difference seulement, que le Roy luy donna 10. mille Rupias pour sa dépense, dequoy l'Ambassadeur luy fit vn nombre infiny de remerciemens, accompagnez de soubmissions & de reuerences. Leurs actes d'adoration s'appellent Syzeda, & pour les faire on demeure vn assez long-temps la teste contre terre. Cela plût extremement au Roy. Il est tres-vray que ce fut vne bassesse à cét Ambassadeur, mais cette bassesse luy fut profitable. Pour moy ie ne pûs obtenir du Prince Coronne ce que ie luy demandois.

Le 25. quelques-vns par hazard ou par malice parlerent de la débauche que le Roy auoit faite la nuict precedente, & dirent que plusieurs Seigneurs de la Cour auoient beû du vin; ce que personne n'oseroit faire sans la permission du Roy. Le Roy ne se souuenant pas que ç'auoit esté par son ordre, demanda qui auoit donné du vin à ses Seigneurs. On dit que c'estoit l'Officier qui l'auoit en garde. Vous remarquerez que personne n'osoit dire que le Roy l'auoit commandé: car il s'estoit enyuré cette nuict là, & l'on apprehendoit qu'il eût oublié cét ordre. Quand le Roy fait la débauche, il la commence ordinairement tout seul; & sur la fin il commande à ceux de sa Cour de prendre les verres. L'officier qui a le vin en sa garde, écrit le nom de tous ceux qui en boiuent, ils sont obligez de faire vn Tesselim ou remerciment au Roy pour la permission qu'il leur en a donnée. Il arriue souuent que dans le temps qu'ils font le Tesselim le Roy a tant beu qu'il ne les void pas. Or dans la débauche dont ie parle, il fit appeller le Sommelier, & luy demanda s'il luy auoit donné l'ordre de bailler du vin à ceux qui en auoient beu; il dit que non; quoy que dans la verité, il l'eût receu, & que le Roy eust nommé ceux qui deuoiêt boire auec l'Ambassadeur. Le Roy en demanda la liste, & les taxa, les vns à mille, les autres à deux mille, & quelques autres à trois mille Rupias; & pour ceux qui estoient les plus proches de sa Personne, il leur fit donner cent trente coups d'vne espece de foüet composé de quatre cordes, au bout desquelles il y a de petits fers comme des molettes d'esperon; tellement que chacun de ces coups de foüet fait quatre playes. Apres qu'on les eût laissé comme morts estendus par terre, le Roy commanda à ceux qui en estoient proches de leur marcher sur le corps. En suitte il fit signe aux Portiers de rompre sur eux leurs bastons. Apres cette execution, on les porta dehors tous brisez de coups, & il y en eut vn qui en mourut sur la place. Quelqu'vn voulut excuser la chose & la rejetter sur l'Ambassadeur, mais le Roy dit qu'il auoit cõmandé qu'on luy dõnât seulemêt 2. ou 3. verres de vin. Quoy qu'en ce pays l'yvresse soit vn vice fort commun, & que les hommes en fassent gloire, & que ce soit mesme l'exercice le plus ordinaire du Roy, elle est neantmoins si expressement deffenduë, que les Portiers qui sont au Gouzalcan, refusent la porte quand le Roy y est, à ceux qui se presentent pour y entrer, s'ils sentent à leur haleine qu'ils ayent beû du vin; & si le Roy en a connoissance, c'est vn hazard s'ils se sauuent du foüet. Au reste, quand le Roy est en colere, le pere n'ozeroit auoir pris la hardiesse de parler pour son fils. Ce fut ainsi que le Roy fit payer l'escot à ceux qui s'estoient trouuez à sa table auec l'Ambassadeur de Perse.

Le vingt-sixiéme, j'enuoyay chez Sorocolla pour auoir le Firman; il m'en enuoya vne copie où il y auoit autant d'ambiguité & d'apparence de mauuaise foy que dans la premiere. Ie le refusay, & copiay moy-mesme les articles qui m'estoient suspects. Ie renuoyay apres la copie; on me promit que le lendemain elle seroit seelée.

Le 28. le Roy estant sur le poinct de partir pour vn voïage, j'enuoyay demander à Asaphchan vn ordre pour auoir des Chariots. Nos Marchands en auoient cherché par toute la Ville sans en trouuer; & cependant ils estoient obligez de transporter leurs marchandises à Agra. On m'enuoya vn ordre pour auoir vingt Chameaux, quatre Chariots, & deux Carrosses, au mesme prix que le Roy les paye: I'en donnay aux Facteurs autant qu'il en falloit pour leurs marchandises. I'aurois tort si j'oubliois icy vne rencontre qui doit faire connoistre ou la bassesse de l'ame du Mogol, ou l'enuie qu'il auoit d'éprouuer ma liberalité. Il auoit fait condamner à la mort plusieurs voleurs, entre lesquels se trouuoient quelques jeunes garçons; & il n'y auoit point d'autre voïe de leur sauuer la vie, que de les achepter pour esclaues. Ce Prince commanda à Asaphchan de m'en offrir deux pour de l'argent, donnant ordre à Kutvval d'en faire le prix. Mon Interprete répondit à mon insçeu, que les Chrestiens ne tenoiẽt point d'esclaues; & que puisque j'auois mis en liberté ceux que le Roy m'auoit dõnez auparauãt, il estoit inutile de me faire vne semblable propositiõ. Ie soubçõnay que le Roy auoit eu la pensée d'éprouuer par là si j'estois hõme à donner quelque argent pour sauuer la vie à ces miserables. Soit que la chose fut ainsi, ou non, ie fis reflexion que ie deuois hazarder ce peu d'argẽt pour faire vne bõne actiõ. C'est pourquoy sãs vouloir penetrer dauãtage dãs la pẽsée du Mogol, ie cõmanday à mon Interprete d'aller trouuer Asaphchan, de luy dire qu'il m'auoit rendu cõpte de sa propositiõ, & de la réponse qu'il y auoit faite de luy-mesme: que j'auois trouué fort mauuais qu'il eust eu la presomption de rẽpõdre pour moy. Que mon sentimẽt & ma réponse estoient, que si ie pouuois par argent sauuer la vie à ces deux garçons, soit qu'on le deust donner à ceux qu'ils auoiẽt volez, ou que ce fut seulemẽt pour les sauuer du supplice auquel ils estoient cõdamnez, j'estois prest à le faire pour le respect que ie portois à tout ce qui venoit du Roy, & pour la charité qui m'y obligeoit; mais que ie ne les voulois en façon du mõde acheter pour esclaues; & qu'aussi-tost que j'aurois payé leur rançõ, ie les mettrois en liberté; que s'il luy plaisoit de sçauoir du Roy s'il auroit agreable que ie les misse ainsi en liberté, j'estois tout prest de le faire. Asaphchan répondit que j'en pouuois disposer comme ie voudrois, & que c'estoit vne grande bonté à moy d'en vouloir vser de la sorte. Il accepta donc la somme que j'en donnay, en continuant ses loüanges, & voulut que j'enuoyasse l'argent à Kutvval. Qu'au reste, ie pouuois disposer de ces jeunes hommes comme il me plairoit; ne parlant en façon du monde, d'en informer le Roy, qui estoit vne des fins pour laquelle ie faisois cette liberalité. Il y auoit long-temps que j'estois las d'estre pris pour Duppe, & ie ne sçauois si ce commerce-là n'alloit point au profit des Officiers du Prince. Ie resolus donc de payer l'argent; mais afin que le Roy n'ignorast pas que j'auois plus d'humanité que luy, & qu'il sçeust qu'vn Chrestien estimoit dauantage la vie d'vn More que de l'argent, j'enuoyay mon Facteur & mon Interprete à Kutvval, pour luy dire ce qui s'estoit passé auec Asaphchan, & luy faire entendre que s'il vouloit sur le soir informer Sa Majesté de l'offre que j'auois faite de rachepter ces prisonniers par charité, &

que le Roy consentist que ie les misse en liberté, ie luy enuoyerois l'argent; mais que pour ce qui est de les achepter en qualité d'esclaues, quand ce n'auroit esté que pour vne heure, ie ne le pouuois pas faire. Ainsi, ie mis les Officiers du Mogol dans la necessité de m'expliquer plus clairement leur proposition. Ils me demanderent dix Iacobus pour ces miserables. Kutvval à qui j'auois enuoyé, me répondit qu'il apprendroit là dessus les sentimens de Sa Majesté, & qu'il m'en donneroit aduis. Les Indiens me vouloient persuader que c'estoit vne des plus signalées faueurs du Grand Mogol, de choisir quelqu'vn entre les principaux de sa Cour pour vne semblable action, & de luy donner cette occasion de faire vne bonne œuure, en racheptant des prisonniers; Que quant à l'argent que ie donnerois pour le rachapt dont il s'agissoit, il seroit employé pour satisfaire la personne qui auoit esté volée par ces jeunes garçons; & que ceux à qui le Roy faisoit de semblables faueurs, luy en faisoient de grandes sizedas & remercimens, comme ils font lors qu'ils reçoiuent de luy quelque grace considerable. Auec cela il me sembloit qu'il y auoit quelque chose contre l'honnesteté, qu'vn Prince taxast ainsi vn Estranger qui ne tiroit de luy ny appointemens, ny gages. Ie fus au Durbal, pour voir si le Roy ne m'en parleroit point, auec resolution aussi de luy faire moy-mesme ces offres. Kutvval luy parla plusieurs fois, & fit entrer l'Executeur de la Iustice, à qui on fit quelques commandemens que ie n'entendis point.

Le premier de Nouembre, Sultan Coronne prit congé du Roy son pere pour se rendre à son Camp. Le Roy estoit au Durbal, lors que le Prince y vint suiuy d'enuiron six cens Elephans richement harnachez, & de mille Caualiers. Plusieurs d'entre-eux auoient des habits de drap d'or, auec des bouquets de plumes sur leurs turbans; il faut auoüer qu'ils estoient tous fort lestes & fort braues; Coronne auoit vn habit d'vn drap d'argent brodé de grosses perles & de diamans. Le Roy en l'embrassant, le baisa, & luy témoigna beaucoup d'affection. Il luy donna vne épée, dont le fourreau estoit d'or, couuert de perles de la valeur de cent mille Roupias, vn poignard qui en valoit bien quarante mille, vn Elephant, & deux Cheuaux, dont les selles & leur garniture estoient de placques d'or, couuertes de pierreries; auec cela vn des Carrosses qui auoient esté faits à l'imitation de celuy que le Roy mon Maistre luy auoit enuoyé. Sultan Coronne entra dans le Carrosse, & commanda au Cocher qui estoit Anglois, de le conduire jusques à ses tentes. Il estoit assis au milieu, les rideaux ouuerts des deux costez; sa Noblesse le suiuit à pied, jusques à ses tentes qui estoient éloignées de quatre milles. Par le chemin, il jettoit des quarts de Roupias au peuple qui le suiuoit auec acclamations; & estendant sa main jusques au Cocher, il mit dans son chappeau vne centaine d'écus.

Le Prince prend congé de luy pour aller à l'armée.

La Roupias vaut vn écu cinq sols.

Le deuxiéme, le Roy alla au Camp auec ses femmes & toute sa Cour. Ie le trouuay au Farraco. Ie montay sur l'échaffaut qui estoit au dessous de luy, estant bien aise d'auoir occasion de voir ce lieu là, que ie n'auois peû voir auparauant. Il y auoit deux Eunuques assis sur deux treteaux, qui luy chassoient les mouches auec des plumes mises au bout de deux longues perches. Il fit beaucoup de presens ce jour-là, & en receut de toute sorte de gens. Il auoit à costé de luy ceux qu'il vouloit faire. C'estoient des estoffes roulées sur vne piece de bois tournante. Vne vieille & hydeuse Matrone prenoit ceux qui luy estoient presentez. A vne Ialousie qui estoit à costé, ie vis deux de ses principales femmes qui augmenterent les trous de la Ialousie, derriere laquelle elles estoient pour me voir mieux. I'apperçeus premierement leurs doigts qu'elles passerent par ces trous, & qu'elles augmenterent à tel point, que ie peûs à la fin leur voir tout le visage. Elles n'étoient pas fort blanches; elles auoient les cheueux noirs comme jaix, les yeux fort vifs. Le lieu où elles estoient estoit peu éclairé; mais quand ie n'aurois point eu d'autre lumiere pour les voir que celle de leurs diamans, elles en auoient vne quantité si grande, que j'eusse peû les découurir à leurs seuls brillans. Apres les auoir considerées quelque-temps, elles se retirerent, & se mirent à rire, ie m'imaginay

Femmes du Mogol.

que c'estoit sur mon sujet. Le Roy se leua subitement, & nous fûmes au Durbal pour attendre l'heure qu'il deuoit sortir. Il y vint quelque-temps apres, & y tint sa seance vne demie heure, pour dõner le tẽps à ses femmes de monter sur les Elephans qui les attẽdoient à leur porte. Il y en auoit 50. tout richemẽt couuerts; mais principalement 3. dont les petites tours estoient couuertes de placques d'or. Les grilles des fenestres des tourelles estoient de la mesme matiere, & vn daiz de drap d'argent couuroit toute la tour. Le Roy descendit les degrez de son trosne auec tant d'acclamation & tant de voix de Viue le Roy, qu'on n'auroit pas entendu le bruit du canon. Ie me pressay pour me trouuer proche de luy au bas du degré. Il y eust vn de ses courtisans qui luy presenta dans vn bassin vne Carpe fort grande, & vn autre vn plat plein d'vne matiere blanche comme de l'amidon. Le Roy y porta le doigt; il en toucha apres le poisson, & s'en frotta le front. Cette ceremonie est en Indostan, vn presage de bonne fortune. Vn autre de ses grands Officiers passa son épée dãs les pẽdans de sõ baudrier. L'épée & les boucles estoiẽt couuertes de diamans & de rubis, & le baudrier de mesme. Vn autre luy mit son carquois auec trente fléches & son arc aussi, dans le mesme estuy que l'Ambassadeur de Perse luy auoit presenté. Son turban estoit fort riche. Il y paroissoit des bouts de corne. D'vn des costez pendoit vn rubis hors d'œuure, aussi gros qu'vne noix; & de l'autre, vn diamant de pareille grosseur, & au milieu vne émeraude bien plus grande taillée en forme de cœur. Le turban estoit entortillé d'vne chaîne de grosses perles, de rubis & de diamans qui faisoient plusieurs tours. Il auoit autour du col vne chaîne de perles, trois fois plus grosse que les plus belles que j'aye iamais veuës. Au dessus du coude il auoit des bracelets de mesme sorte, qui faisoient trois tours à l'entour du poignet. Il auoit la main nuë, & à chaque doigt vn anneau. Ses gands estoient d'Angleterre. Ils estoient passez dans sa ceinture. Son habit estoit de drap d'or sans manches. Ses brodequins estoient brodez auec des perles. Le bout des brodequins estoit en pointe, & tourné en haut. Il entre en cét équipage dans son Carrosse. Vn Anglois seruoit de Cocher, habillé aussi richement que iamais Comedien l'ait esté, & menant quatre Cheuaux couuerts & harnachez de velours d'or. C'estoit la premiere fois que ce Prince s'estoit seruy de ce Carrosse, qui auoit esté fait à l'imitation de celuy d'Angleterre, & estoit si semblable, que ie n'en connus la difference que par la housse, qui estoit d'vn velours trauaillé auec de l'or qui se fait en Perse. Apres qu'il y fut entré, deux Eunuques marcherent aux deux costez du Carrosse, portans de petites malles d'or enrichies de rubis, & vne queuë de cheual blanc pour luy chasser les mouches. Il y auoit beaucoup de trompettes, de tambours, & autres semblables instrumens, & des gens qui marchoient deuant auec des daiz & des parassols, la pluspart de drap d'or ou de broderie, enrichis de rubis, de perles & d'émeraudes. L'Ambassadeur de Perse luy presenta vn Cheual. Derriere luy suiuoient trois Pallanquins, dont les pieds estoient couuerts de placques d'or; & les bouts de la canne à laquelle ils estoient attachez, ornez de perles auec vne crépine d'vn pied de hauteur, aux fils de laquelle il y auoit grand nombre de perles enfilées. Le bord du Pallanquin estoit couuert de rubis & d'émeraudes. Vn des Officiers du Prince portoit vn marche-pied d'or auec des pierreries. Les deux autres Pallanquins estoient couuerts de drap d'or. Le Carrosse que j'auois presenté suiuoit apres; on y auoit fait vne nouuelle couuerture & de nouueaux ornemens, & le Mogol l'auoit donné à la Reyne Normale qui estoit dedans. Ce Carrosse estoit suiuy d'vn troisiéme fait à la maniere du Pays; mais qui n'approchoit point, ce me semble, de la beauté de l'autre. Les plus jeunes de ses fils estoient dans ce dernier. Quatre-vingt Elephans les suiuoient, c'estoit ceux qui estoient destinez pour la personne du Roy. Il ne se peut rien voir de plus riche que la garniture de ces Elephans qui brilloient de tous costez des pierreries dont ils estoient couuerts. Chaque Elephant auoit ses banderoles de drap d'argent, & d'autres. Les

Habillemés du Mogol.

Equipage du Mogol qui marche en campagne.

principaux de sa Cour suiuoient à pied. Ie le suiuis de mesme jusques à la porte de la Ville. Ses femmes venoient en suite à la distance d'vn mille, portées sur leurs Elephans. Quand il fut deuant la porte où son fils aisné estoit prisonnier, il fit arrester le Carrosse, & le fit appeller. Il vint, & luy fit la reuerence, ayant vne épée & vn bouclier à la main. Sa barbe luy descendoit jusques à la ceinture, qui est vne marque de disgrace. Le Roy luy commanda de monter sur vn de ses Elephans, & marcher à costé de son Carrosse. Il le fit, auec vn grand applaudissement de toute la Cour que le retour de ce Prince remplit de nouuelles esperances. Le Roy luy donna vn millier de Roupias pour en faire largesse au peuple. Asaphchan qui l'auoit gardé & ses autres ennemis estoiẽt cepẽdant à pied: Ie pris vn Cheual pour éuiter la presse, & ie l'allay attendre à l'entrée de sa tente. I'y trouuay vne longue haye d'Elephans qui portoient chacun vne tour. Aux quatre coins des tours il y auoit quatre banderoles de taffetas jaune, & deuant la tour vn fauconneau monté sur son affust, qui portoit vn boulet aussi gros qu'vne balle de jeu de paûme; le Canonier estoit derriere. Il y auoit trois cens de ces Elephans, & quelques six cens autres de parade qui estoient tous couuerts de velours trauaillé auec de l'or, & deux ou trois banderoles dorées. Plusieurs personnes à pied couroient deuant auec des outres pleines d'eau pour arroser le chemin par où il deuoit passer. On ne permet point d'approcher de son Carrosse de plus prés d'vn quart de mille; tellement que ie fis diligence pour aller à ses tentes, & attendre qu'il y mist pied à terre. Les tentes auoient bien deux milles de circuit. Elles estoient entourées d'vne étoffe du Pays, rouge par le dehors, & qui par le dedans estoit peinte de diuerses figures, comme le sont nos tapisseries. Toute l'enceinte auoit la forme d'vn Fort, auec ses bouleuards & ses courtines. Les pieux qui portoient ces tapisseries, auoient au haut vn gros bouton de cuiure: la foule estoit grande à l'entrée des tentes du Roy. I'y voulus entrer, mais on n'y laisse entrer personne. Les grands du Pays s'arrestent à la porte. Ie donnay quelque chose à ceux qui la gardoient, & j'y fus admis. L'Ambassadeur de Perse ne fut pas si heureux que moy: Car ayant tenté d'entrer, il fut refusé. Ce fut en cette rencontre que cét Ambassadeur me salüa pour la premiere fois, sans toutesfois me parler. Au milieu de la Cour de ce Palais portatif, estoit dressé vn trône de Nacre de perle; deux piliers en soûtenoient le daiz de brocard d'or. Les bouts ou les chapiteaux de ces piliers estoient d'or massif. Lors que le Roy approcha de la porte de sa tente, quelques-vns des Seigneurs du Pays entrerent dans l'enceinte, & auec eux l'Ambassadeur de Perse. Nous nous trouuâmes vis-à-vis l'vn de l'autre. Le Roy en entrant, jetta les yeux sur moy. Ie luy fis la reuerence. Il porta sa main sur sa poictrine, & s'inclina vn peu. Il fit le mesme à l'Ambassadeur de Perse. Ie demeuray immediatement derriere luy jusques à tant qu'il eust monté sur son Trône; il fût accompagné des acclamations de tout ce qu'il y auoit de gens en ce lieu-là. Apres que nous eusmes pris nos places, il demanda de l'eau, se laua les mains, & se retira. Ses femmes entrerent par vne autre porte dans l'Apartement qui leur estoit destiné. Ie ne vis point le Prince son fils dans l'enceinte que ie viens de dire. Il est vray qu'il y auoit plus de trente Apartemens faits auec des tentes. Les Seigneurs de la Cour se retiroient chacun à leurs tentes. Elles estoient toutes de differentes formes & de differentes couleurs: les vnes blanches, les autres vertes; mais toutes dressées dans vne aussi belle disposition, que les Apartemens de nos plus belles maisons; ce qui me parut vne des plus belles choses & des plus magnifiques que j'eusse iamais veuës. Tout le Camp paroissoit comme vne belle Ville. Le bagage & les autres embarras de l'Armée n'en gastoiẽt point la beauté ny la simetrie. Ie n'auois point de Chariot, & j'auois quelque honte de me voir en l'estat où j'estois: mais à cela il n'y auoit point de remede, & d'ailleurs cinq années de mes appointemens n'auroient pas suffi pour me faire vn équipage approchant de celuy des moindres Seigneurs de la Cour du Mogol.

Le Roy fait sortir de prison le Prince Corsoronne son aisné.

Tentes du Mogol.

Mais ce qui est encore plus surprenant, c'est qu'ils ont tous de doubles tentes & vn double équipage, & pendant qu'ils sont campez en vn lieu, ils enuoyent au lieu où ils sçauent qu'ils doiuent camper, les tentes & les meubles qui ne leur seruent point; & tout cela se trouue tout dressé lors qu'ils y arriuẽt. La cõfusion où j'estois de me voir en si mauuais équipage, me fit retourner bien viste à ma pauure caze.

Description des tentes du Prince.

Le cinquiéme de Nouembre, ie vis la mesme magnificence chez le Prince Coronne. Son Trône estoit couuert de placques d'argent, & en quelques endroits de fleurs en relief d'or massif. Le daiz estoit porté sur quatre piliers aussi couuerts d'argent. Son épée, son boucher, ses arcs, ses fléches, & sa lance, estoient sur vne table deuant luy. On monta la garde lors qu'il arriua. I'obseruay qu'il estoit fort maistre de luy-mesme, & de ses actions; & que mesmes il prenoit soin de les composer auec grauité. Il reçeut deux Lettres, & les leut debout auant que de remonter à son Trône. Ie n'ay iamais veu vne contenance d'homme si arrestée ny si graue. Ie ne peus remarquer sur son visage le moindre sousris, ny la moindre difference dans la reception qu'il faisoit à ceux qui se presentoient à luy. Ses actions me paroissoient pleines d'vne fierté rebutante, & d'vn mépris general pour tout ce qu'il voyoit. I'obseruay neantmoins quelque trouble interieur, & quelque espece de distraction dans son esprit. Ce qui le faisoit répondre peu à propos à ceux qui luy parloient, voire mesmes qui l'empeschoit de les entendre. S'il m'est permis d'en juger, ou ie me trompe fort, ou ie croy qu'il auoit laissé son cœur dans l'entretien qu'il auoit eu auec les femmes de son pere. Il luy auoit esté permis de les voir. Normale l'estoit venu voir le iour auparauant dans son Carrosse à l'Angloise; & en prenant congé de luy, elle luy auoit donné vn manteau tout couuert de broderie, releué de perles, de diamans, & de rubis. Cette visite estoit sans doute cause qu'il n'auoit point de presence d'esprit pour les affaires dont on luy parloit.

Le sixiéme de Nouembre, ie reçeus vne Lettre d'Amadauat, par laquelle on me donnoit auis d'vne rencontre qui s'estoit passée entre les Portugais & ceux de nostre Nation. Cinq Portugais ayant attaqué vn jeune Anglois à Camboya, luy auoient osté ses armes. Deux Anglois estoient accourus au bruit pour le tirer de leurs mains, & auoient esté attaquez par sept autres Portugais. Iean Brovvn fut blessé à la main d'vn coup de pistolet. Nos gens se deffendirent brauement, & en Anglois. Ils tuerent vn Portugais sur la place, en blesserent quelques-autres, & leur donnerent la chasse d'vn bout de la Ville à l'autre. Les Portugais se mirent à fuyr deuant eux comme des bestes, auec beaucoup de honte pour cette Nation, & beaucoup de gloire pour la nostre. Les fregates Portugaises estans depuis arriuées, plusieurs des ennemis vinrent à terre pour se vanger de cét affront. Il n'y auoit alors dans la Ville que les trois Anglois dont ie viens de parler. Le Gouuerneur en ayant esté auerty, enuoya le Kutvval auec des gens pour garder nostre maison, fit fermer les portes qui sont du costé de l'eau, chassa les Portugais, leur deffendant sur peine de chastiment de se méler auec les Anglois, & fit sortir auec seureté les nostres de la Ville, qui retournerent à Amadauat.

Le neufiéme, ie trouuay le Prince Coronne joüant aux Cartes auec grande attention. Il me fit excuse de son peu de memoire, & mit la faute sur ses Officiers, me témoignant au reste plus de ciuilité qu'il ne faisoit ordinairement. Il m'appella mesmes quelquesfois pour me monstrer son jeu, & m'addressa souuent la parole. I'attendois qu'il me parleroit de faire le voïage auec luy; mais comme il ne m'en toucha rien, ie luy dis que j'estois seulement venu pour luy obeyr, & pour prendre mon congé; que ie le priois de m'excuser si ie n'estois pas dauantage auprés de luy, mais que j'estois obligé de retourner à Adsmeer, & que ie n'auois point d'équipage pour demeurer là cette nuit. Il me dit qu'il m'auoit voulu voir deuant que de partir, & que ie serois expedié sur le champ. Il m'enuoya vn Eunuque; & plusieurs de ses Officiers me vinrent trouuer, & me dirent en soûriant, que le le Prince me vouloit faire vn grand present ; que si j'auois peur de faire voïage de nuit, on me donneroit dix Cheuaux pour me seruir d'escorte. Ils me firent vne aussi grande feste de ce present, que si le Prince m'eust deû donner la plus belle de ses chaînes de perles. Le present vint enfin ; c'estoit vn manteau de drap d'or, qu'il auoit porté deux ou trois fois. On me le mit sur les épaules, & ce fut à contre-cœur que ie luy en fis la reuerence. Si on auoit à representer sur vn theâtre le grand Tamerlan son deuancier, cét habit auroit esté fort propre pour vn tel personnage. La plus grande faueur que le Prince fait en ces quartiers-là, est celle de donner vn habit apres l'auoir porté vne fois ou deux.

Le 16. le Roy fit commandement qu'on mist le feu à toutes les tentes du Camp proche d'Asmeer, pour obliger par là le peuple de le suiure. La chose fut executée sur le champ. I'y demeuray bien embarrassé, aussi bien que l'Ambassadeur de Perse. Il auoit crié, il s'estoit plaint, il auoit fait des brauades, & auec tout cela il n'auoit pû obtenir les voitures ny les Chariots qu'il auoit demandez. Ie me resolus à son exemple d'en achepter, puisque ie n'auois pû en trouuer à loüer au prix que le Roy les paye. Ils estoient à la verité bien chers d'achat ; mais aussi en les loüant au prix qu'on en vouloit, le loüage de trois mois de temps égaloit la valeur des Chariots. Enfin, ce fut vne necessité d'en vser ainsi, car la Ville estoit aussi brûlée, & ie me trouuois exposé au danger des voleurs, dont il y a tousiours grand nombre dans le voisinage des armées. On n'y trouuoit point mesme de pain. Ie renuoyay à la Cour, & me resolus à souffrir toutes ces incommoditez.

Le 17. j'appris par la voye de Goa, que Dom Emanüel de Menesez, auec enuiron trois cens soldats du Vaisseau de l'Admiral, s'estoit sauué à terre ; que ceux du Pays les auoit volez & mis en chemise ; que mesmes ils en auoient tué quelques-vns ; qu'ils en auoient contraints d'autres à se faire circoncir, & que le reste estoit arriué à Goa dans vn pitoyable estat.

Le 24. Octobre, il n'y estoit encore arriué aucun Vaisseau de la Flotte qui estoit partie de Lisbonne ; ce qui les estonnoit beaucoup. Le Gallion de Mozenbique s'estoit battu auec vn Vaisseau Hollandois : ce Gallion estoit fort riche, & se sauua à la faueur de ce Fort. Remarquez, ie vous prie, l'audace des Hollandois, d'attaquer ainsi auec vn seul Vaisseau, vn Gallion plus fort qu'eux, à la veuë d'vne des principales Villes que les Portugais ayent dans les Indes.

Le 18. ie ne pûs auoir de Chariots : on me remettoit d'vn iour à l'autre, & j'apprehendois d'estre obligé de demeurer à pied. Il fallut enfin achepter des Chariots. Pour des Chameaux, on continuoit tousiours à m'en promettre ; Mestre Bidolff demeura dans le Camp du Prince, pour recouurer l'argent qui luy estoit deû : le Roy n'estoit qu'à douze courses d'Asmeer. Ce fut là que le Iesuite prît congé de moy. Il fut obligé d'achepter aussi des Chariots, bien qu'il eust vn ordre pour en auoir de ceux qui sont au seruice du Roy. Tout ce temps-là ne me donnant point d'occasion de vous parler de mes propres affaires, ie croy qu'il ne sera point mal à propos de vous entretenir de l'estat où se trouuoient alors celles de Sultan Corsoronne. Tout le monde prenoit part à sa disgrace, & on ne parloit que de sa détention entre les mains de ses ennemis. Le Roy qui y auoit consenty en partant, plustost pour satisfaire l'ambition de son cadet, que pour exposer l'aîné aux mauuais desseins que son frere pouuoit auoir sur sa personne, pensa à asseurer la vie de ce Prince, & à contenter par mesme moyen le peuple qui commençoit à murmurer de sa prison, & qui témoignoit hautement qu'il apprehendoit qu'on ne luy fist quelque trahison. Il prit de là occasion de declarer luy-mesme ses sentimens sur ce sujet, Asaphchan auoit visité son nouueau prisonnier ; & comme s'il eust oublié qu'il estoit son Prince, il estoit entré inciuilement dans sa chambre contre sa volonté, & sans luy faire de reuerence. Quelques-vns croyent qu'il auoit tasché à luy faire vne querelle, croyant que le Prince qui n'estoit pas d'humeur à souffrir vn affront, auroit mis la main à l'epée, ou auroit fait quelque autre violence, dont les soldats de sa garde se seroient vangez sur luy; ou qu'au moins il en auroit trouué vne occasion de plainte, & de porter la chose au Roy cōme vne insulte que le Prince luy auroit voulu faire, pour se sauuer des prisons où le Roy l'auoit fait mettre. Il trouua que le Prince estoit plus patient qu'il ne se l'estoit promis: Car il se contenta de faire auertir le Roy par vn de ses amis, de la maniere que son Geolier le traitoit. Le Roy appella Asaphchan au Durbal, & luy demanda combien il y auoit de temps qu'il n'auoit veu le prisonnier qui estoit en sa charge. Il luy répondit qu'il y auoit deux iours. Le Roy continua à luy demander qu'est-ce qui se passa l'autre iour dans sa chambre? Asaphchan repliqua qu'il n'y auoit esté que pour luy rendre visite; mais le Roy le pressant sur la maniere dont il l'auoit renduë, Asaphchan connut que le Roy estoit auerty de ce qui s'étoit passé. Il luy dit donc qu'il estoit allé voir ce jour-là le Prince pour luy offrir son seruice, mais qu'il luy auoit refusé l'entrée de sa chambre; là dessus, qu'il auoit crû qu'estant responsable de la personne du Prince, il estoit du deuoir de la charge qu'on luy auoit commise, de visiter la chambre de son prisonnier commo il auoit fait, y estant entré dedans mal-gré luy. Le Roy luy dit sans s'émouuoir; Hé bien? Quand vous fustes entré, que luy dites-vous? Et quel respect & quelles soûmissions rendîtes-vous à mon fils? Ce Barbare demeura fort confus, & confessa qu'il ne luy auoit fait aucune ciuilité. Le Roy sur cela luy dit, qu'il luy feroit connoistre que le Prince estoit son fils aîné & son heritier. Qu'il estoit son Maistre & son Prince; & que s'il entendoit parler vne autre fois qu'il luy eust manqué de respect, il commanderoit à son fils de luy mettre le pied sur la gorge, & de l'étouffer. I'ayme Sultan Coronne, adjoûta-il; mais ie veux que tout le monde sçache, que ie n'ay pas mis mon fils & mon successeur entre ses mains & en sa garde pour le perdre.

Le 24. ie demeuray à la Cour pour les affaires des Marchands; & j'y receu réponse d'Ispahan, que mes Lettres auoient esté enuoyées à Alep, & que nous estions attendus en Perse; mais sous des conditions que le Roy auoit jugées aduantageuses, au dessein qu'il auoit de diuertir le trafic des soyes des terres du Turc. Que le General des troupes du Grand Seigneur estoit auec vne puissante armée à Argeronne à six journées de Tauris, & qu'il marchandoit s'il deuoit attaquer cette place, & entrer dans le pays de Gorgestan & de Gilan, d'où vient la soye, & conquerir ainsi par les armes ce que l'on leur vouloit oster par le commerce. Le Roy de Perse estoit campé à Salmas lieu fort propre pour s'opposer à l'vn ou à l'autre de ses desseins: Car ce village estoit également éloigné de l'entrée de la Prouince de Gorgestan, & de la ville d'Argeronne. Mais si les armées n'en viennent point aux mains entre-cy & deux mois, l'approche de l'hyuer & la disette qui suit tousiours, vn si grand amas d'hommes les dissipera l'vne & l'autre, sans qu'elles puissent rien faire de considerable. Si elles s'approchent, quoy que le Persan ait cent quatre-vingt mille Cheuaux, on ne croid point qu'il hazarde la bataille, mais il se contentera de tirer aduantage de la facilité qu'ont ses troupes à faire de longues marches, estans sans bagages & sans artillerie.

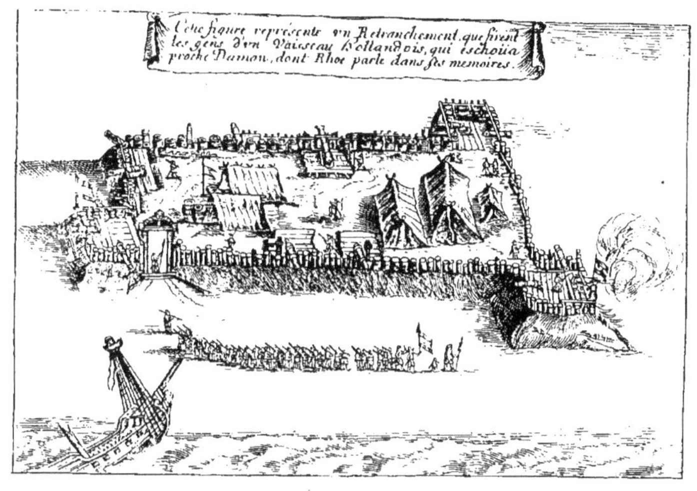

§. VII.

Voyages de l'Ambaſſadeur à la ſuite de la Cour. Deſcription du Camp du Mogol.

LE premier iour de Decembre, j'auançay juſques à Brampore. Ie trouuay ſur le chemin les corps de cent voleurs qu'on auoit fait mourir par l'ordre du Roy. La Carauanne partit ſur la minuit pour Aſmeere.

Le quatriéme, ie fis cinq coſſes; ie rencontray vn Chameau chargé de trois cens teſtes de Rebelles, que le Gouuerneur de Candehar enuoyoit au Roy comme vn preſent.

Le ſixiéme, ie fis quatre coſſes. Ie trouuay le Roy dans vne Ville fermée de murailles, nommée Godah, ſituée dans le plus beau pays du monde. C'eſt vne Ville des plus belles & des mieux baſties de toutes celles que j'ay veuës dans les Indes. Il y a force maiſons qui ont deux eſtages; ce qui eſt fort rare dans les autres. Il y a des ruës pleines de boutiques de toute ſorte de marchandiſes, auſſi riches que celles de nos meilleurs Marchands. On y voit pluſieurs baſtimens ſuperbes, & faits d'vne belle pierre de taille, qui ſeruent pour rendre la juſtice, ou pour les autres affaires publiques. Il y a auſſi des eſtangs enuironnez de galeries, ſouſtenuës d'arcades de pierre de taille, & reueſtuës de la meſme pierre auec des degrez auſſi qui regnent tout autour, & qui deſcendent juſqu'au fond de l'eau pour la commodité de ceux qui en vont puiſer, ou qui veulent prendre le frais. Sa ſituation eſt encore plus belle; car elle eſt dans vne grande campagne, où de courſe en courſe on trouue des villages. La terre y eſt extrémement fertile en bleds, en cottons, & en paſturages. I'y vis vn beau jardin qui a bien deux milles de long, & vn quart de mille de large, & plãté de mangas, de tamarins, & d'autres fruits, & diuisé par allées. Il y a de tous coſtez de petits Tẽples ou

Pagodes : plusieurs fontaines, des bains, des estangs, & des pauillons de pierre de taille bastis en voûte ; & si agreablement, qu'il faut que j'aduouë qu'il n'y a point d'hommes au monde qui ne fût rauy d'auoir a passer sa vie dans vn si beau lieu.

Le septiéme iour, le Mogol passa par cette belle Ville auec toute sa Cour. Elle estoit autrefois beaucoup plus florissante qu'elle n'est à present, parce qu'elle estoit la demeure ordinaire du Prince Raia ou Rasboot auant qu'Ecbarsha l'eust conquise, auec le reste de ses Estats. Ie remarquay mesme en plusieurs endroits, que les plus beaux bastimens de cette Ville s'en vont en ruïne. La raison en est, que les possesseurs des maisons & des autres heritages les negligent ; parce que deuant de retourner au Roy apres leur mort, ils ne veulent pas prendre le soin de les conseruer.

Description du Camp du Mogol.

Le neufiéme, ie vis le Camp du Roy, qui est vne des plus admirables choses que j'aye iamais veuës. Cette grande Ville portatiue fut dressée en quatre heures de temps : elle auoit de circuit prés de vingt milles d'Angleterre. Les ruës & les tentes y sont tirées à la ligne, & les boutiques si bien ordonnées, que chacun sçait où il doit trouuer ce qui luy est necessaire. Chaque homme de qualité & chaque Marchand sçait à quelle distance de l'Atasikanha ou Tente du Roy, la sienne doit estre dressée. Il sçait aussi de quel costé il se doit poster, & quelle quantité de terrain il doit occuper, sans que iamais en cela il y ait aucun changement. Et cependant, ces tentes ainsi dressées, enferment vne espace plus grande que la plus grande Ville de l'Europe. On ne peut approcher les pauillons du Roy qu'à la portée du mousquet ; ce qui est maintenant obserué si exactement, qu'on n'y admet personne que ceux qui y sont mandez. Pendant que le Prince est en campagne, il n'y tient point le Durbal apres midy, mais il employe ce temps-là à chasser ou à faire voler ses oyseaux sur les estangs. Il se met mesme quelquesfois tout seul dans vn batteau pour tirer. Il y en a tousiours à sa suite que l'on porte sur des Chariots. Il se laisse voir le matin au Farraco ; mais il y a deffense de luy parler d'affaires en ce lieu-là. Les affaires se traitent la nuit au Gouzalcan : ce n'est pas que ce temps-là qui est destiné pour les affaires, ne soit bien souuent employé à boire auec excez. Il faut que ie dise en passant, que l'on parloit fort à la Cour en ce temps-là d'vne nouuelle alliance entre Sultan Corsoronne & Asaphchan, & que l'on y esperoit sa liberté.

Charité du grand Mogol vers les pauures.

Le seiziéme, j'allay chez le Roy. Ie le trouuay au retour de la chasse, ayant deuant luy le gibier & le poisson qu'il auoit pris. Il voulut que ie choisisse ce qui m'en plairoit dauantage, & apres il distribua le reste à sa Noblesse. Il auoit au pied de son trône vn pauure miserable vieillard sale & hideux. Le Pays où il estoit, abonde en vne certaine sorte de gens, dont celuy-cy estoit, qui affecte en faisant profession de pauureté, la reputation de personnes saintes. Ces mandians-là sont en vne grande veneration : & en matiere de penitence & de mortification volontaire, ils passent tout ce qui a iamais esté fait ailleurs. Le vieillard dont ie parle, estoit assis auprés du Mogol, en vn lieu où le Prince son fils n'auroit pas osé s'asseoir. Il donna au Roy pour present vn petit gasteau couuert de cendre, & brûlé sur les charbons, qu'il auoit, ce disoit-il, fait luy-mesme. Le Roy le reçeut benignement, en rompit vn morceau, & le porta à sa bouche, encore qu'vne autre personne vn peu delicate en eust eu mal au cœur. Il enuoya querir vne centaine d'écus, & de ses mains propres non seulement il les mit dans vn pan de la veste de ce pauure homme, mais il en ramassa quelques-vns qui estoient tombez à terre. Quand on eust seruy sa collation, il ne mangea rien dont il ne donnast vne partie à ce gueux ; & voyant qu'à cause de sa foiblesse il auoit de la peine à se leuer, il le prit luy-mesme entre ses bras pour l'ayder. Vne personne vn peu propre ne l'auroit pas voulu toucher ; mais ce Prince l'embrassa étroitement, porta trois fois la main sur sa poictrine pour luy faire honneur, & l'appella plusieurs fois sõ pere. Nous demeurâmes fort estõnez de voir tant de vertu en vn Mahometan.

Le 26. nous trauersâmes des bois & des montagnes couuertes de halliers. Beaucoup de Chameaux perirent dans cette marche. Beaucoup de gens quitterẽt le Camp ; ne pouuant passer outre, tout le monde se plaignoit. I'y perdis ma Tente & mon

Chariot. Vers la minuict, ie rencontray le Roy qui s'estoit arresté deux iours au bas de la montagne, à cause qu'il falloit ce temps-là pour donner loisir à son Camp de se remettre du desordre de ce fascheux passage. Des milliers de Carrosses, de Chariots & de Chameaux, & mesmes beaucoup de Dames du Serrail, demeurerent dans ces montagnes couuertes de bois, sans eau & sans viures. Pour le Roy, il les auoit passées sur vn petit Elephant, qui auroit grimpé sur des rochers où iamais Chameau ny Cheual, ny quelque autre beste que ce soit, ne l'auroit pû suiure.

Le 24. de Ianuier, on eust nouuelles à la Cour que le Roy de Decan ne prenoit pas l'épouuante pour la marche du Mogol; qu'il l'attendoit de pied ferme sur la frontiere auec cinquante mille Cheuaux, apres auoir renuoyé son bagage dans le milieu de ses Estats. Que Sultan Coronne n'auoit osé passer Mandoa, estonné de la fermeté des ennemis, & de l'approche de Cham-chana. Asaphchan & Normahal qui auoient fait entreprendre ce voïage sur vne fausse supposition, changerent d'auis auec tous les autres qui auoient esté de ce mauuais conseil. Ils dirent au Roy qu'ils auoient crû que le Roy de Decan se seroit rendu, sur la seule apprehension de l'approche de ses troupes; mais qu'éprouuant maintenant le contraire, Sa Majesté feroit mieux de changer son voïage en vne partie de chasse, & tourner teste vers Agra: parce que, disoient-ils, le Decan n'estoit pas vn ennemy qui meritast qu'vn si grand Monarque l'allast combattre en personne. Le Roy leur répondit, que cette consideration venoit trop tard; que s'estant engagé si auant dans cette entreprise, il y alloit de son honneur de ne l'acheuer pas; qu'il vouloit suiure le premier conseil qu'on luy auoit donné, & en courir la risque. Il détachoit tous les iours des troupes fraîches, pour enuoyer des recreuës à l'Armée, & les prenoit quelquesfois entre celles qui l'accompagnoient. Il en auoit fait tirer aussi des Prouinces circonuoisines, jusqu'au nombre, disoit-on, de trente mille Cheuaux; mais peut-estre que si on leur eust fait faire monstre, on en auroit troué moins.

Le troisiéme Feurier, ie m'éloignay vn peu de la route du Camp, pour me mettre à l'ombre d'vn grand arbre. Sultan Corsoronne, fils aîné du Roy, y vint aussi monté sur son Elephant pour y chercher la mesme commodité. Il n'auoit quasi point de gardes ny de suite. Ses gens eussent voulu que ie luy eusse cedé la place. Pour luy, il me traita auec beaucoup d'honnesteté. C'est vn fort bon Prince, & qui à l'air d'vn galant homme. Il auoit laissé croistre sa barbe dans la prison, & elle luy descendoit jusques à la ceinture. Les questions qu'il me fit, monstroient assez qu'il ne sçauoit rien de ce qui s'estoit passé à la Cour, & qu'il n'auoit iamais entendu parler qu'il y eust vn Ambassadeur d'Angleterre, ny des Marchands de nostre Nation.

Il ne dit point comment il sortit de prisõ, soit que Rhoë l'ait oublié, ou que Purchas l'ait obmis; ce qui se verra mieux dans l'histoire de ce païs que dãs ces memoires.

Le sixiéme iour sur la nuict, nous arriuâmes à vne petite Ville nouuellement rebastie. Les tentes du Roy furent dressées assez prés de cette Ville, dans vn lieu agreable, sur la riuiere de Septa, & à vne cosse d'Vgen, qui est la principale Ville de la Prouince de Mulvva. Cette place est appellée Calleada; c'estoit autrefois la residence des Roys de Mandoa, Gentils de Religion. On dit qu'vn de ces Princes estant tombé dans la riuiere; & ayant esté pris par les cheueux par vn de ses esclaues qui nâgeoit fort bien, lors qu'il fut retourné de cét estonnement, & qu'on luy dit le seruice que luy auoit rendu cét esclaue, pour luy en faire donner quelque recompense; Il luy demanda comment il auoit eu la hardiesse de mettre la main sur la teste de son Prince, & le fit mourir.

Mort d'vn Roy de Mandoa.

Quelque-temps apres s'estant enyuré; & estant seul assis auprés d'vne de ses femmes sur le bord d'vn batteau, il tomba dans l'eau. Cette femme le pouuoit aisément sauuer, mais elle se garda bien de le faire, disant qu'elle s'estoit souuenuë de l'histoire de l'esclaue, & qu'elle auoit eu peur que le Prince ne luy fist couper la teste pour recompense de ce seruice.

L'onziéme, le Roy fut à Vgen pour y voir vn Deruis ou vn Saint qui vit dans la montagne, & que l'on tient estre âgé de trois cens ans; mais ie crois que cette merueille ne merite pas qu'on l'examine. Apres midy, ie reçeus vne Lettre que m'apporta vn homme de pied, auec nouuelles que le Prince, nonobstant tous les Firmans & tous les ordres de son pere, auoit pris de force les presens que l'on m'enuoyoit. Mr Terry, entre les mains de qui on les auoit mis, luy representa inutilement que les presens estans pour le Roy, il n'y deuoit pas toucher, il n'y eut aucun égard ; & obligea ceux qui les conduisoient, de retourner auec luy à Brampore. Il deffendit à la verité qu'on n'ouurist pas les caisses, mais il pressoit les Anglois de le permettre. Ceux-cy le refusoient, selon l'ordre que ie leur auois donné. Il crût en pouuoir venir à bout, en les traitant mal. C'est son ordinaire de vouloir voir tous les presens & toutes les marchandises, deuant que le Roy les ait veuës, afin de choisir le premier.

Deuant que ie peusse auoir connoissance de la violence qu'il faisoit à mes gens, il écriuit au Roy qu'il auoit fait arrester certaines marchandises appartenantes à des Anglois, sans faire aucune mention des presens, & qu'il le prioit de luy permettre de faire ouurir les caisses, & d'acheter les choses qui seroient à son vsage. I'en eus auis, & ce procedé ne pouuant estre appuyé de personne, ie resolus d'en demander justice. Ie crûs d'abord qu'il me falloit addresser à Asaphchan; car si j'eusse passé par d'autres mains, il l'auroit pris pour vne injure. D'vn autre costé, ie n'osois m'y fier, & j'apprehendois qu'il ne preuint le dessein que j'auois de m'addresser au Roy. Enfin, ie me resolus de luy enuoyer dire seulement que ie souhaittois auoir audiance du Roy au Gouzalcan.

Ce pretendu Prophete que le Roy estoit allé voir peu auparauant, m'en fit naistre l'occasion. I'informay mon nouuel Interprete, de ce qu'il deuoit faire ; & estant monté à Cheual, ie pris le chemin par où le Roy deuoit reuenir. Ie le rencontray sur vn Elephant. Ie mis pied à terre, & luy fis connoistre que ie luy voulois parler. Il se tourna vers moy ; & preuenant la plainte que ie luy voulois faire; ie sçay, me dit-il, que mon fils à pris vostre marchandise & mes presens. Ne vous en mettez point en peine, il n'ouurira point vos caisses, & ne touchera point aux coffres. Ce soir, ie t'enuoyeray vn ordre de vous les remettre entre les mains. Il accompagna cette promesse d'autres discours fort ciuils ; & comme il connut que j'auois sujet de me plaindre, il commença le premier pour m'appaiser. Durant le chemin, ie n'en pûs tirer dauantage ; mais la nuict estant venuë, ie fus au Gouzalcan, sans m'addresser à Asaphchan, auec resolution de continuer à me plaindre de l'arrest de mes marchandises, & de tous les autres mauuais traitemens que nous auions reçeus à Surate. Aussi-tost que ie fus entré, le Roy appella mon Interprete, & luy dit qu'il auoit écrit, & qu'il auoit enuoyé vn second ordre, & que ie ne perdrois pas la moindre chose. Ie luy fis dire que l'affront qu'on nous auoit fait, & les mauuais traitemens des Officiers du Prince, auoient mis nostre patience à bout. Il me répondit que pour ce qui estoit passé, il le falloit oublier. Ie vis bien que tant que Asaphchan seroit mon entremetteur, ie n'en tirerois satisfaction qu'en des paroles. C'est pourquoy ie me resolus de ne pas porter la chose plus auant ce iour-là, & d'attendre quelque occasion de parler au Roy lors que mon Infidelle mediateur n'y seroit pas. Le Roy se mit à entrer dans les controuerses de la Religion, & à parler de celles des Iuifs, des Chrestiens, & des Mahometans ; le vin l'auoit rendu de si belle humeur, qu'il se tourna vers moy, & me dit, ie suis le Roy ; vous serez tous les bien-heureux dans mes Estats, Mores, Iuifs, Chrestiens. Ie ne me mesle point des Controuerses de vos Religions, viuez tous en paix dás mes Estats, vous y serez à couuert de toute sorte d'injures, vous y viurez auec seureté, & j'empescheray que personne ne vous opprime. Il repeta plusieurs fois ce mesme discours ; & enfin estant tout à fait yvre, il se mit à pleurer, & à se laisser emporter à d'autres passions, nous tenant ainsi iusques à minuit.

Chacun peut iuger la peine où j'estois, de ce que les Facteurs auoient gardé 4. mois les marchandises pour les voir apres tant de temps entre les mains du

Prince. Il arriua deux iours apres de Brampore : ce nous estoit cependant vne nouuelle injure, de voir qu'on ne nous faisoit point de justice de la premiere. Mais considerant qu'enfin l'affaire n'estoit plus en son entier, que j'auois commencé à me plaindre du Prince, & qu'il estoit desia beaucoup aigry contre moy de ce que j'auois fait ; ie creus, puis qu'il le falloit perdre tout à fait, qu'il se falloit resoudre à tout, & faire nos derniers efforts auprés du Roy. I'attendois l'occasion de le pouuoir faire à propos, & à l'heure mesme ie renuoyay le messager que le Sieur Terry m'auoit dépeché, auec ordre de demeurer où il le rencontreroit, & d'y attendre la réponse du Roy, que ie luy enuoyerois en toute diligence. Cependant, le Roy s'estoit fait apporter secrettement les caisses, & les auoit fait ouurir, ie pris en moy-mesme la resolution de m'en vanger ; & dans vne audiance qu'il me donna, ie luy en fis mes plaintes. Il me reçeut auec des flatteries basses, & encore plus indignes de sa qualité, que l'action qu'il auoit faite. Ie crois qu'il le fit pour me donner quelque satisfaction, voyant à mon visage que j'estois outré au dernier point. Il cōmença donc à me dire qu'il y auoit trouué diuerses choses qui luy plaisoient extrémemēt ; entre-autres, deux coussins en broderie, vn verre trauaillé à iour, qu'il auoit aussi retenu les dogues ; que si entre ces choses-là il y en auoit quelqu'vne que ie ne luy voulusse pas dōner, il me la rendroit, & qu'il vouloit que ie fusse content. Ie luy dis qu'il y en auoit peu que ie ne luy eusse destiné ; mais que c'estoit vn procedé fort inciuil à l'égard du Roy d'Angleterre mon Maître, & que ie ne sçauois cōment luy faire entendre que les choses qu'il donnoit en present auoient esté saisies, & non point presentées par mes mains à ceux à qui elles estoient addressées. Que quelques-vns des presens estoient pour le Prince & pour la Reyne Normahal. Que les autres deuoient demeurer entre mes mains pour m'en seruir dans les occasions, & disposer par là Sa Majesté à nous proteger contre les injures que les estrangers nous faisoient tous les iours. Qu'il y en auoit pour mes amis, ou pour mon vsage particulier. Que le reste appartenoit aux Marchands, & qu'ainsi ie n'en pouuois pas disposer. Il me pria que ie ne trouuasse point mauuais qu'il se les eust fait apporter ; qu'il auoit trouué ces choses si belles, qu'il n'auoit pas eu la patience d'attendre que ie les luy presentasse. Qu'en cela il ne m'auoit point fait de tort, pource qu'il croyoit que mon intention estoit, que dans la distribution des presens il fust seruy le premier. Que pour le Roy d'Angleterre, il luy en feroit satisfaction & mes excuses. Aussi, que le Prince, la Reyne Normahal & luy, n'estoient qu'vne mesme chose ; & quant aux presens qui deuoient estre reseruez pour les occasions où j'aurois besoin de sa faueur, ce n'estoit qu'vne ceremonie tout à fait inutile, parce qu'il me donneroit audiance en quelque-temps que ce fust ; & que ie serois bien receu, quand mesmes ie viendrois le voir les mains vuides, puis qu'il voyoit bien qu'il n'auroit pas tenu à moy d'y venir autrement. De là, il se mit sur le discours de son fils, & me dit qu'il me rendroit quelque chose de ce qu'il auoit pris, & qu'il feroit contenter mes Marchands sur les marchandises qui leur appartenoient. Il conclud enfin cette longue suite de raisons, en me priant que ie ne prisse point en mauuaise part la liberté qu'il s'estoit donnée sans aucune intention de me faire tort. Ie ne répondis rien à tout cela ; sur quoy il me pressa de luy declarer ma pensée, me demandant diuerses fois si i'estois content ou non. Ie luy répondis que i'estois fort satisfait, de voir que Sa Maiesté le fust. Il tourna les yeux sur le Sieur Terry, que i'auois amené auec moy à l'audiance ; & luy dit, Padre, vous soyez le bien-venu. Cette maison est à vous ; vous deuez faire vostre compte là dessus. Toutes les fois que vous me voudrez parler, vous aurez les entrées libres, & ie vous feray toutes les graces que vous me pourrez demander. Apres luy auoir ainsi parlé, il s'addressa à moy derechef, auec tout l'art dont les plus fins se peuuent seruir, & se mit à faire le dénombrement de toutes les choses qu'il m'auoit fait enleuer. Il

Terry estoit vn Ministre.

commença par les dogues, les coussins, & l'estuy de Barbier; & en soûriant, vous ne voulez pas, me dit-il, que ie vous rende ces choses; car ie suis bien aise de les auoir. Il en faut demeurer d'accord, luy répondis-je. Pour les verres de ces deux caisses, adjousta-il, ils sont fort communs, pour qui les auiez-vous fait venir? Ie dis que l'vne des caisses estoit pour Sa Majesté, & l'autre pour Normahal. Hé bien! ce dit-il, ie n'en retiendray qu'vne. Et ces chappeaux, adjoûta-il, à qui sont-ils? Ils plaisent fort à mes femmes. Ie répondis qu'il y en auoit trois pour Sa Maiesté, & que le quatriéme estoit pour mon vsage. Pour ceux-là, vous ne me les voulez pas oster, continua-il, car ie les trouue beaux. Pour le vostre, ie vous le rendray si vous en auez besoin; mais vous m'obligerez beaucoup de me le donner. Il en fallut demeurer d'accord. Et ces peintures, disoit-il, à qui sont-elles? Elles m'ont esté enuoyées, luy dis-ie, pour en disposer selon les occasions & l'exigence de mes affaires. Il commanda qu'on les luy apportast; & ayant fait ouurir la caisse où elles estoient, il me fit plusieurs demandes sur les femmes qui y estoiẽt peintes, & d'autres questions semblables. Il se tourna sur ceux de la Cour qui estoient les plus prests de luy, & les pressa de luy donner l'explication d'vn tableau dans lequel il y auoit vne Venus & vn Satyre. Il deffendit à mon Interprete de m'expliquer ce qu'il disoit sur ce suiet. Il faisoit remarquer à ses courtisans les cornes du Satyre, sa peau qui estoit noire, & diuerses autres particularitez de cette peinture. Chacun d'eux l'expliqua selon son sens; mais le Roy leur dit apres les auoir ouys, qu'ils se trompoient, & qu'ils en iugeoient mal. Pour luy, il ne declara point sa pensée, & commanda de nouueau à l'Interprete de ne me point expliquer ce qui s'estoit dit sur ce tableau, mais de m'en demander mon sentiment. Ie luy répondis que ie croyois que c'estoit vne inuention du Peintre, pour faire paroistre ce qu'il sçauoit, & que c'estoit la coustume de tous ceux de son Art, de se seruir ordinairement des fictions des Poëtes pour en tirer le suiet de leurs tableaux. Que ie ne luy pouuois rien dire dauantage sur l'explication de cette peinture, puisque c'estoit la premiere fois que ie la voyois. Il demanda aussi au Sieur Terry le iugement qu'il en faisoit, qui confessa comme moy son ignorance. Le Roy luy demanda, pourquoy donc m'apporter vne chose dont vous ne sçauez point la signification? Ie pris la parole, & dis au Roy que nostre Ministre ne se méloit point de semblables choses; qu'on ne les luy auoit pas données en garde, mais qu'il estoit seulement venu auec nos marchandises, pour en auoir la conduite par le chemin.

Vn Satyre qu'vne femme meine par le nez, dont on fait grãd bruit.

Ie rapporte cecy pour l'instruction de nos Messieurs de la Compagnie des Indes, & de tous ceux qui succederont à ma place, les aduertissant qu'ils n'enuoyent point en ces quartiers des choses qui soient suiettes à mauuaise interpretation; car en ce poinct ils sont fort soupçonneux. En effet, quoy que le Roy ne voulust pas dire ses sentimens, ie creus neantmoins auoir connu par les propos qu'il auoit tenu, qu'il s'imaginoit que cette peinture estoit faite en derision des peuples de l'Asie, & qu'il auoit opinion qu'ils y estoient representez par le Satyre, comme estans d'vne mesme complexion; & que la Venus qui menoit le Satyre par le nez, representoit le grand empire que les femmes de ce Pays-là ont sur les hommes. Pour moy, il ne me pressa pas dauantage d'en donner mon iugement; & comme il estoit persuadé que ie n'auois iamais veu ce tableau, il crût que l'ignorance sur laquelle ie m'excusois estoit sans artifice. Ce soubçon que ie viens de dire, luy demeura toutefois dans l'esprit; & sans témoigner d'en estre offensé, il me dit qu'il receuoit cette peinture comme vn present que ie luy faisois. Pour ce qui est de la selle & des autres bagatelles, adiousta-il, ie veux qu'il les enuoye à mõ fils à qui elles sont propres. Ie luy écriray aussi suiuant la promesse que ie vous en ay faite, auec des ordres si exprés, que vous n'aurez point besoin auprés de luy de solliciteur. Il accõpagna ces offres de tãt de cõplimẽs, d'excuses, & de protestatiõs, & qui ne pouuoiẽt venir que d'vne ame, ou fort genereuse, ou fort basse, il n'ẽ demeura

demeura pas là. Il demanda ce que vouloient dire les figures de ces bestes, & si on me les auoit enuoyées pour les luy presenter. On m'auoit auerty qu'elles estoient fort ridicules & fort mal-faites, & que la peinture mesme s'en estoit écaillée en plusieurs endroits. En vn mot, à les bien priser, ce n'estoit rien que de vilaines masses de bois. Ie luy répondis qu'on n'auoit pas eu intention de luy faire present d'vne si mauuaise chose; mais que ces bestes auoient esté enuoyées pour faire voir la forme des animaux qui sont les plus communs en nos Pays. Il me repartit aussi-tost; Hé quoy! pensoit-on en Angleterre que ie n'eusse point encore veu de Cheual ny de Taureau? Rien moins que cela, luy répondis-je; mais celuy qui les a enuoyez est vn homme d'vne condition ordinaire, qui m'a voulu témoigner son affection, en me faisant present de ces bagatelles. Et bien, bien, dit le Roy, ie les veux garder; mais il faut que vous m'aydiez à me faire auoir vn grand Cheual de ceux de vostre Pays. C'est tout ce que ie vous veux demander, auec deux de vos Lévriers d'Irlande, vn masle & l'autre femelle, & des autres especes de Chiens dont vous vous seruez pour la chasse. Si vous me les faites venir, ie vous jure en parole de Prince que ie vous en recompenseray, & que ie vous accorderay plus de priuileges que vous ne m'en pourrez demãder.

Le Mogol répondit à cette difficulté qu'on luy faisoit sur le transport des cheuaux; qu'il ne se soucioit pas qu'ils fussẽt en mauuais estat lors qu'ils arriueroient, & qu'il les auroit bien-tost remis en les nourrissant de beurre & de sucre.

Ma réponse fut, que ie ne manquerois pas d'en faire mettre sur les Vaisseaux de la premiere Flotte; mais que ie ne pouuois pas répondre qu'ils peussent resister à vn si long voyage, & qu'en cas qu'ils vinssent à mourir, pour marque de mon obeyssance, ie luy en ferois voir les os & les peaux. A ce discours il s'inclina plusieurs fois, il porta la main sur sa poictrine, & me témoigna tant de faueur, de familiarité, & de biẽ-veillance, que tous ceux qui se trouuerent presens, asseurerent qu'il n'en auoit iamais tant fait à personne. Ce fut là ma recompense. Il me dit encore, qu'il vouloit reparer l'injure qui m'auoit esté fait, & me renuoyer à mon Païs comblé de graces & de faueurs dignes d'vne personne de ma condition. Mais voyant qu'on ne me donnoit que des paroles pour les marchandises qui auoient esté saisies, ie redemanday à Sa Majesté les pieces de velours & les pieces de soye, comme marchandises appartenantes aux Marchands, luy faisant croire que les Marchands ne les auoient fait mettre dans mes coffres, que pour éuiter les mains des Officiers du Prince. Il fit appeller Maistre Bidolph pour en faire le prix auec luy, & le contenter. Ie luy presentay alors vn Memorial où estoient estendus au long les priuileges & les franchises que nous esperions de luy, luy disant que si il ne me les accordoit, ie serois obligé de retourner vers mon Prince, auec le déplaisir de luy auoir esté inutile en cét employ, & d'auoir par là merité sa disgrace. Ie luy demanday aussi justice pour le payement de ce que nous deuoit Sulpheckarkon qui estoit mort depuis peu; il me dit qu'il en parleroit à son fils, & de nos affaires de Surat; que nous n'aurions desormais aucun sujet de nous en plaindre, ny des Officiers de son Gouuernement. Il donna mesmes pour cét effet quelques ordres sur le champ, & me promit de me mettre entre les mains des ordres pour les Gouuerneurs des autres places. Enfin, dit-il, ie vous monstreray en toutes rencontres que ie vous aime beaucoup, & que ie veux que vous retourniez auec honneur en vostre païs. Il ajoûta qu'il enuoyeroit en mesme temps vn magnifique present au Roy d'Angleterre; qu'il l'accompagneroit d'vne lettre où il luy rendroit témoignage de mes bons seruices; & me pressa en suitte de luy dire quel present ie croyois deuoir estre le plus agreable au Roy d'Angleterre. Ie luy respondis qu'il me sieeroit mal de luy demander vn present; que ce n'estoit point la maniere de nostre Païs, qu'il y iroit de l'honneur du Roy mon Maistre d'en vser de la sorte, mais que ie l'asseurois que quoy qu'il enuoyast, il le receuroit auec beaucoup de ioye, comme venant d'vn Prince qu'il estimoit & qu'il aimoit beaucoup. Il me dit que peut-estre ie croyois qu'il me faisoit cette demande en raillant; qu'il voyoit bien par là que i'estois mal satisfait; mais qu'il me conjuroit de croire qu'il estoit mon amy. Que ie l'esprouuerois à la fin, & iura par sa teste que c'estoit tout de bon, & qu'il vouloit enuoyer vn present en Angleterre. Il fallut par force luy nommer quelque chose digne d'estre enuoyé si loing. Ie luy dis que selon ma pensée, les grands tapits de Perse seroient fort propres, parce que mon Maistre n'attendoit pas des presens de grande valeur. Il dit qu'il en feroit mettre ensemble de toutes sortes de grandeurs & de façons, & qu'il y adiousteroit ce qu'il croyoit estre le plus propre pour faire voir au Roy d'Angleterre combien il l'estimoit. On auoit mis deuant luy diuerses pieces de venaison. Il me donna la moitié d'vn Dain, & me dit en me le donnant, qu'il l'auoit tué de sa main propre, & qu'il auoit destiné l'autre moitié pour ses femmes. En effet cette autre moitié fut coupée sur le champ en plusieurs pieces de quatre liures chacune. Et à l'instant mesme, le troisiéme fils du Roy & deux femmes vinrent du Serrail, & prirent ces morceaux de viande entre leurs mains, & les porterent dans le Serrail comme des gueux à qui on les auroit donnez par charité auroient pû faire. Si l'affront qu'on m'auoit fait, eust pû estre reparé par des paroles, ie deuois estre content de celles que ce Prince me dit ce iourlà ; mais ie crû que ie deuois continuer à me plaindre, craignant qu'il ne m'eust fait toutes ces auances pour m'éprouuer, & pour voir si j'estois satisfait. Il me demanda si ie n'estois pas content de luy ; Ie luy répondis que sa faueur pourroit aisément remedier aux injustices qu'on m'auoit faites dans ses Estats. Ie n'ay qu'vne question à vous faire, me dit-il, quand ie songe aux presens que vous nous auez apportez depuis deux ans. Ie me suis estonné plusieurs fois que le Roy vostre Maistre vous ayant enuoyé auec la qualité d'Ambassadeur, vos presens neantmoins se soient trouuez si inferieurs en qualité & en nombre à ceux qu'vn Marchand qui a esté deuant vous icy, y auoit apportez, & auec lesquels il auoit gagné l'affection de tout le monde. Ie vous reconois pour Ambassadeur ; vostre procedé me semble estre d'vne personne de condition, & cependant ie ne puis comprendre que l'on vous entretienne icy auec si peu d'éclat. Ie voulois répondre à cette interrogation, mais il m'interrompit. Ie sçay assez bien, continua-il, que ce n'est ny vostre faute ny celle de vostre Prince ; ie veux vous faire voir que ie fais plus d'estime de vous, que n'en font ceux qui vous ont enuoyé. Lors que vous retournerez en Angleterre, ie veux que ce soit auec honneur & auec recompense, & vous charger d'vn present pour vostre Maistre, sans auoir égard à ceux que vous m'auez presenté, vous priant seulement d'vne chose, que ie ne voudrois point cõmettre aux Marchands. C'est de me faire faire en vos quartiers vn carquois pour mettre des fléches, vn estuy pour mon arc, dont ie vous feray donner le modele, vn coussin à ma maniere pour dormir dessus, vne paire de brodequins que vous ferez broder en Angleterre le plus richemẽt que faire se pourra, & vne cotte de mailles pour mõ visage. Ie sçay qu'en vos quartiers on trauaille mieux qu'en lieu du monde, & si vous m'enuoyez ces choses, vous sçauez que ie suis vn puissant Prince, & vous éprouuerez que vous n'aurez rien perdu à vous charger de cette commission. Ie l'asseuray que ie l'executerois soigneusement. Il commanda à Asaph-chan de m'en enuoyer les modeles. Il me demanda en suite si ie n'auois point de vin de grappe ; Ie luy répondis que j'en auois. Il me dit qu'il en vouloit taster la nuict suiuante, & que s'il le trouuoit bon il s'en vouloit donner au cœur-joye. La soirée s'estant passée dans cette longue conuersation, le Prince se leua, & me donna congé.

Le 3. de Mars, j'arriuay à Mandoa, le Roy y deuoit faire son Entrée, mais le iour n'estoit point encore arresté ; car on attendoit que les Astrologues luy eussent marqué l'heure la plus fauorable pour cette ceremonie ; tellement que nous demeurâmes dehors en attendant ce moment bien-heureux.

Le sixiéme, j'entray à Mandoa. Mes gens que j'y auois enuoyez pour me chercher vn logement, auoient pris possession d'vne grande enceinte fermée de bonnes murailles, où il y auoit vn Temple & vn Monument.

Quelques gens de la Cour s'y estoient aussi logez ; mais ie ne laissay pas de m'en conseruer la possession, comme du meilleur logement qui fust dans toute la Ville; en y faisant fort peu de dépense, on l'auroit rendu tout à fait commode, l'air y estoit bon, & la veuë fort agreable ; car cette maison estoit sur le haut d'vne éminence. Il est vray qu'il y auoit cette incommodité, qu'elle estoit éloignée de deux milles du Palais du Roy.

Le 11. ie me mis en chemin pour aller trouuer le Roy, mais on me dit qu'vn Lyon ayant tué quelques cheuaux de l'équipage, il luy auoit voulu donner la chasse, & qu'il estoit sorty pour ce dessein là. I'employay quelque-temps pour faire chercher de l'eau ; car la Ville estant sur vne hauteur & aux enuirons, il n'y auoit ny puits ny autre reseruoir d'eau, tant est grande la preuoyance des gens de ce païs. Toute cette multitude de monde qui y estoit, se vid en danger de perir de soif : les principaux Seigneurs de la Cour auoient pris possession du peu de puits qui se trouuerent en la campagne voisine, de l'eau, il ne me fut pas possible d'en auoir. Tous les pauures gens furent obligez de quitter la Ville, & l'on publia mesme vn ordre, par laquelle il estoit commandé de mettre dehors le bestail & les Chameaux. Tous ceux qui se trouuerent sans faueur, furent obligez d'aller chercher d'autres demeures à trois ou quatre lieuës de là : ce qui causoit vn desordre incroyable dans la Cour, & rendoit les viures fort chers. En mon particulier, j'estois assez en peine de la resolution que ie deuois prendre; car ma maison estoit fort bonne : & quoy que ie fusse éloigné des marchez aussi bien que de l'eau, ie m'imaginois neantmoins que j'y pourrois demeurer auec plus de commodité que ie n'aurois fait à la campagne, où il auroit fallu camper. Ie montay donc à cheual pour chercher de l'eau moy-mesme ; ie trouuay vn puits que l'on gardoit pour vn Cham à qui le Roy l'auoit donné. Ie luy fis connoistre le besoin que i'auois de sa courtoisie, il m'accorda quatre charges d'eau par iour. Ie reçeus cette faueur comme ie deuois, & ie m'en retournay à mon logis fort satisfait ; & les iours suiuans, ayant vendu quelques marchandises, & m'estant défait de quelques-vnes de mes voitures, ie me sauuay de la misere publique. Ie ne laisseray pas de dire que i'ay souffert dans des voïages que i'ay faits à la suite de la Cour du Mogol, toutes celles qu'vn mauuais gouuernement & vn climat intemperé peuuent faire souffrir aux hommes.

§. VIII.

Affaires des Marchands Anglois. Feste du iour de la Naissance du Roy.

LE 12. de Mars, ie presentay au Roy pour Estreines vne belle paire de coûteaux & six verres, de la part de la Compagnie. Il reçeut bien l'excuse que ie luy fis sur la petitesse de ce present; & me témoigna beaucoup de bonté, ce qui estoit toute ma consolation ; il me dit que ie ne luy pouuois faire de present, quelque petit qu'il fut, qui ne luy fust tres-agreable; qu'il y consideroit principalement l'affection auec laquelle ie le faisois, & que c'estoit maintenant à luy à me donner quelque chose. I'apperçeus à costé du Prince vne personne de la Cour qui s'estoit bien acquittée de la promesse qu'elle m'auoit faite ; car ie trouuay que le Roy auoit esté instruit par son moyen des choses que ie desirois. Il commanda aussi sur le champ à vn de ses Officiers, de faire venir Maistre Bidolff, & qu'on luy payast l'argent qu'il demandoit. Tous nos autres debiteurs eurent ordre de payer ce qu'ils deuoient à la Compagnie.

Cela ainsi ordonné, le Roy me commanda de monter sur les degrez de son Trône, & de m'approcher de luy. Ie luy obeys, & trouuay d'vn costé l'Ambassadeur de Perse ; & de l'autre, le vieux Roy de Candahar. A peine auois-je pris ma place prés de ce

Prince, qu'il me demanda vn coûteau que ie luy enuoyay le iour suiuant. Le Roy appella en suitte l'Ambassadeur de Perse, & luy donna des pierreries & vn ieune Elephant. Il se mit à genoux, & donna de sa teste contre les degrez du Thrône pour le remercier. Ce Trône là estoit le mesme qui auoit seruy l'année passée, & auoit les mesmes accompagnemens. Au haut du Thrône estoient les portraits du Roy mon Maistre, de la Reine, de Madame Elizabeth, du sieur Thomas Sunth, auec quelques autres peintures. Au dessous il y auoit deux pieces d'vne tapisserie de Perse tres-fine. Ce Thrône, comme i'ay desia dit, estoit d'or semé de rubis, d'esmeraudes & de turquoises. A costé sur vn petit échafaut estoit vne troupe de Musiciennes Courtisannes. I'écriuis ce jour-là à nos Facteurs à Surat les nouuelles que j'auois reçeuës de Perse, & les negociations du nouuel Ambassadeur Persan en cette Cour: Ie leur manday aussi de faire souuenir Abraham-Chan Gouuerneur de Surat de la promesse qu'il m'auoit faite. Il m'escriuit peu apres, & me mandoit par sa lettre, que durant son absence nostre Nation auoit receu à la verité quelques mauuais traittemens, mais que son pouuoir ayant esté augmenté par le Prince, il vouloit que ie demeurasse persuadé que tant qu'il seroit en credit, non seulement il ne souffriroit point que l'on nous fist aucun tort, mais que l'on nous accorderoit plus de libertez & de priuileges que nous n'en auions eûs par le passé. Le 30. j'enuoyay faire vn cōpliment à Asaph-Chan. Ie l'accompagnay d'vn bōnet de nuict bien trauaillé, & d'vne paire de gans: L'vn & l'autre luy furent presentez de ma part. Pour les gands il les renuoya comme vne chose de nul vsage en ce païs. Il receut bien le bonnet, & me fit demander vn peu de vin d'Espagne que ie luy enuoyay le iour suiuant. Sur le soir Aganor m'enuoya vn Banjan son Secretaire, pour me dire qu'il auoit ordre d'expedier l'affaire des marchandises; & qu'il enuoyeroit exprés vn de ses gens pour acheuer cette affaire auec Maistre Bidolff; que l'on m'enuoyeroit à mon logis les patrons des choses que le Roy desiroit de moy, & qu'il me vouloit donner vne veste & de l'argent pour la dépense du voyage que i'auois à faire vers mon Prince. Ie luy dis que ie ne me seruois point de ces vestes à l'Asiatique, & que ie n'auois point affaire d'argent. Que si il plaisoit à sa Majesté de cōsiderer les iniures qu'on nous auoit faites, & de jetter les yeux sur le memoire que ie luy en auois presenté, & nous faire justice, ou nous la faire faire par le Prince, c'estoit la seule grace que i'attendois de sa bonté.

C'est le fire-de ou la maniere du Pays, de faire la reueréce au Roy.

Le 21. ie ne peûs pas presser dauantage le Roy sur les affaires de la Compagnie. Ie découuris seulement le soubçon qu'il auoit que nous n'eussions dessein de quitter son païs à la dérobée. Pour ce qui est du Prince, soit qu'il eust en effect apprehension de nos Vaisseaux, ou qu'il se voulut seruir de cette crainte pour ses fins particulieres, il auoit donné à entendre au Roy dés l'année precedente, que les Anglois auoient dessein sur Surat. A quoy il faut auoüer que la folie de quelques-vns de nostre Nation donna quelque sujet. Car il n'y a pas long-temps qu'à l'occasion d'vne de leurs querelles ordinaires, ils firent descendre à terre deux cens mousquetaires, & les firent marcher vers Surat. Et ces soldats estant rencontrez par des gens du Païs, leur dirent en raillant, qu'ils marchoient pour prendre la ville. Quoy que cette menace fut ridicule, & qu'il n'y eust point d'apparence qu'vne poignée de gens peût entreprendre de passer douze mille de Pays ennemy, & attaquer vne ville fermée où il y auoit plus de mille cheuaux, & autant de mousquetaires; qu'il y eust de plus vne riuiere à passer, que peu de gens auroient pû deffendre contre vne grande armée: La chose ne laissa pas de donner du soubçon, & de passer aupres des plus sages pour vn mespris & pour vne iniure faite à toute la nation. Le Prince s'en seruit pour vn dessein qu'il auoit en teste depuis long-temps, qui estoit de fortifier la ville & le chasteau; ce qu'il fit, & commença par la fortification du Port, où il fit descendre de l'artillerie pour le deffendre. Ces fortifications luy pouuant seruir vn iour, pour luy asseurer cette place, & vne porte de derriere ouuerte s'il estoit iamais obligé de fuïr la vengeance de son frere. Cette rencontre, les mescontentemens que ie receuois dans le païs, quelques paroles libres qui m'eschapperent, l'empressement que j'auois d'aller à Brampore, les nouuelles qui couroient que nous auions pris Goa, & que nous preparions vne grande Flotte en Angleterre, augmentoient ce soubçon dans l'esprit du Roy. Il l'auoit tenu long-temps caché ; enfin, il s'en ouurit apres dans vn discours qu'il me fit, & il demeura satisfait de ce que ie luy en dis. Pour moy ie ne l'estois point, car il y auoit long-temps qu'on me repaissoit de paroles ; & ie connoissois aussi bien que luy-mesme, que la seule apprehension qu'il auoit de nos Vaisseaux l'obligeoit à nous retenir.

Les plaintes que l'on fait des mal-versations des Officiers, sont si odieuses en cette Cour-là, qu'elles attiroiẽt contre moy tout ce qu'il y auoit de personnes de condition qui s'interressoient dans cette affaire, comme dans vn interest qui leur estoit commun. En effet, ils tiennent à Ferme tous les Gouuernemens du Pays, où ils pratiquent toutes sortes de tyrannies contre ceux qui sont sous leur dépendance, & ne sçauroient souffrir que l'on s'ouure vn chemin pour faire paruenir jusques aux oreilles du Roy leurs injustices. Ils pressent souuent les poulces à ceux de leur Gouuernement pour tirer d'eux de l'argent, ils apprehendent tous que le Roy n'en soit informé ; & c'est ce qui me faisoit considerer & hayr en la Cour du Mogol, comme vn rapporteur. Tyrannie des Gouuerneurs.

Le 25. d'Auril 1617. ie reçeus vne Lettre de la Rade du Port de Dabul, écrite par le Capitaine Papvvel, par laquelle il m'écriuoit conformément aux aduis que j'en auois desia reçeus ; qu'il auoit arresté le Ioncq qui estoit fretté pour le Port de Moca ; mais qu'ayant fait reflexion depuis sur l'ordre que ie luy auois donné d'examiner en cela la correspondance qui estoit entre le Prince, & celuy qui commandoit dans Masulipatan, où estoit vn de nos Vaisseaux nommé le Salomon, & d'où il ne pouuoit sortir sans son congé ; & trouuant qu'il y auoit amitié entre ces deux Princes, il auoit mis le Ioncq en liberté sans en rien prendre. Que cette courtoisie luy auoit fait receuoir vn meilleur traitement dans cette coste ; que le Pays ne porte, outre la liberté du trafic & l'asseurance de prendre de nous tous les ans trois cens pieces de drap, vne bonne quantité de plomb qui seroit payé en argent, & quelques pieces d'Artillerie. Ce que ie n'approuuay pas fort, à cause qu'elles deuoient estre employées pour le seruice des Indiens & des Princes alliez des Portugais, qui sont ennemis du Mogol ; j'aurois conçeu de ces offres que le Gouuerneur me fit faire, quelque esperance de pouuoir establir nostre trafic dans ce Port, si ie n'eusse crû qu'elles venoient seulement de l'enuie que j'auois de rauir le Ioncq ou Vaisseau qui estoit en la disposition de Papvvel. Cette facilité à rendre le Ioncq, m'asseuroit d'autre costé que ce Capitaine Papvvel qui l'auoit pris, n'estoit pas personne à rien entreprendre dans ses courses qui fust au prejudice de la Compagnie ; il me sembloit mesme que cela le deuoit mettre à couuert des soubçons & des jalousies qu'on auoit eües autrefois de sa conduite.

Le 27. j'appris par vn homme de pied, que l'on m'auoit dépesché de Masulipatan, que le Salomon s'estoit mis en mer ; que le Vaisseau Osiander estoit arriué de Bantam, d'où il nous apportoit la mauuaise nouuelle de la perte de deux Vaisseaux nommez le Hector & la Concorde, dans le temps qu'on leur donnoit Carene à la Rade de Iaccatra dans l'Isle de Iaua ; & que le Vaisseau du Dragon, celuy nommé le Clou de Girofle, & la Deffense, estoient arriuez en Angleterre, apres auoir chargé à Bantam. Ie pris cette occasion pour faire tenir vne Lettre par terre au Gouuerneur de Dabul, afin de sçauoir ce qu'il y auoit à esperer de l'ouuerture qu'il auoit faite d'établir nostre trafic dans son Port. Ie m'imaginay que c'estoit vne occasion qu'il ne falloit pas negliger, & que ie deuois mesme exciter ceux de la premiere Flotte de donner jusques-là. I'écriuis qu'il estoit bon qu'ils y missent à terre quelques marchandises, pourueu qu'ils pussent tirer de ces peuples de meilleures asseurances que les offres d'amitié qu'ils nous auoient faites lors que nous auons eu entre nos mains leur Ioncq. Cette Lettre contenoit la raison que nous auions eüe d'arrester ce Ioncq est vn espece de Vaisseau fort leger, dont ils se seruent le long des côtes de la Chine.

Ioncq, qui estoit fondée sur la difficulté & le refus qu'on fait de traiter auec nous. Que si en effet ce Gouuerneur estoit maintenant mieux disposé en nostre endroit, & dans le dessein de faire amitié & alliance auec ceux de nostre Nation: que si ses offres estoient accompagnées d'autant de sincerité qu'on en doit supposer dans vn homme d'honneur, ie le priois d'écrire au Roy son Maistre pour obtenir de luy vn Firman, & les autres priuileges necessaires pour establir nostre Commerce dans son Port; l'asseurant que de mon costé, il y auroit vne bonne correspondance entre nos Anglois & ceux de son Gouuernement; que j'enuoyerois tous les ans vn vaisseau Marchand à Dabul; & que ceux qui sortiroient de son Port, n'auroient point à craindre comme ils auoient fait par le passé, la rencontre de nos Flottes. Ie vois assez de facilité à establir vne Factorerie dans ce Port; mais ie crains qu'il n'y ait pas dans le Pays assez de marchandise pour r'employer l'argent que nous aurions tiré de la vente des nostres. Ie garday en cette affaire vne conduite qui deuroit possible estre suiuie de ceux qui viendront apres moy. Ie ne fis point paroistre vne grande enuie de faire reüssir la proposition que ie luy faisois; & ie tiens qu'il faut estre fort serré auec ces gens dans les premiers establissemens, à cause que nostre condition y empire tousiours.

C'est vne regle generale en ce païs-là, qu'il ne faut point esperer de rendre meilleures les conditions de nostre seiour, & de s'y establir mieux que l'on n'y a esté receu d'abord. Il en faut attendre le contraire: nostre meilleure heure est celle de nostre arriuée. En ces premiers temps on nous considere comme des personnes nouuellement venuës; le naturel de ces Barbares estant de s'ennuyer de ceux qui ne leur apportent aucune nouueauté. Ie mis cette depesche entre les mains de nostre Bangan, & le chargeay de s'enquester soigneusement des commoditez & des auantages qu'on pouuoit tirer de ces païs-là, de leurs mœurs, de leurs façons de faire; & de penetrer le mieux qu'il luy seroit possible, comment ils sont disposez à nostre égard.

Bangan signifie Interprete.

Le 30. on me vint faire des excuses de la part de l'Ambassadeur de Perse, sur ce qu'il estoit party sans me faire ciuilité. I'appris de son Enuoyé que cét Ambassadeur n'estoit point malade comme il le vouloit faire accroire; mais que ne receuant aucune satisfaction du Roy dans ses negociations, il en auoit pris congé lors que l'on s'y attendoit le moins, & luy auoit donné en partant trente beaux cheuaux. Le Roy en recompense luy fit present de trois mil écus, l'Ambassadeur fit connoistre qu'il estoit mal satisfait de ce present. Le Roy s'en voulut iustifier, & fit deux listes, dans l'vne desquelles estoient escrits les presens de cét Ambassadeur, & à chacun de ces presens il y auoit mis le prix bien plus bas qu'ils ne valoiẽt en effect. Dans l'autre estoient marquées iusques aux moindres choses que le Roy luy auoit données, iusqu'à y mettre les melons, les pommes de pin, & le vin qu'il luy auoit enuoyé, auec leur prix, mais qui estoiẽt biẽ au dessus de leur valeur. En luy presentant ces deux listes on luy offrit le surplus en argent pour égaler son compte à celuy de l'Ambassadeur. Ces mauuais traittemens & ces mespris firent que le Persan feignit d'auoir la fievre, pour ne point faire de ciuilité à Asaph-Cham & à Ethimon Doulet. Que par cette raison il n'auoit peû trauerser la ville pour me venir voir sans descouurir sa feinte; qu'il auoit voulu que i'en sceusse la verité, qu'il repareroit cette inciuilité forcée, par le bon traitement qu'il feroit en Perse à tous ceux de ma Nation. Ce qu'il accompagna de quelques paroles de plaintes contre le Roy, que l'Enuoyé me fit assez librement; cependant que de mon costé ie faisois semblant d'auoir de la peine à les entendre. Ie luy fis present d'vn peu de vin d'Espagne, & de quelques cousteaux.

Le 12. de May ie receus nouuelles d'vne grande défaite des armées de Perse par le Turc. I'appris que Tauris auoit esté razée, & que Sha-Abbas n'estoit pas en estat de tenir la campagne. Le 25. vn Lion & vn Loup vinrent de nuict dans mon logis; ils se ietterent sur des moutons qui estoient dans la Cour. I'enuoyay demander la permiſſion de le pouuoir tuer. Car en ce païs il n'y a que le Roy qui puiſſe faire la chaſſe au Lion. On me la permit, ie courus dans la Cour, le Lion quitta ſa proye, & ſe jetta ſur vn petit dogue d'Irlande. Pour le Loup vn de mes valets le tua, & ie l'enuoyay au Roy.

Le 14. iour de Iuin on apporta au Roy vn coffre que les Ieſuites auoient enuoyé de Cambaya, dans lequel il y auoit quelques medicamens & vne lettre. Ils furent trahis par celuy à qui ils l'auoient conſigné pour le porter; car il mit le tout entre les mains du Roy. Il ouurit le coffre, fit venir vn Ieſuite qui eſtoit dans ſa Cour pour lire la lettre, ſe fit ouurir toutes les boëtes : mais n'ayant rien trouué qui fuſt à ſon gouſt, il le remit entre les mains du Ieſuitte. Ce que ie remarque icy comme vn aduertiſſement à ceux qui traittent en ce païs-là, de bien prendre garde à ce qu'ils eſcriuent & à ce qu'ils enuoyent. Car l'humeur de ce Prince eſt de vouloir voir iuſqu'aux moindres choſes. Les moindres bagatelles courent riſque lors qu'elles tombent ſous ſes mains.

Le 18. ie receus des lettres des Officiers du vaiſſeau nommé l'Eſperance; on m'écriuit qu'il n'y eſtoit point venu d'Indigo, à cauſe que la Carauanne ou Caphila de Goa auoit manqué de venir cette année; que l'on auoit rendu la Corne de Licorne; dautant que dans l'épreuue qu'on en auoit faite, on l'auoit trouué ſans vertu. Ie reçeus auſſi deux Lettres de Brampore, par leſquelles j'appris que la debte de Baffe eſtoit peu aſſeurée, & que Sprage eſtoit reuenu de l'armee de Decan; que le General Melic-Amber en ma conſideration auoit fait chercher dans ſon Camp vn Perſan qui ſ'eſtoit enfuy de ma maiſon, mais qu'on trouua qu'il eſtoit allé à Viſiapore; ce qui fut cauſe qu'on ne continua pas cette recherche; que ce General l'auoit fait faire auec beaucoup de ſoin, témoignant par là l'eſtime qu'il faiſoit de ma perſonne; qu'on auoit écrit vne Lettre ſur ce ſujet au Reſident d'Hollande qui demeuroit en cette place. Que ce General auoit prié Sparge de faire en ſorte qu'on apportaſt dans ſon armée des draps d'Angleterre, & de nos lames d'épées; il campoit alors à ſix journées de Brampore. C'euſt eſté ſelon mon ſens, vne bonne occaſion d'employer quelqu'vns de vos gens qui vous eſtoient alors inutiles, & de nous défaire des marchandiſes dont nous n'auions pas trouué le debit.

Le 30. de Iuillet on m'écriuit de Surate, que deux Vaiſſeaux Hollandois ſ'étoient échoüez ſur la coſte de Damon; ils venoient du coſté du Sud chargez d'épiceries & des ſoyes de la Chine pour la Mer-rouge; mais que le mauuais tẽps leur auoit fait perdre la ſaiſon propre pour y entrer. Qu'ils auoient tanté pluſieurs fois d'aller ancrer ou à Soccotora, ou dans les autres Ports qui ſont ſur la coſte d'Arabie; mais que n'en ayant pû venir à bout, ils ſ'eſtoient reſolus de courir iuſqu'à Surat, auec eſperance d'y pouuoir demeurer à la Rade auſſi ſeurement qu'ils auoient fait les années paſſées; mais qu'ils auoient trouué que toutes les années ne ſe reſſemblent pas; car apres y auoir jetté l'ancre, la tempeſte les obligea de couper leurs maſts, & leurs chables ſe rompans en ſuite, ils auoient échoüé à la coſte ſur vn banc de ſable. Le Vaiſſeau demeura droit; mais ayant perdu ſon Eſquif, & n'y ayant point d'eſperance qu'vn ſi grand équipage ſe puſt ſauuer par le moyen des radeaux, quatre de leurs Mariniers ſe jetterent dans la mer, à la nâge gagnerent la terre; vn peu apres la marée ayant mis le Vaiſſeau à flot, ils ſauuerent la plus grande partie de leurs marchandiſes, & tout leur monde: Leur Fregatte qui eſtoit de cinquante tonneaux, fut briſée en mille pieces.

Voyez cy-apres l'Hiſtoire de ce naufrage.

Le 21. d'Aouſt, Marre Ruſtan Roy de Candahor me vint rendre viſite; ie fis apporter du vin & des fruits. Il demeura aſſis auec moy vne demye heure, & la fin de la conuerſation fut qu'il me demanda vn baril de vin.

Le Prince Sultan Corſoronne ſortit ce iour-là de ſa priſon, & vint prendre l'air en vne maiſon qui eſtoit aſſez proche de la mienne. Le Prince Coronne auoit fait vn mariage à Brampore contre la volonté du Roy qui en auoit témoigné de la fascherie, & l'on auoit découuert en mesme temps quelque pratique qu'il auoit faite contre la vie de son frere; il reçeut ordre de venir en Cour pour s'en iustifier. Normal & Asaphchan, par l'auis d'Ethimon leur pere, traiterēt de faire alliāce auec Corsoronne. A cette nouuelle, on vit paroistre vne ioye vniuerselle parmy le peuple, qui commença dés-lors à esperer l'entiere liberté de ce bon Prince.

Le 22. le Roy s'alla diuertir chez Asaphchan. I'appris dans ce temps-là, que le Mogol auoit fort pressé Sultan Corsoronne de se marier; qu'il luy en auoit témoigné vne grande passion. Toute la Cour auoit les yeux tournez sur ce Prince, & l'on croyoit que ce mariage seroit le commencement de la ruïne de Sultan Coronne son frere.

Auec quelles ceremonies l'on peze le Mogol.

Le 1. de Septēbre, iour de la naissāce du Roy, & celuy de la solēnité auec laquelle on le peze; l'on me mena dans vn beau jardin, ou entre-autres, il y auoit vn grand quarré d'eau bordé d'arbres, & au milieu de ce quarré vn pauillon, sous lequel estoit la balance ou le Prince deuoit estre pezé. Les plats estoient d'or massif enrichis de petites pierreries, de turquoises & de rubis, des chaisnes aussi d'or soustenoient les plats de ces riches balances; & outre les chaisnes il y auoit des cordons de soye pour vne plus grande seureté. Le fleau de la balance estoit couuert de placques d'or. Les principaux Seigneurs de la Cour estoient assis à l'entour du Trône du Roy sur des tapis en attendant qu'il vint. Il parut enfin tout chargé de diamans, de rubis & de perles. Il en auoit plusieurs rangs au col, aux bras, sur son turban, aux poignets, & deux ou trois anneaux à chaque doigt; son épée, son bouclier & son throsne estoient aussi couuerts de pierreries. Ie luy vis entre-autres des rubis qui estoient aussi gros que des noix, & des perles d'vne grosseur prodigieuse. Il se se mit dans vn des costez de la balance assis sur ses tallons comme vne femme. On mit de l'autre costé pour le contre-peser des balots que l'on changea six fois. Ceux du pays me dirent qu'ils estoient pleins d'argent, & me firent entendre que le Roy auoit pezé ce iour-là neuf mille Roupias, qui font enuiron quinze mille francs en argent. On mit apres dans ce mesme costé de la balance de l'or & des pierreries; mais comme elles estoient empacquetez, ie ne les vis point. On le pesa apres contre des draps d'or, contre des estoffes de soye, contre des toiles, contre des espiceries, & contre toute sorte d'autres richesses, si il faut croire ce que m'en dirét ceux du Pays; car toutes ces choses estoient empacquetez; on pesa enfin le Roy contre du miel, du beure, & du bled, & j'appris que tout cela deuoit estre distribué aux Banians; mais ie remarquay, ce me semble, que cette distribution ne se fit point, & qu'on remporta tout auec beaucoup de soin. On me dit que tout l'argent estoit reserué pour les pauures, le Roy ayant accoustumé d'en faire venir quelques-vns la nuict, & de leur distribuer cét argent de sa main propre, auec beaucoup de charité. Cependant que le Roy estoit dans l'vn des costez de la balance, il tourna les yeux sur moy, & me fit vn soûris; mais il ne me dit mot, peut-estre à cause qu'il ne voyoit point mon Interprete qui n'auoit pû entrer auec moy. Apres qu'on l'eust pesé, il monta sur son Trône. Il auoit deuant luy des bassins pleins de noix, d'amandes, de toutes sortes de fruits artificiels d'argent. Il en jetta vne grande partie; les plus grands Seigneurs qui estoient les plus proches de luy, se traînoient par terre pour en prendre. Ie creus qu'il n'y auroit pas de bien-seance à les imiter. Le Roy s'en apperçeut; & ayant pris vn des bassins qui estoit quasi plain, le renuersa dans mon manteau. Ses courtisans eurent bien l'effronterie d'y porter la main auec tant d'auidité, que si ie ne les eusse preuenus, ils ne m'en auroient pas laissé vn seul. On m'auoit fait entendre auant que ie fusse entré, que ces fruits estoient d'or massif; mais ie trouuay par experience, qu'ils n'estoient que d'argent, & d'argent si leger, que mille de ces fruits-là ne pesent pas la valeur de deux cens frans. I'en sauuay bien la valeur de dix ou douze écus, & il y en auoit assez pour remplir vn plat d'vne bonne grandeur. Ie les garde pour marque du faste de ces Peuples. Ie ne ne croy pas que ce jour-là le Roy en jettast pour la valeur de quatorze ou quinze cens liures. Le Roy passa toute la nuict d'vn iour si solemnel à boire auec les principaux de sa Cour. I'y fus inuité, mais ie m'en excusay, à cause que ie n'aurois pas pû me dispenser de boire ; & leurs boissons sont si chaudes, qu'elles sont capables de brûler les entrailles. I'estois alors malade d'vne dissenterie, & n'ozois pas hazarder ma santé dans vn semblable excez.

Le 9. de Septěbre, le Roy sortit pour s'aller diuertir sur la riuiere de Darbadat, il deuoit passer par deuant mon logis. Ie montay à Cheual pour aller au deuant de luy. La coustume du Pays est, que tous ceux deuant les maisons desquels il passe, sont obligez de luy faire quelque present; ce present s'appelle Moubarech, qui veut dire bonne nouuelle ou bon succez : le Roy reçoit semblables presens, comme vn bon augure de l'affaire qu'il est sur le point d'entreprendre. Ie n'auois rien à luy donner; cependant, il estoit honteux de paroistre deuant luy sans presens ; & d'ailleurs, il y auroit eu de la rusticité à ne me point trouuer ce jour-là à mon logis. Ie me resolus de luy presenter vn Atlas bien relié, & de luy faire des excuses de ce que n'ayant rien trouué chez moy qui fût digne d'estre presenté à vn si grand Prince, ie luy offrois tout le monde dont il commandoit vne partie si grande, si riche, & si considerable. Il reçeut mon present auec beaucoup de ciuilité, portant souuent la main à sa poictrine, & m'asseurant que tout ce qui viendroit de moy, luy seroit tousiours fort agreable. Il me fit quelques questions sur l'arriuée des Vaisseaux, ie luy dis que ie les attendois de iour en iour. Il reprit le discours, & me dit qu'on luy auoit enuoyé de Goa des Sangliers qui estoient fort gras ; & que si j'en voulois manger, il m'en enuoyeroit quelques-vns à son retour. Ie luy fis vne grande reuerence, & luy répondis que ie reçeuois auec beaucoup de respect & de joye, tout ce qui viendroit de Sa Majesté. Il monta sur son Elephant ; & s'estant vn peu arresté deuant mon logis, il le trouua fort beau. En effet, c'estoit vn des meilleurs du Camp ; ie l'auois pratiqué dans les ruïnes d'vn Temple, & celles d'vn Monument ancien. Il me dit adieu plusieurs fois; & à cause que le chemin estoit fort mauuais, il voulut que ie retournasse à mon logis. Ie luy obeys, apres auoir pris congé de luy.

Les Maistres des maisons deuant lesquelles le Roy passe, sont obligés de luy faire vn present.

Le 16. ie montay à Cheual, pour rendre au Prince de Candahor la visite qu'il m'auoit faite. Il me fit dire à l'entrée de son logis, qu'il ne pouuoit me voir sans en auoir eu auparauant permission du Roy, ou en auoir aduerty Ethimon Doulet ou Asaphchan ; ce qu'il feroit au Durbal. Ie luy fis dire que ce seroit vne peine inutile, & que ie me garderois bien de retourner vne seconde fois à la porte d'vne personne si inciuile. Ie connus sur le champ le peu de fondement qu'il y auoit à cette excuse, & ie jugeay bien que le Roy n'auroit point trouué mauuais qu'il m'eust reçeu chez luy, puis qu'il n'auoit pas trouué à redire à la visite qu'il m'auoit faite. Ses gens me vouloient obliger à demeurer, & attendre la réponse de leur Maistre ; mais ie m'en retournay, & sur le soir ie fus à la Cour. Le Roy me fit diuerses questions sur mon liure de cartes; ie luy en donnay tout l'éclaircissement que ie pûs ; ie le trouuay fort distrait, & ie ne crûs pas qu'il fust à propos de luy parler de nos debtes.

Le 25. ie retournay à la Cour, quoy que ie fusse fort foible, pour voir s'il y auoit quelque chose à esperer du Roy sur le sujet de nos debtes. Vn de nos debiteurs m'auoit fait entendre depuis peu, qu'il ne nous pouuoit payer qu'en vendant sa maison. Ie presentay donc au Roy la Requeste des Marchands ; il la fit lire tout haut, & voulut entendre le nom de nos debiteurs ; quelles estoient leurs cautions, & les sommes qui estoient deuës. Asaphchan en fit la lecture ; le Roy fit appeller en suite Aradet-Chan Grand Maistre de sa maison, auec le Cutval, & leur donna quelque ordre que ie n'entendis pas. Comme on lisoit les noms de ces personnes, il s'informa de leurs qualitez & des marchandises qui leur auoient esté venduës. Il se trouua qu'il en estoit mort quelques-vns, que d'autres n'estoient pas ses sujets, pour la partie de Rulphe, Asaph-Chan s'offrit d'en parler au Prince, & de terminer cette affaire, quand il seroit arriué. On fit alors entrer mon Interprete; & le Roy se tournant vers moy, me dit que nos Marchands auoient presté cét argent selon leurs caprices, & à qui ils auoient voulu; qu'ils ne luy auoient point presenté de memoire de leur marchandises, & que par cette raison si leurs debiteurs n'estoient pas soluables, c'estoit leur faute, & qu'ils ne deuoient pas attendre qu'il leur payast les debtes des particuliers. Ie m'imaginay qu'il vouloit parler de celle de Ergon vn de ses Officiers, lequel estoit mort depuis peu, & dont on auoit fait saisir les effects de la part du Roy. Le Roy adiousta, que pour la premiere fois il me tireroit de cette affaire, & me feroit payer; mais que si à l'aduenir nos marchands vendoient leurs marchandises à ses officiers sans l'en aduertir, que ce seroit à leurs perils & fortunes; que si au contraire, lors que les Vaisseaux Anglois arriuent, ils luy apportoient vn memoire de toute leur marchandise; il prendroit ce qui luy seroit propre, & distribueroit le reste aux vns & aux autres; & que si entre ceux-là il s'en trouuoit quelqu'vn qui manquast à les payer, il y satisferoit de sa bourse. Il est vray que c'est la coustume des Marchands de Perse de porter tout ce qu'ils ont au Roy, lequel apres auoir pris ce qui luy agrée dauantage, distribuë le reste à ceux de sa Noblesse. Ses escriuains marquent à qui les choses ont esté distribuées, & vn autre Officier y met le prix. On donne au Marchand vne coppie de ce memoire, & il n'a autre diligence à faire qu'à aller querir son argent à leur logis. Que s'ils ne payent pas, il y a vn Officier, qui selon la coustume de leur païs, a charge de les faire payer par force. On fit entendre alors à mon Interprete, l'ordre que le Roy auoit donné, qui estoit qu'Aradean deuoit faire venir nos debiteurs en sa presence, & les faire payer. Nos marchands ne se contenterent point de cette response. Pour moy ie la trouuay fort iuste, & plus equitable que celle que des personnes particulieres peuuent attendre d'vn grand Prince en de semblables rencontres.

Auis pour les Marchāds qui traitent en cette Cour.

Le Roy ayant appris que i'auois esté malade, & que i'auois fait chercher du vin, m'en enuoya cinq bouteilles, auec ordre que quand ie les aurois beuës, on m'en donnast autant que i'en pourrois auoir besoin. Il m'enuoya auec cela vn Sanglier des plus gros que i'aye iamais veu. On l'auoit enuoyé de Goa à Mocredcam. Celuy qui me l'apporta de la part du Roy, me dit que depuis qu'il auoit esté presenté au Roy, on ne l'auoit nourry que de beurre & de sucre. Ie receu ce present du Prince comme vne grande marque de sa faueur, & en effect c'en est vne bien particuliere, & qu'il ne fait que rarement. On me rapporta apres de sa part le liure de cartes que ie luy auois donné, & celuy qui me le rendit me dit de la part du Roy, qu'il l'auoit fait voir à ses Molas, qui sont les sçauans du païs, que pas vn d'eux n'y auoit pû rien entendre.

Le 26. le Roy enuoya deux Vmbras (ce sont des premiers Officiers de guerre) auec quelques trouppes, pour aller prendre vn Raya-Rasboot qui s'estoit reuolté dans des montagnes qui estoient à vingt courses du Camp. Mais ce rebelle se deffendit fort bien, attendit de pied ferme ces trouppes, & dans vn rencontre tua vn de ces Vmbras, & douze autres Capitaines. On porta cette nouuelle au Roy, qui jugea que l'affaire meritoit bien qu'il enuoyast son fils pour le mettre à la raison.

Courses, ou cosses, ou cos, comme on le trouuera dans les descriptions des Indes, designent vne mesme mesure de chemin, ou vne demie lieuë de France.

Le 2. iour d'Octobre le Prince Coronne fit son Entrée dans la Ville, accompagné des plus grands Seigneurs du Païs, qui parurent auec beaucoup de magnificence. Le Roy le receut comme s'il eust esté son fils vnique, en quoy nos conjectures se trouuerent tres-fausses. I'enuoyay faire mes excuses à Asaph-Chan de ce que n'estions pas monté à cheual pour luy rendre mes ciuilitez, la foiblesse ou i'estois ne me permettant pas de le pouuoir faire. Tous les principaux Seigneurs de la Cour, & la mere du Roy elle-mesme firent cinq courses pour aller au deuant du Prince & du fauory.

Le 5. ie receus des nouuelles de nos vaisseaux ; on me mandoit que l'admiral n'estoit point encore arriué. Que nos gens auoient fait vne prise vers le Mosambic, & que deux Corsaires Anglois que l'on rencontra en Mer donnant la chasse au vaisseau de la Reine mere qui reuenoit de la Mer Rouge, fut rencontré par les vaisseaux de la Compagnie fort heureusement, pour le sauuer de leurs mains, & l'escorter iusques à Surat. Si ces Pirates l'eussent pris, nous en eussions esté icy fort en peine. Ie receus auec ces mesmes auis les lettres de la Compagnie, & ses instructions, pour les affaires de Perse. Ceux qui commandoient les vaisseaux ne sçauoient quelle resolution prendre pendant l'absence de l'Admiral, sur le fait de ces Pirates Anglois. I'en expediay les ordres necessaires, que i'enuoyay à Surat, comme on les peut voir dans les registres de mes lettres.

Le sixiéme i'allay pour voir le Prince, à l'heure à laquelle il a accoustumé de donner des Audiances ; ie luy deuois vn compliment sur son arriuée, & il importoit de luy parler de l'estat de nos affaires, & de le tenir bien disposé en nostre endroit. I'auois fait dessein d'accompagner ces offres du seruice de nostre Nation d'vne chaisne d'or faite en la Chine. I'enuoyay pour auoir Audiance, on me fit réponse que ie vinsse le lendemain à la pointe du iour, qui estoit le temps auquel il la donne, ou que i'eusse la patience d'attendre qu'il sortist pour aller chez le Roy. Vous remarquerez qu'il l'auroit fallu attendre à la porte. Ie pris cette réponse pour vn affront ; car son pere ne m'auoit iamais refusé l'Audiance. Ie ne pûs m'empescher d'éclatter, & de dire resoluëment que ie n'estois point son esclaue, mais personne libre & Ambassadeur d'vn Roy ; que ie me garderois bien de luy rendre visite vne autre fois, ny de luy aller faire la Cour ; qu'il m'auoit refusé iustice ; que ie le verrois ce soir là mesme chez le Roy, à qui i'estois resolu desormais de m'addresser sans passer par d'autres mains.

La nuict estant venuë, ie fus chez le Roy ; il me receut auec beaucoup de courtoisie. Ie fis vne reuerence au Prince ; il ne fit pas seulement semblant de me voir. Ie rendis compte au Roy de ce qu'il m'auoit ordonné, & luy dis que conformément à ses ordres i'auois fait vne liste de tout ce qui estoit arriué sur nos vaisseaux, & que ie la luy apportois pour receuoir ses commandemens. Il me fit diuerses questions sur cette liste, & me parut fort constant des choses qui y estoient contenuës, principalement des tapisseries. Ce memoire ayant esté leu, le Roy promit toutes sortes de faueurs, & tous les priuileges que ie pouuois souhaitter. Il me demanda si celuy qui auoit pris ces vaisseaux n'auoit point apporté de perles & de pierreries. Ie luy respondis que les pierreries estoient plus cheres en Angleterre que dans ses Estats. Il me parust satisfait de cette response. Ie n'ozay pas luy dire qu'il y auoit des perles, car ie craignois que cela n'attirast sur nos gens la persecution du Prince. D'ailleurs ie me figurois que ces perles seroient d'autant plus estimées, qu'elles auroient surpris ceux qui ne les attendoient point. I'esperois mesme d'en faire quelque amy, & ce fut pour cette raison que lors qu'Asaph-Chan me pressa de luy dire, si ie n'auois point de pierreries ; ie luy tesmoignay que ie souhaittois de luy qu'il appuyast la réponse que i'auois faite, qu'elles estoient plus cheres en Angleterre qu'aux Indes, & que i'auois à luy parler en particulier. Il entendit à demy mot ce que ie voulois dire, & se teût. Le Roy me paroissant alors bien disposé enuers nous, ie creus que le temps estoit propre pour luy parler de nos debtes : & comme i'auois sur moy ma requeste en estat, ie la pris à la main, & la tins éleuée pour la luy presenter. Le Roy qui peut-estre songeoit alors à autre chose n'y prist pas garde : mais ses Courtisans se douterent aussi-tost de ce que se pouuoit estre, iugeant que le Roy auroit trouué fort mauuais que l'on eust negligé ses ordres : Il y en eust vn qui s'approcha de moy, & adroittement me tira la main en bas, me priant que ie ne presentasse point au Roy la requeste que ie tenois. Ie luy dis qu'Aradeth m'auoit refusé Iustice. Aradeth qui l'entendit en entra dans vne grande inquietude ; & s'addressa à Asaph-Chan,

& le pria de m'empescher de faire mes plaintes. Ie luy respondis que nos vaisseaux estoient arriuez, & que nous ne pouuions pas dissimuler dauantage toutes les remises & les pertes de temps que nous auions souffertes. Ils consulterent ensemble ce qu'ils auoient à faire ; & ayant fait venir Cuteual, ils luy dirent qu'il falloit executer les ordres du Roy. On assiegea cette mesme nuict les rentes de nos debiteurs; on en courust quelques autres ; si bien que ie m'asseure que cette fois icy nous en tirerons raison. Ie receus de grands remercimens de la courtoisie auec laquelle nos gens auoient traitté ces passagers qui s'estoient trouuez sur le vaisseau de la mere du Roy, & de la protection que nous leur auions donnée contre ces vaisseaux Anglois armez en guerre. Ils en parlerent au Roy qui receut bien la chose, & les principaux de la Cour me dirent à cette occasion, qu'ils estoient obligez d'aimer la nation Angloise; qu'ils nous rendroient tous les seruices dont ils seroient capables, mais qu'ils ne pouuoient assez s'estonner de ce que nostre Roy ne pouuoit pas retenir ses Sujets, & qu'il y en eust eu d'assez hardis pour sortir de son Royaume auec des vaisseaux sans son congé. Asaph-Chan me mena auec luy dans son departement apres que le Roy se fust retiré ; & nous traduisimes ensemble en langue Persane le memoire des marchandises qui estoient arriuées pour le faire voir au Roy vne heure apres. I'augmentay vn peu l'article de l'argent, afin de luy donner bonne opinion du profit que ses Estats reçoiuent de nostre commerce. I'auois mis en suite les draps & les serges, & il y auoit vn article pour la marchandise fine, & vn autre pour la plus grossiere. Le memoire finissoit par la supplication que ie faisois à sa Majesté, de nous donner la liberté de vendre le reste. Apres que ce memoire fut dressé, Asaph-Chan me fit ressouuenir que i'auois quelque chose à luy dire en particulier. Il me pria de le faire en toute liberté, & me fit plus de protestation d'amitié que ie n'en deuois attendre de luy. Ie luy dis que i'auois souhaitté de luy parler en particulier, pour prendre conseil de ce que i'auois à faire : Qu'il estoit vray qu'il m'estoit venu quelque chose de rare, mais que ie m'estois si mal trouué l'année passée de la confidence que i'auois fait d'vn semblable secret, que ie n'osois maintenant me fier à personne qu'à luy. Que ie luy dirois donc, sur la parole qu'il me donnoit de tenir la chose secrette ; que i'auois vne perle de grand prix, & d'autres choses fort curieuses. Que i'estois en peine de sçauoir si ie le deuois dire au Roy, puisque le Prince pourroit peut-estre prendre de là occasion de rompre tout à fait auec nous. Ie luy dis que i'auois esté au matin pour luy rendre visite ; l'inciuilité auec laquelle i'auois esté receu, & la resolution que i'auois prise ; mais qu'apres tout, ie connoissois combien sa faueur & ses bonnes graces nous estoient necessaires ; Que i'auois esperé de me pouuoir remettre bien aupres de luy, en luy gardant cette perle : I'auoüay que c'estoit là mon dessein, & la raison du secret que j'auois gardé, que neantmoins i'en vserois cõme il le iugeroit le plus à propos, & suiurois son conseil comme fort seur, puisque estant beau-frere du Prince & fauory du Roy, il connoissoit mieux que personne ce qu'il y auroit à faire dans cette rencontre pour contenter l'vn & l'autre. Il m'embrassa là dessus, & me dit que i'en auois vsé fort sagement. Qu'il falloit continuer à tenir la chose secrette, qu'autrement elle m'attireroit bien des affaires. Que le Prince estoit vn Tyran, qu'il mal-traittoit tous les Estrangers ; Que pour le Roy il ne m'auroit pas voulu faire en cela d'iniustice ; & ie vis que la conclusion alloit à me tirer des mains la perle, me conseillant de la faire transporter des vaisseaux, & de ne me fier à personne, & m'alleguant l'exemple des mauuais traittemens que les Portugais auoient receus en semblables occasions, ; Que si ie luy voulois vendre cette perle, il mettroit en depost entre les mains d'vne personne tierce l'argent que ie l'aurois estimée, qu'en reuanche de cette confiance que i'auois euë en luy, il se rendroit le solliciteur de nos affaires, dans lesquelles ie ne pourrois iamais rien aduancer sans son assistance. Ie connus que c'estoit là le temps de faire vne amitié si vtile. Ie luy dis donc que ie le seruirois ; mais que j'apprehendois qu'il ne découurist ce secret. Il me fit serment de le garder ; & afin que ce sermẽt fust plus authentique, nous nous serrâmes le poulce l'vn à l'autre, selon la coûtume du Pays. Ie luy promis de mon costé que ie me mettrois entierement entre ses mains, & que ie ferois tout ce qu'il ordonneroit dans cette affaire & dans les autres. Il me dit qu'il prendroit l'ordre de me faire expedier des Firmans, auec deffenses de toucher à nos marchandises, & auec ordre qu'elles me pussent estre addressées directemẽt pour en disposer à ma volonté; qu'il me vouloit reconcilier auec le Prince, & que la premiere fois qu'il luy iroit rendre visite, il me meneroit auec luy. Qu'il feroit en sorte qu'il me traiteroit autrement qu'il n'auoit fait iusques à cette heure; qu'il ne seroit pas en son pouuoir de nous trauerser dans d'autres affaires; que s'il l'entreprenoit, il nous feroit donner dans son Gouuernement mesme vn Scindic auquel nous nous pourrions addresser sans passer par ses mains; que mesme on nous donneroit tel autre port pour nos vaisseaux que nous voudrions; & qu'enfin il nous feroit toutes les satisfactions que nous pourrions souhaitter. Il m'aduertit qu'il ne seroit pas mal à propos de faire quelque present à sa sœur Normale: Elle fera en sorte, me dit-il, que le Roy vous dõnera de l'argẽt. Ie luy dis que ie ne desirois riẽ de sẽblable, & que i'aurois mieux aimé qu'elle eust estendu sur tous ceux de nostre nation les effects de son credit, que sur moy en particulier. Il me mena en suite chez le Roy, auquel ie presentay la traduction du memoire. Il me receut fort bien, & me demanda si i'auois les tapisseries; Ie luy dis qu'on me les auoit enuoyées, si on ne les auoit saisies par les chemins par ordre du Prince qui estoit apres pour les auoir. Pour conclusion, il me dit qu'il prendroit vne bonne quantité de nos draps, & plusieurs autres marchandises, me commandant de donner ordre qu'on les fit venir, & à Asaph-Chan de faire dresser le Firman, qu'il falloit enuoyer au Prince, afin qu'il les laissast passer librement. Ie sortis fort satisfait de cette Audiance, & de la negociation de cette iournée-là; Car quoy que i'eusse reconnu par le passé, qu'il n'y auoit point de fidelité entre ces barbares, ie n'auois rien à apprehender d'Asaph-Chan en vne rencontre dans laquelle il estoit de son interest, de me garder fidelité, iusques à ce qu'il eust eu la perle, autrement elle luy auroit pû échaper; & apres mesme qu'il l'auroit euë, ie pouuois esperer qu'il me garderoit le secret, puis qu'il n'y pouuoit pas manquer sans découurir qu'il auoit trahy le Prince.

§. IX.

Iugement de Thomas Rhoë, sur diuerses propositions qui auoient esté faites à la Compagnie Angloise des Indes Orientales.

LE 12. Asaphchan selon sa promesse, m'accompagna chez le Prince. Il me reçeut dans sa chambre. Ie luy fis present d'vne petite chaîne d'or de la Chine; ie la presentay sur vne sous-coupe du mesme Pays. Il me reçeut assez bien; Asaphchan luy persuada de changer de maniere de faire enuers nous, luy representant qu'il profiteroit tous les ans de plus de cent mille écus, sur le Commerce que nous faisions à Surat. Que nostre Commerce augmentoit tous les iours, & qu'auec le temps il luy apporteroit vn profit considerable: que s'il continuoit à nous traitter mal, nous quitterions son Port & le Pays; que nous estions ses Sujets (il crût deuoir nous appeller de la sorte) & qu'il tireroit de nous plus aisément les curiositez qu'il vouloit auoir, par la douceur, que par toute autre voye. Que la qualité que i'auois d'Ambassadeur, l'obligeoit à me traiter auec ciuilité lors que ie luy rendois visite. Le Prince donna ordre sur le champ à son Secretaire, de dresser le Firmant, en la forme que nous le desirions, auec vne lettre au Gouuerneur pour luy en recommander l'execution: & adiousta, que si nous auions besoin de quelqu'autre lettre, on me l'accorderoit aussi-tost que ie l'aurois demandée. Cela me fit voir la bassesse & l'indignité de ces gens. Asaph-Chan pour vne sordide esperance de pouuoir achepter quelques bagatelles, estoit tellement reconcilié auec nous, qu'il auroit trahi son propre fils en nostre faueur, & me rendoit les soubmissions d'vn valet, & cepédant la cause de toutes ces amitiez, estoit l'esperãce de pouuoir acheter des marchãdises qui auoient esté prises dans vn vaisseau, & quelques bagatelles. Il vouloit enuoyer pour cet effect vers nos vaisseaux vn de ses gens, ce que ie ne luy pûs pas refuser, sans perdre vne personne que ie taschois il y auoit si long-tẽps de gagner. La chose n'estoit pas desaduantageuse pour nous, car il paye bien, & il nous espargna ainsi la peine que nous eussions euë de vendre ces marchandises en détail, & les frais qu'il eust cousté à les faire charier. Il obtint du Prince la permission de faire cette emploite sous vn faux donné à entendre, & escriuit au Gouuerneur vne lettre pleine de témoignages d'amitié pour ceux de nostre Nation. On a icy besoin de son credit qui est fort grand. Ces bonnes qualitez firent que ie passay par-dessus beaucoup d'autres mauuaises dans l'esperãce de le gaigner, & au pis aller que i'en tirerois de l'auantage dans les affaires presentes. Cette occasion me seruit encore à tirer du Prince vn autre Firmant pour Bergala, qu'il me promit sur le champ, quoy qu'auparauant il n'en eust point voulu entendre parler. I'esprouuay depuis qu'il pressoit nos creanciers comme il auroit pû faire les siens propres; & passant sur son Elephant deuãt la maison de Kutual, il le fit appeller, luy commandant de nous expedier au plustost, ce qui fut vne faueur inouïe; Grô fut mis en prison en suitte, & Mûekshû ne veut que deux iours de temps pour nous payer; ie ne desespere pas tout de nos creanciers, entre cy & dix iours, quoy qu'on nous doiue prés de cinquante mille escus.

L'11. Asaphchan m'enuoya vn des siens de la part de la Princesse, pour me dire qu'elle auoit obtenu du Prince vn autre Firman; que toutes nos marchandises seroient d'ores-en-auãt en sa protection; qu'elle l'auoit obtenu, & qu'elle estoit sur le poinct de l'enuoyer par vn des siens qui deuoit prendre connoissance des choses qui restoient à faire pour nostre establissement, & prendre garde qu'on ne nous fist point de tort. Asaph-Chan nous fit dire qu'il auoit fait tout cela, craignant l'esprit violent du Prince & sa longueur en semblables affaires; que maintenant nous nous en pouuions asseurer, puisque sa sœur auoit bien voulu estre nostre protectrice; que le Prince ne s'en mesleroit plus, & que sur son honneur on me remettroit entre les mains toutes les choses qui m'auoient esté addressées; qu'elle en auoit enuoyé vn ordre fort exprés, enjoignant à la personne qu'elle auoit euuoyée, d'assister nos Facteurs en sorte que nous n'eussions plus de sujet de nous plaindre des mauuais traitemens des Officiers de Surat. Elle desiroit au reste que j'écriuisse au Capitaine du Vaisseau, & aux Facteurs, afin qu'ils reçeussent bien son Enuoyé, & qu'ils luy permissent d'acheter quelques bagatelles de celles qui auoient esté mises à part. Ie ne pûs pas luy refuser cette demande; mais ce ne fut pas sans remarquer la passion qu'elle auoit d'auoir ces choses. Ie luy en donnay vne liste, à condition qu'elle me feroit voir la copie du Firman, lequel estoit seelé.

Iugez de là cõbien il est aisé de trouuer icy le debit de ces marchãdises. L'année passée, on ne nous regardoit pas; maintenãt, à cause que j'ay fait traduire la liste ou facture des marchandises fines, sans toutesfois y mettre les perles, que i'auois donné au Roy, vn chacun court pour les acheter. Normal & Asaphchan s'estudioient à me rendre de bons offices. La plus-part des Grands de la Cour me demandoient des Lettres pour enuoyer leurs gens pour traiter auec nos Facteurs; tellemẽt que si j'eusse eu trois fois autant de marchãdises que j'en auois, elles auroiẽt esté venduës dans le Vaisseau mesme, & on auroit sauué le payement des droits, la dépense du charoy, & les auanies que nous auions souffertes auparauant. I'auois escrit à nos Facteurs de vendre aux gens de Normal & de son frere les marchandises qu'ils voudroient, de celles-là mesme qu'on auoit mises à part, & cela afin d'estre appuyé de leur faueur dans les affaires que i'auois à traitter à la Cour. Le Prince est maintenant de nostre costé, nous nous sommes rasseurez nos amis, & il me semble que nous pouuons desormais nous promettre beaucoup du Roy & de son fils. Asaph-Chan se fait fort d'obtenir du Roy le Firman pour Bengala & pour les autres ports, & auec celà vne exemption de toutes sortes de peages dans toute l'estenduë de ses Estats; mais il veut auparauant auoir entre les mains les marchandises pour lesquelles il a depesché vers nos vaisseaux. Le 24. le Roy s'esloigna de quatre courses de Mandoa. Il alloit d'vn costé & d'autre dans les montagnes; & comme personne ne sçauoit son dessein, nous estions fort empeschez de la resolution & du chemin que nous deuions prendre. Le 26. i'obtins vn ordre pour me faire donner dix Chameaux au prix que le Roy les paye. Le 29. ie me mis en chemin, estant obligé de sortir de ce lieu, à cause de l'incommodité de son seiour. Le 31. i'arriuay aux tentes du Roy, ie trouuay qu'il estoit allé auec peu de suite à vne chasse qui deuoit durer dix iours, personne de la Cour ne l'ayant suiuy que ceux qui auoient ordre de le faire. Son Camp estoit diuisé & dispersé çà & là; les eaux y estoient mauuaises, & les prouisions fort cheres, beaucoup de maladies & toutes sortes d'incommoditez; mais il n'y a point de consideration qui l'empesche de prendre son plaisir où il le trouue. I'apris que le Roy n'estoit pas encore bien resolu s'il deuoit aller à Agra ou à Guzarat, le bruit commun estoit pour le dernier, mais le premier estoit plus probable, à cause que ceux de son conseil trouuoient ce seiour plus agreable & plus commode que l'autre: la chose m'estoit indifferente; car ie n'auois rien en teste sinon d'expedier mes affaires. Voyant donc qu'il pourroit encore demeurer là vn mois, ie pensay qu'il estoit mieux d'y faire venir mes presens, & tascher de terminer là toutes mes affaires, m'imaginant qu'estant sorty de cét ambaras, & ayant nettoyé le tapis, ie pourrois esperer quelque repos. I'estois d'ailleurs trop foible pour me traisner plus long-temps dans ces voyages, & il y auoit fort peu d'esperance de recouurer sa santé dans les incommoditez de la suite de cette Cour, & en vn pays où on ne trouue le plus souuét que de l'eau creüe & mal-saine.

Propositiõs que l'on auoit faite à la Compagnie des Indes.

Le 2. de Nouembre Richard Steel & Iakson arriuerent auec les perles, & quelques autres petites marchandises qu'ils auoient tirées du vaisseau en cachette par mon ordre. Ie les receus & leur en donnay quittance. I'eus auec eux quelque conference sur leurs desseins: Ie ne voulois pas rejetter d'abord leurs propositions, ny ceux qui les auoient appuyées, mais ie leur fis entẽdre par degrez le peu de fondement qu'il y auoit à en esperer du profit, & cela à cause de l'humeur de ces peuples; que si on entreprenoit ces machines pour esleuer de l'eau qu'ils proposoient, il les faudroit commencer à nos dépens; que la chose reüssissant nous n'en aurions point le profit, mais bien ceux du pays qui en auroient bien-tost compris l'artifice; que pour la vente de nos marchandises, cela ne l'aduanceroit pas beaucoup, que le plomb tripleroit de prix s'il le falloit porter par terre, & qu'on ne le pourroit pas donner à Agra à si bon marché que celuy du païs, neantmoins i'estois bien aise qu'ils en fissent l'épreuue pour se satisfaire: Ie leur dis qu'ils me vinssent trouuer auec leurs ouuriers à Amadabat; que là auec l'assistance de Mocredcam, le seul de ce païs qui aime les nouuelles inuẽtions, i'offrirois au Roy leur industrie, & ie verrois quelles conditions on en pourroit tirer, quoy que selon mon sens, ce fust vne peine, & de l'argent perdu. La Compagnie ne deuroit pas prester si aisément l'oreille à ces entrepreneurs, qui songent plus à s'attirer de l'employ, qu'au profit de ceux qui les employent. Bien souuent les choses qui semblẽt faciles dans le discours & dans la Teorie, sont plus propres pour satisfaire l'imagination d'vne personne curieuse, que pour estre mises en pratique; car alors on les reconnoist pour chimeres, principalement quand elles vont à changer quelque chose dans les vsages des païs. Il y en a où l'on ne boit que de l'eau de puits, d'autre de celle de riuiere, d'autre où on la fait venir de loin.

La secõde pensée d'obliger les cafilas & les marchands de Lahor & d'Agra, qui vont ordinairement en Perse par le chemin de Candahor, de changer de route, & de transporter leur marchãdises sur la riuiere de l'Inde, & puis de les recharger sur nos vaisseaux, pour les transporter dans la Golphe Persique. C'est vne pure resuerie qui ne pourra iamais reussir dans la pratique. La riuiere est assez aisée à nauiger en descendant, mais les Portugais ont vne residence à son emboucheure; remõter cõtre le cours de l'eau, cela est fort difficile : Enfin il faudroit asseurer leurs marchandises. A peine vne flotte entiere se pourroit faire ; & les Portugais mesmes ne se chargent point des marchandises de ces quartiers, mais seulement de celles de Sinda & de Tata ; encores ces marchands Indiens transportant leurs marchandises dans leurs propres Ioncques, les Portugais ne faisant autre chose que de leur donner passe-port, dont ils retirent vn droit fort mediocre pour estre asseurez contre leurs fregates,& auoir la liberté de ce commerce. Iamais les marchands de Lahor ne voudront descendre auec les marchãdises la riuiere de l'Inde, car ces caphilas ou carauanes sont composées au retour de marchands Persans & Armeniens, qui sçauent fort bien que le passage du Golphe est aussi dangereux que celuy de Candahor.

Il seroit bon que les auteurs de ce dessein apprissent par leur propre experiẽce l'erreur où ils sont, pourueu que la dépense ne retombast point sur la compagnie, mais ie m'imagine qu'ils abandonneront l'entreprise, ne sçachant par où s'y prendre pour la commencer. Le 3. dessein de joindre le trafic de la Mer Rouge auec celuy-cy est vne chose que i'auois tousiours recommandée, & qui auoit desia commencé à estre mise en pratique. Le danger des Corsaires dans ces Mers est grand, c'est pourquoy ie ne doutay point que beaucoup de marchands ne peussent estre persuadez de charger leurs marchandises à fret dans nos vaisseaux, & que par là nous pourrions rendre nostre amitié necessaire à ces peuples, & i'estois mesmes d'auis qu'on y employast vn vaisseau dés cette année, qui retourneroit au mois de Septembre. Pour ce qui est de ce dessein i'en auois fait l'ouuerture à nos facteurs ; i'en auois pressé l'execution, i'auois monstré le chemin d'y reüssir, & ie l'auois recommandé au Capitaine, au principal marchand, & aux facteurs auec beaucoup de chaleur, comme vous le pouuez voir par mes lettres ; pour la consequence vous l'éprouuerez à vostre profit, s'ils suiuent le conseil qu'on leur a donné : s'il y alloit de mon interest propre,& si les vaisseaux estoient à moy, comme ils se trouuent le plus souuent vuides & sans charge, à cause du peu de volume & du peu de place qu'occupent les marchandises qu'on enuoye icy, & qu'on en rapporte, ie les enuoyerois en la Mer Rouge, quand mesmes il ne se trouueroit point de marchandises pour les charger, ny de gens pour les fretter. Il y a mille bonnes fortunes à courir dans cette Mer ; vous auez icy deux vaisseaux qui ont esté pris depuis qui y seroient fort propres ; & quand vos vaisseaux ne feroient autre chose que d'en rapporter les marchandises que vous auez au Mocca & aux autres Ports de cette Mer, ils gaigneroient bien la dépense de leur voyage. I'ay troué Steel, Kerrigde, & les autres fort persuadez de leurs imaginations. Il me sembla mesmes qu'ils auoient oublié le respect qu'ils me deuoient. Ce dernier est tous les iours aux espées & aux cousteaux auec le Ministre. Ie me mis en debuoir de les accommoder ; mais pour ce qui est de sa femme ie luy en parlay clairement, & ie luy dis qu'elle ne pouuoit pas demeurer dans le Païs sans nous attirer des affaires, & estre cause de sa ruïne ; Qu'il falloit la renuoyer en Angleterre, autrement ie serois obligé de prendre quelque resolution sur ce sujet contraire à mon humeur ; & l'ayant rendu capable de ces raisons, ie representay aussi au Capitaine Tannerson le peu d'apparence qu'il y auoit de retenir la sienne dans le Pays. Vous ne sçauriez croire combien sont grandes les suittes que la permission de semblables choses attirent apres elles ; il me semble fort disposé à s'en retourner, & pour cét effect i'escriuis à vostre principal Facteur qu'il se chargeast des marchandises qu'il auoit apportées, & qui estoient bornées pour le pays ; & que pour payement il luy en donnast vne lettre de change, auec le profit qu'il en pouuoit raisonnablement esperer.

Ie

Ie treuue dans vostre lettre vn ordre bien exprés contre le commerce des particuliers, aussi bien à l'esgard de ceux qui sont employez à vostre seruice, que des autres. Ie vois bien par là que vostre pensée n'est pas qu'on accorde à ces derniers venus toute la liberté qu'ils se promettent.

Les marchandises qu'à Tovverson vallent plus de quatorze ou quinze mille liures, & celles de Steelle vne fois autant ; & cependant il pretend que renuoyant sa femme en Angleterre, & vous déliurant ainsi de cét embarras, le merite de cette action, & ceux qu'il a acquis au seruice de la Compagnie, luy doiuent faire esperer quelque grace. Pour moy ie ne m'en veux point mesler, mais bien donner ordre que l'on vous enuoye vn memoire cacheté de l'estime qui a esté faite de ses marchandises de Steelle, vous laissant ainsi la liberté de luy en donner ce que vous voudrez. Vous ostez le courage de vous bien seruir à tous vos vieux seruiteurs : Quelques-vns obtiennent de vous tout ce qu'ils veulent par de belles paroles, les bonnes actions des autres n'empeschent point qu'ils ne soient refusez en toutes sortes de rencontres. I'en pourrois nommer quelques-vns qui sont partis d'icy depuis deux ans, qui ne prenoient point autre soin que de faire valloir leur propre capital, & qui jouïssent maintenant dans leurs maisons d'vn bon establissement qu'ils se sont faits. D'autres qui ont fait fortune en traficquant auec les deniers de la Compagnie de port en port, & qui sont retournez en Angleterre auec de grandes richesses, sans iamais les auoir fait rechercher de la maniere dont ils les ont acquises.

L'année passée vn de vos Mariniers auoit pour sa part vingt-six balots d'Indigo : I'en ay veû vn autre qui auoit ramassé toutes sortes des plus riches marchandises qu'on apporte des Indes. Vn troisiéme cinq ou six iours deuant que partir, employa plus de six mille escus pour son compte : Et comme il en acheptoit aussi tous les iours pour le compte de la Compagnie, il y a grand sujet de croire qu'il ne prenoit pas les plus mauuaises pour luy. I'escriuis à Pring, & luy manday qu'il fist vn Inuentaire de tout ce qui s'estoit trouué dans les vaisseaux de guerre, & de vendre & disposer de ces vaisseaux selon l'occasion; que l'argent qui en reuiendroit si on les véd en sera mis auec vôtre capital, qu'il donne passage à quelques-vns des officiers de ces deux vaisseaux, d'entretenir le reste, & de les rẽuoyer, pour ce qui est de la decision de leurs affaires, à la Compagnie; disant que vous traitterez en Angleterre auec ceux qui ont fait l'armement de ces vaisseaux. Mon opinion est qu'ils sont de bonne prise, que leurs biens doiuent estre confisquez. Si vous leur voulez rendre quelque chose, ils le doiuent receuoir comme vne courtoisie que vous leur ferez: Enfin vous ne les sçauriez traitter auec trop de rigueur; plus elle sera grande, & plus grãd sera l'exemple du traitement que meritent de si dangereux pirates. Car si vous permettez ces courses & piratteries, vous pouuez dire adieu au commerce de Surat, & à celuy de la Mer Rouge. La Compagnie du Leuant en souffrira de son costé; le Turc s'en vengera sur eux, & nous serons exposez icy à vn pareil traittement. Le 6. i'allay trouuer Asaph-Can, apres auoir receu son Passe-port; Ie luy monstray les Perles, conformément à la promesse que ie luy en auois faite; il me dit qu'elles n'estoient pas propres pour ces pays-là, comme ie l'appris depuis des autres : neantmoins cette exactitude à tenir la parole que ie luy auois donnée luy plût tant, que ie croy pouuoir dire comme Pharaon, cette terre est à vostre disposition, demeurez y à l'endroit où vous voudrez auec tous vos gens. Nous ne parlâmes point du prix de la grosse perle; il me promit de me garder le secret; m'asseurant que pour l'amour de moy, & de la confiance que i'auois euë en luy, il en donneroit dauantage qu'elle ne valoit, qu'il la payeroit en argent comptant, qu'il en auoit beaucoup, & que mesme il m'en presteroit si i'en auois affaire. Enfin iereceus de luy toute la satisfaction qu'on peut receuoir en paroles, & auec cela quelques bons effects.

Quand les Presens & vos Vaisseaux arriueront, ie vous asseure que si ie suis liberal, ce sera pour vostre profit, & à bonnes enseignes. Asaph-Chan m'aduertit luy-mesme qu'il y auoit en ce pays peu de difference entre donner ou vendre. Les experiences qu'en ont fait les autres m'ont fait approuuer cette doctrine. Apres cette confidence qu'il me fit dans la chambre où estoit son lict, il se leua pour aller dîner, & me pria d'en estre, auec ceux de ma suite : On seruit vne table à part pour moy ; car ils font scrupule de manger auec nous.

Le Mogol fait racheter les criminels par les plus grands de sa Cour.

Ie ne sçaurois m'empescher de faire icy mention d'vne bassesse ou d'vne faueur, comme on la voudra appeller, que le Roy fait en ce Pays-cy, quand ses prisons sont pleines de criminels. Il commande que l'on en execute quelques-vns ; il enuoye les autres aux principaux de sa Cour, afin qu'ils les racheptent, & qu'ils payent le prix auquel ils sont taxez. Il croit en cela leur faire vne grande faueur, leur donnant, ce disent-ils, le moyen d'exercer leur charité : mais il prend l'argent, & ainsi il fait trafic de leur vertu. Vn mois enuiron auparauant le voyage, il m'enuoya trois criminels qu'il supposoit estre Chrestiens, afin que ie les rachetasse de la somme de cinquante écus chacun. Ie répondis que ie ne pouuois pas achepter des hommes pour en faire mes esclaues, comme d'autres faisoient, tirant profit d'vn commerce inhumain ; mais que par charité ie donnerois vingt escus de chacun de ces miserables pour leur sauuer la vie, & les mettre en liberté. Le Roy prit en bonne part cette response, & commanda qu'ils me fussent enuoyez : il s'attendoit que ie luy enuoyasse de l'argent. De mon costé, comme ie n'en entendois point parler, i'esperois qu'il l'auroit oublié, & ie n'auois point de haste de l'enuoyer. Vn soir les officiers du Roy amenerent les prisonniers chez celuy qui faisoit mes affaires, & prirent de luy vne promesse de soixante escus, ie la payay à mon retour, & ie les mis en liberté.

Le 10. ie visitay Asaph-Chan, sur ce que i'auois appris que l'on auoit deffendu à nos gens de tenir des Vaisseaux à terre, & cela sur vn auis qu'on auoit donné au Prince que nous auions dessein de bastir vn fort à Svvally, & que nos vaisseaux estoiēt chargez de briques & de chaux pour ce dessein. Ce soupçon leur vint de ce qu'on auoit mis tous les gens de l'equipage à terre, pour nettoyer le fonds de calle du vaisseau. Ils en prirent l'allarme si chaude, que i'eus ordre d'aller à la Cour pour me iustifier. Ie leur representay que cette peur estoit ridicule, qu'il estoit mesme hõteux de l'auoir euë ; que cette place n'estoit point propre pour nous, sans eau, & sãs havre. Ils en auoient neantmoins conçeu vne telle jalousie, à cause que j'auois demandé peu de temps auparauant vne riuiere qui pouuoit seruir à ce dessein, que i'eus toutes les peines du monde à en guerir l'esprit du Roy. Vous pouuez voir par là si il seroit facile d'obtenir d'eux vn fort, qui d'ailleurs vous seroit inutile, & que vous ne pourriez pas deffendre. Toutes les remonstrances que ie peûs faire n'empescherent pas qu'ils n'enuoyassent vne compagnie de cauallerie pour faire démollir vn four à brique qui estoit là proche. Ils desarmerent nos gens, les armes neantmoins ne furent point mises ailleurs que dans la Doüane, & on ne les osta qu'à ceux de l'equipage. Ie dis à Asaph-Chan que nous ne pouuions souffrir l'esclauage, ny demeurer dans vn pays, où vn iour le Prince enuoyoit son Firman, afin que nous y fussions bien traittez ; & le reuoquoit le lendemain ; quil n'y auoit ny fidelité ny hõneur en ce procedé, & qu'on me blâmeroit si i'y demeurois dauantage. Il me dit qu'il le representeroit au Roy le soir en presence du Prince, & qu'il m'en feroit sçauoir la réponse.

Priganie ; mot Persan ou Indien, dont on n'a pû sçauoir la signification.

Le 30. il me compta merueilles de l'affection que le Mogol témoignoit auoir pour le Roy mon Maistre, pour ceux de nostre Nation, & pour moy en particulier. Il adjousta qu'il s'estoit mis en hazard de perdre la faueur du Prince pour l'amour de nous ; qu'il seroit bien-tost en estat de nous rendre d'autres seruices, estant sur le point d'auoir la Priganie de Surat ; que le Prince estoit obligé de quitter à cause qu'on luy auoit donné le Gouuernement de Amandauat, de Cambaya ; & pour me faire connoistre qu'il agissoit de bonne foy, il me pria de me trouuer ce soir-là chez le Roy, de luy porter la lettre de mon Maistre traduite en Persan; que l'occasion estoit fauorable, me chargeant sur tout de continuer à faire des plaintes, & de témoigner que ie voulois prendre mon congé; que ie verrois, si il faisoit son deuoir.

Sur le soir ie fus chez le Roy. I'y trouuay toute sa Cour; ie luy presentay ma lettre, laquelle on mit deuant luy, mais comme il auoit d'autres affaires, il n'y fit pas grande reflexion. Asaph-Chan parla à Ethimon Doulet son pere à l'oreille, le priant de lire la lettre, & de nous estre fauorable, pource qu'il estoit plus à propos qu'il fist cette ouuerture que luy. Ethimon prit les deux lettres, il presenta celle qui estoit en Anglois au Roy, & leut la traduction. Le Roy s'arresta principalement sur l'endroit de la lettre qui parloit de la paix auec les Portugais. Il demanda si le Roy d'Angleterre vouloit en effect la Paix. Ie dis qu'il y auoit long-temps qu'on s'en estoit remis à luy, & que l'on esperoit qu'il en seroit l'entremetteur. Il dit qu'il vouloit nous mettre d'accord, & nous faire viure en paix dans ses Mers; qu'il respondroit au Roy d'Angleterre, & qu'il satisferoit de mesme à toutes les autres articles de cette lettre. Ces bonnes paroles ne m'empescherent pas de luy demander mon congé pour retourner en Angleterre. Le Roy & le Prince entrerent en dispute sur ce sujet. Le Prince se plaignoit qu'il ne tiroit aucune vtilité du sejour que nous faisions à Surat, & que pour luy il estoit content que nous en sortissions. Asaph-Chan prit la parole, & dit hardiment au Roy que nostre commerce apportoit beaucoup de profit à son Royaume, & contribuoit mesme quelque chose à sa seureté; que les officiers du Prince nous traittoient fort mal, & qu'il n'estoit pas possible que nous y demeurassions dauantage si on n'y apportoit quelque remede: Que sa Majesté feroit mieux de nous donner nostre congé, que de nous retenir pour receuoir à toutes heures de nouueaux mécontentemens; qu'il en faudroit venir là à la fin. Le Prince respondit tout en colere, qu'il ne nous auoit iamais fait de tort, & qu'il nous auoit encore dernierement accordé vn Firman par son entremise. Il est vray, repliqua-t'il, vous leur donnastes vn Firman tel qu'ils le pouuoient souhaiter, & dix iours apres vous en enuoyastes vn autre pour le reuoquer; que la confusion de ce manquement de parole retomboit sur luy; qu'il ne me deuoit rien, ny moy à luy: qu'il parloit sans interest; qu'il ne consideroit rien en cét affaire que la iustice & l'honneur du Roy. Pour le traitement qu'on nous auoit fait, Asaph-Chan s'en rapportoit à moy, qui me plaignois souuent que nos marchandises auoient esté prises par force depuis deux ans; que nous n'auions iamais pû nous en faire payer, & que ses officiers vsoient tousiours de la mesme vexation à l'arriuée de chaque flote; que si le Prince estoit las de nous, il feroit mieux de nous chasser; & qu'il pouuoit bien s'asseurer que nous en tirerions raison sur Mer. Le Prince, disoit-il, ou le Roy, donnent-t-ils à manger à cét Ambassadeur? c'est vn estranger qui suit la Cour à ses despens; si on luy oste par force ses marchandises, & qu'il ne les puisse retirer, ny l'argent qu'elles vallent, comment pourra-t'il viure, & comment pourra-t'il s'entretenir? Cela fut dit auec beaucoup de chaleur, & le Roy repeta deux ou trois fois *force, force*, & fit vne seuere reprimande au Prince. Le Prince entra dans vne longue iustification de toutes les plaintes que ie faisois de luy: Cette rupture ouuerte auec le Prince eut l'effet qu'Asaph-Chan s'estoit imaginé: on nous fit payer tout ce qui nous estoit deû à Surat; & on ordonna à ceux de la Doüane, de nous traiter mieux à l'auenir. Ie suis asseuré que si ie n'en fusse venu à vne rupture auec le Prince, ie n'en aurois iamais rien tiré. Ie dis à l'Enuoyé du Prince en presence des marchands Anglois, que si il faisoit aucune violence où à moy ou à mes marchands, il luy en cousteroit du sang; que ie mettrois toute ma boutique sur ses vaisseaux; que ie prendrois mesme dans ses Ports, & que ie les emmenerois en Angleterre.

Il a dit en vn autre qu'il auoit esté caution des choses que le Prince auoit promises.

Dans l'Original Anglois, il y a le troisiéme degré. Havvkins, dont la relatiō suiuera cy-apres, appelle cét endroit de la Cour du Mogol, Red, Rayle.

Le 30. Ianuier les Holandois vinrent à la Cour auec vn riche Present de curiositez de la Chine. On ne leur permit pas d'approcher la troisiesme balustrade. Le Prince me demanda qui ils estoient. Ie luy dis qu'ils estoient Hollandois, & qu'ils demeuroient à Surat. Il me demanda s'ils estoient nos amis. Ie luy dis que c'estoit vne nation dependante du Roy d'Angleterre qui n'estoit pas bien receuë par tout; que pour l'affaire qui les amenoit là ie ne la sçauois point, puis qu'ils sont vos amis appellez les. Ie fus obligé de les enuoyer querir pour donner leurs presens; on les plaça proche de nos Marchands sans auoir auec eux aucune conference.

Purchas finit icy les Memoires de Rhoë, & dit que ce qui reste ne regarde que le détail des comptes de la Compagnie, & de leur commerce.

Purchas adiouste : Il n'est pas hors de propos de mettre icy ce que le Sieur Steel dont il est fait mention dans ces memoires, m'a autrefois dit des femmes de ce païs-là. Steel auoit à sa suite entr'-autres personnes vn Peintre : Le Mogol eut la curiosité de luy faire faire son portrait; & comme il ne sçauoit pas la langue du païs, Steel pour luy seruir d'Interprete fut introduit dans l'appartement des femmes du Mogol; Ce qu'on ne permet iamais à vne personne de son sexe: à l'entrée le chef des Eunuques luy jetta vn drap sur la teste, afin qu'il ne peût pas voir les femmes qu'il auroit peû rencontrer dans cét appartement, où il y en auoit grand nombre. Le hazard ou sa curiosité luy en firent voir quelques vnes. L'Eunuque qui s'en apperçeut luy jetta sur la teste vne autre piece de drap plus épais que le premier. Pour ce qui est de sa femme, elle auoit les entrées plus libres chez Chan-Channa : La fille de ce Seigneur auoit autrefois esté mariée au plus âgé des freres du Mogol; elle estoit alors veufue, & viuoit dans vne grande retraitte : Elle eût la curiosité de voir vne femme Angloise, & son pere pria Steele de permettre que sa femme la fut voir. Elle y fut conduite sur vn charriot fermé de tous costez, tiré par des bœufs blancs, suiuy de plusieurs Eunuques. Elle entra premierement dans vne Cour, au milieu de laquelle il y auoit vn grand quarré d'eau; plusieurs femmes esclaues de toutes sortes de nations estoient assises sur des tapis fort riches autour de ce quarré d'eau; il y en auoit entr'-autres de Negres, qui ne laissoient pas d'estre fort agreables; des blondes, des Indiennes brunes, & toutes esclaues de cette Dame. L'Angloise estant entrée habillée à la maniere de son païs, toutes ces femmes se leuerent & luy firent la reuerence en baissant la teste. L'Angloise fit vn present à cette Dame : car en ce Païs-là on ne fait point de visite sans regale à la personne à qui elle se rend. La fille de Chan-Channa la fit seoir aupres d'elle, & apres vn peu de conuersation on couurit la table; elle commença ainsi à faire amitié auec cette Princesse, qu'elle cultiua depuis par de frequentes visites qu'elle luy rendoit. La Princesse reconnut ses soins, & luy fit diuers Presens, luy donnant souuent des rubis, & autres pierreries qu'elle m'a fait voir à son retour en Angleterre. Son pere Chan-Channa enuoya vn iour son tailleur chez le sieur Steel, qui l'ayant veu vne seule fois, sans prendre autrement sa mesure, luy fit vn habit & vn manteau de drap d'or à la mode d'Angleterre, qui se trouua fort juste, dont ce Prince le regala.

Lettre qui a esté trouuée entre les papiers de Mre Hakluyt, & qui auoit esté tirée du Registre des Lettres de Thomas de Rhoë, Ambassadeur d'Angleterre auprés du Mogol.

Cette Lettre est traduite de l'Anglois.

MONSIEVR,

I'auoüe que i'ay esté long-temps sans vous escrire; mais aussi il ne s'est rien passé depuis mes dernieres lettres, qui m'ait deû obliger à le faire; & quand il y auroit eu en cela quelque manquement de ma part, i'aime mieux en attendre le pardon de vostre generosité, que de vous donner la peine de lire les excuses que ie vous en pourrois faire.

Ie vous diray puisque vous voulez que ie vous dise quelque chose de ce païs, que les peuples qui l'habitent n'ont point de loix escrites. Le Roy regle tout par ordres, & ses Gouuerneurs par l'authorité qu'ils tiennent de luy. Il a la patience vne fois la semaine d'escouter les plaintes de ses sujets, de leur rendre justice, & de prononcer les sentences aussi bien dans les affaires criminelles, que dans les ciuiles. Il est heritier vniuersel des plus riches de ses sujets; ce droit de leur succeder le réd infiniment riche, & est cause que ceux du païs prennent si peu de soin d'embellir leurs maisons. Ceux qui tiennent les premieres places aupres du Roy n'y sont point paruenus par leur noblesse: la faueur est le seul moyen d'y paruenir, sans que la naissance y entre en consideration: On compte les richesses des plus grands du païs, par le nombre des cheuaux que le Prince leur entretient: la plus grande pension est de douze mil cheuaux, c'est celle des enfans du Mogol, de sa femme, & de quatre autres principaux officiers de sa Cour. Le moindre pensionnaire a l'entretien de 20. cheuaux, ce n'est pas que pas vn de ces pensionnaires soit tenu d'en entretenir ce nombre: Mais le Roy leur assigne autant de terre qu'il en faudroit pour les entretenir s'ils les auoient en effect. On compte la despense de chaque cheual par an à vingt-cinq Iacobus; ces pensions se montent à vne somme immense; elle est prise sur le domaine du Prince qui est si grád, que tous ses sujets en viuent, à l'exception seulement des Marchands, des artisans, & des laboureurs; mais quand ces pensionnaires meurent, les pensions retournent au tresor du Prince, auec les autres richesses que les pensionnaires ont amassé par leur propre industrie. Le Prince laisse d'ordinaire à la femme du deffunct & à ses enfans quelque partie de cette pension, comme seroit celle de cinq cens ou mil cheuaux à ceux dont le pere en auoit six ou sept milles: ainsi il les met en estat de cõmencer vne nouuelle maison, & les aduance suiuant les seruices qu'ils luy rendent, ou selon les presens qu'ils luy font: c'est leur maniere de faire la Cour à leur Prince; c'est à qui luy fera des presens plus magnifiques; iusques là qu'il en reçoit quelquesfois qui valent bien cent mille pistoles.

Outre ses concubines, il a quatre femmes, mais celle des quatre qu'il ayme le plus le gouuerne absolument. Le Roy de Visiapour luy enuoya dernierement vn Ambassadeur, pour luy demander la paix; cét Ambassadeur baissa trois fois la teste iusques contre terre, & luy fit vn present de trente-six Elephans. Il y en auoit deux dont les chaînes & toute la garniture estoient d'or massif, elle pesoit bien en tout huit cens marcs. La garniture des autres estoit d'argent de la mesme façon, cinquante cheuaux richement harnachez, dix leques de Rupias en pierreries, grosses perles & rubis. Chaque leque vaut cent mille roupias, & chaque roupias répont à vn écu cinq sols.

Les Estats du Mogol ont beaucoup plus d'estenduë que ceux du Persan, & sont plus grands ou égaux à ceux du Turc; il est plus riche en argent que le Turc & le Persan ensemble: ces grandes richesses se tirent du reuenu de ses terres, des presens qu'on luy fait, & de la dépoüille de tous ceux qui meurent dans ses Estats. Ils s'estendent du costé de l'Occident, iusques au Sinde; iusques à Candahor, & iusques au mont Taurus vers le Nord du costé de l'Est, iusques aux Frontieres du Royaume de Bengala au delà du Gange, & du costé du Sud, iusques au Royaume de Decan; l'estenduë d'vn bout à l'autre est bien de deux milles milles. Il est vray qu'il y a beaucoup de Roys particuliers enfermez dans cét estenduë, mais ils luy sont tributaires.

Havvkins dit, comme luoc: verra cy-apres, qu'il ne la dépoüille que de ses pensionnaires.

Ranna qui descend de ce Porus qui fut vaincu par Alexandre, fut dernierement rangé sous sa domination, plustost par accord que par force. Le Mogol l'achepta plustost qu'il ne le vainquit; & cette conqueste au lieu d'augmenter son reuenu, le diminua de la pension qu'il luy donne. I'ay trauersé les Estats de ce Prince; ils sont situez entre la ville d'Asmere & celle de Brampore.

Ranna successeur de Porus.

Chitor en estoit autrefois la Ville principale, elle auoit esté bastie sur le haut d'vne roche ou montagne escarpée. Le circuit de cette montagne est de quinze milles; la ville estoit dans cette enceinte, & ne pouuoit estre abordée que par vn seul chemin; deuant que d'y arriuer, il falloit passer cinq portes admirables pour leur structure; elle est maintenant ruïnée & sans habitans. On y voit les restes de cent Temples, plusieurs tours & de si belles statuës antiques, qu'il n'y a rien en ce genre qu'on leur puisse comparer: En vn mot toutes les villes anciennes de ce païs ont esté démolies, ie ne sçay pas quelle politique, si ce n'est que le Mogol ait pensé qu'il y alloit de sa reputation de laisser dans le Païs des monumés de Princes qui n'estoient point du nombre de ses ancestres; si bien qu'en tout le Pays il n'y a pas vne seule maison raisonnable. Entre les Villes qu'il affectionne, Surat est la mieux bastie. Autrefois on faisoit en ces quartiers de fort beaux ouurages; mais l'Art s'en perd tous les iours. Il y a vn reseruoir à Surat, qui est basty de pierre de taille en forme d'vn Poligone qui a plus de cent costez, chaque costé a de longueur quatre-vingt-quatre pieds, & a ses degrez & ses descentes pour les Cheuaux; c'est vn ouurage admirable pour sa grandeur & pour sa structure.

Monumens Antiques.

Il faut que ie dise quelque chose de cette Cour, & de la maniere dont j'y viuois. Iamais le Mogol n'a traité Ambassadeur auec plus d'honneur qu'il m'en fit, m'accordant la permission d'y pratiquer les façons de faire de mon Pays; & n'exigeant point de moy les mesmes soûmissions que l'Ambassadeur de Perse auoit esté obligé de luy rendre. Il me donna la bien-venuë deuant que j'eusse commencé à luy parler. Il dit que le Roy d'Angleterre & luy estoient freres, auec beaucoup d'autres paroles de ciuilité. Quand ie fus malade, il m'offrit son Medecin. Il receut auec estime les presents que ie luy fis; & entre-autres, le Carosse luy plût tant, que deux ou trois fois la nuict il se mit dedans, & se fit tirer par quelques-vns de mes domestiques. Il reçoit auec douceur & affabilité ceux qui l'abordent. Il est sans faste. Il tient sa seance hors de son Palais trois fois le iour, en trois differentes places: sur le midy il sort, pour voir le combat des Elephans & des autres bestes: depuis quatre jusques à cinq & six heures, pour donner Audiance; & sur le soir depuis neuf heures jusques à la minuict, auec les principaux Seigneurs de sa Cour, auec qui il passe le temps dans vne grande familiarité. I'eus ma premiere Audiance au Durbal. Il me receut dans vne Cour spacieuse sur vn eschaffaut, comme vn Roy de theatre. Pour moy, j'estois auec la noblesse sur vne estrade plus basse couuerte de tapis. Il estoit sous vn daiz, & à ses deux costez il y auoit deux hommes assis sur la teste de deux Elephans de bois, pour chasser les mouches qui le pourroient incommoder; ces Chasse-mouches ne sont habillez que de toille, mais leur charge ne laisse pas d'estre considerable dans céte Cour. Les personnes de condition se font porter dás des Palanquins auec vne grãde magnificence: Quelques-vns ont deux cens, quelques-autres iusques à cinq cens hommes de pied, & quelquefois iusques à deux cens Cheuaux qui les suiuent, auec quatre estendards que l'on porte deuant eux; voila en quoy consiste leur faste. Ils nourrissent leurs Cheuaux fort delicatement: Ils les engraissent auec du beurre & du succre: Ils ne sont pas fort grands. Outre ceux du Pays, il y en a de Perse & d'Arabie que l'on estime infiniment.

I'oubliois de faire icy remarquer la fausseté des Cartes que Mercator & les autres Geographes nous ont données iusques à cette heure de ce Pays. Premierement la fameuse riuiere de l'Inde n'entre point dans la mer à Cambaya; sa principale emboucheure est à Synda; en voicy la preuue. La ville de Lahor est sur le fleuue Indus, & de là il va iusques à Sinda. Quand les eaux sont hautes, les enuirons de Cambaya sont couuerts d'eau iusques à la mer; ce qui a possible donné suiet à l'erreur dans laquelle ils sont tous tõbez. Lahor dans ces Cartes est mal placée; elle est située au Nord de Surat, à la distance de mil milles. La residence ordinaire du Roy est à Agra, qu'ils n'ont point marqué dans leurs Cartes; elle est au Nord Nordeest de Surat, sur vne riuiere qui tombe dans le Gange: le Roy reside maintenant dans vne ancienne ville où il n'y a point de maisons qui ne soient basties de boüe, & qui ne valent pas mieux que les maisons couuertes de chaume de nos paysans. Il n'y a que le Palais du Roy qui soit basti de pierre; les grands Seigneurs de sa Cour viuent sous des tentes, & on bastit en vn moment auec des Roseaux & du mortier, vn appartement où il y a quelquesfois iusques à douze chambres: cette ville est à dix iournées d'Agra; elle en est esloignée de deux cens milles du costé du Nord Nordest; elle est au Nord de Brampore quatre cens cinquante milles. Brampore est à deux cens mille à l'Est; son esleuation est enuiron de vingt-vn degrez. Ie vous ay dit, Monsieur, quelque chose du Pays, & qui peut-estre n'est pas fort considerable. Ie n'ay pas oublié les liures que vous m'auez demandez de pierre d'aimant: il n'y en a point icy, on les trouue plus loing vers l'Orient, ils n'ont aucune correspondance auec ceux de la Chine; il y a bien des Carauannes qui vont en Perse & en Alep, mais il n'y en a point qui aillent au Catay.

Faute des Cartes de Geographie.

Les nouuelles que nous auons de Perse sont que le Roy a osté l'eau & les rafraichissemens à ceux d'Ormus; Il a chassé de ses terres les Portugais, & a depuis peu mis à feu & à sang le Pays des Georgiens.

L'on dit qu'il a en teste la cõqueste des Vsbecques, qui est vne nation entre Sammarcand & son pays. Il coupa dernierement luy-mesme la teste à son propre fils. Le Mogol le craint, & cette nation guerriere est terrible au peuple de ce Pays, dont la plus grande partie est de Bramens, c'est à dire, de gens d'vne Religion qui ne leur permet pas de tuer la vermine quand elle les mord. Pour les Mogols, sont peuples tout à fait effeminez; le Turc luy enuoya vn Ambassadeur l'année passée, pour le prier de n'assister point le Persan. Il le receut auec toute sorte de demonstration d'estime. Il luy fit la reuerence iusques à terre; & aussi-tost qu'il fut party, il enuoya au Persan trois millions cinq cens mil liures. Ie m'estimerois heureux de pouuoir rendre seruice à vostre Grandeur en Angleterre; car ce pays est si peu agreable que ie suis mesme las d'en parler; & ie croy que vous aurez le mesme ennuy de lire ce que ie vous en escris: Ie souhaiterois que Vostre Grandeur permît au sieur Hackvvel de voir mõ Iournal; car ie luy en ay promis vn, & n'ay pas le loisir de luy escrire; ainsi auec toutes sortes de respects, & peu de ceremonie, ie finiray, en vous disant que i'espere de retourner bien-tost pour vous rendre de meilleurs seruices; Ie meneray cependant vne vie miserable, puisque dans l'éclat de la place où ie suis, ie suis priué de la conuersation & de la presence des amis que i'aime & que i'honore. Vostre grandeur a bien voulu que la presomption de la mettre de ce nombre, & de me dire son tres-humble seruiteur pour luy faire seruice.

D'Asmere, Ville où se trouue presentement la Cour du Mogol, le 17. Ianuier 1617.

Extrait d'vne Lettre du 23. Nouembre 1616. écrite aux Marchands à la Compagnie des Indes Orientales.

MES TRES-HONOREZ AMIS, I'ay receu vostre Lettre du 22. Octobre 1618. Elle m'a esté renduë par le Capitaine du vaisseau nommé Charles, qui arriua sur la Barc de Surat, auec quatre autres vaisseaux le 26. du present mois : Ie ne doute point qu'on ne vous ait enuoyé vne ample Relation de ce qui s'est passé sur mer pendant leur voyage : Ie vous diray quelque difference qu'il y a dans le rapport que les Portugais ont fait de nostre flotte : ce fut nous, selon leur dire, qui commençâmes le combat; & comme on n'auoit point enuoyé de Vice-Roy, vn vieux Soldat nommé dom Emmanuel Meneses, qui auoit esté deux fois General de leurs armées, commandoit l'Admiral : Ils adioustent qu'estant percé de plusieurs coups, il eschoüa proche de la côte de Mosambic, & que Menesses est maintenant arriué à Goa : ce recit ne se soustient pas ce me semble; car ie sçay qu'ils tirerent les premiers coups de canon, & qu'il est impossible de passer d'Agazesia au Mosambic dans vn Canot comme ils supposent que Meneses auoit fait. Il y a aussi peu d'apparence de croire que les Habitans apres les auoir pillez, se soient hazardez à les transporter dans leur Pays; & quand mesme cela seroit, comment auroit-on pû en si peu de temps auoir nouuelle de Goa de leur arriuée. Mon opinion est, qu'ils conforment leur Relation le plus qu'ils peuuent à la nostre, & que tout ce qui fait la difference est, qu'ils ont de la peine à auoüer la verité : mais enfin, soit qu'ils y soient tous demeurez, ou que leur Vice-Roy soit demeuré dans le combat, qui est la plus grande perte & le plus grand dés-honneur qui leur pouuoit arriuer dans l'Inde. Il n'est pas besoin de vous écrire vn plus long recit de vos affaires, ny les sentimens que j'en ay : I'ay écrit tout ce que j'en pouuois dire dans le Iournal que ie vous ay enuoyé, auec la copie des Lettres addressées à vos Facteurs, dans lesquelles j'ay traité & éclaircy ce qui regarde vostre commerce & vos interests en ces quartiers : Mais parce qu'à mon arriuée à ce Pays, ie m'arrêtay au rapport de quelques personnes, lesquels j'ay trouué depuis sans fondement, & qu'il y a quelques poincts qui n'ont pas esté bien éclaircis dans mon discours general. Ie les parcoureray tous icy en peu de mots; car ie souhaite fort que vous puissiez entendre vne fois pour toutes, l'estat de vôtre cômerce; cõment il le faut establir & le gouuerner, de peur que sur d'autres rapports vous ne vous engagiez à des dépenses inutiles, & ne tombiez dans de grosses fautes & des pertes considerables. L'offre d'ayder le Mogol, ou de conuoyer ses Sujets jusques à la Mer-Rouge, est vn offre inutile. Ie ne laisseray pas de la faire pour marque de vostre affection; mais quand ces gens-cy n'ont point besoin des offres qu'on leur fait, ils les regardent comme vn mâtin regarde du pain quand il en est saoul. Ce Roy a la paix auec les Portugais, & ne leur fera point la guerre que nous ne les ayons déplantez des places.

Tant qu'ils seront en paix, ils se mocqueront de vostre assistance; quãd la guerre les presseroit, ils n'oseroient se mettre sous la protection d'vn Estranger; & pour rien du monde, ils ne la voudroient payer. Il faut se desabuser de toutes les pensées que vous pouuez auoir de faire aucun trafic autre part que dans ce Port, ce sera assez que vous soyez en estat de vous y pouuoir deffendre : Quelque seruice que vous leur puissiez rendre, ils ne vous en seront iamais obligez; Ils vous craindront tousiours, & ne vous aymeront iamais. Pour ce qui est d'auoir icy vn Resident pour vos affaires, c'est vne dépense qu'il faut continuer aussi long-temps que vous serez en guerre auec les Portugais : les autres dépenses, vous les pouuez retrancher comme inutiles, elles peuuent mesme vous apporter du prejudice. Pour

Pour ce qui est d'vn Fort, i'ay crû à mon arriuée que c'estoit vne chose fort necessaire; mais l'experiēce m'a fait voir depuis que c'estoit vn grād auātage d'auoir esté refusé alors. S'ils me l'offroient maintenant, ie ne le voudrois pas accepter. Premierement aux lieux où se rencontre la commodité des riuieres dont on vous a parlé, le pays est desert, & l'on n'y peut negocier ny cōuerser. Les passages qui sōt les plus aisés, sōt tellemēt rēplis de voleurs, que l'authorité mesme du Roy ne les en a pû chasser. La force des mōtagnes où ils demeurent les asseure cōtre les desseins que l'on peut faire sur eux; & s'il y auoit des lieux propres pour le trafic, ceux du païs les auroient pris. Ces peuples sentent tous les iours l'incommodité qu'ils reçoiuent d'auoir vn havre qui n'est point habité; ce seroit ce me semble vne assez forte raison pour faire voir que le lieu que l'on vous a proposé n'y est pas propre, puis qu'ils ne s'en seruent point; & quand mesme le havre auquel vous pensez seroit fermé de murailles; il n'est pas aisé de diuertir le commerce, & le tirer d'vn lieu où les marchands ont accoustumé de trafiquer, lors principalement que le trafic est de marchandises qui se vendent en détail. L'autre raison est que la dépense seroit plus grande que la qualité de vostre commerce ne la peut porter; & le payement d'vne garnison absorberoit tout le profit de vostre commerce. Cent hommes ne suffiroient pas pour deffendre ce Fort imaginaire.

Les Portugais feront vn extrême effort pour vous en chasser. La guerre & le trafic sont incompatibles selon mon sens; & si vous m'en croyez, vous ne vous hazarderez point à la faire autrement que sur mer, où on peut aussi-tost gagner que perdre; c'est la cause de la pauureté des Portugais. Ils ont à la verité des colonies dans des païs qui sont fort riches, mais les garnisons qu'ils tiennent pour les conseruer en consument tout le profit, quoy que leurs garnisons soient foibles; en vn mot remarquez s'il vous plaist ce que ie vous dis, ils ne profiteront iamais des Indes tant qu'ils seront obligez à faire ces dépenses.

Les Hollandois sont aussi tombez dans la mesme faute, lors qu'ils ont tasché de s'y establir par la force; ils en rapportent vne grande quantité de marchandises, ils sont considerez dans toutes les places, & sont mesme maistres de quelques vnes des meilleures; auec cela leurs morte-payes consument tout le gain d'vn si grand & d'vn si riche trafic. Il est certain que s'il y a quelque fortune à faire en ce païs-là, vous la deuez attendre du costé de la Mer, & d'vn commerce paisible.

C'est vne erreur d'affecter d'auoir des garnisons & des places de guerre aux Indes. Si vous auiez seulement à faire la guerre à ceux du païs, peut-estre que cela vous reüssiroit; mais de la faire à d'autres pour leur deffense, ils ne le meritent pas: outre que vostre reputation courroit grand risque. Il est plus aisé de faire vne bonne attaque en ce païs, qu'vne bonne retraite. Il ne faudroit qu'vn mal-heur pour vous faire perdre le credit, & pour vous engager dans vne guerre de beaucoup de dépense, dont le succez seroit incertain; outre qu'vne action si sujette au hazard que sont les euenemens de la guerre ne peut pas estre entreprise auec raison, quand l'éloignement des lieux d'où on peut tirer du secours & du conseil est si grand, qu'il vous expose à vne perte irremediable. Nous voyons tous les iours que ceux qui ont ces auantages-là tout proches, ont bien de la peine à apporter les remedes necessaires. En Mer, vous pouuez prendre ou laisser. On ne publie point vos desseins. La rade de Svvally, & le port de Surat sont les deux places de toutes celles du Mogol qui vous sont les plus propres. C'est vne chose que i'ay bien examinée, & ie croy qu'on ne desaprouuera iamais ce que i'en écris maintenant. Il n'est pas besoin d'en auoir dauantage. Le grand nombre de ports de factoreries & de residences n'augmenteront pas vostre trafic & vostre commerce à l'égal de ce qu'ils en augmenterōt la dépēse & les charges. On ne trouuera pas en mesme lieu vn port seur pour vos vaisseaux, & vne place propre pour les décharger. La Rade de Svvally dans la saison est aussi seure qu'vn estang. Cambaia, Barochia, Amadauat, & Surat, sont les places du plus grand trafic qui se fasse dans les Indes, & les mieux situées. Vous auez deux difficultez, les Portugais en Mer & le debarquement de vos marchandises. Pour surmonter la premiere, il faut faire en sorte que la charge de vos vaisseaux soit dans vostre Port vers la fin du mois de Septembre; ce que l'on peut faire ayant tousiours des marchandises deuant soy, ou empruntant de l'argent pour trois mois. Ainsi vous pouuez charger & décharger en mesme temps en vne saison fort propre pour retourner en Angleterre, & vostre ennemy n'aura pas le temps ny la force de vous faire du mal; car à peine pourra-t'il arriuer en ce temps-là; ou s'il a pris ses mesures de plus loin, nous en aurons esté auertis.

Et pour le second poinct qui est de charger les marchandises sans courir le danger des fregates, & pour épargner la dépense du charroy par terre, il faut que vous enuoyez vne pinasse de soixante tonneaux, auec dix pieces de Canon, qui prenne sept ou huit pieds d'eau, afin qu'elle demeure dans la riuiere qui est entre Svvally & Surat, pour asseurer le passage de vos marchandises qui seront ainsi en seureté, & qui demeureront à la Doüane à vostre dispositiõ. Elle seruira de Magazin, d'où vous les pourrez transporter où il vous sera plus commode. Les marchandises que vous cherchez principalement sont de l'Indigo, & des étoffes de cotton. Il n'y a point de place qui soit également propre pour l'vn & pour l'autre. Enfin il faut chercher celle où il y a moins d'inconuenient. I'en dis mon opinion & mes raisons dans le discours que i'ay fait à vos Facteurs. Quelques-vns peut-estre y seront contraires, mais ie ne me trompe point, ie n'ay aucun dessein particulier d'auoir des Facteurs à ma disposition, ny d'auancer ou employer mes amis, & encores moins d'ambition d'auoir des gens au dessous de moy.

Il me seroit bien plus facile de faire connoistre à la Compagnie toutes les fautes qu'on a faites par le passé que d'y remedier. La Riuiere de Sinda dont vous me parlez est tenuë par les Portugais, & quand mesme elle ne le seroit point, elle n'est ny plus propre au commerce, ny plus seure que celle de Surat. Vos Facteurs m'ont enuoyé quatre ou cinq articles de vos lettres qui regardent la Perse & le dessein de faire bastir vn Fort & vne colonie à Bengala, ce qu'ils iugent de nul vsage. Ils ne m'ont fait sçauoir que cette partie de toutes les propositions dont vous leur auez écrit, & de tous vos desseins. Ie feray ce qui dépendra de moy, pour aduancer vos affaires à la Cour; mais ie veux que vous voyez dans mon journal & dans mes lettres comment ils en vsent enuers moy, ce que ie ne puis attribuer à autre chose qu'à quelque jalousie que vous auez euë de ma conduite, mais qui vous coûtera bien cher. Pour ce qui est d'établir icy vostre commerce, ie crois auoir assez de credit pour obtenir du Roy tout ce que vous pourrez raisonnablement souhaitter; & quand il m'aura promis vne fois vne chose, la consideration de vos vaisseaux l'obligera à vous tenir parole. Vous n'auez pas besoin d'vne si grãde faueur à la Cour cõme vous vous l'imaginez. Il faut que vous aportiez icy d'autres marchãdises. Ne vous laissez point tromper à ceux que vous employez. Le drap, le plomb, l'yuoire & le vif argent sont les meilleures marchãdises pour ces quartiers, & le seront tousiours: j'ay souffert l'année passée beaucoup de trauerses de Sultan Coronne qui a le gouuernement de Surat. Ie n'ay pas peu obtenir que le Traité pour le Commerce fust dressé auec des conditions égales pour les deux Nations. Le manquement de presens m'a fait perdre vne partie de la faueur que i'auois à la Cour. Ie n'ay pas laissé d'en tirer vne grande partie de ce que ie desirois, & quelque satisfaction sur toutes les extorsions & auanies qu'on nous auoit faites par le passé. Ie tâcheray de rendre nos conditions meilleures en l'absence du Prince, & de faire vn nouueau Traité, en donnant au Mogol les premiers presens que vous m'enuoyerez.

Purchas marque icy qu'il n'a pas fait imprimer le reste de cette Lettre, à cause qu'elle ne contient que les choses qui regardent le détail des affaires de la Compagnie Angloise des Indes Orientales.

ADDITION DE PVRCHAS.

CET Ambaſſadeur en partant demanda au Mogol vne recommandation auprès du Roy d'Angleterre ſon maiſtre, il l'obtint aiſément : mais le Mogol ſe trouua embaraſſé de l'endroit où il deuoit mettre le ſceau de ſa lettre;en le mettant au bas, il croyoit faire quelque choſe indigne de luy ; ſ'il l'euſt mis au haut, il ſ'imaginoit que le Roy d'Angleterre auroit peû ſ'en offenſer;il ſe reſolut d'vſer de temperamment. Il donna la lettre ſans eſtre ſcellée,& ſon grand ſceau à part,afin que Sa Majeſté d'Angleterre, diſoit-il, le mit où il luy plairoit. Ce ſceau eſt d'argent,l'empreinte contient la Genealogie du Mogol depuis Temur-lam, dans des cercles ſeparés; vous le pourrez voir cy-deſſus dans la Carte que Rhoë a fait faire des Eſtats du Mogol.

Extraict d'vne Lettre du 30. Octobre 1616.

LE Mogol d'aujourd'huy eſt d'vne humeur fort douce & bien-faiſante ; mais d'vn autre coſté nous auions de continuels démeſlez auec vn de ſes fils, fier, intraitable, & entre les mains de qui il ſ'eſt défait de tout ſon pouuoir & du gouuernement de ſes Eſtats, dont il n'eſt pas capable. Il eſt maiſtre du Port où nous trafiquons, & nous donne mille trauerſes ; il a vne ambition ſi déreglée, qu'il ne voudroit pas que ie reconnuſſe ſon pere, que ie m'adreſſaſſe à luy, ny que ie luy fiſſe aucune priere ny aucun compliment ; il voudroit qu'on rendiſt à luy ſeul ces defferences, ce que ie n'ay iamais voulu faire, & ie me maintiens dans cette pretention par la confiance que me donne ma qualité, & par la faueur du Roy;vn Ambaſſadeur qui ſera en céte Cour,qui cõnoiſtra l'obligatiõ de ſa charge, & qui voudra ſoûtenir l'hõneur de ſon Maiſtre, & ſon rang,fera pluſtoſt des ennemis, qu'il n'y acquerrera des amis. Les Indiens ſont trop fiers pour ſouffrir icy des égaux ; les perſonnes & les qualitez ne ſont eſtimées que ſelon la dépenſe que l'on y fait : tellement que pour fournir à celle qu'il faudroit faire pour ſoûtenir celle d'Ambaſſadeur en cette Cour, il couſteroit beaucoup plus que le peu de profit de noſtre commerce ne permet d'y dépenſer : Et d'autre coſté celuy qui manquera à faire céte dépenſe fera tort à ſon rang, & tombera dans le mépris. Ie fais tout mon poſſible pour le ſouſtenir, auec le peu de moyen que i'en ay; mais ie ſuis d'opinion qu'vne perſonne qui pourroit diſſimuler & ſouffrir quelques affronts, ce que le rang d'Ambaſſadeur ne permet pas de ſouffrir ſeroit plus propre qu'vn Ambaſſadeur ; ie croy que le Roy d'Eſpagne ne ſe reſoudroit iamais d'en enuoyer en ces quartiers, connoiſſant bien qu'il n'y ſeroit pas receu auec l'honneur qui eſt deub à ſa qualité: Et pour moy ie tiens qu'en retournant en Angleterre, & en dõnant à la Cõpagnie les auis des choſes que i'ay cõnuës par expériẽce,ie la ſeruirois plus vtilemẽt, qu'en demeurãt icy.Pour ce qui eſt de la Perſe, le Turc a fait vne brauade,les Paſſages ſe ſont trouuez occupez;& le Roy de Perſe ayant fait aduancer ſon armée juſques ſur les frõtieres, prit occaſion de dõpter vne Nation qui ſ'eſtoit reuoltée,& qui eſt à l'Eſt de Babylone Les peuples de céte Nation ſe nomment Curdes : Ie ne ſçay pas où les Geographes mettent leurs Païs, ny ſous quel nom ils ont eſté connûs par les anciens. Le ſieur Robert Sherly ayant employé beaucoup de temps à paſſer à Goa, a perdu l'occaſion de ſe pouuoir embarquer ſur la flotte qui alloit à Liſbonne, & il ſera obligé d'y demeurer encore vn an; tellement que ſa negociation n'ira pas ſi viſte que ie l'apprehendois, & nous aurons le temps d'y trauailler, ſelon les ordres que vous nous enuoyerez d'Angleterre, ou ſelon l'intereſt des marchands que cét affaire regarde principalemẽt. Il eſt arriué icy vn Ambaſſadeur de Perſe; il ne nous a pas appris beaucoup de nouuelles ; car il y a neuf mois qu'il eſt party de ſon païs. Ses preſens ſont magnifiques : En faiſant la reuerence au Mogol, il ſe proſterna à terre, & la heurta de ſa teſte, dont ie croy que ſon maiſtre ne l'aduoüera point, ſi ce n'eſt qu'il luy ait commandé expreſſement d'en vſer ainſi pour flatter le Mogol par cette ſoûmiſſion, & le rendre plus facile à luy accorder le ſecours d'argent qu'il luy demande pour faire la guerre au Turc. Il a fait la meſme choſe pluſieurs fois en d'autres rencontres : On dit auſſi qu'il eſt venu pour eſtre mediateur de la Paix entre le Mogol & le Roy de Decan, de qui le Roy de Perſe prend la protection, à cauſe de la jalouſie qu'il a du trop grand accroiſſement de cét Empire. Ie croy qu'on le contentera auec de l'argent, & qu'il ſouffrira qu'on dépoüille ſes alliez : On ne luy a point donné le rang que i'ay tenu dans céte Cour, & que ie me conſerue mal-gré beaucoup de gens. Le Roy meſme ne receut point ſes lettres auec les demonſtrations d'eſtime qu'il fit paroiſtre en receuant celle du Roy, & en parlant du Roy de Perſe il ne le traitta iamais de Majeſté comme il auoit pluſieurs fois traité le Roy d'Angleterre, ce que i'obſeruay auec beaucoup de ſatisfaction : il auoit à la verité quelques aduantages ſur moy, car il parloit la langue du Pays; les Eſtats de ſon Prince en ſont voiſins. Il auoit des amis en céte Cour. Le Roy eſt preſt de marcher du coſté de Decan. Son fils doit commander ſon armée, & nous aurons beaucoup de fatigue à ſouffrir à la ſuite de la Cour. Noſtre flote de cette année 1616. rencontra en ſon chemin vne carraque qui alloit à Goa ; elle la rencontra proche de l'Iſle de Mozalia ſous le douziéme degré de latitude Septentrionale, la ſalüa, & luy rendit la ciuilité qui ſe pratique en mer.

Les Portugais au contraire leur tirerent huict coups de canon; les noſtres ne refuſerent point l'occaſion la combattirẽt, l'obligerent de s'échoüer à terre, & de ſe brûler elle-meſme. Elle eſtoit de 1500. tonneaux, & il y a apparence que le Vice-Roy qu'on attendoit à Goa a pery auec elle, ce qui eſt vne des plus grãdes pertes & des plus grandes diſgraces qui ſoit iamais arriuée aux Portugais en ces quartiers, & vne iuſte recompenſe de leur temerité & inſolence. Le Commandant des Anglois y fut tué, celuy qui luy ſucceda fut eſtropié ; Voila ce que ie vous puis dire des affaires de ces quartiers; il faut que ie diſe maintenant quelque choſe de celles qui regardent le ſpirituel, ſi vous voulez auoir la patience de les lire.

Deuant que Temur-lam eût inondé ces Païs, ils eſtoient gouuernez par diuers petits Princes qui n'auoient aucune Religion; mais chacun vne idolatrie particuliere, adorant diuerſes ſortes de creatures ; les deſcendans de Temur-lam apporterent dans le Pays la connoiſſance du Mahometiſme, mais ils ne forcerent perſonne à le receuoir, laiſſant aux peuples conquis la liberté de conſcience tellement, que ces eſtrangers s'appellerent Mogols, ou Chefs des peuples circoncis.

Ils ſuiuent Haly gendre de Mahomet, ont leurs Moſquées, leurs Molas, leurs Cheriffes, des vœux, des prieres, & vne infinité de ceremonies. En matiere de penitences, il n'y a iamais eu de religionaires qui en ayent fait de plus auſteres ; ceux d'entre-eux qui ont voulu paſſer pour Saincts, ont ſouffert des pauuretez volontaires, des mortifications, & des auſteritez extrêmes.

Il y a vne grande diuerſité entre les Sectes des Gentils ; quelques-vns ſont vaillans, bons ſoldats, boiuent du vin ſans ſcrupule, mangent de la chair de porc, & adorent la figure d'vne beſte. Il y en a d'autres qui ne veulent point manger de viande ſi elle n'eſt ſanctifiee auparauant à leur mode: D'autres n'en veulent point manger du tout ; quelques-vns feroient ſcrupule de tuer la vermine lors meſme qu'elle les incommode. Il y en a qui ne voudroient pas auoir beû dans vn verre, ou d'autres qui ne ſeroient pas de leur Religion auroient beû. Ils ont la ſuperſtition de se lauer souuent. Ils attribuent tous vne espece de diuinité à la riuiere du Gange, & dans vne mesme saison de l'année, on les void quelquesfois au nombre de quatre ou cinq cent mil sur ses bords. Ils y jettent dedans comme par offrande de l'or & de l'argent. Ils font des charitez à leur maniere. I'ay veu vn troupeau de pourceaux dans vn de leurs Temples proche de céte ville, qu'ils nourrissent par principe de charité auec nombre de vaches, & d'autres bestes de toutes sortes. Ils ont des Synagogues, des Prophetes, des Deuins, & tous les autres instrumens des impostures du diable : les Molas de Mahomet ont quelque connoissance de la Philosophie & des Mathematiques : Ils sont grands Astrologues ; ils ont veu quelque chose d'Aristote, d'Euclide, & d'Auerroes.

La langue des sçauans est la langue Arabe. Ces peuples ont esté jusques au temps d'Ecbarsha pere du Roy d'apresent, sans auoir entendu parler de la Religion Chrestienne : Echbar estoit vn bon Prince, & fort équitable, amateur & curieux de toutes sortes de nouueautez. Il auoit de grandes vertus ; principalement vne singuliere pieté & reuerence pour ses parens. Il appella auprés de luy trois Iesuites de Goa, dont le principal estoit Hieronymo Xauier du Royaume de Nauarre. Il prit plaisir à entendre ses raisons & ses disputes ; Il l'obligea mesme d'écrire vn Liure pour la deffense de sa Religion cõtre les Mores & les Gentils. Il le lisoit souuent la nuict ; & enfin le fit examiner, & luy accorda par Lettres Patentes la permission de bastir, de prescher, d'enseigner, de conuertir, & d'exercer toutes les ceremonies de sa Religion, aussi librement qu'il l'eust pû faire à Rome, luy donna de l'argent pour bastir des Eglises : Si bien qu'en quelques-vnes de ces Villes, ils commencerent à auoir plustost des Eglises que des Chrétiens. Dans cette mesme concession, il permet à tous ses Sujets de se faire Chrestiens ; il l'estendit jusques aux Princes du Sang Royal. C'estoit là vn beau commencement, & vn Printemps bien aduancé, pour vne recolte aussi maigre que celle qui s'est faite depuis. Pour luy, il n'a iamais esté fort attaché à la Religion Mahometane, considerant que Mahomet auoit esté vn homme & vn Roy comme luy, & qu'on luy auoit porté respect ; & par cette raison, il s'imagina qu'il pouuoit deuenir aussi grand Prophete que Mahomet. Ce changement neantmoins ne parut pas ; vne certaine bien-seance le retint, & il mourut dans la profession de sa Foy. Son fils, qui regne à present, mit en pratique ce que son pere s'estoit imaginé. Il ne fut point circoncis, & fut éleué sans aucune Religion, & a continué jusques à cette heure dans l'estat d'vn parfait Atheiste. Quelquefois il veut faire la mesme profession que les Mores, & cependant ne laisse pas d'obseruer les iours de Feste des Gentils, & de faire auec eux toutes leurs ceremonies. Il s'accommode à toutes sortes de Religions, & ne témoigne de la haine qu'à ceux qui changent celle dans laquelle ils sont nez. Il est tombé enfin dans les fantaisies de son pere, & a passé mesme plus auant que luy, jusques à se declarer pour le Chef de sa Religion, & pour estre aussi grãd Prophete que Mahomet, il s'est fait vne nouuelle Loy, mélée de toutes les autres. Beaucoup de ses Sujets l'ont receuë, auec tant de superstition, qu'ils ne veulent point manger jusques à ce qu'ils l'ayent salüé le matin. Il se presente pour ce sujet à la pointe du iour, à vne fenestre ouuerte qui a veuë sur vne grande plaine deuant son Palais, où vne infinité de gens l'attendent. Quand les Molas luy loüent Mahomet, il les mal-traite, & au contraire il leur témoigne de la joye quand ils en disent du mal. De Iesus-Christ, il n'en a iamais parlé qu'auec reuerence, ny pas vn de sa Secte ; ce qui est vn admirable effet de la force de la verité diuine. Pour ce qui est des Eglises des nouueaux Chrestiens, il leur confirme & augmente tous les iours leurs priuileges ; Il employe depuis deux ans deux heures de la nuict pour les entendre parler de la Religion Chrestienne, & a dit souuent des paroles qui donnoient esperance de sa conuersion ; mais cela a esté jusques à cette heure sans effet. Il mit quantité de jeunes hommes entre les mains de François Corsi, qui estoit alors Resident du Roy de Portugal, pour les enseigner à lire & à écrire la langue Portugaise,& les instruire dans les lettres humaines & dans la Loy de Iesus-Christ. Ce Iesuite a tenu école quelques années. Le Mogol a enuoyé à cette école deux Princes ses neveux. Ceux-cy ayans esté éleuez & instruits dans la Religion Chrestienne, furent baptizez auec beaucoup de pompe dans la nouuelle Eglise d'Agra, ayant auparauant paru comme en triomphe sur des Elephans par tous les endroits de la Ville : & cela, par vn ordre exprés du Roy, qui prenoit la peine de les examiner souuent sur le progrez qu'ils faisoient, & sembloit en estre fort content. Cela fit que plusieurs suiuirent ce mesme chemin, croyant que le Roy mesme n'en estoit pas beaucoup éloigné. D'autres qui le connoissoient mieux penetrerent qu'il faisoit cela par politique, pour attirer sur ces Princes la haine des Mahometans, qui font la principale force de ses Estats; mais ils se trouuerẽt tous trompez en leurs conjectures, car apres que ces Princes & quelques-autres enfans eurent appris les principes de la Religion Chrestienne, & quelques-vns de ses preceptes; comme de n'auoir qu'vne femme,& de n'en épouser point qui ne fût Chrestiẽne.Le Roy fit demander aux Iesuites par ces Princes, des Portugaises pour femmes. Les Iesuites qui croyoient que cela estoit venu de leur propre mouuement, leur firent quelque reprimende, & ne soubçonnerent rien dauantage; mais comme cette demande estoit le dessein pour lequel le Roy auoit auancé leur conuersion, esperant par ce moyen auoir des femmes Portugaises qu'il souhaittoit fort. Ces deux Princes retournerẽt trouuer les Iesuites,leurs remirent entre les mains leurs Croix,& les autres marques de la Religion qu'ils auoient receuës d'eux, disants qu'ils ne vouloient pas demeurer plus long-temps dans le Christianisme, puisque le Roy de Portugal ne leur enuoyoit ny presens ny femmes, comme on leur auoit fait esperer. Le Iesuite eût quelque soubçon alors, qu'il y eust dans cette affaire quelque chose de plus que ce que ces jeunes Princes ne disoient. La confiance auec laquelle ils faisoient cette declaration, luy donna sujet d'examiner dauantage le motif de cette demande. Il trouua qu'en effet le Roy leur auoit commandé de la faire. Les Iesuites refuserent de receuoir les Croix qu'ils auoient données, disant qu'elles auoient esté données par l'ordre de Sa Majesté,& qu'ainsi ils ne deuoient pas les receuoir que par son ordre : qu'ils les prioient qu'ils s'addressassent au Roy, & que Sa Majesté leur fit entendre sa volonté par la bouche de ceux qui portent ordinairement ses ordres. Les Peres connoissoient l'esprit de ce Prince, & sçauoient fort bien qu'il ne voudroit pas se découurir luy-mesme pour l'autheur d'vn dessein si bas à ses Officiers. Les Princes luy firent le message; il en demeura picqué au vif contre les Iesuites; mais comme il vouloit ruiner cette escole, il leur commanda de faire venir les Iesuites à la porte de son Serail, où il leur fit dire par la bouche d'vne de ses femmes, que c'estoit par son ordre qu'ils changeoient de Religion; ils sont maintenant Mahometans, sans auoir rien retenu de la profession du Christianisme; ainsi toutes ces belles esperances sont éuanouïes, & quelque diligence que i'aye pû faire, ie n'ay point veu dans le Pays vn seul conuerty que l'on peût dire estre veritablement Chrestien, & fort peu qui en fasse la profession, si ce n'est vn petit nombre qui a esté baptisé pour de l'argent,& est entretenu par les Iesuites : de cette sorte on en pourroit accroître le nombre; mais les Iesuites connoissent la mauuaise foy de ce peuple, & ne peuuent pas fournir a vne despẽse si inutile. C'est là le veritable estat du Christianisme en ce Pays, & celuy de l'Eglise qu'ils ont tasché d'y establir; mais afin que vous puissiez mieux iuger de l'esprit du Roy, & de la conduite des Iesuites, ie vous veux dire ce qui s'est passé depuis peu sur ce sujet, & vous me direz apres s'il y a beaucoup à esperer de la conuersion de ce Prince. Il n'y a pas long-temps que l'Eglise des Iesuites, & leur maison fut brûlée, le Crucifix ne le fut point; ce que l'on publia comme vn miracle, pour moy qui eusse esté bien aiſé, que de quelque accident que ce ſoit, on en euſt tiré l'auantage d'eſtendre la Religion Chreſtienne. Ie n'en parlay point. Le Ieſuite ſoupçonnant que ie n'eſtois pas perſuadé de miracle, me dit que la choſe eſtoit arriuée naturellement, & me fit entendre que les Mahometans meſmes ſans ſa participation, auoient fait paſſer la choſe pour vn miracle, m'aduoüant neantmoins qu'il eſtoit bien aiſé d'auoir trouué cette occaſion de le faire croire. Le Roi qui ne laiſſe paſſer aucune occaſion de parler des nouueautez qui viennent à ſa connoiſſance, appelle le Ieſuite, & luy fait diuerſes queſtions; le Ieſuite reſpond auec ambiguité. Sur cela le Roy luy demandant ſi il ne deſiroit pas de ſe conuertir, le Religieux dit que oüy:. Vous me parlez pas, dit le Roy, des grands miracles que vous auez faits au nom de voſtre Prophete. Si vous voulez jetter l'image de Ieſus-Chriſt dans le feu en ma preſence, & qu'elle ne brûle point, ie me feray Chreſtien. Le Ieſuite reſpondit, que cette experience n'eſtoit pas raiſonnable; que Dieu n'eſtoit pas obligé d'en faire toutes les fois que les hommes luy en demandoient; que ce ſeroit le tenter; qu'il fait des miracles quand il trouue à propos d'en faire, mais qu'il offroit d'entrer luy-meſme dans le feu pour preuue de la verité de ſa Foy, ce que le Roy ne voulut pas conſentir.

Ses courtiſans en firent grand bruit, & dirent qu'il falloit eſprouuer noſtre Religion par cette experience; adiouſtant que ſi le Crucifix brûloit, le Ieſuite ſeroit obligé de ſe faire Mahometan. Ce Prince apporta des exemples des miracles qui auoient eſté faits dans des occaſions moins importantes, que n'eſtoit la cõuerſion d'vn Prince ſi puiſſant, que ſi ceux qui adoroiẽt Ieſus-Chriſt refuſoient cette experience, il ne croyoit pas eſtre obligé de leur adiouſter Foy. Le Roy entra dans la diſpute; dit en faueur de noſtre Religion, que noſtre Seigneur eſtoit vn Prophete; qu'il eſtoit ſans comparaiſon plus grand que celuy qu'ils adoroient, ſi l'on en iugeoit par ſes miracles, ſe ſeruant pour le prouuer de ſa Reſurrection, ce que pas vn d'eux n'auoit iamais fait. Le Prince repliqua, que d'auoir donné la veuë à vn aueugle, c'eſtoit vn auſſi grand miracle que celuy de la Reſurrection. Cette queſtion ayant eſté chaudement agitée de part & d'autre, vn troiſiéme entra dans la diſpute, & dit que le Roy & le Prince auoient tous deux raiſon; que veritablement donner la vie à vn corps mort, eſtoit le plus grand de tous les miracles; mais de donner la veuë à vn homme né aueugle, c'eſtoit la meſme choſe, & vne eſpece de Reſurrection.

Ie ne me ſçaurois empeſcher de rapporter encore icy les merueilles du Singe, & ce qui ſe paſſa ſur ce ſujet. Pour ce qui eſt de la verité du fait, il n'en faut point douter. Vn Charlatan de Bengala, dont il y en a beaucoup icy, preſenta au Roy vn grand Singe, diſant qu'il eſtoit diuin. Et il y a en effet en ce Pays des Sectes qui attribuẽt à cét animal quelque diuinité. Le Roy ſe tira du doigt vn anneau, & le fit cacher dans les veſtemens d'vn jeune garçon qui eſtoit là auec douze autres perſonnes de ſon âge. Le Singe qui ne l'auoit point veu cacher, l'alla prendre au petit garçon a qui on l'auoit donné. Le Mogol, non contant de cela, fit écrire en douze billets differens, les noms de douze Legiſlateurs, mettant enſemble ceux de Moyſe, de Ieſus-Chriſt, auec ceux de Mahomet, d'Haly & d'autres: & les ayant mélez dans vn vaſe, demanda à ce Singe laquelle eſtoit la veritable Loy. Le Singe mit ſa main dans le vaſe, & tira celuy où le nom de Ieſus-Chriſt eſtoit marqué. Le Roy en fut eſtonné. Il euſt quelque ſoupçon que le maiſtre du Singe ſçauoit lire les caracteres Perſans, & qu'il euſt inſtruit ſa beſte. Il récriuit les meſmes noms, auec les chiffres dont il ſe ſeruoit ordinairement quand il vouloit écrire quelque choſe de ſecret à ſes Miniſtres. Le Singe ne manqua point, il prît vne ſeconde fois le billet de Ieſus-Chriſt, & le baiſa. Vn de ſes principaux Officiers en entra en colere; il dit au Roy qu'il falloit qu'il y eût quelque ſupercherie, & luy demanda la permiſſion de méler vne autre fois les billets, s'exposant à toutes sortes de supplices, si le Singe le trompoit. Il écriuit de nouueau les douze noms; mais il n'en mit qu'onze dans le vase, & retint l'autre dans sa main. Le Singe les toucha tous l'vn apres l'autre, sans en vouloir prendre aucun. Le Roy luy en voulut faire prendre vn; la Beste se mit en furie, & fit entendre par signes à sa mode, que le nom du vray Legislateur n'y estoit point. Le Roy luy demanda où il estoit donc; il courut vers son Officier, luy prit la main dans laquelle estoit le billet écrit du Nom de Iesus-Christ. La chose se passa en presence du Roy, & à la veuë de toute la Cour du Mogol. On interpretera cette Singerie comme l'on voudra; mais pour ce qui est du fait, il est veritable.

VOYAGE DE EDOVARD TERRI, AUX INDES ORIENTALES.

§. I.

Sa Nauigation jusques à Surat.

CE n'est pas mon dessein de preuenir le jugement de mes Lecteurs par vne Preface estudiée, & de m'acquerir de la creance dans leurs esprits par les ornemens du discours. Ie sçay que les charmes de la verité sont plus puissans que ceux de l'éloquence ; & qu'vne Relation toute simple & toute nuë fait plus d'impression sur les personnes raisonnables, qu'elle ne feroit auec des beautez estrangeres & des graces empruntées. La mienne estant faite auec exactitude & sincerité, se promet le mesme succez ; & les Lecteurs me rendront justice, s'ils ne doutent point de la bonne foy auec laquelle ie leur fais le rapport des choses que j'ay veuës.

Nostre flotte qui estoit composée de cinq bons vaisseaux, le Charles, la Licorne, le Iacques, le Globe, le Cigne & la Rose, leua l'ancre de Grauezende le 3. de Feurier 1615. sous le commandement du Capitaine Benjamin Ioseph : Le 9. de Mars nous quittâmes la rade de Til-burye-Hope, & nous commençâmes nostre voyage auec vn vent de Nordoüest. Ce vent nous fut fauorable iusques à la nuit du 16. du mesme mois. Cette nuit-là vne tempeste furieuse nous surprit vers les costes de Portugal, qui emporta deux de nos Vaisseaux, le Globe & la Roze, & nous dura jusqu'au 21. de Mars.

Le 22. le Globle rejoignit nostre escadre. Pour la Roze, nous ne la vîmes plus de tout le reste du voïage ; & nous apprîmes que six mois apres nostre separation, elle estoit arriuée à Bantan.

Le 28. nous eusmes la veuë de la grande Canarie & du Pic de Teneriffe, qui est si haut, que les mariniers asseurent qu'on le voit en mer de plus de 40. lieuës quand le temps est serain. Ces Isles sont situées sous le 28. degré de latitude Septentrionale.

Le 31. nous passâmes le Tropique de Cancer, & le 7. du mois d'Auril nous trouuâmes que le Soleil estoit à nostre Zenith. Depuis ce jour-là jusques au 14. le temps se calma, & nous soufrîmes des chaleurs extrêmes durant ce calme.

Le 16. nous eûmes des vents que les mariniers Portugais appellent Trauados; ces vents sont si inconstans, qu'en vne heure ils font les trente-deux pointes du compas. Ils furent accompagnez d'éclairs, de tonnerres, & du deluge d'vne pluye de telle nature, qu'elle pourrissoit en vn instant les habits de ceux de nos gens sur qui elle tomboit. Elle a encore cela de particulier, qu'en quelque lieu qu'elle tombe, il se forme de sa corruption diuerses sortes d'insectes fort incommodes. Nous fûmes battus de ces vents sous le 12. degré de latitude Septentrionale, & ils ne nous quitterent point que sous le 21. degré de l'autre costé de la ligne. Nous la passâmes le 28. d'Auril.

Le 18. de May nous passâmes le Tropique du Capricorne, tellement que nous fûmes sept semaines entieres entre les deux tropiques sous la zone-torride. Pendant ce temps-là, nous voyons presque tous les iours quelque nouuelle espece de poissons, & en plus grand nombre qu'on n'en voit en quelqu'autre mer que ce soit; comme des Balaines, des Dauphins, des Bonites, des Albicores, des poissons volans, & de diuerses autres sortes. Nous vîmes aussi entre-autres des Balaines d'vne grandeur prodigieuse. Elles paroissent au dessus de la mer quand elle est calme, & à les voir de loin, on les prendroit pour quelques grands rochers. Elles ronflent par vn éuant qu'elles ont sur la teste, & jettent par là vne grande quantité d'eau, qui en retombant ressemble à la cheute d'vne grosse riuiere.

Le Dauphin est nommé la fléche de la mer, à cause de sa grande vîtesse. Il est agreable à la veuë, & d'vne couleur qui change selon les differens mouuemens qu'il fait. Les écailles qui le couurent sont fort petites. On trouue en le mangeant, qu'il a ie ne sçay quoy de plus agreable au goust, que n'ont la pluspart des autres poissons. Les Dauphins suiuent les vaisseaux, ce qu'ils font à mon jugement plustost pour profiter de ce que l'on jette hors le bord, que pour l'amour que quelques-vns ont écrit qu'ils ont pour les hommes. Il arriuoit souuent que nos gens auec vn harpon de fer attaché à vne corde en dardoient quelques-vns, lors qu'estant proches du vaisseau ils se trouuoient à leur portée, & les tiroient dans le bord par le moyen de la corde qui tient à ces harpons.

Poissons volans.

Les Bonites, & les Albicores, sont d'vn goust & d'vne couleur assez approchante de celle de nos Maquereaux, si ce n'est qu'ils sont fort grands; mais entre tous les poissons, il n'y en a point de si mal-heureux que les poissons volans. Si ils demeurent dans l'eau, les Dauphins, les Bonites, & les Albicores leur donnent la chasse; & lors qu'ils se seruent de leurs aîles, & s'eleuent en l'air pour fuïr cette persecution, ils y rencontrent d'autres ennemis, & des oyseaux semblables à nos hyrondeles de mer qui les prennent. Ces miserables poissons ressemblent à ces gens qui ont deux professions, & qui neantmoins ne peuuent profiter ny de l'vne ny de l'autre.

Baye de Saldaigne.

Le 12. de Iuin de grand matin nous découurîmes la Baye de Saldaigne que nous cherchions, elle est à quelque douze lieuës en deçà du Cap de Bonne Esperance, nous y entrasmes heureusement auant midy, & nous y trouuâmes vn Vaisseau de la Compagnie des Indes, nommé le Lion, qui estoit party de Surate pour retourner en Angleterre. Il se remit en mer pour continuer son voyage. La nuict du 14. Nous demeurâmes dans cette baye jusques au 28. du mois suiuant, nous en partîmes ce iour-là apres en auoir tiré toute l'eau & tous les rafraichissemens qui nous manquoient; le Cigne se separa de nostre flotte, pour prendre la route de Bantam où il deuoit aller.

Le 29. nous doublâmes le Cap de Bonne-Esperance qui est sous le 35. degré de latitude Australe; on trouue tousiours à la teste de ce promontoire vn courant d'eau qui roule vers le Ponant; & quand ce courant est repoussé par vn vent contraire, la Mer y est tellement agitée, que plusieurs vaisseaux y ont esté engloutis, & il arriue peu qu'on le passe sans tempeste.

Le 22. de Iuillet nous découurismes la grand'Isle de Madagascar, appellée communément l'Isle de S. Laurent; nostre route estoit entre cette Isle & la coste d'Affrique; nous la continuâmes sans y toucher non plus qu'aux Isles de Comora qui sont sous le 12. degré de latitude Australe. Le 16. de grand matin nos matelots qui estoient attentifs à voir s'ils ne découuriroient point la coste, virent vn vaisseau qui estoit selon leur estime à trois ou quatre lieuës deuant nous, & justement sur nostre route. Sur le midy le Globe, qui estoit celuy de nos vaisseaux, qui alloit le mieux à la voile, se trouua au dessus du vent de ce vaisseau, & l'ayant salüé selon la coustume de la mer en issant la grande verge, demanda au Capitaine d'où il estoit. Il répondit auec mépris, de la Mer, adioustant à ce mespris des iniures, les appellant voleurs, heretiques, diables, & pour conclusion luy lascha sept volées de canon, il en fut percé en six endroits, & beaucoup de ceux de son équipage en furent blessez. Le Globe luy répondit de mesme à coups de canon, & se retira vers le corps de la flote. Le Charles nostre Admiral sur les trois heures apres midy l'aborda de si prés, que nous nous trouuâmes à la portée du pistolet. Le Capitaine Ioseph qui le commandoit, en vsa mieux que luy; & au lieu de se vanger d'abord de l'insult qu'on auoit fait à l'vn de ses vaisseaux, offrit d'entrer en traitté auec ceux, qui en auoient si mal vsé. Nos trompettes sonnerent, & saluerent le vaisseau. Il répondit de mesme. Tout nostre équipage parut à découuert sur le tillac; le Capitaine Ioseph dit à ceux de ce vaisseau, qu'il falloit que le Commandant vint à son bord luy faire satisfaction du mauuais traittement qu'ils auoient fait à nos gens; leur réponse fut qu'ils n'auoient point d'esquif pour passer d'vn vaisseau à l'autre. Le Capitaine Ioseph repliqua, qu'il leur en enuoyeroit vn, & commanda qu'on armât le sien, & leur enuoya sur le champ. Il reuint incontinent auec vn de leurs officiers, accompagné de deux autres personnes, qui luy dirent de la part de leur Capitaine, qu'il estoit de serment de n'abandonner iamais son Vaisseau, & qu'il n'obeyroit que par la force, au commandement qu'on luy en auoit fait.

Les Isles de Mohilia, Gazidia, & de S. Iean de Castro, sont comprises sous ce nom.

Le Capitaine Ioseph traitta auec toute sorte d'honnesteté celuy qui luy porta le message; il commanda qu'on luy fist voir le bon estat de nostre Vaisseau, & combien il nous estoit facile de nous vanger. Cét Enuoyé nous témoignoit assez par sa contenance & par son estonnement qu'il en estoit persuadé, & pria nostre Commandant d'écrire vn mot à son Capitaine, afin qu'il s'en pust seruir pour le faire resoudre à obeyr. Le Capitaine Ioseph pour vne plus grande justification, & pour éuiter la necessité de répandre du sang, y consentit, & luy écriuit ces mots; Pourquoy est-ce que celuy qui commande la Caraque, a fait tirer sur vn de nos Vaisseaux, qui ne luy en a donné aucun sujet, ie veux qu'il vienne promptement à mon bord, & qu'il me rende raison de cette violence, autrement il s'en repêtira. Il fit ensuite rẽbarquer les Portugais, & enuoyât auec eux vn de nos maistres Matelots, fit dire au Capitaine; Que s'il refusoit d'obeyr, il le couleroit à fond, adjoustant comme par vn esprit prophetique, qu'il ne le quitteroit point qu'il ne s'en fust rendu maistre, ou qu'il n'eust perdu la vie dans le combat; ce qui arriua en effet, car il y fut blessé, & mourut d'vn coup de canon qui fut tiré de cette Caraque.

Le Capitaine de la Caraque demeura ferme dans sa premiere réponse, & le Capitaine Ioseph tira luy-mesme les trois premieres volées de canon, qui partirent de nostre bord. Elles leur firent asseurément beaucoup de dommage, car nous entendîmes de grands cris immediatement apres. Le combat estant engagé de la sorte, les boulets commencerent à voler des deux costez; nostre Capitaine pour disposer ses gens au combat, estoit monté sur le demy-pont, & il n'y auoit pas vn demy quart-d'heure qu'il y estoit, lors qu'il fut emporté d'vn coup de canon qui le prit par le milieu du corps. Le maistre du Vaisseau luy succeda, & continua le combat pendant l'espace d'vne demy-heure; mais sçachant que le Capitaine Henry deuoit succeder au Capitaine Ioseph, il discontinua l'attaque de la Caraque; & ayant fait le signal qui auoit esté concerté entre ceux de la Flotte pour assembler le conseil, il appella le Capitaine Henry qui estoit Vice-Admiral, & les autres maistres des Vaisseaux, qui vinrent à bord pour resoudre, ce qu'ils auoient à faire dans cette rencontre. Il estoit nuit, & durant ce temps-là il fallut abandonner la Caraque, qui continua sa route sans y rien changer, ayant mesme mis vn fanal sur sa poupe, afin que nous eussions plus de facilité à la suiure, & vers la minuit elle jetta l'Anchre sous l'Isle de Mohilia. Nous la suiuîmes de prés, & jettâmes l'Anchre aussi au mesme lieu tout proche d'elle.

Le 17. de bonne heure deuant la pointe du iour, nous nous preparâmes à luy donner vne nouuelle attaque, ayant fait auparauant la priere. Le iour estant venu, la Caraque estoit si proche de la coste, & nos autres Vaisseaux si loin de nous, que nous trouuâmes à propos d'attendre, qu'elle eust leué l'Anchre, & qu'elle se fust mise en mer, où nous l'aurions pû combattre auec plus d'auantage. Apres midy nous mîmes dans vne biere le corps de nostre Commandant, & le jettâmes hors le bord sans aucune ceremonie, de peur que nos ennemis n'en eussent connoissance, & n'en tirassent auantage. Vn peu deuant la nuit, la Caraque se mit à la mer, nous leuâmes nos Anchres, nous déployâmes toutes les voiles, & l'on continua à la suiure Le iour nous manqua, mais nostre ennemy qui ne vouloit pas échapper de nos mains, mit encore comme il auoit fait la nuit precedente, vn fanal sur le derriere de son Vaisseau, afin que nous le pussions suiure plus seurement. La nuit estant passée on fit la priere, & nous recommandâmes à Dieu la justice de nostre cause. Vous pouuez croire que nos quatre Vaisseaux estoient bien resolus de prendre leur place l'vn apres l'autre, & de forcer ce superbe Portugais à se rendre, ou à le couler à fond. L'Admiral fut le premier à donner dessus. A peine y auoit-il vne demye-heure, qu'ils estoient aux prises, que les éclats que fit réjallir vn boulet des ennemis, qui auoit donné contre vne des pieces de fer qui estoient sur le demy tillac de nostre Vaisseau, blesserent dangereusement nostre nouueau Commandant, auec le maistre de nostre Vaisseau, & trois autres Mariniers qui éstoient auprés de luy. Ces éclats auoient emporté l'œil gauche à nostre Capitaine. Il auoit receu vne autre blessure à la teste, & vne troisiéme à la jambe, où vn éclat de bois qui luy estoit demeuré entre l'os & la chair, luy faisoit plus de mal que ses autres blesseures. Telle fût l'vvelcome ou bien-venuë de nostre nouueau Commandant. Quoy que l'on jugeast dés-lors ses blesseures mortelles, il suruécut neantmoins quatorze mois, & mourut dedans son lit en retournant en Angleterre.

Nostre Capitaine & le Maistre du Vaisseau estant comme ie viens de dire, hors de combat, ils remirent le commandement aux quartier-Maistres, qui s'en seruirent auec resolution & prudence. Nos Vaisseaux continuerent ainsi de tirer les vns apres les autres contre la Caraque, comme s'ils eussent tiré contre vne butte. Sur les trois heures apres midy, nous auions abbatu son grand mas, le mas de Mizaine & le Trinquet; & nous l'auions tellement percée, qu'il falloit de necessité, ou qu'elle se rendist, ou qu'elle coulast à fonds. Dom Emmanüel Menezez qui la commandoit, prit resolution d'échoüer contre la coste de l'Isle de Gazedia qui en estoit proche. Nous la poursuiuîmes d'aussi prés que nous pûmes sans nous mettre au hazard de nous briser contre les Rochers de cette Isle, & nous enuoyâmes nostre Esquif auec vn signal de paix, pour parler à ce braue Capitaine. Il respondit au signal, & nostre principal Marchand entra hardiment dans son Vaisseau, & luy porta cette parole; Qu'il le venoit trouuer auec des offres d'amitié & de paix, s'il les vouloit receuoir; Qu'on auoit conceu vne si grande estime de sa valeur parmy nous, que s'il se remettoit entre nos mains, on luy rendroit les mesmes respects que nous rendons à nos Capitaines. Cette proposition ne l'ébranla en façon du monde ; & témoignant n'apprehender point le mal-heur qu'il voyoit deuant ses yeux, il répondit qu'il n'y auoit rien qui le pust obliger à changer sa premiere resolution, qu'il tâcheroit de se remettre en Mer s'il pouuoit, & de recommencer le Combat auec nous, que le feu & le sang le pourroient peut-estre faire tomber entre nos mains, mais qu'il ne se rendroit iamais ; & qu'en ce cas, il esperoit bien de trouuer parmy ceux de nostre Nation, les traitemens qui sont deubs aux personnes de sa sorte.

Nostre Enuoyé retourna auec cette réponse ; & peu de temps apres, ce malheureux Vaisseau, dont tous les Manœuures auoient esté emportez, fut jetté par les vents & les vagues entre deux Rochers qui sont sur la coste de l'Isle de Gazidia. Ceux de son équipage qui n'estoient que blessez, gagnerēt la terre à la faueur de leurs Esquifs, & mirent le feu à la Caraque pour consommer les richesses qu'ils ne pouuoient pas sauuer de nos mains. Mais ils n'en furent pas quittes pour cette perte, car les Habitans de l'Isle leur osterent tout ce qu'ils auoient porté à terre pour leur subsistance. Il y en eut mesme quelques-vns de tuez à la premiere resistance qu'ils firent, & apparemment pas vn d'eux n'en seroit échappé, si deux petits Vaisseaux Arabes qui estoient venus là pour traiter auec ces Insulaires, ne les eussent receus dans l'esperance qu'ils auoient, cōme ie m'imagine, que le Vice-Roy des Indes les recōpenseroit bien du soin qu'ils auroient pris de les remener à Goa. Nous ne perdîmes dans ce combat que cinq hommes qui furent tuez sur nos quatre Vaisseaux, il y en eut trois de tuez sur l'Admiral, deux sur le Globe, & vne vingtaine de blessez sur toute la Flotte ; mais de sept cens hommes qui estoient dans la Caraque, il n'en reuint pas deux cens cinquante à Goa, comme nous l'aprîmes depuis. Nostre Vaisseau, selon le rapport des Mariniers, tira dans ce combat trois cens soixante & quinze volées de canon, & auec cela cent Mousquetaires qui firent tousiours grand feu. Nos Ennemys n'oublierent aussi rien pour leur deffense. Nostre Vaisseau receut plusieurs coups, entre lesquels il y en auoit de tres-dangereux ; mais ie m'arreste trop long-temps sur vn discours si funeste. Il estoit minuit lors qu'on mit le feu à la Caraque, nous y courûmes pour voir si on ne pourroit rien sauuer de cét embrasement ; mais en ayant perdu l'esperance, nous ne songeâmes plus qu'à chercher des rafraichissemens pour ceux de nostre équipage qui estoient ou blessez ou malades. Cette Isle est haute, & la Mer qui la bat est fort profonde. Nous fûmes dix iours deuant que d'y trouuer vn Havre pour nos Vaisseaux. Le Paysage en est fort agreable, elle est pleine d'arbres verds, & fort fertile ; nous y vîmes ed grands trouppeaux de Bœufs, beaucoup de Volailles, du Ris, des Orangers, des Plantanes, des noix de Cocos, des Cannes dont on fait le succre, & quantité d'autres rafraichissemens. Nous y fismes toutes les prouisions qui nous estoient necessaires, & elles ne nous coûterent qu'vn peu de papier blanc, quelques grains de verre, & quelques cousteaux d'vn sol piece : & pour preuue du bon marché de toutes ces choses, ie vous diray, que nous eûmes autant d'Oranges qu'il en peut tenir dans vn chapeau, pour le quart d'vne feüille de papier blanc, & ainsi du reste à proportion. Les Insulaires nous apportoient leurs fruits dans leurs petits Batteaux, qui sont faits du tronc d'vn arbre creusé. Pour leur bestail, nous l'achetions à terre, où ie remarquay que ces Peuples sont fort bien faits de leurs personnes, robustes & adroits. Ils vont tout nuds pour la pluspart, mesmes les femmes n'ont presque rien de couuert. Ceux qui auoient des habits, estoient habillez de long comme les Arabes, dont ils parlent la langue. Ils sont Mahometans, & fort attachez à leur Religion : ce que ie jugeay, par la resistance qu'ils faisoient lors que nous voulions approcher de leurs Temples. Leurs maisons sont assez commodes. Les sepulchres qu'ils dressent à leurs morts sont magnifiques. Ils viuent sous l'obeyssance d'vn Roy qui demeure quelques milles plus auant dans le pays. Ils luy demanderent

Figuier d'Adam, ou Mauz de prosper. Alpin.

permiſſion de traiter auec nous auparauant que de nous vouloir rien vendre. Le Roy ayant eſté auerty de noſtre arriuée, complimenta noſtre Commandant, & le regala de Bœufs, de Chévres, & des plus rares fruits de ſon pays. Il fut fort ſatisfait des preſens qu'il receut de noſtre Commandant, qui ſe reduiſoient à du papier, & à quelques-autres bagatelles d'Angleterre. Nous viſmes entre leurs mains quelques pieces de monnoye d'Eſpagne, dont ils faiſoient ſi peu de cas, que quelques-vns de nos gens eurent des pieces de 58. ſols pour de petits morceaux de papier, & quelques grains de verre. Nous ne pûmes iamais deuiner à quel vſage ils pouuoient employer noſtre papier. Les Cocos qui ſont en abondance dans cette Iſle, emportent à mon jugement l'auantage ſur tous les autres Arbres du monde. Ces Arbres ſeuls ſuffiſent pour baſtir, équiper, & charger vn Vaiſſeau preſt à mettre en mer, & à trafiquer par toutes les Indes. On fait des planches du tronc de cét Arbre : on en fait des Mats, & toutes les autres pieces de charpenterie qui entrent dans le baſtiment d'vn Vaiſſeau : la Gomme qui en ſort ſert à le calfeutrer : on fait les cordages & les voiles de ſon écorce : la noix qu'il porte contient vne liqueur & vne amende tres-agreables, qui peuuent ſeruir de nourriture & de boiſſon à tout l'équipage d'vn Vaiſſeau, & pour ſa cargaiſon. On peut remplir les magazins de cette meſme noix, dont on trouue le debit par toutes les Indes.

Apres auoir ramaſſé grande abondance de ces noix, & nous eſtre arreſtez ſix iours dans cette Iſle pour reparer les débris de noſtre Vaiſſeau, & faire penſer ceux qui auoient eſté bleſſez dans le combat, nous nous miſmes en mer pour continuer noſtre route des Indes Orientales. Nous partiſmes le 16. le vent nous fut fauorable, & nous repaſsâmes la ligne ſans reſſentir aucune incommodité de la chaleur. Nous cherchions l'Iſle de Socotra, mais vn vent qui ſortoit de l'emboucheure de la mer-Rouge, nous empécha d'y pouuoir arriuer. Nous la paſsâmes le 1. de Septembre, noſtre Flotte ayant touché l'année precedente à cette Iſle. Le Roy du pays vint ſur la coſte, & ayant entendu le ſon de quelques-vns de nos trompettes, il demanda ſi elles ſonnoient les Pſeaumes de Dauid, dont il auoit entendu parler, quoy qu'il fût Mahometan : vne perſonne qui ſe trouua là proche, luy répondit que ouy. Le Prince adjouſta que ç'auoit eſté vne mauuaiſe inuention, de méler ainſi la Muſique dans les choſes de la Religion, au lieu qu'autrefois, diſoit-il, on adoroit Dieu du cœur, on en fait maintenant des chanſons : ce que ie ne rapporte pas icy pour condamner la Muſique qui eſt en vſage dans les Egliſes.

Comme nous eûmes manqué le port de Socotra, nous continuâmes noſtre voyage, & le quatriéme de Septembre nous fimes auec ſolemnité les funerailles de noſtre Commandant. Elles finirent par vne décharge de toute l'artillerie & de toute la mouſqueterie des Vaiſſeaux.

La nuit du 6. Septembre, nous fûmes fort eſtonnez de voir l'eau de la mer auſſi blanche que du lait. D'autres perſonnes de noſtre Nation en faiſant la meſme routte, auoient obſerué la meſme choſe : mais ie n'ay encore pû m'imaginer quelle peut eſtre la veritable cauſe de cét effet, car nous eſtions fort éloignez de la coſte : & la mer en cét endroit eſt ſi profonde, qu'on n'y trouue point de fonds.

Le 21. nous découurîmes la coſte de l'Inde Orientale.

Le 22. nous eûmes la veuë de Diu & de Damon, qui ſont des Villes fortes, & habitées par les Portugais.

Le 25. nous arriuâmes heureuſement à la rade de Soally, dans la Baye de Cambaye, qui eſt le Havre où s'arreſtent nos Vaiſſeaux, lors qu'ils font ſejour dans les Indes. Maintenant que j'ay conduit le Lecteur juſques aux Indes Orientales, il eſt temps qu'il ſe repoſe, & que ie luy faſſe voir la Cour du Mogol & ſes Eſtats, auſſi conſiderables pour leurs richeſſes que pour leur grande eſtenduë.

§. II.

Description Geographique des Estats du Mogol.

L'Empire du grand Mogol est borné du costé de l'Est, par le Royaume de Maugh. Il a à l'Oüest, la Perse, & la Mer. Au Nord, le mont-Caucaze, & la Tartarie. Au Sud, le Royaume de Decan, & le Golfe de Bengalla. Ce Pays est appellé Indostan par les Habitans, & est diuisé en 37. grandes Prouinces, qui estoient autrefois autant de Royaumes. Ie tâcheray icy a rapporter les noms de ces Prouinces, auec leurs principales Villes, leurs Riuieres, leur scituation, leurs frontieres, leur estenduë, & ie commenceray par les Prouinces qui sont au Nord.

Cette description est conforme à celle que Thomas-Rhos auoit tirée de la Secretairie du grand Mogol, & c'est par céte raison que l'on a ioint icy la Carte qu'il a faite de l'Indostan.

La Prouince de Kandahar est la premiere. Sa principale Ville porte le mesme nom. Elle confine auec la Perse, dont elle a autrefois esté vne partie.

On dit que le Persan la reprise depuis.

CABVL. Sa principale Ville porte aussi le mesme nom. C'est la partie des Estats du Mogol, qui est la plus auancée vers le Nordoüest, où elle confine auec la Tartarie. La riuiere Nilab y prend sa source; & courant du Nord au Sud, elle se décharge dans la riuiere d'Inde.

MVLTAN. Est le nom d'vne Prouince & de sa principale Ville. Elle est au Sud de Cabul & Candahar, & confine du costé de l'Oüest à la Perse.

HAIACAN. Prouince habitée par vn Peuple aguerry, qu'on nomme Ballock. Il n'y a point de grande Ville. La riuiere d'Inde, que les Habitans appellent Skinde, la borne du costé de l'Est; & la Prouince de Lar qui est au Persan, luy sert de borne du costé de l'Oüest.

BVCKOR. Dont la principale Ville se nomme Buckor-Suckor. L'Inde trauerse cette Prouince, & la rend fort fertile.

TATTA. Sa Ville principale porte le mesme nom. L'Inde fait plusieurs Isles dans ce Pays-là, & en rend le Paysage fort agreable. Le principal bras de cette riuiere se rend dans la mer à Siuda, place fort renômée parmy les Geographes.

SORET. Sa principale Ville se nomme Ianagar. C'est vne Prouince fort petite, mais fort riche: elle est à l'Oüest de Guarrate, & a l'Ocean du costé du Sud.

IESELMEER. Ce nom est cômun à la Prouince & la Ville principale. Elle est frôtiere aux Prouinces de Soret, Bukor, & de Tatta, à l'Oüest desquelles elle est située.

ATTACH. C'est aussi le nom de la principale Ville de cette Prouince. La riuiere d'Inde la separe de celle d'Ayachan.

PEN-GAB. Qui veut dire cinq eaus, à cause que cette Prouince est scituée au milieu de cinq riuieres, qui se rendent toutes dans l'Inde; & toutes ces riuieres se reünissent en vn seul canal au Sud de la ville de Lahor. C'est vne Prouince fort grande & fort riche. Lahor en est la Ville principale, elle est fort bien bâtie, fort grande, & la premiere de toute l'Indostan pour le Commerce.

CHISMEER. Sa Ville principale se nomme Syranacar, la riuiere de Faat passe au milieu; & apres auoir fait plusieurs Isles, elle se rend dans l'Inde.

BANCHISH. Dont la Ville principale est Pishur, est à l'Est de Kismeer, vn peu vers le Sud; & est separée de cette Prouince, par la riuiere d'Inde.

IENGAPOR. C'est le nom de la principale Ville, aussi bien que de cette Prouince. Elle est sur la riuiere de Chaoul, qui est vne de ces cinq riuieres qui se rendent dans l'Inde.

GENBA. Cette Prouince est à l'Est de celle de Pengab, & sa principale Ville porte son nom.

DELLY. Qui est aussi le nom de sa principale Ville, est scituée entre Gemba & Agra. La riuiere Gemini y prend sa source; & apres auoir passé par Agra se rend dans le Gange.

DELLY. C'est vne Ville fort ancienne & fort grande, qui a esté autrefois la demeure du grand Mogol, & où la plus-part de ses ancestres ont esté enterrez.

BANDO. Confine auec Agra du costé de l'Oüest.

MALOVE'. Prouince fort fertile, dont Rantipor est la principale Ville.

CHITOR. Prouince fort ancienne, & des plus grandes de cét Empire. C'est aussi le nom de sa principale Ville.

GVZERATE. C'est vn Royaume extrémement riche. La Baye de Cambaye en dépend. La riuiere de Tapté passe à Surrat, & luy donne le trafic de la Mer-rouge, d'Achen, & d'autres places.

CANDIS. Qui a vne Ville fameuse nommée Brampor. Sur la frontiere de cette Prouince, il y a vn petit Prince nommé Partabza, qui est tributaire du Mogol. Cette Prouince est la plus auancée de tous ses Estats vers le Sud.

BERAR. Borne aussi les costes du Sud. Shapore est la premiere de ses Villes.

NARVAR. Dont la Ville principale se nomme Ghehud. Il y passe vne belle riuiere qui entre dans le Gange.

GOVALIAR. Le Roy tient ses tresors dans sa Ville principale, qui porte ce mesme nom. Il y a vn Chasteau bien fortifié, où l'on tient les prisonniers d'Estat.

AGRA. Est vne des plus grandes de ces Prouinces. Depuis la Ville principale nommée Agra, jusqu'à Lahor, qui sont les deux plus belles Villes de tout cét Empire, il y a vne allée d'arbres plantez des deux costez, qui a bien 400. milles d'Angleterre de longueur. Ce Pays est plat & sans aucune montagne ou éminence.

La lieuë ou mille d'Angleterre, est de 5000. pieds de Roy.

SAMBAL. Que la riuiere de Gemini separe de la Prouince de Naruar, & qui tombe dans le Gange proche de la ville Halebak.

BAKAR. La Ville principale est appellée Brianée, & est à l'Oüest du Gange.

Ceux du Pays nomment le Gáge, Ganga.

NAGRAKVT. Il y a dans sa Ville principale, qui porte le mesme nom, vn petit Temple fort riche, qui est paué de carreaux d'or massif. Il y vient tout les ans vn nombre infiny d'Indiens en Pelerinage, pour voir l'Idole de ce Temple, appellée Matta; & entre-eux, il y en a quelques-vns qui se couppent vn peu de la langue pour luy en faire vn sacrifice. Cette Prouince est aussi fameuse, par vn autre Pelerinage qu'ils font à vn lieu nommé Iallamaka, où ils adorent des flammes qui sortent du creux d'vne roche & d'vne fontaine, dont l'eau est tres-froide.

SYBA. Sa Ville principale est Hardoüaire, où il semble que le Gange prenne son origine. Les Indiens se sont imaginez que la Roche doù il sort, a la figure de la teste d'vne Vache, qui est de tous les animaux celle qu'ils estiment dauantage. Ils vont là tous les iours en grande trouppe pour s'y baigner.

KAKANER. Dont les principales Villes sont Dankalée & Purhola, est vne Prouince fort grande & fort pleine de montagnes. Le Caucaze la separe de la Tartarie. C'est la partie de l'Empire du Mogol, la plus auancée vers le Nord.

GOR. Est vne Prouince pleine de montagnes. La riuiere Persilis qui se décharge dans le Gange, y prend sa source.

PITAN. La plus grande de ses Villes porte le mesme nom. La riuiere de Canda l'arrouse, & entre dans le Gange, à l'vne des extrémitez de cette Prouince.

KANDVVANA. La riuiere de Persilis la separe de Pitan. Sa Ville principale est Karhak, ou Kerakatench. Les Prouinces de Pitan & de Gor bornent l'Estat du Mogol vers le Nordest.

PATNA. Est vne Prouince fort fertile. Sa Ville principale porte le mesme nom. La riuiere du Gange l'enferme du costé de l'Oüest: & le Persilis du costé de l'Est.

IESVAL. Dont la Ville principale se nomme Ragepor. Elle est à l'Est de Patua.

MEüAT. Est vne Prouince fort montagneuse, sa Ville principale se nôme Narnol.

VDESSA. Est la partie de tout cét Estat la plus auancée vers l'Est: Iokanat est sa plus fameuse de ses Villes.

BENGALA. Est vn Royaume fort fertile, & fort grand. Il donne le nom à ce Golfe fameux, dans lequel le Gange se décharge par quatre embouchures.

Auant

AVANT que de passer plus auant dans la description de ce grand Royaume, ie feray remarquer vne faute qu'ont faite tous nos Geographes. Ils supposent que le Pays du Mogol & la Chine sont contigus, quoy qu'en effet il y ait plusieurs Royaumes entre-deux, & vn grand chemin à faire pour passer de l'Inde à la Chine. Ce qui se voit assez, par les deux ans de temps que les Marchands mettent à aller d'Agra à la muraille de la Chine; & à reuenir de cette muraille à Agra. Les Estats du Mogol ont deux mille lieuës Angloises d'estēduë. La partie qui approche le plus du Nord, va jusques sous le 43. degré de latitude Septentrionale: & la plus auancée vers le Midy, est sous le 20. degré du Sud: Ce Pays est le plus fertile & le plus puissant de toute l'Asie, pour ne pas dire de tout le Monde. On y trouue en si grande abondance toutes les choses necessaires à l'vsage de la vie, qu'il peut subsister & s'entretenir de luy-mesme, sans auoir besoin du moindre secours de ses voisins. Le ris & le bled y sont excellens. On en fait vn pain de si bon goust, que j'en puis dire ce qu'on a dit autrefois du pain qui se fait dans le pays du Liége; que le pain de ce Pays est quelque chose de meilleur que du pain.

Faute des Geographes.

Fertilité du pays.

Le menu peuple le fait en forme de gâteaux, sur des plaques de fer qu'ils portent tousiours auec eux dans leurs voyages, & dont ils se seruent sous leurs tentes. Cette coustume semble estre fort ancienne, & auoir esté pratiquée dés le temps de Sarah, dont il est fait mention dans le dix-huictiesme Chapitre de la Genese. Les grands trouppeaux de Vaches & de Brebis que ces Indiens nourrissent, y rendent le beurre & le fromage à fort bon marché. Ils ont aussi des Bufles, dont ils tirent du laict. La chair de ces animaux approche assez de celle de nos Bœufs; mais elle n'est pas si saine. La Venaizon est fort commune dans tout le pays. Il y a des Cerfs, des Daims, des Sangliers, & grand nombre d'autres Bestes sauuages. La Chasse en est permise à tout le monde, & en tous lieux, si ce n'est en ceux où le Prince demeure. Il y a grand nombre de Liévres, & vne grande diuersité de Gibier; & pour rendre les festins plus beaux, la coustume des personnes de condition est d'y faire faire des seruices de poisson aussi bien que de chair, se trouuant par tout presque également vne abondance prodigieuse de l'vn & de l'autre. Vn Liévre ne s'y vend que deux sols. On a trois Perdrix au mesme prix; & le reste à proportion. Pour des Chapons, il ne s'en fait point. Les Bœufs sont differens des nostres, en ce qu'ils ont sur le dos entre les épaules, vne bosse fort grosse, fort grasse, & fort charnuë. Les Moutons ont la queuë large & pesante, & la laine fort courte, mais fort fine. La chair en est aussi bonne que celle des Moutons d'Angleterre. Il y a du sel en abondance. Il y croist aussi des cannes de sucre. Le plus fin ne se vend que quatre sols la liure; & on l'a mesmes quelquesfois à meilleur marché. Les fruits y sont aussi fort bōs. Les Melons, les Melons d'eau, les Grenades, les Citrons, les Limons, les Oranges, les Dates, les Figues, les Raisins, & les Plantanes, y sont en abondance. Et pour finir par ce qu'il y a de meilleur en ce genre-là, l'on y trouue des Ananas qui sont sucrez, qui ont vn goust vineux, lequel tient quelque chose du jus de Cerises, & qui laisse dans la bouche l'odeur d'vne excellente eau roze. Du costé du Nord, on trouue vne grande quantité de Poires & de Pommes. Et du costé du Midy, toutes sortes de racines & d'herbes que l'on mange en Europe. Le gingembre y croist. Mais ie ne trouue rien de meilleur, qu'vne liqueur que les Habitans du pays appellent Taddy. Elle sort de l'incision de la tige d'vn arbre qui croist fort haut. C'est au haut de cette tige que l'on incise l'arbre, & qu'on y lie de petits pots de terre pour receuoir la liqueur qui en découle. Ce qui s'y trouue au matin, est aussi agreable au goust que quelque vin blanc que ce soit, si on le boit de bonne heure. Car quand la chaleur du Soleil a donné dessus, il perd cét agrément, s'aigrit, & deuient mal-sain. Cette boisson a vne grande vertu, quand elle est prise à propos. Quelques-vns de nos gens l'ont éprouuée heureusement; & par

Ananas.

Taddy.

l'vsage frequent de cette liqueur, se sont trouuez soûlagez des douleurs de la pierre.

Saison de l'année.

Dans tout le pays qui est depuis Surate jusques à Agra, il ne pleut qu'en vne saison de l'année. Les pluyes y commencent vers le temps que le Soleil approche du Tropique de Capricorne, & y durent jusques à l'Equinoxe suiuant. Elles commencent & finissent auec des tempestes, des éclairs, & des tonnerres fort terribles. Le tonnerre neantmoins y tombe tres-rarement, ce qui vient peut-estre de la subtilité de l'air. Durant ces trois mois, il pleut tous les iours; & quelquefois mesme la pluye dure tout ce téps-là sans aucune interruption. Ce petit deluge joint à la chaleur du Soleil, rend la terre aussi fertile & aussi riche que celle de l'Egipte le deuient par l'inondation du Nil. Quand ce temps de pluïe est passé, l'air deuient serain & clair; & pendant les autres neuf mois de l'année, c'est vne chose extraordinaire de voir le moindre nuage. A la fin de cette belle & longue saison, la terre paroist entr'ouuerte par tout, & tellement brûlée de l'embrazement de l'air, qu'elle est semblable à ces deserts de sable qui ne produisent rien. Mais apres qu'il a plû cinq ou six iours seulement, on la voit toute verte. Ie n'ay point veu de terres dans tout ce pays, où le bled ne vint beaucoup plus épais & plus fort qu'il ne fait en Angleterre. Les terres qui ont esté labourées se sement au mois de May, & au commencement de Iuin. La recolte s'en fait en Nouembre & en Decembre, qui sont les mois les plus temperez de toute l'année.

Ils sement beaucoup de tabac, mais ils ne sçauent pas l'apprester, & luy dóner cette force qu'on luy donne aux Indes Occidentales.

Le pays est tellement peuplé, que les Villes & les Villages se touchent presque les vns les autres, quoy que dans les Cartes on ne les marque point faute d'en sçauoir les noms. Les Habitans ne coupent point leurs prés comme nous faisons en Angleterre, lors que l'herbe ne profite plus; mais ils la coupent lors qu'ils en ont besoin, sans considerer si elle est encore verte, ou si elle est desia seche. Ils sement beaucoup de tabac, mais ils ne sçauent pas l'apprester, & luy donner cette force qu'on luy donne aux Indes Occidentales.

Arbre de racines.

Il y a plusieurs beaux bois dans ce pays-là, & vne si grande diuersité d'arbres tous differens des nostres, que ie n'en ay pas remarqué vn seul de ceux que nous auons en Angleterre. Ces arbres pour la pluspart ont beaucoup de seue, ce qui vient de la bonté & de la graisse du terroir qui les nourrit. I'en ay vû vn d'vne espece bien particuliere. Il sort de ses branches des filamens qui pendent en bas; & quand ils ont touché la terre, ils poussent des racines, & auec le temps se fortifient, & seruent de soûtien aux branches dont ils sont sortis. Cela fait aussi que ces arbres auec le temps s'éleuent extrémement haut, & portent leurs branches si loin, qu'elles couurent vne grande estenduë de pays. Ceux qui viennent dans la partie de l'Inde qui est vers le Midy, ne quittent point leurs feüilles, & sont verds toute l'année. Pour les fleurs, elles sont ordinairement plus agreables pour leur beauté que pour leur odeur. I'ay mesme remarqué qu'il y en a fort peu qui en ayent ny de bonne ny de mauuaise.

Eau du Gange.

Le pays est arrosé de plusieurs belles riuieres. Celles de l'Inde & du Gange, sont les principales; & c'est vne chose digne de consideration, qu'vne pinte de l'eau du Gange est plus legere d'vne once, qu'vne pinte de quelqu'autre eau que ce soit. Pour cette raison, le Mogol n'en boit point d'autre; & l'on est obligé de luy en porter en quelque lieu qu'il soit. Outre les riuieres, les Indiens ont quantité de reseruoirs qu'ils remplissent d'eau de fontaines; ils retiennent aussi l'eau dans des reseruoirs quarrez. I'en ay veu qui auoient bien deux milles de circuit, & qui estoient reuestus de pierre de taille, auec des degrez tout autour de mesme matiere, pour la cômodité de ceux qui y veulent décendre & y puiser de l'eau. Ces reseruoirs s'emplissent aux têps des pluïes, & seruêt à ceux du pays qui mâquent de sources d'eau viue. Cête premiere boissô des hômes, est fort en vsage parmy les Indiens; & ceux des nostres qui en boiuêt, la trouuêt beaucoup meilleure que celles de l'Europe; Elle leur est aussi fort necessaire; car ils ne pourroiêt pas, sans se perdre, boire du vin ou d'autres semblables boissons, dans vn climat si chaud. Ce n'est pas qu'ils soient entierement sans vin, puis qu'ils en font en distillant le suc tiré de l'écorce aromatique d'vn arbre qu'ils nomment Iagra: Ils y mettent du sucre, & appellent cette boisson Arack: C'est vne boisson fort saine, quand on en vse moderément. Il y a aussi beaucoup de personnes en ce païs, à qui la Religion ne permet pas de boire du vin. Ceux-là se seruent d'vne liqueur qui est plus saine qu'elle n'est plaisante à boire. Elle s'appelle parmy eux Cahüa, & est faite d'vne feve noirâtre que l'on fait boüillir dans de l'eau, à laquelle elle ne donne quasi point de goust, quoy qu'elle ne laisse pas d'auoir beaucoup de vertu pour aider à la digestion, pour réueiller les esprits, & pour purifier le sang. Ceux à qui le vin est deffendu, prennent aussi du Betel, dont les feüilles ressemblent fort à celle du Lierre, si ce n'est qu'elles sont beaucoup plus tendres. Ils broïent ces feüilles auec vne noix assez dure & fort approchante de la noix muscade; ils y adjoûtent vn peu de chaux, & quand ils ont succé le suc de ces feüilles, ils les crachent; cette composition a plusieurs bonnes qualitez: car elle fortifie les gencives, conforte le cerueau, donne de la force à l'estomach, & sert de remede & de preseruatif contre l'astme.

Arack.

Cahüa.

Voyez cy-apres la description du Betel dãs l'Histoire naturelle du Pays.

Leurs maisons ont pour la pluspart peu d'exaussement, si ce n'est dans les Villes où j'ay mesmes veu de fort belles colomnes. Le haut de leurs maisons est ordinairement couuert en terrasse. Ils y vont prendre l'air vers les sept heures du soir, que la chaleur du iour est passée: Ils n'ont point de cheminées, aussi le feu ne leur est-il necessaire que pour accommoder leur viande. Les appartemens d'en-haut sont percez de tous costez pour auoir plus d'air; les plus beaux bastimens sont de briques & de pierres bien taillées & bien mises en œuure; comme ie l'ay obserué à Amadauad.

C'est vne des plus grandes & des plus riches Villes du pays; elle a douze belles portes, & est enfermée d'vne forte muraille. Les Indiens ont coûtume de planter aussi bien dans leurs maisons de Ville que dans celles de Campagne, plusieurs grands arbres pour en tirer de l'ombre & de la fraîcheur: ces arbres sont plantez ordinairement si prés à prés, & sont en si grand nombre dans les Villes, qu'à voir ces lieux de quelque éminence, on les prendroit plûtost pour des forests, que pour des Villages ou des Villes. L'indigo & le coton sont les Marchandises principales du pays. On seme le coton, & il vient par buissons comme les rosiers viennent en nos quartiers; la fleur en est jaune; quand elle est tombée, il se forme en sa place vne grosse gousse comme le poulce, pleine d'vne substance humide & jaune. Ce fruit en meurissant s'enfle & grossit tousiours de plus en plus, jusques à ce qu'il rompe sa gousse, & que le dedans soit blanc comme neige: c'est alors qu'il est temps d'en faire la recolte. Ils font de ce coton diuerses sortes de toiles, j'en ay veu d'aussi fine que les plus belles qui se font en Hollande. Ils mettent à la teinture celles qui ne sont pas si fines, ou ils les font peindre de diuerses figures. Le Vaisseau qui va ordinairement de Surate à Mocha dans la mer Rouge, est du port de 14. ou 15. cens tonneaux, mais mal basty; & quoy qu'ils y mettent beaucoup d'Artillerie, ils ne sçauent ny s'en seruir ny s'en deffendre. Il y a ordinairement beaucoup de passagers.

Cotton.

L'année que ie partis des Indes, ils estoient pour le moins dix-sept cens; la plus grande partie ne faisoit point ce voïage pour en retirer du profit, mais par la seule deuotion de visiter le Sepulchre de Mahomet, qui est à Medina proche de la Mecque, à 150. milles de Mocha; on tient en opinion de sainteté ceux qui ont fait ce voïage. Ces Pelerins de la Mecque se mettent ordinairement en mer le 20. de Mars, & reuiennent sur la fin de Septembre de la mesme année: le voyage est court, & il se pourroit faire en deux mois: mais pendant la saison des pluïes, quelque-temps mesmes deuant qu'elles commencent, & quelque-temps apres qu'elles ont cessé, les vents sont si grands, qu'on n'oseroit se hazarder dans

Voïage à la Mecque.

ces mers. Ce Vaisseau rapporte ordinairement la valeur de deux cens mille Iacobus, la plus grande partie en or & en argent. Ie ne sçay pas quelle quantité d'argent est transportée d'ailleurs dans les Indes, mais ie sçay bien qu'il y en vient de toutes parts dans les Estats du Mogol. Qu'il est permis à toutes ces Nations d'y en apporter, & d'en acheter des marchandises. Mais il n'y a point quasi de plus grand crime, que de le faire sortir & transporter ailleurs. L'argent que l'on y porte, soit qu'il soit monnoyé ou en barres, est tout aussi-tost mis à la fonte. On le rafine, & on en fait de la monnoye nouuelle au coin du Mogol, où le nom de ce grand Prince & ses titres sont grauez en caracteres Persans. Cette monnoye est la meilleure que j'ay iamais maniée, n'y ayant aucun mélange ny aucun alliage. Enfin, elle est beaucoup meilleure que ne sont les anciennes pieces de 58. sols faites en Espagne, & qui passent neantmoins pour la meilleure monnoye de l'Europe: leurs pieces de mõnoye les plus courãtes s'appellent Roupias, il y en a de diuerse valeur; la moindre vaut 30. sols, & la plus haute 42. sols; leurs payemens se font auec cette monnoye. Ils en ont encore vne autre espece à Gusarate qui ne vaut que quinze sols, & qu'ils appellent Mamoudis: Il y a d'autres pieces au dessous des Mamoudis & des Roupias, qui ne valent que le quart ou la moitié; celle qui vaut le moins, est à peu prés de la valeur de 4. sols. L'on en fait encore d'autres qui sont de cuiure, & sont appellez Pices, les trois font vn sol ou enuiron. Les pices sont si épaisses, que lors qu'on fond pour d'autres vsages, l'on trouue qu'il y a pour autant de métail que le prix pour lequel elles auoient cours. Leur monnoye d'argent est quarrée ou ronde, & est si forte qu'elle ne se rompt ny ne se fausse point.

Monnoye.

Le pays rend beaucoup de soye, les artisans en font de fort belles estoffes, y mélans quelquefois de l'or & de l'argent; ils en font aussi des velours, des satins, des taffetas, mais qui ne sont pas si riches ny de si bonne fabrique que ceux d'Italie; ils ont beaucoup de drogues, de gommes, & la gomme lacque principalement, de laquelle ils font leur cire dure. La terre produit du plomb, du fer, du cuivre jaune & rouge; on dit aussi dans le pays qu'il y a des mines d'argent. Quand cela seroit vray, ils n'auroient que faire de les ouurir, puis que les autres nations leur en apportent de toutes parts. Les espiceries ne croissent point dans l'Indostan, on les y porte de Sumatra, de Iaua, & des Moluques: l'on y voit des clos d'arbres fruictiers, & des jardins de fleurs qui durent presque toute l'année; il y a des fontaines où ils se baignent, & où ceux qui y viennent chercher le frais pendant la chaleur du iour, s'endorment doucement au bruit de l'eau, & y demeurent iusqu'à la nuit.

Enfin, ce pays vous passeroit pour vn Paradis terrestre, si ie ne vous en disois les incommoditez; les voicy. La plus considerable est celle des bestes cruelles & sauuages, comme sont des lions, des tigres, des ours, & des jacars, qui sont vne espece de chiens sauuages; il y a aussi des crocodiles & des serpens d'vne effroyable grandeur. Nous auons trouué souuent dans nos maisons des scorpions, dont la picqueure est mortelle, si on n'y remedie bien-tost, en appliquant dessus de l'huile dans laquelle on en a fait mourir. Il y a aussi vne si grande quantité de mouches dans la chaleur du jour, qu'elles ne vous laissent point en repos, & l'on n'a pas plutost seruy sur la table, qu'elles se jettent sur les viandes, & nos valets n'estoient pas peu empeschez à les chasser auec des seruiettes; les moschitots y sont aussi fort incommodes.

Ce remede est infallible, & a son effect presque au mesme temps qu'il est appliqué.

Dans les villes il y a tant de rats, si gros & si affamez, qu'ils s'attaquent mesmes aux hommes lors qu'ils sont dans leurs licts. Les vents de ces quartiers-là ne sont pas moins incommodes, car ils sont fixes & souflent tousiours de mesme costé dans la mesme saison. On les appelle Mousons, & ils durent ordinairement six mois du costé du Nord, & six autres mois du costé du Midy, sans changer presque iamais. Les mois d'Auril & de May, & le commencement de Iuin, iusques à ce qu'il commence à pleuuoir, sont extremément chauds; & les petits vents qui regnent durant cette saison, reçoiuent de sorte l'impression de la chaleur, qu'ils brûlent au lieu de rafraichir. Ces vents quelquefois deuiennent plus forts, & c'est le seul remede que la Prouidence de Dieu a donné à ce pays contre l'excez de la chaleur. Il arriue encore pendant ce grand chaud que les vents souf-flent de haut en bas, & forment des tourbillons de poudre & de sable, qui s'éleuant en l'air ressemblét à d'épaisses nuées, dont ceux qui s'y trouuent enueloppez reçoiuent beaucoup d'incommodité. Enfin, il n'y a point de pays qui n'ait ses espines aussi bien que ses roses, & la Prouidence diuine a meslé dans toutes les choses du monde, l'incommode auec le commode, pour apprendre aux hommes qu'il n'y a que le Ciel où les delices soient toutes pures.

Le pays du Mogol a de tres-excellens cheuaux, & ses sujets les sçauent fort bien dresser; on leur en ameine de Perse, de Tartarie, & de l'Arabie mesme. Les cheuaux Arabes ont la reputation d'estre les meilleurs de tout le monde, ils sont à peu prés de la taille des nostres, & on les vend aussi cher ou plus que l'on vend les Anglois les plus estimez. Ils les entretiennent auec grand soin, chaque cheual a vn palefrenier pour le penser, on les nourrit d'vne espece de legume qu'on appelle Donna; elle est presque semblable à nos pois ciches. On fait boüillir ces legumes, & apres les auoir laissé refroidir, on y mesle du sucre, & on les donne aux cheuaux. On leur donne encore deux ou trois fois la semaine du beurre pour les purger: Ils ont auec cela grand nombre de chameaux, de dromadaires, de mulets, d'asnes, & de rinoceros, qui sont aussi grands que les plus grands bœufs d'Angleterre. *Cheuaux.* *L'E. de C. dit qu'ils les engraissent auec moüelle de mouton, beurre, sucre, & de pain à demy cuit, ils en petrissent vne paste qu'ils mettent dans la bouche du chaual.*

Pour ce qui est des Elephans, le Roy en a quatorze mille. Tous les grands Seigneurs du pays en ont plus ou moins, selon leur qualité. Encore que l'Elephant soit le plus puissant animal de tous ceux qui sont connus; il se laisse neantmoins si facilement gouuerner, qu'vn petit garçon peut mener les plus grands. I'en ay veu qui auoient treize pieds de haut; j'ay trouué bien des gens qui m'ont dit en auoir veu de plus de quinze pieds de haut. Leur peau est noire & dure à percer, aussi est-elle fort époisse; on la sent douce au toucher, & sans poil: Cét animal prend vn grand plaisir à se baigner, & nâge mieux que quelque autre animal que ce soit. Il se couche & se leue auec la mesme facilité que font les autres bestes. Il fait à marcher au pas trois milles en vne heure. *Elephant.*

De toutes les montures, il n'y en a point qui ait le pied plus seur que celle-là. Il ne fait iamais vn faux pas. Et quand le grand Mogol doit passer des Montagnes ou quelque chemin difficile, il monte ses Elephans.

J'ay plusieurs fois obserué, que l'Elephant fait beaucoup de choses qui tiennent plus du raisonnement humain, que du simple instinct naturel qu'on luy attribuë. Il fait tout ce que son Maistre luy commande; s'il veut qu'il fasse peur à quelqu'vn, il s'aduance vers luy auec la mesme fureur, que s'il le vouloit mettre en mille pieces, & lors qu'il en est tout proche, il s'arreste tout court sans luy faire aucun mal. Si le Maistre veut faire affront à vn autre, il parle à l'Elephant, qui prendra auec sa trompe de l'eau du ruisseau ou de la bouë, & la luy jettera au nez. Sa trompe est faite d'vn cartilage, elle pend entre les dents; Quelques-vns l'appellent sa main, à cause qu'en plusieurs occasions elle luy rend le mesme seruice que la main fait aux hommes. Vn Marchand Anglois digne de foy, asseure qu'il a veu vn Elephant à Asmere à qui vne femme auoit accoustumé de donner des herbes lors qu'il passoit par le marché. Cét animal estant en chaleur, rompit ses chaisnes, & courut au trauers du marché. Tout le monde s'enfuït pour l'éuiter, & entr'autres cette vendeuse d'herbes, qui toute saisie de frayeur, laissa dans la place où elle vendoit, vn petit enfant; l'Elephant courant de toute sa force, apperceut cét enfant couché sur les herbes, il le prit adroitement auec sa trompe, sans luy faire aucun mal, & le mit sur l'auuent d'vne maiſon qui eſtoit là proche, & apres, il continua ſa courſe auec la meſme fureur.

Le Ieſuite Acoſta dans ſon Hiſtoire naturelle, dit qu'il a veu la meſme choſe à Goa. Le Mogol en a qui ſeruent de bourreaux aux criminels lors qu'ils ſont condamnez à la mort. Si leur Conducteur leur commande de depeſcher promptement ces miſerables, ils les mettent en pieces en vn moment auec leurs pieds, & au contraire s'il leur commande de les faire languir, ils leur rõpent les os les vns apres les autres, & leur font ſouffrir vn ſupplice auſſi cruel que celuy de la rouë. Ce Prince ayme fort ces animaux, & bien ſouuent lors qu'il paroiſt en public, il fait venir les plus beaux qu'il a. Ils ſont inſtruits à s'incliner & à luy faire vne eſpece de reuerence en s'approchant de ſon troſne, comme s'ils auoient le jugement de le diſtinguer entre les grands Seigneurs de ſa Cour. Il les fait quelquefois combattre. Ils courent lors fierement l'vn contre l'autre, ſe battent auec leurs trompes, & ſe heurtent de leurs dents cõme les taureaux de leurs cornes. Dans ce grand choc, ils ont vn ſi grand ſoin d'empeſcher que celuy qui les monte ne ſoit bleſſé, que cela n'arriue que rarement. Celuy qui les gouuerne eſt aſſis ſur leur col, & en les picquant de la pointe ou du croc d'vn fer qu'il porte, il les fait auancer ou reculer comme il veut.

Le Roy en a pluſieurs qui ſeruent pour la Guerre, ils portent vne piece d'Artillerie de fer, de ſix pieds de longueur, qui eſt couchée ſur vn affuſt. L'affuſt eſt attaché fortement ſur le dos de l'Elephant auec des cables ou des ſangles. Aux quatre coins de cét affuſt, ils dreſſent quatre petits eſtendarts ſemblables aux Cornettes de noſtre Caualerie, le Canonier monte l'Elephant pour ſeruir le canon & le tirer.

Ces pieces d'Artillerie portent vn boulet de la groſſeur d'vne petite balle de jeu de paulme. Quand le Roy marche en campagne, il a pour ſa garde pluſieurs Elephans armez de la ſorte. Il en a auſſi d'autres que l'on fait marcher deuant luy par grandeur, dont les Harnois ſont couuerts de placques de cuiure; quelques-vns meſme en ont d'argent & d'or maſſif où pendent des ſonnettes, dont ces animaux ayment fort le bruit; leurs couuertures ſont de velours ou de brocat d'or & d'argent, ou de drap ſimple auec des eſtendarts de ſoye qu'on porte deuant eux, dans leſquels ſont les armes du grand Mogol; chacun de ces Elephans a au moins trois ou quatre hommes qui le ſeruent : le Mogol en a auſſi pour ſa monture & pour ſes femmes; elles y ſont aſſiſes comme elles le ſeroient dans vne chambre, & ſous vn daix d'vne étoffe fort riche, qui eſt porté par quatre pilliers vernis, & faits au tour; quatre perſonnes y peuuent eſtre commodément aſſiſes. Il y en a d'autres qui ſeruent pour le bagage; j'en ay veu vn beau par excellence, qui ſouffre bien que l'on l'enchaîne, mais qui n'a iamais voulu porter ny homme ny quelqu'autre charge qu'on luy ait voulu donner.

Nourriture des Elephãs.

Quoy que dans le pays les viures ſoient a grand marché, ces beſtes ne laiſſent pas de coûter beaucoup à entretenir. Ils dépenſent bien vn écu dix ſols ou quatre francs par iour; on les tient enchaînez par le pied de derriere, & on les attache à vn arbre ou à quelqu'autre choſe qui ne ſoit pas facile à ébranler : lors que le Soleil donne deſſus eux, les mouches les tourmentent beaucoup. Pour s'en deffendre, ils font de la pouſſiere auec leurs pieds, & la jettent auec leurs trompes ſur les endroits de leurs corps où ils ſentent les mouches. Lors qu'ils ſont en chaleur (ce qui leur arriue vne fois l'an & dure peu) ils renuerſent tout ce qu'ils trouuent en leur chemin; & il n'y a pas meſme de ſeureté pour leur Gouuerneur s'il s'y rencontre. Ils ſont ſi forts, qu'ils tuëront d'vn coup de trompe vn Chameau ou vn Cheual. Pour preuenir les deſordres qui en pourroient arriuer, on les tient en ce temps-là ſeparez les vns des autres, & on les enchaîne mieux qu'ils ne ſont en vn autre temps. Que s'ils échappent, il n'y a point d'autre moyen pour les arreſter, que de leur preſenter quelque feu d'artifice; à ce feu ils s'arreſtent

L

tout court, & font voir la crainte qu'ils en ont par leur tremblement. On donne à chacun de ces Elephants, quatre femelles ou femmes, comme ils les appellent dans le Pays.

La femelle porte ſon petit vn an auant que de le mettre bas. Ces animaux croiſſent juſques à trente ans, & viuent juſques à l'âge ordinaire d'vn homme.

---

§. III.

De la Religion des Indiens, & de leurs mœurs.

Les habitans de l'Inde eſtoient autrefois tous Idolâtres: mais depuis qu'ils furent ſubjuguez par Temur-lan, beaucoup de Mahometans ſe mélerent parmy eux. On y trouue auſſi des Perſans, des Tartares, des Abyſſins, & des Armeniens, & preſque de toutes les autres Nations de l'Aſie, & meſme de celles de l'Europe. L'on y voit des Iuifs qui ſont ſi haïs, & ſont en telle abomination, que leur nom paſſe pour vne injure dans le Pays. Quant à la taille des Indiens, ils ne ſont pas fort differents des Europeens. Ils ſont forts, & ie n'y ay point veu de boſſus. Leur teint eſt oliuâtre. Ils ont les cheueux noirs comme gets, mais ils ne ſont point friſez. On ne fait point de cas entre eux des femmes ny des hommes qui ſont blancs, & qui paſſeroient pour beaux chez nous. Car cette blancheur que nous eſtimons, eſt parmy eux vne marque de la lepre qui y eſt aſſez commune. La pluſpart des Mahometans, ſi vous en exceptez les Preſtres & les vieilles gens qui viuent dans la retraite, ſe raſent ſoigneuſement le poil; ils laiſſent ſeulement croiſtre les mouſtaches de la lévre d'en-haut. Ils ont auſſi la teſte toute raſe, ne laiſſant qu'vn petit toupet, par lequel ils eſperent que Mahomet les prendra pour les mettre dans le Ciel. Le peuple ſe baigne ſouuent, & ſe frotte le corps auec des huiles. Il y a peu de difference entre l'habit des hommes & celuy des femmes, les vns & les autres ſont faits de toile ou de drap de coton. Ils ſont fort étroits vers la ceinture, & larges par en bas, deſcendans juſques à my-jambe. Mais la Figure fera bien mieux conceuoir cette ſorte d'habillement, que la deſcription que l'on en peut faire.

Ils ont les pieds nuds dans leurs souliers, ou plûtost dans leurs pantoufles. Ils se seruent de cette chausseure, pour l'oster plus aisément lors qu'ils entrent dans les maisōs, où les planchers sōt couuerts de beaux tapis qui se font en ce païs-là. On les y fait aussi beaux qu'en Perse & en Turquie. D'autres les couurēt d'autre estoffe selon leur condition. Ils s'assisent sur ces tapis les jambes en croix, comme font nos Tailleurs. Ils n'ostent point leur turban quand ils font la reuerence; ils font seulement vne inclination du corps, & portent leur main droite sur le haut de la teste apres en auoir touché la terre; donnant à entendre par cette action, que ceux qu'ils saluënt peuuent marcher sur eux s'il leur plaist. Entre égaux, ils se prennent la barbe ou le menton l'vn à l'autre, qui est vne espece de salutation dont il est parlé dans la Bible, où Ioab salüa Hamasa de la sorte. 2. Sam. 20.

Les personnes ordinaires les couurent d'estoffes ou nattes faites de roseaux.

3 ch. de Sam. v. 10.

Ils n'employent iamais ces demonstrations exterieures d'amitié pour tromper personne, & ont des manieres toutes particulieres de se souhaiter du bien les vns aux autres. L'expression la plus ordinaire est Greeb & Nemoas, c'est à dire qu'ils souhaitent que les pauures fassent des prieres pour ceux qu'ils saluënt.

Femmes.

Les honnestes femmes ne sortent point de leurs maisons. Elles sont bien faites, on ne peut pas neantmoins dire qu'elles soient belles. Elles ont la teste couuerte d'vn voile; les cheueux leur pendent derriere, entortillez auec de la soye. Celles de qualité portent plusieurs pierreries au col & aux bras. Elles n'ont pas seulement des pendans aux oreilles, elles se font toutes percer vne des narines, où elles passent vne bague. Ce qui a esté pratiqué aussi par d'autres Nations, comme on le voit dans la Bible. Es.3.21. Cette bague se voit dās le portrait d'vne Sultane, qui a esté copiée sur l'Original fait dans l'Indostan. Ie ne crois pas qu'il y ait femmes au mōde qui mettent plus aisémēt leurs enfans au iour. Il est ordinaire de les voir aujourd'huy grosses, & demain porter leurs enfans entre leurs bras. Le langage commun du Pays est appellé Indostan, qui est vne langue assez douce & facile à prononcer. Ils écriuent comme nous, tirant les lignes vers la main droite. Tous les sçauans parlent le Persan & l'Arabe, qui s'écriuent au contraire de nôtre maniere, en tirant vers la gauche. Il y a peu de gens doctes parmy eux, & ie crois que cela vient de ce qu'ils ont fort peu de liures; & ce qu'ils en ont, est écrit à la main. Ce n'est pas que cette Nation ne soit capable d'estre instruite, & qu'il n'y ait de fort beaux esprits qui pourroient reüssir dans les plus hautes sciences, s'ils auoient la facilité que nous auons de les apprendre. Ils ont entendu parler d'Aristote. Ils le nomment parmy eux Apli, & ont quelques-vns de ses Liures traduits en Arabe. Auicenne ce grand Philosophe, estoit originaire de Samarcande, qui est aussi la patrie de Temur-lam.

Voyez la Figure.

Langue du pays.

Les maladies de ce Pays-là sont les flux de sang, & les fiévres, contre lesquelles les Habitans ne trouuent point de remede plus souuerain que la diete. Les maladies que nous voyons arriuer parmy nous, de l'incontinence des hommes auec les femmes sont communes parmy eux. Ils ne viuent cōmunément pas plus longtemps que les Europeens; mais on y voit vn plus grand nombre de vieillards que parmy nous. Ils ayment fort la musique, & ont plusieurs instrumens; les vns montez de cordes, & d'autres qu'ils font sonner par le moyen du vent; mais ie n'en ay iamais trouué l'harmonie agreable. Ils sçauēt faire des vers, ils trauaillent à l'histoire, ou plûtost aux Annales de leur pays; & font professiou particuliere d'estre habiles hommes en Astrologie. Le Roy a tant de creance à ces sortes de sçauans, qu'il n'entreprendroit pas vn voïage ny autre chose de consequence sans les consulter, & sans apprendre d'eux l'heure la plus fauorable pour l'executer.

Les Gentils commencent l'année au premier iour de Mars. Les Mahometans comptent la leur du moment que les Astrologues ont obserué que le Soleil entre dans le signe du Belier. Ce moment aussi est le commencement de la Feste que le Roy solemnise, & qu'on appelle Nou-rous, c'est à dire Neufuaine, car elle

Feste du Nou-rous.

dure

dure autant de iours. Tous les Seigneurs du Pays s'assemblent, & se rendent à la Cour dans le meilleur équipage qu'ils peuuent, & font à l'enuy l'vn de l'autre des presens au Roy, qui de son costé les recompense en les auançant dans les charges, ou en augmentant leurs pensions. Ie me suis trouué à cette Feste, & ie n'ay iamais veu ensemble tant de richesses, de diamans, de perles, & de pierres precieuses, que j'en vis en ce temps-là. Elle se fit à Mandoa, où le Roy a vn fort grand Palais, dont les arcades & les belles voûtes font bien voir que ses Sujets ne sont pas ignorans en Architecture. Le Palais qu'il a à Agra est encore plus magnifique. Il y a deux tours de dix pieds en quarré, couuertes de placques d'or massif. Ils ne se seruent point de tapisseries dans leurs apartemens, à cause de la chaleur du Pays. Les murailles sont peintes & enduites d'vne chaux plus blanche que le blanc d'Espagne; les planchers y sont couuerts de tapis. Personne ne loge dans les apartemens du Mogol, que ses femmes, ses Eunuques, & quelques jeunes garçons qu'il gardent pour vn vsage abominable. Il mange tousiours en particulier auec ses femmes. On luy prepare vne grãde diuersité de viandes, apres qu'on en a fait l'essay. On les dresse dãs des plats d'or couuerts que l'on cachette, & que l'on met entre les mains de ses Eunuques pour les seruir. Il y a tousiours des viandes prestes, afin qu'on puisse couurir sa table toutes les fois que l'enuie luy en prend. Le rys auec des viandes boüillies, est leur nourriture la plus ordinaire. Ils n'ont point cette varieté de rosty & de patisserie que nous auons: Ie tastay entr'autres viandes, d'vn de leurs ragousts qu'ils appellent Deüpario; ce ragoust se fait de venaison, qu'ils font cuire auec certaines racines, des oignons, des herbes, & vn peu d'épiceries & de beurre; selon mon goust, il ne se peut rien manger de meilleur. Il n'y a point d'Hostellerie pour les estrangers dans tous ces Pays-là. Il y a seulement dans les grandes Villes, & de distance en distance dans la campagne, de grandes maisons ou Carauannes-saras pour les receuoir. L'on n'y trouue que le couuert, & il faut porter auec soy son lict, & tout ce qui est necessaire pour l'vsage de la cuisine. Le bagage se porte ordinairement sur des Chameaux, ou sur des Chariots qui sont traisnez par des Bœufs. Les voyageurs portent aussi des tentes dont ils se seruent lors qu'ils ne trouuent point de ces maisons. Les femmes aussi bien que les hommes, ne font leurs voyages que sur des Chameaux ou sur des Dromadaires. L'on y a aussi pour voyager, la commodité d'vne maniere de Carrosses à deux roues, fermez par le derriere & ouuerts par le deuant, si ce n'est qu'il y ait des femmes; car alors ils sont fermez par tout. Ces Chariots ne peuuent tenir que deux personnes, & on guide les Bœufs qui y sont attelez auec des cordes qu'on leur passe dans les nazeaux & entre les cornes. Ces Bœufs sont plus petits que les nostres, & si bien dressez pour ce trauail, qu'ils peuuent faire 20. mil par iour & dauantage. Les personnes riches se font porter sur des Elephans ou dans des Palanquins sur les épaules de leurs esclaues.

Palais d'Agra.

Voyages.

La Figure suiuante fera bien entendre cét attelage.

Ie ne sçaurois vous mieux representer ces Palanquins, qu'en vous figurans vn lict de repos auec des cordes au cheuet & aux pieds du lict, par le moyen desquelles il est attaché à vne longue perche ou canne, car ils en ont d'assez fortes pour cét vsage, deux hommes portent aysément sur leurs épaules, les deux bouts de cette perche ou canne. Pour ce qui est des Elephans, quoy qu'il s'y en trouue vn grand nombre, ils ne laissent pas d'y estre fort chers, & les beaux se vendent quatre ou cinq milles écus, & quelquesfois dauantage.

Ils appellent ces cannes Bambu.

Les diuertissemens de ces Peuples sont, la chasse à l'Oyseau, celle du Liéure, du Cerf, & autres bestes sauuages. Les Chiens qui leur seruent pour la Chasse, sont faits quasi comme nos Levriers, sinon qu'ils sont beaucoup plus petits; ils n'appellent point sur les voyes. L'on chasse encore en ce Pays-là auec des Leopards, qui prennent à la course les bestes les plus vistes.

Chasses.

I'y ay encore remarqué vne maniere bien adroite de prendre les Oyseaux de riuiere ; le Giboyeur se met dans l'eau jusqu'au col, apres auoir mis sur sa teste vne peau semblable à celle de ces oyseaux. Ainsi déguisé, il s'auance parmy eux, il les tire par les pieds sous l'eau, où il leur tord le col.

Ces Peuples ayment fort à tirer de l'arc ; aussi y sont-ils si adroits, qu'ils tuënt auec leurs fléches des oyseaux en volant. Les autres passent le temps à dresser leurs cheuaux qu'ils montent toutes les fois qu'ils veulent sortir, quand ils n'auroient à faire que deux ou trois cens pas. Les personnes de qualité parmy eux, croyant qu'il y a de la honte d'aller à pied. Ils joüent souuent aux Dames, aux Eschets, & aux Cartes, mais leurs Cartes sont fort differentes des nostres.

Dans la partie Australe de l'Indostan, il y a quantité de Singes tous blancs, & qui sont aussi grands & aussi forts que nos plus grands Lévriers : les autres animaux les craignent ; & c'est apparemment cette crainte, qui a appris à quelques oyseaux du Pays, a attacher auec vn filet leurs nids au bout des plus longues branches des arbres, & aux Perroquets à les faire dans les creux des arbres où les Singes ne peuuent entraîner.

Ie suis obligé par justice, de donner aux Gentils & aux Mahometans, que nous prenons en ces quartiers pour nous en seruir, la loüange qu'ils meritent. Ils n'ont ordinairement que 4. francs de gages par mois, & cependant ils nous seruent & les autres estrangers, auec vne extréme fidelité. Ils suiuent leur Maistre à pied dans leurs voyages, & mourroient plustost que de leur auoir fait tort, & leur rendent tout le seruice qu'ils en peuuent desirer. A l'égard de leurs parens, c'est vne chose merueilleuse de la reuerence & du respect qu'ils leur portent. Ils ne deliberent point pour assister ceux de leurs proches qui sont dans la necessité, & ayment mieux tomber dans le mesme mal-heur dont ils ont tiré les autres, que de manquer à vn deuoir si pieux & si raisonnable. Parmy ces Mahometans & ces Gentils, il y a des gens de la derniere Brauoure, ils les appellent Balock ; ce nom leur vient d'vne Prouince du mesme nom située au Royaume de Bengale, où il y en a beaucoup. Il y en a aussi dans la Prouince d'Hayachan. Ils ont aussi d'autres soldats qu'ils appellent Rasboutes ; ceux-cy ne viuēt que de brigandages & de volerie ; ils se mettent plusieurs de compagnie, & attaquent les Carauannes les plus nombreuses. Le reste des Indiens est vne pauure espece d'hommes, gens sans cœur semblables à des femmes, qui terminent toutes leurs querelles à se dire des injures. Et cette poltronnerie est si generale, que le grand Mogol luy-mesme en a fait plusieurs fois raillerie, disant qu'vn Portugais battera tousiours trois Indiens, & vn Anglois trois Portugais.

Leurs armes. Leur Infanterie se sert de mousquets ; quoy qu'ils soient vn peu lents à les manier, ils ne laissent pas d'estre fort bons Mousquetaires. Leur poudre est excellente ; ils ont encore des lances, & portent des arcs & des fléches. Pour leurs épées, elles sont courbées comme nos sables, & le tranchant est fort bon, mais les gens du Pays ne sçauent pas leur donner la trempe comme il faut pour les rendre pliantes. I'ay veu des Caualiers qui portoient toutes ces armes, & qui cependant se sont laissez battre par de nos gens qui n'en auoient aucune. Ils se seruent de tymbales dans les armées, & de trompettes plus longues que les nostres. Ils n'ont aucune discipline militaire ; les premieres attaques se font de part & d'autre auec beaucoup de chaleur, mais ils ne se rallient iamais, & n'opiniastrent pas longtemps le combat. Les Mosquées des Mahometans sont ordinairement basties de pierre, du costé de l'Occident elles sont tout à fait fermées de murailles, mais ouuertes du costé du Leuant, & embellies de quantité de colomnes & d'arcades, & s'estendent en longueur du Septentrion au Midy. Ils mettent aussi dans cette situation les corps morts lors qu'ils les enterrent. Il y a des tourelles aux coins de leurs plus grands Temples. Leurs Molas ou Docteurs de leur Loy, y montent à certaines heures du iour, & crient à haute voix en Langue Arabe, *La alla illa alla Mahomet Rasul alla.*

Il n'y a qu'vn seul Dieu, & Mahomet est l'Ambassadeur de Dieu. Ce cry sert pour aduertir le Peuple de venir à la Mosquée, & ils l'entendent comme nous faisons nos cloches. Le Sieur Coriat entendant souuent ces clameurs à Agra, se mist en teste de monter aussi dans vne de ces Tours vis-à-vis du Molas, & de le contredire, en criant à haute voix ; *La alla illa alla Hazaret Eesa ebn alla.*

C'est à dire, il n'y a qu'vn seul Dieu, & Iesus-Christ est le Fils de Dieu, y adjoûtant que Mahomet estoit vn Imposteur. Cette temerité luy auroit cousté la vie dans vne autre Ville plus attachée à la Religion de Mahomet ; mais dans les Pays du Mogol, chacun a l'exercice libre de sa Religion ; & j'ay obserué que l'on auoit mesmes toute liberté de combattre celle dont ils font profession. Pour ce qui est de leurs Sepulchres, il n'y a gueres de personnes de condition parmy les Mahometans, qui ne fasse dresser vn sepulchre dés son viuant pour luy & pour les siens. Ils ayment à les auoir prés de quelque bel estang ; & j'ay remarqué que la pluspart de leurs tombeaux sont assis prés de ces estangs, ou bien prés de quelque source d'eau viue. La maniere dont ils les font est, qu'ils enferment d'vne bonne & épaisse muraille, vn grand espace de terre ; & au milieu, ils y éleuent vn tombeau d'vne forme quarrée ou en rondeur. Ce tombeau à deux estages, celuy d'embas est voûté, dans lequel ils mettent les corps morts, & se ferme auec des portes fort épaisses. L'estage de dessus est à iour, & composé d'vn grand nombre de colonnes qui soûtiennent la couuerture. Ils plantent des arbres & des fleurs à l'entour du tombeau & dans tout l'enceinte, comme s'ils vouloient y faire les champs Elisées des Poëtes. On n'enterre personne dans leurs Mosquées, & l'on voit en beaucoup d'endroits des tombeaux semblables à ceux que i'ay décrits, qui ont esté dressez pour eterniser la memoire de ceux qui passent pour Saints parmy eux. Ils ont vn Catalogue fort ample des noms de ceux qu'ils honorent pour leur sainteté.

Sepulchres.

Peires. Dans ces monumens on y void des lampes qui brûlent tousiours, & vne continuelle procession de gens qui y viennent faire leurs deuotions & des meditations sur le bon-heur dont jouïssent ces Peires ; c'est le nom qu'ils leur donnent. Mais entre les monuments qui sont dreſſez à l'honneur de ces ſaints, le plus beau eſt à trois milles d'Agra, en vn village nommé Secandra: Il fut commencé par Cekbar-sha grand Mogol, pere de celuy qui regne auiourd'huy. C'eſt là où il a eſté enterré, & ſon fils auſſi l'a fait acheuer en intention d'en faire le lieu de ſa ſepulture.

Molas. Leurs Molas s'occupent la pluſpart du temps à faire des eſcritures pour les affaires des vns & des autres. Ils ont la meſme liberté de ſe marier que le reſte du peuple, & leurs habits n'ont rien qui les diſtingue du commun. Il y en a entre eux qui viuent dans la ſolitude, & qui employent tout leur temps à mediter ou à donner aux autres des preceptes pour la conduite de leur vie. Ceux-là ſont en grande reputation, auſſi bien que d'autres nommez Seayds, qui ſe diſent eſtre deſcendus de Mahomet. Leurs Preſtres ne font ny inſtructions, ny lectures, ny predications dans leurs Temples. Ils ſe contentent d'y lire à haute voix vn liure de prieres écrites en Arabe, que le peuple repete auec le Molas, quoy qu'il ne les entende point. Ils ont auſſi coûtume d'inuoquer le nom de Dieu & celuy de Mahomet, en maniant des grains de metail ou de verre ſemblables aux grains de Chapelet des Catholiques. Ils n'entrent iamais dans leurs Temples qu'ils ne ſe ſoient lauez les pieds, & laiſſent leurs ſouliers à la porte. Pour bien commencer leurs deuotions ils ſe bouchent les oreilles, & attachent fixement leurs yeux ſur quelque objet, afin que rien ne puiſſe diuertir leur penſée. En ſuite ils ſe mettent à prier Dieu tout bas; Ils ſe ſeruent en leurs prieres de pluſieurs mots qui ſignifient parfaitement bien ſa toute-puiſſance, ſa grandeur, & ſes autres attributs. Apres faiſant reflexion ſur eux-meſmes, ils confeſſent leur baſſeſſe, & témoignent la connoiſtre & la ſentir par milles actes d'humilité & de ſoûmiſſion; ils ſe jettent ſouuent le viſage contre terre, & reconnoiſſent qu'ils n'en ſont que des fardeaux inutils, qu'ils ſont le poiſon de l'air, & que la connoiſſance de leur baſſeſſe les empéche de leuer les yeux vers le Ciel, & finiſſent touſiours par l'eſperance qu'ils ont en la miſericorde de Dieu, & en l'interceſſion de Mahomet.

Prieres.

Pluſieurs d'entr'-eux à la honte de nous autres Chreſtiens prient cinq fois le iour, faiſant leurs prieres de trois heures en trois heures, & n'y manquent iamais pour quelque empeſchement qui leur ſuruienne. Ils partagent les iours autrement que nous ne faiſons: Ils le diuiſent en quatre parties qu'ils nomment Pores, & la nuict de meſme. Ces pores ſont encore diuiſées chacune en huict autres parties qu'ils appellent Grées; Toutes ces differentes diuiſions du iour ſont meſurées par vne quantité d'eau qui tombe d'vn vaſe dans vn autre: aupres de ce vaſe il y a touſiours quelqu'vn qui marque ces portions du iour, frapant auec vn marteau ſur vne piece de metail concaue faite en forme de plat. On y frappe autant de coups qu'il y a de grées ou de pores écoulez.

Mahometās & les Gentils, grands obſeruateurs de leur Loy. Entre les Mahometans & les Gentils on voit des perſonnes d'vne ſi extraordinaire temperance, qu'ils aimeroient mieux mourir, que de manger ou de boire quelque choſe qui leur ſoit deffenduë par leurs loix, & qui mangent pluſtoſt pour ſatisfaire aux beſoins de la Nature, que pour cõtenter leur appetit. Les débauches de la bouche ſont abominables parmy eux. Ils tiennent que l'yurognerie eſt vne eſpece de rage, & dans leur langue le mot qui ſignifie vn yurogne, qu'ils appellent Ram-Ian, ſignifie encore vn enragé. Les Mahometās font vn jeûne ſolẽnel enuirõ le mois d'Aouſt, & le continuent toute la Lune. Ceux qui obſeruent eſtroitement les preceptes de leur Religion n'ont point de communication durant tout ce temps-là auec leurs femmes, & ne boiuent ny ne mangent juſques apres Soleil couché. Quand le temps du Ieuſne finit, ils donnent vn iour pour celebrer la memoire de leurs amis treſpaſſez. I'en ay veu beaucoup parmy le peuple qui les pleuroient à chaudes larmes. Outre ce iour de triſteſſe & de commemoration des morts, que tous celebrent ſans exception, il y a des femmes qui vont pluſieurs fois l'année pleurer ſur les tombeaux de leurs maris & de leurs enfans. Au commencement de la nuit de ce iour des Trépaſſez, on allume par tout vne grande

Meſt.

Ieuſne.

quantité de lampes & de lumieres qui sont attachées contre les murs de leurs maisons. Quand ces lampes & ces lumieres sont esteintes, ils rompent leurs jeûnes, mais les plus deuots vont s'assembler dans quelque Mosquée, où leur Prestre leur lit publiquement quelque endroit de l'Alcoran, auquel ils ne touchent iamais qu'auec vne extrême veneration. Ils ont encore vne feste au mois de Nouembre qu'ils appellent Bucarée; c'est à dire la feste du Belier: Car ce iour-là ils en tuent vn auec grand' solemnité, & le font rôtir pour le manger en memoire de celuy dont Ismaël, comme ils disent, fût rachepté, lors qu'Abraham estoit sur le poinct de le sacrifier. Il y a encore plusieurs autres festes qui sont expressément commandées pour celebrer la memoire de Mahomet, & de ceux qu'ils appellent leurs Peres ou Saints.

Ils ont les liures de Moyse, qu'ils appellent *Moosa carym-alla*, c'est à dire Moïse le Iuste deuant Dieu; *Ibrahim Calim-alla*, Abraham le fidele de Dieu, *Ismael* le vray sacrifice de Dieu, *Dahoode* Dauid Prophete de Dieu *Selimon*, Salomon, la sagesse de Dieu; ils celebrent la memoire de ces grands hommes en chantant tous les iours quelques vers à leur loüange. Liures.

On remarque que mesme les plus grossiers d'entr'-eux ne font iamais mention de N. Seign. Iesus-Christ, qu'ils appellent Hasaret Eesa, qu'ils n'en parlent auec reuerence & respect; disant que c'estoit vn bon homme qui estoit juste, & qu'il viuoit sans peché; qu'il a fait de plus grands miracles que personne qui l'ait precedé. Ils passent plus outre, & l'apellent *Rhahoualla*, l'haleine ou l'Esprit de Dieu. Mais ils ne peuuent pas conceuoir qu'il soit son fils. En ce poinct ils demeurent dans l'erreur de tous les Mahometans. Cela n'empéche pas qu'ils ne nous croyent tous si prophanes qu'ils ne voudroient pas auoir mangé auec nous, ny d'aucune viande qui eust esté preparée dans les plats dont nous nous seruons. C'est à dire le Seigneur Christ.

Il y a entre eux des Deruis qui quittent le monde, & passent leurs jours dans la solitude, en attendant la recompense qu'ils se promettent dans vne meilleure vie. Ils s'engagent volontairement à souffrir des mortifications qui égalent celles que l'on vante tant dans la Vie des Saints. Il y en a qui viuent tous seuls sur les sommets des montagnes, & qui n'ont iamais de commerce auec le reste des hommes. Ils passent toute leur vie dans la contemplation, & se laisseroient plustost mourir de faim que de sortir de leurs cellules. Les peuples qui en sont les plus proches leur portent à manger par deuotion. D'autres qui gardent le jeusne jusques à ce que la nature soit entierement abbatuë. Quelques-vns vont nuds, & n'ont que les parties honteuses couuertes, & questent leur vie par les maisons comme font les Religieux Mendians: Ils se logent ordinairement dans les faux-bourgs des grandes villes. Ils font vn peu de feu le iour, & dorment la nuit dans les cendres, dont ils ont le corps tout couuert. Ils ne se rasent iamais, & laissent croistre leurs ongles comme fit Nabucodonosor lors qu'il fut chassé de la societé des hommes. Il y en a entr'eux d'vne sorte appellez Mendez, semblables aux Prestres de Baal, qui se coupẽt souuẽt la chair auec des cousteaux & des lancettes. I'en ay veu d'autres qui portoient en leurs jambes par deuotion des chaisnes de fer si pesantes, qu'à peine pouuoient-ils mettre vn pied l'vn deuant l'autre. Mais apres s'estre quelque temps accoustumez à les porter, ils font des pelerinages de plusieurs lieuës chargez de toutes ces chaînes & nuds pieds sur la terre qui brusle de l'ardeur du Soleil pour visiter les sepulchres de ceux qu'ils ont en estime de Sainteté; ceux-cy ne se marient pas. Pour ce qui est des Mahometans leur loy leur permet d'auoir quatre femmes, & prennent mesmes la liberté d'en auoir autant qu'ils en peuuent entretenir; mais les Prestres se contentent d'vne seule. Deruis. Mendez.

Ces Mahometans qui ont plusieurs femmes ne laissent pas d'en estre tellement jaloux, qu'ils ne peuuent souffrir qu'elles parlent ny à leur pere, ny à leurs freres qu'en leur presence. Cela fait que celles qui passent pour honnestes femmes entre eux, ne se laissent point voir du tout par les estrangers. Si vne femme manque à la fidelité qu'elle doit à son mary ; ou si vne fille qui fait profession de chasteté tombe dans vne semblable faute, leurs freres les en chastieroient plustost que de souffrir qu'elle demeurassent impunies ; & bien loin de craindre que la Iustice les recherche pour auoir fait ce chastiment, ils en sont estimez dauantage. On ne laisse pas d'y voir force courtisannes dans les villes, ausquelles on permet l'exercice de leur mestier.

Les femmes de condition sont seruies par des Eunuques, ausquels on a osté dés la ieunesse tout ce qui pourroit donner de la jalousie à leurs maris. Leurs mariages se font auec grande pompe. Apres que le Prestre leur a fait prendre la main l'vn à l'autre auec quelque ceremonie & quelques paroles de benediction : La nopce commence à Soleil couché : Le mary de quelque condition qu'il soit, monte à cheual : Ses amis l'accompagnent. On porte plusieurs torches à la teste de la trouppe, suiuie des trompettes, & d'autres semblables instruments. L'Espousée vient apres auec ses amies dans vn chariot, & apres auoir ainsi passé par les principaux quartiers de la ville, ils retournent au logis, où l'on fait vn festin, & où les hommes sont seruis dans vn appartement, & les femmes dans vn autre. Ils se marient pour l'ordinaire à l'aage de douze ou treize ans.

Mariages.

§. IV.

Des Sectes des Gentils, & de leurs Ceremonies.

IL faut que ie dise quelque chose de plus particulier des Gétils. Il y a parmy eux 84. Sectes differentes les vnes des autres en plusieurs points. Ie m'en suis souuent estonné, quoy que ie sçache que Sathan qui est le pere de diuision, en a esté l'autheur. Leurs Prestres s'appellent parmy eux Bramens : ils sont si ignorans, si stupides, & si peu fermes dans leurs opinions, qu'ils sçauent à peine ce qu'ils croyent. Ils appellent leurs petits Temples des Pagodes, ils sont bastis en rond : il y a des Idoles qu'ils adorent, quoy qu'elles representent des Monstres. Quelques-vns d'entre-eux ont songé qu'il y a des champs Elisées ; que pour y arriuer, il faut passer vne riuiere semblable au Stix ou à l'Acheron, & qu'ils y doiuent prendre de nouueaux corps. D'autres tiennent que le monde finira bien-tost ; & qu'apres ce changement, ils doiuent retourner en vie, & là passer dans vne nouuelle terre. Quelques Bramens m'ont dit qu'ils reconnoissent vn Dieu, & s'imaginent qu'il a mille bras, mille yeux, & autant de pieds ; donnant à entendre par là, l'opinion qu'ils ont de sa toute-puissance. Ils disent qu'ils ont quatre Liures que Dieu leur a enuoyez il y a six mille ans, par le moyen de leur Prophete Ram. Qu'il y en a deux qui sont cachetez, & qui ne seront iamais ouuerts. Que les deux autres ne doiuent estre leus que par ceux de leur profession. Qu'il y a sept Cieux ; que Dieu est assis sur le septiéme ; Qu'il ne prend point connoissance des actions particulieres des hommes, à cause qu'elles ne le meritent pas. Ils luy assignent vne place où l'on le peut voir, comme au trauers d'vn nuage & de loin. Ils croyent qu'il y a des Diables ; mais qu'ils sont tellement enchaînez, qu'ils ne leur peuuent faire de mal. Ils appellent parmy eux vn homme Adam, en memoire du premier Pere. Ils disent que sa femme estant tentée de manger du fruict deffendu, en prît & en mangea ; & que comme son mary en mangeoit aussi, la main de Dieu le prît au gosier, & empécha le morceau de passer plus bas ; que c'est de là que vient vne bosse que les hommes ont en cét endroit, qu'ils appellent en leur langage pomme d'Adam, & que les femmes en sont exemptes. La Prestrise parmy eux est hereditaire, comme elle l'estoit anciennement parmy les Iuifs. Le fils d'vn Bramen est Prestre, & se marie auec vne fille de la mesme condition. Aussi entre les Gentils, les mariages se font entre personnes de mesme Tribu, de mesme Secte, & de mesme vacation. La fille d'vn Marchand, par exemple, sera mariée à vn Marchand. Celle d'vn homme qui vit de son trauail, sera mariée auec vn autre qui sera du mesme ordre ; ce qui est cause qu'ils demeurent tousiours dans le mesme rang. Quoy que ces Gentils n'ayent qu'vne seule femme, ils n'en sont pas si jaloux que les Mahometans qui en ont vn grand nombre. Ils souffrent qu'elles aillent par la Ville. Ils se marient dés l'âge de six ou sept ans. Les parens font les Contracts du mariage, qui ne se consomme point qu'à l'âge de douze ans. Leurs nopces se font auec beaucoup de réjouyssance, comme celles des Mahometans. Il n'y a pas aussi beaucoup de difference entre les habits des vns & des autres, la plusparť de leurs femmes portent des anneaux aux doigts des pieds ; & pour les faire voir, elles vont nuds pieds. Elles ont aussi des anneaux fort larges, de cuiure ou d'autre métail, selon leur qualité, qu'elles portent au dessous du gras de la jambe, c'est vn ornement qui semble auoir esté en vsage entre les femmes des Iuifs.

Femmes des Gentils.

Au 3. Chap d'Isaye.

Elles se font percer le bout de l'oreille dans leur jeunesse, & en augmentent le trou en y mettant tous les iours quelque chose de plus grand ; si bien qu'à la fin elles y peuuent passer vne placque de la largeur de cinq ou six doigts.

Le mot Anglois dit vn Sauciere.

Les hommes & les femmes se lauent tous les iours, & apres le bain se mettent à table. Les femmes s'y mettent toutes nuës, ne couurant que ce que la modestie leur deffend de laisser paroistre. Elles demeurent en cét estat jusques à ce qu'elles ayent acheué leur repas. Les vns & les autres croyent que l'eauë dont ils se sont lauées, sert aussi à les nettoyer de leurs pechez. C'est de là d'où vient cette opinion de Diuinité qu'ils ont pour les riuieres, & principalement pour le Gange. Ils y vont tous les iours à grande trouppe ; ils jettent dans cette riuiere des pieces d'or & d'argent, selon leurs moyens & leur deuotion. Ils se baignent apres, & se peignent le front auec du rouge ou du jaune. Ils sont trop grossiers pour pouuoir croire la Resurrection. Ils brûlent par cette raison les corps morts prés de quelque riuiere, lors qu'ils le peuuent faire commodément, & jettent les cendres dans l'eau. Leurs veufues ne se remarient point ; mais apres qu'elles ont perdu leurs maris, elles coupent leurs cheueux, & passent leur vie dans la tristesse & dans le mépris. Il arriue souuent que les plus jeunes ayment mieux mourir auec honneur, que de languir de la sorte. C'est pourquoy elles se jettent sur le bûcher & dans le feu qui est allumé pour consommer le corps de leur mary, & se laissent brûler le tenant embrassé. Ce qu'elles font volontairement, & sans y estre obligées. Les parens & les amis de celles qui doiuent mourir de la sorte, les accompagnent auec beaucoup de joye. Et quand le bûcher commence à brûler, le peuple qui est autour fait grand bruit, afin qu'on n'entende point les cris de ces mal-heureuses personnes.

En quoy ils ressemblent aux Pharisiens de la Sainte Escriture, qui faisoient scrupule de manger sans s'estre laué les mains.

Il y a vne sorte de Sectaires entre les Gentils, qui n'enterrent ny ne brûlent les morts ; on les appelle Parcées ; ils choisissent quelque lieu fort écarté, où ils éleuent des terrasses qu'ils soûtiennent auec des murailles de pierres. Ils mettent dessus les cadavres de leurs morts, qui n'ont point d'autre sepulture que les oyseaux qui les déchirent. Les Gentils pour la plusparť sont fort industrieux. Ils labourent la terre, & font soigneusement ce qui est de leur vacation. Ils ont entr'eux des artisans fort habiles, qui imitent fort bien tout ce qu'on leur presente. Pour les Mahometans, ils sont generalement paresseux : & il a passé en prouerbe, qu'ils viuent du trauail des Gentils. Les Gentils feroient scrupule de manger d'vne chose qui auroit eu vie. Ils se nourrissent de laict, de beure, de fromage, d'herbes, & de confitures, qu'ils preparent diuersement. La plus saine est le Gingembre verd, que l'on confit mieux en ces quartiers-là qu'en lieu du monde. Il y a vne autre sorte de Gentils, qui ne mangent rien que du poisson. Les Rasbuts mangent de la chair de Pourceau, pour laquelle les Mahometans ont tant d'auersion. Entre ces Sectes, les vns s'abstiennent d'vne sorte de viande, les autres d'vne autre ; mais elles conuiennent toutes à ne point manger de Bœuf : & ce scrupule vient de la grande veneration qu'ils ont pour les Vaches. Outre les autres charges qu'ils payent au Roy, ils payent encore vn prix tous les ans pour la rançon de leurs Bœufs ; ce qui monte à vne somme considerable. Ces Idolâtres qui ont le plus d'estime pour les Vaches, s'appellent Banians. Ils croyent

Cette coûtume a esté pratiquée par les Ammonites, dont il est parlé dans la Sainte Escriture.

Banians.

Metempsycose.

la transmigration des ames, comme le premier article de leur foy. Ils croyent que les ames des plus honnestes femmes, & des hommes de plus grande probité, passent apres leur mort dans le corps des Vaches pour y viure en repos, comme estant les meilleures de toutes les creatures; qu'au contraire les ames des méchans passent dans les corps des autres bestes. Celles des gourmands & des yurongnes dans le corps des Pourceaux. Celles des hommes qui ont aymé le plaisir des femmes, dans le corps des Singes & des Marmots. Les ames des personnes coleres, cruelles, & vindicatiues, dans le corps des Lions, des Tygres & des Loups. Celles des enuieux, dans celuy des Serpens, & ainsi du reste. Croyant aussi que ces ames logées de la sorte, se perpetuënt en passant tousiours du corps d'vne beste en celuy d'vne autre de la mesme espece; & cela, jusqu'à l'infiny; & se figurent par là, que le monde sera eternel. S'ils voyent vne Mouche, ils vous diront qu'elle a esté l'ame de quelque personne, peut-estre celle d'vne femme coquette: & ils sont tellement entestez de ces opinions, qu'on ne leur en sçauroit faire connoistre l'impertinence. Pour cette raison, ils ne veulent pas tuer les bestes mesmes qui leur font le plus de mal. Les Serpens les peuuent picquer impunément; s'ils leur font du mal, leur nature, ce disent-ils, est d'en faire, & ils adjoûtent qu'il leur est bien permis de les éuiter, mais non pas de les détruire. Les plus riches, par principe de charité, bâtissent des Sarays pour loger les voyageurs, ou des reseruoirs d'eau proche des grands chemins pour la commodité des passans. Ils donnent quelquesfois mesme des pensions à de pauures gens, pour les obliger de demeurer sur les grands chemins, & de presenter de l'eau à ceux qui passent, le Mardy est leur iour de feste ou de repos.

Le Lundy est celuy des Peguans, le Mercredy celuy de ceux de la Guinée, les Mores festét le Vendredy, les Iuifs le Samedy. Purchas adjouste que les Chrestiés de Iaua jeusnent le iour auquel ils ont commencé quelque grande entreprise.

Dans les Prouinces de Negrakuc & de Cyba.

Ils ont outre cela plusieurs iours de réjouyssances & de Festes, qu'ils obseruent auec beaucoup de solemnité. Ils font des Pelerinages, dont les principaux sont marquez dans la Carte du Pays. Ils disent que le peuple de ce Pays-là se coupe par deuotion vne partie de la langue: & s'il est vray ce qu'en a écrit vn de nos Anglois nommé Coriat, ces langues coupées, en peu de iours retournent en leur premier estat. Ie pourrois dire beaucoup d'autres choses de leur idolâtrie, si ie n'apprehendois d'abuser du loisir des Lecteurs. Enfin, les Mahometans & les Gentils n'ont point d'autre fondement de leurs réueries, que la tradition de leurs Ancestres.

Langue en Persan signifie boiteux.

Ces Mahometans & ces Gentils sont tous Sujets du Grand Mogol. Le mot de Mogol signifie vn homme Circoncis; & on l'appelle le Grand Mogol, pour dire qu'il est le Chef & le Roy de tous les Circoncis. Il vient de pere en fils de Temur ce fameux conquerant de l'Asie. Ce second Alexandre, vn iour qu'il estoit à la chasse, tomba mal-heureusement de son cheual, & fut estropié de cette cheute qui auança ses iours, & fut cause qu'on le nomma depuis Temur-lam; c'est à dire, Temur le boiteux ou l'estropié. Le Grand Mogol d'apresent descend de luy en ligne directe, & est le 9. Roy de sa race. Il prend entre ses titres celuy de Roy de Iustice, de lumiere de la Loy de Mahomet, & de Conquerant du monde. Il est le seul & le Souuerain Iuge de toutes les affaires d'importance qui se passent dans sa Cour. Elles y sont veuës & terminées en fort peu de temps, les criminelles aussi bien que les ciuiles. L'execution des coupables n'est pas moins prompte. On coupe la teste à quelques-vns. On en pend d'autres, & souuent on les expose à la fureur des Chiens, des Elephans, des Serpens, & d'autres bestes selon la qualité des crimes. Ces executions sont faites ordinairement dans la place du marché. Les Gouuerneurs des Villes & des Prouinces gardent la mesme forme de Iustice. Ie n'ay iamais entendu dire qu'il y eut entre eux aucune loy escrite. La volonté du Prince & celle de ses Officiers est la loy qui regle tout. Les Vicerois ne demeurent pas long-temps en leur charge, de peur qu'ils ne gaignent l'affection des peuples, & ne leur fassent perdre la fidelité qu'ils doiuent à leur Souuerain. Ils changent ordinairement tous les ans. Ils reçoiuent les ordres du Prince auec beaucoup de marques de respect, & ils ne trauaillent à rien dauantage qu'à faire venir de tous costez les choses les plus rares pour luy en faire des presens. S'ils y auoient manqué, le Roy ne manqueroit pas de leur

Supplices.

Vicerois.

leur en faire des reproches ; & quand les presens qu'on luy fait ne luy sont pas agreables, il les refuse, & les renuoye à ceux qui les luy ont faits pour en tirer deux de plus considerables. Le Cady ou Iuge fait emprisonner ceux qui doiuent, lors qu'ils se sont obligez par écrit ; & les personnes qui ont du pouuoir dans le Pays, vendent quelquesfois ceux qui leur doiuent, auec leurs femmes & leurs enfans, la coustume du Pays authorisant cette sorte de vente. Le Roy se monstre trois fois le iour. La premiere, à la pointe du iour, se presentant à vn balcon qui est du costé de l'Orient, sous lequel il y a tousiours beaucoup de monde qui s'assemble pour luy donner le *salam*, & pour crier, *Padsha Salament*. C'est à dire, Viue le Roy. Sur le midy, il void le combat de ses Elephans, & prend d'autres diuertissemens semblables. Vn peu auant que le Soleil se couche, il se monstre à vne fenestre qui est du costé du Couchant ; & le Soleil estant couché, il rentre dans son Palais accompagné de trompettes, & des acclamations du peuple. A ces trois temps ceux qui poursuiuent quelque affaire, en tiennent les memoires esleuez haut sur leur teste, qui est la maniere dont ils vsent pour demander Iustice. Depuis les sept heures du soir iusques à neuf il se diuertit en particulier auec les principaux de sa Cour. Ses sujets n'ont aucun fonds de terre en proprieté. Ceux qui en possedent ne le possedent par aucun autre tiltre que par don gratuit du Roy : Ce qui fait que la pluspart des grands Seigneurs consumment tout leur bien en des dépenses excessiues ; les marchands font de mesme & cachent leurs richesses de peur d'estre pressez comme des éponges. Le Roy ne manque jamais d'auoir égard aux enfans que les grands Seigneurs laissent en mourant. Il leur donne des pensions, mais elles sont infiniment au dessous des biens que les peres possedoient, si ce n'est que les enfans succedent à leur credit, car pour lors ils succedent ordinairement à leurs richesses. Tous les appointemens & les pensions que donne ce Prince, sont comptées par la quantité des Cheuaux qu'ils en peuuent entretenir, selon l'estat de sa dépense. Ces pensions montent à vn million de Cheuaux. L'on compte l'entretien d'vn Cheual par an, sur le pied de vingt-cinq Iacobus, ou de trois cens liures enuiron, qui se leuent sur les terres que le Prince a affectées pour le payement de ces pensions. Il a dans sa Cour 20. Seigneurs à qui il donne des pensions pour nourrir qui 5000. cheuaux, qui quatre mil, qui trois mil, & ainsi en diminuãt toûjours. Celuy qui est payé pour entretenir cinq mille cheuaux est obligé d'en auoir tousiours deux milles effectifs, & en estat de seruir, & les autres à proportion. Ce pouuoir despotique & souuerainement absolu qu'à le Mogol sur ses Sujets, est cause qu'ils luy font leur Cour comme des Esclaues ; & que pour gagner ses bonnes graces, ils employent toute sorte de bassesses & de flateries. Quand il aduance quelqu'vn, il luy donne vn nouueau nom qui signifie quelque grand tiltre, ainsi que Pharaon le pratiqua en la personne de Ioseph. Par exemple, il en nommera l'vn *Mahobet chan*, qui veut dire Seigneur bien-aimé ; l'autre *Can Iahaun*, c'est à dire Maistre du monde.

Pensions.

Gen. 41.

Ses principaux Officiers sont ceux-cy. Le grand Tresorier, le Maistre des Eunuques qui est le Grand Maistre de sa Maison ; Le Secretaire d'Estat ; Le Maistre des Elephans ; Celuy qui a le soin de ses Tantes ; & le Maistre de sa Garderobe. Le Can est le premier tiltre d'honneur. Mirza fuit apres ; puis Vmbra, & Haddee, qui signifie vn simple Caualier ou Soldat.

Officiers.

Vmbra signifie vn Capitaine.

La chaleur du pays ne leur permet pas de porter des habits chargez d'or & de Broderie. Le Roy s'habille ordinairement d'vne toile de coton blanche, comme on la voit dans la figure qui est mise cy-dessus. Le bleu est la couleur de ceux qui ont quelque affliction : On n'oseroit paroistre deuant le Mogol auec cette couleur ; & on se garde bien mesme de parler de la mort en sa presence. Quand ils sont obligez d'apprendre au Prince la mort de quelqu'vn des siens, ils l'expriment par circonlocution ; & disent par exemple, vn tel s'est sacrifié aux pieds de

Vostre Majesté. La chaleur du païs fait que nos draps d'Angleterre n'y sont pas en grand vsage. On ne les y employe que pour la couuerture de leurs Elephans, de leurs Cheuaux, & de leurs Calesches. Il n'y a point de Prince au monde qui ait plus de richesses & de pierreries que le Mogol : Dans le Palais d'Agra il y a vn Throsne sur lequel on monte par plusieurs degrez. On void au haut quatre Lions d'argent vermeil doré, enrichis de pierres precieuses. Ces Lions soûtiennét vn dais d'or massif. Les pierreries que le Mogol porte sur sa personne, soit à sa teste, à l'entour de son col, soit aux poignets, ou sur la garde de son espée & de son poignard, sont d'vn prix que l'on ne peut estimer. On le peze le premier iour de Septembre, & ses Medecins marquent curieusement combien il a pezé, parce qu'ils croyent que par ce poids ils peuuent tirer des coniectures certaines de l'estat de sa santé.

Lettre du grand Mogol au Roy d'Angleterre, traduite du Persan.

QVand Vostre Majesté ouurira cette Lettre, Que son cœur soit aussi frais que l'ombre d'vn beau Iardin. Que tous les hommes viennent faire la reuerence à vostre porte. Que vostre Throsne soit éleué au dessus de ceux des autres Roys qui reconnoissent le Prophete Iesus. Que Vostre Majesté soit la plus grande de celles des Monarques Chrestiens. Qu'ils viennent prendre conseil de Vous. Que la prudence de leur conduite deriue de vos conseils & de vostre teste, comme d'vne fontaine & d'vne source tres-pure. Que la Loy de la Majesté de Iesus puisse viure & fleurir sous vostre protection. I'ay receu des mains de vostre Ambassadeur le Sieur Thomas Rhoë, qui merite bien la confiance que vous auez de vous seruir de luy, les Lettres d'amitié & de confederation que vous m'auez enuoyées, & les presens aussi, qui sont des marques de vostre affection. Il me les a presentez en vne heure fort heureuse ; mes yeux estoient arrestez si fixement à les considerer, que i'eus de la peine à les en retirer pour voir d'autres objets, &c.

Autre Lettre du Mogol au Roy d'Angleterre, traduite aussi du Persan.

QVe la Lettre de V. M. que Dieu preserue, m'a esté agreable ? Mes yeux se sont arrestez à la considerer, auec le mesme plaisir qu'ils auroient eu à voir vne rose dans vn Iardin. Que Dieu vous conserue dans l'estat où vous estes. Que vostre Monarchie prospere, qu'elle s'accroisse, & que vous puissiez venir à bout de tous les desseins que vous formerez dignes de la grandeur de vôtre renommée. Et comme vostre cœur est noble & grand, que Dieu comble de gloire le temps de vostre Regne, puisque vous deffendez courageusement la Majesté de Iesus.

Ce qui suit dans cette Lettre contient des témoignages & des asseurances de l'affection qu'il auoit pour les Anglois. Ces Lettres ayans esté escrites, l'on en enuoya les coppies à l'Ambassadeur, l'original estoit vn papier roulé & couuert de drap d'or, cacheté aux deux bouts à la façon des lettres du païs. Nous voyageâmes deux ans à la suitte du grand Mogol, durant la saison la plus temperée qui est entre les mois d'Octobre & celuy d'Auril. Il y auoit bien dans son Camp deux cens mille bouches, sans y compter les cheuaux, les elephans, & les autres bestes qu'on nourrit de grain. Cependant l'on ne manqua iamais de viures, non pas mesme dans la marche de dix-neuf iours que nous fismes depuis Mandoa iusques à Amadauat, au trauers du desert du Sud, par vne route qu'on auoit coupée pour nous faire passage au milieu des bois. Les Tentes estoient de diuerses couleurs, & lors qu'elles estoient dressées, elles representoient vne ville de grande estenduë, & faisoient vne fort belle perspectiue. Les Tentes du Roy estoient rouges fort hautes, & placées au milieu du Camp; Elles tenoient vn grand espace fermé de draps de cotton rouge, soustenus par des cannes d'espace en espace à la hauteur de neuf pieds. Les Soldats y font la garde toutes les nuits. La marche de chaque iour estoit de dix ou douze milles, plus ou moins, pour s'accommoder aux distances des lieux où l'on peut trouuer de l'eau. Ses femmes & ses concubines, qui sont bien au nombre de mille, sont portées dans des Palanquins sur des Elephans, ou dans vne espece de panniers entierement couuerts, & portez par des Dromadaires. Elles sont seruies par des Eunuques, & ont leurs tentes dans l'enceinte de celles du Roy. Dans le choix qu'il fait de ses femmes, il a plus d'égard à leur beauté qu'à l'alliance des Princes ses voisins. Celle qu'il ayme le mieux à present, se nomme Nour-mahal; c'est à dire en langage du Pays, la lumiere de la Cour. Elle a beaucoup auancé ses amis, & les a éleués au dessus de leur condition, par l'empire absolu qu'elle a sur l'esprit de ce Prince. Les Mogols & les principaux Seigneurs de la Cour, gardent à la verité tousiours leur femmes; mais ils ne les ayment gueres quand elles ont passé trente ans. Quoy que le Roy qui regne aujourd'huy ait vn si grand nombre de femmes, il n'a que six enfans, cinq garçons & vne fille. On donne à ses fils le titre de Sultan ou Prince; l'aisné à nom Sultan Cosron, le second Sultan Parueys, le troisiéme Sultan Caroon, le quatriéme Sultan Shahar, le dernier Sultan Taucht. Le Roy luy donna ce nom, à cause qu'il eut nouuelle de sa naissance precisément au temps qu'il commença à estre paisible possesseur de son Empire. L'aisné de ceux qui viennent des femmes qu'il a épousées, luy succede par prerogatiue d'aînesse. On l'appelle le grand Frere. Quoy qu'on ne fasse pas mourir les cadets comme en Turquie, on n'a pas laissé de remarquer qu'ils ne viuent pas long-temps apres leurs peres, car ordinairement on les employe à quelque expedition dangereuse. Achabar-sha auoit menacé de dés-heriter celuy qui regne aujourd'huy, à cause de ses amours auec celle de ses femmes qu'il aymoit le plus, nommé Anar-kalée, c'est à dire pepin de Grenade; mais estant au lict de la mort, il luy pardonna. Camp du Mogol.

L'on a dit de ce Prince, que lors qu'il estoit mal satisfait de quelqu'vn des Seigneurs de sa Cour, il auoit accoûtumé de leur donner certaines pillules, pour purger, ce disoit-il, leurs ames de leur corps. Comme il vouloit vn iour pratiquer ce remede, & qu'il tenoit vne pillule d'vn contraire effet pour luy-mesme, il prit l'vne pour l'autre pendant qu'il entretenoit cette personne de belles paroles; & s'estant empoisonné de sa propre main, mourut peu de iours apres d'vn flux de sang. Le Mogol d'aujourd'huy est d'vne humeur fort inégale, & sujet à passer d'vne extremité à l'autre. Il s'enyure souuent, & punit seuerement ceux qui tombent dans cette mesme faute. Il est quelquefois fort ciuil, & en d'autres temps fort rude. Les Sujets ne sçauent ce que c'est de luy dés-obeïr. Il fait tous les iours beaucoup d'aumônes; & quelquefois pour donner des exemples de pieté, il porte le Palanquin de sa mere sur les épaules. Il parle auec respect de Nostre Seigneur Iesus-Christ; mais sa pauureté & le genre de sa mort le choquent, ne pouuant accorder l'vn & l'autre auec la Majesté Diuine, & ne se rendãt point à tout ce qu'on luy peut dire pour luy faire cõprendre cette profonde humiliation d'vn Dieu. Toutes sortes de Religiõs sõt permises dãs sõ Estat; les Prestres y sont fort respectez; il m'appella plusieurs fois Padre, me faisant prendre place entre les premiers de sa Cour. Les Iesuites n'ont pas seulement beaucoup de facilité pour parler au Prince, il les secoure mesmes souuẽt dans les rencõtres, & leur fait des liberalitez. Il ne trouue point mauuais qu'on cõuertisse ses Sujets, & ne les ayme pas moins pour s'estre faits Chrestiens. Il voulut éprouuer vn de ses nouueaux conuertis, luy faisant plusieurs menaces pour le détourner de la Religion qu'il auoit embrassée; & voyant qu'il n'en pouuoit venir à bout par cette voye, il essaya celle de la douceur & des promesses; celle-cy luy ayant manqué comme l'autre, il l'exhorta à continuer, & le renuoya auec des marques de son estime & de sa liberalité, apres luy auoir dit que s'il se fût laissé vaincre d'vne façon ou d'autre, il en auroit fait vn exemple. Le plus considerable des Iesuites qui estoiẽt en cette Cour se nommoit François Corsi, il estoit Florentin de nation, & faisoit les affaires des Portugais. Ie voudrois pouuoir confirmer auec verité, les relations qu'ils enuoyent dans l'Europe des progrez & des conuersions qu'ils font dans ces païs-là. La verité est qu'ils en ont baptisez quelques-vns, mais ces gens-là ont esté portez à se faire Chrestiens, plustost par pauureté & misere, que par vn vray zele ou vne bonne instruction. I'aurois bien aussi souhaitté de pouuoir trauailler à vn ouurage aussi Saint qu'est la conuersion des Infidelles, mais il m'a tousiours paru qu'il y a fort peu de profit à en esperer, non seulement à cause de la pluralité des femmes à laquelle les Mahometans sont accoustumez, mais encore dauantage pour le mauuais exemple que les Chrestiens leur donnent, viuans dans vne effroyable dissolution, s'abandonnans à toutes sortes de débauches.

ΕΚ ΤΗΣ ΚΟΣΜΑ ΜΟΝΑΧΟΥ
ΧΡΙΣΤΙΑΝΙΚΗΣ ΤΟΠΟΓΡΑΦΙΑΣ,

ΠΕΡΙ ΖΩΩΝ ΙΝΔΙΚΩΝ, ΚΑΙ ΠΕΡΙ ΔΕΝΔΡΩΝ
Ἰνδικῶν, καὶ περὶ τῆς Ταπροβάνης νήσου.

ΡΙΝΟΚΕΡΟΣ.

ΤΟΥΤΟ τὸ ζῶον, καλεῖται Ῥινόκερως. Διὰ τὸ ἐν τοῖς μυκτῆρσι τὰ κέρατα ἔχειν· ὅτε δὲ περιπατεῖ, σαλεύονται τὰ κέρατα. ὅτε δὲ ὁρᾷ μετὰ θυμοῦ, ἀποτείνει αὐτὰ καὶ ἀσάλευτα εὑρίσκονται· ὥστε καὶ δένδρα δύνασθαι ἐκριζοῦν τὰ ἐν αὐτοῖς μάλιστα τὸ ἔμπροσθεν· τοὺς δὲ ὀφθαλμοὺς κάτω περὶ τοὺς γνάθους ἔχει. φοβερώτατον δέ ἐστι πάνυ. μάλιστα καὶ τῷ ἐλέφαντι πως ἀντικείμενον· οἱ πόδες δὲ καὶ τὸ δέρμα παραπλήσιά εἰσι τῷ ἐλέφαντι ἔχει δὲ τὸ πάχος τοῦ δέρματος αὐτοῦ ξηραινόμενον, δακτύλους τέσσαρας. καὶ ἐξ αὐτοῦ ἔνιοι βάλλουσιν ἀντὶ σιδήρου εἰς τὰ ἄροτρα καὶ ἀροτριῶσι τὴν γῆν. καλοῦσι δὲ αὐτὸ οἱ Αἰθίοπες τῇ ἰδίᾳ διαλέκτῳ ἄρου ἢ ἄρισι. δασύνοντες τὸ δεύτερον ἄλφα καὶ οὕτω προστιθέντες τὸ ρισί. ἵνα διὰ τοῦ μὲν ἄρου ᾖ τὸ θηρίον. διὰ δὲ τοῦ ἄρισι, ἀροτρείαν ἐκ τοῦ σχήματος τοῦ περὶ τοὺς ῥώθωνας ἅμα δὲ καὶ τοῦ δέρματος, τὴν ἐπωνυμίαν αὐτῷ τεθεικότες. τεθέαμαι δὲ καὶ ζῶντα ἐν τῇ Αἰθιοπίᾳ, ἀπὸ μακρὰν ἱστάμενος καὶ νεκρὸν ἐκδαρὲν καὶ καταγεμισθὲν ἄχυρα, ἱστάμενον ἐν οἴκῳ βασιλικῷ, ὅθεν ἀκριβῶς κατέγραψα.

ΤΑΥΡΕΛΑΦΟΣ.

Τοῦτο τὸ ζῶον ὁ Ταυρέλαφος, καὶ ἐν τῇ Ἰνδίᾳ καὶ ἐν τῇ Αἰθιοπίᾳ εὑρίσκεται. ἀλλὰ τὰ μὲν τῆς Ἰνδίας ἥμερά εἰσι. καὶ ἐν αὐτοῖς ποιοῦσιν ἐν δισακκίοις, βασταγὰς πεπέρεως καὶ ἑτέρων φορτίων. καὶ γάλα ἀμέλγουσιν ἐξ αὐτῶν καὶ βούτυρον. ἅμα δὲ καὶ τὸ κρέας ἐσθιόμεν. οἱ μὲν Χριστιανοὶ, σφάζοντες, οἱ δὲ Ἕλληνες, κοτταφίζοντες. τὰ δὲ τῆς Αἰθιοπίας ἄγριά ἐστι καὶ ἀνήμερα.

ΚΑΜΗΛΟΠΑΡΔΑΛΙΣ.

Η δὲ καμηλοπάρδαλις, ἐν τῇ Αἰθιοπίᾳ μόνῃ εὑρίσκεται. καὶ αὗται πάλιν ἀνήμεραι καὶ ἄγριαί εἰσιν. ἐν δὲ τῷ παλατίῳ εἰς λόγον τοῦ βασιλέως ἡμεροῦσιν ἀπὸ μικρόθεν, μίαν ἢ δύο πρὸς θέαν αὐτοῦ. ὅτε δὲ παραβάλλουσιν αὐτῇ πιεῖν ἔμπροσθεν τοῦ βασιλέως εἰς λεκανίῳ ἢ γάλα ἢ ὕδωρ. εἰ μὴ ἁπλώσῃ τοὺς ἔμπροσθεν δύο πόδας, οὐ δύναται φθάσαι καὶ πιεῖν εἰς τὴν γῆν. διὰ τὸ τοὺς πόδας καὶ τὸ στῆθος καὶ τὸν τράχηλον ὑψηλὰ ὑπάρχειν. ἀναλόγως οὖν διαχάζουσα τοὺς ἔμπροσθεν πόδας, τότε δύναται πιεῖν. καὶ ταῦτα ὡς οἴδαμεν διεγράψαμεν.

ΑΓΡΙΟΒΟΥΣ

Αγριόβους ἐστὶ μέγας, τῆς Ἰνδικῆς τοῦτο τὸ ζῶον. ἐξ οὗ ἐστιν ἡ λεγομένη τοῦφα. ἣ κοσμοῦσι τοὺς ἵππους καὶ τὰ βάνδα οἱ ἄρχοντες εἰς τοὺς κάμπους· φασὶ δὲ περὶ αὐτοῦ. ὅτε ἐὰν ἀντιλαβῆται δένδρου τῆς οὐρᾶς, οὐκ ἔτι κλίνεται. ἀλλ' ἵσταται ἀηδῶς ἔχων ἐᾶσαι μίαν τρίχα ἐξ αὐτῆς. λοιπὸν ἔρχονται οἱ ἐγχώριοι καὶ κόπτουσι τὴν οὐράν. καὶ τότε φεύγει, τὸ πᾶν τῆς οὐρᾶς ἀπολέσας· αὕτη ἡ φύσις τοῦ ζώου.

Τὸ δὲ μικρὸν ζῶον ἐστιν ὁ μόσχος. καλοῦσι δὲ αὐτὸ τῇ ἰδίᾳ διαλέκτῳ οἱ ἐγχώριοι κασοῦδει. διώκοντες δὲ αὐτὸ, τοξεύουσι. καὶ τὸ συναιρόμενον αἷμα περὶ τὸν ὄμφαλον, δεσμεύοντες ἀποκόπτουσι. τοῦτο γάρ ἐστι τὸ μέρος αὐτοῦ τὸ εὐῶδες· τουτέστιν ὁ παρ' ἡμῖν λεγόμενος μόσχος τὸ δὲ λοιπὸν αὐτοῦ σῶμα ἔξω ῥίπτουσιν.

ΜΟΝΟΚΕΡΟΣ.

Τοῦτο τὸ ζῶον, καλεῖται μονόκερως. οὐκ ἐθεασάμην δὲ αὐτό. στήλας δὲ αὐτοῦ χαλκᾶς ἀνατεθειμένας ἐν τῇ Αἰθιοπίᾳ ἐν οἴκῳ τετραπύργῳ βασιλικῷ τέσσαρας ἑώρακα διὸ καὶ οὕτως κατέγραψα. φασὶ δὲ περὶ αὐτοῦ ὅτι φοβερόν ἐστι καὶ ἀκαταμάχετον. ἐν τῷ κέρατι ἔχον τὴν ὅλην ἰσχύν. καὶ ἡνίκα δόξει παρὰ πολλῶν διώκεσθαι καὶ καταληφθῇ, εἰς κρημνὸν ἐφάλλεται. καὶ ῥίπτει ἑαυτὸν ἐκ τοῦ ὕψους. καὶ κατερχόμενον ἀντιστρέφεται. καὶ τὸ κέρας δέχεται τὴν ὅλην ὁρμήν. καὶ ἀβλαβὲς διαμένει· τοιαῦτα δὲ ἡ γραφὴ διηγεῖται περὶ αὐτοῦ λέγουσα. σῶσόν με ἐκ στό-
» ματος λεόντων. καὶ ἀπὸ κεράτων μονοκε-
» ρώτων τὴν ταπείνωσίν μου καὶ πάλιν. καὶ
» ὁ ἠγαπημένος ὡς υἱὸς μονοκερώτων, καὶ πά-
» λιν ἐν ταῖς εὐλογίαις τοῦ Βαλαὰμ αἷς εὐ-
» λόγησε τὸν Ἰσραὴλ, φησὶ ἐκ δευτέρου.
» οὕτως ὁ Θεὸς ὡδήγησεν αὐτὸν ἐξ Αἰγύπτου
» ὡς δόξαν μονοκέρωτος αὐτῷ διὰ πάντων
» ἰσχὺν καὶ πεποίθησιν καὶ δόξαν μαρτυροῦσα
» τῷ ζώῳ.

ΧΟΙΡΕΛΑΦΟΣ.

Τὸν δὲ Χοιρέλαφον καὶ εἶδον καὶ ἔφαγον. τὸν δὲ ἱπποπόταμον οὐκ εἶδον μὲν, ἔχον δὲ ὀδόντας ἐξ αὐτοῦ μεγάλους· ὡς ἀπὸ λιτρῶν δεκατριῶν οὓς καὶ πέπρακα ἐνταῦθα. πολλοὺς δὲ εἶδον καὶ ἐν τῇ Αἰθιοπίᾳ καὶ ἐν τῇ Αἰγύπτῳ.

ΠΙΠΕΡΙ.

Τοῦτο τὸ δένδρον ἐστὶ τὸ τοῦ πιπέρεως ἕκαστον δὲ δένδρον, ἑτέρῳ ὑψηλῷ ἀκάρπῳ δένδρῳ ἀνακλᾶται. διὰ τὸ λεπτὸν εἶναι πάνυ καὶ ἀσθενές· ὥστε καὶ τὰ κλήματα τῆς ἀμπέλου λεπτά. ἕκαστος δὲ βότρυς, δίφυλλον ἔχει σκέπον. χλωρὸν δὲ πάνυ ἐστὶν ὥσπερ ἡ χροία τοῦ πηγάνου.

ΑΡΓΕΛΛΙΑ.

Τὸ δὲ ἄλλο τῶν Ἀργελλίων ἐστὶ τῶν λεγομένων, τουτέστι τῶν μεγάλων καρύων τῶν Ἰνδικῶν. παραλλάττει δὲ τοῦ φοίνικος οὐδέν. πλὴν ὅτι τελειότερός ἐστι καὶ ἐν ὕψει, καὶ ἐν πάχει, καὶ ἐν τοῖς βαΐοις. οὐ βάλλει δὲ καρπὸν, εἰ μὴ δύο ἢ τρία σπαθία ἀπὸ τριῶν Ἀργελλίων. ἔστι δὲ ἡ γεῦσις γλυκεῖα πάνυ, καὶ ἡδεῖα ὡς τὰ κάρυα τὰ χλωρά. ἐξ ἀρχῆς μὲν τοῦ ὕδατος γέμει, γλυκέος πάνυ. ὅθεν καὶ ἐξ αὐτῶν πίνουσιν οἱ Ἰνδοὶ ἀντὶ οἴνου. λέγεται δὲ τὸ πινόμενον ῥογχοσοῦρα ἡδὺ πάνυ. τρυγώμενον δὲ καὶ παραμένον αὐτὸ τὸ Ἀργέλλιον πήγνυται τὸ ὕδωρ αὐτοῦ κατὰ παράβασιν τὸ ἐπὶ τὸ ὄστρακον αὐτοῦ. καὶ μένει τὸ ὕδωρ εἰς τὸ μέσον ἄπηκτον, μέχρις ὅτου καὶ αὐτὸ ἐκλίπῃ. ἐὰν δὲ καὶ πλέον παραμείνῃ, ταγγίζει ὁ καρπὸς αὐτοῦ ὁ πεπηγὼς, καὶ οὐ δύναται ἔτι βρωθῆναι.

ΦΩΚΗ, ΔΕΛΦΙΝ, ΧΕΛΩΝΗ.

Φώκην τὴν λεγομένην καὶ τὸν δελφῖνα καὶ χελώνην ἐσθίομεν κατὰ θάλατταν εἰ τύχοι πιασθῆναι. τὸν μὲν δελφῖνα καὶ τὴν χελώνην σφάζοντες ἐσθίομεν. τὴν δὲ φώκην οὐ σφάζοντες, ἀλλὰ κοπαρίζοντες, ὡς ἐπὶ τῶν ἰχθύων τῶν μεγάλων. καὶ τὸ μὲν κρέας τῆς χελώνης, ὡς προβάτου ἐστὶ μελαμψόν. τὸ δὲ τοῦ δελφῖνος, ὡς χοίρου, μελαμψὸν δὲ καὶ βρομῶδες. τὸ δὲ τῆς φώκης ὡς χοιρογρυλλικὸν καὶ ἄβρομον.

ΠΕΡΙ ΤΗΣ ΤΑΠΡΟΒΑΝΗΣ ΝΗΣΟΥ.

Αὕτη ἐστὶν ἡ νῆσος ἡ μεγάλη ἐν τῷ ὠκεανῷ. ἐν τῷ Ἰνδικῷ πελάγει κειμένη, παρὰ μὲν Ἰνδοῖς καλουμένη Σιελεδίβα, παρὰ δὲ Ἕλλησι Ταπροβάνη, ἐν ᾗ εὑρίσκεται ὁ λίθος ὁ ὑάκινθος· περαιτέρω δὲ κεῖται τῆς χώρας τοῦ πιπέρεως. πέριξ δὲ αὐτῆς, εἰσὶ νῆσοι μικραὶ πολλαὶ πάνυ. πᾶσαι δὲ γλυκὺ ὕδωρ ἔχουσαι καὶ ἀργέλλια. ἀγχιβαθεῖς δὲ ὡς ἐπὶ τὸ πλεῖστον πᾶσαι εἰσίν. ἔχει δὲ ἡ νῆσος ἡ μεγάλη καθὼς φασὶν οἱ ἐγχώριοι, γαυδία τριακόσια, εἴς τε μῆκος ὁμοίως καὶ πλάτος τουτέστι μίλια ἐννακόσια. δύο δὲ βασιλεῖς εἰσὶν ἐν τῇ νήσῳ, ἐναντίοι ἀλλήλων. ὁ εἷς ἔχων τὸν ὑάκινθον, καὶ ὁ ἕτερος τὸ μέρος τὸ ἄλλο, ἐν ᾧ ἐστὶ τὸ ἐμπόριον καὶ ὁ λιμήν. μέγα δέ ἐστι καὶ τὸ τῶν ἐκεῖσε ἐμπορείων. ἔχει δὲ ἡ αὐτὴ νῆσος καὶ ἐκκλησίαν τῶν ἐπιδημούντων Περσῶν Χριστιανῶν. καὶ πρεσβύτερον ἀπὸ Περσίδος χειροτονούμενον, καὶ διάκονον καὶ πᾶσαν τὴν ἐκκλησιαστικὴν λειτουργίαν· οἱ δὲ ἐγχώριοι καὶ οἱ βασιλεῖς, ἀλλόφυλοί εἰσιν. ἱερὰ δὲ πολλὰ ἔχουσιν ἐν αὐτῇ τῇ νήσῳ. εἰς ἓν δὲ ἱερὸν κείμενον ἐφ' ὑψηλοῦ κείμενον, ἔστιν ἓν ὑάκινθον, ὡς φασὶ πυῤῥοῦ καὶ μέγα. ὃν ὡς στρόβιλος μέγας, καὶ λάμπει μακρόθεν μάλιστα τοῦ ἡλίου αὐτῷ περιλάμποντος ἀμίμητον θέαμα ὄν. ἐξ ὅλης δὲ τῆς Ἰνδικῆς καὶ Περσίδος καὶ Αἰθιοπίας, δέχεται ἡ νῆσος πλοῖα πολλὰ, μεσίτης οὖσα. ὁμοίως δὲ ἐκπέμπει καὶ ἀπὸ μὲν τῶν ἐνδοτέρων. λέγω δὴ τὴν Τζινίσταν καὶ ἑτέρων ἐμπορείων δέχεται μεταξιν, ἀλόην, καρυόφυλλον, ξυλοκαρυόφυλλον, τζανδάναν καὶ ὅσα κατὰ χώραν εἰσὶ καὶ μεταβάλλει τοῖς ἐξωτέρω, λέγω δὴ τῇ Μαλὲ, ἐν ᾗ τὸ πίπερι γίνεται. καὶ τῇ Καλλιάνα, ἔνθα ὁ χαλκὸς γίνεται. καὶ σησάμινα ξύλα καὶ ἕτερα ἱμάτια. ἔστι γὰρ καὶ αὐτὴ μέγα ἐμπόριον. ὁμοίως καὶ Σινδοῦ, ἔνθα ὁ μόσχος καὶ τὸ καστέριν, καὶ τὸ ἀνδροστάχυν γίνεται· καὶ τῇ Περσίδι, καὶ τῇ Ὁμηρίτῃ, καὶ τῇ Ἀδούλῃ. καὶ πάλιν τὰ ἀπὸ ἑκάστου τῶν εἰρημένων ἐμπορείων δεχομένη. καὶ τοῖς ἐνδοτέρω μεταβάλλουσα. καὶ τὰ ἴδια ἅμα ἑκάστῳ ἐμπορείῳ ἐκπέμπουσα.

leg. μεσί-τις. leg. μετά-ξαν. leg. καστό-ριν.

Ἡ Σινδοῦ δέ ἐστιν ἀρχὴ τῆς Ἰνδικῆς. διαιρεῖ γὰρ ὁ Ἰνδὸς ποταμὸς τουτέστιν ὁ Φεισών. εἰς τὸν κόλπον τὸν Περσικὸν ἔχων τὰς ἐκρείας. τήν τε Περσίδα καὶ τὴν Ἰνδίαν. εἰσὶν οὖν τὰ λαμπρὰ ἐμπόρεια τῆς Ἰνδικῆς ταῦτα, Σινδοῦ, Ὀῤῥοθὰ, Καλλιάνα, Σιβὼρ, ἡ Μαλέ. πέντε ἐμπόρεια ἔχουσα βάλλοντα τὸ πέπερι, Παρτὶ, Μαγκαρούθ, Σαλοπάτανα, Ναλοπάτανα, Πουδαπάτανα.

leg. ἐκροάς.

Λοιπὸν ἔξω ὡς ἀπὸ πέντε νυχθημέρων τῆς στερεᾶς, εἰς τὸν ὠκεανόν ἐστιν ἡ Σιελεδίβα, τουτέστιν ἡ Ταπροβάνη. εἶτα λοιπὸν ἐνδοτέρω εἰς τὴν στερεὰν, ἐμπόριον ἡ Μαραλλώ. βάλλουσα κοχλίους. ἔστι Καβὲρ βάλλουσα τὸ ἀλαβανδηνόν· εἶτα ἐφεξῆς λοιπὸν τὸ καρυόφυλλον τὸ λοιπὸν ἡ Τζινίστα τὴν μέταξαν βάλλουσα. ἧς ἐνδοτέρω οὐκ ἔστιν ἑτέρα χώρα. ὁ ὠκεανὸς γὰρ αὐτὴν κυκλοῖ κατὰ ἀνατολάς, αὕτη οὖν ἡ Σιελεδίβα μέση πως τυγχάνουσα τῆς Ἰνδικῆς. ἔχουσα δὲ καὶ τὸν ὑάκινθον. ἐξ ὅλων τῶν ἐμπορείων δέχεται, καὶ ὅλοις μεταβάλλει καὶ μέγα ἐμπόριον τυγχάνει. ποτὲ γοῦν τις ἀπὸ τῶν ἐνταῦθα πραγματευομένων ὀνόματι Σώπατρος, ὃν ἴσμεν πρὸ τριακονταπέντε ἐτῶν τελευτήσαντα. εἰσελθὼν ἐν τῇ Ταπροβάνῃ νήσῳ πραγματείας ἕνεκα, ἔτυχε καὶ ἀπὸ Περσίδος ὁρμῆσαι πλοῖον. κατῆλθον οὖν οἱ ἀπὸ Ἀδούλης, μεθ' ὧν ἦν ὁ Σώπατρος καὶ κατῆλθον καὶ οἱ ἀπὸ Περσίδος μεθ' ὧν ἦν καὶ πρεσβύτῆς Περσῶν. εἶτα κατὰ τὸ ἔθος οἱ ἄρχοντες καὶ οἱ τελῶναι δεξάμενοι τούτους, ἀποφέρουσι πρὸς τὸν βασιλέα· ὁ δὲ βασιλεὺς δεξάμενος καὶ προσκυνηθεὶς, κελεύει αὐτοὺς καθεσθῆναι. εἶτα ἐρωτᾷ πῶς αἱ χῶραι ὑμῶν. καὶ πῶς τὰ πράγματα. οἱ δὲ εἶπον, καλῶς. εἶτα ὡς ἐν τῷ μεταξὺ ἠρώτησεν ὁ βασιλεύς. ποῖος τῶν βασιλέων ὑμῶν μειζότερος καὶ δυνατώτερος. ὁ δὲ Πέρσης ἁρπάσας τὸν λόγον, ἔφη. ὁ ἡμέτερος καὶ δυνατώτερος, καὶ μειζότερος καὶ πλουσιώτερος, καὶ βασιλεὺς βασιλέων ἐστί. καὶ εἴ τι θέλει δύναται. ὁ δὲ Σώπατρος ἐσιώπα. εἶτα φησὶ ὁ βασιλεὺς, σὺ Ῥωμεῦ. οὐδὲν λαλεῖς; ὁ δὲ Σώπατρος. τί ἔχω εἰπεῖν. τούτου ταῦτα εἰπόντος· εἰ θέλεις μαθεῖν τὴν ἀλήθειαν, ἔχεις ἀμφοτέρους τοὺς βασιλέας ἐνταῦθα. κατανόησον ἑκάστου. καὶ ὁρᾷς ποῖος λαμπρότερος καὶ δυνατώτερός ἐστιν. ἐκεῖνος ἀκούσας, ἐξενίσθη λέγων. πῶς ἔχω τοὺς ἀμφοτέρους βασιλέας ἐνταῦθα· ἔχεις ἀμφοτέρων τὰς μονίτας. τοῦ μὲν τὸ νόμισμα. τοῦ δὲ τὴν δραχμὴν τουτέστι τὸ μιλιαρείσιον. κατανόησον τῇ εἰκόνι ἑκάστου· καὶ ὁρᾷς τὴν ἀλήθειαν. ὁ δὲ ἐπαινέσας καὶ ἐπινεύσας ἐκέλευσεν ἐνεχθῆναι ἀμφότερα. ἦν δὲ τὸ νόμισμα εὔειζον, λαμπρὸν, εὔμορφον· τοιαῦτα γὰρ ἐκλεκτὰ προσχωροῦσιν ἐκεῖ. ἦν δὲ καὶ τὸ μιλιαρείσιον ἅπαξ εἰπεῖν, ἄργυρος. καὶ ἀρκεῖ μὴ συγκρινόμενος τῷ χρυσίῳ. στρέψας ὁ βασιλεὺς καὶ ἀντιστρέψας, καὶ κατανοῶν ἀμφότερα· ἐπαινέσας πάνυ τὸ νόμισμα ἔφη. ὄντως οἱ Ῥωμαῖοι καὶ λαμπροὶ, καὶ δυνατοὶ, καὶ φρόνιμοι. ἐκέλευσεν οὖν τὸν Σώπατρον τιμηθῆναι μεγάλως. καὶ καθίσας αὐτὸν εἰς ἐλέφαντα μετὰ τυμπάνων τὴν πόλιν περιῆγον ἐν τιμῇ πολλῇ. ταῦτα ὁ Σώπατρος ἡμῖν διηγήσατο· καὶ οἱ μετ' αὐτοῦ ὄντες· ἐν τῇ νήσῳ ἐκείνῃ, ἀπὸ Ἀδούλης ἀπελθόντες. τούτων δὲ γινομένων ὡς ἔφησαν, ὁ Πέρσης πάνυ ἐνετράπη.

Μεταξὺ δὲ τῶν λαμπρῶν ἐμπορείων τῶν προρρηθέντων, εἰσὶ καὶ ἕτερα ἐμπόρια πολλὰ καὶ παραθαλάττια καὶ μεσόγεια, καὶ πολλὴ χώρα. ἀνώτεροι δὲ τουτέστι βορειότεροι τῆς Ἰνδικῆς, εἰσὶ λευκοὶ Οὖνοι. ὁ λεγόμενος Γολλάς. ἐκβάλλων εἰς πόλεμον ὥς φασιν, οὐκ ἔλαττον τῶν δισχιλίων ἐλεφάντων καὶ ἵππον πολλήν. κατακρατεῖ δὲ καὶ τῆς Ἰνδικῆς, καταδυναστεύων καὶ φόρους ἀπαιτῶν. ποτὲ γοῦν ὥς φασὶ βουλόμενος πόλιν τῶν Ἰνδῶν μεσόγειον πορθῆσαι· τῆς δὲ πόλεως κύκλῳ ὕδατι φρουρουμένης. αὐτὸς ἱκανὰς ἡμέρας περικαθίσας καὶ φρουρήσας καὶ ἀναλώσας τὸ ὕδωρ διὰ τῶν ἐλεφάντων, καὶ ἵππων, καὶ στρατοπέδου. ὕστερον διὰ ξηρᾶς περάσας τὴν πόλιν παρέλαβεν. οὗτοι καὶ τὸν σμάραγδον λίθον ἀγαπῶσι. καὶ εἰς τὸν στέφανον αὐτοῦ φοροῦσιν. εἰσφέρουσι γὰρ οἱ Αἰθίοπες συναλλαγὰς ποιοῦντες μετὰ τῶν Βλεμμύων ἐν τῇ Αἰθιοπίᾳ, τὸν αὐτὸν λίθον ἕως εἰς τὴν Ἰνδίαν· καὶ αὐτοὶ τὰ καλλιστεύοντα ἀγοράζουσι. καὶ ταῦτα πάντα· τὰ μὲν πείρᾳ μαθὼν ἐξηγησάμην καὶ διέγραψα· τὰ δὲ καὶ ἐγγὺς τῶν τόπων γενόμενος, ἀκριβῶς μεμαθηκὼς ἐξεῖπον.

Οἱ δὲ κατὰ τόπον βασιλεῖς τῆς Ἰνδικῆς ἔχουσιν ἐλέφαντας. οἷον ὁ τοῦ Ὀρροθᾶ, καὶ ὁ Καλλιανῶν, καὶ ὁ τῆς Σινδοῦ, καὶ ὁ τοῦ Σιβώρ, καὶ ὁ τοῦ Μαλέ· ὁ μὲν ἑξακόσια, ὁ δὲ πεντακόσια, ἕκαστος πλέον ἢ ἔλαττον. ὁ δὲ τῆς Σιελεδίβα, καὶ τοὺς ἐλέφαντας οὓς ἔχει καὶ τοὺς ἵππους· τοὺς μὲν ἐλέφαντας πηχισμῷ ἀγοράζει· μετρεῖται γὰρ ἀπὸ τῆς χαμαὶ τὸ ὕψος αὐτοῦ· καὶ οὕτω συμφωνεῖ τῷ πήχει παρέχων φέρε εἰπεῖν, πεντήκοντα ἢ ἑκατὸν νομίσματα. ἢ καὶ πλέον· τοὺς δὲ ἵππους ἀπὸ Περσίδος φέρουσιν αὐτῷ καὶ ἀγοράζει, καὶ τιμᾷ ἀτελείᾳ τοὺς φέροντας.

Οἱ δὲ καὶ εἰς τὴν στερεὰν βασιλεῖς, ἡμεροῦσιν ἐκ τῶν ἀγρῶν τοὺς ἐλέφαντας καὶ κτῶνται αὐτοὺς εἰς πολεμικὴν χρείαν· συμβάλλουσι δὲ καὶ μάχην ἐλεφάντων πολλάκις, παρόντος τοῦ βασιλέως. μετάζουσι γὰρ τοὺς δύο ξύλον μέγα πλάγιον. δεδεμένον εἰς ἄλλα δύο ξύλα ὄρθια φθάνοντα ὥσπερ εἰς τὸ στῆθος αὐτῶν. καὶ ἵστανται πολλοὶ ἔνθεν κἀκεῖθεν ἄνθρωποι. μὴ ἐῶντες αὐτοὺς συμμίξαι ἀλλήλοις καὶ συμβάλλουσιν αὐτοὺς, καὶ τῇ προβοσκίδι τύπτουσιν ἀλλήλους μέχρις ὁ πρότερος αὐτῶν παραιτήσεται. ὀδόντας δὲ μεγάλους οἱ Ἰνδικοὶ οὐκ ἔχουσιν, ἀλλὰ καὶ ἐὰν σχῶσι, πρίζουσιν αὐτοὺς διὰ τὸ βάρος. ἵνα μὴ βαρῇ αὐτοὺς ἐν τῷ πολέμῳ. οἱ δὲ Αἰθίοπες οὐκ ἴσασιν ἡμεροῦσθαι ἐλέφαντας. ἀλλ' εἰ τύχοι θελῆσαι τὸν βασιλέα ἕνα ἢ δεύτερον πρὸς θέαν, μικροὺς πιάζουσι καὶ ἀναστρέφουσιν. ἔχει γὰρ ἡ χώρα αὐτῶν πλῆθος καὶ μεγάλους ὀδόντας ἔχοντας. ἐκ τῆς γὰρ Αἰθιοπίας καὶ εἰς Ἰνδίαν πλοΐζονται ὀδόντες καὶ ἐν Περσίδι καὶ ἐν τῷ Ὁμηρείτῃ καὶ ἐν τῇ Ῥωμανίᾳ καὶ ταῦτα παρειληφὼς ἔγραψα.

Πᾶσαν μὲν δὲ τὴν Ἰνδικὴν καὶ τὴν Οὐννίαν, διαιρεῖ ὁ Φεισὼν ποταμός. καλεῖται γὰρ παρὰ τῇ θείᾳ γραφῇ ἡ γῆ τῆς Ἰνδικῆς χώρας, Εὐιλάτ. ἔστι γὰρ γέγραπται ἐν τῇ γενέσει, ποταμὸς δὲ ἐκπορεύεται ἐξ Ἐδὲμ ,, ποτίζειν τὸν παράδεισον. ἐκεῖθεν ἀφορίζεται εἰς ,, τέσσαρας ἀρχάς· ὄνομα τῷ ἑνὶ Φεισών· οὗτος ,, ὁ κυκλῶν πᾶσαν τὴν γῆν Εὐιλάτ· ἐκεῖ οὗ ,, ἐστι τὸ χρυσίον· τὸ δὲ χρυσίον τῆς γῆς ἐκείνης, κα- ,, λόν· ἐκεῖ ἐστιν ὁ ἄνθραξ· καὶ ὁ λίθος ὁ πράσινος· γῆν Εὐιλὰτ σαφέστερον αὐτὴν ὀνομάσαι· οὗτος δὲ ὁ Εὐιλὰτ ἐκ τοῦ Χαμ ἐστιν· οὕτω γὰρ πάλιν γέγραπται· υἱοὶ Χαμ, Χοὺς καὶ Μεσραΐμ· Φοὺδ καὶ Χαναάν· υἱοὶ δὲ Χοὺς· σαβὰ καὶ Εὐιλάτ. τουτέστιν Ὁμηρεῖται καὶ Ἰνδοί· ἡ σαβὰ γὰρ ἐν τῷ Ὁμηρείτῃ κεῖται· καὶ Εὐιλὰτ ἐν τῇ Ἰνδίᾳ ἐστὶ τὰς δύο γὰρ ταύτας χώρας, ὁ Περσικὸς κόλπος διαιρεῖ· ἔχει δὲ καὶ ἡ γῆ ἐκείνη τὸ χρυσίον κατὰ τὸ ἱερὸν γράμμα· ἔχει καὶ τὸν πεζέροντα λίθον. αὐτὸν γὰρ καλεῖ ἄνθρακα· ἔχει καὶ τὴν ἴασπιν· τοῦτον γὰρ εἶπε λίθον πράσινον, σαφέστερον οὖν ἡ θεία γραφὴ ὡς ὄντως θεία, διηγεῖται τὰ πράγματα κατὰ καὶ πᾶσα ἡ πραγματεία δηλοῖ

Εἴπερ ἦν ὁ παράδεισος ἐν ταύτῃ τῇ γῇ οὐκ ὤκνουν οἱ πολλοὶ φθάσαι μέχρι τῶν αὐτόθι· εἰ γὰρ διὰ μέταξιν εἰς τὰ ἔσχατα τῆς γῆς τινες ἐμπορείας οἰκτρᾶς χάριν οὐκ ὀκνοῦσι διελθεῖν πῶς ἂν περὶ τῆς θέας αὐτοῦ τοῦ παραδείσου ὤκνησαν πορεύεσθαι· αὕτη δὲ ἡ χώρα τοῦ μεταξίου ἐστὶν ἐν τῇ ἐσωτέρᾳ πάντων Ἰνδίᾳ· κατὰ τὸ ἀριστερὸν μέρος εἰσιόντων τοῦ Ἰνδικοῦ πελάγους· περαιτέρω πολὺ τοῦ Περσικοῦ κόλπου καὶ τῆς νήσου τῆς καλουμένης παρὰ μὲν Ἰνδοῖς, Σελεδίβα· παρὰ δὲ τοῖς Ἕλλησι, Ταπροβάνης Τζίνιτζα οὕτω καλουμένη· κυκλουμένη πάλιν ἐξ ἀριστερῶν ὑπὸ τοῦ ὠκεανοῦ· ὥσπερ καὶ ἡ Βαρβαρία κυκλοῦται ἐκ δεξιῶν ὑπ' αὐτοῦ· καὶ φασὶν οἱ Ἰνδοὶ φιλόσοφοι οἱ καλούμενοι Βραχμᾶνες· ὅτι ἐὰν βάλῃς ἀπὸ Τζίνιτζας σπαρτίον· διελθεῖν διὰ Περσίδος ἕως Ῥωμανίας, ἀπὸ κανόνος τὸ μεσαίτατον τοῦ κόσμου ἐστί· καὶ τάχα ἀληθεύουσι· πολὺ γὰρ ἀριστερά ἐστιν· ὡς δι' ὀλίγου χρόνου βασταγὰς μεταξίου γίνεσθαι ἐκ τῶν ἐκεῖ. ἐκ διαδοχῆς ἑτέρων ἐθνῶν, ἐν Περσίδι διὰ τῆς γῆς· διὰ δὲ τῆς θαλάσσης, πάνυ πολλὰ διαστήματα ἀπέχουσα ἀπὸ τῆς Περσίδος· ὅσον γὰρ διάστημα ἔχει ὁ κόλπος ὁ Περσικὸς εἰσερχόμενος ἐν Περσίδι, τοσοῦτον διάστημα πάλιν ἀπὸ τῆς Ταπροβάνης καὶ περαιτέρω ποιεῖ ὁ ἐπὶ τὰ ἀριστερὰ εἰσερχόμενός τις ἐν αὐτῇ τῇ Τζίνιτζα· μετὰ τὸ καὶ διαστήματα πάλιν ἱκανὰ ἔχειν ἀπὸ τῆς ἀρχῆς· ἔξωθεν τοῦ Περσικοῦ κόλπου, ὅλον τὸ Ἰνδικὸν πέλαγος ἕως Ταπροβάνης καὶ ἐπέκεινα· διατέμνει οὖν πολλὰ διαστήματα ὁ διὰ τῆς ὁδοῦ ἐρχόμενος ἀπὸ Τζίνιτζας ἐπὶ Περσίδα· ὅθεν καὶ ὁ πλῆθος μεταξίου ἀεὶ ἐπὶ τὴν Περσίδα εὑρίσκεται· περαιτέρω δὲ τῆς Τζίνιτζας οὐδὲ πλέεται, οὐδὲ οἰκεῖται· ἀπὸ γωνίας τῆς Τζίνιτζας· ὡς ἀπὸ σπαρτίου ὀρθῶς ἐπὶ τὴν δύσιν τις μετρῶν τὰ διαστήματα τοῦ μήκους τῆς γῆς, εὑρήσει πλεῖον ἢ ἔλαττον, μονῶν δὲ ἀπὸ μιλίων λ΄. μετρητέον δὲ οὕτως· ἀπὸ τῆς Τζίνιτζας ἕως τῆς ἀρχῆς Περσίδος πᾶσα ἡ οὐννία καὶ Ἰνδία· καὶ ἡ Βακτρῶν χώρα, εἰσὶ περί που μοναὶ ρν΄. εἰ μή τι πλέους οὐκ ἔλαττον. καὶ πᾶσα ἡ Περσῶν χώρα μοναὶ π΄. καὶ ἀπὸ τοῦ Νίσιβι ἐπὶ Σελεύκειαν, μοναὶ ιγ΄.

καὶ ἀπὸ Σελευκείας ἐπὶ Ρώμην καὶ Γάλλους καὶ Ιβηρίαν τοὺς νῦν λεγομένους Ισπανοὺς ἕως Γαδείρων ἔξω εἰς τὸν ὠκεανόν, μοναὶ ρν΄. καὶ πλέον ὡς γίνεσθαι ὁμοῦ τὸ πᾶν μοναὶ τετρακόσιαι πλέον ἢ ἔλαττον· τὸ δὲ πλάτος αὐτῆς ἀπὸ τῶν ὑπερβορείων τόπων ἕως τοῦ Βυζαντίου, οὐ πλείους εἰσὶ μοναὶ ν΄. ἐκ τῆς γὰρ Κασπίας θαλάσσης τῆς εἰσβαλλούσης ἐκ τοῦ ὠκεανοῦ, δυνατὸν στοχάσασθαι καὶ τὰ οἰκούμενα τῶν μερῶν ἐκείνων· καὶ ἀπὸ τοῦ Βυζαντίου πάλιν ἕως Αλεξανδρείας, μοναὶ ν΄. καὶ ἀπὸ Αλεξανδρείας ἕως τῶν καταρακτῶν, μοναὶ λ΄. καὶ ἀπὸ τῶν καταρακτῶν ἕως Αξώμεως μοναὶ λ΄. καὶ ἀπὸ Αξώμεως ἕως ἄκρων τῆς Αἰθιοπίας τῆς Λιβανωτοφόρου γῆς τῆς καλουμένης Βαρβαρίας· ἥτις καὶ παράκειται τῷ ὠκεανῷ· οὐ πλησίον ἀλλὰ καὶ μακρὰν ἔχουσα τὴν Σασοῦ χώραν ὑστάτην οὖσαν τῆς Αἰθιόπων γῆς, μοναὶ μ΄. πλέον ἢ ἔλαττον· ὡς εἶναι ὁμοῦ μονὰς σ΄. πλεῖον ἢ ἔλαττον. ὥστε καὶ κατὰ τοῦτο ἀληθεύειν τὴν θείαν γραφήν· διπλοῦν τοῦ πλάτους, τὸ μῆκος τῆς γῆς ὑποτιθεμένην· ποιήσας γὰρ τὴν τράπεζαν· ὡς εἰκὼν τὴν ὑπογραφὴν τῆς γῆς, μῆκος πηχῶν β΄. καὶ πλάτος πήχεος μιᾶς· ἔστι δὲ ἡ χώρα ἡ λιβανωτοφόρος εἰς τὰ ἄκρα τῆς Αἰθιοπίας μεσόγειος μὲν οὖσα· τὸν δὲ ὠκεανὸν ἐπέκεινα ἔχουσα· ὅθεν καὶ οἱ τὴν Βαρβαρίαν οἰκοῦντες ὡς ἐγγύθεν ὄντες, ἀνερχόμενοι, ἐπὶ τὰ μεσόγεια καὶ πραγματευόμενοι, κομίζουσιν ἐξ αὐτῶν τὰ πλεῖστα ἡδυσμάτων· λίβανον, κασσίαν· κάλαμον καὶ ἕτερα πολλά· καὶ αὐτοὶ πάλιν διὰ θαλάσσης κομίζουσιν ἐν τῇ Αδούλῃ καὶ ἐν τῷ Ομηρίτῃ, καὶ ἐν τῇ ἐσωτέρᾳ Ινδίᾳ καὶ ἐν τῇ Περσίδι· τοῦτο δὲ αὐτὸ καὶ ἐν ταῖς Βασιλείαις εὑρήσεις γεγραμμένον· ὅτε ἡ βασίλισσα Σαβᾶ τουτέστι τοῦ Ομηρίτου ἣν πάλιν καλεῖ ὁ Κύριος ἐν εὐαγγελίοις βασίλισσαν νότου, τῷ Σολομῶντι ἡδύσματα ἔφερε τὰ ἀπὸ αὐτῆς τῆς Βαρβαρίας ὡς γειτνιῶσα εἰς τὸ πέραν· καὶ ῥάβδους ἐβενίνους καὶ πιθήκους καὶ χρυσίον ἐκ τῆς Αἰθιοπίας· ὡς γειτνιῶσα πάσῃ τῇ Αἰθιοπίᾳ κατὰ τὸ πέραν τοῦ Αρραβικοῦ κόλπου· ἔστιν οὖν πάλιν καὶ ἐκ τῶν λόγων τοῦ Κυρίου ἰδεῖν· ὡς ὅτι πέρατα γῆς καλεῖ, αὐτοὺς τοὺς τόπους οὕτως λέγων· βασίλισσα νότου ἐγερθήσεται ἐν τῇ κρίσει μετὰ τῆς γενεᾶς ταύτης καὶ κατακρινεῖ αὐτήν· ὅτι ἦλθεν ἐκ τῶν περάτων τῆς γῆς ἀκοῦσαι τῆς σοφίας Σολομῶνος· οὐκ ἀπέχει γὰρ τῆς Βαρβαρίας ὁ Ομηρίτης· τῆς θαλάσσης μεσαζούσης, πορείας ἡμερῶν διὰ θαλάσσης δύο· εἰς λοιπὸν ἐπέκεινα ὁ ὠκεανός ἐστι· τὸ καλούμενον ἐκεῖ Ζίγγιον· ἡ δὲ λεγομένη Σασοῦ καὶ αὐτὴ πλησίον ὑπάρχει τοῦ ὠκεανοῦ· ὡς καὶ τῆς λιβανωτοφόρου γῆς, πλησίον ὁ ὠκεανὸς ὑπάρχει μέταλλα πολλὰ χρυσίου ἔχουσα· ἕνα δὲ παρ᾽ ἕνα ἐνιαυτόν, ὁ βασιλεὺς τῶν Αξωμιτῶν διὰ τοῦ ἄρχοντος τοῦ Αγαῦ, ἀποστέλλει ἐκεῖ ἀνθρώπους ἰδίους ἕνεκεν πραγματείας χρυσίου, συνεξέρχονται δὲ αὐτοῖς καὶ ἕτεροι πολλοὶ συμπραγματευόμενοι· ὡς εἶναι ἐπέκεινα πεντακοσίων ἀνδρῶν· καὶ ἀποφέρουσι δὲ ἐκεῖ βόας, καὶ ἅλας, καὶ σίδηρον· ὡς δὲ ἐγγὺς τῆς χώρας γίνονται, ποιοῦσι κατὰ τόπον παῦσιν· φέροντες δὲ ἀκανθῶν πλῆθος. ποιοῦσι μέγαν φραγμὸν καὶ ἔσωθι διάγουσι καὶ θύουσι βόας καὶ μελίζουσι, καὶ παραβάλλουσιν ἐπάνω τῶν ἀκανθῶν ταῦτα· καὶ τοὺς ἅλας, καὶ τὸν σίδηρον· ἔρχονται δὲ ἐκεῖνοι οἱ ἐγχώριοι φέροντες χρυσίον ὡς θερμία τὸν λεγόμενον ταγχάραν· καὶ τιθέασιν ἢ ἓν θέρμιον ἢ δύο ἢ πλέον ἐπάνω οὗ ἀρέσκεται μέλους· ἢ εἰς τοὺς ἅλας, ἢ εἰς τὸν σίδηρον καὶ εἱστήκει παρέξω· ἐγγίζει δὲ ὁ Κύριος τοῦ βοὸς καὶ ἐὰν ἤρεσεν αὐτῷ ἔλαβε τὸ χρυσίον, κἀκεῖνος ἐλθὼν ἔλαβε τὸ κρέας ἢ τοὺς ἅλας, ἢ τὸ σιδήριον· εἰ δὲ οὐκ ἤρεσεν αὐτῷ· ἀφίησι τὸ χρυσίον· καὶ ἦλθε κἀκεῖνος θεωρῶν ὅτι οὐκ ἔλαβε· καὶ ἢ προσετίθησιν, ἢ ἔλαβε τὸ χρυσίον αὐτοῦ καὶ ἀνεχώρησε· τοιαύτη ἐστὶν ἡ συναλλαγὴ τῶν ἐκεῖσε· ἐπειδὴ καὶ ἀλλόγλωσσοι εἰσὶ καὶ ἑρμηνέων μάλιστα πολλῶν ἀποροῦσι· ποιοῦσι δὲ κατὰ τόπον εἰς ἐκείνην τὴν χώραν, ἡμέρας πέντε· πλέον ἢ ἔλαττον· κατὰ παρέβασιν εἰσερχόμενοι καὶ πραγματευόμενοι. μέχρις τοῦ ἀποπραγματεύσονται. ἐν τῷ δὲ ὑποστρέφειν πάλιν· ὁμοθυμαδὸν ἔνοπλοι ὑποστρέφουσι· διὰ τὸ εἶναι τινὰς μεταξὺ τῆς χώρας ἐπηρεάζοντας αὐτούς. καὶ ἀφελεῖν βουλομένους ἀπ᾽ αὐτῶν τὸ χρυσίον· ἔστιν οὖν ποιοῦντες δι᾽ ἑξαμήνου ποιοῦσι τὴν ἐμπορείαν ἐν τῷ ὑπάγειν καὶ ὑποστρέφειν αὐτοὺς βραδυτέρως περιπατοῦντες ἐν τῷ ὑπάγειν μάλιστα διὰ τὰ ἄλογα· ὑποστρέφοντες δὲ σπουδαιότερον· ἵνα μὴ οἱ χειμῶνες καὶ οἱ ὑετοὶ καταλάβωσιν αὐτοὺς ἐν τῇ ὁδῷ· περὶ γὰρ τὰ ἐκεῖ ἐστιν ἡ κορυφὴ τοῦ Νείλου ποταμοῦ· καὶ κατὰ χειμῶνα ἐκ τῶν πολλῶν ὑετῶν, πολλοὶ ποταμοὶ ἐξ αὐτοῦ εἰς τὴν ὁδὸν γίνονται· ἔστι δὲ ὁ χείμων τῶν αὐτόθι κατὰ τὸ παρ' ἡμῖν θέρος· ἀπὸ τοῦ κατ' Αἰγυπτίους ἐπιφὶ μηνὸς ἀρχῆς ἕως τέλους τοῦ θὼθ· σφοδρῶς καταβρέχων τοὺς τρεῖς μῆνας ὥστε πλῆθος ποταμῶν ποιεῖν πάντες δὲ ἐπὶ τὸν Νεῖλον ἐκχέουσι ταῦτα δὲ τὰ μὲν ὄψει παρέλαβον. τὰ δὲ ἀκηκοὼς ἐξ αὐτῶν τῶν ἐκεῖσε πραγματευομένων γέγραφα· βούλομαι δὲ καὶ ἑτέραν ἱστορίαν διηγήσασθαι τῇ σῇ εὐλαβείᾳ· συντελοῦσαν πρὸς τὴν παροῦσαν ὑπόθεσιν.

Ἐν τῇ ἀδούλῃ τῇ καλουμένῃ τῶν Αἰθιόπων πόλει παραλίῳ τυγχανούσῃ ὡς ἀπὸ μιλίων δύο λιμένι ὑπαρχούσῃ τοῦ Ἀξωμιτῶν ἔθνους· ἔνθα καὶ τὴν ἐμπορείαν ποιούμεθα· οἱ ἀπὸ Ἀλεξανδρείας καὶ Ἀηλὰ ἐμπορευόμενοι, δίφρος ἐστὶ κείμενος ἐν τῇ ἀρχῇ τῆς πόλεως· κατὰ τὸ δυτικὸν μέρος παρὰ ἔχων ἐπὶ τὴν ὁδὸν ἀξώμεως μαρμάρινος· ἑνὸς τῶν βασιλευσάντων ἐνταῦθα πτολεμαίου. ἀπὸ δοκιμασίου μαρμάρου λευκοῦ· οἷα εἰσὶ τὰ τραπέζια τὰ λευκά· οὐ μέντοι προκονήσιος ἔχων βάσιν τετράγωνον καὶ τέσσαρα κιόνια λεπτὰ μικρὰ εἰς τὰς τέσσαρας γωνίας· καὶ ἕνα παχύτερον μέσον γεγλυμμένον σχοινωτόν· καὶ ἐπάνω τῶν κιονίων τὸ κάθισμα· καὶ τὸ ἀνάκλιτον τὸ ὄπισθεν τοῦ θρόνου· καὶ τὰ παρεκάτερα πλευρὰ δεξιὰ καὶ ἀριστερά· ὅλος ὁ δίφρος· ἡ βάσις καὶ τὰ ε. κιόνια, καὶ τὸ κάθισμα, καὶ τὸ ἀνάκλιτον, καὶ τὰ παρεκάτερα πλευρὰ ὅλα εἷς λίθος γεγλυμμένος· ἔχων ὅλος ὡς πήχεις δύο ἥμισυ ὡς αἱ παρ' ἡμῖν καλούμεναι καθέδραι. ὄπισθεν δὲ αὐτοῦ τοῦ δίφρου, ἄλλο μάρμαρον ἀπὸ βασανίτου λίθου ἐστὶν ἱστάμενον ὡσεὶ πηχῶν τριῶν· τετράγωνον ὡς εἰκών· ἧς ἡ κεφαλή, τὸ μέσον μὲν ὀξὺ ἄνω· τὰ παρεκάτερα δὲ, μικρὸν χαμηλότερα ὡς τύπον τοῦ στοιχείου τοῦ λάμδα· ὅλον δὲ τὸ σῶμα τετράγωνον· νυνὶ δὲ αὐτὴ ἡ εἰκὼν πεπτωκυῖα ἐστὶν ὄπισθεν τοῦ δίφρου· τὸ κάτω πλὴν μέρος αὐτῆς κλασθὲν καὶ ἀπολεθέν· ὅλου δὲ τὸ μάρμαρον καὶ ὁ δίφρος πεπληρωμένα γραμμάτων ἑλληνικῶν· παρόντι οὖν μοι ἐν τοῖς τόποις περὶ τούτων τῶν ἐνιαυτῶν· εἴκοσι πέντε πλέον ἢ ἔλαττον· ἐν τῇ ἀρχῇ τῆς βασιλείας Ιουστίνου τοῦ ῥωμαίων βασιλέως· ὁ τηνικαῦτα βασιλεὺς τῶν Ἀξωμιτῶν Ἐλεσβαὰν μέλλων ἐξιέναι εἰς πόλεμον πρὸς τοὺς Ὁμηρίτας τοὺς πέραν, γράφει τῷ ἄρχοντι ἀδούλης· ἀναλαβεῖν τὰ ἴσα τῶν γεγραμμένων ἐν τῷ δίφρῳ τῷ πτολεμαϊκῷ καὶ τῇ εἰκόνι καὶ ἀποστεῖλαι αὐτῷ. καλέσας δέ με ὁ τότε ἄρχων ὀνόματι Ασβᾶς· καὶ ἄλλον ἕνα πραγματευτὴν ὀνόματι Μηνᾶν· ὃς γενόμενος μονάζων ἐν τῇ ῥαϊθοῦ. οὐ πρὸ πολλοῦ τὸν βίον μετήλλαξε· κελεύει ἡμῖν ἀπελθεῖν καὶ ἀναλαβεῖν τὰ γεγραμμένα· λαβόντες δὲ, δεδώκαμεν τῷ ἄρχοντι· κατασχόντες δὲ ἑαυτοῖς τὰ ἴσα· ἃ καὶ νῦν θήσω ἐν ταύτῃ τῇ συγγραφῇ· συμβαλλόμενα ἡμῖν πρὸς τὴν τῶν τόπων καὶ τῶν οἰκούντων καὶ τῶν διαστημάτων εἴδησιν εὕρομεν δὲ καὶ ἐν τοῖς ὀπισθίοις τοῦ δίφρου γεγλυμμένους· τόν τε ἡρακλέα καὶ ἑρμέα· οὓς ὁ μετ' ἐμοῦ μακαρείτης Μηνᾶς ἔλεγε τὸν μὲν ἡρακλέα, σύμβολον εἶναι δυνάμεως· τὸν δὲ ἑρμέα πλούτου· κἀγὼ δὲ μνησθεὶς τῶν πράξεων τῶν ἀποστόλων, ἀντέλεγον αὐτῷ πρὸς τὸ ἓν λέγων· ὅτι τὸν ἑρμέα μᾶλλον σύμβολον λόγου ἐστὶ λαβεῖν οὕτω γὰρ γέγραπται ἐν ταῖς πράξεσιν, ὅτι ἐκάλουν τὸν μὲν βαρνάβαν, δία· τὸν δὲ παῦλον, ἑρμῆν. ὅτι αὐτὸς ἦν ἡγούμενος τοῦ λόγου· ἔστιν οὖν ὁ δίφρος καὶ τὸ μάρμαρον, ἅμα καὶ αὐτὸς πτολεμαῖος:

ὁδὸς ἀπάγουσα ἀπὸ Ἀδούλης εἰς Ἀξώμην:

ΕΙΣΙ ΔΕ ΚΑΙ ΤΑ ΓΕΓΡΑΜΜΕΝΑ ΕΝ ΤΗ ΕΙΚΟΝΙ ΤΑΥΤΑ.

Βασιλεὺς μέγας Πτολεμαῖος, υἱὸς βασιλέως Πτολεμαίου, καὶ βασιλίσσης Ἀρσινόης θεῶν ἀδελφῶν, τῶν βασιλέων Πτολεμαίου, καὶ βασιλίσσης Βερενίκης, θεῶν σωτήρων ἀπόγονος· τὰ μὲν ἀπὸ πατρὸς Ἡρακλέος τοῦ Διός, τὰ δὲ ἀπὸ μητρὸς Διονύσου τοῦ Διός, παραλαβὼν παρὰ τοῦ πατρὸς τὴν βασιλείαν Αἰγύπτου καὶ Λιβύης καὶ Συρίας καὶ Φοινίκης, καὶ Κύπρου καὶ Λυκίας καὶ Καρίας καὶ τῶν Κυκλάδων νήσων· ἐξεστράτευσεν εἰς τὴν Ἀσίαν μετὰ δυνάμεων πεζικῶν καὶ ἱππικῶν καὶ ναυτικοῦ στόλου καὶ ἐλεφάντων Τρωγλοδυτικῶν καὶ Αἰθιοπικῶν, οὓς ὅ τε πατὴρ αὐτοῦ καὶ αὐτὸς πρῶτος, ἐκ τῶν χωρῶν τούτων ἐθήρευσαν· καὶ καταγαγόντες εἰς Αἴγυπτον, κατεσκεύασαν πρὸς τὴν πολεμικὴν χρείαν. κυριεύσας δὲ τῆς τε ἐντὸς Εὐφράτου χώρας πάσης· καὶ Κιλικίας καὶ Παμφυλίας· καὶ Ἰωνίας καὶ τοῦ Ἑλλησπόντου· καὶ Θρᾴκης· καὶ τῶν δυνάμεων τῶν ἐν ταῖς χώραις ταύταις πασῶν καὶ ἐλεφάντων Ἰνδικῶν· καὶ τοὺς μονάρχους τοὺς ἐν τοῖς τόποις πάντας ὑπηκόους καταστήσας, διέβη τὸν Εὐφράτην ποταμόν, καὶ τὴν Μεσοποταμίαν, καὶ Βαβυλωνίαν· καὶ Σουσιανὴν καὶ Περσίδα καὶ Μηδείαν καὶ τὴν λοιπὴν πᾶσαν, ἕως Βακτριανῆς. ὑπ᾽ αὐτὸν ποιησάμενος καὶ ἀναζητήσας ὅσα ὑπὸ τῶν Περσῶν ἱερὰ ἐξ Αἰγύπτου ἐξήχθη· καὶ ἀνακομίσας μετὰ τῆς ἄλλης γάζης τῆς ἀπὸ τῶν τόπων εἰς Αἴγυπτον, δυνάμεις ἀπέστειλε διὰ τῶν ὀρυχθέντων ποταμῶν.

Καὶ ταῦτα μὲν ἐν τῇ εἰκόνι ἐγέγραπτο, ἃ καὶ εὕρομεν σῶα· ὀλίγα δὲ ἦσαν τὰ ἀπολλύμενα. οὐδὲ γὰρ πολὺ ἦν τὸ κεκλασμένον μέρος αὐτῆς· εἶτα ὡς ἐξ ἀκολουθίας, καὶ εἰς τὸν δίφρον ἐγέγραπτο οὕτως.

Μεθ᾽ ἃ ἀνδρειώσας, τὰ μὲν ἔγγιστα τοῦ βασιλείου μου ἔθνη εἰρηνεύεσθαι κελεύσας, ἐπολέμησα καὶ ὑπέταξα μάχαις τὰ ὑπογεγραμμένα ἔθνη· Γάζη ἔθνη ἐπολέμησα· ἔπειτα Ἀγάμη καὶ Σιγύην ἐνίκησα· τὴν ἡμίσειαν τῶν παρ᾽ αὐτοῖς πάντων καὶ αὐτῶν ἐμερισάμην, Ἀῦα καὶ Τιαμὼ τοὺς λεγομένους Τζιαμὼ· καὶ τοὺς Γαμβελὰ· καὶ τὰ ἐγγὺς αὐτῶν λέγω ἔθνη· τὰ πέραν τοῦ Νείλου· καὶ Ζιγγαβηνὲ· καὶ Ἀγγαβὲ· καὶ Τιαμὰ· καὶ Ἀθαγαοὺς· καὶ Καλαὰ· καὶ Σεμῆναι· ἔθνος πέραν τοῦ Νείλου· ἐν δυσβάτοις καὶ χιονώδεσιν ὄρεσιν οἰκοῦντας· ἐν οἷς διὰ παντὸς νιφετοὶ καὶ κρύη καὶ χιόνες βαθύταται· ὡς μέχρι γονάτων καταδύειν ἄνδρα· τὸν ποταμὸν διαβὰς ὑπέταξα· ἔπειτα Λασινὲ· καὶ Ζαὰ· καὶ Γαβαλὰ· οἰκοῦντας παρ᾽ ὄρεσι θερμῶν ὑδάτων βλύζουσι καὶ καταρρύτοις· Ἀταλμῶ καὶ Βέγα· καὶ τὰ σὺν αὐτοῖς ἔθνη πάντα· Ταγγαΐτας τοὺς μέχρι τῶν τῆς Αἰγύπτου ὁρίων οἰκοῦντας ὑποτάξας, πεζεύεσθαι ἐποίησα τὴν ὁδόν, ἀπὸ τῶν τῆς ἐμῆς βασιλείας τόπων μέχρις Αἰγύπτου· ἔπειτα Ἄννινε· καὶ Μέτινε ἐν ἀποκρήμνοις οἰκοῦντας ὄρεσι· Σεσέα ἔθνος ἐπολέμησα· οἳ εἰς μέγιστον καὶ δυσβατώτατον ὄρος ἀνελθόντας περιφρουρήσας κατήγαγον· καὶ ἐπελεξάμην ἐμαυτῷ τούς τε νέους αὐτῶν καὶ γυναῖκας καὶ παῖδας καὶ παρθένους καὶ πᾶσαν τὴν ὑπάρχουσαν αὐτοῖς κτῆσιν· *Ῥαυσῶν ἔθνη μεσόγεια λιβα-

ἴσ. Ῥαυσῶ μεγαλῶν νωτοφόρων βαρβάρων· οἰκοῦντας ἐντὸς πεδίων μεγίστων ἀνύδρων· καὶ Σωλάτε ἔθνος ὑπέταξα. οἷς καὶ τοὺς αἰγιαλοὺς τῆς θαλάσσης φυλάττειν ἐκέλευσα· ταῦτα δὲ πάντα τὰ ἔθνη ὄρεσιν ἰσχυροῖς περιφρουρούμενα. αὐτὸς ἐγὼ ἐν ταῖς μάχαις παρών, νικήσας καὶ ὑποτάξας, ἐχαρισάμην αὐτοῖς πάσας τὰς χώρας ἐπὶ φόροις. ἄλλα δὲ πλεῖστα ἔθνη, ἑκόντα ὑπετάγη μοι ἐπὶ φόροις· καὶ πέραν δὲ τῆς Ἐρυθρᾶς θαλάσσης οἰκοῦντας Ἀρραβίτας καὶ Κιναιδοκολπίτας· στράτευμα ναυτικὸν καὶ πεζικὸν διαπεμψάμενος· καὶ ὑποτάξας αὐτῶν τοὺς βασιλέας φόρους τῆς γῆς τελεῖν ἐκέλευσα· καὶ ὁδεύεσθαι μετ᾽ εἰρήνης καὶ πλέεσθαι· ἀπό τε Λευκῆς κώμης ἕως τῶν Σαβαίων χώρας ἐπολέμησα· πάντα δὲ ταῦτα ἔθνη, πρῶτος καὶ μόνος βασιλέων τῶν πρὸ ἐμοῦ ὑπέταξα· δι᾽ ἣν ἔχω τὸν μέγιστον θεόν μου Ἄρην εὐχαριστίαν, ὅς με καὶ ἐγέννησε· δι᾽ οὗ πάντα τὰ ὁμοροῦντα τῇ ἐμῇ γῇ· ἀπὸ μὲν ἀνατολῆς μέχρι τῆς λιβανωτοφόρου· ἀπὸ δὲ δύσεως, μέχρι τῶν τῆς Αἰθιοπίας καὶ Σάσου τόπων ὑπ᾽ ἐμαυτὸν ἐποίησα· ἃ μὲν αὐτὸς ἐγὼ ἐλθὼν καὶ νικήσας· ἃ δὲ διαπεμπόμενος· καὶ ἐν εἰρήνῃ καταστήσας πάντα τὸν ὑπ᾽ ἐμοὶ κόσμον κατῆλθον εἰς τὴν Ἀδουλίαν τῷ Διὶ καὶ τῷ Ἄρει καὶ τῷ Ποσειδῶνι, θυσιάσαι ὑπὲρ τῶν πλοϊζομένων. ἀθροίσας δέ μου τὰ στρατεύματα καὶ ἐφ᾽ ἓν ποιήσας ἐπὶ τούτῳ τῷ τόπῳ καθίσας, τὸν δὲ τὸν δίφρον εἰς ἀνάθημα τῷ Ἄρει ἐποίησα· ἔτει τῆς ἐμῆς βασιλείας εἰκοστῷ ἑβδόμῳ.

Καὶ ταῦτα μὲν τὰ ἐν τῷ δίφρῳ γεγραμμένα· ἕως δὲ τῆς σήμερον ἡμέρας, ἐν ἐκείνῳ τῷ τόπῳ ἔνθα κεῖται ὁ δίφρος, ἐν παραθέσει αὐτοῦ τοὺς καταδίκους φονεύουσιν. Εἰ οὖν ἐκ τοῦ παλαιοῦ τοῦ κατὰ τὸν Πτολεμαῖον ἔθους τοῦτο κεκρατηκός, εἰπεῖν οὐκ ἔχω· ταῦτα δὲ τέθεικα δεῖξαι βουλόμενος ὡς καὶ αὐτὸς τὴν Σάσου καὶ τὴν Βαρβαρίαν, τέλος τῆς Αἰθιοπίας ἀκριβῶς ἐπίσταται· πάντα τὰ ἔθνη ἐκεῖνα ὑποτάξας καὶ τὰς χώρας· ἃ καὶ πλεῖστα ἐξ αὐτῶν ἐθεασάμεθα· τὰ δὲ λοιπὰ καὶ ὡς ἐγγὺς τῶν τόπων ὄντες, ἀκριβῶς μεμαθήκαμεν· τὰ γὰρ πλεῖστα τῶν Αἰθιοπίδων τῶν ἐρχομένων ἐξ αὐτῶν τῶν ἐθνῶν εἰσίν· ἃ καὶ διηγοῦνται παρὰ τοῖς ἐμπορευομένοις ἐκεῖσε· ἀλλὰ καὶ Σεμῆναι ἔνθα λέγει τὰς χιόνας καὶ τὰ κρύη γίνεσθαι· ἐκεῖ ἐξορίζει ὁ βασιλεὺς τῶν Ἀξωμιτῶν ἡνίκα τινὰ καταδικάσει τιμωρηθῆναι ἐν ἐξορίᾳ· τοὺς δὲ πέραν Ἀρραβίτας καὶ Κιναιδοκολπίτας· καὶ τὴν Σαβαίων χώραν, τοὺς Ὁμηρίτας λέγει· ἔστιν οὖν καὶ ἐκ ταύτης τῆς ἱστορίας, ἀκριβῶς στοχάσασθαι τὸ πλάτος τῆς γῆς· ἀπὸ τῶν ὑπερβορείων τόπων ἕως τῆς Σάσου καὶ τῆς λιβανοτοφόρου Βαρβαρίας· οὐ πλείω τῶν διακοσίων μονῶν ἐστί· ἀκριβῶς γὰρ ἐπιστάμενοι καὶ οὐ πολὺ διαμαρτάνοντες τῆς ἀληθείας· τὰ μὲν πλεύσαντες καὶ ὁδεύσαντες· τὰ δὲ ἀκριβῶς μεμαθηκότες, καταγεγράφαμεν· ὥστε καὶ κατὰ τοῦτο, τὴν μὲν θείαν γραφὴν ἀληθεύειν· τοὺς δὲ ἔξωθεν φλυδεῖσθαι· στοχαζομένους μᾶλλον καὶ σοφιζομένους· φλυδεῖς καὶ γραώδεις μύθους διηγουμένους, πρὸς σύστασιν τῆς αὐτῶν ματαιότητος καὶ ἀναπλαττομένους ἑτέραν ζώνην νοτιωτέραν τῆς κεκαυμένης· ὁμοίαν τὴν ὑφ' ἡμῶν οἰκουμένης· καὶ ταύτην δὲ οὐδεὶς ἑώρακε πώποτε οὔτε ἀκήκοε· πῶς γὰρ ἱστορηθείη ἢ ἀκουσθείη, τὸ μὴ τῇ ἀληθείᾳ αἰσθητῶς ὑφιστάμενον· διὸ οὐ παραδεκτέον τοὺς αὐτῶν φληνάφους· νέων γὰρ τινῶν σοφιζομένων τὰ τοιαῦτα τυγχάνει καὶ οὐ παλαιῶν· οἵτινες σοφίσμασι πιθανοῖς, ἔδοξαν ἀνατρέπειν τοὺς περὶ αὐτῶν γεγραφότας ἀδυνάτοις ἐπιχειροῦντες καθάπερ ἐν τῷ περὶ τούτου λόγῳ τὸν ἔλεγχον ὡς ἐν βραχέσιν ἐποιησάμεθα.

ΠΑΡΑΓΡΑΦΗ ΕΙΣ ΤΟΝ Πτολεμαῖον.

Καὶ γὰρ οὗτος ὁ Πτολεμαῖος, εἷς ὢν τῶν βασιλευσάντων μετὰ Ἀλέξανδρον τὸν Μακεδόνα, Πτολεμαίων· περὶ ὧν ὁ προφήτης Δανιὴλ προφητεύει διαφόρως μέν· ἐξαιρέτως δέ, ἐν τῷ ἐνυπνίῳ, τοῦ Ναβουχοδονόσορ· καὶ τῷ ὁράματι τῶν τεσσάρων θηρίων τῶν ἀναβαινόντων ἀπὸ τῆς θαλάσσης, ὧν εἶδεν αὐτὸς ὁ Δανιήλ. ἐν μὲν τῇ εἰκόνι κεφαλὴν χρυσῆν· ἐν δὲ τῷ ὁράματι, λέαιναν· σημαίνων τὴν τῶν Βαβυλωνίων ἀρχὴν τουτέστι τὸν Ναβουχοδονόσορ.

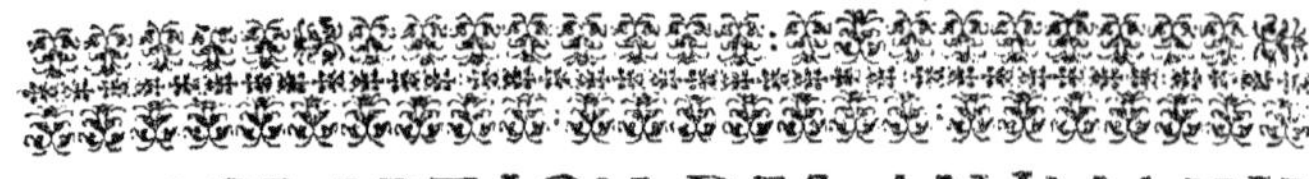

DESCRIPTION DES ANIMAVX ET DES PLANTES DES INDES.

AVEC VNE RELATION DE L'ISLE TAPROBANE, tirée de la Topografie Chrestienne de Cosmas le Solitaire.

LE RHINOCEROS.

Ce manuscrit a esté tiré de la Bibliotheque de saint Laurent de Florence.

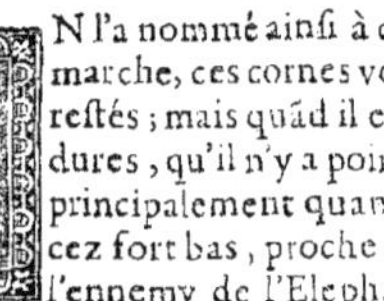

N l'a nommé ainsi à cause des cornes qu'il a sur le nez, quand il marche, ces cornes vont d'vn costé & d'autre, & ne sõt point arrestés ; mais quãd il entre en colere, elles deuiennẽt si roides & si dures, qu'il n'y a point de tronc d'arbre qu'elles ne déracinent, principalement quand il les heurte de front. Il a les yeux placez fort bas, proche des machoires ; c'est vn animal terrible & l'ennemy de l'Elephant, auquel il ressemble par les pieds, & par l'épaisseur de sa peau ; quand elle est seiche, elle est epaisse de quatre doigts, & si dure, que quelques vns s'en seruent au lieu de fer, & en font le soc de leurs charruës ; Les Ethiopiens les appellent en leur langue Arouharisi, nom composé d'Arou, qui est le nom de cette beste, & d'harisi, qui marque leur situation sur le nez, & l'vsage que l'on tire de sa peau pour labourer la terre. I'ay veu de loin en Ethiopie cét animal, & là mesme ie vis dans le Palais du Roy la peau d'vn autre qu'on auoit emplie de paille ; c'est là dessus que i'ay fondé la description fort exacte que i'en fais icy.

LE TAVREAV CERF.

Cét Animal se trouue en Ethiopie & dans les Indes, il est priué, ils s'en seruent pour voiturer leurs Marchandises, principalement le poivre, qu'ils transportent d'vn pays à l'autre dans des sacs faits en forme de besaces. Ils tirent du laict de ces Animaux & en font du beurre. Nous en mangions aussi la chair, apres les auoir égorgez, comme font les Chrestiens. Pour les Payens ils les assomment. Cette mesme beste dans l'Ethiopie est sauuage, & ne s'appriuoise point.

LE GIRAFFE.

Le Giraffe ne se trouue point ailleurs qu'en Ethiopie. Il est fort sauuage, & ne s'appriuoise que tres-difficilement ; i'en ay veu deux dans le Palais du Roy qu'on y auoit appriuoisez de longue main pour luy en donner le plaisir ; Il les faisoit venir en sa presence, & i'obseruay que lors qu'ils vouloient boire, & qu'on leur presentoit de l'eau ou du laict ; pour y atteindre, il falloit qu'ils écartassent les iambes ; autrement, comme ces bestes sont hautes de deuant, elles ne pourroient pas boire, quoy qu'elles ayent le col fort long. I'ay obserué de mes yeux ce que i'en rapporte icy.

BOEVF SAVVAGE.

Le Bœuf sauuage des Indes est fort grand. C'est de cét Animal qu'ils tirent le *Touffa*, dont les Officiers d'armée parent leurs drapeaux, & qu'ils mettent sur la teste de leurs cheuaux par ornement ; Ils disent que quand cét Animal se troude la queuë embarrassée à l'entour d'vn arbre, & qu'il ne s'en peut deffaire sans y perdre quelqu'vn de ses poils, plustost que de souffrir cette sorte de honte, il demeure là, & donne le temps aux Indiens de venir, & de luy couper la queuë; qu'il s'enfuit apres l'auoir perduë.

LE MVSC.

Le Musc est vn petit Animal, ceux du pays l'appellent Castoury. Ils le chassent, le tuent à coups de flesches, & luy ostent vn amas de sang qu'il a à l'endroit du nombril, apres l'auoir lié; car c'est la partie de l'Animal qui sent bon, & ce sang est ce que nous appellons le Musc; Ils iettent le reste des chairs comme inutile.

Voyez la figure de cét animal dans le texte Grec.

LA LICORNE.

Pour moy ie n'ay point veu de Licorne, mais bien quatre figures de Bronze de cet Animal en Ethiopie dans le Palais du Roy, nommé les quatre tours; Ils disent que c'est vn Animal terrible, & indomptable; que toute sa force consiste en sa corne; que quand il est poursuiuy par les Chasseurs, & qu'il se void sur le point d'estre pris, il se precipite du haut des rochers, & tombe sur sa corne qui soustient tout l'effort de sa cheute, & ne se fait point de mal. Il en fait mention dans la sainte Escriture, lors qu'elle dit *Sauuez-moy de la gueule des Lyons & des cornes des Licornes*; & en vn autre endroit, *Son Bien-aymé, comme le fils de la Licorne*: & dans les benedictions que Balaam donne au peuple d'Israël: *Dieu l'a conduit de l'Egypte, & luy a donné la force des Licornes*, &c. l'Escriture rendant tesmoignage par tout à cét Animal d'vn courage & d'vne force merueilleuse.

Il en est fait mention dans la Sainte Escriture.

LE POVRCEAV CERF.

I'ay veu cet Animal, & i'en ay mangé. Pour le Cheual Marin, ie n'en ay point veu; mais i'ay achepté de ses dents qui pesoient bien treize liures: il se trouue beaucoup de ces dents en Egypte & dans l'Ethiopie.

Voyez la Figure dans le texte.

LE POIVRIER.

L'on appelle Pipé l'Arbre qui porte le poivre. Les Poivriers s'attachent toûjours sur vne autre espece d'arbre qui ne porte point de fruit, & qui a la tige fort haute, autrement ils ne se pourroient pas soustenir, leur bois estant foible & semblable au serment de la vigne. Chaque grappe de poivre a trois feüilles qui la couurent; tout en est verd, & d'vn verd fort semblable à celuy de la Ruë.

Ou bien chaque grain de poivre a deux écorces.

LE COCOS.

Les autres arbres qui portent les grandes noix des Indes, que les Grecs appellent *Argellia*, sont fort semblables aux Palmiers, si ce n'est qu'ils sont plus hauts & que leur tronc & leurs branches sont beaucoup plus grosses que celles des Palmiers. Le fruit ne paroit point d'abord; Ces arbres iettent premierement deux ou trois guaines, ou enueloppes, lesquelles se rompent à mesure que pousse le fruit qu'elles cachent & qu'elles enferment; Ces noix sont aussi agreables au goust que les cerneaux des noix vertes, elles sont pleines d'vne eau fort douce quand elles sont nouuelles. C'est le vin des Indiens, & leur principale boisson; Ils l'appellent en leur langue *Roncho Soura*. Mais si on laisse durcir ces noix, ou qu'elles soient vieilles cueillies, la partie de cét eau qui est contre la

Les Persans appellent les Cocos Nargel.

Tixera dit qu'on l'appelle encore

maintenant Soura, & vn autre Voyageur dit qu'ils nommét Oracca Soura cette boiſſon lors qu'elle a eſté tirée par diſtilation.

coquille ſ'épaiſſit & ſe caille, & ſ'attache à la coquille de la noix, le reſte demeure long-temps en conſiſtance d'eau au milieu du fruit, & ſe perd à la fin, le fruit en deuient aigre, & n'eſt plus bon à manger.

LE VEAV MARIN, LE DAVPHIN, LA TORTVE.

I'ay mangé eſtant ſur la Mer du Veau marin & du Dauphin, nous mangions auſſi de la Tortuë, quand il s'en rencontre de fort graſſes; pour le Dauphin & la Tortuë, on les euentre; mais l'on aſſomme le Veau marin, en luy donnant vn coup ſur la teſte, comme l'on fait aux gros poiſſons. La chair de la Tortuë eſt ſemblable au Mouton; celle du Dauphin reſſẽble plus à la chair de Porc; elle eſt tendre & agreable au gouſt comme celle de la Tortuë, mais elle eſt plus ſalée, & a vn gouſt de ſauuagine. La chair du Veau marin tient de la chair du cochon de laiɛt, car elle eſt blanche, n'eſt pas ſi ſalée, & ne ſent pas ſi fort la ſauuagine.

L'ISLE DE TAPROBANE.

Les Geographes Perſiẽs l'appellent Saranl, qui eſt le meſme, car L. & R. ſe changent ſouuẽt. On l'appelle Coilan communément.

Deux cos font vne lieuë de France.

La Taprobane eſt vne des plus grandes Iſles de l'Ocean; elle eſt dans la Mer Indique. Les Indiens l'appellent Siele-diba, & les Grecs Taprobane; on y trouue des Iacinthes; elle eſt au delà du Pays où croît le poivre. Il y a quantité de petites Iſles proche de celle-là, qui ont toutes de l'eau douce & des noix de cocos dont on tire vne eau qui ſert de breuuage. Le fond de la plus part de ces Iſles eſt de ſable: L'Iſle de Taprobane ſelon le rapport de ceux du pays, à trois cens cos de longueur & autant de largeur, ainſi elle a de circuit vn peu plus de 900. milles. Elle eſt ſous la domination de deux Princes qui ſe font la guerre. L'vn eſt Maiſtre de la partie de l'Iſle où ſe trouuent les Iacinthes, & l'autre de celle où eſt le port le plus hanté, & qu'on peut dire eſtre le plus fameux de toutes les Indes. Il y a dans l'Iſle vne Egliſe pour les Chreſtiens Perſans qui y abordent ſouuent.

Les Chrétiẽs de la coſte de Coromãdel, autrement de Meliapour, ou de S. Thomas, reconnoiſſoient le Patriarche de Babilone, autremẽt dit le Patriarche des Karamites; & il reſte encore aujourd'huy quelque marque de cette reconnoiſſance.

Elle eſt ſeruie par vn Preſtre & vn Diacre qui ont receu les Ordres ſacrez en Perſe. Ils ont toute la Liturgie Eccleſiaſtique. Pour ce qui eſt des peuples qui habitent cette Iſle, & des Roys qui les commandent, ils ſont Payens, ont pluſieurs temples, & vn entr'autres ſitué ſur vne eminence où il y a vn Iacinthe ou Rubis de la figure d'vne groſſe pomme de pin d'vn prix ineſtimable. Lors que le Soleil donne deſſus, il iette vn grand feu qui eſblouyt & ſurprend. Il aborde dans cette Iſle quantité de Vaiſſeaux, principalement des Indes & de l'Ethiopie: Il en ſort auſſi beaucoup de ſes ports, il y en vient de la Chine & des autres pays qui luy ſont à l'Eſt.

Les Inſulaires traittent auec les Chinois des ſoyes de bois d'Aloë, ou d'Aquila, de Clou de Girofle, de bois de Girofle, de bois de Sandale & d'autres Marchandiſes. Ceux de l'Iſle en trafiquẽt auſſi auec ceux de Malé d'où viẽt le poivre; mais principalement auec les Marchands de Calliana d'où vient le cuiure, le bois de Sezem ſemblable à l'ebene & autres matieres dont on fait des eſtoffes. Calliana eſt d'vn fort grand commerce, auſſi bien que Sindou; on y trouue le Muſc, le Caſtoreum & la Spica Nardi. Ceux de Sielediba enuoyent ſouuent leurs Marchandiſes iuſques en Perſe, dans l'Omiritis, & à Adouly; ils en reçoiuent en eſchange d'autres de ces meſmes ports qu'ils tranſportent plus auant dans les Indes.

Monſieur Voſſius remarque dãs ſon Pomponius que les Indiens ont par tradition,

Sindou eſt le commencement des Indes; le fleuue Indus ou Pheiſon, qui ſe rend dans le Golphe Perſique ſepare la Perſe des Indes. Les ports les plus fameux des Indes ſont Sindou, Orrota, Calliana, Sibor & Malé, & les cinq ports où ſe fait la traitte de poivre, Parti, Mangarouth, Saloupatana, Nalopatana & Poudapatana.

Sielediba ou la Taprobane eſt éloignée de Terre ferme d'enuiron cinq iournées de chemin, elle a vne ville de grand commerce nommée Marallo, où il se trouue quantité d'huistres; le port de Macer, où on charge beaucoup de noix de muscade, de soye, & de clou de girofle. Les autres Marchandises viennent du Tsin: au delà du Tsin, il n'y a point de terre habitée; car l'Ocean l'entoure du costé de l'Orient. Sielediba estant ainsi au milieu des Indes, & ayant des pierreries, & des Iacinthes qui y attirent les Marchands; il y vient des Vaisseaux de tous costez; elle en enuoye aussi par tout, & est maintenant vn lieu de grand commerce.

que cette Isle estoit autresfois plus grande, & qu'vne grãde partie a esté abismée.

M. Vossius explique Ἀλαγς αλλυθρόν la noix muscade, à cause qu'elle vient toute de l'Isle Banda.

Vn Marchand nommé Sopater, qui viuoit encore il n'y a que trente cinq ans, estant arriué dans l'Isle, sur vn Vaisseau qui estoit parti du port d'Adouly; Vn Ambassadeur du Roy de Perse y arriua en mesme temps: ceux qui commandoient dans le port, & qui auoient la ferme de la Doüane, les ayant presentez aux Roy, il les receut ciuilement, les fit seoir, & leur demanda quelles nouuelles ils apportoient de leur pays: ces Estrangers luy répondirent que tout y alloit bien; mais comme dans la suitte de l'Audiance le Roy leur eust demandé lequel de leurs Princes estoit le plus puissant, le Persan prit la parole, & dit que le Roy son Maistre estoit le plus riche & le plus puissant, que rien ne luy estoit impossible, & qu'enfin c'estoit le Roy des Roys. Sopater cependant gardoit le silence, le Roy se tourna vers luy, & vous Romain vous ne dites mot? Qu'aurois-ie à dire, répondit Sopater, apres ce qu'a dit cet homme; mais si vous voulez vous éclaircir de la question que vous auez faite, vous auez icy nos deux Roys, considerez-les, & iugez lequel des deux est le plus riche & le plus puissant: le Roy fut surpris, & n'entendoit point le sens de cette responce. Sopater continua; voila les monnoyes de l'vn & de l'autre, & luy presente vn escu d'or où estoit l'Effigie de son Prince, & vne petite monnoye de Perse: l'écu estoit d'vn bel or, & la figure du Prince y estoit grauée auec Art; car les Marchands choisissent tousiours la plus belle monnoye pour la porter en ces quartiers. La monnoye de Perse au contraire estoit d'argent, & ne pouuoit pas entrer en comparaison, ny pour son coing, ny pour sa matiere auec l'écu d'or; le Roy en connut aussi-tost la difference; il faut aduoüer, dit-il, que les Romains sont magnifiques, qu'ils sont puissants, & qu'ils excellent en tout. Il commanda en suite qu'on rendit de grands honneurs à Sopater, le fit promener par toute la ville sur vn Elephant au son des tymbales. Ie tiens cette Relation de Sopater mesme, & de ceux qui estoient auec luy. Ses gens qui l'auoient accompagné en ce voyage, & qui estoient partis auec luy du Port d'Adouly, me disoient que le Persan auoit eu vne grande confusion de ce qui se passa en cette Audiance.

Valliliarisiũ du poids d'vne dragme.

Il y a encore d'autres Ports de mer & d'autres Villes plus auant dans le Pays, de grand trafic: entre ces peuples, ceux qui sont au plus haut des Indes, i'entens les plus auancez vers le Nord, sont les Huns blancs, le Gollas qui les Commande peut mettre en campagne, comme ils disent, iusques à deux mille Elephans, & beaucoup de Caualleric; il est Maistre d'vne grande partie des Indes, & plusieurs Peuples voisins luy payent tribut. Ils disent qu'ayant assiegé vne Ville qui estoit toute entourée d'eau, il y vint auec tant d'Elephans, de Cheuaux, & vn si grand nombre d'Hommes, qu'il épuisa toute l'eau; & que l'ayant ainsi mise à sec, il surmonta la plus grande difficulté qu'il y auoit à s'en rendre maître. Ces Peuples ayment les émeraudes, ils s'en parent la teste; les Ethiopiens qui en trafiquent iusques dans les Indes leurs portent les plus belles de celles qu'ils ont troquées auec les Blemmyes autres Peuples d'Ethiopie. L'experience m'a enseigné la plus part des choses que ie viens de rapporter, & i'ay appris les autres sur les lieux de personnes dignes de foy que i'ay interrogé curieusement.

Tous les Roys de cette partie des Indes ont des Elephans; ceux d'Horrota, de Calliana, les Roys du Sinde, de Siuor, & de Malé; celuy du Sinde en a six milles, & celuy de Malé enuiron cinq milles: Le Roy de Sielediba a des Cheuaux

& des Elephans, il achete ceux-cy selon le nombre de pans qu'ils ont de hauteur, & en donne quelquesfois iusques à cent pieces d'or, plus ou moins, selon qu'ils sont grands. Pour les Cheuaux, on les amene de Perse; & les Marchands qui font ce trafic ont de grands priuileges, & ne payent rien dans ses Ports.

Les Roys qui sont plus auant dans la terre-ferme, font appriuoiser les Elephans sauuages qu'ils ont pris à la chasse; les dressent pour la guerre, & les font combattre souuent les vns contre les autres pour en auoir le plaisir. L'on dresse vne barriere entre deux; on plante deux poteaux ou pieces de bois droites qui en portent vne trosiéme de trauers mise à la hauteur de la poitrine des Elephans; il y a des hommes à droite & à gauche, pour les empescher de se pouuoir ioindre, ny se seruir d'autres armes dans ce combat que de leur trompes; ils s'en donnent de grands coups iusques à ce que l'vn d'eux cede à l'autre; Les Elephans des Indes n'ont pas les dents fort grandes : & quand il s'en rencontre on les leur fait scier de peur que leur pesanteur ne les surcharge, & ne les rende moins propres pour la guerre : Pour ce qui est des Ethiopiens ils ne prennent point la peine d'apriuoiser les Elephans; mais lors que le Roy en veut auoir quelqu'vn, ils en prennent des ieunes, & les éleuent, ce qui leur est aisé à cause de la grande abondance qu'il y en a dans le pays, & de cette espece qui ont les dents fort grandes. L'Ethiopie enuoye des Vaisseaux chargez de ces dens iusques dans les Indes, en Perse en l'Arabie, & en l'Europe.

Le Fleuue Pheison trauerse toute l'Inde & le Pays des Huns; la sainte Escri-
Genes. ture appelle l'Inde Euilat : Il sort vn fleuue d'Eden ; apres auoir arrousé le
" Paradis, il se separe apres en trois bras, l'vn se nomme Pheison, & ce bras entoure
" & embrasse tout le Pays d'Euilat, où il y a d'excellent Or; on y trouue l'Escar-
" boucle & le topase : Euilat qui a donné le nom à ce Pays tiroit son origine de Cham, car on void en vn autre endroit de la sainte Escriture que Cham eut pour fils Chus, Mesaim Phered & Chanaan, que Chus eut Saba & Euilat; c'est à dire les Omirites & les Indiens; car le Pays nommé encore auiourd'huy Saba est l'Omiritis, & Euilat est Lesile païs des Indes: Le Golphe Persique separe ces deux Pays l'vn de l'autre, & ce Pays produit de l'Or, & l'escarboucle, selon que le décrit l'Escriture saincte qu'il appelle ἄνθρακα, & le Topase aussi qu'elle appelle λίθον πράσινον. C'est ainsi que la sainte Escriture seule rapporte plus clairement les choses que les Relations les plus curieuses ne le peuuent faire.

Ce qui suit a esté tiré du Chapitre qui a pour titre τὸ χε[illegible], c'est à dire le Texte.

SI le Paradis estoit dans la terre que nous habitons, il n'auroit pas manqué de gens qui auroient entrepris d'y aller, puis qu'il y en a tant d'autres qui courent iusques aux extremitez du Monde pour le seul dessein de trafiquer & d'en rapporter des soyries: Le Pays d'où vient la soye est dans la partie la plus éloignée des Indes, à la main droite de ceux qui entrent dans la Mer Indique, beaucoup au delà du Golphe Persique & de l'Isle que les Indiens appellent Selediba, & les Grecs Taprobane. On appelle ce Pays Tsin. Le Pays du Tsin est fermé à la main droite par l'Ocean, de mesme que la Barbarie, qui en est aussi fermée d'vn costé; Les Philosophes Indiens qu'on appelle Brachmanes, disent que si l'on tiroit vn cordeau depuis le Tsin iusques en Grece, il passeroit iustement par le milieu du Monde; & ils ne s'éloignent pas de la verité; car il y auroit encore bien des Pays au costé droit de ce cordeau ou ligne imaginaire; tellement qu'on transporte en peu de temps en Perse la soye par terre, en changeant de plusieurs mains des peuples qui sont entr'deux; mais le chemin par mer est bien plus long; car depuis l'Isle de Taprobane iusqu'au Tsin, il y a aussi loing que du fonds du Golphe Persique iusqu'à l'Isle de Taprobane; ainsi ceux qui vont pas terre abregent de beaucoup le chemin, & c'est de cette facilité de porter des Marchandises en Perse que vient cette abondance de Soyrie qu'on y trouue tousiours; ce qui est au delà du Tsin n'est point habité, & l'on n'y nauige point; & qui mesureroit l'étenduë de ce cordeau tiré de là vers l'Occident, trouueroit à peu prés la distãce de quatre cent stations ou journées; & voila, comme ie croy, qu'il la faudroit mesurer: depuis le Tsin iusques aux frontieres de la Perse se trouue l'Ounia, l'Inde, & la Bactriane, l'on trauerse ces Pays en 150. stations: toute la Perse en 80. stations; depuis Niniue iusques à Seleucie on compte 13. stations: depuis Seleucie iusqu'à Rome, en France, & en Iberie, qu'on appelle maintenant Espagne 150. Stations & dauantage; & si on l'estendoit iusqu'au détroit de Cadis, il y auroit en tout enuiron 400. stations.

Chaque stace ou journée de chemin est de trentemille. Les Geographes Persans les font de vingt-quatre milles.

* Const. Porphir ogenetta parlant de quelques Turcs qui s'estoient habituez vers l'Orient de l'Europe, dit qu'ils auoient deux Princes, l'vn nomé Gilas, & l'autre Kargan: que ces noms n'estoiẽt point des noms propres, mais des nõs de leur dignité, que Gilas est la principale.

Pour ce qui est de la largeur de la terre, à la prendre depuis ces Pays Septentrionnaux en tirant vers Bizance, l'on ne compte ordinairement pour ce chemin que trente journées; car il est aisé d'en estimer l'estenduë par la distance qu'il ya depuis la Mer Caspienne qui vient de l'Ocean, iusques en ces Pays-cy: De Bizance iusques en Alexandrie cinquante stations: On en compte trente autres d'Alexandrie iusqu'aux Cataractes: depuis les Cataractes iusques à Axome 30. stations, & d'Axome iusqu'aux extremitez de l'Ethiopie & aux frontieres du Pays nommé Barbarie d'où vient l'encens, laquelle ne touche point à l'Ocean; car entre la Barbarie & l'Ocean, il y a encore tout le Pays de Saffos qui est la derniere terre de l'Ethiopie, enuiron 40. stations, tellement que ce sera en tout 200. stations, ce qui s'accorde fort bien auec la sainte Escriture, qui luy donne la mesme proportion, & fait la longueur de la terre double de sa largeur, qui est la proportion de deux à vn.

Le Pays qui porte l'Encens est à l'extremité de l'Ethiopie, entourré de terres de tous costez; mais auec cela il n'est pas fort éloigné de l'Ocean: Delà vient que les Peuples de la Barbarie qui en sont voisins trafiquent auant dans les terres & en rapportẽt la plufpart des Aromas, l'Encens, la Canelle, le Calamus, & beaucoup d'autres, lesquels ils transportent apres par Mer au port d'Adouly dans l'Omeritis, en Perse & dans les lieux les plus éloignés des Indes; vous trouuerez mesmes quelque chose de cela dãs les liures des Roys, où vous voyez que la Reine de Saba, c'est à dire la Reyne d'Omiritis que nostre Seigneur appelle en vn autre endroit dans les Euangiles la Reyne du Midy, apporta à Salomon des Aromas du Pays de Barbarie dont elle estoit proche, des branches d'Ebene, des Singes & de l'Or d'Ethiopie, comme estant proche des Pays qui portent ces raretez, & d'Ethiopie qui est au delà de la Mer Rouge; nostre Seigneur appelle ce Pays les extremitez de la terre, il dit; la Reine du Midy venuë des extremitez de la terre pour entẽdre Salomon; car il n'y a au plus que 2. iours de Nauigatiõ du Pays d'Omiritis iusqu'en la Barbarie; & au delà de ce Pays on ne trouue que l'Ocean qu'ils appellẽt Zingium. Pour ce qui est du Pays appellé Saffo, il est aussi proche de l'Ocean: Le Pays qui porte l'Encens est encore riche en metaux, & tous les deux ans le Roy des Axomites enuoye en ces quartiers-là, sous les Ordres du Gouuerneur d'Agau des hommes exprés, pour y trafiquer & en rapporter de l'or; plusieurs Marchands se ioignent ordinairement à cette Troupe, si bien qu'ils sont plus de cinq cens hommes; ils menent en ce Pays des Bœufs, ils portent du fer & du sel; & quand ils sont proche de la Frontiere ils font alte, dressent vne haye auec des épines qu'ils ont portées pour cét effet, demeurent dans cette enceinte, tuent leurs Bœufs, & en mettent les pieces sur ces hayes d'épines auec leurs autres marchandises, leur fer, & leur sel.

Les Habitans du Pays les viennent trouuer auec de petits pains d'or, en forme de Lupins appellés Tancara, & mettent 2. ou 3. de ces pains d'or sur la marchandise qui leur plaist; I'entends sur vne partie du fer ou du sel, & se retirent aussi tost; L'autre Marchand en approche alors, & s'il est content de l'or qu'on a mis pour sa marchandise, il le prend, & l'autre qui vient apres emporte la marchãdise : Si au cõtraire le Marchand n'est pas content de l'or qu'on a mis sur sa marchandise, il n'y touche point, & l'autre s'en estant rapproché, ou en adiouste dauantage, ou remporte ce qu'il y en auoit mis, & se retire ; c'est là leur maniere de traiter ensemble ; car ces Peuples ne s'entendent point, & n'ont point d'interprete par le moyen desquels ils puissent communiquer les vns auec les autres ; Ils demeurent ordinairement 30. iours dans le Pays ; ils trafiquent durant ce temps-là & s'en retournent apres tous ensemble ; car il y a des gens en ces quartiers qui se mettent en Campagne pour les voller & leur oster l'or dont ils sçauent qu'ils ont traité : Ils mettent ordinairement six mois à faire ce voyage, i'entends à aller & venir ; en allant ils marchent plus lentement à cause du bestial qu'ils conduisent ; au retour ils font plus de diligence, de peur d'estre surpris par l'Hyuer & par la pluye ; car la source du Nil est en ce Pays-là, & en Hyuer les pluyes font enfler les Riuieres qui se débordent & gastent les chemins ; Ils ont l'Hyuer dans le temps que nous auons l'Esté depuis le commencement du mois que les Egyptiens appellent Epiphi iusqu'à la fin de celuy qu'ils nomment Thoth ; en cette saison il y tombe des pluyes continuelles ; il s'y fait des torrens qui se rendent tous dans le Nil. Ie rapporte vne partie de ces choses sur le témoignage de mes yeux, & i'ay appris les autres de ceux qui trafiquent dans le Pays ; Mais il faut que ie dise à vostre Reuerence vne autre particularité qui n'est pas tout à fait éloignée du suiet dont i'ay traité iusqu'à cette heure.

Cause de l'inondatiō du Nil découuerte.

Dans vne ville d'Ethiopie nommée Adouli scituée sur le bord de la Mer, éloignée de deux mille du port des Axomites où nous trafiquons souuent, comme font aussi ceux d'Alexandrie & d'Aela : On void vn Trosne de Marbre à l'entrée de la Ville du costé qui regarde l'Occident sur le chemin qui mene à Axomi. Ce Throsne a esté dressé par vn Roy du Pays nommé Ptolomée, de marbre blanc, semblable à celuy de l'Isle de Marmara dont on fait les tables : Sa baze est quarrée, & sur chacun de ses quatre coins sont éleuées autant de petites Colomnes, & vne cinquiéme au milieu plus grosse que les autres ornée de bas reliefs qui tournent tout autour en ligne spirale : Le Throsne est sur ces Colomnes auec son Dossier, & ses appuits à droite & à gauche ; Mais ce Throsne, sa Baze, ses cinq Colomnes, le Dossier & les appuits sont d'vne seule pierre taillée de la figure de nos chaises, qui peut auoir de hauteur deux coudées & demie : Derriere le Trosne est vn autre de marbre qui peut auoir trois coudées de hauteur, la Baze en est quarrée : La pierre finit en pointe, & estant ainsi plus euasée par en bas represente assez bien la figure d'vn lambda ; elle a quatre faces, & est maintenant couchée par terre derriere le Throsne, & la partie inferieure en est fruste & fort ruïnée ; cette pierre aussi bien que le Trosne est remplie de lettres greques, & comme i'estois en ces quartiers-là il y a enuiron 25. ans, au commencement du Regne de l'Empereur Iustin ; Le Roy des Axomites Elazuas qui regnoit alors, estant sur le point d'aller faire la guerre aux Omirites de l'autre costé de la Mer Rouge, enuoya vn ordre au Gouuerneur d'Adouli de prendre vn Ectype, ou copie des lettres qui sont sur le Trône & sur cette pierre, & de le luy enuoyer. Asuas qui estoit alors Gouuerneur de la ville d'Adouli m'enuoya querir pour cét effet auec vn Marchand nommé Minas qui se retira dans la solitude quelque-temps apres, & y est mort depuis peu. Nous executâmes son ordre, nous en portâmes la copie à ce Gouuerneur ; nous en gardâmes vne autre que ie mettray icy cõme vne chose qui peut donner connoissance de beaucoup de lieux & de peuples. Derriere le Trosne estoit la figure d'vn Hercule & d'vn Mercure en relief ; Minas me disoit qu'Hercule estoit le symbole de la force, & Mercure celuy de la richesse : Ie soustenois au contraire que Mercure estoit plustost le symbole de l'Eloquence, & cela fondé sur le passage des Actes des Apôtres ; *ils appelloient Barnabas Iupiter, & Paul Mercure, à cause de son Eloquence.*

INSCRIPTION.

Le grand Roy [3] Ptolomée, fils du Roy [2] Ptolomée & de la Reyne Arsinoes, petit fils de [1] Ptolomée & de la Reyne Berenice, dont la naissance du costé du pere vient d'Hercule, & du costé des femmes de Dionysius fils de Iupiter, Roy de l'Egypte, de la Libie, de la Sirie, de la Phenicie, de l'Isle de Cypre, de la Lycie, de la Carie, & des Isles Cyclades, Estats qu'il a herité de son pere; il entra auec grand nombre de Caualerie & d'Infanterie, & vne tres-puissante Armée Nauale en Asie, auec beaucoup d'Elephans d'Ethiopie, du pays des Troglodites, que son pere auoit premierement pris en ce pays là, & les auoit fait dresser pour la guerre: il a subiugué tout le pays qui est enfermé par l'Euphrate & la Cilicie, la Pamphilie, l'Ionie, l'Hellespont & la Thrace, est venu à bout de toutes les forces de ce pays-là, s'est rendu maistre de tous les Elephans des Indes, a reduit sous sa puissance tous les Roys du pays, a passé l'Euphrate, a subiugué la Mesopotamie, la Babylonie, la Sousiane, la Perse, la Medie; a estendu ses conquestes iusques à la Bactriane; & apres auoir retiré des mains des Persans les choses sacrées qu'ils auoient enleuées aux Egyptiens, les a reporté en Egypte auec tout le butin de ces peuples conquis, & y a ramené son Armée en détournant les riuieres, & faisant des canaux où il estoit necessaire, pour rendre à ses troupes le passage plus aisé.

3 Ce Ptolomée est le troisiéme de ceux qui regneren: dãs l'Egypte apres Alexandre.

2 Ce sera Philadelphe qui épousa sa sœur.

1 Celuy qui fut nommé Soter.

Ces paroles estoient inscrites sur la Statuë de ce Prince, & il en manquoit fort peu en vn endroit où elle auoit esté rompuë, la suite de l'inscription estoit grauée sur le Thrône:

*Ayant apres pacifié auec le mesme courage les Peuples voisins de mes Estats, i'ay subiugué par la force de mes armes ceux de Gaza, d'Agama; i'ay vaincu ceux de Ziguyn; i'ay partagé auec eux la moitié de toutes leurs richesses; i'ay rangé sous mes Loix les Nations suiuantes: Aua, Tiamo, Tziamo, Yambela & les Legys leurs voisins, qui sont au delà du Nil; celles de Xinguine, d'Angaue, de Tiama, les Athagons, les Calaans & les Zemenes, autre nation située au delà du Nil dans des montagnes inaccessibles tousiours couuertes de broüillards, & de neiges si hautes que l'on en a au dessus du genoüil: ie les ay forcez dans les montagnes, apres auoir passé le fleuue & les auoir tenu long-temps assiegez; i'ay dompté en suite ceux de Lasine, de Zaa, d'Aualà, qui demeurent dans d'autres Montagnes pleines de sources d'eauës chaudes; * ceux d'Atalmo, de Vega, & tous les autres peuples de ces quartiers, auec les Tanchaites qui touchent aux frontieres de l'Egypte: i'ay asseuré le chemin qui s'estend depuis ces pays iusques en Egypte; i'ay vaincu en suite ceux d'Annine & ceux de Metyne qui habitent dans des roches affreuses; ie suis venu à bout des Sesceans que i'ay assiegez dans des montagnes difficiles où ils s'estoient retranchez, dont ie me suis reserué les femmes, leurs filles, le choix de leurs enfans & de toutes leurs richesses; comme aussi les Rhesés, ceux des peuples qui recueillent l'encens, les plus auancez dans les terres, qui habitent des vastes campagnes tousiours seiches & brûlées de la chaleur: les Solates ausquels i'ay laissé le soin de tenir la coste nette de Pyrates; i'ay forcé à la teste de mes troupes ces Nations qui se croyoient inuincibles dans leurs hautes Montagnes; ie leur ay rendu leurs terres à condition de m'en payer tribut; mais entre ces Nations, plusieurs se sont rendues volontairement tributaires; i'ay fait passer la mer-Rouge à mes trouppes sur vne puissante Armée Nauale, & i'ay obligé les Roys des Arrabites & des Cinedocolpites, dont les Estats s'estendent le long de la coste, de se declarer mes tributaires, auec obligation de tenir les chemins de leurs pays & leurs costes nettes de voleurs. Enfin, i'ay porté mes armes depuis la ville de Leucé iusques aux pays des Sabeans, & i'ay subiugué ces peuples qui n'auoient point reconnu mes ancestres; aydé de l'assistance du Dieu Mars de qui i'ay tiré mon origine, c'est à luy que i'ay l'obligation d'auoir estendu les bornes de mes Estats, partie par conquestes, partie par le bien que i'ay fait à ces peuples, iusques en Arabie du costé de l'Orient, & du costé du Couchant iusques au pays de Sassos: Enfin, ayant estably la paix par mer & par terre, ie suis venu à Adouli où i'ay sacrifié à Iupiter, à Mars, & à Neptune, à cause du bon succez de mes Nauigations; & à la teste de toutes mes troupes; i'ay dedié ce Trône au Dieu Mars la vingt*-septiéme année de mon Regne.*

* Où d'où decoulent les Fleuues d'Atalmo & de Vega.

Ils font mourir encores aujourd'huy les criminels en vne place qui est au deuant de ce Trône; ie ne sçay si cette coustume s'obseruoit du temps de Ptolomée. I'ay rapporté en partie cette Inscription, pour faire voir que l'on connoist particulierement toute l'estenduë du pays de Sassos, & tout le pays de Barbarie, puisque

* Il me semble qu'Eusebe ne luy donne que 24. années de Regne.

vous les voyez marquez dans cette Inscription, auec les peuples qui les habitent; j'ay voyagé dans la plufpart de ces pays; & ce que i'ay rapporté des autres, ie l'ay fait fur ce que i'en ay appris de leurs voifins & des efclaues de ces peuples, que l'on rencontre fouuent dans ces voyages. Le Roy des Axomites enuoye fouuent en exil les criminels dans Semene, dans la mer, & où il y a des neiges & des glaces. Pour ce qui eft des Arrabites des Cynedo Colpites, & du pays des Sabeens, la Sainte Ecriture les nōme les Omirites, & de cela mefme on peut iuger exactement quelle eft la largeur de la terre, & que depuis les pays les plus auancez vers le Nord, iufques au pays de Saffos & à la Barbarie où croift l'encens, il n'y a pas plus de deux cent ftations ou iournées; ie fçay exactement ce chemin par les voyages par mer & par terre que i'ay faits, ainfi la defcription que i'en donne eft tres-feure; par là l'on void que la Sainte Efcriture eft toufiours veritable, & que les Payens fe trompent qui nous font des contes de vieilles pour eftablir leur vanitez & leurs menfonges, en fuppofant qu'il y a vne autre Zone au Midy de celle que l'on appelle le Zone torride, femblable à celle que nous habitons, quoy que perfonne ne l'ait veuë, & que l'on n'en aye point de Relations; comment auroit-on veu vne chofe qui n'eft point? il faut donc fe defabufer de ces fauffes opinions, qui viennent non pas des anciens, mais de quelques modernes qui ont voulu faire croire que les anciens auoient efté de leur opinion; ie l'ay refutée en peu de paroles dans le difcours precedant.

Ce Ptolomée eft vn de ces Roys Ptolomees qui regnerent apres Alexandre le Grand, defquels parle le Prophete Daniel en plufieurs endroits; mais principalement dans le fonge de Nabuchodonofor, & dans la vifion des quatre Beftes que Daniel vid fortir de la mer, dans le fonge la Tefte d'argent de la Statuë, & dans la vifion la Lionne, fignifioit l'Empire des Babyloniens, c'eft à dire celuy de Nabuchodonofor.

AVIS,
fur les deux Tables fuiuantes.

L'On n'aura rien d'affeuré de la veritable pofition de l'Afie, que par les Geographes Orientaux, entre lefquels on doit fouhaiter principalement la Geographie d'Ifmael Abulfeda Prince de Hamah, à caufe qu'il a mis dans la fienne ce qu'il a trouué de meilleur chez les autres Geographes; & fur tout, dautant qu'il a marqué les degrez de Longitude & de Latitude de chaque place. Il cite dans fon Liure jufques à 30. Geographes differens, entre lefquels il auouë qu'il s'eft feruy principalement des Geographies de Ptolomée, d'Albiruni, d'Alfaras, d'Ebnfahid, & d'vn Liure qui a pour titre, la quatriéme Partie du Monde habité, qui auoit, ce dit-il, efté traduit de Grec en Hebreu, & d'Hebreu en Arabe, par le commandement d'Almamoun Prince Arabe, qui fit traduire de fon temps tous les bons Liures écrits en Grec & autres langues. Tous ceux de fon pays luy ont l'obligation, de leur auoir appris tout ce que les Latins, les Grecs & les Iuifs auoient de meilleur, & les Sçauans de l'Europe ne luy ont pas moins d'obligation d'auoir conferué par ce moyen beaucoup d'anciens Autheurs Grecs & Latins qui ne fe trouuent plus en ces langues, & que l'on affeure fe trouuer en Arabe; vne perfonne qui a le plus donné des pieces de ce Recueil, auoit obligé vn fameux Traducteur de ces langues à trauailler fur l'Albufeda, dōt il y a vn Exemplaire dans la Bibliotheque Vaticane; mais la Traduction eft demeurée imparfaite par les occupations qui luy font furuenuës: l'on n'a pas laiffé d'en tirer quelques Tables, & les pofitions de deux climats qui regardent les pays qu'on décrit dans ce Recueil, & que l'on met icy en attendant que l'on puiffe auoir la Traduction de tout l'Ouurage: Auparauant que de s'en feruir, il faut remarquer qu'Abulfeda commence fes Longitudes depuis la cofte de la mer Occidentale, comme il dit; c'eft à dire, depuis le Détroit de Gibaltar, & qu'il met son premier Meridien, ou Ptolomée qui met le sien dans les Isles fortunées conte le dixiéme Meridien; que ces Climats imaginaires esquels il diuise toute la terre, ne sont point fondez sur la differente durée des iours comme ceux de Ptolomée, & que c'est à cause de cela qu'il les appelle imaginaires; & enfin, que les journées par lesquelles il mesure les distances, sont de huict farsangues, que la farsangue des Persans contient trois milles ou vne lieuë de France; ou pour le dire plus exactement, 3000. coudées, chacune de 32. poulces,* le poulce de six grains d'orge mis à costé l'vn de l'autre par leur grosseur, & chaque grain d'orge six creins de cheual. Au reste, on a laissé cette piece en la Langue dans laquelle elle a esté traduite de l'Arabe, afin que l'authorité de son Traducteur Arabe de Nation, & Professeur à Rome dans le College de la Sapience, luy demeurât toute entiere.

* Ou de 4000. coudées, chacune de 24. poulces, ce qui reuient à la mesme mesure.

Regionis Sindæ Præcipuæ Vrbes.

Aldobil est parua Sindæ vrbs ad oram maritimam sita, maximis obnoxia caloribus. Abundat Sesami copiâ. Est eius Regionis Emporium celeberrimum. *Aldobil.*

Mocran est longè lateque diffusa Regio, at inculta & sterilis, adeoque omnium rerum laborat penuriâ. Eius Metropolis est vrbs *Tirhan*, quæ in medio Regionis *Mahran* sita est propè sinum, qui protenditur à *Mahranad* Mansuram. *Mocran.*

Kozdad est paruum castrum, seu oppidum in quodam positum colle, quem vndique latissima ambit planities hortis referta. Est autem Emporium Regionis *Turan*. *Kozdad.*

Albirun est vrbs posita inter *Aldobil* & *Mansuram* Equali fermè spatio ab vtraque distita. *Albirun.*

Sadusan est vrbs sita ad Occidentalem plagam Amnis *Mahran*. Solum habet fertilissimum, & omnibus abundans bonis. Plura subiacent ei suburbia, & quidem nobilissima. *Sadusan.*

Almansura, ita dicta fuit, quia qui eam expugnauit ex Moslemanis, cæpitque dixit: *iam vicimus*, id enim hoc vocabuli denotat. Plini autem *Namthu* vocabatur. Est vrbs satis ampla, quam vndique ambit sinus fluminis *Mahran*, eamque peninsulam efficit. Maximis obnoxia est caloribus, nec aliud producit eius solum præter palmas, & Sachari arundines, & quemdam fructum pomis simillimum, magnâ præditum aciditate, quem Alimuma vocant. Porrò *Almohabi* scribit. Almansuram extructam fuisse ab *Hamro* filio *Haphadi Bahrar* cognomento *Sab Giahpharo Almansur* ex *Habbasitarum* gente Chalipha secundo, eamque ea eius nomine Almansuram vocatam fuisse. *Almãsura* Le Liure Persan leb el-oua rich le nomme Almansor billa Abugiafar.

Almultan est vrbs *Almansura* inferior. In hac vrbe extat quoddam Idolum, quod Indi summoperè venerantur, peregrinanturque ad illud Religionis causâ. Refert autem Idolum hoc effigiem hominis sedentis super throno complicatis pedibus, manibus verò expansis, induti rubrocorio more incolarum *Sagestan*. Oculi illius sunt duæ gemmæ. Quicquid autem offertur isti diuitiarum, est iuris Regis *Almultan*. *Almultan.*

Vrbes Regionis Hindæ præcipuæ.

Sanam Sumnat, idest Idolum *Sumnat*, est vrbs sita ad maritimam oram Regionis *Albuarith*. Mercatoribus notissima est, ac eorum linguis satis celebrata. Cùm verò sita sit in quodam promontorio nauigationibus satis commodo, eò frequenter appellunt Naues, præsertim ex vrbe *Haden*. *Sanam.*

Alkandhar, aliter *Bahnad*, sita est ad vadum Sindæ. *Bensahid* asserit, vrbem hanc dictam quoque Alexandriam, vnamque esse ex ijs vrbibus, quas in varijs terrarum orbis partibus condidit Alexander. Hoc enim nomine sexdecim vrbes vocatas fuisse scribit Auctor libri inscripti *Almochtarec*, quas omnes enumerat, easque *Alkãdhar.*

Decimum tertium Clima imaginarium *& est Alsend.*

	Nomina Vrbium.	Nomina Authorum	Longitudo grad.	min.	Latitudo grad.	min.
344	Aldabil.	*A Busaid.*	92	31	24	20
		Al Biruni.	93	3	26	0
		Editio.	93	3	26	35
345	Mocran					
	eius castrum	*Absahid.*	86	3	30	30
	Altiro.	*Al Faras.*	88	3	26	35
346	Kosdar.	*Al Biruni.*	94	5	30	
		Al Faras.	91	3	27	30
347	Albirun.	*Al Biruni.*	94	30	24	4
		Al Faras.	94	3	26	3
348	Sadusan.	*Al Biruni.*	94	50	23	30
		Al Faras.	94	3	38	
349	Almansura.	*Abusahid.*	95	30	24	42
		Al Biruni. & *Al Faras.*	95	3	26	40
350	Almultan.	*Al Biruni.*	96	25	29	40
		Al Faras.	96	35	29	40

Decimum quartum Clima imaginarium *& est Regio Indiarum.*

	Nomina Vrbium.	Nomina Authorum	Longitudo grad.	min.	Latitudo grad.	min.
351	Sanam. Sumanat.	*Al Biruni.*	97	10	22	15
352	Vaiahnat *castrum* Alkandhar.	*Al Faras.*	96	50	33	20

Decimum quartum Clima imaginarium
& est Regio Indiarum.

	Nomina Vrbium.	Nomine Authorum	Longitudo grad.	min.	Latitudo grad.	min.
353	Nahluara.	*Al Birunî.*	98	20	33	30
354	Canbaïet.	*Al Birunî.*	99	20	3	20
		Al Faras.	99	20	26	20
355	Bahur Regio, *seu urbs* Brahmanorum.	*Al Birunî.*	84	27	27	15
		Al Faras.	86	27	27	27
356	Tarich.	*Al Birunî.*	84	20	19	20
		Al Faras.	92	27	19	20
357	Sandan.	*Al Birunî.*	84	20	19	50
		Alia editio	86	27	19	27
358	Luhur; *alias* Lhauer *emporium Indiarum quod*					
359	Al Bairunî *vocat* Suphara.	*Al Birunî.* / *Al Faras.*	84	55	19	35
360	Dali.	*Al Birunî.*	128	50	35	50
		Abusahid.				
361	Kanugi.	*Abusaid.*	131	50	29	27
		Al Faras.	104	50	26	26
362	Alcaulam.	*Abusahid.*	132	27	12	27
		Al Faras.	* 8	27	18	30
363	Montes Kamarun.	*Al Birunî.* / *Al Faras.*	125	27	20	27
364	Almahbar.	*Abusahid.*	142	27	17	25

* Il y a faute en cét endroit, qu'on ne sçauroit corriger que par vn autre exemplaire.

inter est hæc Alexandria Indiarum. Sita est ad ripam fluminis, quod ex eius nomine nomen habet.

Nahluar. Nahluar, aliis *Nahruala*, est Metropolis Prouinciæ *Algezrat*. Sita autem est ad Occidentalem plagam *Alminbar*. Ædes inter se dissitæ sunt inter hortos, & aquarum riuulos dispersæ.

Canbaiet. Canbaiet est vrbs maritima, quam Mercatores negotiandi causâ frequentant. Est autem vrbs satis pulchra.

Bahura. Bahura sunt castra, seu arces Brahmanorum inexpugnabiles ad vtramque fluminis *Chich* ripam dispositæ à *Calueg* vsque ad mare Indicum descendendo. Isti sunt Indorum Religiosi, suamque referunt denominationem ad *Barhman* eorum primum sapientem.

Thana. Thana, hanc ferunt esse ex Prouincia *Gezrat*, & est sita ad Orientalem plagam. Bensahid vult hanc esse vltimam vrbium Prouinciæ *Allar*. Est summoperè mercatorum celebrata linguis. Incolæ oræ huius maritimæ quotquot sunt, Idolâ colunt.

Sendan. Sendan, aliis *Sendabar*, distat à *Thana* trium dierum itinere, & est sita ad sinum quendam Maris viridis. Distat à *Mansura* quindecim parasangis; & est Emporium omnium celeberrimum, ac nobilissimum.

Lauhur. Lauhur, aliis *Lahauer*, est vrbs satis ampla, omnibusque abundans bonis; & quorundam doctorum virorum patriam, & nutrix.

Safala. Safala Indiarum, quam *Albairuni SuKaran* vocat. Est & alia huius nominis Zongræorum vrbs.

Dalli. Dalli est satis ampla, mœnibus ex lateribus munita. Sita est in planitie, cuius solum lapidibus, & arena intermixtum est. Præterfluit propè illam ad parasangam amnis quidam magnus, Euphrate tamen minor. Nobiliores incolæ sunt Mosle-manni, quemadmodum & eius rex, ciues verò infideles. Quosdam paucos habet hortos. Vua caret omninò. Estate ibi pluit. Eius Meschitæ, seu templi Turri nullam habet similem terrarum orbis. Siquidem constat ex lapidibus rubris, habetque 360. gradus.

Kenauag. Kenauag sita est inter duo fluminis *Chanec* brachia. Posita est in extrema plaga Indiarum ad Orientem partem *Almultan*, distantque ab inuicem 282. parasangis, & est Indiarum vrbium Cayrus, nempe omnium maxima, & populis frequentata. Ferunt quippe in ea extare 300. fora ad gemmas tantummodo diuendendas; eiusque regem habere 2500. Elephantes. Plures habet aurifodinas.

Alcaulam. Alcaulam est vltima regio Orientis, quæ piper profert. Soluitur ex ista ad *Haden*. Retulit mihi quidam mercator, hanc vrbem sitam esse ad sinum quendam maris in arenosa planitie. Reperitur inibi arbor *AlbaKam*, quæ similis est arbori malorum granatorum, tametsi folia similia sunt foliis Ziziphi.

Kamerun. Montes *Kamerun* sunt scopuli Indias inter & Sinas, vbi abundanter prouenit Aloë. Vrbes sunt *Ducra*, & *Acmesciun*, quæ Regia est Regis Kamerun. Vrbs *Acmesciun* sita est ad ripam amnis cuiusdam magnitudinis Nili. *Ducra* autem posita est in extrema parte *Kamerun*, & initio regionis Sinatum.

Almahbar Almahbar satis celebrata est hominum linguis. Indè deferuntur nobilissimæ telæ, quæ sunt tanti candoris, vt prouerbio locum fecerint. Ad Septentrionalem illius plagam continui visuntur montes vsque ad regionem *Bahera*, quæ est Regis Regum Indiarum Regia. Ad Occidentalem eius plagam sese exonerat Amnis *Alsulian* in mare. Est verò ad Orientalem plagam Alcaulam spatio itineris trium, aut quatuor dierum, cum inclinatione tamen ad Austrum.

Description des Antiquitez de Persepolis, appellées maintenant Chimilnar, traduite de l'Anglois.

IL n'y a rien de plus admirable que les Antiquitez & les restes de l'ancienne Rome, si nous en croyons nos Peintres & nos Architectes; cependant, Bellon dit qu'elles ne peuuẽt point entrer en comparaiſon auec les Antiquitez d'Alexandrie & les Pyramides d'Egypte: Ceux qui ont paſsé plus loin, & qui ont veu les ruïnes de Perſepolis & les veſtiges du Palais de Darius, tiennent qu'elles ſurpaſſent infiniment les Merueilles d'Egypte & les Antiquitez de Rome; voicy comme nos derniers Voyageurs les décriuent: * On appelle les Antiquitez qui ſe voyent proche de Perſepolis, Chimilnira, ou les quarante Colomnes, quoy qu'il y en ait prés de quatre-vingt, dont on void des fragmens au moins de ſix pieds de hauteur; mais il n'y en a que dix-neuf qu'on puiſſe dire entieres, auec vne autre toute ſeule *a* qui eſt à l'Eſt de celles-cy, & qui en eſt éloignée enuiron de cent cinquante pas; vne roche de marbre fort dur ſeruoit de fondement à cét édifice, elle a enuiron deux fois le circuit du Chaſteau de Vvindſor; quatre-vingt quinze marches ou degrez portent au premier plan du Palais; cette montée eſt taillée dans la roche, de marbre noir; & elle eſt ſi large, que douze cheuaux y pourroient monter de front; ces degrez portent à la hauteur de vingt-deux pieds Geometriques; car le premier plan du Palais eſt éleué de cette hauteur par deſſus le rez de chauſsée de la campagne; tout le reſte du roc eſt taillé à plomb, on void encore les deux pieds droits ou coſtez de l'entrée de ce Palais; l'entrée a enuiron vingt pieds d'ouuerture, d'vn coſté eſt la figure d'vn Elephant, & vis-à-vis celle d'vn Rhinoceros haut de 30. pieds, & tous deux d'vn marbre *b* luiſant; proche ces Animaux il y a deux Colomnes, & pas loin de là la figure d'vn Pegaſe; apres auoir paſsé cette entrée, on rencontre quantité de fragmens de colomnes de marbre blanc, dont les reſtes font encore voir la magnificence auec laquelle elles auoient eſté baſties; les Cicognes font aujourd'huy leur nid ſur les chapiteaux des plus hautes, les moindres de ces colomnes ont quinze coudées, les plus grandes en ont dix-huit de haut, elles ont quarante cannelures larges chacune de trois grãds poulces, d'où l'on peut juger de toute leur groſſeur & de leurs autres proportions: la matiere excellente dont elles ſont composées, le trauail de leurs ornemens, & leur diſpoſition, attirẽt encore aujourd'huy l'admiration de ceux qui les voyent; de là, l'on découure vne fort belle veuë; mais à voir la campagne des endroits de cette Antiquité les plus éleuez, ceux du pays aſſeurent que la veuë ſ'eſtend à plus de dix lieuës.

* Herbert, Figueroa, Carturige, la Vallé.

a Figueroa dit qu'à vne demie lieuë de cette Antiquité, il n'y remarqua aucun veſtige de cette grande Ville qu'on dit auoir eſté là proche, ſinõ que ſes gens luy dirent qu'ils y auoient veu vne autre colõne auſſi grande que les premieres, & deux autres plus petites vn peu plus loin, & qu'ils virent des cheuaux de marbre d'vne grandeur prodigieuſe, & des Coloſſes qui repreſentoient des Geans; que pour luy, il n'eût pas le courage d'y aller, à cauſe que toute la plaine par où il falloit paſſer, eſtoit toute entrecoupée de canaux qu'on tire de la riuiere Araxes: La plaine où eſt cette Antiquité, quoy qu'elle n'ait que dix lieuës de large, eſtoit aſſez fertile pour nourrir vne auſſi grande Ville que Perſepolis; il n'y reſte plus maintenant qu'vne petite Ville de 400. maiſons entourée de beaux paſturages, d'vne campagne fertile & de plaiſans jardins, & arroſée d'vne eau ſi ſaine, qu'il ne croy pas qu'elle ait ſa pareille au monde.

b Figueroa dit que rien ne luy parut plus admirable que la qualité & le poly de ce marbre, qui repreſentoit des objets comme vn miroir.

c Aſſez proche de l'entrée, nous vîmes vne Inſcription grauée ſur vn quarreau de marbre noir vny comme vne glace, elle auoit enuiron douze lignes; mais les lettres d'vne figure ſi extraordinaire, que pas vn de ceux qui les ont veu ne les ont pû entendre; elles ont toutes la figure de triangles ou Pyramides; au reſte d'vne ſi belle ſimetrie, qu'elles monſtrent bien que les peuples chez qui elles ont eſté en vſage, n'étoient point barbares.

c Figueroa adjouſte que ces lettres luy parurent toutes ſemblables, & qu'il n'y auoit remarqué autre difference que dans leur ſituation, ce qui ſe voit en effet dans l'Ectype de cette Inſcription que M. Tauernier donne icy au public.

Là proche est vn autre compartiment quarré, dont chacun des costez à quatre-vingt dix pas, auec huit portes ou entrées; quatre de ces portes ont six pas d'ouuerture, les autres n'en ont que trois; elles sont basties chacune de sept grands quarreaux de marbre fort exactement poly; ces quarreaux ont quatre aulnes de long, & cinq quarts d'aulne de haut, releuez de bas reliefs, qui representent des Grifons, des Lyons, des Tygres; & en d'autres endroits de ces murailles sont grauées des Batailles, des Sacrifices, des Triomphes, des jeux Olympiques, d'vn dessein & d'vne sculpture admirable; sur chaque porte est representé vn homme majestueux *e* couuert d'vne longue veste auec vne Mitre ou Tiare, les cheueux longs, & qui luy descendét par boucles jusques sur les épaules; d'vne main il tient vn Sceptre, & de l'autre vn Globe; ce qui n'a iamais, que ie sçache, esté vsité par les Roys de Perse; ceux du Pays disent, que c'est Samson ou Aaron: à cét Appartement est joint vn troisiéme, qu'ils nous disoient auoir esté vn Serrail; les quatre costez sont inégaux, il y en a deux de soixãte de mes plus grãds pas, & deux autres de soixante & dix: de là ie passay dans vn quatriéme Appartement, dont deux côtez sont de vingt pas, & les deux autres de trẽte, ses murailles assez entieres & d'vn marbre noir si poly, qu'on se pouuoit mirer dedans: il y a des bas reliefs taillez dãs ces murailles enrichis d'vne dorure qui se void encore maintenant; les bas reliefs de cét endroit representent des Geans: nous montâmes apres sur des ruïnes, & arriuâmes au dessus de cét Edifice; nous y vîmes la figure d'vn Roy à genoux deuant vn Soleil, du feu tout proche, & vn serpent; toutes ces figures taillées dans le costé de la roche, qui est partout ailleurs entouré de precipices. Cette Antiquité est tellement ruïnée, qu'on ne sçauroit determiner maintenant si elle a esté d'ordre Dorique, Ionique, ou Corinthien; mais vn habile Dessignateur en trois mois de temps ne la pourroit pas dessigner toute entiere: C'est vn grand dõmage qu'on n'ait pas encore fait cette diligẽce, car les peuples qui en sõt proches la ruïnẽt tous les iours, & en tirẽt des pierres pour seruir à toute sorte d'vsages dãs leurs maisõs.

A cinq lieuës de là l'on void vne figure monstrueusement grande, que les Persans disent estre la figure de Nocta Rustan; il y a plus d'apparence que c'est vne Statuë d'Alexandre, qui auroit eu la vanité de faire croire à la posterité, qu'il estoit plus grand que l'ordinaire des hommes; ce qu'il voulust faire croire mesme de son temps, par les armes extraordinairement grandes & pesantes qu'il enuoyât par toutes les Indes. Il y a vne Ville proche de cette Antiquité, nommée Margatean, il n'y reste que deux cent maisons habitées par vn peuple si superstitieux, qu'ils parfumerent leurs maisons apres que nous en fûmes sortis; il y a de là à Siras dix farsangues ou lieuës de France.

e Figueroa continuë la mesme chose, & dit; Les hommes qui y sont representez sont habillez comme les Nobles de Venise. Vous en voyez, dit-il les vns assis sur des chaises semblables à celles qu'on dõne aux principaux Prelats dans nos Eglises Metropolitaines, auec vn petit marche-pied qui peut auoir demy pied de haut fort propre; & ce qui m'estonnoit le plus, est que ces habits n'ont aucun rapport auec ceux que portent les peuples de ces Pays-là, ny mesmes auec ceux des anciens Assyriens, Persans, & des Medes; lesquels cõme nous les voyons décrits chez les Grecs & chez les Romains, portoient la veste, tunique, ou espece de juste au corps, qui est encore maintenant en vsage chez les Turcs & chez les Persans; les Turcs l'appellent Cabaia, & les Persans Aliobа, qui me fait croire que ce Monument est plus ancien que toutes les autres Antiquitez dont nous auons connoissance.

Gouuea dit que deux escaliers fort proches l'vn de l'autre, porte jusques à la principale entrée du Palais; les pierres qui en font les degrez sont d'vne grosseur extraordinaire: I'en remarquay qui auoient 25. palmes de long, dix ou douze de large, & sept ou huict de hauteur. Les pierres des Colonnes estoient les plus massiues, & nous ne nous pouuions imaginer comment on auoit pû porter si haut de si lourdes masses: mais ce qui nous estonna le plus, fut de voir des chambres entieres, le plancher, les murailles, & la couuerture, tout d'vne seule pierre, tres-noire & tres-dure, & non point taillées dans la roche comme l'est le Pagode de l'Isle de Salcite proche de Tana, dont la pierre est fort tendre. Au haut de l'escalier on trouue vne sale, d'où l'on découure vne grande estenduë de pays. Les murailles sont couuertes de bas reliefs, & l'on y void les 40. colonnes qui ont donné le nom à cette Antiquité. Trois pierres en font toute la hauteur; leur baze a bien 30. palmes de tour, & au plus haut il y a des figures de tout relief. Les murailles sont fort hautes, le Sculpteur y a representé des Lyons, des Tygres, & d'autres Animaux, qui sortent en relief, si bien trauaillez, qu'ils font peur à ceux qui les voyent. De là, nous montâmes vn lieu plus éleué, où nous trouuâmes dans vn lieu taillé dans la roche mesme, vn superbe tombeau que ces peuples ont ruïné, croyant y trouuer vn tresor; là proche est vn autre tombeau, qu'ils disoient estre la sepulture d'vne Reyne, personne n'a pû encore expliquer vne inscription que l'on void en plusieurs endroits de cette Antiquité, ainsi tout contribuë à obscurcir la memoire du Prince, qui croyoit par ce bastiment la rendre eternelle. Et à cause que ces pierres sont si dures, que le temps tout seul auroit de la peine à les détruire, ces peuples y employent tous les iours le fer & le feu pour les ruïner, & se deliurer par là des estrangers qui les viennent voir.

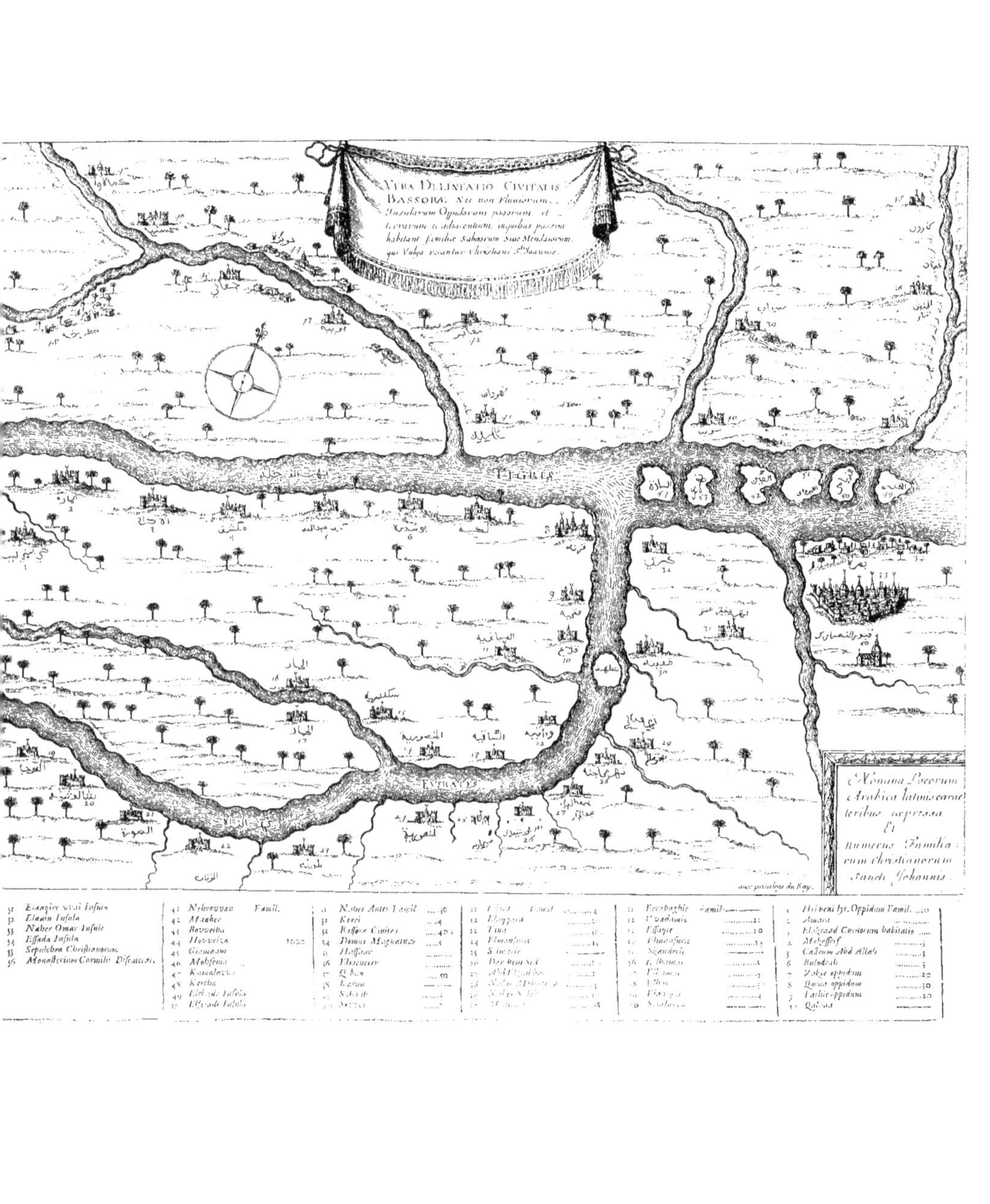
VERA DELINEATIO CIVITATIS BASSORÆ Nec non Fluviorum, Insularum Oppidorum pagorum et terrarum ei adjacentium, in quibus passim habitant familiae Sabaeorum Sive Mendaeorum, qui Vulgo vocantur Christiani S.ti Ioannis.
TIGRIS
EUFRATES
Nomina Locorum Arabica latinis caracteribus expressa Et numerus Familiarum christianorum Sancti Johannis.
avec privilege du Roy.
51 Elaaqire vitai Insula
52 Elaain Insula
53 Naher Omar Insule
54 Essada Insula
55 Sepulchra Christianorum
56 Monasterium Carmelit. Discalceat.
41 Nehrouvan Famil.
42 Maaher
43 Bavveiba
44 Hovveiza
45 Giamaam
46 Mohsenia
47 Kanalovva
48 Kercha
Famil.
31 Kerri ...4
32 Bassora Civitas ...400
34 Domus Magnatum ...5
35 Hassaar
36 Ebrenceer
37 Q ban ...50
38 Levan
21 Famil. ...4
22 Elappaa
23 Tina
25 Sinerzie
26 Dar ben Sed
11 Ervabaghie Famil.
12 Vadamie
13 Essaqie ...10
15 Skanderie
16 Elbaman
1 Heiveni sive Oppidum Famil. ...20
2 Amara
3 Elakraad Curdorum habitatio
4 Mehesses
5 Castrum Abd Allah ...3
6 Bulodeah ...3
7 Zakie oppidum ...20
8 Qorna oppidum ...30
9 Taibie oppidum ...20
10 Qalcaa

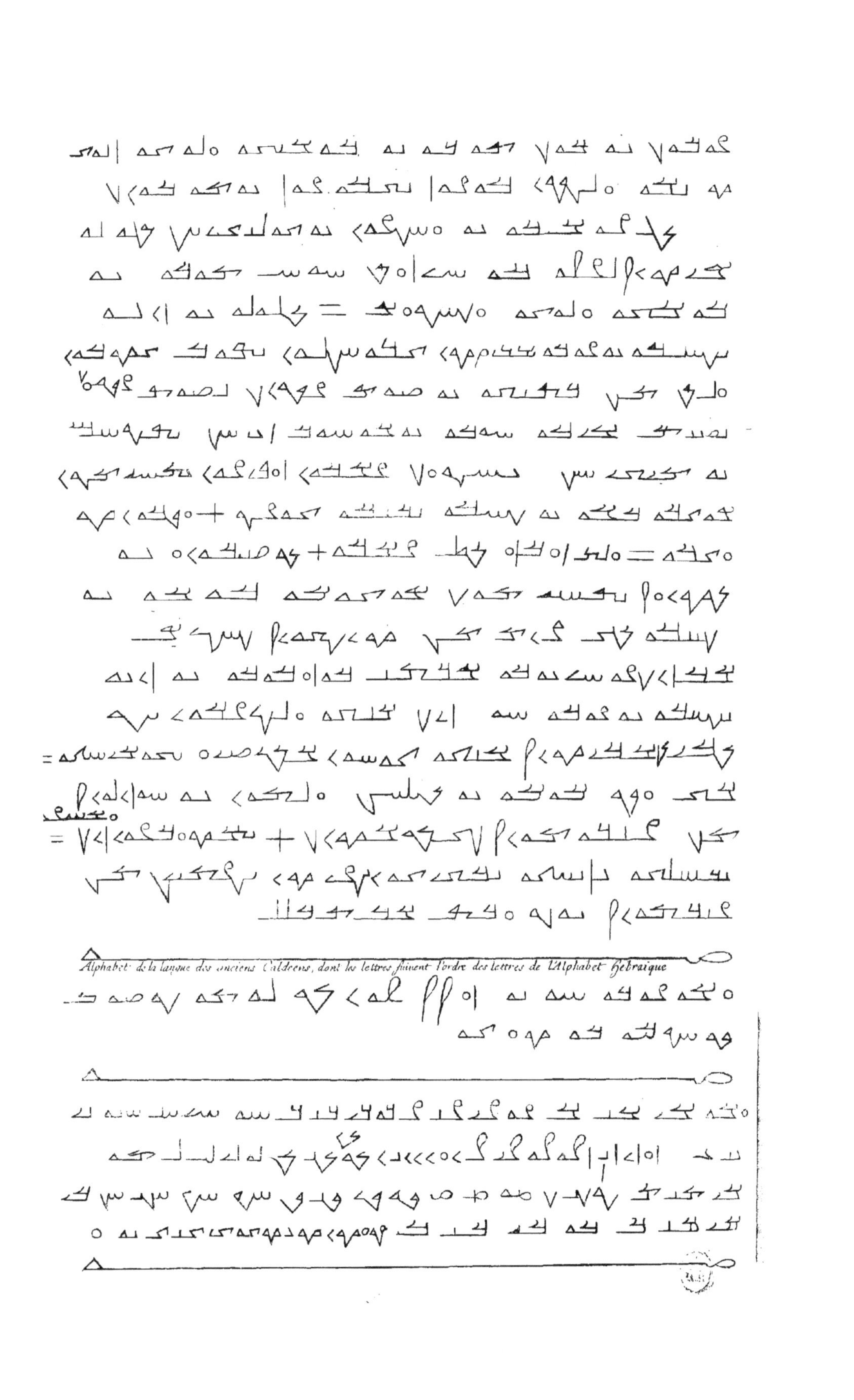

Alphabet de la langue des anciens Caldeens, dont les lettres suivent l'ordre des lettres de l'Alphabet Hebraique

RELATION

DES ROYAVMES DE GOLCONDA, TANNASSERY, PEGV, ARECAN, & autres Estats situez sur les bords du Golfe de Bengale ; & aussi du Commerce que les Anglois font en ces quartiers-là.

par

VVILL. METHOLD.

E Golfe de Bengale s'esté́d depuis le Cap Commorin qui est sous le huitiéme degré de latitude Septentrionale, iusques à Chattignan, sous le 22. degré de latitude aussi Septentrionale. Cette coste a bien mille lieuës Angloises d'estenduë, & l'ouuerture du Golfe neuf cens lieuës. Le Cap de Sincapoura qui est sous le premier degré de latitude Australe le ferme de l'autre costé. Les Royaumes de Zeilan, Biznagar, Golconda, Bengala, Arecam, Pegu & Tannassary sont sur cête coste, elle est coupée de plusieurs petites riuieres dont on ne parle guieres, à cause que leur nom est obscurcy par le voisinage du Gange, si fameux par les écrits des Geographes : On ne sçait point bien où il prend sa source, mais on sçait en general qu'elle est fort éloignée de l'embouchеure ; & les Gentils ont en si grande veneration cête riuiere, qu'ils croyent que leurs pechez leur sont pardonnez lors qu'ils se sont lauez dans ses eaux. Chattignan est au fonds du Golfe.

Nos Anglois ont peu de connoissance de l'Isle de Zeilan. Les Portugais y sont les plus puissans, & pretendent mesmes estre assez forts pour en empécher l'entrée aux autres nations. Il y a vn Roy dans l'Isle nommé le Roy de Candy, auec lequel les Danois entrerent il y a quelque temps en Traité ; & voyant qu'ils ne pouuoient pas establir leurs affaires par la Negociation, ils se fortifierent dans le Pays proche de Negapatan, en vn lieu nommé Trangabay. Isle de Zeilan.

Le Royaume de Bisnagar estoit le plus ancien & le plus considerable de tous les Royaumes qui sont du costé de la terre ferme. Il est maintenant diuisé en plusieurs Prouinces ou Gouuernemens, dont les Naickes ou Capitaines du Pays se sont rendus les Maistres : car le dernier Roy estant mort il y a quelque quinze ans, il s'éleua plusieurs pretendans à la Couronne. Les Naickes prirent party sous ces Chefs, & s'engagerent en vne guerre ciuile, qui fut suiuie d'vne si grande desolation & famine, que plusieurs peres portoient leurs enfans sur la coste, & les vendoient pour la valeur d'vn écu ou quatre francs de Rys. Les Marchands qui les auoient à si bon marché, les reuendoient apres auec vn grand profit en d'autres endroits des Indes. La ville de S. Thomas est dans ce Royaume ; les Portugais en sont les Maistres, mais ne laissent pas d'en faire quelque reconnoissance au Nayck qui est maistre de ce canton. Il les assiegea il y a trois ans, & les obligea à luy donner quelque argent pour auoir la paix ; car leur Ville est seulement forti- Royaume de Bisnagar. Ville de S. Thomas.

fiée du costé de la mer, n'ayant point d'autre deffense du costé de la terre, que les maisons qui la ferment. La ville de Pallecatte qui est dans cette Prouince, est vn mauuais voisinage pour les Portugais, depuis que les Hollandois se sont rendus les maistres de son Chasteau : Car depuis ce temps-là, leurs Vaisseaux n'ozent paroistre sur cette coste ; & quand ils s'y hazardent, ils choisissent des bâtimens qui aillent fort bien à la voile. Si bien que les Portugais y sont maintenant fort pauures, & ont esté bien punis de l'enuie auec laquelle ils empeschoient le Commerce aux autres Nations. Dés les premiers voïages que les Hollandois firent aux Indes, ils reconneurent que les marchandises qui se trouuent à S. Thomas, se pouuoient transporter auec beaucoup de profit aux Molucques, à Iaua, Sumatra, Amboyna, & autres endroits des Indes. Ils obtinrent du dernier Roy de Bisnagar, la permission de pouuoir trafiquer en ce Pays, & d'establir vne Factorerie à Pallecatte, auec six ou sept Hollandois pour negocier. Les Portugais de S. Thomas qui ne pouuoient souffrir qu'ils s'establissent si proche, se mirent en mer, & vinrent attaquer la maison des Hollandois. Ils se rendirent, apres s'estre deffendus quelque-temps. On les mena prisonniers à S. Thomas ; d'où quelques-vns se sauuerent, & entre-autres le principal Facteur, de qui ie tiens cette Relation.

La ville de Pallecatte, comment les Hollandois se sont rendus les maistres, & de son Chasteau.

Le Roy accorda depuis aux Hollandois la permission de bastir vn Fort pour s'asseurer des insultes des Portugais, à condition toutefois que la garnison seroit my-partie, moitié d'Hollandois, & moitié de ceux du païs : Il arriuoit tous les iours quelque querelle entre deux nations si differentes. Le Roy ennuyé d'en entendre parler dauantage retira ses Sujets, & laissa les Hollandois en pleine possession de ce Fort : Ils ont accreü depuis cette Place, l'ont fortifiée, & la nomment maintenant Gueldria, depuis le Traité de l'année 1619. Ceux de nostre Nation ont fait la moitié de la dépense de la Garnison, & cependant ne iouïssent point des auantages qu'on a tirez depuis de l'establissement de cette Place. Ie n'oserois parler dauantage de l'injustice de leur procedé, de peur que l'on croye que ie parle auec passion, & comme interessé dans vne querelle qui m'est commune auec tous ceux de nostre Nation. Ainsi les Portugais qui n'auoient pû au commencement souffrir cinq ou six Hollandois proche d'eux, sont maintenant bridez par vne Garnison qu'ils ne pourront apparamment iamais chasser de ce païs là ; car ils ne sont pas assez forts à S. Thomas pour l'entreprendre, & le Vice-Roy des Indes ne les aidera pas dás vn sẽblable dessein. Les Portugais de S. Thomas ne payent iamais rien pour les affaires generales des Indes ; Ils ne seruent point le Portugal de leurs personnes, & passent pour rebelles aussi bien que ceux de Bengale ; par cette raison ils ne doiuent pas attendre de protection de leurs Princes, ny de secours de leurs Vice-Roys.

Ils se sont contentez depuis peu d'exciter sous main quelques Naickes contre les Hollandois, ils les assiegerent dans la ville de Pallecatte, mais ces troupes ne demeurent pas long-temps sur pied. Ils leuerent le siege apres en auoir receu quelque argent. Il faut auoüer que les Hollandois gardent vne conduite fort prudente ; ils n'entreprennent point sur ceux du Pays ; ils n'en tirent aucune contribution, & se contentent d'y establir leur trafic, & d'empescher celuy des Portugais.

Masulipatã.

Masulipatan est le principal Port du Royaume de Golconda, il est sous le seiziéme degré trente minutes latitude Septentrionale : La Compagnie Angloise des Indes Orientales y tient vn Agent ou vn President & des Facteurs, comme aussi à Petapoly. I'y ay passé huict années en qualité de President des affaires de cette Compagnie ; c'est ce qui m'a donné la hardiesse d'entreprendre de satisfaire la curiosité des Purchas, qui m'a prié d'écrire vne Relation de ce pays. Masulipatan est vne petite ville mal bastie & encores plus mal scituée, mais qui ne laisse pas d'estre fort peuplée : Toutes ses eaux sont salées ; car quand la Marée hausse

Vvill. Floris establit ces Facteuries, cõme vous le pouuez voir dans sõ voïage.

elle y monte prés d'vn mil auant dans le pays. C'estoit au commencement vne pauure retraite de pescheurs, & c'est delà qu'elle tire le nom qu'elle retient encore. La commodité de sa rade y attire les marchands, & son trafic a tousiours esté en augmentant depuis que ceux de nostre Nation ont commencé à y venir. Son climat est fort sain; ils diuisent leurs années en trois saisons; les mois de Mars, d'Auril, de May & de Iuin font celle de l'Esté; car en ce temps-là, non seulement l'approche du Soleil échauffe leur Pays, mais le vent au lieu de le temperer l'augmente: Il y souffle ordinairement vers la my-May vn vent d'Oüest qui eschauffe encor' plus le Pays que le Soleil mesme. La chaleur y est aussi grande, que l'on sent lors qu'on est proche d'vne maison qui brusle; tellement que dans les chambres les mieux fermées, le bois des chaises & des tables y est tellement eschauffé qu'on ne le peut toucher; & que l'on est obligé de jetter continuellement de l'eau dessus & sur le plancher des chambres; mais cét excez de chaleur ne dure que six ou sept iours en toute vne année, & depuis seulement neuf heures du matin iusques à quatre heures apres midy; car il vient apres vn air frais de la Mer qui la tempere agreablement. Ceux du Païs qui sont obligez de voyager durant ces grandes chaleurs en sont quelquefois estouffez; ce qui est aussi arriué à vn Hollandois qui voyageoit dans vn Pallanquin, & à vn de nos Anglois qui ne fit qu'vne demie lieuë pour aller iusqu'à la Barre du Port. Les moindres chaleurs de leur Esté surpassent encore de beaucoup les plus grandes chaleurs que nous auons en Angleterre, & dureroient tout le mois de Iuillet, d'Aoust, de Septembre & d'Octobre, mais les pluyes continuelles rafraîchissent l'air & la terre, & viennent en si grande abondance qu'elles inondent tout le Païs. Les habitans en reçoiuent le mesme auantage que les Ægyptiens tirent du Nil; car ils sement dans ces terres ainsi preparées leur Rys & les autres grains sans esperer d'autre pluye que huict mois apres. Ils content leur Hyuer au mois de Decembre, Ianuier, Feurier, mais il y fait aussi chaud qu'au mois de May en Angleterre; ainsi les arbres y sont tousiours verds & tousiours chargez de fruicts murs. On y fait deux moissons de Rys; il y a mesmes des terres qu'on despoüille trois fois, & celles qu'on ne seme qu'vne fois rendent extremement; ils sement vne espece de legume que nous n'auons point en Angleterre; ils ont de l'orge, mais ils en mangent peu; le Betle leur tenant lieu de tous les autres herbages dont nous nous seruons. Ce Pays est fort fertile, tout y est à bon marché, ce qui vient principalement de l'abstinence que font les habitans, & de ce qu'ils ne mangent d'aucune chose qui ait vie. L'on y a huict poules pour quatorze sols, vn mouton pour onze, & tout le reste à proportion, ces choses estant encore à meilleur compte hors de la ville.

Mesil en Persan, signifie du poisson; & Patan en Indien, signifie vne ville.

Saisons de l'année.

Ce Royaume aussi bien que les autres Royaumes des Indes, prend son nom de la ville de Golconda, lieu de la residence de son Prince. Les Mores & les Persans l'appellent Hidraband; elle est esloignée du costé de Masulipatan de vingt-huict lieuës du Pays, dont chacune fait neuf de nos miles d'Angleterre. On fait ce chemin ordinairement en dix iours. Cette ville passe pour la mieux scituée de toutes les Indes, à cause de la douceur de son climat, de la bonté de ses eaux, & de la fertilité de son terroir. Le Palais du Prince surpasse aussi en magnificence tous les autres des Indes. Il a 12. miles de circuit tout basti de pierre; & aux endroits où nous employons icy le fer, comme aux barreaux des fenestres, c'est de l'or massif. On tient ce Prince pour le plus riche des Indes en Elephans & en pierreries. Il tire son origine des Persans, & a retenu leur Religion, qui differe en beaucoup de choses de celle des Turcs. I'en ay descrit la difference fort au long dans mō voyage, & ie n'ay rien à y adiouster icy, sinon qu'vn nommé Meéne qui se vantoit d'estre de la race de Mahomet, me disoit qu'il prieroit plustost Dieu pour vn Chrestien, que pour vn Sunée, c'est à dire vn Mahometan heretique. Ce Prince & tous ses predecesseurs ont gardé le tiltre de Cotubsha, dont ie me

Golconda.

Le mille d'Angleterre est de 5000. pieds de Roy.

Les Persans sont appelez Seavv.

Cotub en Arabe signifie l'essieu, cōme si ces Rois estoiét l'appuy & le soustié de Mahomet.

souuiens d'auoir leu l'origine dans Linschot. Il se maria au temps que i'estois dans le Pays auec la fille d'Adelsha Roy de Visiapour. Il a trois autres femmes, & au moins mil concubines : Il n'y a rien de plus commun parmy eux que d'auoir plusieurs femmes ; & de toutes les choses que ie luy pouuois dire de l'Europe, il n'y en auoit point qui l'estonna dauantage ; & comme il disoit, qui fut plus honteuse & plus deplorable, qu'vn Roy d'Anglererre qui auoit trois Royaumes, fust reduit à n'auoir qu'vne seule femme. Il est engagé dans vne ligue deffenduë auec *del Sta*, & *Sha*, contre le Mogol, mais les meilleures armes qu'ils employent pour s'asseurer contre ses enrreprises, sont les presens qu'ils luy font tous les ans, & trouuent plus auantageux d'acheter le repos que d'entrer en guerre. Il a de reuenu 25. leckques de Pagodes qu'il tire de tous ses Sujets, qu'on peut dire estre tous ses Fermiers. Ce Roy, comme presque tous les autres Roys des Indes est maistre de toutes les terres de son Païs ; elles sont diuisées par Gouuernemens ; que les Gouuerneurs tiennent à ferme du Roy, & les diuisent en plusieurs portions qu'ils sousferment à d'autres, & ceux-là à d'autres inferieurs, tant que cette subdiuisió vienne iusqu'au peuple qui est fort miserable ; car lors qu'il ne peut pas payer sa ferme, il faut qu'il quitte le Païs ; Sa femme, ses enfans, ses freres & ses parens respondent de sa debte : Pour ce qui est des grands Fermiers & Gouuerneurs, quand ils manquent à satisfaire à leur payement, ils sont battus à coups de canne, comme il arriua au Gouuerneur de Masulipatan, qui mourut des coups qu'il receut sur le col, sur le vẽtre, sur le dos, & sur la plante des pieds. Tous les ans au mois de Iuillet, on expose en vente les Gouuernemens, on les donne au plus offrant ; tellement que dans ce peu de temps que dure leur bail, il n'y a point d'exaction ny de violence qu'ils ne pratiquẽt. L'on compte dans le Pays soixante & six places fortes ; les soldats des Garnisons n'ont que cinquante sols par mois, & encore en sont-ils mal payez. La pluspart de ces châteaux ou places fortes sont sur des rochers de fort difficile accez. I'en ay veu trois, Cundapoly, Cundauera, & Bellum-Cunda. Le mot de Cunda signifie en cette langue, vne montagne. Vn iour que j'eus occasion de rendre visite au Gouuerneur de la ville de Cundapoly, j'eus la curiosité d'entrer dans le Chasteau. Il me dit que luy-mesme qui estoit Gouuerneur du Pays, n'y pouuoit pas entrer sans vn ordre exprés du Prince, & que cét ordre ne s'obtenoit qu'auec beaucoup de peine. Il me dit que cette forteresse estoit composée de 60. differens forts tellement situez, qu'ils se commandoient l'vn l'autre, & qu'ils enfermoient des campagnes de grandes estenduës, où il y a toutes sortes d'arbres fruictiers, & où ils recueillent du Rys ; telle fût la Relation que m'en fit le Gouuerneur de Cundapoly. Pour moy, qui consideray de loin cette place, elle me parut sur le haut d'vne roche escarpée de tous costez, hormis du costé du chemin tres-estroit qui y conduit. Auec cela, elle ne laisse pas d'estre enfermée d'vne muraille auec quelques tours & bastions qui la flanquent. Ceux qui ont basty cette place, se sont seruis de l'auantage du lieu : & comme elle ne peut estre minée, & qu'elle commande à tout le Pays qui est autour ; c'est vn vray lieu de retraite pour vn Prince qui auroit perdu vne bataille. Ce Chasteau entretient correspondance auec celuy de Cundauera, qui en est éloigné de vingt-cinq milles. Par le moyen des feux qu'ils se font de nuit, l'exercice de toutes sortes de Religions est libre en ce Pays. Les personnes de qualité sont de la Religion du Roy, mais celle des naturels du Pays qui sont Gentils, est la plus suiuie. Ie ne puis m'empescher de dire quelque chose de cette Religion des Gentils ; leurs Prestres ou Docteurs de leur Loy, sont appellez Bramenes ; ils disent qu'au commencement il n'y auoit qu'vn seul Dieu ; qu'il s'en est depuis associé d'autres, les choisissant d'entre les hommes qui ont vescu sur la terre ; ils érigent des Temples ou Pagodes à leur memoire, & leurs addressent leurs prieres dans leurs necessitez.

Sentiment du Roy de Golconda, sur le mariage du Roy d'Angleterre.

Le Pagode vaut à peu prés vn écu d'or de Frãce.

Forteresse de Cundapoly.

Ils tiennẽt l'ame immortelle, & qu'elle passe d'vn corps dans vn autre, selon qu'a vescu le dernier hõme, dans lequel elle s'est trouuée ; & c'est de là que vient cette crainte qu'ils ont de rien manger qui ait eu vie. Pour ce qui est des ceremonies qu'ils obſeruent lors qu'ils ſe lauent & qu'ils mangent, ils les tiennent de leurs predeceſſeurs. Ils ont vne fort bonne morale, l'homicide & le vol ſont des crimes inconnus en ce Pays-là; mais ils prennent toutes ſortes d'auantages dans les Traitez qu'ils font. La Poligamie ou multiplicité des femmes eſt permiſe, cependant il y en a beaucoup qui ne ſe ſeruent pas de cette permiſſion, ſi ce n'eſt lors que leurs premieres femmes ſe trouuent ſteriles. Il ne ſ'y parle gueres d'adulteres, & la couſtume punit les femmes qui ſ'en trouuent conuaincuës. Pour ce qui eſt des filles & des vefues, il n'y a que la ſeule modeſtie qui les retienne. Ces peuples ſont diuiſez par Tribus ou lignées. Ils diſent qu'il y en a pour le moins quarante-quatre. Ils ſe diſtinguent par là les vns des autres, & tiennent leur rang ſelon les prerogatiues de leur Tribu. Ainſi le plus pauure Bramen precedera le plus riche des Comiti, à cauſe que la Tribu de ces Bramens doit preceder l'autre. Ces Bramens ſont les Preſtres du Pays, & les Docteurs de leur Religion. Ils entendent fort bien l'Arithmetique, & les Marchands Mahometans les employent ordinairement pour faire leurs comptes. Ils écriuent ſur des feüilles de palmites auec vne pointe de fer, & tiennent par tradition de leurs anceſtres, les ſecrets de la Medecine, de l'Aſtrologie, & des autres Arts qu'ils pratiquent, & ne les communiquent iamais à ceux des autres Tribus. Ils ſont aſſez bons Aſtrologues, & ne reüſſiſſent pas mal dans les predictions des éclipſes: ce qui leur a acquis vne ſi grande reputation parmy les Gentils & parmy les Mores, qu'ils n'entreprennent point de voyages ny de grandes affaires ſans les auoir conſultez auparauant ſur l'heure à laquelle ils en doiuent commencer l'execution. I'ay veu le Gouuerneur de Maſulipatan attendre dix iours l'heure de faire ſon entrée en ſon Gouuernement. Il y a deux Roys de cette race ou Tribu, le Samorin Roy de Kalecu, & le Roy de la Cochinchine. La lignée appellée Fãgam, tient le ſecõd rãg apres les Bramenes. Ils obſeruent les ceremonies des Bramens, & ne prennent point d'autres nourritures que du beurre, du laict, & toutes ſortes d'herbages, excepté l'oignon, auquel ils ne touchent point à cauſe de certaines veines qui ſ'y trouuent, & qui leur paroiſſent auoir quelque reſſemblance auec du ſang.

Tous les Habitans diuiſez par Tribus.

Tribu des Bramens.

Tribu des Fangams.

L'E. de C. dit vne autre raiſon, & que c'eſt à cauſe qu'eſtãt ſuſpendu au plancher & hors de terre, il germe, tirant de là vne induction que c'eſt vn animal.

Les Comitis compoſent l'autre Tribu; ſont tous Marchands dans le Pays, & rauiſſent d'vn coſté & d'autre les toiles de cotton pour les reuendre en gros aux Marchands eſtrangers. Ils ſe mélent auſſi de changer les monnoyes, en quoy ils ſont tres-habiles; & à la ſeule veuë d'vne piece d'or, ils en connoiſſent la valeur interne à vn grain prés. Ils jugent auſſi fort bien de la bonté de toutes ſortes de Marchandiſes; ſi bien que l'auſterité de leur vie, & cette grande connoiſſance qu'ils ont, me fait croire qu'ils tirent leur origine des Banians, qu'ils leur reſſemblent dans l'vne & dans l'autre de ces qualitez.

Tribu des Comitis.

Campo-varo eſt la Tribu qui ſuit apres: elle eſt composée de Laboureurs, de gens de trauail, & des ſoldats des Garniſons. Cette Tribu eſt plus nombreuſe que les autres. Ils mangent de toutes ſortes de viandes, à l'exception du bœuf; mais il n'y a point de neceſſité qui les peuſt obliger de tuer vn Bœuf ou vne Vache. La raiſon qu'ils en apportent, eſt que leur Pays tire preſque toute la ſubſiſtance de ces animaux. Ils leurs donnẽt le laict & le beurre, & croyent que c'eſt de luy qu'ils tiennent auſſi les fruits de la terre, à cauſe qu'ils ſeruent à labourer; tellement que ſelon leur ſens, c'eſt la plus grande inhumanité qui ſe puiſſe imaginer, de tuer tous les iours & de manger vn animal dont on tire tant de ſeruice; tellement que pour rien du monde, ils ne venderoient aux Anglois ny aux autres Europeens, vn Bœuf ny vne Vache, quoy qu'entre-eux elles ne ſe vendent que quatre francs ou cent ſols.

Tribu des Campo-varo.

L'autre Tribu eſt des femmes de débauche. Il y en a de deux ſortes; les vnes ne ſe proſtituent qu'aux gens qui ſont d'vne Tribu plus noble que la leur, & iamais à ceux d'vne Tribu inferieure; les autres ne refuſent perſonne, & tiennent ce genre de vie de leurs anceſtres, qui ont fait le meſme meſtier. En effet, leurs filles, ſi elles ſont belles, ſont éleuées dans ce deſſein; autrement ſi on ne les eſtime pas aſſez bien faites pour y reüſſir, on les marie auec des hommes de cette meſme Tribu;

Tribu des femmes de débauche, de deux ſortes.

& les filles qui viennent de ce mariage, reparent le dés-honneur de leurs meres qui n'ont pas esté jugées assez belles pour faire ce mestier; tellement que cette succession n'est iamais interrompuë. On fait apprendre à ces jeunes filles à danser, & leur principal soin est de leur rendre le corps souple dés leur jeunesse: Apres auoir esté ainsi éleuées, elles font des postures que l'on croiroit impossibles. I'ay veu quelquesfois vne fille de 8. ans, leuer l'vne de ses jambes aussi droite par dessus sa teste, que j'aurois pû leuer mon bras, estant cependant debout, & se soustenant sur l'autre. Ie leur ay veu mettre les plantes de leurs pieds sur leurs testes: Enfin, elles passēt en cela nos plus habiles danseurs de corde; elles ne doiuēt point d'autre tribut au Roy, que de se rendre vne fois l'année à Golconda, pour faire toutes sortes de postures deuant ce Prince; où celle qui y reüssit le mieux, reçoit vn present de Sa Majesté. Elles satisfont de mesmes les Gouuerneurs des Prouinces, & dansent deuant eux lors qu'ils le commandent; mais elles se font payer de tous les autres qui les employent aux occasions des Festes, des arriuées des Vaisseaux, des Circoncisions, & des autres réjouyssances. Il y en a entre-elles de fort riches, de fort bien mises, & qui ont sur elles quantité de pierreries. Pour leurs habits, ils sont de toile de cotton, ou de quelque estoffe de soye fort legere; elles portent vn corps de sarge, auec des manches qui ne leur viennent que jusques au coude; aux bras elles portent des bracelets d'or, auec des rubis & des émeraudes; elles ont toutes des pendans d'oreilles; il y en a mesme quelques-vnes qui ont les narines percées, & qui y mettent vne bague auec vne perle ou vn rubis; elles ont à leur col des filets de perles ou de corail; & pour leur coëffure, elles releuent leurs cheueux auec vn nœud qu'elles font sur leur teste.

Tribu des Artisans.

Les Charpentiers, les Massons, les Orfévres, & les Marchands, font vne autre Tribu. Les derniers de tous sont les Piriaues; ils ne sont reçeus dans pas vne des autres Tribus; on ne leur permet point de demeurer dans les Villes: & si par hazard ceux des autres Tribus s'estoient frottez contre-eux, ils seroient obligez à s'aller lauer tout aussi-tost. Leur mestier est de preparer les cuirs, de faire des souliers, d'emballer les Marchandises. Ie n'ay iamais veu de gens plus sales.

Les Peintres font vne Tribu à part; comme aussi les Selliers, les Barbiers, & ceux qui portent les Pallāquins.

Il faut que j'adjouste icy quelque chose de ceux qui portent les Pallanquins: huict de ces hommes vous porteront auec vn matelats & des coussins, trente-six de nos milles d'Angleterre en vn iour. Ils sont tousiours quatre, & se succedent les vns aux autres; ils s'accoustument à ce trauail dés leur jeunesse. Toutes ces Tribus ont vne mesme Religion & vn mesme Pagode ou Temple d'Idoles où ils s'assēblent, mais dās ce Temple ils choisissent chacun leur Idole. Ces Pagodes sont ordinairement fort obscurs, & n'ont point d'autre lumiere que celle qu'ils reçoiuēt des portes qui sont tousiours ouuertes: ils seruēt aussi de retraite à ceux qui voïagent; car le Bramen qui y demeure, n'en occupe qu'vn petit coin. Ils n'ont en toute l'année qu'vne seule Feste, à laquelle chacun se rend aux pieds de l'Idole qu'il adore. On void ce jour-là des milliers de ce Peuple qui s'y rendēt. Ils jeûnent 24. heures; ils se lauent; ils attachent des lampes le plus proche de l'Idole qu'ils peuuent, & luy font des prieres chacun selon ses necessitez; il y en a mesme qui viennent pour voir leurs amis & leurs parens. L'on void sur le chemin des gueux qui ont des inuentions admirables pour exciter à compassion les passans; car ceux qui n'ont point de défaut, se roulent tous nuds sur des épines; d'autres s'enterrent dans vne fosse jusques au col. Sur la minuit on porte le Pagode au son des trompettes, & on tire quantité de feux d'artifices, que ces Peuples preparent fort bien. Entre ces Idoles, ils en ont vne qui est des plus adorées; c'est vn bloc de pierres qu'ils disent ressembler d'autant mieux à la Diuinité, qu'il n'a aucune figure semblable à ces Atheniens qui auoient dressé vn Temple au Dieu inconnu. Ils ont 4. autres Festes principales, dont la solemnité se passe dans l'eau de la Mer. Ils se rendent ce jour-là sur ses bords: ils s'y lauent sous la direction de leurs Docteurs ou Bramenes, qui prononcent certaines paroles en leur jettant de l'eau. Le Bramen & ceux du Peuple qui reçoiuent la Benediction, sont dans ce temps-là dans l'eau jusques à la ceinture. Ils se font tous les iours de nouuelles Idoles, leur donnant des figures qui leur sont venuës en songe, & font vœu quelquesfois de ne point manger jusqu'à ce qu'ils ayent acheué de les tailler ou de les fondre. I'en ay veu vne de pierre noire de quatre pieds de haut; elle representoit vne figure humaine; ils disoient que si l'on eust jetté sur sa teste vn boisseau de Rys, tous les grains se seroient arrestez sur cette Idole, sans qu'il en tombast vn seul grain à terre. Vn autre m'asseuroit qu'vn homme qui se seroit coupé la langue deuant son Idole, il luy en seroit reuenu vn autre en la place; mais il n'en voulut point faire l'experience. On m'en fist voir vne troisiéme, ceux du Pays asseuroient, que si on mettoit quelque quantité de miel de Sorbec, ou de quelque autre liqueur que ce fust, dans vn trou qui en estoit proche, il ne s'y en perdroit justement que la moitié; Que d'vne pinte le trou en auroit retenu vne chopine, & vn demy muid d'vn muid entier. Ils adorẽt vne autre Idole qui fait venir, ce disent-ils, les maladies, & particulierement la petite verole: Pour mieux exprimer les desordres de cette maladie, ils la representent par la figure d'vne grande femme maigre, ou plustost d'vne Furie qui a deux testes, & quatre bras. En voïageant vn iour en ces quartiers, ie fus obligé de passer la nuict dans le Temple de la petite verole: celuy qui l'auoit basty, me raconta que cette maladie s'estant mise dans sa famille, il auoit fait vœu de luy bastir ce Temple, & qu'elle auoit cessé tout aussi-tost. Les plus deuots & moins riches, luy font vn autre vœu encore plus extrauagant; je fus exprés pour en voir l'execution vn iour, qui sembloit estre destiné pour ces spectacles.

Leurs Idoles, & les miracles qu'ils supposent.

Temple de la petite verole.

On fait deux ouuertures auec vn cousteau dans les chairs des espaules de celuy qui a fait ce vœu; on y passe les pointes de deux crocs de fer; ces crocs tiennent au bout d'vn grand arbre ou piece de bois posée sur vn essieu, qui est porté par deux roues de fer, en sorte que la piece de bois a son mouuement libre: d'vne main il tient vn poignard, de l'autre vne espée: on l'eleue en l'air, & par le moyen des roues on luy fait faire enuiron vn quart de lieuë de chemin. Il fait cependant mille actions auec ses armes, & il y a lieu de s'estonner comment la pesanteur de son corps ne fait point rompre l'endroit de la peau par laquelle il est attaché: On en accrocha quatorze en ma presence les vns apres les autres, pas vn desquels ne se plaignit de ce martyre: on met vn appareil sur leurs playes, & retournent au logis auec vn fort mauuais visage, & le corps en piteux estat. Ils ont des dieux gardiens de leurs maisons; le chef de la famille en a le soin; ils leur font vne feste, & les enfans mangent ce qui leur a esté presenté dans le Sacrifice. Les peres & les meres choisissent vn party à leurs enfans, ils le choisissent tousiours dans la mesme Tribu; & autant qu'ils peuuent dans la mesme famille, & entre leurs plus proches parens, n'ayant aucun esgard entre-eux aux degrez de parenté. Ils ne donnent rien à leurs filles en les mariant: le mary mesme est obligé de faire quelques presens au pere & à la mere de la fille; il y en a beaucoup qui ne se marient pas, à cause qu'ils n'ont pas assez de bien pour faire cette dépense. Les personnes riches marient les garçons dés l'âge de cinq ans; les filles dés l'âge de trois. I'ay veu beaucoup de ces ieunes mariez, & ils croyent dans le païs que c'est vne grande prudence de les marier de la sorte: car, disent-ils, ils sont tousiours mariez du viuant de leurs peres, qui choisit mieux leur party qu'ils ne feroient pas eux-mesmes. Quand le garçon a douze ou treize ans, & la fille dix ou onze, le mariage se consomme, & i'en ay veu acoucher qui n'auoient que douze ans. Le iour du mariage on porte les mariez dans vn Pallanquin; on les promeine dans les places publiques de la ville auec des musiciens, & la troupe des courtisannes qui dansent à la teste du cortege, & s'arrestent aux portes des maisons des grands Seigneurs ou on leur fait quelques regales: quand ils sont retournez au logis, le Bramen estend vn drap entre le mary

Le vœu qu'on luy fait de se faire accrecher.

Mariages.

& la femme, & dit quelques prieres : il commande apres au mary de passer la jambe par dessous le drap, & de presser de son pied, qui est nud, le pied de l'épousée qui est de mesme, comme vn prelude de la consommation du mariage qui se doit faire en suite. S'ils sont trop jeunes, la consommation est remise à vn autre temps; s'ils sont en âge, on les remene à la maison du pere du garçon, ou en celle du plus âgé de ses freres; car les freres & ceux d'vne famille, quoy que fort nombreuse, ne se separent guere; ils rapportent en commun tout ce qu'ils gagnent, rendent grand respect à leurs parens, & viuent dans vne grande vnion. Si le mary meurt, la veufue ne peut plus se remarier, pas mesme celles qui ont esté mariées à l'âge de trois ou quatre ans, & dont le mariage n'a pas esté consumé. C'est vne malheureuse condition que celle de ces veufues qui ont leur pucelage, on ne leur permet point de sortir; s'il y a quelque fatigue à faire dans la maison, elles en sont tousiours chargées : on ne leur souffre point de beaux habits, de pierreries, ny d'autres ornemens : en fin on les tient de si court, que la plupart s'enfuïent pour mener vne vie plus libre, mais il faut qu'elles la passent loin de leurs familles, pour se mettre à couuert du danger d'estre empoisonnées par leurs parens, qui en feroient gloire dans ce rencontre.

Ils ne baptisent ny ne circoncisent point leurs enfans : Ils ne font point d'autres ceremonies à leur naissance que de leur donner vn nom qui est pris ordinairement de leurs peres de la Tribu dont ils sont, ou quelque epitete qui marque quelque defaut ou qualité de leurs personnes. Les femmes en ce païs accouchent presque sans peine, & se lauent ordinairement deux ou trois iours apres s'estre déliurées de leurs enfans: il y en a mesme qui le font dés le premier iour. Leurs enfans ne leur dõnent pas plus de peine à éleuer, car iusqu'à l'âge de 7. à 8. ans elles les laissent tout nuds; ils se roulent par terre iusques à ce qu'ils puissent marcher, & en les lauant souuent dans l'eau, elles les tiennent fort nets. Les enfans des personnes riches sont éleuez auec plus de soin, mais sans habits; & on ne leur en donne point que les iours de feste : Les hommes qui sont sortis de l'âge de l'enfance portent vne piece de drap de coton blanc, qui leur pend depuis la ceinture iusqu'aux genoux, & vne espece de manteau sur les espaules, qui leur couure iusqu'au milieu du corps : Ils releuent leurs cheueux, qu'ils laissent croistre comme les femmes, portent le Turban, des anneaux aux oreilles, auec de petites perles & des chaînes de ginebra ou d'argent à leur col : car il y en a peu qui puissent en auoir d'or. Ils ne sont pas tout à fait noirs, mais oliuastres, les vns neantmoins plus blancs que les autres, & la plupart bien faits de leurs personnes, robustes, & assez ciuils dans leur cõuersation. Ceux de nostre Nation ont eu sujet de s'en loüer dans le temps de leur residence dans le pays. Les artisans d'vne mesme Tribu trauaillent tous pour mesme salaire, & ce salaire est peu de chose. Le marchand & l'orpheure quoy que l'vn fasse des fers à ferrer, & l'autre des chaînes d'or, ne gagneront que la valeur de cinq ou six sols en vn iour, & dans nos maisons nous estions fort bien seruis par des gens ausquels on ne donnoit qu'vne piece de cinquante huict sols par mois sans les nourrir. Ceux qui portent les Pallanquins ne gagnent pas dauantage, encore sont-ils obligez de faire quelques coruées pour le Gouuerneur. La grande abondance du Païs, & la diette continuelle de ces peuples, fait que les viures y sont à grãd marché. Quand ils meurent on en brusle les vns, & l'on jette les cendres dans la plus proche riuiere. L'on enterre les autres assis les jambes croisées, comme ils s'asseent ordinairement. Il faut que ie rapporte ce que i'ay veu de ces femmes qui se font brusler sur les corps de leurs maris. C'est vne Tradition receuë entre ces Indiens, qu'autrefois les femmes de ce Pays estoient si portées à la débauche, qu'elles empoisonnoient ordinairement leurs maris pour la faire auec plus de liberté; ce fut l'occasion d'vne Loy que l'on y establit, que les femmes se brusleroient sur les corps de leurs maris, ce qui se pratique encore maintenant dãs l'Isle de Baly proche de Iaua, mais en ces derniers temps

Femmes qui se brûlent sur le corps de leurs maris.

temps on a reformé la rigueur de cette Loy, & la veufue est seulement obligée à ne se point remarier, on permet toutesfois à celles qui se veulent brûler la liberté de le pouuoir faire : Ce qui arriue quelquesfois; car elles croyent que mourant de la sorte leurs ames tiendront compagnie à celles de leurs maris dans les transmigrations qu'elles ont à faire. Ie me suis trouué à deux de ces spectacles; le premier fut de la femme d'vn Tisseran âgée de vingt ans; elle se para le mieux qu'elle pût, & se fit accompagner de ses plus proches parens & amis; elle se reposa quelque temps sur le bord de la fosse où elle deuoit estre bruslée, entretenant cependant auec vn esprit fort tranquile ceux qui venoient prendre congé d'elle : Elle mangeoit quelquefois des feüilles de Béttele, marquant mesme auec les mouuemens de son corps, la cadence de la musique qui estoit là, & qui faisoit partie de ce spectacle. Nous en fusmes auertis dans la Ville, & nous courusmes en grande diligence pour y arriuer à temps. Ils s'imaginerent nous voyant venir auec cette haste, que le Gouuerneur nous auoit enuoyez pour empescher cette femme de se brûler; & ils en presserent l'execution. Quand nous arriuâmes, ils jettoient desia de la terre sur son corps; Car chacun des parens tient vn pannier plein de terre qu'ils jettent tous en mesme temps. Nous remarquasmes qu'vn de ses parens s'approcha de la fosse, & l'appella par son nom. Il nous voulut faire croire qu'elle luy auoit répondu, & qu'elle luy auoit dit qu'elle estoit fort contente de la resolution qu'elle auoit prise. On éleua sur cette fosse vn peu de terre, & ils s'en retournerẽt fort glorieux d'auoir eu vne parente si genereuse. L'autre estoit vne femme de la Tribu de Campo-varo; celle-cy apres s'estre preparée comme la precedente, chantoit en s'approchant du bûcher, *Bama-Narina, Bama-Narina*, qui est le nom d'vne de leurs Idoles, & se jetta dãs la fosse où son mary brûloit : ses parẽs & amis l'eurent plustost couuerte de terre, que le feu ne l'eût brûlée. La troisiéme estoit la femme d'vn Orfévre; son mary estant mort, elle se resolut de le suiure; elle vint trouuer chez moy auec ses parens, le Kutual ou Magistrat de la Police, pour obtenir de luy cette permission. Le Kutual luy répondit qu'elle l'allast attendre à son logis, & qu'ils parleroient de cette affaire, taschant cependant à la détourner de ce desespoir, & luy disant qu'il auroit soin de sa personne. Cette femme témoigna faire peu de cas de ses offres, & partit mal satisfaite, disant qu'il luy pouuoit bien refuser cette permission; mais non pas l'empécher de mourir de quelque autre genre de mort. Peu apres, on me dit qu'elle s'estoit penduë; la chose arriua à Masulipatan, où ils sõt presque tous Mahometans, & ne permettẽt pas aux Gentils d'executer ces cruelles coustumes. Pour la quatriéme, ie rapporteray ce que j'ay appris d'vn de nos Facteurs. Il me disoit, que voyageant à la campagne pour les affaires de nostre Compagnie, il vid de loin vn grand concours de Peuple; que s'en estant approché, il trouua que c'étoit vne femme qui s'alloit brûler sur le corps de son mary. Il mit l'épée à la main auec ceux de sa troupe; & ayant écarté ceux qui assistoient à ce spectacle, il tascha de persuader de viure à cette femme qui estoit demeurée toute seule, l'asseurant de la prendre en sa protection, & de la deffendre de l'importunité des parens de son mary; mais elle ne se laissa point persuader, luy dit qu'elle ne souhaitoit rien tant que la mort : Si bien que l'abandonnant à son desespoir, il permit aux Indiens de s'en r'approcher, & d'acheuer cette triste ceremonie, dont il fut le spectateur.

Femmes qui se bruslent sur le corps de leurs maris.

I'ay entendu dire à beaucoup de gens, que la Mine des diamans auoit esté trouuée par hazard; & qu'vn Berger gardant son troupeau à la campagne, & ayant donné du pied contre vne pierre qui luy parut auoir quelque éclat, il l'auoit ramassée, & l'auoit venduë pour vn peu de Rys à vn Committy, qui ne la connoissant pas, l'auoit aussi reuenduë à vn autre de sa Tribu, sans en tirer grand profit; qu'elle auoit ainsi passé en plusieurs mains, jusques à ce qu'enfin elle tomba entre celles d'vn homme qui en reconnut la valeur. Ce dernier marchand chercha

Description de la Mine des diamans de Golconda

ſoigneuſement les perſonnes par les mains de qui elle auoit paſſé, & trouua en fin le lieu de la Mine. La choſe ayant eſté diuulgée, le Roy en prit poſſeſſion, & les Ioaliers de tous les pays d'alentour ſ'y rendirent. Pour moy, ie me reſolus d'y faire vn voïage auec le Sieur Soccore Gouuerneur du Fort, & le Sieur Thomaſon Marchand; nous voulions voir principalement l'ordre que l'on garde en cette Mine, & conſiderer l'endroit d'où l'on tire vne choſe ſi precieuſe. Nous fûmes quatre iours en chemin, & trauersâmes vn Pays deſert, ſterile & plein de montagnes; tellement que nous trouuâmes que la Mine eſtoit à cent huit milles de Maſulipatan. Nous logeâmes dans l'Hoſtellerie; & d'abord pour ſatisfaire à la couſtume du Pays, nous allâmes voir le Gouuerneur; c'eſtoit vn Bramene nommé Ray Ravv; il eſtoit là par l'ordre du prince pour receuoir ſon droit & pour adminiſtrer la Iuſtice à toutes les differentes Nations que l'auidité du gain y attire. Il nous receut fort bien, & nous fit voir de fort beaux diamans qui appartenoient au Roy, & vn entre-autres de trente quarats, qui ſe pouuoit tailler en pointe; mais qui n'eſtoit pas parfait. Nous retournâmes à la Mine le iour ſuiuant; elle eſt éloignée de la Ville de deux lieuës. Il y a bien trente mille perſonnes qui y trauaillent; les vns foüiſſent la terre; les autres en empliſſent des baquets; les autres en puiſent l'eau; d'autres portent la terre de la Mine en vne place bien vnie & quarrée, ſur laquelle ils l'étendent à la hauteur de quatre ou cinq poulces; ils la laiſſent ſeicher au Soleil, & le iour ſuiuant ils broyent les mottes de cette terre en frappant deſſus auec des pierres: ils ramaſſent apres les cailloux qu'ils ont trouuez dedans; ils les caſſent, & y trouuent des diamans, quelquesfois il ne ſ'y en rencontre point du tout, & cela ſelon la terre qu'ils ont trauaillée: ce qu'ils connoiſſent à la veuë; quelques-vns me diſoient qu'ils le connoiſſoient meſme à l'odeur de la terre ou motte: Quoy qu'il en ſoit, il eſt tres-certain qu'ils le connoiſſent ſans rompre ces mottes & cailloux: Car ie voyois en quelques endroits qu'ils n'auoient fait qu'égratigner vn peu la terre, & que dans d'autres ils auoient foüillé juſqu'à la profondeur de dix ou onze braſſes. La terre de cette Mine eſt rouge; elle a des veines d'vne matiere ſemblable à de la chaux, quelquefois blanche & quelquefois jaune: Elle eſt mélée de cailloux, leſquels ſe leuent attachez pluſieurs enſemble. Ces mottes ſe ſeichent eſtant exposées au Soleil; ils les broyent comme j'ay dit auec des pierres; je pris vne motte, que ie garde encore pour la ſatisfaction des curieux. Ces Mines ne ſe trauaillent point comme celles de l'Europe, où l'on fait des allées ſous terre; ils creuſent droit en bas, & font comme des puits quarrez. Ie ne puis pas aſſeurer ſi ils ſuiuent cette maniere par la cõnoiſſance qu'ils ayent du cours de la veine, ou ſ'ils le font par ignorance; mais ie puis bien aſſeurer qu'ils ont vne maniere de tirer l'eau de leurs Mines, meilleure que toutes les machines que nous y employons ordinairement; ils le font auec des hommes qu'ils placent les vns au deſſus des autres, & qui ſe donnent l'eau de main en main juſqu'à ce qu'ils l'ayent tirée dehors, la diligence eſtant fort neceſſaire à ce trauail: car l'endroit où ils ont trauaillé à ſec toute la nuict, ſe trouueroit le matin plein d'eau à la hauteur d'vne braſſe. La mine eſt affermée à vn nommé Marcanda, qui eſt de la Tribu des Orphévres; il en paye au Roy tous les ans 300. mille Pagodes, le Roy ſe reſeruant tous les diamans qui paſſent dix carats. Ce fermier general diuiſe la Mine en pluſieurs portions par quarrez, & il la ſousferme à d'autres. Le Roy pour eſtre aſſeuré que l'on ne deſtourne point les pierres qui ſont de ſon droit, oblige le Gouuerneur du Pays d'y eſtre ſouuent, & pour faire punir fort rigoureuſement ceux qui entreprendroient de le frauder de ſon droit; mais cette crainte n'empeſche pas qu'on ne détourne quelquefois des diamans de 40. carats. I'en ay veu deux qui approchoient de 20. carats châcun, & pluſieurs de 10. & d'11. mais ils ſe vendent fort cherement. La Mine eſt ſcituée au pied d'vne grande montagne aſſez proche d'vne riuiere nommée Chriſtena. Ce Pays eſt naturellement ſi ſterile, qu'aupara-

La ville dõt eſt queſtion icy eſt celle de Golcõde.

Maniere de tirer l'eau de la Mine des Diamãs.

uant cette découuerte c'estoit vn desert: il est maintenant fort peuplé, & il y a plus de cent mil hommes qui y trauaillent ou qui y trafiquent. Les viures y sont fort chers, car on les apporte de bien loin. Les maisons mal basties, comme ne deuant seruir que pour le peu de seiour qu'on y fait. L'année 1622. la Mine fut fermée; on fit retirer tous ceux qui y estoient; quelques-vns ont creû que c'estoit pour faire augmenter le prix & le debit des diamans, ne voulant pas qu'on en tirast de nouueaux que les premiers qui auoient esté tirez ne fussent vendus: d'autres asseurent que ce commandement fut fait sur vne Ambassade du Mogol, qui demanda au Roy de Golconda trois liures pesant de ses plus beaux diamans. On l'ouurit apres qu'ils se furent accordez sur cette demande; mais à ce que i'apprens, elle est presque épuisée, & l'on y trouue à cette heure fort peu de diamans. Il y a en ce Pays beaucoup de cristal & beaucoup d'autre pierres transparantes qui n'ont pas la mesme dureté, & qui sont de peu de valeur, comme des Grenas, des Ametistes, des Topazes, des Agathes, & semblables pierres tendres. Il y a aussi beaucoup de fer & d'acier qui se transporte en plusieurs endroits des Indes: on vend le fer enuiron 30. sols le cent de liures, & 45. sols le cent d'acier pris sur les lieux, & trois schellings le bon acier: Et comme il le faut faire porter sur des boeufs jusqu'au port de Masulipatan, & qu'ils mettent huict iournées de chemin en ce voyage, on l'y vend jusqu'à quatre francs ou cent sols; le reste de ce Pays ne produit ny or, ny cuivre, ny autres métaux.

Les pierres de Bezoar s'y trouuent en quantité; mais c'est dans vn seul endroit du Pays. Ils tuënt vne infinité de Chévres, & leur ouurent le ventre pour les chercher; ils en trouueront dans quelques-vnes jusqu'à trois ou quatre, les vnes longues, d'autres rondes, mais toutes fort petites. Les plus grosses viennent d'autres Pays; les meilleures se trouuent en Perse. Ils disent que celles de Perse se trouuent dans le corps des Singes; on s'en sert beaucoup dans les Indes, & sont fort cheres par cette raison; il y a peu de profit à en apporter en Angleterre. On a fait cette experience sur ces Chévres; on en prit quatre, & on les transporta à quelques cent cinquante milles de là: on en ouurit deux incontinent apres, dans lesquelles on trouue des Bezoars. On ouurit la troisiéme dix iours apres, on y vid quelque marque qu'il y en auoit eu: & dans la quatriéme qu'on ouurit vn mois apres, on n'y trouua ny Bezoar ny aucune marque ou vestige de pierre. Ils en tirent vne consequence, qu'il faut qu'il y ait en ce lieu-là quelque arbre ou quelque plante; laquelle seruant de nourriture à ces animaux, est cause de la production du Bezoar.

Pa-zahar signifie en Persan la pierre du poison.

On y trauaille toutes sortes de toiles de cotton, mais qui se distinguent aisément de celles qui se font dans tout le reste des Indes. La teinture, ou pour mieux dire la peinture des toiles de ce Pays, car ils peignent les plus fines auec vn pinceau, est la meilleure & la plus belle de toutes celles qui se font dans le Leuant. On a beau lauer ces draps ou toiles, la couleur dure autant que l'estoffe. On tire cette teinture d'vne plante qui ne croist que dans ce Pays, ils l'appellent Chay, & est autant estimée parmy eux, que la Cochenille l'est dans l'Europe.

Teinture, ou plustost peinture des toiles de coté.

L'on y fait aussi de l'Indigo, il est à peu prés de la mesme qualité que celuy qu'on appelle Indigo de Lahor. Les Hollandois en ont acheté vne grande quantité; mais ceux de nostre Nation qui en font de grandes experiences, se trouuent mieux de celuy qu'ils achetent à Surate. Ils ont commencé depuis quelques années à planter du tabac, qu'ils transportent à Moca & à Arecan; mais il n'a pas la force du nostre: ce qui vient, comme ie croy, de ce qu'ils ne le sçauent pas trauailler, n'y apportant autre soin que celuy d'en faire seicher les feüilles au Soleil. Ce sont là les principales commoditez & marchandises du Pays; ils les transportent par toutes les Indes dans leurs Vaisseaux qui sont d'vn grand port, mais dont la structure n'en est pas si bien entenduë que celle des nostres. Ils trafiquent ordinairement dans la Mer-rouge au Mocha, dans l'Isle de Sumatra, à Arecan, à

Indigo.

Tabac.

l'Isle de Zeilan, & au Cap de Comorin.

Leurs nauigations ou commerce.

Ils partent au mois de Ianuier pour aller au Mocha, & retournent au mois de Septembre ou d'Octobre suiuant. Le Roy y enuoye quantité de Rys comme vne aumosne, pour y estre distribuée aux pelerins qui font le voïage de la Meque. Il y enuoye aussi des marchandises pour acheter des cheuaux Arabes; ils n'en mettent que cinq ou six dans vn Vaisseau. Ils sont fort estimez dans le Pays; car ils n'ont point de cheuaux de bonne race; l'on y enuoye aussi du tabac en grande quantité, des fers de lance, des toiles de cotton propres pour faire des turbans, du fer, de l'acier, de l'Indigo, du Benjoin, des gommes, & de la lacque; ils en raportent des camelots, mais sur tout des Sultanins & des pieces de cinquãte huit sols. Au mois de Septembre, leurs Vaisseaux se mettent à la voile pour Achin, Arecan, Pegu, & pour Tannasary; car dans toutes les costes des Indes, les vents sont continuellement six mois d'vn costé, & puis six mois de l'autre, estans seulemen vn peu changeans sur la fin de ces six mois, & ne manquent point de se succeder ainsi les vns aux autres au mois d'Auril & d'Octobre: ils portent à Achin beaucoup de fer, d'acier, des toiles blanches, des toiles teintes, & quelques diamans depuis que la Mine a esté découuerte. Ils en rapportent du Benjoin, du Camfre de Baraussi, du poivre de Priaman, & de Tecoo, des Porceleines, & toutes sortes de marchandises de la Chine.

Moussons.

Ils portent à Arecan du tabac, du fer, vn peu de toiles de cotton peintes, & en tirent pour leur retour de l'or, de la Lacque, mais principalement du Rys qu'ils reuendent auec profit à Pallecatte, & le long de la coste de Narsingue.

On charge pour Pegu des pieces de toiles de cotton peintes de diuerses sortes, ils en retirent des rubis & des saphirs, de l'or, la meilleure lacque qui se trouue, de l'estain, & du vif argent.

Ils trafiquent à Tannassary des toiles de cotton teintes en rouge; ils en portent mesme par terre jusqu'à Siam, qui est vn chemin de quatorze journées, & en retirent toutes sortes de marchandises de la Chine, des Porcelcines, des Satins, du Damas, de la Soye, du bois d'Aloës, du Benjoin de Camboya, beaucoup d'acier, & d'vn bois qui sert pour teindre en rouge, qu'ils nomment dans le Pays Sapang, & qui est le mesme que nostre bois de Bresil.

Ils nauigent le long de ces costes, auec des petits Vaisseaux qu'ils chargent de Rys & d'autres grains qu'ils vendent dans la coste de Bisnagar auec grand profit; car on leur donne en échange des enfans qui ne leur reuiennent qu'à quarante ou cinquante sols la piece, & ils les reuendent apres huict ou neuf écus. Ie finiray icy la Relation du Royaume de Golconda, dans laquelle ie me suis peut-estre trop estendu; mais tousiours l'experience de cinq années de residence que j'y ay fait, m'asseurent que ie n'ay rien mis dans cette Relation, qui ne soit veritable.

Royaume de Bengala.

Le Royaume de Bengale est frontiere à celuy-cy, & est sous la domination du Mogol, qui y tient ses Gouuerneurs, ce voisinage oblige le Roy de Golconda, d'estre tousiours sur ses gardes, quoy qu'il y ait des deserts & des riuieres qui semblent l'asseurer de ce costé là. La coste de ce Pays est trop dangereuse, & nos vaisseaux trop grands pour les hazarder entre les roches & les bancs qui y sont, mais nous connoissons par l'abondance des choses que le Païs produit, qu'il n'y en a point de plus fertile en toutes les Indes. Il y a vn an qu'il arriua à Masulipatan vne flotte de petits vaisseaux du port de 20. tonneaux ou enuiron, chargez des marchandises du Païs. Les planches de ces petits bastimens estoient cousuës les vnes aux autres auec du Cairo, qui est vne espece de corde faite des racines de l'arbre que porte le Cocos, sans qu'il y eut aucune piece de fer employée dans ce petit bastiment. Ces Barques estoient chargées de rys, de beurre, de sucre, de cire, de miel, de gommes, de lacque, de poivre long, de toutes sortes d'estoffes de cotton, de Moga qui se fait de l'escorce d'vn certain arbre. Il y auoit aussi quantité de tapis & de couuertures faites de Moga; & cependant ce qui fait voir l'abondance de leur Pays: ils trouuoient grand

Cairo.

Moga.

profit à vendre ces marchandises à Masulipatan où elles sont desia à grandissime marché. Les Portugais qui ont esté obligez de quitter leur Pays se retirent en ces quartiers, & y viuent comme des bandis sans gouuernement, sans police, & sans exercice de Religion. C'est le meilleur Pays des Indes, que l'on peut dire estre habité par les plus méchans hommes du monde: On dit ordinairement que les hommes y sont volleurs, & toutes les femmes débauchées. Le Gange entre dans la Mer en cét endroit; il y a quantité de Crocodils; i'en ay veu d'vne grandeur extraordinaire dans les riuieres qui se rendent dans ce Golphe: les bateliers qui hantent ces riuieres les sçauent charmer, & apres les auoir charmez passent sans danger dans vne petite barque faite de troncs de Palmites: Ie ne puis m'empescher de rapporter icy ce qui m'est arriué vne fois sur le sujet de ces charmes: estãt sur le bord de la riuiere, & sur le point de la trauerser, nous descouurîmes vn fort grand Crocodile; toute la teste paroissoit esleuée au dessus de l'eau, il nageoit vers nous; celuy qui me deuoit passer entra dans la riuiere iusqu'aux genoux, & en ayant mis vn à terre, se mit à dire en sa langue quelques paroles, & à faire sept nœuds sur vne petite corde qu'il tenoit entre ses mains, & ayant mis cette petite corde ainsi noüée sur vn buisson qui estoit là tout proche, il nous passa librement de l'autre costé auec nos cheuaux, le Crocodile demeurant cependant sans mouuement à nostre veuë; le marinier nous asseura qu'il ne pouuoit point ouurir sa gueule: aussi-tost qu'il nous eust passez il retourna en diligence pour défaire les nœuds de la corde, adioustant que si ce Crocodile fust mort par la force de son charme, il n'auroit pas peû luy seruir vne autre fois. Charme du Crocodile.

Arecan est frontiere au Royaume de Bengale & ne luy cede point en fertilité ny en la douceur de son climat; le Roy de ce Pays est Idolâtre, mais il n'obserue point les mesmes superstitions des autres en son manger: Il se marie ordinairement auec sa propre sœur: Ils disent pour raison que dans le commencement du monde le premier homme & ses enfans en vserent ainsi. Ils traitent bien les étrangers, & permettent aux Mores, aux Perses & aux Arabes, l'exercice de leurs superstitions. Ce Prince a plusieurs fois inuité les Anglois & les Hollandois de s'habituer en son Pays, mais la connoissance qu'ils ont du peu de profit qu'il y a à y faire, les a empesché de receuoir ces offres. Ils ne laissent pas cependant d'entretenir bonne correspondance auec luy & auec ses Sujets, à cause que le Pays estant fort fertile, ils en pourroient au besoin tirer beaucoup de prouisions. Il a continuellemẽt la guerre auec le Mogol par mer & par terre: se tient sur la defensiue du costé du Roy d'Arecan; & traite si bien les étrangers qui seruẽt dans ses troupes, que i'en cõnois quãtité qui s'y sont faits riches. Arecan.

Les Terres du Royaume de Pegu confinent auec celles d'Arecan, c'est vn Pays fort fertile & fort temperé, mais il a bien de la peine à se remettre de la peste & de la famine qu'il a souffert depuis peu d'années: Ce qui se voit assez dans la campagne, qui a tousiours plus de peine à se remetre de la desolation qu'apportent ces deux fleaux, que les villes qui se repeuplent les premieres; à quoy n'a pas peu seruy vn ordre qu'ils ont estably, de deffendre sur peine de la vie aux femmes d'en sortir, & de promettre quelque recompense à ceux qui en feroient venir dans le Pays. Le Roy est de la mesme Religion que le Roy d'Arecan, de Tannassari, & de Siam. Il semble qu'ils ayent pris les principes de leur Religion des Chinois; en effet le voisinage de la Chine, la conformité de leur Religion, de leurs manieres de faire, & la ressemblance de leur visage, font croire ce que quelques-vns ont dit deuant nous, que les Chinois ont esté autrefois maistres de tous ces pays, & ont estendu leur domination iusques à l'Isle de Madagascar. Le Roy qui regne maintenant est neveu du dernier mort, & a exclus ses fils de la succession du Royaume. Description du Royaume de Pegu.

Il a retiré dans ces derniers temps des mains du Roy de Siam quelques places qu'il auoit cõquises sur son predecesseur, & entre autres le Royaume & la ville de Zangomay; vn de nos Anglois nõmé Samuel se trouua dans cette place lors qu'elle fut prise & fut conduit à Pegu. Ce Royaume estant mieux policé que tous les Estats voisins, les marchãds s'y sont establis. L'on sçeut par le moyen de quelques vns de Masulipa- Les Anglois enuoyent vers le Roy de Pegu.

tan que cét Anglois qui s'estoit trouué à Zangomay estoit mort; que le Roy auoit pris ses effects apres s'estre declaré qu'il les rendroit à ceux de la Compagnie des Indes Orientales. Anthonisson qui estoit pour lors nostre Agent à Masulipatan, prit de là occasion de depescher vers ce Prince auec quelques presens & vn peu de marchandises pour faire les frais du voyage, & essayer si l'on pouuoit establir quelque trafic en ce pays. Ses enuoyez s'embarquerent à Masulipatan le 10. Decembre, & arriuerent à Siriam, qui est le Port du Royaume de Pégu le 3. Octobre. Ie rapporteray icy le contenu d'vne lettre qu'ils escriuirent sur le sujet de ce voyage.

„ Le Roy ayant appris nostre arriuée, enuoya quatre galeres auec des presens pour no- „ stre Ambassadeur, & pour le reste de sa troupe, auec asseurance qu'il estoit fort aise „ de nous auoir en son Païs. Ces Galeres auoient cinquante rames de chaque costé, „ huict principaux Seigneurs du Païs estoient dessus; ils firent mettre à l'anchre no- „ stre vaisseau deuant la ville de Siriam.

Lettres des Marchāds enuoyées vers le Roi de Pegu.

„ Le 7. Decembre le frere du Roy qui en est le Gouuerneur, nous enuoya deux de „ ses Gentils-hommes pour apprendre nos noms, nos âges, & le sujet de nostre voya- „ ge; nous luy dîmes que nous estions enuoyez de Masulipatan auec des presens, & vne „ lettre pour le Roy, par laquelle Sa Majesté sçauroit le sujet de nostre arriuée, quand „ on nous auroit permis de la luy rendre. Le 10. d'Octobre nous debarquâmes, & le „ frere du Roy nous conduisit dans vne belle maison qui estoit sur le bord de la Mer; „ ce Prince est bien fait de sa personne, homme de bon sens, le teint assez blanc; il „ auoit des anneaux d'or à ses oreilles, & diuerses pierreries à ses doigts: il nous fit la „ mesme demande qu'il nous auoit desia faite par le moyen de ses Gentils-hommes, & „ nous aussi la mesme réponse que nous fismes alors; nous y adioustâmes vn present, „ afin qu'il facilitât nostre Audiance.

„ Le 8. Nouembre le Roy nous manda, & le Gouuerneur de Siriam nous fit „ donner vn batteau auec six rameurs commandez par deux Gentils-hommes, pour „ nous conduire iusqu'à Pégu; nous fismes vn Present à ces gentils-hommes; „ car en ce pays il ne se fait rien sans Presens: Nous arriuâmes à Pegu l'11. de Nouem- „ bre; on escriuit vne seconde fois nos noms, & on nous offrit le choix d'vne place pour „ y bastir vne maison à nos frais & despens. La maison ayant esté bastie, nous reçeû- „ mes vn ordre fort exprés de n'en point sortir, ny de parler à personne du Païs que „ nous n'eussions eu Audiance du Roy: Il nous enuoya des rafraîchissemens de peu de „ valeur à la verité; mais ce qui nous console le plus, est l'asseurance que nous auons „ que le Roy est fort aise de nostre arriuée. Le 27. Decembre il enuoya querir nostre „ Present; & on nous donna des cheuaux pour le venir trouuer; on nous fit demeurer à „ la porte de la ville, pour attendre qu'il sortist. Vous aurez sçeu d'ailleurs comment se „ passa cette Audiance; & qu'il ne nous parla point du tout de l'affaire pour laquelle „ nous estions venus, personne de sa Cour ne se vouloit charger d'en faire la premiere „ ouuerture: Nous enuoyâmes nostre lettre par le moyen d'vn Portugais esclaue du „ Roy, qui parloit bien la langue du pays, & nous eusmes bien de la peine à luy faire cō- „ prendre le contenu de cette lettre, qui n'estoit point escrite en Portugais. Quelque „ temps apres nous donnâmes à Bani-bram le Present qui luy estoit destiné, nous en „ receusmes beaucoup de belles paroles, & rien autre chose. Ce pays est fort different „ de ce que vous vous l'estes imaginé; car les estrangers qui y arriuent, y sont traittez „ & retenus comme autant d'esclaues, & ne peuuent sortir sans congé; car il a des „ gardes par mer & par terre. Pour ce qui est de l'affaire de cét Anglois qui auoit fait „ quelque fortune dedans le Pays, on luy auoit fait vne banqueroute l'année d'au- „ parauant sa mort, & le Roy s'estoit mis en possession de tous ses effects. On inter- „ rogea vn de ses associez nommé Mallajor; pour sçauoir le nom de ceux qui luy „ deuoient quelque chose; ceux de ses creanciers qui estoient du pays, furent con- „ traints de payer au Roy leurs debtes. Pour les Mores, ils dirent qu'ils payeroient „ aux Anglois lors qu'ils seroient dans le pays. Nous nous addressâmes à Nichesa „ pour l'obliger à parler au Roy de nos debtes, il nous fit entēdre qu'ō nous remettroit tout entre les mains;lors que nos vaisseaux viendroient dans ses Ports, & qu'ils nous donneroient toute la satisfaction que nous pouuions attendre. Il nous escriuit vne autre lettre le 4. de Mars, qui portoit qu'on ne nous laisseroit point sortir du pays que les vaisseaux d'Angleterre n'y fussent arriuez: Nous auons depensé tout nostre argent, & nous sommes dans vn fort miserable estat, sans voir aucun moyen d'en sortir. Le Roy ne nous a rien rendu des effects de Samuel; il ne nous permet point de nous faire payer de ce qui luy est deub: Il ne prend point nos draps, & nous sommes icy comme des brebis esgarées qui courent risque d'estre à toute heure menées à la boucherie: Nous vous prions, & tous ceux de nostre Nation, d'estre touchez de nostre misere, & de considerer le danger où nous sommes de demeurer esclaues d'vn Tyran, dans vn pays d'Idolâtres. Si le Roy nous permettoit de sortir, il nous seroit aisé de nous faire payer de tout ce qu'il a pris à ceux de nostre Nation. Le plomb & l'estain sont assez rares icy; mais si on nous enuoye de l'argent, nous en pourrons acheter plus auant dans le pays. La coste du Pegu est fort seure, & l'entrée du Port fort aisée, & il ne manque pas de gens à Masulipatan qui connoissent fort bien cette coste: Nous vous prions encore vne fois de nous tirer d'icy, en y enuoyant quelque vaisseau.

Ce sont là les propres termes de leur lettre. Mais on a apris depuis qu'ils auoient trouué à bien vendre leurs draps, & que tout l'argent qu'ils en auoient tiré, ils l'auoiêt dépensé mal à propos à faire la débauche, & auoient mesmes chargé de plusieurs debtes la Compagnie des Indes, dont ie suis fort fâché. Le Roy en effect rendit vne partie des effects de Samüel, & on ne le fit qu'à l'heure du depart des vaisseaux, comme s'il eût voulu empescher que cela ne fust dissipé comme le reste; ces mauuais ménagers reuinrent à Masulipatan l'an 1619. auec vne lettre du Roy escrite sur vne feuille de Palmite: Cette lettre estoit pleine du desir qu'auoit ce Prince de voir le trafic de ceux de nostre Nation estably dans ses Estats, & auec cela vn present d'vne bague auec vn rubis, de deux nattes, de deux boëtes pleines de Betle, & deux pieces de damas fort estroites, qui pouuoient valoir en tout vingt nobles à la roze. Les Rubis & les Saphirs qu'on apporte de ce Pays, se trouuent dans le Royaume de Aua, qui est sous la domination du Roy de Pegu; Ces pierres sont fort estimées dans toutes les Indes.

Tanassari est vn petit Royaume qui confine à celuy de Pegu; il est Tributaire du Roy de Siam; Tanassary est le nom du seul Port qui soit dans ce Royaume. Nos vaisseaux ont remonté depuis la riuiere de Siam, & ont troué moyen d'establir vne habitation pour nostre Compagnie, qui y tient à present ses officiers. Vous aurez appris par les Relations les particularitez de ce Pays; il y en a seulement vne que ie ne puis m'empécher de rapporter icy, & qui m'a esté confirmée non seulement par tous ceux de ma Nation, mais aussi par le rapport des Hollandois qui s'accordent tous à dire qu'il y a vne infinité de cochons en ce pays, & qu'ils se multiplient sans qu'il se trouue vn seul verrat ou masle. Le sieur Drifft Hollandois homme fort sage, & qui y a esté long-temps, m'a asseuré que pour en faire l'experience, il auoit mis des cochons de Laict dans son vaisseau, & que six mois apres ils en firent d'autres sans qu'il y eust aucun masle; Voila ce que i'auois à dire des costes du Golphe de Bengale, & ce que i'en ay appris dans le temps du sejour que i'ay fait à Masulipatan.

Tanassary.

Cochõs qui se multiplient sans masles.

IOVRNAL DE PIERRE VVILL. FLORIS.

§. I.

Son voyage à Patane & à Siam.

PRES m'estre engagé auec le Gouuerneur & les Deputez de la Compagnie Angloise des Indes Orientales, ie m'embarquay sur le vaisseau nommé le Globe le 25. de Ianuier 1650. en qualité de Marchand. Le 21. de May 1611. nous arriuâmes à la Baye de Saldaigne. Nous y trouuâmes trois vaisseaux, mais fort peu de rafraîchissemens. C'estoit aussi la saison de l'année la plus fâcheuse, pource que c'est celle des grandes pluyes qui font tout l'hyuer en ce pays là. Le haut des montagnes nous parut aussi couuert de neiges. Cette incommodité ne nous empescha pas de trauailler auec beaucoup d'assiduité pour trouuer la racine d'vne plante nommée Nyngin. Deux des trois vaisseaux dont i'ay parlé y estoient venus pour s'en charger, parce qu'ils auoient appris des habitans du Iappon l'estime que l'on en fait. Il nous fut assez difficile de la découurir, à cause que les premieres feuilles de cette plante ne commençoient encore qu'à pousser, & nous ne l'eussions point connuë, si l'on ne nous eût marqué bien precisément les endroits où elle se trouue. Les mois de Decembre, de Ianuier & de Feurier sont les plus propres pour la leuer, & ceux du pays la nomment Canna.

Racine Ninguin. Voyez l'Hist. naturelle du païs

Apres auoir fait prouision d'eau, & nous estre rafraîchis de quelques moutons que nous y trouuâmes, nous partismes de cette Baye, & y laissâmes la Barque d'Isaac le Maire, qui trafiquoit de peaux auec les Sauuages, & y deuoit demeurer iusqu'au mois de Decembre pour faire de l'huile de Balleine. Le long de la coste nommée Terra de Natal, nous eusmes au mois de Iuin des vents, des tonnerres, & des pluyes extraordinaires; & ce ne fut que par vne grande grace de Dieu que nous nous sauuâmes du danger de nous briser contre cette coste.

Le 1. d'Aoust nous vismes cette partie de l'Isle de Ceilan, qu'on nomme la Punta de Galle. Le 6. nous nous trouuâmes proche de Negapatan : vous remarquerez que les Cartes de nauigation marquent mal la situation de ce Païs-là ; car selon elles nous en debuions estre esloignez de plus de 28. milles. La mesme chose estoit arriuée aux Hollandois, & cette erreur pourroit faire perir des vaisseaux qui en approcheroient de nuict. Nous ne trouuâmes point aussi cette Isle si grande qu'on la fait. Moullineux met la Punta de Galle sous le 4. degré, & elle est sous le 6. Le 7. nous passâmes deuant le Port de Nagapatan. Les Hollandois y ont estably vne Facturerie, mais ils n'y font pas grand' chose. Le 8. nous arriuâmes deuant S. Thomas, & le 9. à Palecatte. Deux batteaux y vindrent à nostre bord: Celuy du Sabander nous apporta vn Chaoul, auec vne permission de descendre à terre. Ie me mis dedans; mais la Mer estoit si agitée, que le batteau se renuersa. Le Sabander vint au deuant de nous, & touché de cõpassion de nostre naufrage, nous fit marquer vn logis. Le 11. Vuersiche President des Hollãdois, qui a la directiõ de

Faute des Cartes de Nauigatiõ.

En Persan, Sabander signifie celuy qui cõmande dans le Port.

toutes leurs affaires sur la coste de Choromandel, me mõstra vn Priuilege du Roy de Narsinga, qui portoit que les Hollandois seuls pourroiẽt trafiquer en ce Pays-là, & vouloit pour cette raison, nous obliger à en sortir. Nous respondismes que nous tenions nostre commission du Roy d'Angleterre. On s'échauffa de part & d'autre. Le Sabander s'entremit de nostre different, & en remit la decision à l'arriuée de la Gouuernante de céte Prouince, qui deuoit arriuer dans trois iours.

Ce Roy se nommoit Vvencapati Raya.

Le dix-septiéme, la Gouuernante Conda-Maa approcha de la coste. Nous voulions l'aller trouuer, lors que l'on nous fit entendre que le iour suiuant elle nous enuoyeroit querir. Nous eûmes quelque soupçon que cét ordre auoit esté donné à la priere des Hollãdois, & nous enuoyasmes chez le Sabander, pour nous en esclaircir. Sa response fut, qu'il estoit vray que le Roy auoit accordé ce Priuilege aux Hollandois, & que nous serions obligez de nous addresser à luy-mesme pour auoir la permission que nous demandions. Ce voyage ne se pouuoit faire qu'en deux mois de temps, & en le faisant nous nous hazardions à perdre le Mousson propre pour aller à Pantan, ourte que les Hollandois qui estoient resolus de trauerser nostre dessein, tenoient vn Elephant tout prest pour depescher de leurs gens à la Cour de ce Prince. Cela nous fit resoudre de continuer nostre voyage.

Il y a peu d'ordre en quelques endroits de ce Iournal, mais on n'a pas crû deuoir laisser au Traducteur la liberté d'y rien chãger.

Le 20. nous arriuasmes deuant Petapoli : Le Gouuerneur nous permit d'y prendre terre ; & apres estre demeurez d'accord de luy payer trois pour cent de nos marchandises, nous mismes à terre. On y laissa deux de nos gens, & vn nommé Lucas, pour auoir le soin des marchandises, & ayant mis à la voile, nous allâmes moüiller l'ancre à la rade de Masulipatan, qui est bonne pour toute sorte de vaisseaux. Nous y arriuâmes le dernier iour du mois d'Aoust : on nous permit aussi de mettre pied à terre, ce que nous fismes ; & pour estre mieux receus, nous fismes vn present à Mirsumela, qui tient les plus grandes terres de ce Pays. Nous demeurâmes plusieurs mois en ce lieu-là. Le 20. de Ianuier 1612. Cotobara Roy de Badaya, ou Lollongana & de Masulipatan, mourut sans enfans. Il y auoit sujet d'apprehender de grands desordres dans cet estat ; mais la sagesse de Mir Masunin les preuint, & fit eslire Mahumed Vnim Cotobara neveu du Roy deffunct, jeune Prince de grande esperance. Son oncle en mourant auoit laissé le gouuernement de son Estat entre les mains des Persans & de Mir Sumela, ausquels celuy-cy a toûjours esté fort contraire.

Le Gouuerneur traitta auec moy de fort mauuaise foy. Nous estions demeurez d'accord que ie luy donnerois 4000. Pagodes, c'estoit enuiron 4. pour cent de nos marchandises, & il en vouloit tirer douze pour cent, disant pour ses raisons, qu'il estoit vn Mir, de la race de Mahomet, & que ce qu'il disoit deuoit plustost estre crû, que la parole d'vn Chrestien. Pour moy ne voyant point d'autre moyen de tirer raison de ce Barbare, i'estois sur le poinct de la chercher par la force, lors que quelques Mores du Pays s'entremirent de nous accommoder. Apres auoir fait nos affaires à Petapoli nous partismes pour Bantan, par vn vent qui estoit fort propre pour cette Nauigation. Nous y arriuasmes le 28. d'Auril 1612. nous trouuâmes que les Hollandois estoient sur le poinct de quitter le Pays, & de s'aller establir à Iaccatra, à cause des auanies que leur faisoit tous les iours le Gouuerneur. Apres quelque contestation que nous eûmes auec luy, nous demeurâmes d'accord à raison de 3. pour cent. On establit vne Factorie à Suckadania ; mais les marchands que nous y laissâmes pour traitter auec ceux du Pays eurent plus de soin de leur interest particulier, que de ceux de la Compagnie.

Suckadania dans l'Isle de Borneo.

Le 1. de Iuin nous partismes de Bantan, & le 22. du mesme mois nous arriuâmes à la rade de Patane, où nous trouuasmes vn vaisseau d'Enchuyse, qui nous informa des façons de faire du Païs. Le vingt-sixiéme nous descendismes à terre : nostre Present qui pouuoit valoir six cens pieces de huict, fut receu à la maniere du Païs. La lettre fut mise dans vn bassin d'or porté sur vn Elephant en grande pompe au son d'vne musique d'instrumens, & precedé d'autres gens qui portoient deuant des lances & des Estendarts.

La Cour de la Reine nous parut magnifique : nostre lettre fut leuë, & on nous accorda la liberté du commerce aux mesmes conditions qu'on l'auoit accordée aux Hollandois. Nous partismes de la Cour sans auoir veu la Reine, & l'on nous mena chez vn Officier, dont la Charge est de receuoir les Estrangers : on nous y fit vn festin où l'on seruit beaucoup de fruits ; nous fusmes aussi traittez chez vn autre Officier nommé Orancaya Sirnona, & le iour d'apres la Reine nous enuoya des fruits qu'elle fit porter iusqu'à nostre vaisseau. La Cour de la Reyne de Patane.

Le 3. Iuillet vne Pinasse Hollandoise nommée le Leurier partit de ce port pour aller au Iapon ; nous donnasmes au Quartier-Maistre de cette Pinasse vne lettre pour Maistre Adam. Cette occasion se rencontra fort heureusement pour luy escrire ; car les Iaponnois sont en guerre auec ceux de ce païs, & ont bruslé deux fois la ville de Pantam depuis 5. ou 6. ans.

Nous eusmes bien de la peine à obtenir la permission de bastir en ce lieu-là vn Magazin qui ne fust point sujet au feu ; enfin l'on nous accorda vne place de 30. brasses en longueur sur 20. de largeur ; nous y bastismes vne maison qui auoit 8. brasses de face sur 4. de profondeur : Ils nous firent des demandes excessiues ; & nous fusmes obligez de leur donner pour cette permission & pour autres droits, quatre mille pieces de cinquante huict sols. La maladie se mit dans nostre equipage. Le Capitaine Hippon en mourut le 9. Iuillet. L'on ouurit dans le vaisseau la boëte marquée du numero 1. Mr Brun y estoit nommé pour son successeur ; mais comme il estoit mort auparauant, on ouurit la boëte numero 2. dans laquelle Thomas Essinston estoit nommé pour luy succeder. Peu de temps apres pour surcroît de mauuaise fortune nous fusmes volez : on prit 280. pieces de huict dans mon coffre, quoy qu'il y eust vne lampe allumée, & quinze personnes dans la maison; ce qui me fit croire que quelqu'vn de nos gens pouuoit bien auoir fait le coup; car vn grand dogue que nous auions ne fit aucun bruit. On me laissa là auec six autres pour auoir soin des marchandises de la Compagnie. Le vaisseau partit le 1. d'Aoust pour aller à Siam : Il eust esté à propos d'auertir ceux de nos gens qui estoient à Siam du peu de debit qui se trouuoit de nos draps, mais ie ne trouuois point d'occasion de le pouuoir faire par Mer : & par terre, il falloit enuoyer quatre ou cinq personnes ensemble, à cause du danger des tigres, & de l'incommodité de plusieurs riuieres qu'il faut passer, outre qu'ils me demandoient des sommes si excessiues pour faire ce voyage, que ie creûs qu'il estoit à propos d'attendre quelque meilleure occasion. Maniere des Anglois pour nómer ceux qui se doiuẽt succeder dans le commandement des vaisseaux.

Au mois de Septembre le Roy de Ior attaqua le Fauxbourg de Pahan, brûlant tout ce qu'il rencontroit deuant luy. Campon-sina esprouua la mesme fortune, ce qui causa vne grande cherté dans Pahan. Les Portugais auoient auparauant fourny Malaca des marchandises. Les Hollandois en firent de mesme à Bantam & aux Moluceques; & y auoient porté toute la quantité de draps qui s'y consument ordinairement; si bien qu'estant venu le dernier, ie n'y trouuay aucun debit. Cela me fit resoudre à faire venir vne cargaison pour Macassar, & i'en donnay la conduite à Iean Persons, qui partit le 8. d'Octobre sur vn Ionck d'Ampan. Le 9. j'eus nouuelles de Mr Essinston & de son collegue, qui me donnoient aduis du peu d'apparence qu'il y auoit de vendre leurs marchandises, à cause des guerres de ceux de Campoja, Ianiam, de Zangonay contre le Royaume de Siam. Pahan.

Le 25. il partit d'icy des Ionckes pour Bornéo, Iambi, Iaua, & autres places. Ie ne sçaurois m'imaginer quelle politique oblige les Hollandois à fauoriser le trafic des Chinois, des Mores, & des autres Indiens, cependant qu'ils le deffendent à ceux mesmes de leur Nation sur peine de la vie & de la perte de leurs biens, ce qui ne peut estre que l'effect d'vne grande enuie.

Le 11. Nouembre le Globe reuint de Siam, apres auoir esté huict iours en chemin. Nos gens estoient arriuez à la rade de Siam dés le 15. d'Aoust. Ils y auoient moüillé l'anchre à trois brassées de haute marée ; mais le iour suiuant l'eau ayant baissé 13. heures durant, ils ne treuuerent plus que sept pieds d'eau, & vn fonds de vaze, qui par cette raison ne leur faisoit point de peur. Ils leuerent l'anchre, & la moüillerent apres à 4. lieuës de la Barre, où ils trouuerent trois brasses d'eau de basse marée. La ville de Siam est à 30. lieuës de l'embouchure de la riuiere. Le Sabander & le Gouuerneur de Mancok, place scituée sur le bord de cette riuiere, vinrent pour receuoir les lettres du Roy, ou plustost pour receuoir les presens qui luy estoient destinez, & Eslinston s'en alla auec eux. Il eust audiance du Roy le 7. Septembre; il fut regalé auec ses camarades chacun d'vne petite boëte d'or, & vne piece de drap. Les Mandorins trauersoient sous main la liberté du trafic que le Roy nous auoit accordée, & vouloient mettre des impositions à leur caprice sur nos marchandises, & les payer de mesme. Il falut s'en plaindre au Roy, qui leur deffendit de s'en ingerer dauantage; auec tout cela le commerce est encore moins libre dans ce Royaume là que dans le reste des Indes. Nos gens bastirent vne maison de briques prés de celle des Hollandois, nous estions alors en la saison des pluïes, & tout le Païs estoit couuert d'eau.

Sabander signifie l'Amiral ou maistre des Ports.

Le 26. d'Octobre il s'éleua vne si furieuse tempeste, qu'il n'y a point de memoire dans ce païs-là d'y en auoir veu vne semblable. Elle arracha les arbres les plus forts, & abbatit le Monument que le Roy auoit dressé à la memoire de son pere. Nostre vaisseau eust peine à se sauuer. Nos gens auoient desia perdu deux anchres, dont les cables s'estoient rompus, & n'estoiét plus qu'à vn mille de la coste, lors qu'ils en ietterent vne troisiéme qui tint & arresta le vaisseau; six des nostres furent noyez. La tempeste dura quatre ou cinq heures, & incontinét apres la Mer parut aussi vnie & aussi trãquile, que si elle n'eust iamais esté du tout agitée. Cette place est la troisiéme en rang pour le trafic des Indes, on la met immediatement apres Bantam & Pantan, & est presque également distante de l'vne & de l'autre.

Bantam, Patan & Siam, trois villes de grand commerce en ces quartiers.

§. II.

Relation des Euenemens estranges du Royaume de Pegu, de Siam, d'Ioor, de Pantan, & autres Pays voisins.

LE Royaume de Siam est fort ancien, & a esté tres-puissant auant qu'il fut Tributaire de celuy de Pegu. Mais cette seruitude ne dura pas long-temps; car le Roy de Siam estant mort, & ses deux fils ayans esté menez prisonniers à la Cour du Roy de Pegu, ils se sauuerent de leur prison; & l'aîné ayant trouué moyen de retourner à Siam, s'y fit reconnoître pour Roy. Le Roy de Pegu luy fit la guerre, & enuoya vne armée à Siam sous le commandement de son propre fils. Ce ieune Prince fut tué, & sa mort cousta la vie à quantité de ses Sujets; car le Roy son pere fit mourir les principaux Officiers, & les meilleurs soldats de son armée. Cette cruauté hors de temps fit reuolter plusieurs Princes qui luy estoient Tributaires, & donna le courage au nouueau Roy de Siam de luy faire la guerre. Il attaqua la ville capitale de son Estat qui se nomme d'Onxa, ou Pegu, où il s'estoit retiré. Il fut deux mois deuant, apres lesquels il leua le siege, & s'en retourna à Siam. Peu de temps apres le Roy de Pegu se rendit luy-mesme auec tout son tresor entre les mains du Roy de Tangu; la famine & la mortalité qui auoient desolé ses Estats l'ayant obligé à prendre cette resolution, & à preuenir par là l'inuasion du Roy d'Arecan, qui estoit sur le poinct d'y entrer auec vne puissante armée. Le Roy d'Arecan se rendit aisément Maistre de tout le Pays, qu'il trouua presque desert. Sa pensée estoit de passer delà dans les Estats du Roy de Tangu, mais celuy-cy luy enuoya des Ambassadeurs, & luy offrit vne partie des tresors du Roy de Pegu, & sur tout son Elephant blanc &

L'aisné se nômoit en langue Malaïque Raia api, les Portugais l'appelloient le Roy noir.

sa fille. Il adjousta à ces offres celle de luy mettre entre les mains la personne du Roy de Pegu, ou de le tuer, ce que ce barbare fit quelque temps apres, luy ayant cassé la teste auec le pilon d'vn mortier, dont on a accoustumé dans ce pays-là de broyer le Rys. Tel fut la fin de ce grand Empire, duquel il ne reste presque plus de memoire mesme sur les lieux. Le Roy d'Arecan donna la ville & la forteresse de Seriam en depost aux Portugais, Philipo de Britto y mit garnison. Ce Prince donna à ce Portugais le nom de Xenga, c'est à dire Galant homme : Le Portugais merita bien ce titre; car 2. ou 3. ans apres il prit le fils de ce Roy prisonnier, & luy fit payer vne rançon d'onze mille Tangans, & de dix Galeres chargées de Rys. Le Roy de Siam se fortifia par la destruction du Royaume de Pegu, & a depuis conquis les Royaumes de Cambaya, Lauiangh, Zagomay, Lugor, Patane, Thenesserim, & diuers autres.

I'ay veu l'Elephant & cette Princesse dans Arecã, l'année 1608.

Ce Conquerant que les Portugais appelloiẽt le Roy noir de Siam, mourut l'an 1605. & laissa sõ Royaume à son Frere qu'ils appelloient le Roy blanc: C'estoit vn Prince qui n'auoit d'autres pensées que de joüir en paix de la Royauté : il mourut l'an 1610. & laissa plusieurs enfans. C'est par là que vinrent les troubles de cét Estat; car ce Roy estant au lict de la mort fit mourir l'aisné de ses fils, qui estoit vn Prince de grande esperance : Il fit faire ce meurtre à la sollicitation & par le conseil d'vn Seigneur du Pays, lequel se trouuant fort puissant & fort riche en Esclaues, s'estoit mis en teste de se faire Roy. Le Roy d'aujourd'huy est le second fils du Roy blanc : il fit mourir peu de temps apres ce Traistre : il auoit entre ses esclaues 280. Iaponnois qui coururent au Palais, sur le bruit de sa mort; & resolus d'en tirer la vengeance, ils se rendirent maistres des portes du Palais & de la personne du Roy, & l'obligerent de leur promettre de faire mourir quatre des principaux Seigneurs de sa Cour, de signer de son sang la promesse qu'il leur en fit; & non contens de sa signature, ils voulurent auoir en leur puissance quelques-vns de ses principaux Palapos ou Prestres pour ostages, & pour asseurance de l'execution de sa parole. Ces Esclaues satisfaits de leur vangeance, & chargez du butin, retournerent chez eux, laissant par tout des marques de leur cruauté, sans que ceux du Pays ozassent se presenter deuant eux. Cette marque de foiblesse, fit reuolter le Royaume de Cambaya & de Lauiangh. Il y eût mesme vn Peguan nommé Banga-de-laa, qui fit vn party dans cét Estat. Le Roy de Lauiangh entra aussi l'année suiuante dans le Royaume de Siam, esperant le trouuer en desordre à cause de la reuolte des Iaponnois; mais ils auoient desja quitté le Pays; & le Roy de Siam s'estant mis en campagne, celuy de Lauiangh n'osa l'attendre, & se retira. On dit que les Princes voisins ont fait vne ligue, & qu'ils doiuent entrer dans son Pays auec vne grande Armée. Ce qui ne leur reüssira pas apparemment, si ce n'est qu'ils y ayent quelque intelligence.

Nommé Iockõvvay.

Nous resolûmes que nostre vaisseau passeroit l'hyuer à Patane : Le 31. Decembre la Reine sortit de son Palais pour se diuertir, accompagnée de six cens petites barques; elle vint premierement à Sabrangh où nous allasmes luy faire la reuerence, & nous eusmes l'honneur de luy parler conjointement auec les Hollandois. Elle peut bien auoir soixante ans; mais cét âge ne luy oste ny la grace ny la majesté : ie n'ay point veu de Prince dans les Indes qui ait vn si bon air : elle auoit auec elle vne de ses sœurs qui paroist auoir quarante-cinq ans: c'est la presumptiue heritiere de la Couronne, & ceux du Pays l'appelle la jeune Reine. Ie vis aussi auec elle vne petite Princesse qui est fille de la plus jeune de ses sœurs, qui auoit esté mariée auec Raïa Siack fils du Roy de Lahor.

Apres quelques discours, la Reyne laissa tomber le rideau de son Trosne, nous faisant entendre par là que nous pouuions retirer. Elle nous fit dire que le lendemain elle nous donneroit encore audiance; nous y fusmes, & elle nous receut parfaitement bien. D'abord 12. filles & 12. garçons commencerent vne danse qui nous parut fort bien concertée, la Reine commanda à tous ses Courtisans de danser, ou au moins d'en faire le semblant; ce qui donna à toute la Cour vn grand sujet de rire.

Les Hollandois furent obligez de faire la mesme chose & nous aussi. La Reine prit plaisir à nostre danse : il y auoit 7. ans qu'elle n'estoit sortie de son Palais : Cette fois elle sortit pour se trouuer à la chasse des Taureaux & des Buffles sauuages, qui s'y trouuent en grand nombre. Comme elle passoit auec son train entre nostre maison & nostre vaisseau, nous la saluasmes de l'artillerie du vaisseau, & les mousquetaires qui estoient à terre firent la mesme chose.

Durant les mois de Nouembre & de Decembre les pluyes furent si frequentes, & l'inondation si generale qu'on ne se souuenoit point d'en auoir veu de pareille : plusieurs maisons furent emportées, beaucoup de troupeaux de bestes noyez, & le Pays en fut presque tout desolé. Le 25. de Ianuier nous eusmes nouuelles que le marchand que nous auions laissé à Siam auoit vendu la moitié de sa marchandise, que le Roy en auoit acheté vne grande partie : nous eusmes aussi nouuelles de Keda que les Portugais auoient pris la maison que les Hollandois ont à Paleacate ; qu'ils estoient venus au nombre de 1500. hommes du costé de la ville de S. Thomas ; qu'ils auoient fait passer au fil de l'espée tous ceux qui leur auoient resisté, & s'estoient rendus maistres de toutes leurs marchandises. I'enuoyay au mois de Mars vn vaisseau à Siam auec des nouuelles marchandises.

Le Roy de Pahan auoit épousé la plus ieune des sœurs de la Reine de Patan : Il y auoit vingt-huit ans que ces deux sœurs ne s'estoient point veuës. La Reyne de Patan auoit fait prier le Roy de Pahan son mary, de luy permettre de faire vn voïage à Patan pour la voir ; mais comme elle vid que ce Prince n'y vouloit point consentir, elle fit arrester tous les vaisseaux de Siam, de Cambaya, Bordelongh, Lugor, & d'autres places qui estoient chargez de Rys pour Pahan ; & enuoya vne armée de 70. voiles, sur laquelle il y auoit 4000. hommes, auec ordre aux Generaux de luy amener cette Princesse par amitié ou par force. Mais les reuolutions qui arriuerent dans les Estats de ce Prince, come vous verrez cy-apres, l'obligerent à y venir de luy-mesme.

Il arriua le dix-septiéme diuers vaisseaux de Cambaya & de la Chine au mois d'Auril de l'année mil six cens treize, ie receus des Lettres de Siam au mois de May, i'appris que nostre vaisseau estoit arriué, & que nos gens trauailloient à faire vne cargaison pour le Iapon où ils deuoient enuoyer des marchandises à la Chine, i'empruntay trois mil écus de la Reine à interest de six pour cent par mois, & d'vn pour cent que ie deuois donner à son Tresorier. On m'escriuit de Bantam que le Magasin des Hollandois & le nostre y auoient esté bruslez, & que les deux Nations y auoient fait vne grande perte. Le 12. Iuillet le Roy de Pahan arriua icy auec sa femme sœur de la Reine & deux petits enfans ; il auoit quitté son païs desolé par la famine, par le feu, & par la reuolte de quelques-vns de ses Sujets : il apporta nouuelle que ceux d'Achen auoient pris Ior, & qu'ils en auoient emporté l'artillerie, les esclaues, & tout ce qu'ils auoient trouué de meilleur. Que le Roy mesme s'estoit sauué à Bantam où l'on l'auoit tenu assiegé l'espace de 29. iours, & que quelques Hollandois qui s'estoient sauuez dans Ior y auoient perdu la vie & la liberté : pas vn des grands de la Cour de la Reine ne rendit visite au pauure Roy de Pahan, & la seule chose que l'on fit pour luy fut de tuer tous les chiens à cause qu'il ne les pouuoit souffrir. Il receut fort bien l'honneur que nous luy fismes en le saluant de nostre Mousqueterie lors qu'il passa deuant nostre habitation ; & nous tesmoigna vn grand desir que nous vinssions trafiquer dans ses ports. Le 16. de Iuillet nous eusmes nouuelles de la mort de Henry Middleton ; L'on creut qu'il estoit mort de douleur d'auoir veu son vaisseau eschoüé, & presque tout son equipage, malade d'vne maladie inconnuë, qui auoit fait mourir cent Anglois, & encor plus grand nombre de Chinois qu'on auoit loüez pour seruir dans le vaisseau ; que le Capitaine Schot auoit pris le Chasteau & l'Isle de Solor, où il auoit trouué beaucoup de bois de Sanda. Le 31. de Iuillet le Roy de Pahan nous vint voir accompagné d'vne grande suite, & nous promit toute sorte de bons traittemens en son Pays.

Le 1. d'Aoust la Reine nous fit venir en son Palais, où l'on deuoit faire vne grande feste à cause de la venuë du Roy de Pahan : des femmes y representerent vne Comedie à la maniere de celles de Iaua, que nous vismes auec beaucoup de plaisir : Le 9. le Roy de Pahan partit apres auoir seruy de joüet à ceux de la Cour de Patan, sa femme qui estoit sœur de la Reine, ne le voulut point abandonner. Elle retourna auec luy ; & au lieu de remporter de grands presens de cette Cour, elle y despensa presque tout ce qu'elle auoit de bien. Le 16. l'on m'escriuit de Maccassar, que le Facteur que i'y auois laissé estoit deuenu fol.

Les Dames qui composent la Cour de cette Reine, ne peuuent pas se marier sans sa permission, mais elle leur laisse la liberté de choisir vn galland.

Comedie representée aux Indes.

Il ne dit point le sujet d'vn changemét si subit dans l'esprit de la Reyne.

Le 18. de Septembre vn marchand qui estoit party le 25. d'Octobre, apporta icy beaucoup de noix muscades : il auoit esté à Maccassar & à Banda ; i'appris par le moyen d'vne lettre qu'il me rendit, l'estat de nos affaires de Banda, que le General Pierre de Both auoit fait pendre quelques-vns de ses soldats, pour obliger les autres à garder mieux la discipline Militaire ; mais qu'apres vn traittement si rude plusieurs de ses gens s'estoient retirez à Banda, & s'y estoient faits Mahometans, & qu'il n'y auoit point d'apparence de les pouuoir retirer de leurs mains. Le Chasteau rend à la verité les Hollandois maistres de la Mer ; mais ils ne sont point en estat de rien entreprendre du costé de la Terre. Le 23. le vaisseau nommé le Globe arriua de Siam : le Facteur que nous auons en cette Place-là m'escriuit qu'il n'auoit point de nouuelles de la cargaison qu'il auoit enuoyée à Zagomé, les guerres d'entre ceux d'Aua & de Laniangh ayans bouché les Passages : le bruit courut que le Roy d'Haua auoit pris Siriam, & auoit fait mourir le Xenga Capitaine des Portugais. Le Roy de Siam l'attend auec de grandes forces, & tient sa frontiere bien garnie : ie paÿay à la Reine l'argent que i'auois emprunté d'elle.

Le 4. Octobre, qui est le 1. iour du jeusne des Mahometans, le feu prit sur les 8. heures du matin dans le Fort de Pattane : il y auoit là deux des principaux Seigneurs du Pays qui demeuroient l'vn prés de l'autre, & qui estoient les plus riches en Esclaues de Iaua, l'vn d'eux nommé Dato-Bezar fut menacé par ses Esclaues qu'ils le tuëroient, auec quelques autres : il fit venir ses Esclaues ; & apres auoir esté examinez, & auoir soustenu qu'ils n'estoient point coupables, leur Maistre ne laissa pas de faire mettre aux fers deux des plus suspects. Le Pongola ou l'Officier qui commandoit ces Esclaues le voulut empescher. Bezar le poignarda : Les Esclaues enragez de cette action se jetterent sur leur Maistre, qui fut sauué de leurs mains par d'autres Esclaues qu'il auoit outre ceux-cy : ils sortirent de la maison de ce Seigneur, tuërent tout ce qu'ils rencontrerent sur le chemin, & mirent le feu par tout. Les Esclaues de l'autre Seigneur nommé Datolaxmanna, se joignirent à ceux-cy, nonobstant les menaces & les defenses de leur Maistre : ils pouuoient estre en tout cent personnes ; ils coururent à la porte nommée Punta-Gorbing, mettant le feu à toutes les maisons qui estoient des deux costez de la ruë, tellement que toute la ville brusla, à l'exception du Palais de la Reine, d'vne Mosquée & de deux autres Palais : ils prenoient par les ruës les femmes & les emmenoient auec eux & les retinrent iusqu'à vne heure apres midy, personne n'osant les approcher ; nous estions cependant dans vne grande inquietude en nostre quartier, car les Esclaues menaçoient d'attaquer nostre maison & celle des Hollandois : nous fismes pour cette raison bonne garde, & enuoyasmes querir les soldats de nostre vaisseau, auec lesquels nous marchasmes pour rencontrer ces enragez. Ils en furent aduertis, & sans nous attendre, sortirent de la ville & gagnerent la Campagne ; ainsi nous eusmes à bon marché la gloire d'auoir defendu ceux du Pays de l'insulte de ces Esclaues. Ce tumulte appaisé on donna la chasse à ces fugitifs ; mais iusqu'à cette heure on n'en a pris que 3. ou 4. C'est pour la troisiéme fois que Patan a esté bruslée. Les deux premieres par les Iaponnois, & cette troisiéme par ceux de Iaua.

Le 21. nous prismes congé de la Reine : Elle fit present à Essingthon d'vn cris ou poignard d'or. Le mesme iour il arriua vn de nos vaisseaux de Ior: ils nous dirent qu'vne partie de leurs gens estãt entrez dãs la ville de Ior, elle fût en mesme tẽps inuestie par le Roy d'Achen: ils écriuirẽt à ceux qui estoiẽt restez dãs le Vaisseau, de leur enuoyer 25. ou 30. hommes par terre, & d'auancer auec le vaisseau le plus auant qu'ils pourroient dans la riuiere ; mais les rochers qui y sont, leur ofterent le moyen de les assister. Ainsi la ville fut renduë par composition apres vn siege de 29. iours. Vingt-trois Hollandois demeurerent prisonniers, tous les autres gagnerent le vaisseau, où il ne se trouua personne pour le commander que le Camarade du Maistre & vn assistant : ils se resolurent de venir à Patane, mais la tempeste les jetta vers l'Isle de Borneo sur vn fond de Corail. De là ils furent à Pulocandor, & n'ayant plus d'esperance de gagner Patane, ils chercherent des rafraichissemens aux Varellas; ils trouuerent vne bonne Baye, mais vne mauuaise cuisine ; car ceux du Pays sont leurs ennemis, tellement qu'estans venus long-temps apres à Patane, ils n'auoient plus que 58. hommes, encore estoient-ils tous malades : ils auoient septante mille pieces de 8. & 29. Balots d'estoffes des Indes.

§. III.

Voyage à Masulipatan ; ce qui s'y passa dans le temps de leur sejour, & leur retour.

Ces Isles sõt sous le sixiéme degré de latitude.

LE 25. nous nous trouuâmes vers la pointe Meridiane des Isles de Ridang ; elles sont dix-neuf ou vingt en nombre. Le soir du mesme iour, nous vîmes les Isles de Capa ; ce sont trois petites Isles éloignées de trente-deux lieuës de celles que nous venons de dire, & de 2. lieuës de la terre ferme. Le 29. nous vinsmes par vn calme à Pulotyaman ; si vous vous trouuez iamais en cette route à dix-huit brasses d'eau, vous n'auez rien à craindre que vous ne puissiez découurir de la veuë. Le premier de Nouembre, nous vîmes la pointe de Ior, & la mõtagne de l'Isle de Bintan. Le iour suiuãt au matin, nous vîmes Petra Blanca; & sur les dix-heures nous nous trouuâmes dans ce fascheux courant de l'eau, qui tõbe de la pointe de Ior jusqu'à quatre lieuës dans la mer. L'Inschoot décrit fort bien cette coste, & ce ne fut pas sans danger que nous la passâsmes, courant à l'Oüest Sud-Oüest de ces trois petites Isles ; il est bon de prendre du costé de la mer, jusqu'à ce qu'elles soiẽt couuertes de la pointe de Ior, & que Petra Blanca ne couure plus l'Isle de Bintan. Petra Blanca est vn rocher où il y a vn nombre infiny d'oyseaux, il est couuert de leur ordure ; si bien que de loin, le sommet en paroist tout blanc. Nous employâmes jusqu'au dix-septiéme pour passer la riuiere de Ior, & nous arriuâmes à deux lieuës de Sincapoura. Le 8. diuers petits Vaisseaux vinrent à nostre bord. Ils estoient Sujets du Roy de Ior. On nomme ces Peuples Salettes. Ils passent leur vie dans les Vaisseaux, où ils ont leurs femmes & leurs enfans, & viuent de la Pesche. Nous apprîmes d'eux que le Roy d'Achen auoit r'enuoyé le frere du Roy d'Ior. Il luy auoit donné trente-six Vaisseaux pour l'accompagner, & deux milles de ses Sujets pour rebâtir le Fort de la ville de Ior, auec beaucoup de pieces d'Artillerie & autres munitions. Ils adjoûterent qu'ils luy auoient donné sa sœur en mariage, & qu'on l'alloit instaler en la place de son frere qui commandoit dans le Pays. Nous prîmes là vn Pilote pour nous seruir de guide au trauers des détroits.

Petra Blãca.

Le 19. Decembre, nous arriuâmes à Masulipatan ; nous y trouuâmes trois Vaisseaux, deux Anglois & vn Hollandois. Le 21. ie descendis à terre, & y trouuay le Sabander & d'autres Mahometans qui me reçeurent fort bien. Ils me firent beaucoup de complimens, & me donnerent vn Cheual. Ils en donnerent aussi vn au Directeur Vvaemer, ie fus obligé de l'accepter, quoy que j'en eusse peu

peu d'enuie, & que j'eusse sujet d'apprehender quelque trahison de ces gens-là, I'en tiray vn Chaoul, ou permission de vendre nos marchandises, en payant quatre pour cent.

Le 25. de Ianuier, le Vaisseau Anglois nommé le Iacques, partit pour aller à Petapoly. Le 18. de Feurier, ie fus à Narsapur-Peta. Le 19. j'entray auec le Vaisseau dans la riuiere, il prenoit plus de neuf pieds d'eau; & ayant jetté la sonde, nous en trouuâmes dix pieds & demy; ce qui estoit fort contraire à ce que nous auoient dit des gens qui ne nous veulent point de bien. Le 23. j'arriuay à Masulipatan, & j'enuoyay vn pieton à Suratte. Ce iour, Corneille Franc y arriua sur vne petite barque de Pegu; il me dit que le Roy d'Aua auoit pris le Fort de Siriam, qu'il auoit fait passer au fil de l'épée tous les Portugais, & entre-autres leur Capitaine Philippo de Britto; que la chose s'estoit passée au mois de Mars, & que l'on auoit donné ordre pour faire rebastir l'ancienne Ville, auec force belles promesses & priuileges pour ceux qui s'y habituëroient. Les Mores qui sont à Masulipatan furent forts réjouys de cette nouuelle, esperant de remettre le Commerce qu'ils auoient autrefois auec ceux de Pegu, & d'y enuoyer deux Vaisseaux au mois de Septembre. Au mois de Mars, j'eus nouuelle de l'arriuée de onze Vaisseaux de Loor, de huit de la Chine, & de trois de Malacca; ce qui fit fort baisser de prix des marchandises, & bien m'en prît d'auoir vendu les miennes quelque temps auparauant.

Le 18. de May sur les cinq heures du soir, le Capitaine Heseingthon mourut de mort subite. Il auoit disné auec nous; il auoit sur le corps quelques pustules assez communes dans ce Pays, & principalement dans cette saison de l'année, entre-autres vne fort grande sur l'épaule qui ne suppuroit point; ce que ceux du Pays croioyent auoir esté la cause de sa mort. I'allay sur son Vaisseau pour y mettre le meilleur ordre qu'il estoit possible. L'équipage ne voulut point reconnoistre d'autre Cõmandeur que moy; mais il me sembla qu'il y alloit trop de mõ hõneur de prendre la place de Heseingthon, dont la charge estoit subordonnée à la mienne; si bien que ie commis vn autre en ma place, & m'en retournay à Masulipatan. I'y trouuay à mon retour trois personnes qui me dirent auoir esté enuoyées de la part de la Reyne de Palecate, pour m'asseurer que si ie voulois venir dans ses Estats, elle me donneroit vne habitation vis-à-vis du Fort de Palecate, auec tous les auantages & tous les priuileges que ie pourrois desirer: mais faisant reflexion sur la maniere dont j'y auois esté traité, aussi bien que le Vaisseau nommé le Iacques, j'adjoûtois peu de foy aux paroles de ces gens-là; neãtmoins, il fut resolu que ie retiendrois auprés de moy vn de ces Enuoyez, & que ie renuoyerois les deux autres auec des Lettres; où apres auoir representé à la Reyne le mauuais traitement que j'auois receu dans son Pays, ie luy disois que si elle vouloit que j'y retournasse, elle trouuât bon de me faire tenir vn passe-port pour mon asseurance. Le 29. de Iuillet, arriuerent icy quatre personnes qui se disoient enuoyées de la part du Roy de Narsinghe, autrement Velur; ils me presenterent en son nom vn passe-port, auec vn abestiam, qui est vn drap blanc sur lequel son nom estoit imprimé en couleur de sandal ou de saffran. Ils m'en apporterent aussi vn autre de la Reyne de Palecate. La Lettre du Roy estoit grauée sur vne placque d'or; il s'excusoit par cette Lettre du mauuais traitement qu'on auoit fait à nos gens à Palecate, & promettoit de le reparer par les graces & les priuileges qu'il accorderoit aux Anglois qui y demeureroient à l'auenir, leur permettant d'y bastir vne maison ou chasteau, & finissoit, en me promettant le reuenu d'vne de ses Villes, qui montoit bien à quatre ou cinq mil liures de rente.

En quelques endroits l'Original porte Paleacate, & aux autres Palecate, ce qu'õ a obserué dans la traduction.

Au mois d'Aoust, il y eût vn grand deluge aux enuirons de Narsapur-Peta, l'eau couurit tout le pays à la hauteur de cinq pieds. Le torrent qui passe à Golcõda, emporta plusieurs maisons. Les deux Ponts de pierre, l'vn de quinze Arches, & l'autre de dix-neuf, qui sont aussi bien bastis qu'il y en ait dans l'Europe, furent couuerts d'eau à la hauteur de trois pieds; six Arcades de ce dernier Pont furent emportées : ce Pont ne cede point en beauté à celuy de Rochester.

Le vingt-cinquiéme, nous eûmes nouuelles de la mort de Vvencatadrapa Roy de Velur, arriuée le cinquantiéme an de son Regne : trois de ses femmes, dont la Reyne Obiama estoit vne, se brûlerent sur son corps.

Ie connus en ce temps-là la mauuaise foy du Gouuerneur, qui me remettoit toûjours pour le payement de nos debtes; & comme ces remises me pouuoient faire perdre le temps de retourner cette année-là, ie resolus de l'enleuer, ou son fils, & de le mettre dans mon Vaisseau. L'entreprise à la verité estoit hardie; mais tous ceux de ma troupe me promirent de m'y seruir au peril de leurs vies. Ie donnay donc ordre à ceux qui commandoient l'Esquif de nostre Vaisseau, de cacher six mousquets dans les Voiles, & de se rendre le long du Quay de la Doüane; & aux autres, d'attendre de mes nouuelles dans la maison, & de se saisir des armes qui estoient au Corps de garde de la Doüane, lors que ie les y aurois fait venir, esperant d'y prendre le Gouuerneur ou son fils, & de le transporter dans mon Vaisseau auparauant qu'on en eust pris l'allarme dans la Ville. Quoy qu'on eust tenu la chose fort secrette, les Hollandois ne laisserent pas d'en auoir quelque vent : mais comme ils ne le pouuoient croire, ils n'en donnerent point aduis au Gouuerneur.

Le vingt-vniéme Nouembre, les Gentils firent vne feste solemnelle; ils la solemnisent trois fois l'an, & tousiours lors que la nouuelle Lune se rencontre le iour d'vn Lundy; les hommes & les femmes se baignent ce jour-là, & croyent acquerir vn grand merite en le faisant.

Le vingt-quatriéme, ie pressay le Gouuerneur de me payer; ie luy representay qu'il y auoit sept mois qu'il me remettoit de iour en iour : Il tourna la chose en raillerie, & me dit que nous parlerions de cette affaire à la Doüane, lors que ie ne serois plus en colere : ma réponse fut, que ie ne voulois pas passer dauantage pour duppe, & que les Capitaines qui commandoient les Vaisseaux d'Angleterre, n'étoient pas accoustumez à souffrir de semblables traitemens. I'allay de ce pas à la Doüane, où ie trouuay son fils : ses Gardes auoient laissé leurs picques à la porte; la marée estoit haute, ce qui me fit croire que ie ne pouuois pas mieux prendre mon temps. I'enuoyay querir mes gens, qui se saisirent des armes du Corps de Garde de la Doüane; & estans entrez dedans, en fermerent les portes. I'arrestay le fils du Gouuerneur, & trois ou quatre de mes gens l'emporterent à force de bras, & le jetterent dans le Batteau. Ie m'y mis auec le reste de ma troupe; & nous estions desia loin du Port, lors que son pere en fut aduerty : le vent estoit fort, & nous obligeoit à ramer le lõg de la coste, à la distance de deux cables, pour en estre à l'abry, & pour prẽdre le fil de l'eau du canal. Ceux du païs accoururẽt, se jetterent dans des Batteaux, & firent mine de nous vouloir attaquer : nous leur tirâmes trois coups de mousquet, & enleuâmes nostre proye à la veuë de plus de trois mille hommes. I'auois donné ordre au Facteur des Anglois de demeurer dans nostre logis auec deux autres, pour faire entẽdre apres à ces Peuples la raison que nous auions euë d'en vser ainsi; mais il executa mal mon ordre. Il sortit du logis, pour voir comment la chose se passeroit; & le peuple l'auroit assommé de coups, si le Gouuerneur ne l'eust pris en sa protection, apprehendant qu'on ne fist vn pareil traitement à son fils.

L'apresmidy, le Facteur des Hollandois me vint demander le sujet de cette hostilité; ie luy dis qu'il n'y auoit gueres d'apparence de croire qu'il l'ignorât, & que j'auois laissé de mes gens à terre pour leur en rendre compte : qu'au reste, ie ferois pendre le fils du Gouuerneur à la grande vergue de mon Vaisseau, si on traitoit mal les Anglois qui estoiẽt dãs la Ville. Ie luy fis aussi entendre que ie ferois vn pareil traitement à ceux qui desormais aborderoiẽt mon Vaisseau, sans m'apporter des Lettres de ceux que j'auois laissé à terre. L'Hollandois retourna le vingt-septiéme auec l'Interprete du Roy, & offrit de me payer ce qui m'estoit deû par le Gouuerneur. Ie luy dis que ie pretendois qu'il me payast outre sa debte, celle d'vn nommé Callopas, dont il auoit esté caution ; & que pour les autres debtes ie serois satisfait, pourueu qu'il enuoyast à mon bord mes autres debiteurs. L'Hollandois me fit vne protestation du dommage qui pourroit arriuer à ceux de sa Nation, à cause de cette hostilité. Ie luy répondis par écrit ; Vvencatadra cependant n'auoit ny bû ny mangé depuis qu'il estoit dans mon Vaisseau. Il estoit Bramene, & sa Religion ne luy permettoit pas de manger de viandes apprestées dans vn autre logement que le sien. I'en eus pitié, & luy offris de le mettre en liberté, pourueu qu'il me donnast en eschange deux Mahometans de qualité. Il n'en trouua point qui voulussent prendre sa place, & fut ainsi obligé de continuer son jeûne jusqu'à ce que le Gouuerneur son pere eust payé ses debtes, & fait payer les autres.

Le trentiéme de Nouembre, ie renuoyay mon prisonnier à terre ; diuers Marchands Mahometans me vinrent voir, me promirent d'écrire au Roy la verité de ce qui s'estoit passé, & me prierent de ne point faire de tort à leurs Vaisseaux. Ie leur répondis que j'estois satisfait ; mais qu'à l'aduenir ils prissent garde de traiter mieux ceux de nostre Nation.

Le septiéme Decembre, le Facteur que j'auois laissé à terre, me vint trouuer dans mon Vaisseau ; ie me mis à la voile, apres auoir offert au Gouuerneur d'aller prendre congé de luy à terre : il m'en remercia ; car il apprehendoit que ie ne visse quelques-vns des Marchands Mahometans, & que ie ne fisse sçauoir à la Cour, par leur moyen, ce qui s'estoit passé.

Purchas adiouste pour finir ce Voyage, que le trentiéme de Feurier, ce Capitaine entra auec son Vaisseau dans la Baye de Saldaigne, & que le premier de Iuin il estoit en l'Isle de sainte Helene.

Relation du Royaume de Siam, par Ioost Schuten, Directeur de la Compagnie Hollandoise, en ces quartiers-là.

Escrite en Hollandois l'année 1636.

LE Royaume de Siam est dans le continent de l'Asie ; il s'estend jusques sous le dix-huitiéme degré de Latitude Septentrionale, & est frontiere de ce costé-là aux Royaumes de Pegu & d'Aua du costé de l'Oüest, il est borné par le Golfe de Bengale : la coste s'estend depuis Martauan jusques sous le septiéme degré, où il confine du costé du Sud auec les Royaumes de Patan & de Queda. Depuis Patan la coste court vers le Nord, jusques à treize degrez trente minutes, où elle se courbe en arc, & fait le fonds du Golfe de Siam. La coste descend apres vers le Sud, jusques sous le douziéme degré ; & de ce costé-là le Royaume de Siam a à l'Est les deserts de Cambodia, & au Sud les Royaumes de Iongoma, Tangou, & Langs-Iangh ; si bien que ce Royaume a la forme d'vne demie-lune de quatre cens cinquante lieuës de circuit ; il est presque par tout couuert de montagnes & de bois, si ce n'est le long du bord de la mer, où il est plat, marescageux, & a vn fond de glaise. Ie ne diray rien de ses costes, de ses havres, de l'entrée de ses riuieres, puisque toutes ces particularitez ont esté marquées fort exactement dans les Cartes qui en ont esté faites. Il faut icy voir la Carte.

La riuiere Me-Nam, c'est à dire la Mere des Eaux, est fort large : ceux du Pays n'ont point de connoissance de sa source, qui doit estre bien auant dans la terre ferme ; elle est fort rapide, & à son cours du Nord au Sud ; elle trauerse les Royaumes d'Aua, de Pegu, & beaucoup de Prouinces du Royaume de Siam ; elle se rend par trois emboucheures dans le Golfe de Siam, du reste fort semblable aux riuieres du Gange & du Nil ; car elle déborde tous les ans vne fois, & couure tout le plat-pays pendant quatre ou cinq mois de temps : la terre en deuient extrémement fertile. La plus grande des emboucheures de cette riuiere, est celle qui est la plus auancée vers l'Est, sous le treiziéme degré trente minutes de Latitude Septentrionale. C'est par cette emboucheure que les Vaisseaux & les Ioncques ont couftume d'entrer : il y a au fond du Golfe de Siam à l'entrée de cette riuiere vn Banc plat de fable, il a pour le moins vne lieuë d'eftenduë, il f'y trouue ordinairement cinq ou fix pieds d'eau quand la mer eft baffe, & quinze ou feize quand elle eft haute, mais lors que la mer eft débordée, c'eft à dire au mois de Septembre, d'Octobre, & de Nouembre, il y a dix-fept ou dix-huit pieds d'eau; au dehors de ce Banc, enuiron à deux lieuës loin de terre, il y a bon Ancrage pour les grands Vaiffeaux, & pour ceux qui ne voudroient point entrer dans la riuiere; car il f'y trouue toufiours quatre, cinq à fix braffes d'eau, fonds de glaife & bonne tenuë. Pour ce qui eft de ceux qui veulent entrer dans la riuiere, ils attendent que l'eau foit haute pour paffer fur ce Banc; ils peuuent apres faire voile, & là remonter jufques deuant vne petite Ville appellée Bancop à fix lieuës de l'embouchеure; au deffus de cette Ville, la riuiere eft moins large, & fon fonds eft fort inégal. Vn baftiment qui ne prendroit qu'onze à douze pieds d'eau, peut paffer & remonter vingt-quatre lieuës auant dans le Pays, jufqu'à la ville d'India, & cela en cinq ou fix iours de temps; mais quand l'eau eft fort haute, comme j'ay dit qu'elle eftoit aux mois de Septembre, d'Octobre, & de Nouembre, on met bien trois ou quatre femaines à faire cette Nauigation.

Ce Pays en general eft fort peuplé, toutefois il y a des Prouinces qui le font les vnes plus que les autres, principalement celles qui font le long des riuieres dans le plat-pays, & où il y a peu de montagnes; car dans celle-là on y void tant de Villes, de Bourgs, & de Villages, qu'il feroit difficile d'en rapporter le nombre. Les principales Villes font, India, Piccelouck, Sourckelouk, Caphengh, Soucerhay, Kephinpet, Cenfeyvvan, Pijtsyay, Pitfidi, Lydure, Tenou, Mormelon, Martenayo, Ligor, Bordelong, Tannaffary, Bankock, Pijpry, Rapry, Mergy, & autres. Ces Villes font les Capitales des Gouuernemens des Prouinces où elles font fituées : ce n'eft pas qu'il n'y en ait vn grand nombre d'autres qui font fort peuplées; mais il feroit inutile d'en mettre icy les noms.

La ville d'India, Capitale du Royaume de Siam, où le Roy fait fa refidence, eft fituée fur la riuiere de Me-Nam au milieu d'vne belle plaine fort fertile; elle eft bâtie dans vne Ifle, dont la figure eft ronde de deux bonnes lieuës de circuit. Les Faux-bourgs font baftis fur les bords de la riuiere qui regarde cette Ifle, & à proportion font auffi peuplez que la Ville mefme.

On void dans ces Faux-bourgs quantité d'édifices publics, plufieurs Temples & lieux où les Sacrificateurs viuent en commun, femblables à des Cloiftres de Religieux. Il y a des quartiers de la Ville qui font fort bien baftis; les ruës en font larges, fort droites, auec des canaux au milieu; il y en a d'autres où les maifons font mal bafties, les ruës fort eftroites : il y a par tout des canaux; fi bien que lors que la riuiere eft débordée, on peut entrer en Batteau dans toutes les maifons.

Les maifons font bafties à la maniere ordinaire des Indes, & couuertes pour la plufpart de laffers de pierre en forme de thuiles. Les lieux où les Sacrificateurs viuent en commun, & leurs Temples, font la plus belle partie de cette Ville : il y a bien trois cens de ces baftimens ornez de tours, de pyramides, & d'vne incroyable quantité d'Idoles & de Figures de toutes fortes de matieres. Le Palais du Roy eft à vne des extremitez de l'Ifle, & de loin on le prendroit pour vne feconde Ville, tant il eft grand & magnifique. Ie ne connois point de fejour plus agreable en toutes les Indes, de lieu où l'on viue à meilleur marché, ny où il fe trouue vne plus grande diuerfité de peuples. La fituation & les fortes murailles qui font vne Ville de cette Ifle, la rendent imprenable, outre qu'vne armée ne pourroit pas demeurer deuant plus de fix mois; car l'inondation qui reuient toufiours dans ce temps, obligeroit les ennemis à leuer le Siege.

Le Roy de Siam eft fort abfolu dans fes Eftats; il eft d'vne maifon fort ancienne & fort noble, qui regne depuis long-temps en ce pays-là. Seulement dans les occafions les plus importantes de l'Eftat, la couftume du Pays eft, qu'il communique fes desseins à quelques-vns des plus grands Seigneurs, qu'ils appellent Mandorins : ces Mandorins assemblent d'autres Officiers qui sont au dessous d'eux, ausquels ils communiquent les propositions que le Roy leur a faites, & tous ensemble concertent leur réponse ou remonstrance. Il y a tel égard qu'il luy plaist ; il dispose de toutes les charges de son Estat, sans considerer le plus souuent la naissance de ceux à qui il les donne ; il les oste aussi sur la moindre faute qu'on leur puisse reprocher, ses Sujets par cette raison le seruent auec vne soûmission d'esclaues.

Dans les autres Relations on met Mandarins.

Son train est magnifique, il ne se monstre presque iamais au peuple, les grands Seigneurs mesmes le voyent peu souuent, & cela à certains iours de l'année qui y sont destinez. Ces iours d'Audiance, son Palais se voit paré de meubles fort riches ; le Roy est assis sur vn Trône, tous les grands du Pays à genoux à ses pieds, les mains croisées & la teste baissée : sa garde est composée de trois cens hommes ; ses réponses sont receuës comme des Oracles, & ses ordres soigneusement executez. Outre la Reyne, il a vn grand nombre de concubines, qu'on choisit entre toutes les plus belles filles de tout le Pays : sa table est bien couuerte ; mais sa Religion luy deffend le vin, auec les eaux de vie & les boissons fortes ; ainsi il ne boit ordinairement que de l'eau pure, ou de l'eau de Cocos, & ce seroit vn grand scandale pour son Peuple si le Roy ou ses principaux Officiers auoient manqué à l'obseruance de cette Loy.

Quelquesfois il se promene sur la riuiere dans de petites Galleres, sur chacune desquelles il y a ordinairement quatre-vingt ou cent Rameurs, outre les Praos du Roy, qui sont ordinairement sept ou huict. Il est encore suiuy de trois ou quatre cens autres où sont les plus grands Seigneurs du Pays ; ces petits bastimens ont au milieu vn pauillon tout doré sous lequel on s'assied, & ordinairement il y a dans ce rencontre quatorze ou quinze cens personnes qui suiuent le Roy. Quand il va par terre, des hommes le portent sur leurs épaules dans vne chaise dorée : sa garde & ceux de sa Cour le suiuent en grand silence & en bon ordre ; & tous ceux qui se rencontrent sur le chemin sont obligez de se jetter le ventre contre terre. Il se monstre tous les ans vers le mois d'Octobre à ses Peuples, vn iour sur l'eau, vne autre fois il sort du costé de la terre, & va aux principaux Temples de ses Dieux suiuy d'vne grande Cour ; deux cens Elephans paroissent à la teste, ils portent chacun trois hommes armez ; ces Elephans sont suiuis de joüeurs d'instrumens, de trompettes, & d'vn millier de soldats à pied bien armez. Les grands Seigneurs du pays viennent apres, entre lesquels il y en a qui ont quatre-vingt & cent hommes à leur suite ; apres ces Seigneurs, on voit deux cens soldats du Iappon, les soldats qui composent la Garde du Roy, puis ses Cheuaux de main & ses Elephans, & apres eux les Officiers de sa Cour, qui portent tous des fruits ou quelque-autre chose qui doit estre presentée en Sacrifice aux Idoles ; apres ces Officiers, quelques-vns des grands Seigneurs du Pays, entre lesquels il y en a mesmes qui ont des couronnes sur leurs testes, l'vn d'eux porte l'Estendard du Roy, l'autre vne Espée qui represente la Iustice ; Sa Majesté paroist apres eux sur vn petit Trône mis sur vn Elephant, tout entouré de gens qui luy portent des parassols, & suiuy du Prince qui luy doit succeder : ses femmes suiuent aussi sur des Elephans ; mais dans des petits cabinets fermez, tellement qu'on ne les void point : six cens hommes armez ferment ce Cortége, qui ordinairement est de quinze ou seize mille hommes. Quand il se met sur l'eau, deux cens Seigneurs du Pays paroissent à la teste chacun dans son Prao ou Galiote, auec soixante ou quatre-vingt Rameurs : quatre Batteaux des Musiciens les suiuent, & cinquante autres Praos du Roy fort dorez. Apres ceux-là, il en paroist dix autres plus magnifiques que les premiers, tous couuerts d'or, les rames mesmes en sont dorées : le Roy est assis sur vn Trône dans le plus beau de ces Praos ; sur le deuant du Prao est vn des grands du Pays qui porte son Estendard. le Prince suit apres & les femmes du Roy, auec leur suite ; si bien que j'y contay jusqu'à quatre cens cinquante Prauvvs ou Praos. Le Peuple se rend en ce temps sur les bords de la riuiere, les mains jointes & la teste baissée, témoignãt vn grãd respect & veneration à son Prince.

Son reuenu est de plusieurs millions d'or, il se tire principalement sur le Rys que ce Païs produit en grande abõdance, sur le Sappang, ou bois qui sert à teindre en rouge, sur l'Estain, sur le Salpestre, sur le Plomb, n'y ayant que les Facteurs du Roy qui puissent vendre ces marchandises aux estrangers, non plus que l'or de lauage qu'ils tirent du sable, & celuy qu'ils trauaillent dans les mines. Il y a encore des impositions sur les marchandises estrangeres, les taxes des Gouuerneurs & le tribut des Princes ses vassaux. Il tire aussi de grands profits du commerce que ses Facteurs font dans la Chine & à la coste de Choromandel, d'où il tire bien deux mille cattys d'argẽt tous les ans. Il a beaucoup d'Officiers qui manient ses deniers, & les profits qui viennent de ce trafic sont ordinairement appliquez à bastir quelque Temple à leurs Idoles, & le surplus de la dépense est mis dans le tresor du Prince, que l'on tient estre fort riche. Quand le Roy est mort, le plus âgé de ses freres luy succede : lors qu'il n'a point de frere, c'est l'aîné de ses fils ; & quand il a plusieurs freres, ils se succedent les vns aux autres, selon l'ordre de la naissance. Les filles ne succedent point à la Couronne ; mais cét ordre est souuent interrompu ; & les Princes qui ont plus de credit parmy le peuple, se rendent maistres de l'Estat.

Dans l'Original Hollandois, il explique la valeur de cét omme par celle de cent mille écus.

Le Roy qui regne maintenant l'a vsurpé de la sorte, & à fait mourir tous ses Cõpetiteurs pour s'asseurer mieux la possession de sõ Empire. Ils ont des Loix écrites, & vn Conseil de douze Iuges presié par vn treiziéme, regle toutes les affaires Ciuiles & Criminelles. Il y a encore d'autres Iurisdictions subalternes à ce Conseil, où les affaires se traitent par le moyen de Procureurs & d'Aduocats, auec la mesme longueur qui se pratique en Hollande : quand l'affaire a esté bien instruite, on en dresse vn procez verbal ou relation, on le cachete pour estre ouuert dans ce Conseil des douze. Dans les affaires Criminelles, lors que les delits ne sont pas bien prouuez, ils ont diuerses manieres d'en rechercher la verité ; quelquefois on oblige le denonciateur à se plonger dans l'eau, & y demeurer quelque-temps, on oblige les autres à marcher les pieds nuds sur des charbons ardans, à se lauer les mains dans de l'huyle boüillante, ou à manger du Rys charmé. L'on plante dans l'eau deux perches, les deux parties se plongent dedans, & celuy qui demeure plus long-temps entre ces deux perches gagne son procez. Lors qu'on les fait marcher sur des charbõs ardans, vn hõme leur presse sur les épaules, afin qu'ils appuyent dauãtage en marchant : s'ils en sortent sans se brûler, on tient leur innocence bien prouuée. Pour le Rys charmé, ce sõt les Docteurs de leur Loy, qui le preparent & qui le leur donnent, celuy qui le peut aualer est declaré innocent, & ses amis le remenẽt cõme victorieux & en triomphe chez luy, & l'on punit seueremẽt son Denonciateur ; cette derniere preuue est la plus ordinaire de toutes. Ce Prince a des Mahometans & des soldats de Malacca à son seruice ; mais ceux du Iappon y sont estimez pour leur Brauoure plus que les autres, & les Roys de Siam en ont tousiours fait leurs principales forces.

Maniere de verifier les crimes.

Le Roy d'apresent en auoit pris quelque jalousie, & auoit fait mourir tous ceux de cette Nation qui se trouuerent dans ses Estats ; mais ils y sont retournez depuis quelques-temps. Ceux de Siam seruent leur Prince dans ses troupes, sans aucun salaire : on y leue quelquesfois le vingtiéme, quelquesfois le centiéme des Habitans, selon le besoin qu'on en a ; le Roy leur donne des Officiers pour les commander : outre cela, les Seigneurs du Pays entretiennent grand nombre de Soldats, qui leur seruent dans les occasions de la guerre. Ce Roy peut mettre sur pied des armées de cent mille hommes, auec deux ou trois milles Elephans, qui seruent partie pour le combat, & partie pour le bagage & munitions ; neantmoins ses armées ne passent gueres cinquante mille hommes. Ces troupes gardent assez bien leurs rangs & la discipline militaire ; mais elles sont mal armées, ne portant la pluspart que l'arc, la picque, ayant peu de pratique à se seruir du mousquet. La Caualerie n'est pas mieux armée ; elle porte le bouclier, l'arc,

& la lance. La principale force de leurs armées consiste en vn grand nombre d'Elephans de guerre, chacun monté par trois hommes armez : Ils ont vne assez belle Artillerie ; mais ils ne s'en sçauent pas seruir, & encore moins de celle qu'ils mettent sur leurs Galleres & sur leurs Vaisseaux; car ils ne sõt pas des meilleurs Mariniers. Ils ont vn nombre infiny de Praos ou petites Galiotes dans leurs riuieres, mal-armées, & qui ne pourroient pas resister aux Vaisseaux ny aux Galeres de l'Europe : ils ne laissent pas d'estre fort redoutez des Peuples voisins. Les Roys de Siam ayans souuent auec ces mauuais Soldats fait de grandes conquestes, & formé vn grand Estat dans cette partie de l'Asie, dont ils sont considerez comme les Empereurs.

Les Roys de Pegu & d'Aua luy ont fait souuent la guerre ; car se trouuant d'égales forces, ils luy disputent l'Empire : si bien que les frontieres de ces deux Royaumes, qui ne sont iamais deux ou trois ans en repos, en sont entieremẽt ruïnées & desertes. Le Roy de Siam enuoye presque tous les ans vne armée de vingt-cinq ou trente mille hommes, durant les six mois du Mousson sec, qu'ils appellent, ou pour mieux dire lors que les eaux ne sont pas débordées, sur les frontieres des Royaumes de Iangoma, Tangou, Langhs-langs : & dans ces derniers temps il a fait la guerre au Roy de Cambodia son vassal, qui s'est reuolté contre luy ; mais il se deffend, & luy fait encore maintenant teste. Depuis cette guerre de Cambodia, le Royaume est demeuré en paix jusques à la mort du Roy.

Son fils luy succeda, contre la coustume du Pays, qui veut que les freres du Roy succedent à la Couronne ; tous les Princes du Sang qui y pouuoient pretendre furent mis à mort, le Royaume a passé dans la personne d'vn Prince de sa maison qui l'a vsurpé sur luy, & l'a fait mourir, & qui apres de longues guerres Ciuiles & estrangeres, l'a possedé depuis auec beaucoup de reputation & d'authorité. Il est presentement en guerre auec les Roys d'Aua, de Pegu, & les rebelles de Cambodia. Ce Prince ayme les estrangers, comme ses predecesseurs les ont toûjours aymez ; mais il ayme dauantage les Hollandois que les Portugais. Ces derniers auoient en l'an 1624. pris vn petit Bastiment Hollandois dans la riuiere de Siam ; il fit arrester la Gallere de Dom Fernando de Silua, fit dépoüiller ses gens, nous fit rendre nostre Vaisseau & les Marchandises. Les Espagnols des Manilles luy declarerent la guerre pour ce sujet, & arresterent beaucoup de ses Sujets qui trafiquent à la Chine. Les Hollandois pour se reuancher de cette obligation, luy presterent six de leurs Vaisseaux l'an 1634. pour luy ayder à mettre à la raison ses Sujets de Patan.

Ce Roy a bien trois milles Elephans, chacun de ces Elephans a deux ou trois hommes qui le pensent : on dresse les vns pour la guerre, les autres pour porter l'Artillerie, les viures, & les munitions de guerre : il y en a beaucoup de sauuages dans le Pays, voicy comment ils les prennent & comment ils les appriuoisent.

Maniere de prendre les Elephans.

On fait entrer dans les bois vne troupe de quinze ou vingt Elephans femelles, qui ayans esté prises fort jeunes, sont priuées & dresées à cette chasse. Les Elephans sauuages se mélent parmy elles ; ceux qui font cette chasse, font entrer la troupe d'Elephans femelles dans vn lieu quarré fermé de murailles ; ils bastissent ce lieu dans le plus fort du bois, auec vne allée qui y conduit, ainsi petit à petit les sauuages s'engagent dans cette allée & dans ce bastiment que l'on ferme aussi-tost qu'ils y sont entrez, cependant l'on ouure vne autre porte par laquelle on fait sortir les Elephans priuez ; si bien que celuy qui est sauuage demeure seul : à six pieds de distance de ces quatre murailles, il y a vne pallissade de grands pieux ; & entre vn pieu & l'autre, autant d'espace qu'il en faut pour faire passer vn homme. Au milieu de ce quarré, il y en a vn autre, mais plus petit ; & deuant tout ce bastiment est vn pauillon auec vne gallerie qui regne autour, où le Roy se met ordinairement auec les principaux de sa Cour, pour auoir le plaisir de cette chasse : on entre par les interualles des pieux pour mettre l'Elephant en furie : on luy tire des fusées ; & quand il s'est bien tourmenté en vain, & qu'il est tout à fait las, on ouure vne porte de cette enceinte, & on le fait entrer dans vn lieu plus estroit où on luy lie auec de gros cables les pieds de deuant & ceux de derriere : on le met entre deux Elephans priuez ; & luy ayans passé des cables & des sangles par dessous le ventre, on le guinde en haut, & on le laisse à demy suspendu quelques iours ; tellement qu'en trois ou quatre mois de temps il deuient priué comme les autres. Ils ont vne autre maniere de les prendre, ils attaquent à la campagne l'Elephant sauuage, montez sur des Elephans priuez ; ils l'approchent, luy jettent des cordes dont ils luy embarassent les jambes, & le prennent ainsi. L'on void par là combien les Anciens se sont trompez, lors qu'ils ont parlé de cette chasse.

Elephans blancs.

Ce Pays est le seul où il y ait des Elephans blancs. Ces peuples disent que l'Elephant blanc est le Prince de tous les autres, & les Roys de Siam en ont eu long-temps, qu'ils ont traitez comme ils auroient fait quelque Prince de leurs voisins qu'ils auroient receus dans leurs Estats, les faisant seruir auec autant de pompe & de magnificence. Le Roy leur rendoit souuent visite ; la vaisselle où l'on mettoit leur nourriture, & tout ce qui seruoit à leur vsage, estoit d'or massif. Il y a soixante ans que le Roy de Siam eût vne grande guerre auec celuy de Pegu, pour auoir vn de ces Elephans blancs ; celuy de Siam fut vaincu, & rendu tributaire à l'autre. Le Roy d'aujourd'huy a eu le bon-heur d'auoir deux jeunes Elephans blancs dans le temps de ma residence, qui moururent bien-tost apres de tristesse. Ces peuples croyent qu'il y a quelque chose de diuin dans ces animaux, & en rapportent plusieurs preuues ; si bien qu'ils ne les estiment pas seulement à cause du seruice qu'ils en tirent ; mais par la raison de l'esprit qu'ils admirent dans cette beste. Ils croyent auoir remarqué qu'il se réjouyt lors qu'il se void traité comme il le merite, & que les autres Elephans luy rendent le respect qu'ils luy doiuent ; qu'il est triste & melancolique au contraire, quand on le sert auec moins de respect & de soin.

Religion de ceux de Siam.

Ces Sacrificateurs ressemblent aux Religieux de l'Europe.

Dans l'Hollandois il y a le Curé du principal Temple.

Ceux de Siam sont Idolâtres ; le Pays est plein de Cloistres & de Temples, où l'on void des Idoles de tous costez faits de diuerses matieres : j'ay veu de ces Idoles qui auoient cinquante pieds de haut ; il y en a mesme vne d'vne figure assise qui en a six-vingts. Leurs Temples & leurs Idoles sõt seruis par des* Sacrificateurs, qui menent vne vie fort innocente ; ils reconnoissent tous pour Superieur le Sacrificateur du principal Temple de la ville d'India, qui est la seconde personne de l'Estat, & la plus respectée : il y a bien trente mille de ces Religieux dans le Pays. Ils n'ont presque point de marque qui les distingue du reste du peuple : ils portent des habits de toile jaune tout simples, & ont la teste rasée. On choisit entre-eux les plus habils pour Sacrificateurs & pour Superieurs des Temples ; ils preschent le Peuple, l'instruisent, & font des Offrandes & des Sacrifices à leurs Idoles ; il leur est deffendu sur peine du feu, d'auoir commerce auec les femmes ; mais lors qu'ils ne se sentent pas assez forts pour resister à cette tentation, ils leur est permis de quitter la vie Religieuse ; les Cloistres sont bastis proche des Temples ; ils chantent ensemble le matin & le soir des prieres ; les Cloistres & les Eglises sont fondées ; mais les Ecclesiastiques tirent leur principale subsistance des aumônes qu'on leur fait, & il sort tous les iours des Cloistres & des Eglises des Questeurs auec des besaces, qui entretiennent leurs Communautez des aumosnes qu'ils rapportent. Il y a aussi proche des principaux Temples, des maisons de Religieuses de vieilles filles, rasées, habillées de blanc, qui passent là leur vie pour estre plus assiduës aux prieres, predications, & Sacrifices qui s'y font ; mais c'est de leur bon gré qu'elles font cette vie, & auec la liberté de la quitter quand elles veulent.

Ces Peuples sont diuisez en plusieurs Sectes ; mais elles s'accordent toutes à croire vn Dieu Souuerain, qui en a beaucoup d'autres au dessous de luy, qu'il est

Createur

Createur de tout l'Vniuers; que les ames sont immortelles, & que dans l'autre monde elles sont punies ou recompensées selon le merite de leurs actions. C'est là le fondement de leur Religion, qu'ils disent estre fort ancienne; qu'elle a esté confirmée par le témoignage de quantité de saintes personnes, ausquelles ils dressent des Images. Ils font des aumônes, ils entretiennent les Docteurs de leur Loy, & exercent des œuures de charité indifferemment à l'endroit des hommes, & de tout ce qui a vie. En effet, les iours de Festes on porte à l'entrée de leur Temple des poissons & des oyseaux; ils les achetent de ceux qui les ont pris, & leur donnent la liberté, croyant que cette charité s'estende jusqu'aux ames de ceux qui ont vescu auparauant eux.

Ils ont des prieres publiques, des Presches; ils vont entendre les leçons que leur font leurs Docteurs; ils font des offrandes dans leurs Temples à leurs Dieux, qu'ils accõpagnent de torches, de lumieres, de fleurs, & de feux d'artifice, croyant par là détourner leur colere & se les rendre fauorables. Leur plus grande Feste se solemnise dans de certaines saisons de l'année à certains quartiers de la Lune. Ils ont vn jeûne de trois mois, pendant lequel ils ne mangent de rien qui ait eu vie; ils prient Dieu pour les malades; ils rasent leurs morts, les salent auec beaucoup de superstition, & les portent proche de leurs Temples, où ils les brûlent auec musique, representations de comedies, feux d'artifice, prieres de leurs Prestres, & autres magnificences. Ils ramassent apres les cendres de ces corps brûlez, y mettent du sel, & les enterrent au mesme lieu. Les plus riches dressent sur leur sepulture des pyramides & des monumens; & la coûtume du pays est de faire de grandes dépenses dans ces rencontres. Leurs Docteurs traitent humainement ceux des autres Religions, ne s'emportent point à les blâmer, & soûtiennent qu'on peut arriuer au Ciel par de differens chemins, que Dieu se plaist à la diuersité des cultes: c'est ce qui les rend plus difficiles à receuoir le Christianisme; & cette difficulté paroist assez dans le peu de progrez qu'y ont fait les Portugais, aussi bien que les Mahometans qui ont tasché de les attirer à leur Religion, & n'ont pû rien auancer de ce costé-là, quoy que les vns & les autres y ayent toute la liberté de l'exercer.

Ces Peuples d'ailleurs fort deuots, ne laissent pas de sacrifier aux Diables, qu'ils tiennent les autheurs de tout le mal qui arriue aux hommes, & c'est principalement dans leurs afflictions qu'ils ont recours à eux, qu'ils supposent en estre les autheurs. Il seroit honteux à vn Chrestien d'apprendre au monde les abominations qu'ils commettent dans ces Sacrifices; & c'est le sujet le plus ordinaire des predications de leurs Ecclesiastiques, qui ne cessent de prescher contre ces abominations.

Ils sont assez bien faits de leurs personnes, ont le teint fort brun, tirant sur la couleur d'oliue, mauuais soldats, mais cruels vers leurs ennemis quand ils sont en leur puissance: ils ont l'air fier, viuent entre-eux fort ciuilement, naturellement portez à la legereté, timides, fourbes, infidels, grands menteurs; les hommes faineants, les femmes assez belles, fortes, labourent la terre, & font tout le trauail qui occupe les hommes ailleurs: ceux-cy se contentent de faire la Cour, & de seruir dans les Armées: elles portent des habits fort legers, de toile peinte, ou pour mieux dire, imprimée, & vne veste par dessus d'estoffe qui a plus de corps, & qui leur couure le sein; & pour tout ornement, quelque anneau aux doigts & quelque priam ou poinçon sur leur coëffure: les hommes ont de mesme vn habit d'estoffe fort legere, & vne espece de juste-au-corps auec des demyes manches. Les pauures & les riches sont habillez les vns & les autres quasi de la mesme façon; mais on les connoist assez à leur suite: car il y en a qui ont vingt-cinq ou trente personnes qui les suiuent, cependant que les autres n'ont qu'vn esclaue ou deux: leurs maisons comme la pluspart des maisons des Indes sont basties de charpente ou de roseaux, & couuertes de feüilles de Cocos ou de thuyles; le plancher est plus éleué que le rez de chaussée de trois ou quatre pieds; ils ne viuent que de Rys, de poisson, & de legumes; mais il est ordinaire principalement entre ceux du menu peuple, de s'enyurer d'arac ou d'eau de vie les iours de Festes.

Les mariages entre les personnes riches, se font en mettant en commun vne certaine somme de deniers; ils se font auec beaucoup de festes & de magnificences; mais sans qu'il y entre aucune ceremonie de leur Religion: les mariez ont tousiours la liberté de se separer en partageant leurs enfans & leurs biens: le mary auec cela peut prendre autant de concubines qu'il en veut, qui doiuent neantmoins obeyssance à la premiere femme, dont les enfans heritent tout le bien de leur pere; ceux des concubines n'en ayant qu'vne partie fort peu considerable. Les biens des personnes de condition, apres leur mort sont separez en trois parties, les Sacrificateurs ou Ecclesiastiques en ont vne, le Roy l'autre, & la troisiéme est pour les enfans: mais les pauures gens en vsent autrement; les hommes achetent leurs femmes par quelque present qu'ils donnent à leurs peres; ils ont la mesme liberté de les quitter que les grands; mais les diuorces ne se font point legerement, & sans qu'ils ayent grande raison de le faire. Les enfans des gens du peuple partagent entre-eux également le bien de leur pere, laissans neantmoins ordinairement quelque chose de plus à l'aîné. Ils mettent les enfans dés leur jeunesse auprés de leurs Prestres & Docteurs, pour apprendre à lire, à écrire, & autres connoissances: durant ce temps, ils ne viennent point en la maison de leur pere, & à la fin de leurs estudes il en demeure tousiours beaucoup qui continuent à viure le reste de leurs iours dans la Communauté de ces Docteurs.

Le plus grand traffic du pays est d'étoffes qui viennent de la coste de Choromandel, & de Surat, toutes sortes de marchandises de la Chine, des pierreries, d'or, du Benjoin, de la Gomme laque, de la cire, de Sappangh, du Paô d'Aquila ou bois d'Aigle, d'estain, plomb, & quantité de peaux de Cerf: car il s'en prend tous les ans plus de cent cinquante milles dans le pays, & on les porte auec grand profit au Iappon. Il s'y fait aussi grand traffic de Rys, on en tire tous les ans plusieurs milliers de tonneaux, & ce commerce y attire toutes sortes de Nations des Indes. Le Roy est le plus grand Negociant de tout son Royaume; il enuoye tous les ans de ses Marchandises en la coste de Choromandel, & à la Chine, où il a esté de tout temps fort consideré. Il tire aussi tous les ans de grandes richesses du traffic qu'il fait dans le Royaume de Pegu à Iangoma, Langhsjangh.

La monnoye de ce pays est d'vn argent fort pur, ils en ont de trois sortes, des Ticals qui valent trente sols, des Mases qui ont cours pour sept sols & demy, & les Foanghs pour trois sols neuf deniers: ils font ordinairement leurs comptes par cattys d'argent; chaque cattys vaut vingt Tayls, ou cent quarante-quatre liures: car le Tail vaut sept francs, & quelque chose dauantage. Tout le commerce se fait auec cette monnoye, il ne s'en bat point d'autre dans le pays; mais on y apporte des Manilhes de l'Isle de Borneo, & de celle de Lequeo, vne espece de coquille dont il en faut huict à neuf cens pour faire la valeur d'vn Foanghs, & cette monnoye leur sert pour acheter les choses necessaires à la vie, qui y sont à grand marché.

Auparauant que les Hollandois vinssent en ce pays, les Portugais y estoient fort considerez: les Roys de Siam receuoient auec demonstration d'estime les Enuoyez des Vice-Roys des Indes, & des Euesques de Malacca: ils auoient exercice de leur Religion dans la ville d'India, jusques-là mesme que le Roy donnoit des appointemens à vn Prestre qui auoit soin de cette Eglise: mais ils commencerent à perdre leur credit aussi-tost que les Hollandois eurent mis le pied dans le pays; ils en vinrent enfin à vne rupture ouuerte, les Portugais trauerserent le commerce que ces peuples auoient à Santome & à Negapatan, & prirent l'année 1624. dans la riuiere de Menam, vne petite Fregate Hollandoise. Le Roy de Siam leur porta la guerre jusques dans les Manilhes; leurs Marchands ne laisserent pas de demeurer cependant dans le pays: mais sans consideration & sans credit; si bien qu'il n'y reste maintenant que quelques Mestis ou Portugais bannis; l'année 1631. le Roy de Siam par droit de represailles, se saisit de leurs Vaisseaux, & fit arrester prisonnier les Portugais qui se trouuerent dessus; ils se sauuerent deux ans apres par le moyen d'vne Ambassade supposée: l'on prît aussi dâs les havres de Ligor & de Tannassari des Vaisseaux Espagnols & Portugais, mais le Roy fit mettre ceux de l'Equipage en liberté, & les chargea de Lettres pour les Gouuerneurs de Manilhes, de Malacca, où il leur offroit la liberté du commerce, & de les receuoir dans ses Estats, tellement qu'il y a apparence qu'ils y retourneront.

Pour les Hollandois, il y a bien trente ans qu'ils se sont establis dans le pays; le commerce qu'ils y font a esté jugé assez important par la compagnie des Indes Orientales pour y entretenir vn Gouuerneur, apres auoir basty dans la ville d'India vn magazin, & y auoir fait vn grand commerce de peaux de Cerf, de Sappangh, &c. Ils enuoyent tous les ans ces Marchandises au Iappon, toutefois auec plus de reputation que de profit, si ce n'est qu'on fasse entrer en ligne de compte les viures qu'on en tire pour Battauia, & la commodité de cét establissement pour trauerser le commerce des Espagnols. I'y fis bastir en 1633. vn nouueau magazin; & dans les quatre ans de temps que j'y ay eu la direction des affaires de la Compagnie, j'y ay reduit les choses à tel point, qu'elle en pourra tirer beaucoup de profit à l'auenir.

L'année 1634. j'y fis bastir par ordre du General Brouwer & du Conseil des Indes, vne maison de pierre auec ses magazins, des appartemens fort commodes & des fossez pleins d'eau, pouuant dire que c'est la meilleure maison que la Compagnie ait dans les Indes. Voila ce que j'ay appris du Royaume de Siam, dans les huict années de residence que j'y ay fait dans la ville d'India capitale du pays.

Dronte, autrement appellé par les Hollandois Dod-aers

Cette figure est en quelque chose differente de celle du voyage de Bontekoe.

RELATION OV IOVRNAL DV VOYAGE DE BONTEKOE, AVX INDES ORIENTALES.

E partis du Tessel le 28. Decembre 1618. auec vn vent d'Est, dans le Vaisseau nommé la nouuelle Hoorn, en qualité de maistre de Vaisseau. Son port estoit de onze cens tonneaux, & il y auoit dessus deux cens six bouches.

Traduit de de l'Origi-nal Hollandois, écrit par Guillaume Isbrantz Bontekoe.

Le 29. du mesme mois, nous passâmes les Caps.

Le 30. nous eusmes sur le soir la veuë de Poortlandt, & le mesme iour nous passâmes Pleymuyen.

Le premier Ianuier 1619. nous passâmes Engelants End, ou le bout de l'Angleterre, le mesme vent continuant tousiours; ce fut là que nous commençâmes à dresser nostre course Sud-Oüest au Sud vers la mer.

Le 20. le vent estoit Sud-Est nostre course Su-Sud-Oüest, auec vn bon frais.

La nuict du 5. Feurier, nous receûmes trois coups de mer; le Vaisseau en estoit presque couuert. Nos gens se mirent à crier, nous coulons à fonds, nous coulons à fonds, les Sabords du deuant du Vaisseau sont ouuerts. Ie courus dans le Chasteau du deuant du Vaisseau, & ie trouuay qu'ils estoient fermez. Ie leur criay qu'ils n'auoient rien à craindre de ce costé-là, courage, camarades, leur dis-je, qu'on aille au fonds de Cale, & qu'on voye si l'eau n'y entre point. Ils l'executerent aussi-tost, & trouuerent qu'il n'y auoit point d'eau. Ie donnay ordre en suite qu'on puisât l'eau auec des seaux de cuir, & qu'on la jettât hors le bord: Mais nos gens auoient tellement embarassé le passage auec leurs coffres, que la crainte de l'eau leur faisoit transporter de costé & d'autre; que ceux qui estoient employez à jetter l'eau ne trouuoient pas assez de place pour le pouuoir faire; il fallut de necessité rompre les coffres qui se trouuerent sur le passage: on les mit en pieces, & on trouua aysément place pour se seruir des seaux & executer l'ordre que j'auois donné.

Apres estre sortis de ce danger auec l'ayde de Dieu, nous nous laissions aller au gré du vent sans voile; Mais nostre Vaisseau rouloit si estrangement, que nous fusmes obligez de remettre la voile pour le tenir droit sur sa route qui estoit vers l'Oüest. Le temps estoit fort inconstant auec pluye; la mer fort agitée, & les éclairs si frequentes, qu'elle paroissoit tout en feu.

Le sixiéme, le septiéme, & le huitiéme, le temps se trouua encore fort mauuais, auec pluye. Nous vismes ce iour-là beaucoup de Mauuettes; ce qui nous fit croire que nous estions proche de l'Isle du Bresil, neantmoins nous ne vismes pas la terre. Sur le midy du huitiéme iour, nous courusmes vers l'Est, le vent estoit enuiron Oüest Sud-Oüest, le temps tousiours fort inconstant. La tempeste dura long-temps; nostre Vaisseau se tourmentoit si fort, & nos haubans bandoient de sorte, quoy que nous les eussions liez en deux endroits, que le grand Mast se rompit à cinq pieds enuiron au dessus du Tillac. La crainte de perdre tout à fait nostre Mast, nous obligea à le fortifier, en y joignant le gros mastereau pour le tenir en estat. Le voyage dépendoit de là: si le Mast fut tombé hors le bord, nous eussions esté obligez de retourner en Hollande. On fit vne ouuerture dans le Tillac pour y passer le bout d'enbas du mastereau, & on le lia le plus fermement qu'il fut possible contre le Mast. Nous le mismes ainsi en estat de seruir, dont nous fusmes fort réjouys. La tempeste dura jusques au 19. nous tournâmes tantost nostre route vers le Sud, tantost vers l'Oüest, pour nous accommoder au changement du vent.

Le 20. le temps deuint beau & calme, & nous prîmes ce temps pour asseurer dauantage nostre Mast: & l'ayant fait, nous dressâmes nostre course vers les Canaries Su-Sud-Est; le vent estoit à peu prés Sud-Oüest, & le temps fort beau: ce qui nous donna moyen de trauailler encores à nostre Mast.

Le 21. nous vîmes derriere-nous vne voile, qui faisoit son possible pour nous approcher. Nous l'attendîmes sur le costé de nostre Vaisseau, où les voiles portoient. Nous trouuâmes que c'estoit vn Vaisseau des Indes Orientales, qui estoit sorty de Zelande le 29. Decembre 1618. le lendemain du iour que nous estions partis du Tessel. Ce Vaisseau estoit en fort bon estat, & ne manquoit de rien; il s'appelloit la nouuelle Zelande, c'estoit vne bonne compagnie pour les vns & pour les autres. Nous allions aussi bien à la voile qu'eux, nonobstant l'accident qui nous estoit arriué: on continua ce jour-là la mesme route que le iour precedent.

Le maistre qui le commandoit se nommoit Pierre Tuisse.

Le 23. du mesme mois, nous vîmes vne autre voile au stribord de nostre Vaisseau, c'est à dire à nostre main droite. Nous y courûmes, & trouuâmes que c'estoit le Vaisseau Enchuysen, qui estoit sorty auec nous, & deuoit faire aussi le voyage des Indes Orientales. Nous estions donc trois Vaisseaux de Flotte; on passoit souuent d'vn bord à l'autre pour faire bonne chere, & nous nous entretenions de nos aduantures. Nostre course nous portoit proche des Isles du Cap-Vert: nous en eusmes la veuë: en les passant, le vent estoit Sud-Est, & le temps fort beau; si bien que nous portions nos hunieres au plus haut qu'elles pouuoient monter. Nous tâchames de gagner l'Isle S. Anthoine, pour auoir des rafraîchissemens; mais les broüillards & la pluye nous en osterent la veuë, & il fallut pour plus grande seureté aller chercher l'Isle del Mayo, ou celle del Fuego. Proche de ces Isles, il tomboit de la broüine, & les vents estoient variables. Il nous fallut louier deuant que d'y arriuer, les Vaisseaux qui s'estoient joints à nous s'en separerent, & furent à l'Isle del Mayo, qui n'est pas loin de celle del Fuego, où nous estions. Proche de cette Isle, nous ne trouuâmes point de fonds qui fut propre pour anchrer; nous courusmes tout proche de la terre durant le calme.

Nous auiõs dãs nostre Vaisseau de petits Mats, on en fit sier vn en deux; nous accõmodâmes ces deux pieces auec deux autres que nous auions desia, pour soustenir plus fortement nostre Mast. Et en effet, cela le rendit aussi fort qu'il auoit esté auparauant. Cependant, nous enuoyâmes nostre Chalouppe vers la terre pour pescher; & comme elle estoit sous cette coste, quelques Espagnols parurent vers le bord de la mer, & tirerent sur les gens qui estoient dans nostre Chalouppe, leur faisant connoistre par là qu'ils ne vouloient point souffrir qu'ils vinssent à terre. Ainsi, la Chaloupe reuint au Vaisseau, & rapporta vn peu de poisson qu'elle auoit pesché: le reste de l'équipage estoit occupé à trauailler à nostre Mast. Et pour l'asseurer dauãtage, on y adjousta vn autre mastereau qu'on lia dessus, & on le remit en estat de seruir. Il y auoit du plaisir à le voir, il estoit presque aussi gros que le pilier d'vne Eglise. Nous sortismes le soir hors des calmes de cette Isle, & prismes nostre route pour passer la ligne. Dans le temps que nous estions sous cette Isle, il vint de terre vne si grande quantité de poussiere semblable à des cendres, que les haubans de nostre Vaisseau en estoient tout couuerts. Le iour suiuant, comme on estoit à desjeûner, nous vismes derriere nous deux Voiles; nous chassâmes apres, c'estoit le Vaisseau de la nouuelle Zelande, & celuy de la nouuelle Enchuse, qui s'estoient separez de nous de nuict prés des Isles del Mayo & del Fuego. Ils furent fort réjouys de nostre rencontre. Ils auoient pris terre à l'Isle del Mayo pour se rafraîchir; mais ils n'y auoient rien trouué, & deux de leurs gens y auoient esté tuez par les Espagnols: le vent estoit Sud-Est, & nous courions vers la ligne; sous la ligne, nous eûmes des calmes, & quelquefois aussi de fascheuses trauades, accompagnées de vents & de pluyes. Les vents souffloient quelquefois en vn mesme temps de toutes les pointes de compas, ou de tous costez; si bien que nous fusmes trois semaines deuant que de pouuoir passer la ligne. La nuict la mer paroissoit toute estincelante & pleine de petits brillans, qui sembloient rejallir de la Poulaine, ou du deuant de nostre Vaisseau, dont nous estions fort estonnez. Nous dressâmes nostre route pour passer les Abrolhos auec vn vent Sud-Est; mais le calme nous surprit comme nous en estions assez proche: Nous aprehendions de ne les pouuoir passer. A la fin le vent s'élargit, & nous en passâmes si proche, que nous eûmes la veuë des Abrolhos ou rochers les plus aduancez vers la mer. Nous les passâmes auec l'ayde de Dieu, & ce nous fut vne grande joye; car si nous fussions demeurez engagez entre ces rochers, il eut fallu retourner sur nostre route, & cela eut beaucoup allongé nostre voyage, non sans danger d'apporter beaucoup de maladies parmy nostre Equipage. Ce jour-là on donna double portion à l'Equipage, & à chaque plat vne pinte de vin d'Espagne. Nous allâmes chercher les Isles de Tristan de Conde. Et quelques iours apres, nous nous trouuâmes sous la hauteur de ces Isles; mais nous ne les vismes pas. Nous courûmes en suite vers l'Est, auec vn vent de Nordvvest, pour gagner le Cap de Bonne-Esperance. Apres auoir tenu quelque-temps cette route, nous vismes des Mauuettes tachetées de noir; nous en prismes auec des petits bastons, qu'on laissoit flotter sur l'eau. Nous mettions vn hameçon & vn peu de lard au bout de ces bastons, & nous nous diuertissions à les pescher de la sorte. La veuë de ces oyseaux que ie viens de dire, est vne marque qu'on approche du Cap de Bonne-Esperance. Il y a encore vne autre marque pour connoistre ce Cap, ou pour sçauoir qu'on en est proche, qui est, lors que l'aiguille de vostre Boussolle regarde precisément le Nord & le Sud. Nous l'éprouuâmes, & nous eûmes la veuë du Cap de Bonne-Esperance. Les vents de l'Oüest souffloient si violamment, qu'ils nous obligerent à faire petite voile. Nous n'ozions pas mettre pied à terre: & ayant assemblé sur cela le conseil, il fut resolu que nous continuerions nostre voyage le long de cette coste, puis que nostre monde estoit encores en plaine santé, & que nous n'auions aucune necessité de faire eau; quoy qu'il y eut cinq mois que nous estions partis de Hollande. Nous dressâmes donc nostre route le long de la coste, jusques à la terre de Natal. Nous eûmes tousiours beau temps le long de ces costes; on passoit d'vn Vaisseau à l'autre, & nous y faisions bonne chere. Le Vaisseau nommé Enchuysen, estoit destiné pour aller vers Coromandel. Il fallut qu'il se separât de nous, & qu'il prit vne autre route entre la coste d'Affrique & l'Isle de Madagascar, ou de saint Laurent, pour aller se rafraîchir aux* Mayjottes. Nous nous separâmes donc, en nous souhaitant bon voyage les vns aux autres. Pour nous, nous prismes nostre route au dehors de l'Isle de S. Laurent, auec le Vaisseau nommé la nouuelle Zelande. Faisant ainsi voile de Flotte, nous portions le Fanal chacun à nostre tour. Nous tombâmes en dispute sur le sujet de la route, sans en pouuoir demeurer d'accord. La chose alla si auant, que nous nous separâmes, & chacun de nous suiuit le chemin qui luy sembla le meilleur. Le Vaisseau de la nouuelle Zelande, cingloit

* *Autrement Isle de Comores.*

deux pointes de la Boussolle plus vers le Sud que nous, & il auoit dés ce temps-là beaucoup de malades.

Apres auoir nauigé quelque-temps, nous les perdîmes enfin de veuë sous la hauteur de vingt-trois degrez Sud. Le nombre de nos malades augmentoit tous les iours. Nos gens obligerent les Officiers de faire prendre la route de l'Isle de Madagascar pour s'y rafraîchir. Nous auions peur que tout nostre Equipage ne deuint malade, car il y en auoit bien quarante au lict, & le nombre de ceux qui se plaignoient de se trouuer mal, estoit encore plus grand. Tous ceux du conseil conclurent qu'il falloit aller droit à l'Isle de Madagascar chercher la Baye de sainte Lucie. D'abord, nous ne trouuâmes point de lieu pour moüiller l'Ancre. On mit l'Esquif en mer, & ie passay dedans pour aller à terre, cependant que le Vaisseau se tenoit sous les voiles sans s'en éloigner. Ie trouuay que la mer brisoit si estrangement contre la coste, qu'il estoit impossible d'y aborder. Nous vismes des Sauuages qui vinrent sur la Greue. Vn de nos Matelots sauta hors de l'Esquif, & les alla trouuer; mais il ne les pouuoit entendre. Ils nous faisoient signe auec la main, & il sembloit qu'ils nous monstrassent qu'il y auoit là d'autres endroits où l'on auroit pû aborder. Ils n'auoient point de rafraîchissemens, au moins nous n'en vismes point, & cela nous obligea de ne nous y arrester pas dauantage. Et quoy que cette necessité fut fascheuse à tout nostre monde en general, les malades en estoient encore plus affligez que les autres. Nous courûmes vers le Sud jusques à la hauteur de vingt-neuf degrez. Là nous changeâmes de bord, & courûmes jusques sous le dix-septiéme degré de Latitude Australe. Ceux de l'Equipage firent de nouuelles instances, qu'on les mit à terre pour chercher quelques rafraîchissemens. Ce que nous leur accordâmes, à cause que la maladie augmentoit tous les iours, & qu'il en estoit desia mort quelques-vns. On resolut de toucher à l'Isle Maurice, ou à celle de Maskarénas. Nous dressâmes nostre course entre ces deux Isles, qui ne sont pas beaucoup éloignées l'vne de l'autre. Nous arriuâmes à la pointe de l'Est de l'Isle de Maskarénas. Nous courûmes le long de cette pointe; nous trouuâmes quarante brasses d'eau. On jetta l'Ancre; mais l'ancrage n'estoit pas propre pour nostre Vaisseau, & estoit trop proche de terre.

Cependant tous nos malades sortoiẽt hors de leurs brãdes ou licts, & auoient grãde enuie d'aller à terre; mais cõme la mer y estoit trop haute pour les y porter, nous auions quelque repugnance à l'entreprendre. Nous enuoyâmes l'Esquif à terre, pour voir ce qui se pourroit faire. Ils trouuerent des endroits où les Tortuës auoient remué la terre. Comme ils furent de retour, les malades prierent qu'on les y descendit. Ils auoient commencé à respirer l'air de la terre, & disoient; Si nous sommes vne fois à terre, nous sommes à moitié gueris. Le Marchand Rol ne le vouloit permettre en façon du monde, & disoit pour ses raisons, qu'il y auoit du danger; que nous pourrions facilement estre jettez loin de la coste, & ainsi demeurer affoiblis du nombre de nos gens que nous aurions descendus. L'Equipage ne se rendoit point à ses raisons: ils me prioient les mains jointes que ie les misse à terre, & le firent auec tant d'importunité, qu'à la fin j'y consentis. I'allay trouuer le Marchand, & luy demanday s'il le vouloit permettre. Il me répondit que non, en façon du monde. Ie luy dis; hé bien, ie me charge de les mettre moy-mesme à terre. Ie courus à nos gens, & leur dis; ça, mes Camarades, ie vous veux faire porter à terre. Les Matelots porterent les malades dans le Batteau, & ie leur fis donner vne Voile pour en faire vne Tente; comme aussi de l'huyle, du vinaigre, des pots pour faire la cuisine, auec des prouisions de bouche, & vn Cuisinier pour les apprester. Ie fus aussi-tost auec eux à terre. Y estans, ils commencerent à se rouler sur l'herbe, & à dire; Nous sentons desia quelque allegement. L'on y trouua quantité de Ramiers de cette espece, qui a les aîles bleuës. Ils se laissoient prendre auec les mains, ou bien on les assommoit à coups de baston & de canne, sans qu'ils fissent aucun effort pour s'enuoller; en vn iour on en tua bien deux cens. Nos gens en faisoient boüillir vne partie, & faisoient rostir l'autre, aussi bien pour ceux qui estoient en santé, que pour les malades. Ils trouuerent aussi grande quantité de Tortuës de terre, qu'ils faisoient cuire auec des prunes de damas, dont nous auions fait bonne prouision. Ie retournay au Vaisseau, & laissay à terre les malades au nombre de quarante, auec le Cuisinier. Comme ie fus arriué, ie jugeay qu'il estoit à propos d'aller la nuict auec l'Esquif le long de la coste, pour voir si on ne pourroit point trouuer quelque place plus propre pour mettre nostre Vaisseau à l'Ancre; car celle où il estoit estoit dangereuse. Ce que ie fis, & trouuay vne Baye auec vn fonds de sable, qui estoit éloigné enuiron cinq milles du lieu où estoit le Vaisseau. I'entray dans la Baye, & j'y trouuay au fonds vn lac, dont l'eau n'estoit pas tout à fait douce. Ce qui prouenoit, selon mon jugement, de ce qu'elle n'estoit éloignée que de trois fois la longueur de nostre Vaisseau du bord de la mer: & ainsi l'eau salée y entrant à trauers du sable, luy donnoit ce mauuais goust.

Comme nous fusmes plus auant dans la terre, nous trouuâmes grand nombre d'Oyes, de Ramiers, de Peroquets gris, & beaucoup d'autre gibier, auec quantité de Tortuës de terre. Nous en vismes bien vingt-cinq ensemble à l'ombre d'vn arbre, & nous en prismes autant que nous voulûmes. Les Oyes ne s'enuoloient pas, quand nous les poursuiuions. Elles se laissoient tuer à coups de bastons. Il y auoit aussi des Dod-Eersen qui ont de petites aîles; & bien loin de pouuoir voler, ils estoient si gras, qu'à peine pouuoient-ils marcher.

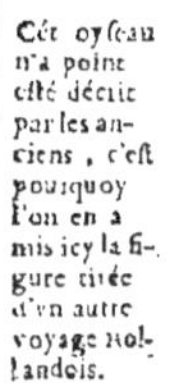

Cét oyseau n'a point esté décrit par les anciens, c'est pourquoy l'on en a mis icy la figure tirée d'vn autre voyage Hollandois.

MAis ce qui estoit le plus admirable, quand vn de ces Peroquets ou de ces autres oyseaux que nous auions pris, faisoit du bruit, tous ceux de leur espece qui estoient aux enuirons, y accouroient, comme s'ils fussent venus pour les mettre en liberté, & se laissoient prendre eux-mesmes. Ainsi, ce seul gibier nous fournit ce qui estoit necessaire pour nostre nourriture. Ie retournay au Vaisseau; ie leur dis que nous auions troué vne Baye de sable, & vn bon fonds, pour mettre le Vaisseau en seureté. Nos gens en eurent vne grande ioye; ils enuoyerent aduertir les malades, & ceux qui estoient à terre, qu'ils s'en allassent à cinq milles de là, & qu'on les viendroit reprendre; dont ils furent fort satisfaits. On Ancra dans cette Baye à trente-cinq brasses de fonds. L'Ancre tenoit ferme, & on permit à l'Equipage d'aller à terre, voir s'il pourroit trouuer du rafraîchissement dans les bois. On commanda de plus huict hommes auec vne sayne pour aller pescher dans le lac dont nous auons parlé cy-deuant. Ils y trouuerent de fort beaux poissons, des Carpes, & vne autre sorte de poissons, qui ressemble fort aux Saulmons; ils sont fort gras & de fort bon goust. On trouua aussi de l'eau douce, & vne petite riuiere qui descend du haut des Montagnes, & coule jusques sur la Greue. Ses deux bords estoient plantez d'arbrisseaux, qui en rendoient la veuë fort agreable, & son eau claire comme vn crystal, nous inuita à y porter tous nos malades, qui ne pouuoient boire assez de cette eau. Nous leur permîmes d'y demeurer jusques à ce que nôtre Vaisseau fust en estat de partir. Nous trouuâmes proche de cette eau vne planche, où on auoit graué des lettres, qui marquoient que le Commandant Block auoit esté là auec vne Flotte de treize Vaisseaux; qu'il y auoit perdu quelques Chalouppes, auec quelques-vns de ses Matelots.

Anien Maeistz Block.

Dans le temps que nous demeurâmes en cette Baye, la Mer ne nous parut point si rude contre la coste, qu'on le supposoit dans cette Relation. Il n'y a point de Peuple dans cette Isle. Nos gens la coururent de tous costez, percerent au trauers de ses bois, & se soûlerent de gibier & de poisson. Ils auoient trouué l'inuention de rostir les oyseaux auec des broches de bois, & de faire dégoutter dessus, cependant qu'ils rôtissoient la graisse des Tortuës. Ce qui les rendoient si delicats, que c'estoit vn plaisir que d'en manger. Ils trouuerent aussi vne eau courante, où il y auoit de grosses Anguilles. Ils se dépoüilloient de leurs chemises; & les tenant ouuertes d'vn costé dans le courant de l'eau, & liées de l'autre, ils en prenoient, & les trouuoient d'vn fort bon goust. Nous vismes là vne chose qui nous estonna tous; les Tortuës venoiēt le matin de la Mer sur le sable; & apres y auoir creusé vn trou, elles y mettoient leurs œufs en grand nombre; les vnes cent, les autres deux cens, & grattoient apres le sable pour les couurir. La chaleur du Soleil qui est grande sur le midy, les faisoit éclore. Nous voyons auec estonnement les petites Tortuës sortir de ces œufs, leurs coquilles n'estoient pas plus grandes que des coquilles de grosses noix. Nous y trouuâmes des Palmites, dont nous beuuions le suc qui s'en tire; ce suc est la douceur mesme. On vit aussi quelques Cabrits; mais ils estoiēt si sauuages, qu'ils ne se laissoiēt point approcher. Nous n'en peûmes attraper qu'vn seul, encore estoit-il si vieil, que ses cornes estoient rongées de vers, & il nous fust impossible d'en manger. Les malades que nous auions laissez, nous vinrent trouuer en parfaite santé, à l'exception de sept, qui ne pouuoient encore marcher. On les porta dans le Vaisseau lors qu'il fallut partir. Nous le nettoyâmes par dedans & par dehors. On ouurit tous les Saborts, afin que l'air entrast entre les deux Ponts. On y jetta du vinaigre en quelques endroits, pour en oster la mauuaise odeur. Pour nostre plus grande commodité, nous auions fait vn quadran à terre, où nous pouuions voir quelle heure du iour il estoit.

A force de chasser, & de courir apres les oyseaux; ils deuinrent enfin si sauuages, qu'ils s'enfuyoient lors que nous en approchions. Nostre maistre Pilote ayant pris son fusil pour tirer, il luy creua entre les mains, & vn éclat du canon luy donna au dessus de l'œil, & le luy jetta hors de la teste. Enfin, nous mismes nostre Vaisseau en estat de partir. Nous apprestâmes les Voiles; on fist prouision d'eau; on enuoya le Trompette à terre, qui ramassa nos gens, & on mit enuiron cent Tortuës dans le Vaisseau. Nous estions bien pourueus de toutes choses, de Tortuës, de Gibier, & de Poisson sec, que nos gens auoient pris & fait seicher. Et de plus, nous auions dans la chambre vn baril plein d'Oyes à la daube à demy cuittes, accommodez auec du vinaigre; Comme aussi vne bonne quantité de poisson assaisonné de la mesme maniere, pour le garder plus long-temps.

Nous nous mismes à la voile, apres auoir esté là 21. iour. Nostre dessein estoit de cingler le long de l'Isle Maurice; mais nous descendîmes trop bas. Nous la pûmes bien voir au dessus de nous, mais non pas en approcher. Quoy que nous eusfions esté long-temps dans l'Isle Maskaréñas, & que nous eussions fait prouision de tout ce qu'elle a de meilleur, nostre Equipage n'estoit pas en parfaite santé ; & il y en auoit encore beaucoup parmy nos gens qui se plaignoient : cela donna occasion aux Officiers de demander au nom du peuple qu'on cherchât vne autre place de rafraichissement ; car nous auions encor beaucoup de chemin vers le Sud, deuant que de trouuer les vents, qui nous deuoient porter à Batauia ou Bantan, & dans céte longueur de temps, il estoit à craindre que tous nos gens ne deuinssent malades : apres vne longue deliberation, le conseil du Vaisseau trouua à propos d'aller droit à sainte Marie, qui est vne Isle fort proche de Madagascar, vis à vis la Baye d'Antongil ; nous y dressâmes nostre route ; nous la vismes, & nous courûmes vers la pointe d'Oüest de cette Isle sur sept & huit brasses d'eau, nous voyons le fonds aussi clair que le iour, nous courûmes le long de la coste de l'Isle, & nous iettasmes l'ancre à douze ou treize brasses bon fonds. Les habitans nous vinrent trouuer aussi-tost dans des petits batteaux faits du tronc d'vn arbre qu'ils creusent. Ils nous apporterent des Pommes, des Citrons, vn peu de Ris, des Poules, & nous faisoient comprendre qu'ils n'apportoient ces choses que pour monstre, & qu'à terre ils en auoient grande abondance. Ils nous faisoient aussi entendre, qu'ils auoient des Vaches, des Moutons, des Veaux & des Poules & d'autres viures,& cela par vn langage vniuersel,car ils contre-faisoient le cry de tous ces Animaux, au lieu de nous les nommer. Nous ne pouuions assez admirer ces Peuples ; nous leur donnasmes du vin à boire dans vne tasse d'argent : ils n'auoient pas l'esprit de la porter à leur bouche, mais ils mettoient le menton dans la tasse, & buuoient comme des bestes.

Ce Peuple va tout nud, si ce n'est qu'ils couurent leurs parties auec vne petite piece de drap. Ils sont d'vne couleur Oliuastre, qui tire sur le noir, nous allions tous les iours à terre, & nous troquions auec eux des Clochettes, des Cüilliers, des Cousteaux & de la Rassade ou grains de Verre de diuerses couleurs : pour des Veaux, des Moutons, du Ris & du Laict. Ils apportoient le Laict au Marché dans des feüilles qui estoient enuelopées les vnes à l'entour des autres, comme celles d'vn chou pommé : Nous faisions vne ouuerture dans ces feüilles en les coupant, & nous en tirions ainsi le Laict ; cela nous obligea de faire voile encore deux ou trois milles plus haut, & de moüiller l'ancre en vne autre place. Nous y trouuasmes peu de Pommes, il y auoit des Melons d'eau, & des Porcs : On jugea à propos que ie fusse auec l'Esquif iusques à l'Isle de Madagascar, pour voir si ie pourrois, auec quelques marchandises que i'y porterois, achepter des Pommes & des Citrons, ce que ie fis. I'entray dans vne Riuiere, où ie remontay bien la longueur d'vn mil & demy. Nous eussions bien voulu la remonter plus haut ; mais les arbres estoient tellement entrelaçés des deux costez, les vns auec les autres, & le Canal si estroit, que nous fusmes obligez de retourner, sans auoir trouué aucun Peuple, ny aucune sorte de fruit. Nous couchasmes vne nuit à terre, & apres auoir esté trois iours dehors pour ce dessein, nous retournasmes heureusement à nostre Vaisseau. Nous repassames le iour suiuant à l'Isle, pres laquelle estoit nostre Vaisseau, & nous en rapportasmes quelques Citrons, des Pommes, du Laict, du Ris & des Bananas. Dans ce temps, nostre Equipage se trouua en aussi bon estat, & en aussi parfaite santé qu'il estoit au sortir d'Holande : toutes les fois que nous allions à terre, nous menions auec nous vn de nos gens, qui joüoit de la violle : la nouueauté de cette harmonie attiroit ces Insulaires. Ils se rangeoient à l'entour de luy, ils dansoient & marquoient la cadance, en faisant du bruit auec leurs doigts.

Il ne nous parut point que ces peuples eussent aucune connoissance de Dieu, ny qu'ils luy rendissent aucun culte ; nous remarquâmes seulement deuant leurs maisons des testes de Bœufs fichées au bout de certaines perches, deuant lesquelles ils se prosternoient à terre, & sembloient faire des prieres. Ils nous parurent fort sauuages, & sans religion.

Nous y demeurâmes neuf iours; nos gens estoient en parfaite santé, nous mismes nostre Vaisseau à la bande le mieux que nous peusmes, & le nettoyasmes par dessous, auec des brosses & des grattoires; nous mismes apres à la voile, & courusmes vers le Sud iusques à la hauteur de 33. degrés, là nous changeasmes de bord, & nous prisines nostre route vers l'Est pour gagner le détroit de Sunda. Estans arriués à la hauteur de cinq degrés & demy, qui est celle de ce détroit, le 19. iour de Nouembre 1619. le Bouteillier estant allé selon sa coustume apres midy pour tirer de l'eau de vie auec la pompe de fer blanc, le feu se prit à l'eau de vie de cette maniere: Il auoit vne chandelle, & auoit picqué son chandelier de fer dans la futaille d'vn baril qui estoit d'vn rang plus haut que celuy où estoit l'eau de vie; en ayant tiré auec sa pompe, autant qu'il en falloit pour emplir le barillet, qui deuoit estre le lendemain diuisé à ceux de l'Equipage; il voulut détacher le chandelier; & comme il estoit enfoncé bien auant, il le tira auec force; il y auoit à la mesche de la chandelle vne esteincelle, laquelle tomba par hazard dans le bondon de ce mesme tonneau d'eau de vie; l'eau de vie prit feu tout aussi-tost, ietta les fonds du baril, & commença à courir le long du bas du Vaisseau: il y auoit par hazard en cét endroit du charbon de terre qui deuoit seruir à la forge; on cria tout aussi-tost au feu, au feu; i'estois alors sur le Tillac, & ie regardois en bas au trauers des treillis du Pont. A ce bruit, ie courus au fonds de Cale, où ie ne vis point de feu, ie demanday ou est le feu, ils me dirent, regardez là, il est dans ce tonneau; i'y mis la main, & ie ne sentis aucune chaleur. Ce Bouteillier qui y mit le feu estoit de la ville d'Hoorn; il auoit auprés de luy deux bidons ou brocs pleins d'eau, qu'il auoit iettée aussi-tost sur l'eau de vie, il sembloit que le feu en deust estre esteint; ie ne laissay pas de faire venir de l'eau, qu'on m'apporta tout aussi-tost dans des seeaux de cuir, & on en versa tant que nous ne voyons plus aucune apparence de feu: Ie sortis du fonds de Cale; mais vne heure & demie apres, on commença à crier de nouueau au feu, au feu: ce qui nous estonna tous extremement: nous descendîmes dans le fonds, & nous vismes que le feu venoit du fonds du Vaisseau, Il y auoit 3. ou 4. rangs de bariques l'vn sur l'autre, & l'eau de vie auoit mis le feu au charbon qui estoit dessous le dernier de ces rangs: Nous entreprismes vne autrefois de l'esteindre auec nos seeaux de cuir, & nous iettasmes vne tres-grande quantité d'eau. Il nous arriua vn autre incident, car à force de ietter de l'eau sur le charbon qui brusloit, il en sortit vne si grosse fumée, qu'elle nous étouffoit dans le fonds de Cale: i'y estois la plus-part du temps pour donner les ordres, & ie changeois de temps en temps ceux qui trauailloient pour les rafraischir; Ie croy qu'il y en eust beaucoup qui y demeurerent étouffés pour ne pouuoir pas trouuer moyen de sortir par les écoutilles: i'y estois moy-mesme souuent bien empesché, & ie mettois ma teste plus haut que les dernieres bariques pour prendre l'air, & me tournois souuent vers les Escoutilles: il fallut que i'en sortisse à la fin: i'allay trouuer le marchand Rol, & ie luy dis, Camarade, nous ne pouuons pas mieux faire que de ietter hors du bord nostre poudre: Rol ne s'y pouuoit resoudre, & disoit, si nous iettons nostre poudre, & que nous rencontrions apres nos ennemis, nous ne pourrons pas nous deffendre; le feu cependant augmentoit tousiours; personne ne pouuoit demeurer dans le fonds de Cale, à cause de la fumée & de la puanteur qui en sortoit; ie me tenois à costé des Ecoutilles, par où nous iettions beaucoup d'eau. Mais cela ne seruoit de rien; il y auoit bien trois sepmaines que nous auions mis dehors nostre grand batteau, & que nous le tirions apres nous; on auoit mis aussi la Chaloupe à la Mer, à cause qu'estant sur le Tillac, elle nous empeschoit de porter l'eau; l'étonnement estoit grand dans nostre Vaisseau, car nous voyons l'eau d'vn costé & le feu de l'autre

Le feu prẽd au Vaisseau.

&

& nous n'auions aucun secours à attendre de la terre, quelqu'vns de nos gens se coulerent hors du Vaisseau. Ils se tenoient cachés au dessous de la gallerie, afin qu'on ne les vit point; ils prenoient apres leur temps, se iettoient à l'eau & nageoient pour gagner l'Esquif où ils se cachoient soubs le couuert, qui est aux deux bouts & sous les aix, attendans qu'il y eût asses de monde. Le marchand Rol vint par hazard dans la gallerie, il s'estonna de voir tant de monde dans le batteau & dans l'Esquif; les gens qui y estoient luy crierent qu'ils estoient resolus de quitter le Vaisseau & de prendre la Largue, & que s'il vouloit venir auec eux, il falloit qu'il se coulast le long de la corde; Ce qu'il fit, & entra auec les autres dans le batteau, & leur dit, Camarades, attendons que le Maistre du Vaisseau soit venu. Mais ses ordres n'estoient pas écoutés; car aussi-tost qu'ils eurent Rol dans leur batteau, ils couperent la corde qui les tenoit attachés au Vaisseau, & s'en esloignerent à force de rames. Pour moy, ie faisois cependant mon possible pour donner les ordres pour esteindre le feu: ie vis venir de mes gens qui me dirent; nostre cher Maistre, quel remede, que ferons-nous, l'on emmeine la Chaloupe & le Batteau: Ie leur dis que puis qu'ils s'esloignoient de nous, qu'asseurement ils auoient resolu de ne plus retourner; Ie courus sur le Tillac, & comme ie vis qu'en effet ils s'en alloient: Ie criay à mes gens, mettés les voiles au vent, nous verrons si nous les pouuons atteindre & faire passer dessus eux la quille de nostre Vaisseau; nous fismes voile vers eux; mais comme nous nous en estions approchés à la distance de quarante ou cinquante brasses, ils ramenerent contre le vent, & ainsi il leur fut aysé de nous éuiter, à cause que nostre Vaisseau qui alloit à la voile ne pouuoit pas faire la mesme chose pour les suiure. Voyant donc que nous ne les pouuions ioindre, ie dis à mes gens; Camarades, apres Dieu, nous ne deuōs plus attendre de secours que de nous-mesmes; que chacun mette la main à l'œuure, & qu'il tâche d'esteindre le feu. Ie fus aussi-tost dans la soute où estoit la poudre, & ie commençay à la jetter hors le bord; car ie voyois bien que c'estoit fait de nous si le feu y prenoit. Ie me jettay mesme auec les Charpentiers hors le bord, & nous tachâmes auec des tariers & autres instrumens de faire des trous, auec resolution de laisser entrer l'eau dans le Vaisseau jusques à la hauteur d'vne brasse & demye, pour esteindre ainsi le feu qui estoit dans le fonds de cale: Mais nous ne pûmes iamais percer le Vaisseau, à cause de la grande quantité de fer que nous trouuions en poussant nos tariers. Enfin, le desespoir estoit si grand, que ie ne le puis exprimer; on n'entendoit que gemissemens & que cris. Nous entreprîmes encore vne fois d'éteindre le feu à force d'eau, il sembloit que le feu fust diminué; mais quelque-temps apres il prit à l'huyle, & alors nous vismes que c'estoit en vain que nous trauaillions; car plus on jettoit d'eau, plus le feu sembloit prendre de force. Ce nouueau mal-heur augmēta le desespoir & l'horreur de l'estat où nous estiōs. Nous ne laissions pas de tousiours jetter de l'eau, & de tirer la poudre hors le bord. Nous en auions desia jetté soixante demy barils, & il nous en restoit encore trois cens. Le feu s'y prit, & fit sauter en l'air le Vaisseau, auec cent dix-neuf personnes de l'Equipage qui y estoient restées. Le Vaisseau se brisa en cent mil pieces. I'estois alors sur le haut du Tillac; soixante personnes qui estoient proche du grand Mast pour jetter de l'eau, furent emportez auec vne telle violence, qu'on n'en vit plus aucun. Pour moy Guillaume Bontekoë, qui estois alors maistre du Vaisseau, ie fus emporté aussi en l'air. Ie crûs estre mort; ie leuay les mains au Ciel, & ie dis; Voila vne partie du chemin fait, c'est là que ie deuois aller; Seigneur, faites misericorde à vn pauure pecheur que ie suis. Ie ne laissay pas de conseruer le jugement dans ce saut, & j'eus quelque pressentiment que ie me pourrois sauuer d'vn accident si estrange. Ie retombay en ce temps-là entre les pieces du Vaisseau qui estoit entierement brisé. Ie pris vn nouueau courage dans l'eau. Ie regarday autour de moy, & ie vis que le grand Mast flottoit à vn de mes costez, j'apperceus à l'autre le Maſt de Miſaine. Ie me jettay deſſus le grand Maſt ; & ie dis, voyant l'effet & l'éclat de la poudre ; Seigneur, comment eſt-ce que ce beau Vaiſſeau eſt perdu comme Sodome & Gomorre. Ie ne voyois point d'homme viuant à l'entour de moy. Il y vint vn jeune homme porté ſur des planches, qui ſ'aydoit le mieux qu'il luy eſtoit poſſible de ſes mains & de ſes pieds, & gagna enfin la Poulaine du Vaiſſeau qui eſtoit reuenuë ſur l'eau ; & ſ'y eſtant pris, il commence à dire ; M'en voila dehors. Ie regarde de ce coſté-là, & commençay à dire ; Seigneur, eſt-il poſſible qu'il y aye encore quelqu'vn de nos gens en vie. Ce jeune homme ſe nommoit Herman de Kniphauſen : Ie vis vn petit Maſt qui flottoit proche de luy ; & comme le grand Maſt ſur lequel j'eſtois, rouloit fort rudement ſ'en deſſus deſſous ; tellement que ie ne m'y pouuois tenir qu'à peine. Ie dis à ce jeune homme ; Faites aller vers moy le mieux que vous pourrez ce petit Maſt qui eſt proche de vous ; ie me mettray deſſus, & tâcheray de m'approcher de vous, & de me mettre ſur la meſme piece de bois ſur laquelle vous eſtes. Ce qu'il fit ; & ſans cette ayde, iamais ie ne l'euſſe pû approcher ; car j'eſtois tout rompu du vol que la poudre m'auoit fait faire. I'auois le dos tout écorché, & deux trous à la teſte. Nous nous aſſiſmes donc enſemble, chacun tenant auec les bras le bout d'vne courbe du Vaiſſeau, & les yeux tournez vers l'Eſquif & le Batteau. Ils nous apperceurent à la fin ; mais ils eſtoient ſi loin de nous, que nous ne pouuions pas juger ſ'ils ſ'en éloignoient, ou ſ'ils ſ'en approchoient. Le Soleil eſtoit ſur le poinct de ſe coucher, ie dis à mon Camarade ; Herman, il n'y a plus d'eſperance pour nous ; car il eſt tard, le Soleil ſe couche ; l'Eſquif & le Batteau ſont ſi loin, qu'à peine les pouuons-nous voir. Et d'ailleurs, le Vaiſſeau eſt tout briſé ; nous ne pouuons pas demeurer long-temps icy, c'eſt pourquoy prions Dieu qu'il nous tire de cette miſere. Il nous fit cette grace ; car nous connûmes auſſi-toſt que le Batteau & l'Eſquif ſ'eſtoient approchez de nous. Cela nous réjouyt fort, & ie commençay à crier ; Sauuez le Maiſtre, ſauuez le Maiſtre du Vaiſſeau. Ils crioient de leur coſté, & demandoient ſ'il eſtoit poſſible que leur Maiſtre fuſt en vie. Ils ramerent vers nous ; mais ils n'oſoient pas approcher du debris pour nous venir ſecourir, apprehendant de heurter contre quelque piece du Vaiſſeau. Herman ſe trouua auoir encore tant de force & de courage, qu'il ſe jetta à la nâge pour gagner le Batteau. Pour moy, ie leur criay ; Si vous voulez me ſauuer, il faut que vous me veniez prendre ; car ie ſuis tellement briſé, que ie ne puis nâger. Le Trompette ſe jetta dans l'eau, & me donna le bout d'vne corde de meſche, qui luy eſtoit reſtée. Ie me l'attachay au trauers du corps, & ils me tirerent ainſi par vn miracle dans le Batteau. Le Marchand & le Souspilote ſ'approcherent de moy fort eſtonnez de me voir en vie. I'auois fait faire dans le derriere du Batteau vn peu de couuert, où deux hommes pouuoient bien tenir. Ie me mis dedans ; & quoy que ie ne creuſſe pas pouuoir viure long-temps à cauſe de mes bleſſeures, & des deux trous que j'auois à la teſte, ie ne laiſſay pas de dire à Rol & aux autres ; Demeurez la nuict proche le debris du Vaiſſeau ; car demain quand il ſera iour, nous en pourrons tirer quelques viures, & peut-eſtre vne Bouſſolle pour trouuer la terre ; car dedans l'Eſquif ny dans le Batteau, il n'y auoit ny Carte, ny Compas, ny Arbaleſtre, & point du tout ou fort peu de nourriture, tant auoit eſté grande la haſte auec laquelle ils auoient quitté le Vaiſſeau. Ils diſoient que le Maiſtre Pilote auoit tiré de l'Habitacle les Bouſſolles, & il ſembloit par là qu'il euſt apprehendé que nos gens euſſent quitté le Vaiſſeau, & ne les euſſent emportées. Pendant que j'eſtois ſous le couuert du Batteau, le Marchand ſans ſ'arreſter à ce que ie leur auois dit, fit ramer, ſ'imaginant que dés le lendemain matin il ſeroit à terre. Mais quand le iour parut, nous nous trouuâmes éloignez du debris & de la terre auſſi. Ils en eſtoient au deſeſpoir. Ils vinrent, & regarderent dans le lieu où j'eſtois ſi ie viuois encore, & me dirent ; Maiſtre, que ferons-nous, nous ſommes éloignez du debris, & nous ne voyons aucune terre : Nous n'auons ny à boire, ny

Piece de bois courbée en forme de coſte, ſur laquelle l'on attache le bordage & planches du Vaiſſeau.

à manger, ny Arbaleſtre, ny Carte, ny Bouſſolle, que faire à cela. Ie leur dis, Camarades, il falloit executer ce que ie vous auois dit hier au ſoir. Si vous fuſſiez demeurez proche du debris, vous y euſſiez trouué beaucoup de viures. Quand j'en ſortis pour venir dans le Batteau, ie trouuay proche du Vaiſſeau tant de barriques de lard, & autres prouiſions, que j'auois peine à m'aduancer vers vous. Cher Maiſtre, me dirent-ils, ſortez vn peu. Ie leur dis que j'eſtois tellement eſtropié, qu'à peine ie me pouuois traîner. Que s'ils vouloient que ie ſortiſſe, il falloit qu'ils m'aydaſſent. Ils vinrent, & m'ayderent à ſortir. I'allay m'aſſeoir: ie jettay les yeux ſur les gens du Batteau, ie trouuay qu'ils ramoient. Ie leur demanday, mes Camarades, quels viures auez-vous dans voſtre Batteau. Ils ne trouuerent en tout qu'enuiron ſept ou huict liures de pain. Nous auions deux petits barils qui eſtoient vuides; on mit le pain dedans. Ie leur dis; Mes enfans, retirez vos Rames, il faut aller d'vne autre maniere; car autrement nous irions trop lentement pour le peu de viures que nous auons: qu'on mette les Rames dans le fonds du Batteau. Que ferons-nous donc? dirent-ils. Que chacun oſte ſa chemiſe, leur repliquay-je, & qu'on les couſe enſemble pour en faire des Voiles. Ils me dirent; Nous n'auons point de fil pour les coudre. Prenez, dis-je alors, les bouts de cables qui pendent le long du Batteau, & en faites du fil. Ils firent le meſme dans l'Eſquif. Nous comptâmes noſtre monde; nous trouuâmes quarante-ſix perſonnes dans le Batteau, & vingt-ſix dans l'Eſquif, qui faiſoient enſemble le nõbre de ſoixante & douze perſonnes. Il ſe trouua par hazard dans le Batteau vn couſſin & vn gaban, qui eſt vne eſpece de robe dont ſe ſeruent les peſcheurs lors qu'ils vont à la peſche. Ils me donnerent l'vn & l'autre. Ie me couuris du gaban, & me mis le couſſin ſur la teſte; i'y eſtois bleſſé en deux endroits. Le barbier eſtoit bien dans noſtre Batteau; mais il n'auoit point de medicamens. Il maſcha entre ſes dents vn peu de pain, & l'eſtendit ſur mes playes. Ie fus guery par cét emplaſtre, ou pluſtoſt par la grace de Dieu. Ie m'offris auſſi de dépoüiller ma chemiſe comme les autres; mais ils ne voulurent pas le permettre, & n'oublierent aucun des ſoins qui pouuoient ſeruir pour me guerir. Nous employâmes tout vn iour à coudre nos chemiſes enſemble.

Le vingtiéme Nouembre, nous conduiſimes noſtre courſe par la veuë des eſtoiles, & par leur leuer & leur coucher. La nuict il faiſoit ſi froid, que nos gens en trembloient; & le iour ſi chaud, qu'on ne pouuoit durer.

Le vingt & vn, vingt-deux, & vingt-troiſiéme du meſme mois, nous fiſmes vne Arbaleſtre pour prendre la hauteur. Nous traçâmes vn quart de cercle ſur vne planche, & par ſon moyen nous marquions les degrez ſur l'Arbaleſtre. Celuy de nos gens qui auoit eſté loüé pour faire des coffres & des caiſſes, auoit vn compas, & quelque connoiſſance de la maniere dont il faut graduer l'Arbaleſtre; tellement que tous enſemble nous en fiſmes vne qui nous ſeruit pour prendre la hauteur. Ie marquay auſſi vne Carte ſur vne planche, i'y mis l'Iſle de Sumatra, celle de Iaua, & le détroit de Sunda qui eſt entre ces deux Iſles, ſuppoſant que le naufrage s'eſtoit fait à nonante milles de la terre. Ie fis auſſi vne Bouſſolle, & tous les iours ie faiſois mon eſtime. Ie pointay ce jour-là ma Carte à ſeptante milles du détroit; afin que quand nous viendrions à trouuer la terre, nous ſçeuſſions mieux de quel coſté il falloit tourner pour continuer noſtre route. I'ay dit que nous auions ſept ou huict liures de pain, i'en donnois tous les iours à chacun ſa ration, autant qu'il pût durer; mais nous en viſmes bien-toſt la fin, chacun en auoit vne petite tranche de l'épaiſſeure d'vn doigt. Nous n'auions point à boire; c'eſt pourquoy auſſi-toſt qu'il pleuuoit, nous abbattions nos Voiles, & ramaſſions dedans le plus d'eau que nous pouuions pour la mettre dans les petits barils. Et quand ils eſtoient plains, nous les mettions à part pour nous en ſeruir aux iours pendant leſquels il ne pleuuoit point. Ie coupay le bout d'vn ſoulier, chacun de la troupe venoit à ſon tour proche des barils, & y puisoit autant d'eau qu'il en pouuoit tenir dedans, & s'en retournoit apres à la place qui luy auoit esté marquée ; & quoy que nous fussions dans ce grand besoin, Maistre, disoient-ils, prenez-en tant que vous voudrez ; car enfin il n'y en a pas assez pour nous tous. Mais voyant par là leur affection, ie m'en croyois plus obligé à l'épargner que les autres. Nous faisions voile de conserue auec l'Esquif ; le Batteau alloit mieux à la voile. Et de plus dans l'Esquif, il n'y auoit personne qui entendit la Nauigation ; tellement que toutes les fois qu'ils s'approchoient de nous, ils nous prioient qu'on les receut dans le Batteau. Ils me disoient, Maistre, prenez-nous dans le Batteau, afin que nous puissions estre tous ensemble. Ceux du Batteau disoient au contraire ; Maistre, ne les receuez pas ; car si vous les receuez nous sommes perdus, & le Batteau n'est pas assez grand pour porter tant de monde. La misere estoit grande parmy nous ; car nous n'auions point de pain, & nous ne voyons point de terre. Ie leur asseurois tousiours pour leur donner courage, que nous en estions proche. Ils murmuroient entre-eux, le Maistre a beau dire que nous approchons de la terre ; mais peut-estre que nous nous en éloignons. Vn iour que nous estiõs à l'extremité, & prés de mourir de faim, Dieu permit que des Mauuettes vinrent voler dans nostre Batteau, comme si elles eussent voulu se faire prendre ; car elles voloient quasi dans nos mains, & se laissoient prendre. On les plumoit ; on les coupoit par petits morceaux, & on en donnoit vn peu à chacun. Nous les mangions toutes cruës, & ie vous asseure que ie n'ay rien trouué en ma vie de si bon goust : nous n'en auions qu'autant qu'il en falloit pour ne pas mourir de faim. Cependant on ne voyoit point de terre, nos gens resolurent de prendre auec eux ceux qui estoient dans l'Esquif, disant que puis qu'il falloit mourir de soif & de faim, qu'il estoit encore mieux de mourir ensemble. Ils prirent donc les gens qui estoient dans l'Esquif, auec leurs Rames & leurs Voiles qu'ils mirent sur le Batteau. Nous auions donc trois Voiles, & trente Rames que nous mismes sur les bords du Batteau, & qui faisoient ainsi vne espece de Pont ou Tillac. Le Batteau estoit si creux, qu'vne partie de nos gens pouuoit aisément demeurer assis au dessous des Rames, cependant que l'autre moitié estoit assise au dessus ; ainsi nos gens y estoient assez à leur aise.

Ces septante-deux personnes se regardoient les vns les autres auec des yeux où le desespoir estoit peint ; car nous n'auions plus ny à boire ny à manger. Il n'y auoit plus de pain, les oyseaux ne venoient plus, & le temps ne nous promettoit point de pluye. Quand par vne speciale misericorde de Dieu, certains poissons qui volent, gros comme nos plus gros Esperlans, se leuerent de la Mer, & vinrent voler par troupe dans nostre Batteau ; chacun se mit en deuoir d'en prendre ; nous les diuisâmes entre nous ; nous les mangeâmes tous creus, & les trouuâmes fort bons ; mais ce secours estoit de peu de durée. Ce qui me donnoit le plus de courage, estoit de voir que personne ne mouroit : nos gens auoient desia commencé à boire de l'eau salée, contre la deffense que ie leur en auois faite. Ie leur disois, Camarades, ne beuuez point d'eau salée ; car elle n'estanchera point vôtre soif, vous donnera le flux de sang, & la mort en suite. Quelques-vns tenoient dans leurs bouches des balles de mousquet ; d'autres beuuoient leur vrine. Pour moy, ie la beus aussi long-temps que ie la pûs boire : Elle changea à la fin, de sorte que ie n'en pouuois plus boire. Nous nous trouuâmes si pressez de la faim, que nous nous vismes sur le point d'attenter les vns sur les autres pour nous manger : quelques-vns en parloient desia, & faisoient leur compte qu'il falloit commencer par les plus jeunes de l'Equipage. Ceux à qui l'âge faisoit craindre ce risque, se leuoient, & se vouloient jetter dans l'eau : I'en estois extrémement affligé. Ie priay Dieu qu'il estendit sur nous sa misericorde, & qu'il ne souffrit pas que nous fissions vn tel crime : qu'il ne voulut point éprouuer nôtre patience au delà des forces de nostre nature, dont il connoissoit la foiblesse. I'en vis mesme quelques-vns qui auroient commencé le massacre des jeunes gens,

Dans d'autres Relations, on voit qu'à force de le boire dans ces extremitez, elle deuiẽt épaisse.

si ie ne les eusse retenus, & que ie n'eusse prié pour eux, disant; Camarades, ne le faites pas encore, Dieu nous tirera du mal-heur où nous sommes; nous ne pouuons pas estre loin de terre, selon l'estime & les obseruations que j'ay faites. Ils me répondoient; il y a long-temps que vous nous dites la mesme chose, & cependant nous ne voyons point la terre, & peut-estre que nous nous en éloignons. Ils ne se rendoient point à ce que ie leur pouuois dire: Enfin, ils me donnerent le tẽps de 3. iours, disant que si entre-cy & ce temps-là ils ne trouuoient point la terre, il n'y auoit rien qui les pût empescher de manger les mousses de l'Equipage; ce qui estoit à la verité vne resolution de gens desesperez. Ie priois Dieu de tout mon cœur, qu'il voulut regarder des yeux de sa misericorde nostre misere, & qu'il nous voulut conduire dans ce temps-là à terre, afin que nous ne tombassions point dans vn crime si execrable. Ie tâchois de consoler les autres; mais dans le fonds j'auois le cœur si abbatu, que j'auois bien besoin de consolation moy-mesme.

A peine auiõs-nous la force de nous tenir debout; Le Marchand entre-autres estoit si abbatu, qu'il ne pouuoit se leuer de sa place. Pour moy, j'auois encore assez de courage pour aller d'vn bout du Batteau à l'autre. Nous fusmes ainsi jusques au deuziéme Decembre 1619. qui estoit le treiziéme iour depuis la perte de nostre Vaisseau. Le temps se broüilla, il se mit à pleuuoir & à faire de la broüine: nous dessismes nos Voiles, nous les étendîmes sur le Batteau, & nous nous mismes à couuert dessous, & nous remplîmes nos petits barils de l'eau que nous recueillîmes dans nos Voiles. Nos gens n'auoient presque point d'habits, à cause de la haste auec laquelle ils estoient sortis du Vaisseau, outre qu'ils auoient donné leurs chemises pour faire des Voiles. La plusspart estoiẽt en caleçon, & auoiẽt la moitié du corps découuert. Ils se tenoient pressez les vns contre les autres à couuert de la Voile, pour estre plus chaudement. Pour moy, ie tenois en ce temps-là la barre du gouuernail; & selon mon estime, j'estois fort proche de terre. I'esperois que le temps s'éclairciroit bien-tost; mais le broüillard l'en empescha. Ie sentis enfin tant de froid, que ie ne pûs demeurer dauantage au gouuernail. I'appellay vn des Quartier-maistre; ie luy dis, Prend ma place; car ie n'y peus pas demeurer dauantage. Ie me mélay au milieu de nos gens pour me réchauffer vn peu. Le Quartier-maistre n'auoit pas esté vne heure en cette place, que le temps s'éclaircit, & qu'il vit la terre. Il s'écria de toute sa force, debout, Camarades, la terre est tout proche de nous. Nous nous leuâmes tout aussi-tost; nous virâmes pour gagner cette terre que nous voyons, & nous y arriuâmes le mesme iour: que Dieu en soit loüé, il exauça nos prieres, nous les auions faites dés le matin, & nous auions chanté vn Pseaume apres la priere: car nous auions encore vn Liure de Pseaumes auec nous; la plusspart du temps j'estois le Lecteur. Quãd nous approchâmes de la terre, nous trouuâmes que la Mer rompoit si rudement contre la coste, que nous n'ozâmes nous hazarder à y descendre. Enfin, nous trouuâmes vn recoin de la coste, qui estoit à l'abry du vent: nous y jettâmes nostre Ancre, & nous en mismes encore vne autre à terre qui nous restoit, plus petite que la premiere: Nous sautâmes du mieux que nous pûmes à terre, tous nos gens se mirent à courre vers les bois. Pour moy, aussi-tost que ie fus descendu, ie me mis à genoux; ie baisay la terre de joye, remerciay Dieu de ce que sa misericorde nous auoit sauuez, & nous auoit tirez du mal-heur où nous estions. Le iour de nostre débarquement estoit le dernier de ceux apres lesquels nostre monde auoit resolu de tuer les jeunes gens & les manger. Il parut en cela que Dieu est le meilleur de tous les Pilotes, & que luy seul auoit conduit nostre route. On trouua dans l'Isle beaucoup de noix de Cocos; mais quelque diligence que nous peussions faire, nous ne trouuâmes point d'eau; nous ne laissions pas d'étancher nostre soif auec le suc des noix de Cocos les plus nouuelles, qui nous estoit vne boisson fort agreable. Pour les vieilles, dont l'écorce estoit dure, nous les mangions; mais nous ne songions pas que nous en faisions excez; & la mesme nuiẽt nous en fusmes tous fort malades, auec de si grandes douleurs de ventre & de tout le corps, qu'il sembloit que nous en deusſions creuer ; mais ces douleurs ne durerent pas long-temps. Le iour ſuiuant, nous nous trouuâmes en bonne ſanté, & nous courûmes toute l'Iſle. On ne trouua point de peuple ; mais bien des marques qu'il y en auoit eu. Pour tous viures, il n'y auoit que des noix de Cocos. Nos gens me diſoient qu'ils auoient veu vne couleuure qui auoit bien vne braſſe de groſſeur ; pour moy ie ne la vis point. Cette Iſle eſt à quatorze ou quinze milles de Sumatra ; nous y trouuâmes autant de noix de Cocos qu'il en falloit pour la prouiſion de noſtre Batteau ; nous mangions les plus ſeches, & des nouuelles nous tirions dequoy boire. Sur le ſoir nous quittâmes l'Iſle, & tirâmes droit vers la terre de Sumatra. Le iour ſuiuant nous en eûmes la veuë : nous courûmes la coſte vent derriere, en tirant vers l'Eſt. Quand on eut acheué de manger la prouiſion, nos gens vouloient retourner à terre ; nous faiſions voile proche de la coſte ; mais nous ne trouuions point de lieu propre pour deſcendre, à cauſe que la Mer y rompoit trop rudement. Enfin, on reſolut que quatre ou cinq hommes ſauteroient hors le bord, & qu'ils tâcheroient de nâger à terre au trauers des vagues ; qu'ils iroient le long de la coſte pour voir ſ'il n'y auroit point quelque ouuerture où on pût faire entrer le Batteau. Ce qu'ils firent, & coururent le long de la coſte, comme nous faiſions auſſi à la voile. Apres auoir bien couru, ils trouuerent enfin vne riuiere ; ils tirerent leurs caleçons, & nous firent ſigne que nous euſſions à venir. A ce ſignal nous cinglâmes vers eux ; mais en eſtant proche nous trouuâmes qu'à l'embouchеure de cette riuiere, il y auoit vn banc ſur lequel la Mer briſoit auec grande force : c'eſt pourquoy ie leur dis, Camarades, ie n'entreprendray pas de paſſer ce banc & ces briſures, ſi vous n'en demeurez d'accord ; & qu'au moins ſi le Batteau eſchouë, vous ne puiſſiez pas vous plaindre que j'aye manqué à vous faire ſçauoir le danger où ie vous mettois. Ie leur demanday les vns apres les autres, ce qu'ils en penſoient : Ils me dirent qu'ils eſtoient reſolus d'en courir le hazard. O bien, leur dis-je, j'hazarderay ma vie auec les voſtres. Ie donnay ordre que ſur le derriere du Batteau il y euſt vn auiron de chaque coſté, & deux hommes à chaque auiron pour tenir le Batteau droit contre la vague ; pour moy j'eſtois au gouuernail. La premiere vague emplit le Batteau à demy plain d'eau. Ie leur criay, Camarades, vuidez l'eau, vuidez l'eau ; ce qu'ils faiſoient auec leurs chappeaux & les deux petits barils vuides que nous auions dans le Batteau. Il en vint vne ſeconde qui le remplit quaſi juſques au haut du couuert des deux bouts, & le jetta de telle force ſur le coſté, que le Batteau en enfonça, & ſembloit qu'il allât eſtre englouty. Ie leur criay, Camarades, tenez-vous fermes, vuidez l'eau, vuidez l'eau, autrement nous ſommes tous perdus. Nous redreſsâmes le Batteau, & nous vuidâmes l'eau le mieux que nous pûmes. Il vint vn troiſiéme coup de Mer ; mais il ne rompit pas ſi proche de noſtre Batteau, & ainſi ne nous jetta pas beaucoup d'eau. Apres cela, nous trouuâmes fort peu d'eau, & ainſi nous nous tirâmes de ce danger. Nous goûtâmes de cette eau, elle ſe trouua bonne à boire ; ce qui nous donna bien de la joye. Nous mîmes noſtre Batteau du coſté droit de la riuiere.

L'herbe y eſtoit fort haute, nous y trouuâmes quantité de feverolles. Tous nos gens ſe mirent à en cueillir & à en manger : pour moy ie fis la meſme choſe. Ils y trouuerent auſſi du feu & vn peu de tabac ; ce qui leur fut vne grande joye ; car nous voyons par là qu'il y auoit des Habitans dans l'Iſle. Il y auoit dans le Batteau deux haches ; nous nous en ſeruîmes pour abbattre des arbres, & nous employâmes ce bois à faire du feu en ſept ou huict endroits : nos gens eſtoient aſſis deuant ces feux dix à dix, douze à douze, & prenoient du tabac. Sur le ſoir nous fiſmes de grands feux, & nous miſmes des ſentinelles en trois endroits, de peur d'eſtre ſurpris par les Sauuages ; car la Lune ne luiſoit point. La meſme nuict nous nous trouuâmes tous ſi malades des féves que nous auions mangées, & nous en reſſentions de ſi grandes douleurs & tranchées, que nous en croyons mourir : la meſme choſe nous eſtoit arriuée auparauant pour auoir mangé des noix de Cocos. Comme nous eſtions en cét eſtat, les Sauuages vinrent à nous auec dessein de nous surprendre, & de nous égorger. Les sentinelles les apperceurent; elles nous vinrent trouuer, & nous dirent, Camarades, que ferons-nous, ils approchent; nous n'auons point d'autres armes que deux haches, & vne épée roüillée; la pluspart de nos gens sont malades de féves qu'ils ont mangées. Nous ne laissâmes pas de resoudre de ne nous point laisser assommer de la sorte; & estans armez de bastons allumez par le bout, nous aduançâmes vers eux dans l'obscurité de la nuict. Le feu de ces bastons & les estincelles qui en sortoient, estoient assez propres à donner de l'épouuante dans vne nuict obscure. Les Sauuages d'ailleurs ne sçauoient pas que nous n'auions point d'armes; ils s'enfuyrent dans vn bois, & nous retournâmes vers les feux que nous auions faits, demeurans toute la nuict dans cette inquietude. Le Marchand Rol & moy, nous nous mîmes dans le Batteau, croyant y estre plus en seureté qu'à terre. Le matin comme le Soleil commençoit à paroistre, trois des Habitans sortirent du bois & vinrent vers la Greue: Nous détachâmes trois de nos Matelots vers eux, qui entendoient vn peu la langue de Malaca; car ils auoient esté auparauant aux Indes Orientales. Comme ils s'en approcherent, les Sauuages leur demanderent quels gens nous estions. On leur répondit que nous estions Hollandois; & que le feu s'étant pris à nostre Vaisseau par mal-heur, nous estions là venus chercher quelque rafraîchissement. Leur réponse fut, qu'ils auoient des Poules & du Ris. Ils s'approcherent alors du Batteau, & nous demanderent si nous auions encore des armes; nous leur dismes que nous en auions vn bon nombre, des mousquets, de la poudre, & des balles. I'auois fait estendre les voiles sur le Batteau, qui en estoit couuert, tellement qu'ils ne pouuoient pas voir le mauuais estat où nous estions. Ils nous apporterent du Rys qui estoit cuit auec quelques Poules.

Nous fismes vne recherche entre nous, pour sçauoir quel argẽt nous pouuiõs auoir. Il y en auoit qui apportoient cinq pieces de cinquante-huict sols, d'autres six, d'autres douze; les vns plus, les autres moins; si bien que nous mismes ensemble la valeur de quatre-vingt pieces de cinquante-huict sols. Nous payâmes de cét argent leurs Poules, & le Rys qu'ils nous auoient apportez. Apres auoir mangé, nous tinsmes conseil de ce que nous deuions faire; & cõme nous ne sçauions point où nous estions, nous leur demandâmes comment ils nommoient leur pays; mais nous ne pûmes en façon du monde entendre s'ils le nõmoient Sumatra, ou autrement. Ils nous monstroient bien auec la main que Iaua estoit là proche, & mesme nous nommoient Ian-Coen nostre General, qui faisoit alors sa residence en l'Isle de Iaua. Enfin, à force de les interroger, & de leur faire des signes, nous vinsmes à connoistre que nous estions au dessus du vent de l'Isle de Iaua. Nous auions nauigé sans Boussole, & ainsi nous ne sçauions point precisément la route que nous auions faite. Nous commençâmes dés lors à en auoir l'esprit plus en repos. Nous auions besoin d'vne plus grande quantité de viures pour acheuer nostre voyage; c'est pourquoy il fut resolu que j'irois auec quatre Mariniers jusques au village qui estoit vn peu éloigné, & que j'y porterois l'argent que nous auions pû mettre ensemble, pour achepter la plus grande quantité de viures qui nous seroit possible. Ce que ie fis en remontant la riuiere dans vn petit Batteau fait du tronc d'vn arbre creusé à la façon du pays: I'y acheptay du Rys & des Poules, & ie l'enuoyay tout aussi tost vers le Batteau au Marchand Rol, auec ordre qu'on le partageât sur le champ entre nos gens, afin qu'il n'y eust point de dispute. Pour moy cependant, auec mes quatre Mariniers, j'auois fait tuer dans le village deux ou trois Poules, & ie les auois fait cuire auec du Rys. Il y auoit aussi dans le village vne espece de boisson, qu'ils font de l'écorce de certains arbres: elle estoit si forte, qu'on s'en seroit enyuré fort aisément. Nous n'en bûmes qu'vne fois chacun, & cependant cette boisson commençoit desia de nous monter à la teste.

Apres disné, j'acheptay vn Buffle pour cinq pieces de huict & demy, ie le payay; mais quand mes Mariniers le voulurent conduire, il se trouua si sauuage, qu'il s'échapa de leurs mains; nous perdîmes bien du temps pour le reprendre. Comme la nuict venoit, ie resolus de m'en retourner vers le Batteau, pensant qu'il seroit plus aysé le lendemain de reprendre nostre Buffle. Ces quatre Mariniers s'offrirent de demeurer là la nuict si ie leur voulois permettre, s'asseurant de le pouuoir reprendre lors qu'il seroit estable. Quoy que ie n'approuuasse point cette pensée, ie ne laissay pas de leur permettre, & de me laisser vaincre à leur importunité. Ie pris congé d'eux, & nous nous dismes bon soir les vns aux autres. Comme j'approchay du bord de la riuiere, où estoit le petit Batteau dans lequel j'estois venu, ie vis là proche vne troupe de Sauuages, & ie remarquay qu'ils estoient en dispute entre-eux. Il me sembloit que les vns vouloient qu'on me laissât aller, & que les autres insistoient sur le contraire: I'en pris vn ou deux de la troupe par le bras, & ie les tiray vers le Batteau pour venir auec moy, auec autant d'asseurance que si j'eusse esté leur maistre. Ils estoient affreux de visage, comme des Spectres. Ils ne laisserent pas de se laisser persuader, & vinrent auec moy dans le Batteau: l'vn se mit à se seoir sur le derriere du Batteau, & l'autre sur le deuant, chacun auec son auiron à la main. Nous nous mismes à l'eau; ils auoient chacun à leur costé, vne arme qui estoit faite comme vn poignard. Comme nous eûmes fait vn peu de chemin, celuy qui estoit derriere vint à moy; car j'estois au milieu du Batteau, & me dit qu'il vouloit auoir de l'argent. Ie mis la main dans ma poche, j'en tiray vne piece de quatorze sols, que ie luy donnay. Il se mit à la regarder, & me parut n'estre pas bien resolu de ce qu'il deuoit faire. Il la prit à la fin, & la mit dans le petit morceau de drap qu'il auoit deuant luy. L'autre qui estoit sur le deuant du Batteau, voyant que son camarade auoit eu quelque chose, vint aussi à moy, & me dit qu'il vouloit que ie luy en donnasse autant. Ie tiray vne autre piece de quatorze sols de ma poche, ie luy donnay. Il s'arresta, & se mit aussi à regarder cette piece. Ie crûs qu'il estoit en doute s'il deuoit prendre l'argent, ou s'il me deuoit assassiner: Ce qu'ils pouuoient faire aisément; car ie n'auois point d'armes, & chacun d'eux auoit son poignard au costé. Dieu sçait où i'en estois. Nous voguâmes contre les vagues, lesquelles estoient grandes en cette riuiere. Quand nous fûmes à moitié chemin, ils se mirent à parler & disputer ensemble, ie crûs auoir reconnu à toutes leurs manieres, qu'ils me vouloient assassiner; le cœur m'en battoit de peur. I'eus recours à Dieu; ie luy demanday misericorde, & qu'il m'ouurit l'esprit, & m'inspirât ce que ie deuois faire dans ce rencontre: il me sembla auoir esté inspiré alors de me mettre à chanter; ce que ie fis, quoy que dans l'extremité où j'estois, ie n'en eusse pas beaucoup d'enuie. Ie chantay vne chanson, qui commence, *Arbres, ruisseaux*, &c. En effet, il y en auoit beaucoup le long de la riuiere: comme ils entendirent que ie chantois, ils se mirent à rire, & ouuroient la bouche, de telle façon qu'on leur pouuoit voir iusques dans le gozier, & ie reconnu par là qu'ils estoient persuadez que ie ne me deffiois point d'eux. Ie trouuay ainsi par experience, qu'vn extréme danger & vne grande crainte peuuent faire chanter vn homme. Enfin nous aduançâmes tant, que ie découuris nostre Batteau. I'appellay nos gens qui en estoient proches, ils vinrent aussi-tost vers moy le long de la riuiere, ie fis entendre à ces Sauuages qu'ils eussent à me mettre à terre; car ie croyois par là me mettre à couuert de leurs desseins. Comme ie fus sorty de ce danger, auec l'assistance de Dieu, & que i'approchois de nostre batteau, les Sauuages nous demanderent où nos gens passoient la nuit; nous leur dismes, qu'ils la passoient sous des tentes & sous des feüillées qu'ils auoient faites. Ils nous demanderent encore où nous couchions, le Marchand Rol & moy. Ie leur dis que nous couchions dans l'Esquif dessous la Voile; ils s'en retournerent apres vers le village. Ie contay à Rol, & au reste de nos gens, ce qui m'estoit arriué; comme i'auois achepté vn Buffle dans le village, qui s'estoit échappé sur le soir, & que nous n'auions pas pû le prendre: que les quatre Matelots qui estoient venus auec moy, s'estoient offerts de le reprendre, & de le ramener à bord, si ie leur permettois d'y passer la nuict: ce que ie leur auois enfin accordé par importunité, à condition qu'ils se rendissent le lende-

main

main de grand matin à bord auec ce Taureau. Apres que ie leur eus rendu compte des accidens qui m'estoient arriuez, nous nous allâmes coucher.

Le iour suiuant, le Soleil estoit desia assez haut, que nous n'auions point de nouuelles de nos gens, ny du Taureau, qu'ils deuoient amener : nous commençâmes alors à soupçonner, qu'il leur estoit arriué quelque chose de fascheux : quelque-temps apres nous visines deux Sauuages, qui venoiét à nous auec vne beste qu'ils chassoient deuant eux : comme ils furent proche, ie leur dis, que ce n'estoit pas la mesme beste que j'auois acheptée, & que ie leur auois payée. Nostre Bouteillier entendoit vn peu leur langage, & leur demanda où estoient les quatre Matelots, qui auoient esté en leur village, & pourquoy ils n'auoient pas amené la mesme beste que nous auions acheptée. Leur réponse fut, qu'ils n'auoient pas pû la reprendre, & que nos gens venoient auec vn autre Buffle; de laquelle réponse nous demeurâmes en partie contens. Comme ie vis que le Taureau que les Negres auoient amené, estoit fort sauuage & difficile à tenir; ie dis à nostre Sergent, donne vn coup de hache à cette beste, de peur qu'elle ne s'enfuye, & que nous ne la perdions comme l'autre : ce qu'il fit, & la jetta par terre. Ces deux Negres se mirent à faire des cris épouuantables, & à ce bruit accoururent enuiron deux ou trois cens hommes, lesquels s'estoient mis en embuscade derriere vn bois, & croyoient nous couper le chemin de nostre Batteau, & nous assommer tous ensemble; mais ils furent apperceus assez à temps par trois de nos Matelots, qui auoient fait vn peu de feu à quelque distance du lieu où nous estions. Ils coururent vers nous, pour nous aduertir que nous allions estre attaquez. I'en découuris enuiron quarante, qui sortoient du bois; & ie dis à nos gens, demeurez fermes, nous sommes encore assez forts de monde pour les attendre; mais comme ie vis qu'ils grossissoient tousiours, & qu'ils venoient à nous auec vn visage terrible comme des Spectres, ie me mis à crier; Camarades, que chacun fasse le mieux qu'il pourra pour gagner le Batteau; car s'ils nous en coupét le chemin, nous sommes morts. Nous nous misines donc en deuoir de gagner tous ensemble le Batteau; ceux qui ne pûrent pas y arriuer, se jetterent à nâge dans la riuiere. Les Negres nous suiuirent jusques au Batteau, qui estoit mesme vne mauuaise resource pour nous; car l'empressement auec lequel nous y estions accourus, ne nous auoit pas permis de remporter nos Voiles que nous auions tenduës à terre pour nous seruir de tentes. Les Negres estoient à nos talons, lors que nous nous jettions dedans le Batteau, & perçoient nos gens à coups de azegayes : nous nous deffendions le mieux qu'il nous estoit possible, auec les deux haches qui nous estoient restées, & nostre épée roüillée ne nous fut pas inutile; car vn Boulanger, qui estoit vn homme puissant, s'en seruit brauement sur le derriere du Vaisseau. Nous tenions à deux cordes, vne à terre, & vne autre qui estoit celle de l'Ancre que nous auions iettée en mer. Comme ie fus arriué vers le pied du Mast, ie criay au Boulanger; hachez la corde de l'Ancre qui est à terre. Il se mettoit en deuoir de le faire, mais il n'en pût venir à bout : cela fit que ie passay sur le derriere du Batteau où il estoit; ie pris la corde, & la tenant étenduë sur le bout de la quille, ie luy dis, couppe-là maintenant; ce qu'il fit d'vn seul coup. Nos gens en tirant sur l'autre, qui tenoit à l'Ancre, faisoient aduancer le Batteau vers la mer : les Negres les suiuent iusques dans l'eau; mais comme ils commençoient à perdre pied fort proche du bord, ils abandonnerent nostre Batteau, & nous nous misines à repescher nos gens qui estoient à nâge dans la riuiere. Ce fut par vne grace speciale de Dieu, que le vent, qui auoit soufflé iusques alors du costé de la mer, se tourna tout à coup du costé de la terre. Nous employâmes le peu de Voile qui nous restoit, & vne bouffée de vent nous tira du mauuais pas où nous estions, & nous jetta en mer.

Nous n'eûmes point de peine à passer ce banc, où nous auions couru si grand danger en arriuant, à la sortie nous le passâmes fort aysément. Les Negres estoient accourus vers la partie de la terre la plus aduancée ; & comme ils ne croyoient pas que nous pûssions iamais nous tirer de ce banc, ils esperoient auoir bon marché de nos vies ; mais Dieu ne vouloit pas que nous nous perdissions en ce rencontre : le Batteau se trouua estre haut du deuant, & s'éleua ainsi plus aysément sur les vagues, contre lesquelles le vent nous poussoit. Le Boulanger qui se sceut si bien seruir de l'épée, comme nous auons dit, auoit esté blessé au dessus du nombril d'vne arme empoisonnée ; les bords de sa playe estoient d'vne couleur bleuë : Ie coupay & cernay tout autour la partie qui me paroissoit empoisonnée, pour empescher le poison de gagner dauantage ; mais ce fut inutilement, car il mourut sur le champ ; nous le jettâmes hors le bord. Nous comptâmes apres nôtre monde, & trouuâmes que nous auions perdu seize hommes ; onze qui auoient esté tuez à terre, le Boulanger qui estoit mort dans le bord, & ces quatre premiers Matelots qui n'estoient point reuenus du village, comme j'ay dit. Cette perte nous affligeoit extrémement, quoy que nous eussions sujet de remercier Dieu, de ce que nous n'estions pas tous peris en cette occasion.

Pour moy, ie croyois auoir obligation à ces quatre Matelots, de la conseruation de ma vie ; car ie croy que s'ils fussent retournez auec moy vers le Batteau, les Negres nous eussent tuez tous cinq, car quand ie me trouuay sur le bord de la riuiere, ie leur dis que le iour suiuant ie retournerois auec plus de monde. Et il y a apparence qu'ils resolurent entre-eux de me laisser aller pour faire vn plus grãd coup, & nous auoir tous ensemble, s'asseurans que ie ne manquerois pas de retourner pour reuenir querir les quatre Matelots qui demeuroient entre leurs mains, comme vn gage qui m'obligeroit à retourner. Il nous fut pourtant bien fâcheux d'estre contraints de les abandonner ; car ie croy qu'ils les égorgerent tous quatre. Nous prîmes nostre route-vent derriere le long de la coste ; il nous restoit encore huict Poules, & vn peu de Rys, & tout cela pour cinquante-six personnes que nous estions ; c'estoit à la verité bien peu de chose pour tant de bouches, chacun en eut sa part, & on demeura d'accord qu'il falloit retourner à terre ; car la faim commençoit desia à nous presser, & il n'y auoit point d'esperance de pouuoir trouuer en mer aucune nourriture. Nous tournâmes donc vers la terre, où nous découurîmes vne Baye. Nous entrâmes dedans, & y vismes plusieurs Sauuages qui estoient ensemble. Nous courûmes à eux ; mais ils ne nous attendirent pas, & s'enfuyrent de nous. Nous ne trouuâmes aucun viure, mais bien de l'eau fraîche, dont nous bûmes à nostre ayse, & en remplîmes nos deux petits barils. Nous trouuâmes dans les roches des petites huîtres, & des moûles, chacun en emplit ses pochettes. I'auois acheptė à l'endroit où nous auions perdu nostre monde, plain le creux d'vn chappeau de poivre. Ce qui vint fort à propos pour manger les huîtres. Nous fismes voile, & sortîmes de la Baye pour continuer nostre voyage ; & comme nous estions desia assez loin de terre, il commença à s'éleuer vne grande tempeste, qui nous obligea de baisser toutes les voiles ; & nous estans mis à couuert de ces mesmes voiles, nous nous laissâmes aller au gré du vent, n'esperant qu'en la misericorde de Dieu. Deux heures auant iour, la tempeste commença à diminuer, le temps se fit beau, & nous nous seruîmes de nos voiles pour aller à la bouline ; car le vent estoit contraire, nous nous éloignions tousiours de la coste, & il parut bien que Dieu auoit soin de nostre conseruation ; car si nous n'eussions point eu cette tempeste, & le vent contraire, nous eussions continué d'aller le long de la coste, & sans doute nous nous fussions arrestez en quelqu'vn des endroits proche de Sumatra, où les nostres ont accoustumé de s'arrester pour faire eau. Les peuples de ces quartiers estoient deuenus grands ennemis de nostre Nation ; & peu de temps auparauant, ils en auoient assassiné plusieurs, qui estoient venus pour chercher de l'eau ; il y a grande apparence qu'ils nous auroient fait le mesme traitement.

A la pointe du iour, nous découurîmes trois Isles; & quoy que nous les creussions inhabitées, nous ne laissâmes pas d'esperer qu'il s'y pouuoit trouuer quelque chose pour nostre subsistance: Nous y arriuâmes le mesme iour, & y trouuâmes de l'eau bonne à boire, & des cannes aussi grosses que la jambe d'vn homme; on les appelle des Bambus: on se mit à en couper auec les haches; & apres auoir percé tous les nœuds qui se trouuoient au dedans, hormis le dernier, on emplissoit le creux de la canne ou bambu d'eau, & on bouchoit apres le bout d'en-haut; si bien que nous en ramassâmes dans ces cannes, autant qu'il en auroit pû tenir dans deux tonneaux de mer. Nos gens coururent toute l'Isle, sans trouuer dans ces bois rien qui nous fut propre. Ie me separay d'eux; & estant sur le sommet d'vne montagne la plus haute qui soit dans l'Isle, l'esprit fort abbatu, de voir que n'ayant iamais esté aux Indes Orientales, & estant dépourueu de toutes les choses qui sont necessaires à vn Pilote, & sans Boussolle, ie me voyois chargé de la conduite de ce peuple, ie ne trouuay point de meilleure resolution, que de me remettre entre les mains de Dieu: Ie me mis à genoux, & le priay qu'apres m'auoir sauué par le moyen des oyseaux, que sa misericorde nous auoit enuoyez; de m'auoir preserué du danger de l'eau, du feu, de la faim, de la soif, & des Sauuages, entre les mains de qui j'estois tombé; sa bonté paternelle voulut encore s'estendre jusques à me tirer du danger où j'estois, & de m'ouurir les yeux de l'entendement pour trouuer le chemin de nostre pays. Ie le priois du fonds du cœur; Seigneur, monstre-moy le chemin, & conduits-moy; & si tu ne juge pas à propos que ie doiue arriuer en ma patrie, permets au moins que quelqu'vn de nostre troupe se puisse sauuer, afin qu'on sçache ce qui s'est passé dans nostre Vaisseau. Ayant ainsi parlé auec Dieu, ie me leuay pour m'en aller; & comme ie jettois les yeux de tous costez, le Ciel estant deuenu serain, ie découuris des montagnes de couleur bleuë; ce que j'auois entendu dire autrefois à Guillaume Scoten me reuint dans l'esprit. Il auoit remarqué en deux ou trois voyages qu'il auoit faits aux Indes, que vers la pointe de l'Isle de Iaua, il y auoit deux hautes montagnes de couleur bleuë. Ie voyois ces montagnes sur ma main droite; nous estions venus le long de la coste de Sumatra qui estoit à la gauche, & au milieu ie voyois vne ouuerture de mer, au delà de laquelle ie ne voyois aucune terre. Ie sçauois d'ailleurs que le détroit de Sunda est entre l'Isle de Iaua, & celle de Sumatra; cela fit que ie m'imaginay que nous n'estions pas éloignez de nostre chemin. Ie descendis de la montagne tout plain de joye, & de cette esperance, j'allay trouuer nostre Marchand, & luy dis que j'auois veu ces deux montagnes. Les nuages cependant auoient de nouueau obscurcy le Ciel; de sorte qu'on ne les pouuoit plus voir. Ie contay aussi au Marchand ce que j'auois ouy dire à Guillaume Schouten, & la conjecture que ie faisois sur son rapport, qui estoit que nous estions deuant le détroit de Sunda. Le Marchand dit; Hé bien, nostre Maître, puisque vous estes de cét aduis, rassemblons nos gens, & prenons nostre route de ce costé-là; car vostre coniecture me semble aussi auoir beaucoup de fondement. Nous raliâmes donc nos gens, qui nous apporterent de l'eau dans les cannes Bambus.

Nous trouuâmes le vent fauorable, & cinglâmes droit à l'ouuerture, qui est entre les deux montagnes; vers la minuit, nous vismes de loin du feu; nous creûmes d'abord, que ce fut quelque Vaisseau. Nous changeâmes nostre route pour en approcher; mais estans proche, nous trouuâmes que c'estoit vne petite Isle, qui est dans le détroit de Sunda nommée Duars-Inde-Vvegh. Nous passâmes cette Isle; & quelque-temps apres, nous vismes vn autre feu de l'autre costé; ie creus que c'estoit des pescheurs. Le matin le temps fut calme; nous estions proche de la coste interieure de l'Isle de Iaua: nous fismes monter vn homme au haut du Mast pour découurir de plus loin. Il se mit à crier, qu'il voyoit des Vaisseaux qui estoiét à l'Ancre, & qu'il en comptoit jusques à vingt-trois. Ces paroles nous firent tresfaillir de joye : nous nous mismes tous à ramer vers eux ; car comme ie vous ay dit, le temps estoit calme ; si nous n'eussions point trouué ces Vaisseaux, nous eussions sans doute esté vers Bantam, où nous eussions pris terre. Et comme les peuples de ces pays-là estoient en guerre auec nos gens, ce fut vne grande grace que Dieu nous fit de nous en détourner. Tous ces Vaisseaux que nous auions découuerts estoient Hollandois, Frederic Hout-man d'Alckmaer les commandoit : lors que nous les découurîmes, il estoit dans la gallerie de son Vaisseau auec vne lunette d'approche, ne pouuant assez admirer la façon extraordinaire de nos voiles, ny s'imaginer dequoy elles estoient faites. Il enuoya sa Chaloupe, qui nous vint à la rencontre, pour sçauoir qui nous estions. Comme nous fûmes proche les vns des autres, nous nous connûmes d'abord ; car nous estions sortis ensemble du Tessel, & ne nous estions point separez que dans la mer d'Espagne. Ie passay auec le Marchand dans leur Chaloupe, qui nous porta au Vaisseau du Commandant. Il nous cria de loin que nous fussions les bien-venus ; il nous fit seoir à sa table, & manger auec luy. Comme ie vis apporter le pain & les autres viandes, ie sentis le cœur qui me battoit, & j'en pleuray de joye ; tellement que ie ne pouuois manger. Le reste de nos gens estant arriué en suite, on les partagea dans les autres Vaisseaux ; Hout-man fit mettre aussi-tost en ordre vn petit Vaisseau pour me porter auec le Marchand à Batauia : & apres luy auoir conté les accidens de nostre voyage, & le mal-heur qui nous estoit arriué ; nous nous mismes à la voile, & nous arriuâmes à la ville de Batauia. Les amis que nous auions rencontré sur les Vaisseaux, nous auoient donné des habits à l'Indienne ; si bien que nous estions habillez à la mode du pays, deuant que d'arriuer dans la Ville. Nous fûmes au Palais, où le General faisoit sa residence. Nous demandâmes à ses hallebardiers, si nous pouuions voir le General. Ils monterent en haut ; & estant retournez, ils nous firent entrer dans sa chambre. Il ne sçauoit rien de nôtre arriuée ; mais nous estant fait connoistre, il nous dit que nous estions les bien-venus. Il fallut l'entretenir de nostre voyage ; ie luy dis, Monsieur le General, nous sommes sortis du Tessel en tel temps, auec le Vaisseau nommé la nouuelle Hoorne, qui par mal-heur a esté brûlé & jetté en l'air par l'effort des poudres sous vne telle hauteur. Nous luy contâmes aussi en détail comment cét accident nous estoit arriué ; comment nous auions perdu nos gens, qui auoient esté emportez en l'air auec le Vaisseau ; & que par la grace de Dieu, ie m'estois sauué auec vn homme seulement.

Le General sur cela, dit, que c'estoit vn grand mal-heur. Il nous demanda plusieurs particularitez, & nous luy dîmes comme tout s'estoit passé. C'est vn grand mal-heur, ce dit-il pour la seconde fois. Enfin il dit, lacquais, qu'on m'apporte cette tasse d'or, qu'on l'emplisse de vin d'Espagne. Courage, Maistre, ie bois à vostre santé, vous deuez faire vostre compte, que vous auez desia vne fois perdu la vie, & que Dieu vous en a donné vne seconde. Demeurez icy, & mangez à ma table ; car j'ay dessein de partir cette nuict pour aller à Bantam establir quelque ordre dans l'Armée Naualle. Demeurez icy jusques à nouuel ordre, & jusques à mon retour. Il bût apres cela à la santé du Marchand ; nous parlâmes encore d'autres choses.

Nous l'attendîmes selon son ordre, & mangeâmes à sa table l'espace de huict iours. Apres cela, il nous manda de l'aller trouuer à Bantam, où nous le trouuâmes dans le Vaisseau nommé la Pucelle de Dort. Il m'appella le premier, & me dit ; Maistre Bontekoë, il faut que par prouision, & en attendant vn nouuel ordre, vous alliez sur le Vaisseau Bergerboot, pour y commander l'Equipage, comme vous auez fait dans l'autre. Ie luy dis ; ie vous remercie, Monsieur le General, de la grace que vous me faites. Deux ou trois iours apres, il fit venir le Marchand Rol, & luy dit ; Marchand, il faut que par prouision, & en attendant vn nouuel ordre, vous alliez sur le Vaisseau nommé le Bergerboot, & que vous preniez le soin des marchandises qui y sont, comme vous auez fait cy-deuant. Ainsi, nous nous trouuâmes ensemble auec le mesme commandement que nous auions sur le premier Vaisseau.

Ce Vaisseau qu'on nous donnoit, estoit court de quille, monté de trente-deux pieces de canon en vne seule batterie, mais elle auoit plus de cinq pieds de haut. Au commencement de l'année 1620. nous fûmes vers Ternate; nostre Vaisseau estoit chargé de viures, de lard, de Rys, & de beaucoup de munitions de guerre, pour mettre dans les Forts de ces quartiers-là. Nous faisions vne escadre de trois Vaisseaux. En passant, nous approchâmes de Gresse. Vn Marchand de Riga nommé Vvolter Hudden, nous y regala de beaucoup de Vaches, de Poules, de Canards, de sucre noir: le fourage & la nourriture pour les bestes qu'on nous auoit données, estoit du Rys qui n'estoit point battu; & estoit encores en gerbes; ils l'appellent en ces pays là Paedie. Nous partîmes de Gresse, & nous rangeâmes la coste tout proche du détroit de Baly, pour gagner la hauteur de la terre de Soloor; car le Mousson estant desia passé, nous esperions que prenant cette route, nous ferions voile vers Amboin; & cōme nous estions au détroit de Soloor, le Marchand qui estoit dans nostre Fort nous vint trouuer, & nous dit qu'il y auoit là proche vne petite place nommée Lantocken, qui estoit tenuë par des Pyrates de Soloor, qui apportoient vn grand empeschement à nostre trafic, & que c'estoit maintenant le vray temps pour les en dénicher, puis que nous nous rencontrions trois Vaisseaux de Flotte. Ceux de Riga ont des Facto-reries aux Indes.

Nous l'entreprîmes; nous y fûmes accompagnez du peuple du pays dans leur Corrakorren ou Vaisseaux, qui venoient auec nous plustost pour voir comment la chose se passeroit, que pour nous y ayder. Nous aduançâmes sous le Fort, & fismes grand feu sur eux; ils nous répondirent de mesme. Dans ce temps-là, nous mismes à terre nostre monde à la faueur de nostre mousquetterie; ceux du Fort firent vne sortie sur nous, & mirent nos gens en fuite: tellement que nous y perdîmes vingt-cinq hommes, auec vn plus grand nombre de blessez; cela nous obligea de partir sans auoir rien fait. Nous fismes eau, & prîmes congé du Marchand, prenant nostre course vers le Nord-Est, pour atteindre le haut de l'Isle Batamboer. Nous en eûmes la veuë, & la laissâmes à nostre main gauche, dressant nostre route du Nord-Est au Nord, pour gagner les Isles de Boere & Blau. Nous les laissâmes aussi à main gauche, & cinglâmes vers l'Isle d'Amboin; mais le grand temps nous empescha d'en approcher. Nous prismes le dessous de cette isle, pour passer entre deux autres petites Isles qui sont vis-à-vis l'vne de l'autre, & gagnâmes vne anse nōmée Hiero, vis-à-vis de Combello, où il y a beaucoup de clouds de girofle. On peut en fort peu de temps passer à cheual de Hiero à Amboin: Nous trouuâmes là trois Commandans, sçauoir le Gouuerneur Hout-man d'Alckmaer, le Gouuerneur Lam, qui estoit de la ville d'Hoorn, & le Gouuerneur Speult. Lam faisoit sa residence à Maleyen, Speult à Amboin, & Hout-man estoit destiné pour passer auec nous à Baets-Ian, où nous arriuâmes; & en partîmes apres y auoir esté quatre ou cinq iours. Le Marchand qui auoit la direction de ce Fort, en sortit, à cause que son temps estoit expiré, & Rol nostre Marchand fut mis en sa place. Nous fûmes au Fort des Moluckes, pour les auitailler de viande, lard, Rys, vinaigre, & autres choses necessaires à la vie, & touchâmes l'Isle de Maleye, où Lam faisoit sa residence. Nous y demeurâmes trois semaines; & apres auoir pris congé de luy, nous retournâmes à Baets-Ian, où nous auions laissé Rol nostre Marchand, comme ie viens de dire. Il nous donna bien deux cens tonneaux de clouds de girofle: nous prîmes congé l'vn de l'autre, tous deux les larmes aux yeux: cette separation nous toucha fort, à cause de tant de dangers & de miseres que nous auions soufferts ensemble, comme j'ay dit cy-deuant. Depuis ce temps-là ie ne l'ay point veu; mais j'ay appris que peu de temps apres nostre départ, il estoit mort dans l'Isle de Maleyen, & qu'il y estoit enterré. Ie prie Dieu qu'il fasse misericorde à son ame, & que ie le puisse reuoir en l'autre monde. Nous dressâmes nostre course vers le détroit de Buton, & passâmes l'Isle de Boggerones, pour sortir des terres, & gagner Iaua-minor, & de là le long des terres, jusques à Gresse. Le Gouuerneur Hout-man estoit dans nostre Vaisseau. Estant à Gresse, nous chargeâmes autant de Vaches & de Poules qu'il y en pût tenir. Il y auoit bien nonante testes de bestail, & seize cens Poules, auec quelques

Oyes. Nous donnions à nos bestes au lieu de fourage, du Rys en herbe. On a en ce pays-là seize Poules pour vne piece de cinquante-huit sols. Nous prîmes congé du Marchand Gautier Hudden, faisant nostre course le long de Iaua, & passâmes proche de Iapara; mais nous ne nous y arrestâmes point, & arriuâmes heureusement à Batauia. Nous y parlâmes vne seconde fois au General Koen, & déchargeâmes là nostre Vaisseau; puis on m'enuoya à Ianbay, pour y aller querir vn autre Vaisseau qui estoit chargé de poivre. Nous moüillâmes en passant à Palimbam, & nous amenâmes vn Vaisseau chargé de poivre à Batauia. Le General m'enuoya apres à des Isles qui sont entre Bantan & Batauia, pour y aller querir des pierres qui se trouuent au fonds de la mer. Il me donna quarante Laskaris; ces Laskaris se plongent dans l'eau; ils lient les pierres auec des cordes, qu'on tire apres dans vn Batteau: ce sont de grosses pierres, qu'on taille en suite à Batauia, pour en reuestir le Fort que nous y auons: Cette pierre est extrémement blanche, plus blanche encore que la pierre dure de Hollande. Le Fort est quasi tout basty de ces pierres, depuis la superficie de l'eau de ses fossez jusques au cordon du Parapel, & fait vne fort belle perspectiue. Nous fismes trois voyages pour charger de ces pierres.

Le Vaisseau nommé Groeningen arriua en ce temps-là d'Hollande; & à cause que le Maistre & le Marchand de ce Vaisseau n'auoient pas pû s'accommoder ensemble, ils furent mis par ordre du General & du Conseil, sur le Vaisseau nommé le Berger Boot, & moy sur celuy de Groeningen, auec vn sous-Marchand nommé Iean Nicolas d'Amsterdam. Ie ne perdis point dans ce change; car dans le Vaisseau nommé le Berger Boot, il n'y auoit, comme on dit, ny à manger, ny à boire; & le Vaisseau Groeningen estoit nouuellemẽt venu des Pays-Bas, & ne manquoit de rien. Ie fus en suite cõmandé pour aller à Ianbay querir du poivre, & y porter quatre caisses plaines d'argent. Nous auions ordre de toucher à Palimbam en passant; ce que nous fismes. Nous y trouuâmes vn Marchãd d'Alckmaer nommé Hooghlande: nous luy mîmes entre les mains vne caisse d'argent, & partîmes pour Ianbay. Il y auoit aussi vn Marchand de Delff nommé Abraham Vander Dussen, entre les mains duquel nous mismes vne autre caisse d'argent. Nous fûmes là quelque-temps à la rade; on nous apportoit la marchandise à bord sur de petits brigantins. Nous auions de plus nostre Batteau, auec lequel nous allions tous les iours querir du poivre, en remontant la riuiere.

Nostre Maistre Pilote s'estant mis vn iour dans la Chaloupe, pour aller visiter les amis qu'il auoit dans vn Vaisseau qui estoit à la rade; on luy fit si bonne chere, & il en reuint si yure, que s'estant couché & endormy sur le haut du Tillac, il roula enuelopé de ses couuertures dans la Mer, & se noya; ce qui nous affligea fort. Quand nous eûmes nostre charge, nous prîmes congé du Marchand Vander-Dussen, pour aller à Batauia. Nous déchargeâmes aussi-tost nostre Vaisseau, & nous fismes apres deux autres voyages, pour aller querir de la pierre aux Isles dont j'ay desia parlé. Apres l'auoir fait, nous retournâmes à Ianbay pour charger du poivre; nous retournâmes encore vne autrefois à Batauia, j'employay deux ans à ces voyages; tantost dans le Vaisseau du Berger Boot, tantost sur celuy de Groeningen.

I'eus ordre apres d'aller auec le mesme Vaisseau à la Chine, auec sept autres Vaisseaux de Flotte sous le commandement de Cornelis, pour nous rendre Maistres, si nous pouuions, de Macao, ou pour aller vers l'Isle du Piscador, & tâcher d'établir par toute sorte de moyens quelque commerce auec les Chinois; ce qui estoit estendu plus amplement dans l'instruction que le General nous auoit donnée. Il auoit écrit pour ce dessein en plusieurs lieux, que les Vaisseaux qui y estoient eussent à nous joindre, leur donnant pour rendez-vous les lieux par où nous deuions passer; & entre-autres à ceux qui estoient vers les Manilles sous le commandement de Vvillem Iansz, auec quelques Vaisseaux Anglois qui y attendoient l'occasion de faire quelque prise sur les Espagnols.

Ce que ce Commandant executa, & nous donna quelques-vns de ses Vaisseaux.

Le dixiéme Auril 1622. apres auoir esté quelque-temps deuant Batauia, nous fismes voile auec nos huict Vaisseaux: nous dressâmes nostre course pour passer le détroit de Balimbam.

L'onziéme, nous vismes la terre de Sumatra. Nous nous trouuâmes plus aduancez vers le Sud, que nous ne croyons: ce qui nous fit juger, que nous auions esté emportez par vn courant d'eau, qui sort du détroit de Sunda.

Le douze, treize, quatorze, & quinziéme, le temps & le vent furent inconstans, & nous passâmes l'Isle de Lucipara.

Le seiziéme & dix-septiéme, nous arriuâmes proche de celle de Banca.

Le dix-huitiéme, nous rencontrâmes le Vaisseau de la nouuelle Zelande, qui venoit du Iapon, auec deux brigantins Portugais, que nos Vaisseaux auoient pris deuant Malacca.

Depuis le dix-neufiéme jusques au vingt-cinquiéme, nous fismes fort peu de chemin, à cause que nous eûmes la pluspart du temps le vent & la marée contraires.

Le vingt-neufiéme sur le midy, nous nous trouuâmes à la pointe Septentrionale du détroit de Balimbam. L'Isle Banca estoit Sud-Est de nous enuiron vn mille; nous courûmes au Nord, vers l'Isle Polepon.

Pole en Indien signifie Isle.

Le trentiéme, nous moüillâmes l'Ancre à la pointe Sud-Est de Polepon, à douze brasses, fonds de sable, la terre de la coste est fort haute.

Le premier May, nous moüillâmes au costé de l'Oüest de cette mesme Isle, à dix-neuf brasses fonds propre pour Ancrer, justement vis-à-vis la Baye de sable qui est du costé du Nord, il y a vn peu d'eau fraische dans vn fonds ou vallée au milieu d'vn bois. Depuis la pointe du Nord de l'Isle de Banca, jusques à cette Isle que ie viens de dire, le cours est Nord, & il y a dix-neuf milles de distance.

Le mesme iour, nous nous mîmes à la voile, & nous prîmes nostre cours Nord-Est, & Nord-Est au Nord pour passer au dessus, ou à l'Est de l'Isle Linga.

Le deuxiéme, nous courûmes douze milles Nord-Est au Nord. L'apresmidy, la pointe Orientale de l'Isle Linga nous estoit au Sud-Oüest vers Oüest, à quatre milles de distance. Cette terre paroist fort haute du costé du Nord, depuis le costé Occidental de Polepon, jusques au costé Oriental; & à la pointe de Linga, les terres courent Nord Nord-Est l'espace de neuf milles, tirant vers le Nord dix-huict, dix-neuf, & vingt brasses de fonds.

Le troisiéme, l'Isle Poële Panang nous paroissoit à Oüest, & Oüest au Sud.

Le quatriéme, nous prîmes hauteur, & nous trouuâmes vn degré quarante-huict minutes du costé du Nord de la ligne. L'apresmidy, nous vismes l'Isle Laur, qui estoit Nord-Oüest de nous, à vn mille de distance selon nostre estime. La terre de cette Isle est haute; elle nous paroissoit comme vne haute montagne, le fonds à trente-cinq brasses.

Le sixiéme, l'Isle Poële-Timon estoit à Oüest de nous, à la distance d'enuiron six milles. Nous prîmes nostre route Nord Nord-Est, pour gagner l'Isle Poële Candoor.

Le neufiéme, on ordonna que nous irions auec nos trois Vaisseaux vers l'Isle Poële Ceceer, celuy de Groenigen sur lequel j'estois, l'Ours Anglois, & le saint Nicolas.

Le dix-huict au matin, nous vîmes l'Isle Poële Candoor au Nord Nord-Est de nous, à la distance d'enuiron neuf milles. C'est vne terre fort haute, auec des petites Isles, qui sont pour la plufpart au costé du Sud-Est de la grande Isle. On trouue de l'eau au costé du Sud-Oüest. Depuis l'Isle Poële-Timon jusques à cette Isle, le cours est justement Nord Nord-Est, le fonds molasse à trente-cinq, quarante, cinquante, & soixante brasses, suiuant les Cartes : mais lors qu'on approche de Poële Candoor, on trouue trente, vingt-cinq, ou vingt brasses, fonds de sable ferme. Le soir nous courûmes autour de l'Isle, nous en tenans le plus prés que nous pûmes du costé d'Est, enuiron à vne grande demy-lieuë de l'Isle qui est à la pointe Orientale, le fonds est de dix-huict & vingt brasses : nous prîmes nôtre cours vers le Nord-Est, le long de la coste de Champey.

Le vingt-vn au soir, nous voyons encore Poële-Candoor du haut de nostre grand Mast.

Le vingt-deuxiéme nous vismes la terre de Champey ; elle paroist de loin, comme si c'estoient des Isles qui fussent à sept ou huict milles de la terre.

Le vingt-quatriéme, nous reuîmes nos autres Vaisseaux. Nous estions sous la hauteur de dix degrez trente-cinq minutes, à vn mille & demy de la terre. La partie de cette terre qui est proche de la mer est basse, auec vn sable blanc ; mais celle qui en est plus éloignée est haute. Le long de cette terre jusques à trois milles en mer, il y a fonds de sable à dix-sept, seize, quinze, quatorze, & treize brasses. Le soir nous moüillâmes tous ensemble l'Ancre sur quinze brasses, vis-à-vis d'vne pointe qui est sous la hauteur de dix degrez & trois minutes. Ce Cap se nomme Cap de Ceceer : vers le Nord de ce Cap, il y a vn grand Golfe, où les Dunes s'auancent de part & d'autre, du costé de la mer. La terre qui paroist estre plus auant dans le pays est haute ; elle gist depuis cette pointe Nord-Est à l'Est.

Le vingt-cinquiéme, nous estions proche de la petite Isle qui est plaine de roches, nommée Poële Ceceer de Terre. Au Nord de cette terre, on voit vn goulfe qui semble vne riuiere C'est là que les Dunes dont il a esté parlé, commencent à diminuer, & où elles finissent ; & en suite on voit de hautes terres les vnes derriere les autres : la profondeur est de trente, quarante, & cinquante brasses.

Le vingt-sixiéme, nous moüillâmes l'Ancre à Malle-Bay, les Habitans l'appellent la Baye de Panderan. Nostre Maistre Pilote Abram Thiis nous quitta là, & passa sur le Vaisseau de saint Nicolas, qui estoit enuoyé aux Manilles ; pour voir s'il pourroit trouuer quelque Vaisseau de ceux de la Flotte de Guillaume Iansz. Il y a en cét endroit le long de la riue de grands arbres auec des maisons.

Le iour suiuant, nous nous mîmes à la voile auec nos Vaisseaux, pour trouuer vne autre Baye nommée Canberiin. A six milles au delà, nous trouuâmes du bois, de l'eau, & des rafraîchissemens en abondance. Nous en tirâmes dix-sept testes de bestail, & beaucoup de Poules : vn Porc s'estant échappé & enfuy vers les Sauuages, nous ne pûmes plus apres tirer aucuns rafraîchissemens d'eux.

Le quatriéme Iuin, ie fus trouuer auec mon Batteau le Vaisseau qui estoit de conserue auec nous, pour luy rendre compte de ce qui se passoit. Ie m'en retournay le 6. du mesme mois : nous reuîmes le Brigantin nommé le sainte Croix.

Le iour suiuant, nous nous mismes à la voile : nous joignîmes le Brigantin de Haen, qui auoit pris vn Ionque du Iapon : nous trouuâmes aussi nos autres Vaisseaux.

Le vingtiéme, nous vîmes diuerses Isles dans nostre chemin, & deux Voiles, justement dessous la coste. Sur le soir nous en approchâmes ; c'estoient des Vaisseaux qui alloient aux Manilles, l'vn nommé l'Esperance, & l'autre le Taureau, Vaisseau Anglois : nous demeurâmes proche d'eux toute la nuict.

Le vingt-deuxiéme, nous nous trouuâmes deuant Macao : nous moüillâmes l'Ancre à quatre brasses fonds mol. Nous estions quinze Voiles de Flotte, tant Brigantins que Vaisseaux, dont il y en auoit deux Anglois. Nous fismes faire monstre à nos gens, en les faisant tourner à l'entour du Mast pour les compter, comme on fait dans les Vaisseaux de Guerre. Ils firent le mesme dans les autres Vaisseaux.

Le ving-troisiéme apres midy, nous moüillâmes auec nos trois Vaisseaux, à sçauoir celuy de Groeningen, le Galias, & l'Ours Anglois, à trois brasses de bas-

se

se marée, justement vis-à-vis de la Ville, en estans éloignez enuiron la portée d'vn canon. Nous tirâmes ce soir là cinq coups sur la Ville : la nuict nous aduançâmes auec le Vaisseau de Groeningen & le Galias, jusques à la portée du mousquet des murailles de la Ville, à trois brasses de fonds mol. On trouua à propos que j'irois auec le Marchand & vne partie de nostre monde à terre, pour surprendre la Ville, & l'emporter d'emblée ; mais cette resolution fut changée, pour ne pas oster en mesme temps le Maistre & le Marchand d'vn mesme Vaisseau. Il fut resolu que ie demeurerois dans le Vaisseau pour en auoir le soin, & que nostre Commandant passeroit à terre pour conduire cette entreprise.

Le matin vingt-quatriéme, lors que le iour commença à paroistre, nous tirâmes toute nostre bordée sur la Ville ; & quelque-temps apres, nostre Commandant alla mettre pied à terre, auec enuiron six cens hommes. Deux Brigantins rasoient la terre à l'endroit de la descente, pour fauoriser le Commandant en sa retraite en cas de besoin, & aussi pour seruir de deffenses aux Chaloupes & aux Batteaux qui deuoient porter nos gens à terre. Les Portugais auoient dressé vn rempart à l'endroit où se faisoit la descente : ils firent mine de l'empescher ; mais les nostres ne laissans pas d'auancer, ils s'enfuyrent sur vne éminence, où il y auoit vn cloistre. L'attaque de nostre costé se faisoit auec beaucoup de resolution : les Portugais faisoient quelquefois des sorties ; mais ils estoient tousiours repoussez auec perte, jusques à ce que le feu prit par mal-heur à nos barils de poudre : ce qui fit perdre courage à nos gens ; car ils sçauoient bien qu'on ne leur en pouuoit pas apporter si-tost des Vaisseaux. Ils se mirent en deuoir de faire leur retraite en bon ordre ; mais les Portugais aduertis de ce mal-heur, par le moyen de quelques deserteurs Iaponnois, qui auoient passé de leur costé, vinrent fondre sur les nostres, lesquels faute de poudre ne pûrent faire de resistance. Ils en tuerent beaucoup ; le reste se retira auec confusion dans les Batteaux, & tâcherent de gagner les Vaisseaux. Nous trouuâmes que nous y auions bien perdu cent trente hommes, & autant de blessez ; entre-autres le Commandant, qui à la premiere descente auoit esté blessé au ventre ; mais il en guerit par la grace de Dieu. Nos gens estans retournez dans les Vaisseaux, nous fismes voile, & nous nous éloignâmes de la Ville de la distance d'enuiron vn mille. Nous fismes eau à vne Isle qui est au Sud de Macao, & nous reprîmes nostre Maistre Pilote qui estoit tombé du Vaisseau dans la mer.

Le vingt-septiéme, les Vaisseaux Anglois partirent pour le Iapon, auec le Vaisseau nommé le Trou ; le Vaisseau nommé l'Esperance se joignit à nostre Flotte.

Le vingt-huitiéme, le Vaisseau nommé l'Ours, & celuy de sainte Croix, firent voile vers l'Isle de Lemon, & au de là vers les costes de la Chine.

Le vingt-neufiéme, nous partîmes tous pour aller à l'Isle de Piscador, à l'exception du Vaisseau nommé l'Esperance, du Brigantin nommé saint Nicolas, & de l'autre petit Brigantin nommé Palicatten, qui deuoient demeurer là jusques à la fin du mois d'Aoust, pour y attendre nos Vaisseaux, qui pourroient venir de Malacca.

Le trentiéme, nous passâmes Idelemo, autrement les Oreilles de Liéure. Nous courûmes vers l'Est, & est au Sud pour gagner l'Isle de pierre Blanche. Elle paroist de loin comme vn grand Vaisseau, ou Caraque.

Le quatriéme Iuillet, nous voyons du haut de nos Hunes celles des Isles Piscador, qui est la plus auancée vers le Sud-Oüest.

Le sixiéme, le Vaisseau nommé l'Ours nous vint retrouuer apres auoir couru la coste de la Chine : nous fismes voile ensemble à l'entour des Isles.

Le dixiéme, nous moüillâmes l'Ancre prés d'vne Isle qui paroissoit comme vne table, c'est vne des plus hautes Isles de Piscador. Nous vismes entre ces Isles quelques pescheurs Chinois ; mais ils s'enfuyrent, & le iour suiuant nous leuâmes l'Ancre, & entrâmes dans vne Baye bien seure à huict ou neuf brasses fonds d'ancrage. Cette terre est platte, son terroir pierreux; elle n'a point de gros bois, mais beaucoup d'herbes & de l'eau fraîche qu'on tire des puits; elle sent pourtant la marine quand il a esté quelque-temps sans pleuuoir: on trouue de l'eau au bout des deux anses, où les Vaisseaux ont coûtume de se mettre: on n'y trouue point d'autres rafraîchissemens, il les y faut porter d'ailleurs.

Et comme on nous auoit donné ordre de garder cette place, & d'en faire nostre rendez-vous, nous nous postâmes sur la pointe de l'Isle Formosa, où les Chinois trafiquent dans vn Havre, qu'ils nomment Tayouuan. Nous tirâmes de là quelques rafraîchissemens, auec nos Brigantins. Ce Havre est à treize milles de Piscador; on ne trouue qu'onze pieds d'eau à son entrée, qui va fort en serpentant; tellement qu'on n'y peut pas entrer auec de grands Vaisseaux.

Le dix-neufiéme, nous nous misrnes à la voile auec le Vaisseau Groeningen, & l'Ours, pour passer vers la coste de la Chine; nous rencontrâmes le Brigantin sainte Croix. Le jour suiuant, dans le Vaisseau de l'Ours se rompit la trauerse du trinquet; ce qui nous obligea de porter moins de Voiles pour aller de conserue.

Le vingt-vniéme, nous vismes la terre ferme de la Chine: Nous nous trouuâmes deuant la fameuse riuiere de Chincheo; cette riuiere est facile à connoistre, comme dit Linschot: du costé du Nord-Est, il y a deux terres, dont l'vne ressemble au pillier d'vne Eglise: du costé du Sud-Oüest, la terre est basse, auec de petites colines de sable. Vn peu au dedans de la pointe du Sud-Oüest, on void vne tour, ou au moins quelque chose qui ressemble vne tour. Nostre dessein estoit de courir du costé du Sud-Oüest, sous vne petite Isle qui est ronde; mais à cause que le Vaisseau l'Ours auroit couru risque en s'approchant si prés de la coste, en l'estat où il se trouuoit, n'ayant point encore raccommodé sa grande vergue, nous fûmes obligez par cette raison de nous en éloigner, & de prendre la largue vers la mer. Il s'éleua ce jour-là vn grand vent, qui nous fit perdre vne de nos voiles. Nous nous soustinsmes le mieux qu'il nous fût possible, & ne laissâmes pas d'estre emportez bien loin vers le Nord.

Le vingt-cinquiéme, estans sous la hauteur de vingt-sept degrez neuf minutes, nous vismes vne terre fort entrecouppée, que nous creûmes estre l'Isle de Lanquin: nous le jugions ainsi sur la description de Linschot, & par la Carte que nous auions: nous y moüillâmes l'Ancre à quinze brasses, & y vismes plusieurs pescheurs Chinois qui ne s'éloignoient point de plus de trois, quatre, cinq & six milles de la terre: nous fismes aussi-tost tout ce que nous pûmes pour gagner vers le Sud; mais nous estions emportez du costé du Nord: ce qui fait voir qu'il y a là vn fort courant d'eau.

Le vingt-septiéme, vn pescheur nous vendit du poisson sec.

Le neufiéme Aoust, nous nous trouuâmes proche des Isles de la Chine, qui sont en grand nombre: nous moüillâmes à quinze brasses, selon nostre Carte & la hauteur que nous auions prise. Nous deuions voir le Cap de Somber; mais nous ne découurîmes point de terre, & nous jugeâmes par là que ce Cap deuoit estre plus vers le Nord, que les Cartes ne le mettent.

Fautes des Cartes Geographiques, & de Nauigation.

L'onziéme nous leuâmes l'Ancre, & nous courûmes vers l'Isle de Lanquin, qui est sous la hauteur de vingt-huiét degrez & demy de Latitude Septentrionale: elle a du costé du Nord vne rade qui est assez bonne: nous l'auions reconnuë en cherchant des rafraîchissemens; nous y en trouuâmes fort peu; il y auoit seulemẽt vn peu d'eau douce. Cõme nous y estions, quelques Chinois vinrent à nostre bord auec leur Scampan, & donnerent à chacun de nos Vaisseaux cinq corbeilles plaines de sucre blanc: c'estoient à ce que nous en pûmes juger, des Pirates Chinois, qui pirattoient mesme sur leur compatriotes. Le iour suiuant, nous fismes prouision d'eau, & nous nous mismes à la voile, mais nous aduancions fort peu.

Le dix-huitiéme, nous moüillâmes l'Ancre au costé de l'Oüest de la mesme Isle, & en vne meilleure rade que n'estoit la premiere; c'estoit vn Havre où nous estions à couuert quasi de tous vents. Il seruoit de retraite à ces pirates, dont ie viens de parler. Tous les iours ils nous apportoient quelques rafraîchissemens qu'ils sçauoient bien trouuer ailleurs que dans cette Isle ; mais c'estoit vn petit secours pour vn aussi grand nombre d'hommes que nous estions. Ils s'offrirent de suiure nostre Estendard, si nous voulions faire voile auec eux le long de la coste de la terre ferme, & nous asseuroient qu'ils nous y feroiẽt trouuer des rafraichissemens en abondance, & que nous ne manquerions point de places pour mettre pied à terre ; mais nous ne crûmes pas à propos de receuoir cette offre. Ils mettoient diuers pauillons sur leurs petits Vaisseaux, comme s'ils eussent esté Sujets de Princes estrangers, pour piller ainsi ceux mesmes de leur pays. Nous nous remîmes à la voile, pour nous rejoindre à nos autres Vaisseaux qui estoient vers l'Isle de Piscador : nous y arriuâmes le vingt-deuxiéme de Septembre, auec vn temps fort inconstant : nos gens estoient occupez à y faire vn Fort, nous y trouuâmes deux Gallions & vn petit Vaisseau qui estoient venus de Batauia pendant nostre absence ; à sçauoir, le Gallion du Lion d'or, le Samplon, & le Brigantin Sinckepure.

Le iour suiuant, il y vint deux Brigantins de la coste de la Chine : ils en auoient laissé vn troisiéme derriere eux qui se perdit sur cette mesme coste ; mais on en auoit sauué le monde & le canon : en quoy les Chinois les auoient fort aydez. Ces Brigantins auoient esté commandez pour establir le commerce auec ceux de la Chine, & les Chinois les auoient renuoyez auec de grandes esperances, & auoient promis de dépescher vn Ambassadeur aux Isles de Piscador pour traiter de plus prés. Ce qu'ils firent ; les Ambassadeurs vinrent auec quatre petits Vaisseaux qu'ils appellent des Ioncques, & traiterent du commerce auec nostre Commandant & le Conseil des Indes : mais on n'y auança rien ; car ils ne tenoient aucune des paroles qu'ils nous donnoient, ne cherchant dans ce traité qu'à nous faire sortir des Isles de Piscador ; ce qui estoit directement contraire à l'ordre que nôtre General nous auoit donné.

Le dixiéme Octobre, le Vaisseau du Lion d'or se mit à la voile pour aller à Iamby.

Le dix-huitiéme, nous fûmes commandez auec deux Gallions & cinq petits Vaisseaux, pour aller à la riuiere de Chincheo à la coste de la Chine, pour voir si nous les pourrions obliger à traiter auec nous par la crainte de nos forces & de nos armes ; mais nous descendîmes dix milles plus bas qu'il ne falloit. Trois de nos Vaisseaux s'estoient separez de nous, il nous en restoit encore cinq. Nous entrâmes dans vne Baye, & nous brûlâmes soixante & dix Ioncques, tant grands que petits. Il faut que ie rapporte icy vne chose qui merite d'estre sçeuë. Partie de nostre Equipage auoit esté commandée pour amener à nostre bord deux petits Ioncques ou Vaisseaux Chinois, le vent les empeschant d'en pouuoir venir à bout. Ils moüillerent l'Ancre, ayans auec eux le Batteau de nostre Nauire & l'Esquif. Ils perdirent la nuict leurs Ancres, & le vent emporta vn de ces Ioncques, dans lequel il y auoit vingt-trois de nos Matelots & deux Chinois. Le Brigantin *Victoria* s'estoit approché d'eux pour les secourir : ce qu'il ne pût faire, à cause du mauuais temps & de l'obscurité de la nuict. Ceux de nos gens qui estoient dans l'autre Ioncque, sauterent dans leur Batteau, & mirent le feu au Ioncque qu'ils deuoient amener ; mais comme ils ne se pouuoient seruir que difficilement de la voile, ils resolurent de moüiller l'Ancre. Deux heures apres, leur cable se rompit, & furent jettez de nuit sur la coste auec grand danger de s'y perdre ; leurs mesches estoient esteintes, & dauantage les peuples de cette coste leur estoient ennemis, & eux en trop petit nombre pour leur resister, n'estans en tout que quatre hommes & deux mousses. Ils attendirent auec beaucoup d'inquietude qu'il fit iour : les Chinois vinrent à eux ; ils prirent leurs armes, & se mirent à faire du bruit, comme s'ils eussent eu la resolution de leur aller au deuant. Les Chinois qui ne pouuoient pas connoistre leur foiblesse dans l'obscurité.

de la nuict, s'en retournerent, & les nostres qui mouroient de peur leur en firent beaucoup. Ce leur fut vne marque asseurée de la protection de Dieu; & le iour estant venu, ils se resolurent d'abandonner leur Batteau, à cause qu'il s'estoit échoüé en vn lieu d'où il estoit difficile de le tirer pour le mettre en mer, & crûrent qu'il leur seroit plus facile de passer par terre le mousquet sur l'épaule & l'épée au costé, jusques à la riuiere de Sammuciu, où il y auoit deux de nos Brigantins. Pour ce qui est des vingt-trois Matelots qui auoient esté emportez dans l'autre Ioncque, furent pris prisonniers.

Ces quatre Matelots que ie viens de dire, & qui auoiẽt pris resolution d'aller par terre, n'entendoient point la langue du pays, & ne voyoient point de Ioncques, ny aucune marque qui leur pût enseigner le chemin qu'ils auoient à faire, pour gagner nos Brigantins. Ils furent apperceus par des Chinois, qui détacherent deux hommes pour leur parler; mais nos gens qui estoient tousiours sur leur garde, leur presenterent la bouche de leurs mousquets, firent mines de vouloir tirer sur eux, & s'ouurirent ainsi le passage. Ils trouuerent en chemin vne petite maison, où il y auoit vn homme & vne femme: ils y entrerent, y allumerent leurs mesches, & les nettoyerent; car en prenant terre, elles s'estoient moüillées. Ils trouuerent à manger dans cette maison; l'homme qui y estoit leur donna du Rys: & apres auoir remercié leurs hostes, ils continuerent leur chemin en diligence. Ils virent le long de la coste les corps de six ou sept Chinois qui estoient exposez aux chiens & aux oyseaux: ils auoient esté tuez par les nostres, & il estoit aysé à nos quatre hommes de juger le traitement qu'on leur eût fait s'ils eussent esté pris. Voyans qu'il n'y auoit point de quartier à esperer, ils resolurent de se deffendre jusques à l'extremité. Ils furent découuerts en suite par vn gros de Chinois, qui estoit bien de deux cens hommes; ces gens se mirent à fuyr aussi-tost qu'ils les eurent apperceus. L'apresdînée, ils vinrent prés de nos Brigantins, & tirerent auec leurs mousquets, pour faire entendre qu'ils estoient là, & que ceux des Brigantins les vinssent prendre. Sept ou huit cens Chinois vinrent au bruit de cette mousquetterie, armez de cousteaux & de picques: les nostres leur tirerent quelques coups, ne croyant pas en deuoir attendre autre chose que la mort: mais les Chinois estõnez de leur resolution de mourir les armes à la main, se retirerẽt: il en demeura pourtant quelques-vns de cette troupe, qui s'arresterent à quelque distance de nos gens, & se mirent à leur jetter des pierres. Il paroissoit bien qu'ils n'auoient iamais entendu tirer d'armes à feu; car ils en auoient grand' peur. Enfin, ils parlerent à nos gens, leur offrirent la paix, & les menerent dans vn village: ils y trouuerent quelque deux mille Chinois qui les regardoient auec estonnement, & sembloient n'auoir iamais veu d'Hollandois. Ils menerent nos gens à leur Temple, leur donnerent à boire & à manger, & vn peu de tabac: nos quatre Hollandois ne se separoient point l'vn de l'autre, & tenoient tousiours leurs armes en estat, apprehendans la surprise. Toute leur mesche estoit brûlée; ils déchirerent leurs chemises, & en accommoderent les morceaux en forme de mesche, le mieux qu'ils pûrent. Ils sortirent du village, & remercierent leurs hostes de l'honnesteté auec laquelle ils les auoient receus, fort aises d'en estre échapez si heureusement, & de voir que personne ne les suiuoit; car à peine leur restoit-il assez de poudre pour tirer quatre coups. Comme ils furent vers la coste, ils trouuerent vn petit Batteau Chinois, qu'ils détacherent pour se mettre en mer, mais il estoit tellement rompu, qu'il coula à fonds. Ils se sauuerent à nâge, & entrerent dans la maison d'vn pescheur pour y passer la nuict. Ils entendirent pendant la nuict, le bruit d'vn party de Chinois qui estoit proche de la maison: le matin ils firent des radeaux le mieux qu'ils pûrent, & passerent par ce moyen jusques au Brigantin, qui se mit aussi-tost à la voile: S'ils eussent tardé vn peu dauantage, ils eussent esté obligez de demeurer dans le pays. Ces accidens font assez voir qu'vn homme peut reuenir de bien loin, quand il est assisté de la protection de Dieu ; car sans vn grand miracle, quatre hommes n'auroient pas pû se sauuer d'entre les mains de tout vn Peuple ennemy.

Le deuxiéme Nouembre, le Brigantin nommé saint Nicolas, passa proche du lieu où leur Batteau estoit demeuré, trouuerent que les Chinois en auoient osté la Voile, le Mast, les cordages, le fer qui est au bout, & deux pierriers : Ils le mirent en mer ; & s'en estans seruis pour aller à terre, ils en rapporterent dix Cabrits, & trois ou quatre Pourceaux, & reuinrent ainsi auec le Batteau à nostre bord.

Le quatriéme, le Batteau du Vaisseau nommé l'Ours, prît deux Ioncques & vingt-cinq hommes dedans : on mit le feu aux Ioncques, & les gens qu'on auoit trouué dedans furent mis sur le Brigantin de saint Nicolas.

Le neufiéme, nostre Maistre Pilote mourut en mer ; nous l'enterrâmes dedans vne Isle qui est sous la hauteur de vingt-trois degrez. Le mesme iour, le Batteau du Vaisseau nommé l'Ours, donna la chasse à plusieurs Ioncques ; mais il s'éleua vne si forte tempeste, que la mer l'emporta, auec dix-huict hommes qui estoient dedans, & entre-eux vn de nos meilleurs hommes ; ce qui nous affligea beaucoup. On enuoya le Brigantin Victoria pour les chercher ; mais ils n'en apprirent point de nouuelles : tellement qu'estans à l'Ancre en ce lieu, nous fismes perte sur nos deux Vaisseaux de quarante de nos meilleurs hommes ; ce qui nous affligeoit extrémement.

Le vingt-cinquiéme, nous vinsmes deuant la riuiere de Chincheo, & nous mîmes sous l'Isle proche d'vn village que les Habitans abandonnerent. Nous y trouuâmes quarante testes de bestail, entre lesquelles il y auoit des Pourceaux : nous eusmes aussi des Poulles ; ce qui vint fort à propos pour nos gens, parmy lesquels la maladie auoit commencé à se mettre ; vn semblable rafraîchissement ayant beaucoup seruy à leur guerison, on commanda trois Brigantins pour entrer dans la riuiere. Ils mirent leurs gens à terre proche d'vn village qu'ils prirent, & escarmoucherent brauement auec les Chinois. Ceux du pays, apres auoir ainsi mesuré leurs forces, attacherent ensemble neuf Ioncques, y mirent le feu, & les laisserent descendre sur nos Vaisseaux, esperans par ce moyen y mettre le feu ; mais la chose ne leur reüssit pas.

Le vingt-huitiéme nous approchâmes d'eux, auec deux Vaisseaux ; nous tirâmes nostre grosse Artillerie vers vn endroit, d'où ils auoient tiré auec sept pieces de fonte sur nos Brigantins : cinquante de nos Soldats qu'on auoit mis à terre, firent teste auec beaucoup de resolution, quoy qu'ils eussent affaire à plusieurs milliers d'hommes : leur Artillerie & les nostres retournerent à bord, apres auoir brûlé quatre de leurs Ioncques qui estoient deuant le village.

Le vingt-neufiéme, vn Chinois passa vers nous ; mais il nous parut estre à demy fol. Nous leuâmes l'Ancre, & tirâmes en passant sur vne Ville ; & ceux de la Ville nous répondirent auec des pieces de fonte : Nous receûmes quelques coups dans nostre Vaisseau ; nous brûlâmes vn Ioncque : Le Vaisseau nommé l'Ours auec vn Brigantin, couroit de l'autre costé de l'Isle, où ils virent deux gros villages & deux grands Ioncques qui s'y estoient arrestez. En passant, nous resolûmes d'attaquer ces deux villages ; ce que nous entreprîmes le trentiéme du mesme mois, auec soixante & dix mousquetaires. Nous trouuâmes que les Habitans abandonnoient leurs villages, & se retiroient dans le Fort qui en estoit proche, jusques où nous les suiuîmes. Ils firent deux sorties auec des cris si horribles, qu'il sembloit que le monde allât s'abîmer. Ils vinrent hardiment à nous ; nous les attendîmes de pied ferme, nous nous mélâmes auec eux l'épée à la main ; ils tinrent ferme quelque temps, jusques à ce que nos mousquetaires eurent fait feu sur eux, & en eussent tué quelques-vns ; car alors ils lâcherent le pied, & tâcherent de gagner leur Fort jusques où nous les menâmes tousiours battans : ils y perdirét la meilleure partie de leurs gens, des nostres nous ne trouuâmes à dire que le Barbier du Vaisseau nômé l'Ours ; nous n'auôs iamais pû sçauoir s'il auoit esté tué, ou s'il auoit esté pris prisonnier: nous mîmes le feu à leurs Ioncques & au Village, & nous retournâmes le soir au bord auec vn bon butin, de Porcs, de Cabrits, de Poulles, & beaucoup de meubles : Nous tuâmes ces bestes la nuit ; afin d'en manger le iour suiuant, & reprendre nos forces abbatuës par le trauail & la fatigue de cette entreprise.

Le deuxiéme de Decembre, nous retournâmes à terre ; nous pillâmes vn autre Village, & nous y mismes le feu. On y trouua dans vn magazin vingt balles de soye, & on les porta auec d'autre butin à bord.

Le iour suiuant, nous fismes voile pour gagner vne autre Isle, où il y auoit vne tour ; nous n'y trouuâmes personne. Nous moüillâmes à cinq brasses & demie, la marée estant haute : comme elle fut basse, nous nous trouuâmes à sec ; ce qui nous fit juger que les marées de ces costes sont grandes. La mesme nuict, comme la mer montoit, les Chinois nous enuoyerent deux Ioncques où ils auoient mis le feu, & les laisserent aller sur le Vaisseau nommé l'Ours, qui auoit moüillé au dessus de nous. Il sembloit qu'vn des deux deût tomber sur la prouë de nostre Vaisseau, nous en estions en grand' peine : les regardans venir de dessus le Tillac, chacun en disoit son aduis. Pour moy, ie les asseurois qu'il ne nous feroit point de mal : le Marchand Nieuvven Roode qui estoit proche de moy, me disoit; Maître, coupons le cable. Ie luy dis que c'estoit vn fort mauuais party, & qu'estant proche de la coste, nous y perdrions nostre Vaisseau, qu'au contraire nous ne receurions aucun dommage du Ioncque. Comme il fut tout proche de nous, ceux qui estoiẽt persuadez cõme le Marchand qu'il ne manqueroit point de nous brûler, crioient coupe la corde, coupe la corde. Ie criois au contraire ; Gardez-vous bien de la couper ; car si vous la coupez, le Vaisseau est perdu, ne faites pas cette faute. Quand le Marchand vid que les Matelots qui auoient desia commencé à hacher la corde, cessoient de la couper, & m'obeyssoient, il crût que le Ioncque estoit desia attaché à nostre bord, & me dit ; Maistre, ce sera vostre faute, & vous en répondrez : cela me fit peur, & les Mariniers qui s'en apperceurent, vouloient couper la corde. Ie ne laissay pas de leur crier ; il ne nous touchera point, ne coupez pas la corde. Ce qui arriua en effet ; car il passa sans nous faire autre mal, que de brûler vn petit Batteau qui estoit attaché derriere nostre Vaisseau ; car ie tournay le gouuernail d'vn bord à l'autre, & ie fis faire vn tour entier au Vaisseau, qui éuita ainsi la rencontre du Brûlot ; & ce fut apres Dieu la cause de nostre salut.

Le quatriéme du mesme mois, nous leuâmes l'Ancre, & nous fismes voile vers l'Isle qui est à l'embouchеure de la riuiere d'où nous auions remporté quarante restes de bestail, comme ie viens de dire ; nous y prîmes de l'eau, & nous en partîmes le septiéme du mesme mois pour aller vers l'Isle de Piscador : le vent estoit si grand, que nous ne pouuions porter de voiles, & ainsi nous ne pûmes entrer dans l'embouchеure. Nous moüillâmes sous l'Isle la plus proche, à quinze brasses de fonds, qui est à l'Oüest de l'embouchеure de la riuiere.

Le neufiéme, nous perdîmes nostre Ancre, & nous en jettâmes vne autre : le cable apres auoir tenu quatre heures rompit aussi : nous fûmes emportez par la tempeste vers le Nord-Est & le Nord Nord-Est.

Le dixiéme, nostre Vaisseau se trouua si plein d'eau, qu'on auoit assez à faire à la tirer auec deux pompes. Il y auoit bien sept pieds d'eau dans le Vaisseau, la pompe de derriere estoit salle, & ne pouuoit seruir ; car il y auoit dans la chambre sur le derriere du Vaisseau de la paille ou gerbes de Rys, les grains du Rys entroient par vn trou dans la pompe, & l'auoient presque renduë inutile : nous fusmes obligez de jetter le Rys hors le bord ; car nous apprehendions qu'il ne bouchât tout à fait les conduits par lesquels l'eau entroit dans la pompe.

Le treiziéme & quatorziéme, le temps se trouua propre pour faire nostre voyage : nous nous trouuâmes justement sous la coste de la Chine, & approchâmes du Vaisseau nommé Haerlem, dont mon frere estoit maistre : il auoit aussi tâché d'aller à l'Isle de Piscador; mais la tempeste l'en auoit empesché. Il venoit du Iapon; nous nous tinsmes compagnie quatre iours, & fusmes enfin obligez d'aller chercher vne rade le long de la coste de la Chine; car nous auions esté emportez plus bas que nous ne voulions.

Le vingtiéme, le Vaisseau Haerlem prît sept petits Batteaux Chinois, auec trois Ionques & trente-six hommes dedans : ils estoient chargez de sel, de poisson sallé, & autres marchandises. Le mesme iour, on trouua à propos de prendre dans nostre Vaisseau les marchandises que le Vaisseau d'Haerlem auoit apportées du Iapon; car ce Vaisseau estoit foible, & en tel estat, qu'il ne pouuoit pas durer long-temps sans estre radoubé, au lieu que le nostre estoit encore bon. Nous fismes donc place dans le nostre, & nous commençâmes le iour suiuant à charger. Deux Chinois vinrent de terre dans vn petit Batteau au Gallion d'Haerlem, & y apporterent bon nombre de Pommes, de Poules, & de Pourceaux : ceux du Vaisseau leur rendirent en recompense leur Ionque; on fit prouision d'eau.

Le premier Ianuier, il fut trouué à propos que le maistre Pilote Iean Gerritsz de Naeyer passât auec enuiron six personnes du Gallion de Haerlem dans le nôtre, & nostre second Pilote nommé Geleyn Cornelissz passât auec quelques autres dans le Vaisseau Haerlem pour aller à Batauia, & de là en Hollande. Les Marchands estoient ce jour-là occupez à écrire des lettres, les vns à Batauia, les autres aux Isles de Piscador : nous mismes aussi quarante-huit Chinois sur le Gallion d'Haerlem, qui partit le quatriéme pour aller à Batauia. La nuit les Chinois reprirent vn de leurs Ionques, qui estoit tout proche de nostre Vaisseau; & quoy que nous tirassions dessus, ils ne laisserent pas de passer outre; car nous n'auions point de Chaloupe pour courir apres.

Le cinquiéme, quelques Chinois vinrent pescher proche de nous; nous connûmes par là qu'ils estoient aduertis que nous n'auions point de Chaloupe : les Charpentiers trauailloient tous les iours pour en faire vne; nous auions eu du Gallion d'Haerlem vne voile à demy vsée; nous nous en seruîmes pour r'accommoder celles de nostre Batteau & de nostre Vaisseau; nous faisions bonne garde la nuict, de crainte des Brûlots que les Chinois nous auroient pû attacher.

Le septiéme, nous mismes à la voile pour nous mettre en mer; mais le vent estant contraire, nous fusmes obligez de relâcher, & de nous remettre en nostre ancienne rade : nous prîmes estant à la voile vn Ioncque, dans lequel nous trouuâmes trois cables & d'autres cordages; apres les auoir ostez, nous y mismes le feu, les Mariniers s'en estoient enfuys; ces cordages nous vinrent fort à propos.

Le neufiéme & dixiéme, nous trouuâmes que la voile de nostre Esquif, son Mast, & ses autres apprests, estoient en bon estat : nous ne laissâmes pas de demeurer à l'Ancre, à cause que le vent n'estoit pas propre.

L'onziéme, nous vismes sur le soir deux Ioncques sur la coste : le Marchand vouloit qu'on leur donnât la chasse; mais ie crû qu'il n'estoit pas à propos, à cause qu'il estoit tard, que le temps estoit mauuais, & qu'il y auoit apparence qu'il deuiendroit encore plus rude; car le Ciel estoit couuert de tous costez. Ie dis aussi qu'il ne falloit pas hazarder si aysément son monde : ces raisons les arresterent; & en effet, il fit si grand vent la nuict, que nous eûmes sujet de nous réjouyr de ce que le Batteau estoit demeuré dans nostre bord. Le matin du iour suiuant, nous fusmes apres vn Ioncque qui louioit sur la Baye; mais auant que de le pouuoir ioindre, quatre Ioncques armez en guerre vinrent à son secours, & firent grand feu sur nous. Ils estoient tout proche de la terre, & nous vismes sur la riue enuiron mille hommes en armes; ce qui nous obligea de le quitter, & de retourner à nostre bord.

La nuict du quatorziéme à la premiere garde, ie donnay la chasse auec le Batteau, à vn autre Voile. Ils se mirent en estat de se deffendre, tirerent l'espace de deux heures sur nous ; & comme nous aprehendions de nous éloigner trop du Vaisseau, & qu'il y auoit peu d'apparence d'en venir à bout, nous y retournâmes sur le matin.

Le quinziéme, le Pilote alla attaquer vn Ionecque qui venoit de Teysing : il l'attaqua chaudement ; mais il fallut enfin l'abandonner, trois de nos gens y furent blessez, & entre ceux-là vn, d'vne blessure mortelle ; car l'arme dont il auoit esté blessé estoit empoisonnée.

Le dix-huitiéme, ie donnay la chasse auec le Batteau à cinq Ionecques ; l'vn des cinq continua sa route, les quatre autres vinrent à l'abord de nous, & mirent en ordre leurs armes & leurs Artilleries ; car c'estoient des Ionecques armez en guerre. Apres les auoir vn peu tastez, nous nous en retournâmes : les Ionecques nous suiuirent, ceux de nostre Vaisseau apprehenderent qu'ils ne nous attaquassent, & mirent en estat de pouuoir tirer sur eux les deux canons qui estoient à la poupe ; car ils approchoient du Vaisseau : mais quand nous fûmes à quelques mille pas du Vaisseau, nous pliâmes nos Voiles, & nous nous misınes à ramer droit contre le vent ; les Ionecques qui ne pouuoient pas faire la mesme chose, nous quitterent. Sur le soir, nous retournâmes à bord, & fismes voile la mesme nuict auec vn vent Nord-Oüest.

Le dix-neufiéme au matin, nous nous trouuâmes éloignez demy mille de la terre, j'entends de la pointe du Teysing ; Petra Blanca estoit au Sudest de nous, enuiron la distance de cinq milles : ce lieu est sous la hauteur de vingt-deux degrez & vingt minutes ; nous fismes voile le long de la coste. Le mesme iour, on regla la ration de l'Equipage à vne pinte d'eau par iour.

Le vingtiéme, le vent nous estoit contraire. Sur le soir, nous jettâmes l'Ancre à dix-sept brasses enuiron six milles hors de la terre Nord à l'Est de Catsje : ce que nous fismes, à cause que nous voyons que nous ne pouuions aduancer auec la voile. Nôtre cable se rompit en cét endroit, il fallut remettre les voiles au vent, & le mauuais temps nous obligea le iour suiuant de retourner à la rade, enuiron huict milles à l'Est du Teysing.

Le vingt-deuxiéme, nous enuoyâmes nostre Vaisseau vers la terre, pour voir s'il ne pouuoit point trouuer vne meilleure rade. Nous fismes voile sur leur rapport, & nous Ancrâmes à la portée d'vn canon en vne bonne rade.

Le vingt-troisiéme au matin, le vent fut encore contraire : il estoit Nord-Est, & faisoit grand froid.

Le vingt-quatriéme, celuy qui auoit esté blessé neuf iours auparauant, mourut ; il s'appelloit Henry Bruys de Bremen.

Le vingt-cinquiéme, nos Charpentiers acheuerent la Chaloupe.

Le vingt-septiéme, nostre Marchand fut à terre auec la Chaloupe & le Batteau, pour voir s'il ne pourroit point trouuer d'eau ; mais ce fut inutilement. Nous vismes quelques Ionecques qui estoient dans la riuiere, & fismes tirer sur eux nostre mousquetterie ; mais ils nous répondoient auec leurs canons de fonte, & alloient à la voile ; tellement que nous reuinsmes sans rien faire.

Le vingt-huitiéme, nostre Pilote prit vn petit Ionecque qui estoit chargé de poisson sec & de poisson sallé : les huict Chinois qui estoient dedans se rendirent, sans faire aucune resistance.

Le vingt-neufiéme & le trentiéme, nous fismes diuerses entreprises sur des Ionecques & sur des Batteaux de pescheurs ; mais nous n'en prismes qu'vn auec cinq hommes. Nous cherchâmes de l'eau, & j'en trouuay qui estoit fort bonne & fort aysée à charger. Les iours suiuans jusques au septiéme de Feurier, nous chargeâmes nostre eau : le temps continuoit tousiours à estre inconstant, & le vent à estre contraire à nostre voyage.

Le huitiéme Feurier, nous fusmes à terre auec le Batteau & la Chaloupe, & vingt-sept mousquetaires, pour vne entreprise que nous deuions faire à terre : nous entrâmes dans vn village, d'où les Habitans s'estoient enfuys ; nous marchâmes vn peu dans

dans le Pays, & trouuâmes vn troupeau de Buffles; nous en ramenâmes dix-sept à nostre bord, auec quatre Pourceaux, & quelques Poulles; le temps estoit toûjours mauuais.

Le dixiéme, le Marchand retourna à terre auec le Batteau & l'Esquif, & vingt-cinq mousquetaires. Ils s'auancerent dans le Pays, & entrerent dans vn village, dont tous les Habitans estoient sortis; ils retournerent à bord apres y auoir mis le feu.

L'onziéme, nostre petit Ioncque fut renuersé & coulé à fonds; nous en sauuâmes le Mast de cinquante-neuf pieds de long; nostre Batteau retourna à terre pour apporter des gerbes de Rys qui nous seruoient de fourage pour les Buffles.

Le douziéme, nous fismes vne autre entreprise auec cinquante hommes: ils coururent dans les villages voisins, où ils virent quelques Buffles; mais ils ne les pûrent prendre. Ils rapporterent seulement quelques sacs pleins d'aulx & d'oignons, & retournerent à bord apres auoir couru bien deux milles auant dans les terres.

Le quinziéme, nostre maistre Pilotte fut mis aux fers, à cause que le feu auoit pris dans sa chambre. Le soir, on le mit en liberté: nos Charpentiers rasseurerent nostre grand Mast.

Le 18. nous jettâmes hors le bord vn de nos hommes qui estoit mort la nuit precedente. Il ne se passoit gueres de iours que nous ne fissions quelque entreprise auec nos Ioncques, nostre Chaloupe & nostre Batteau, tantost sur les pescheurs, tantost sur les Ioncques Chinois; mais le plus souuent auec peu de succez. Le temps estoit toûjours vilain & fascheux.

Le vingtiéme, nous prismes vn Ioncque auec quatorze Chinois; ils nous dirent qu'ils venoient de la riuiere de Chincheo, & que le Commandant des Hollandois auoit conclud le traité auec les Gouuerneurs du Pays; nous ne laissâmes pas de le prendre, & de mettre sa marchandise dans nostre Vaisseau.

Le dixiéme Mars, vn Oyseau passa sur nostre Vaisseau, & fut tué en volant.

Le quatorziéme, nous mismes quasi tout nostre monde à terre; nostre Batteau estoit sur la Greue pour le nettoyer & le calfader, & retournâmes le soir dans le Vaisseau.

Le dix-septiéme, vn de nos Mariniers mourut.

Le dix-huitiéme, le temps fut inconstant, auec tonners, éclairs, & pluyes. Le second Pilote mourut la nuit de ce iour; il n'y auoit que cinq semaines & demie qu'il estoit entré dans cette charge.

Le vingtiéme, trois de nos Chinois prisonniers sauterent hors le bord, esperans se pouuoir sauuer auec le Batteau; mais la sentinelle les découurit: on en reprit vn, les deux autres se noyerent.

Le trentiéme, nous prismes deux Ioncques & vn Vaisseau de pescheurs, auec vingt-sept hommes.

Le deuxiéme Auril, nous mismes à terre deux Chinois, qui nous promirent de nous apporter des rafraîchissemens pour leur rançon; l'vn estoit blessé, & l'autre fort vieil & fort cassé.

Le cinquiéme, nous vismes deux Chinois qui crioient qu'on les vint prendre, pour les porter dans le Vaisseau; nous enuoyâmes nostre Scampan pour les prendre, & il se trouua que c'estoit vn de ceux que nous auions mis en liberté deux jours auparauant. Ces deux Chinois apporterent de nuit dans nostre Ioncque, des Poulles, des Oeufs, des Porcs, des Citrons, des Pommes, des Cannes de sucre, & du Tabac, vn peu de chacune de ces choses qu'ils nous donnerent en reconnoissance de la liberté que nous leur auions renduë. Grande vertu à la verité, & qui deuroit faire honte à beaucoup de Chrestiens qui ne songent gueres à tenir leur parole, lors qu'ils sont sortis de la necessité qui les a obligez de la donner.

Le sixiéme, nous resolûmes de mettre en pieces vn Ioncque, & charger le bois ſur vn autre pour le porter à l'Iſle de Piſcador ; car nos gens auoient beſoin de bois à brûler.

Le ſeptiéme, nous miſmes à terre les deux Chinois dont nous venons de parler.

Le huitiéme, il vint vn petit Batteau auec deux autres Chinois, qui nous apporterent comme les autres auoient fait, quelques rafraîchiſſemens, des Oeufs, des Poulles, des cruches pleines d'Arac ou vin. Nous leur promiſmes en recompenſe de mettre en liberté deux hommes, dont l'vn eſtoit bleſſé. Ils nous firent eſperer qu'ils nous apporteroient d'autres rafraîchiſſemens ; ils nous donnerent encore vingt-cinq pieces de cinquante-huit ſols, & ſ'en retournerent à terre. La nuit, ce Ioncque que nous voulions mettre en pieces, coula à fonds.

Le neufiéme & dixiéme, nous allâmes querir de l'eau pour noſtre Ioncque & pour noſtre Vaiſſeau ; nous miſmes dix-ſept hommes de nos gens ſur le Ioncque, afin qu'ils pûſſent faire voile auec nous vers les Iſles de Piſcador, auſſi toſt que le vent ſeroit propre pour cette Nauigation.

L'onziéme, les deux derniers Chinois qui eſtoient venus à noſtre bord, y reuinrent auec cinq Porcs, quelques Oeufs, des Raiſins, des Pommes, des Figues, & ſemblables rafraîchiſſemens.

Le douziéme, nous eûmes vne grande tempeſte, & nous abbatîmes toutes nos Voiles ; vn petit Vaiſſeau Chinois fut emporté d'auprés le noſtre, auec vn de nos Matelots. Nous enuoyâmes noſtre Chaloupe apres ; elle ſauua noſtre homme ; mais elle ne pût pas ramener le petit Batteau, elle tâcha de le remorquer à force de rames, l'abandonna enfin, & retourna au Vaiſſeau.

Le treiziéme, nous permîmes de retourner à terre aux deux Chinois qui nous auoient apporté des rafraîchiſſemens, & nous leur donnâmes les deux hommes que nous leur auions promis.

Le quinziéme, nos Mariniers voulurent éprouuer deux pieces de fonte qu'ils auoient miſes ſur de nouueaux affuſts ; ils les chargerent auec double charge, la bouche tournée vers le Ioncque. Dans le temps qu'ils y mettoient le feu, vn jeune homme ſe trouua par hazard vis-à-vis pour faire de l'eau, ne ſçachant rien de ce qui ſe paſſoit derriere luy ; la piece tire, & emporte les jambes à ce jeune homme : ce fut à la verité vn grand mal-heur & vne grande imprudence à celuy qui y mit le feu. L'apresdînée nous tuâmes dans noſtre Vaiſſeau vn Taureau & vn Porc, pour ſolemniſer le iour ſuiuant, qui eſtoit le iour de Paſques ; & cependant que l'on eſtoit occupé à cette beſogne, noſtre Miniſtre & ſon Aſſiſtant furent volez.

Le ſeiziéme, qui eſtoit le iour de Paſques, on oſta les fers à ceux qu'on y auoit mis, à cauſe du vol que ie viens de dire, pour entendre la predication, & mangerent auec nous leur part du Taureau. Le temps fut touſiours inconſtant, & le vent fort variable.

Le dix-neufiéme, on coupa la jambe à ce jeune homme qui auoit eſté bleſſé par inaduertance, & il mourut vne heure apres.

Le vingtiéme, le temps demeura touſiours inconſtant ; le vent Eſt Nord-Eſt ; nous abbatîmes nos maſtoteaux ou petits Maſts ; nous jettâmes vne autre Ancre, & les deux Chinois qui ſ'eſtoient ſeparez de nous le treiziéme, retournerent à noſtre bord, & nous apporterent quelques rafraîchiſſemens. Ils nous dirent qu'il y auoit deux cens Ioncques qui deuoient venir pour nous taſter le poulx. Sur cét aduis, nous nous miſmes en eſtat de les bien receuoir.

Le vingt-ſeptiéme, nous tirâmes dans le Vaiſſeau noſtre petit Scampan ; nous auions grande enuie de nous mettre à la voile, car nous n'ozions pas demeurer plus long-temps en ce lieu ; mais la tempeſte & le vent, tout à fait contraire, nous empeſchoit d'executer cette reſolution.

Le vingt-huitiéme, nous miſmes vingt Chinois dans noſtre Ioncque, pour les tranſporter dans l'Iſle de Piſcador.

Le vingt-neufiéme, nous nous mîmes à la voile auec nostre Ioncque, le vent estoit Est Nord-Est.

Le premier May, le temps fut inconstant, & le matin nostre Ioncque se separa de nous, nous le vismes assez loin, la voile auoit esté emportée, c'est pourquoy nous trouuâmes à propos, comme le vent croissoit tousiours, de retirer nos gens qui estoient dessus. I'y fus à ce dessein auec mon Batteau, & en retiray seize hommes, & auec eux dix Chinois seulement; car le reste s'estoit caché. Le tẽps s'éleua si fort, qu'il l'emporta, auec dix Chinois qui y estoiẽt restez. Nous retournâmes sur le midy à bord; & selon nostre estime, nous estions à quelque huit milles des Isles qui sont à l'Orient de Macao. En ces Pays, le vent souffle six mois de l'année d'vn costé, & six mois de l'autre, on l'appelle le Mousson; tellement que ceux qui ne prennent pas bien ce temps, soit qu'ils cherchẽt l'vne des pointes des Isles du Piscador, ou l'autre, il leur est quasi impossible d'y arriuer jusques à tant que le Mousson soit passé. En effet, nous perdîmes beaucoup de tẽps, tãtost nous mettant à la voile, & tãtost l'abbaissant. Nous souffrîmes aussi vne grande incommodité, à cause de la tempeste & des maladies qui commençoient à affliger nostre équipage faute de rafraîchissemens: Enfin, de quatre-vingt dix hommes, nous n'en auions pas cinquante qui se portassent bien. Nous rencontrâmes vn Ioncque de la Chine sur nostre route; il estoit chargé de marchandises precieuses, & valoit plusieurs milliers d'écus. Il estoit party pour aller aux Manilles; de deux cens cinquante hommes qui estoient dedans, nous n'en laissâmes que vingt ou vingt-cinq. Nous prîmes les autres dedans nostre Vaisseau; & à leur place, nous y laissâmes quinze ou seize hommes, apres auoir attaché le Ioncque au derriere de nostre Vaisseau. Nous auions bien alors cent Chinois dans nostre bord; & comme nous n'auions que cinquante de nos gens en estat de seruir, il estoit à craindre que les Chinois ne conjurassent contre nous; & ainsi, nous permîmes à tous nos gens de porter l'épée à leur costé, n'y ayant en autre tẽps que les Officiers seuls qui l'a portent. La nuit, nous faisions décendre tous les Chinois dans le fonds de cale. Nous auions mis à l'entrée de l'écoutille vne espece de chandelier qui portoit plusieurs lampes, & qui éclairoit tellement cette partie du Vaisseau, qu'on voyoit clair proche de l'écoutille. Nous auions cinq ou six hommes qui y faisoient sentinelle le sabre à la main. Le matin, nous ouurions l'écoutille, & permettions aux Chinois de venir en haut pour les besoins qu'ils en pouuoient auoir; tellement qu'on y voyoit fourmiller les hommes de tous costez. I'allois quelquesfois dans la chambre pour dormir; mais ie n'en pouuois venir à bout à cause du bruit que faisoient nos prisonniers. Ils se traînoient le long du bord du Vaisseau, & marchoient les mains & les genoux en terre, comme s'ils eussent esté estropiez. On me dit sur ce sujet, qu'ils auoient entre-eux vne prophetie que leur Pays deuoit estre conquis par des hommes qui auoient la barbe rousse; & comme ie l'auois de ce poil, ie remarquois qu'ils me regardoient auec plus d'admiration que les autres; ce qu'on me rapporta comme vne tradition qu'ils ont entre-eux; Dieu sçait ce qui en est. Le matin, ils alloient le long des bords du Vaisseau & sur les bancs: ils se tenoient propres, & se peignoient souuent; leurs cheueux estoient si longs, que beaucoup d'entre-eux les auoient jusques au dessous des genoux: ils les releuent sur leurs testes auec vn ruban, en forme de tresse, & mettoient au milieu vne espece de plume qui les tenoient droits. Nous les portâmes tous à l'Isle du Pescheur, comme on auoit fait aussi tous les autres qui auoient esté pris par les autres Vaisseaux & Brigantins; là on les lioit deux à deux, & on les obligeoit de porter la terre au Fort; & lors que le Fort fut acheué, on en porta bien quatorze cens à Batauia, où ils furent vendus. Cette Isle du Pescheur estoit nostre rendez-vous; cependant que nous y estions, nous fûmes surpris d'vn si grand houragan ou tempeste, que la pluspart des Vaisseaux eschoüerent, entre-autres, nostre Ioncque fut jetté bien auant sur la terre. Estant dans l'Isle du Pescheur, ie receus vne Lettre de Batauia: & mon frere qui estoit, comme j'ay dit, maistre sur le Vaisseau Haerlem, m'écriuoit qu'vn troisiéme frere que j'auois nommé Iacques, estoit sorty d'Hollande l'année precedente, auec la mesme qualité de maistre sur le Vaisseau Maurice; qu'il estoit arriué à Batauia auec vn autre Vaisseau nommé les Armes de Rotterdam, en vn estat tout à fait miserable; car il auoit perdu en chemin enuiron deux cens soixante & quinze hommes. Le Vaisseau des Armes de Rotterdam n'auoit pas assez de monde pour se pouuoir seruir de ses Voiles; plusieurs familles entieres d'Hollande vinrent sur le Vaisseau nommé les Armes d'Hoorn, pour s'habituer à Batauia; plusieurs Hollandois aussi s'y marierent pour s'y établir leur demeure.

Le vingt-cinquiéme d'Octobre, le Commandant Cornelis Reyersz ordonna que nous irions auec cinq autres Vaisseaux vers la riuiere de Chicheo, pour la tenir blocquée, & empescher que les Ionques n'en sortissent pour aller aux Manilles & autres places de nos ennemis. Ils presserent ceux de la Chine, comme nous auions desia fait plusieurs fois, d'entrer en commerce auec nous à Tajoüan. De nostre costé, nous leur offrions la paix & nostre amitié; & en cas de refus, nous leur deuions declarer la guerre par mer & par terre, si nous estions en estat de la faire auec aduantage pour la Compagnie, comme il estoit exprimé plus au long dans l'instruction que nous auions receuë du Commandant & de son Conseil.

Le vingt-huitiéme, nous vinsmes deuant cette riuiere; nous moüillâmes sous l'Isle des Pagodes, d'où les Habitans s'en estoient fuys, à l'exception d'vn vieillard que nous y trouuâmes: nous arborâmes vn pauillon blanc suiuant nostre instruction, esperant que quelqu'vn viendroit du lieu nommé Agymuy pour traiter auec nous.

Le vingt-neufiéme, nous trouuâmes à propos qu'on trauaillât dans chaque Vaisseau à faire trente ou quarante petits Vaisseaux de bois pour puiser de l'eau, & le plus grand nombre de seaux de cuir qu'on pourroit, & qu'on y trauaillât tant que les Vaisseaux demeureroient à l'Ancre, afin de s'en seruir pour esteindre le feu, si les Chinois nous enuoyoient des Brûlots. On ordonna aussi qu'on feroit bonne garde, & que toutes les nuits deux Esquifs se trouueroient deuant les Vaisseaux à la distance d'vn tiers de mille, pour y seruir de sentinelle, & aussi pour aller querir de l'eau: & comme il ne vint personne d'Aymuy, nous écriuîmes le trentiéme vne Lettre au Totock de cette place, & nous la fismes tenir par le moyen de ce vieillard Chinois que nous auions trouué dans l'Isle. La substance de nostre Lettre estoit, que nous estions venus là pour traiter de la paix & du commerce, comme nous auions fait dans la conferance qu'on auoit euë auec eux: le reste estoit des complimens selon le style de semblables Lettres. Nous publiâmes aussi le mesme iour le suiuant Reglement dans tous les Vaisseaux.

Ordonnance, selon laquelle les gens qui sont dans les Vaisseaux qui se trouuent maintenant dans la Riuiere de Chincheo, se doiuent conduire.

PVisque nous sommes venus dans la riuiere auec quatre Vaisseaux, pour empescher autant qu'il nous sera possible les peuples de la Chine d'aller aux Manilles & autres places, qui sont tenuës par nos ennemis; & qu'il est à presumer, que les Chinois n'obmettront rien de ce qui leur pourra seruir pour nous chasser de là. Il est de la derniere importance, que dans nos Galions, dans nos Batteaux & nos Chaloupes aussi, soit qu'elles soiét proche du bord des Vaisseaux, ou qu'elles en soient éloignez, on fasse vne garde fort exacte: & comme nous trouuons que les Mariniers ont souuent manqué à vser de cette precaution, sans considerer le dommage & l'affront qu'ils en pouuoient attendre; le Commandant & son Conseil ordonnent & commandent, comme nous ordonnons & commandons à tous les Officiers des Vaisseaux & Mariniers, sans en excepter aucun, que chacun fera sa garde en la place où il aura esté posté; sur peine, pour celuy qui manquera, ou qui sera trouué endormy, d'auoir trois fois la cale, & cent coups de corde au pied du Mast: Que chacun pense à éuiter ce chastiment; car cette Ordonnance sera executée contre ceux qui y contreuiendront, sans aucune exception, l'estat des choses le requerant ainsi. Fait dans le Vaisseau de Groeningen dans la riuiere de Chincheo, le 30. Octobre 1623.

Le premier Nouembre, vn Chinois nommé Cipzuan vint à nostre bord, & nous dit que si nous estions venus pour traiter de paix & de commerce auec eux, que nous y trouuerions beaucoup de correspondance de leur costé; que ceux du pays y estoient fort portez, & nous fit esperer que nous en sortirions auec vn heureux succez, adjoustant que trois cens Marchands Chinois s'estoient assemblez, & auoient resolu de presenter Requeste au Kombon de Hoeckzieu, afin qu'il leur fut permis de traiter auec nous; & que s'il leur arriuoit de perdre leurs biens, la guerre continuant, on leur permit aussi d'armer. Qu'ils auoient resolu de demander auec instance la permission de traiter auec nous: cét homme adjoûtoit que dans le lieu où il estoit, il y auoit vn Hermite qui demeuroit dans la montagne, homme fort riche, d'vne grande naissance; qu'il auoit esté Gouuerneur d'vne Prouince; qu'il s'estoit retiré dans cette solitude apres la mort de sa femme qu'il aymoit fort; & qu'il n'auoit plus d'autre occupation que celle d'ayder les pauures, & ceux qui manquoient de moyens pour aduancer leurs affaires auprés des plus puissans; que cét homme estoit en grande veneration auprés des grands aussi bien qu'auprés des peuples; qu'il estoit tenu pour vn Prophete, & que ses paroles estoient receuës auec la mesme veneration. Il disoit dauantage, qu'il auoit fait entendre à cét Hermite le differend qui estoit entre nous & ceux de la Chine; & qu'ayant appris qu'on faisoit de grands preparatifs pour nous faire la guerre, il auoit predit à ceux du pays, que si on nous faisoit la guerre, ils mettoient l'Estat en danger de se perdre. Christianfranz demanda à Cipzuan, si on ne pourroit point parler à cét Hermite, pour luy faire entendre plus particulierement le dessein de nostre venuë; Cipzuan nous promit de faire en sorte que nous le pourrions voir. Ie le feray, adjousta-il, afin que vous connoissiez que j'ay dessein de vous seruir. Il partit là dessus, nous disant qu'il nous estoit venu trouuer à la dérobée.

Le troisiéme, il vint à nostre bord auec cét Hermite & vn autre Chinois; nous leur declarâmes le sujet de nostre arriuée, & le dessein que nous auions. Apres quelques raisonnemens d'vn costé & d'autre, ils nous promirent de faire vn dernier effort pour porter l'affaire au point que nous souhaitiõs. Nous luy donnâmes vne Lettre de la mesme substance que celle que nous auions enuoyée par le vieillard Chinois au Totock, ou Gouuerneur de la Prouince; il promit de la luy mettre entre les mains. Deux ou trois iours apres, Cipzuan nous vint trouuer, auec la réponse du Totock ou Gouuerneur, qui portoit; qu'il auoit appris que nous estions arriuez sous l'Isle des Pagodes; que nous leur demandions la liberté du Commerce, qu'il la souhaitoit de son costé, si nous la demandions sincerement, & non pas comme nous auions fait auparauant, auec fausseté & dessein de les tromper; qu'il seroit bien-aise de faire vn bon accord auec nous; que dans la derniere conferance qu'il auoit euë auec les nostres, il nous auoit monstré deux chemins pour y paruenir; l'vn de mettre en liberté les prisonniers Chinois; l'autre d'abandonner l'Isle du Pescheur, qu'ils appellent en leur langage Pehoë; que nous n'auions point voulu accepter ny l'vn ny l'autre: ce qui auoit esté cause de la rupture de ce traité. Nous répondîmes que nous n'auions iamais eu que de bonnes & sinceres intentions. Il repliqua qu'il auoit appris, que nous n'estions venus à autre dessein que pour piller les Chinois; & que nous n'auions apporté ny argent ny marchandises pour traiter. Que si en effet nostre intention estoit bonne, & telle que nous la supposions, nous eussions donc à enuoyer vers luy vn Capitaine pour traiter & conclure vn accord à longues années, ou vne paix pour toujours. Nous luy demandâmes qu'il luy plût nous permettre de venir jusques à Aymuy auec vn de nos Brigantins, à cause que cette sorte d'affaire se traiteroit mieux estant proche qu'estans plus éloignez. Il nous donna permission quelques iours apres de venir jusques-là, auec vn ou deux de nos Vaisseaux.

Le treiziéme, on trouua à propos que nostre Commandant fit voile vers cette place, auec deux Brigantins.

Le quatorziéme, nos Brigantins partirent, & arriuerent le iour suiuant à Aymuy, & nous demeurâmes auec deux Vaisseaux sous l'Isle.

La nuit du dix-sept au dix-huit, j'allay auec le Batteau jusques aux Brigantins, pour sçauoir comment les choses se passoient; car nous commencions à nous ennuyer de la longueur de ce Traité: mais comme j'estois en chemin, & assez proche des Brigantins, j'en vis vn qui estoit en feu, & que l'autre auoit trois Brûlots attachez à son bord, cependant que toute l'Artillerie des petits Vaisseaux Chinois & celle de leurs Ioncques armez en guerre tiroit sur eux. Nous vismes cinquante Brûlots qui descendoient sur le Brigantin nommé l'Erasme: ils auoient auec vne ardeur extraordinaire esteint le feu d'vn de ces Brûlots, & en auoit osté deux autres aux Chinois, dont les hommes se sauuerent, tellement qu'ils s'estoient tirez de ce danger par vn miracle; mais l'équipage du Brigantin Muyden n'eût pas tant d'adresse, car ils ne pûrent empescher que le feu ne prit à leurs voiles, & il nous sembloit qu'ils ne s'aydoient pas beaucoup. Il brûla, & fut emporté en l'air auec tout son monde; ce qui nous fut vn pitoyable spectacle. Nous allâmes tout aussi-tost trouuer nos Vaisseaux, auec le Brigantin nommé l'Erasme; ceux de ce Brigantin nous conterent comme la chose s'estoit passée, & nous dirent qu'aussi-tost qu'ils furent arriuez deuant Aymuy, quelques deputez vinrent à leur bord; qu'ils firent instance que de nostre costé on enuoya vers le Gouuerneur de nos Officiers pour traiter de cette affaire de bouche. Le Commandant le refusa, leur disant qu'il n'auoit personne qui y fut propre; mais qu'il prioit le Gouuerneur de luy enuoyer quelqu'vn des siens auec vn plain pouuoir de conclure l'accord. Les deputez retournerent à terre; & estans reuenus, ils nous dirent que le Gouuerneur leur auoit donné entiere authorité & vn plain pouuoir; & que tout ce qu'ils auroient arresté auec nous, seroit de son costé obserué inuiolablement. On commença à traiter, & on demeura d'accord qu'ils nous viendroient trouuer en vn lieu nommé Teyoauan, & qu'ils y apporteroient autant de soyes que les marchandises que nous auions pouuoient valoir; qu'ils n'iroient point à Manilla, Combodia, Siam, Patany, Ianby, & Andrigerry, sans auoir vn passeport de nous; qu'ils enuoyeroient cinq ou six Ioncques à Batauia pour traiter auec nostre General, sur le sujet de l'affaire de l'Isle du Piscador, d'où ils nous vouloient chasser: cét accord ayant esté fait solemnellement, ils s'en retournerent à terre. Ils reuinrent vne autre fois à nostre bord, & firent instance que quelques-vns de nos Capitaines vinssent trouuer le Totock ou Gouuerneur, afin que l'accord fut écrit & juré en Chinois & en Hollandois; que le Totock souhaitoit d'écrire au Combon, que l'accord auoit esté juré en sa presence. Ils nous amenerent trois * Mandarins pour ostages, auec trois Fléches, selon leur coustume, pour seureté de leur promesse. Le Commandant & le Conseil des Brigantins trouuerent à propos d'y enuoyer le Commandant en personne, auec d'autres Officiers: comme ils furent arriuez à terre auec enuiron trente personnes, ils furent fort bien receus. Les Chinois dresserent des tables sur la Greue, pour traiter les Matelots. Le Commandant donna ordre au Maistre du Brigantin Erasme, d'auoir l'œil sur les Matelots, & qu'au plustost il les renuoyât à bord. Pour luy, il fut conduit au Palais du Totock ou Gouuerneur: il parut qu'ils auoient dessein d'enyurer les Matelots. Les Mandarins seruoient à table, & vouloient à toute force que le Maistre de l'Erasme, qui auoit commandement sur les Matelots, vint vers le Totock. Il fut ébranlé d'y aller; mais il eust soubçon que les Chinois auoient

Les Mandarins sont les Gouuerneurs en Chef des Prouinces, qui ont d'autres Mandarins ou Gouuerneurs subalternes.

quelque mauuais dessein. Il fit leuer de table ses Matelots, les enuoya au Vaisseau, & y passa auec eux. Vers le soir, le maistre Pilotte du Brigantin Muyden fut à terre auec vne Chaloupe armée, pour ramener les trois Officiers qui estoient allez vers le Gouuerneur; estant arriué à terre, les Chinois l'arresterent, les hommes qui estoient demeurez dans les Brigantins ne pouuoient deuiner ce qui auoit pû retenir leurs gens à terre, ny pourquoy nos deputez demeuroient si long-temps. Ils demanderent à ceux qui estoient auec eux pour ostages, d'où venoit ce retardement: ils répondoient qu'il falloit que la bonne chere les eut retenus; mais la mesme nuit, ils vinrent quatre heures deuant le iour auec cinquante Brûlots, pour perdre nos Brigantins; ce qui leur reüssit pour vn seulement. Ils auoient aussi enuoyé de la bierre faite à la mode de la Chine, dans laquelle ils auoient mis du poison; mais ils le reconneurent, & se garderent bien d'en boire. Ces nouuelles nous affligerent tous au dernier point; car la perte que nous faisions estoit tres-considerable: c'estoit du costé des Chinois vne infidelité execrable, & Dieu en fera le chastiment dans son temps.

Le dix-huitiéme, nous tirâmes des maisons qui estoient dans l'Isle des Pagodes, du bois pour brûler. Nous resolûmes apres cela de faire voile vers le costé Septentrional de la riuiere, pour estre là plus asseurez contre le danger de leurs Brûlots; car nous estions bien persuadez, que bien loin de rechercher nostre amitié, ils n'auoient autre pensée que de nous faire du mal.

Le dix-neufiéme, le Vaisseau nommé l'Ours Anglois qui venoit du Iappon, nous vint trouuer; nous luy contâmes ce qui s'estoit passé: & le Conseil des Vaisseaux ayant esté assemblé à cette occasion dans ce Vaisseau, on dressa vn écrit de la resolution qui y fut prise, en ces termes.

Resolution prise par les principaux Officiers des Vaisseaux l'Ours Anglois, le Samson & l'Erasme, le 24. Nouembre 1623. deuant la Riuiere de Chincheo.

APres estre partis l'onziéme Nouembre du Iappon, nous jugeâmes à propos d'approcher de la coste de la Chine, pour faire auec plus de seureté nostre voyage à l'Isle Piscador: nous arriuâmes le dix-neufiéme du mesme mois dans la riuiere de Chincheo, où estoient les Vaisseaux Groeningen, le Samson, & l'Erasme; nous apprîmes d'eux auec douleur la perte du Brigantin Muyden, la detention de leur Commandant, & de leurs autres deputez qui estoient passez vers les Chinois pour traiter de la paix; d'ailleurs, comme l'instruction du Commandant Cornelis porte, que soit que l'on continuë la guerre, ou qu'on fasse la paix, les Vaisseaux doiuent tenir la riuiere toufiours blocquée. Les équipages de ces Vaisseaux se pleignant d'auoir beaucoup de malades, nommément ceux du Samson, qui à peine auoit assez de monde pour leuer son Ancre, estant pour cette raison obligé de quitter la coste, pour essayer de mettre ses malades sur d'autres Vaisseaux, & les enuoyer à l'Isle du Piscador. On a trouué à propos de distribuer à ces trois Vaisseaux partie des rafraîchissemens que nous auions apportez pour la Flotte; d'autant plus que le Commandant Cornelis, auec la plus part des malades qui estoit dans l'Isle Piscador, estoit party auec eux pour Teyouan; tellement qu'il y a lieu de croire qu'il y est resté fort peu de malades dans l'Isle Piscador. Nous leur donnâmes donc dix milles grosses Pommes, dix milles Mykans. vingt Porcs, deux cens Melons, & trois Vaches; afin que faute de rafraîchissemens, on ne leuât point le blocus de la riuiere; ce qui ne se pourroit faire qu'en manquant aux ordres & au grand détriment de la Compagnie; & à cause que pendant la prison du Commandant Christiaen-Fransz, la Flotte n'a point de Chef; on a conclud que par prouision jusques à vn nouuel ordre du Commandant Cornelis, Guillaume Bontekoë auroit authorité d'assembler le Conseil, qu'il y presideroit; & que son Vaisseau porteroit le Pauillon à son grand Mast. Ainsi fut fait & arresté dans le Vaisseau l'Ours Anglois, le 24. Nouembre 1623.

Ce rafraîchiſſement rendit les forces & la vie à nos gens; ils tinrent la riuiere blocquée le mieux qu'ils pûrent, tellement que les Chinois ne pouuoient ſortir pour aller aux Manilles ny autre part. Nous prîmes pluſieurs de leurs Ioncques, & autres grands Vaiſſeaux. Enfin, ie fis voile vers l'Iſle du Piſcador; dans ce temps, le temps de mon ſeruice expira, ie n'auois point de pensée de m'engager dauantage. Le Commandant Cornelis m'en preſſoit beaucoup; il m'offroit des conditions bien plus aduantageuſes que celles auec leſquelles j'auois ſeruy juſques alors. Il hauſſoit notablement mes gages; enfin, il m'obligea de monter ſur vn Vaiſſeau nommé Bonne-Eſperance: ce Vaiſſeau eſtoit preſt de partir pour Batauia, & la commiſſion eſtoit conceuë en ces termes.

COmme nos Superieurs & noſtre General deſirent que ſur tous les Vaiſſeaux il y ait vne perſonne qui ait authorité d'aſſembler le Conſeil, & d'y preſider dans les occaſions. Nous auons nommé pour cét effet Guillaume Bontekoë Maiſtre de ce Vaiſſeau, pour y aſſembler le Conſeil pour les affaires qui regardent le ſeruice de la Compagnie, & auſſi pour y preſider & donner ſa voix le premier. Donné au Fort de Piſcador le 20 Feurier 1624.

Signé, { IEAN DE MOR, Marchand. Le Maiſtre du Vaiſſeau.
IEAN DE NAYER, Pilote. Le ſous-Pilote.

Les perſonnes cy-deſſus nommées, qui compoſent le Conſeil du Vaiſſeau, recommandent la diligence dans les choſes qui regardent l'intereſt de la Compagnie ſigné Cornelis Reyersz.

Le vingt-vniéme Feurier, ie fis voile auec ce Vaiſſeau vers Batauia; mon inſtruction portoit, que ie courerois auparauant le long de la coſte de la Chine: ce que nous fiſmes; mais nous eûmes ſur cette coſte vne ſi rude tempeſte, & noſtre Vaiſſeau eſtoit en ſi mauuais eſtat, & tellement ouuert, qu'il nous falloit eſtre continuellement à la pompe; cela me fit reſoudre à ne demeurer pas dauantage le long de cette coſte, & à pourſuiure noſtre voyage juſques à Batauia.

Entre le vingt-quatre & le vingt-cinquiéme, nous paſsâmes les Iſles de Macao auec vn temps variable.

Le ſixiéme Mars, nous joignîmes le Vaiſſeau nommé l'Ours Anglois; ſon Marchand & ſon Maiſtre vinrent à noſtre bord, & nous dirent qu'ils auoient fait quelques cent ſoixante priſonniers Chinois, en comptant hommes, femmes, & enfans. Nous les voulûmes prendre ſur noſtre Vaiſſeau, & les obliger de demeurer auec nous, comme portoit noſtre inſtruction; mais ils nous declarerent que leur Vaiſſeau eſtoit ſi foible, & qu'il faiſoit tant d'eau, qu'à peine pouuoient-ils l'empeſcher de couler à fonds, & qu'ainſi ils eſtoient obligez d'aller à Batauia ſans perdre le temps ailleurs.

Le huitiéme, le Maiſtre du Vaiſſeau de l'Ours nous apporta deux Bœufs pour ſeruir de rafraîchiſſement à noſtre équipage.

Le neufiéme, nous fûmes à ſon bord; nous en tirâmes deux autres Bœufs, des féves, quelques cruches d'huyle, & autres prouiſions.

Le dix-ſeptiéme, nous moüillâmes l'Ancre ſous Poelpon; nous nous y pourueûmes d'eau, & ceux de l'Ours firent entrer dans noſtre Vaiſſeau ſoixante-quatre Chinois; nous fûmes à terre pour couper du bois à brûler.

Le vingtiéme, nous nous miſmes à la voile.

Le vingt-cinq & vingt-ſixiéme, le Vaiſſeau de l'Ours ſe ſepara de nous.

Le trentiéme, nous moüillâmes l'Ancre ſous l'Iſle Menſch-eters, ou des Mangeurs d'hommes.

Le premier Auril, nous leuâmes l'Ancre, & le iour ſuiuant nous arriuâmes à la rade de Batauia.

Nous fiſmes encores apres d'autres voyages pour apporter des pierres des Iſles qui ſont entre Bantam & Batauia. I'auois touſiours dans l'eſprit de retourner en mon Pays, à la premiere occaſion qui ſ'en preſenteroit. Ie trouuois par experience que le prouerbe

prouerbe est veritable, qui dit qu'il n'y a point d'oyseau qui n'ayme sõ nid; car enfin, quelque beau pays où l'on se trouue, & quelque profit & aduantage qu'on en puisse attẽdre, on n'auroit aucun plaisir à y estre ny à les voir, si on n'auoit esperãce d'en pouuoir parler vn iour en son pays; autremẽt ces lõgs voyages, sãs esperãce de retour, ne seroient en rien differents d'vn bannissement veritable. Comme j'allois & venois de Batauia pour transporter des pierres, trois Vaisseaux se trouuerent prests pour aller en Hollande; ie pris cette occasion, & j'obtins du General la liberté de m'en pouuoir seruir. On me mit pour Maistre sur le Vaisseau nommé Hollande, qui estoit vn excellent Vaisseau, & bien monté d'Artillerie. Le Commandant Cornelis estoit en ce temps-là reuenu de l'Isle de Piscador à Batauia, pour s'en retourner aussi en son pays. Il eut le commandement de ces trois Vaisseaux; il se mit sur le nostre; c'estoit vn homme fort agissant, & d'vne grande experience, qui en plusieurs rencontres auoit rendu de grands seruices à la Compagnie. Ie vis alors à Batauia Guillaume Schouten qui estoit de mon pays; j'eus occasion de le gouuerner long-temps. Il s'embarqua aussi sur le Vaisseau Mildelburgh, pour faire auec nous le voyage.

Le sixiéme Feurier 1625. nous partîmes auec ces trois Vaisseaux de Batauia pour retourner en nostre patrie; nous prîmes terre à Bantam, nous y trouuâmes quelqu'vns de nos Vaisseaux à l'Ancre; nous y prîmes vn cable qui nous manquoit, nous nous mîmes en suite à la voile auec vn vent d'Oüest, qui nous estoit tout à fait contraire; nous louiâmes jusques sur l'Isle de Sebbesée. Cette Isle est au dedans du détroit de Sunda proche de Sumatra; nous demeurâmes là trois ou quatre iours, en attendant le vent, pour forcer vn courant d'eau qui entre auec grande force dans le détroit.

Le quinziéme, nous nous mîmes à la voile auec vn vent de terre; & le seiziéme, nous trouuâmes que nous auions passé le détroit; le vent estoit Oüest, nous courûmes vers le Sud auec vn petit frais, dans l'esperance de trouuer les vents de Sud.

Le vingt-septiéme, nous eûmes les vents du costé du Sud, sous la hauteur de dix-sept degrez Latitude Australe: nous tournâmes nostre course vers l'Oüest, pour aller au Cap de Bonne-Esperance, jusques sous le 19. degré, où nous eûmes des vents Sud-Est, le vent tourna apres vers l'Est, nostre course vers l'Oüest, auec vn bon frais, en sorte que nous auancions autant qu'on le peut faire.

Le quinziéme de Mars au matin, nous trouuâmes vingt-deux degrez de variation Nord-Est qui diminuoit; ce jour-là nostre Commandant se trouua fort mal.

Le seize, dix-sept, & dix-huitiéme, il venta si fort, que nous eûmes peur de heurter les vns contre les autres; nostre Vaisseau ce jour-là estoit Admiral; car, comme j'ay dit, nous portions le feu chacun à nostre tour; j'allay trouuer le Commandant dans sa chambre où il estoit malade, & luy dis que le Conseil du Vaisseau estoit dans l'apprehensiõ de perdre de veuë les autres Vaisseaux, à cause qu'on ne pouuoit, par vn si grand temps, gouuerner assez pour se tenir de conserue: qu'ils trouuoient à propos par cette raison-là que le iour estant venu on n'abbaissât pas les voiles, & qu'on tirât quelques coups de canon pour aduertir les autres Vaisseaux de faire la mesme chose; que j'esperois que cette nuit-là nous ne nous éloignerions point tant les vns des autres que nous ne nous pûssions voir le iour suiuant: le Commandant me dit, Maistre, si vous croyez qu'il soit à propos, faites-le: ie l'executay, on tira, & en mesme temps les autres Vaisseaux plierent aussi les voiles, & prirent vers le Sud. A six heures de nuit il venta si estrangement, que ceux qui ne se sont pas trouuez en pareille rencontre, n'auroient iamais crû que le vent eut pû souffler auec tant de force: le vent couroit toutes les pointes du compas; si bien que nous ne pouuions juger de nostre route: nostre Vaisseau fut enfoncé dans l'eau si auant, que les gens qui estoient à la prouë en furent couuerts d'eau; il sembloit que toute la force du vent vint du haut en bas, & que le Vaisseau deût estre englouty, nous en fûmes quitte pour nostre grãd Mast, que le vẽt emporta hors le bord, & le rõpit quelques 3. pieds au dessus du Tillac: nous estiõs assez prés les vns des autres; mais nous ne pouuions pas nous faire entendre à cause du grand vent; on appelle Houragan ces grands coups de vents, ils durent 7. ou 8. heures. Le vent commença apres à diminuer. Dans le temps qu'il souffloit le plus fort, la mer estoit vnie comme vne glace, comme si elle eut esté arrestée en cét estat par quelque force de dehors; mais quand le vent commença à diminuer, elle deuint si orageuse, qu'il sembloit que le Vaisseau s'alloit renuerser s'en dessus dessous; il en fut tellement remply d'eau, que nous en eûmes jusques à la hauteur de sept pieds deuant que de nous en estre apperceus: nous fismes trauailler toutes les pompes; mais il sembloit qu'elle augmentoit plustost que de diminuer; nous nous trouuâmes fort embarassez, les pompes estoient si sales, qu'on ne pouuoit pomper, le poivre les auoit bouchées; nous auions soixante pieces de canon de fer & de bronze dans le fonds de cale, & au dessous du poivre en grenier. Ces pieces, dans le grand mouuement du Vaisseau, en heurtant les vnes contre les autres, faisoient couler le poivre le long de la calingue, & ce poivre bouchoit les conduits par lesquels l'eau deuoit se rendre aux pompes; mais comme le Vaisseau estoit bon par dessous, nous ne perdîmes pas courage, nous fismes démonter les pompes pour les nettoyer, & apres à force de pomper, l'eau commença d'en sortir plus trouble, & à diminuer, ce qui nous augmenta le courage: nostre Mast nâgeoit le long du costé du Vaisseau, ie le voulois conseruer; mais il fallut enfin ceder à l'importunité de la plus-part de mes gens, qui voulurent qu'on l'abandonnât.

Dans ces rẽcontres, les Mariniers se réjouyssent de voir l'eau sale & trouble; car c'est vne marque qu'il en reste peu dans le Vaisseau.

Le matin nous regardâmes de tous costez, pour voir les Vaisseaux qui nous faisoient compagnie; nous vismes deuant nous le Middelburgh qui auoit perdu tous ses Masts, hormis celuy d'Auant; nous estions tous deux en si mauuais estat, que nous ne pûmes approcher l'vn de l'autre. Le Vaisseau de Gouda ne paroissoit point, & il y a bien apparence qu'il coula à fonds dans cette tempeste; car la nuit nous fûmes portez vers vn endroit où l'eau nous parut fort noire; quelques-vns des nostres en ayans puisé, nous dirent qu'ils y auoient trouué du poivre; ce qui nous faisoit croire que nos deux Vaisseaux s'estoient perdus en ce lieu. Le Middelburgh enuoya sa Chaloupe vers nous; elle arriua à la pointe du iour sous la gallerie de nostre Vaisseau; leurs gens qui y estoient nous appellerent, & nous fûmes fort estonnez d'entendre leurs voix, ne croyans pas qu'il y eut du monde si prés de nous; nous leur donnâmes vn bout de corde, & le Maistre monta auec les autres: ils nous raconterent le mauuais estat où ils estoient, & nous le nostre; ils se plaignirent d'auoir perdu tous leurs Masts, & que si nous ne les secourions, ils ne pourroient iamais arriuer à terre: pour nous, nous auions encore nostre Beau-pré & nostre Artimon, nostre Gaillardet & nostre grande Vergue, que j'auois fait descendre jusques sur le bord du Vaisseau, deuant que le Houragan fut venu; au lieu que dans l'autre Vaisseau, ils l'auoient toûjours tenuë au haut du Mast, & ainsi l'auoient perdu; nous resolûmes de donner à ceux de ce Vaisseau nostre grande Vergue, nostre Mast de Hune & vn petit Mast de quatorze palmes que nous auions encore dans nostre Vaisseau: ce qui leur donna du courage, & l'esperance de pouuoir gagner la terre. On demeura aussi d'accord, que chacun feroit la route qu'il pourroit pour arriuer à la Baye de sainte Lucie dans l'Isle de Madagascar. Cela fut ainsi resolu, dans le Conseil qu'on tint dans la chambre du Capitaine; & à cause que ie commandois l'Equipage, ce fut à moy à en porter le commandement; les gens du Vaisseau s'y opposerent, disans qu'ils auoient encore plus de necessité de toutes choses que le Vaisseau de Middelburgh, & qu'ils ne souffriroient point qu'on leur donnât ce qu'on leur auoit accordé: ie n'insistay pas dauantage; mais ie leur dis auec douceur, Camarades, prenez garde à ce que vous faites; si nous laissons icy le Vaisseau de Middelburgh dans l'impuissance où il est, vous voyez bien qu'il ne peut pas faire le voyage, & qu'il faut qu'il perisse; car il n'a point de voiles: nous faisons profession d'estre Chrestiens, monstrons que nous le sommes par nos actions : Songez, ie vous prie, à ce que vous souhaitteriez si vous estiez en leur place, & rendez-leur le mesme secours que vous leur demanderiez en pareille occasion. Ils s'assemblerent, & apres auoir deliberé quelque-temps, ils me dirent; Hé bien, nostre Maistre, quand nous aurons rendu ce seruice au Vaisseau de Middelburgh, pourrons-nous nous separer de luy : ie leur dis que la chose auoit esté ainsi resoluë dans la chambre, ils ayderent alors à tirer le Mast, & donnerent la grande Huniere auec le petit Mast de quatorze palmes. Ceux de Middelburgh prirent congé de nous, & ramerent pour gagner leur Vaisseau ; apres auoir mis dans leur Chaloupe ce que nous leur auions donné, esperans qu'auec l'ayde de Dieu nous nous trouuerions ensemble dans la Baye de sainte Lucie. Nos gens me demanderent encore vne fois, pouuons-nous nous separer d'eux : Ie leur dis, ouy, vous le pouuez.

Le vingt-deuxiéme, nous nous separâmes du Vaisseau Middelburg, & tournâmes nostre route vers l'Isle de Madagascar, qui estoit la terre la plus proche.

Le trentiéme nous en eûmes la veuë, & fismes voile le long de la terre : nous y vismes quelques feux allumez : nous estions selon nostre estime, à huit ou neuf milles de la Baye de sainte Lucie du costé de l'Est, & bien resolus de ne point quitter la coste à cause du mauuais estat de nostre Vaisseau. Nous resolûmes donc de jetter l'Ancre à 25. brasses de fonds : la Chaloupe fut cõmandée cependãt le long de la coste, afin qu'allant ou à la rame ou à la voile, elle tâchât de trouuer cette Baye. Ie me mis sur la Chaloupe, & ie trouuay la Baye de sainte Lucie à neuf ou dix milles du lieu où le Vaisseau auoit moüillé ; ie la sonday vers les pointes de la terre & de tous costez, & trouuay que c'estoit vne place fort propre pour nostre Vaisseau. Ie retournay au bord, où j'arriuay le iour suiuant, & ie rendis compte de mon voyage. On leua l'Ancre, & on fit aussi-tost voile : nous arriuâmes dans la Baye ; ce qui nous donna beaucoup de joye, & nous obligea à remercier Dieu de la misericorde qu'il nous auoit faite.

Le premier Auril, nous trouuâmes à propos de décharger le Vaisseau, & de dresser des tentes à terre pour y mettre les marchandises à couuert, & pour déboucher plus aisément les trous de nos pompes qui s'estoient remplies de poivre ; mais comme j'allay à terre auec la Chaloupe, ie trouuay que la mer y brisoit fort rudement ; ce qui me fit croire qu'il n'estoit pas à propos de débarquer les marchandises, à cause du danger qu'auroit couru la Chaloupe & nostre Batteau d'estre brisez en pieces. On resolut de tirer du fonds de cale toutes les marchandises qui y estoient ; mais de ne les point transporter hors du Vaisseau. Ce que nous fismes : nous tirâmes tout le poivre auec des sacs ; nous en emplîmes la chambre de sainte Barbe, & le haut du Tillac, jusques à l'endroit du grãd Mast, où nous fismes vne separation, afin qu'il ne roulât point sur le deuãt du Vaisseau. Nous nettoyâmes nos pompes, & les trous par lesquels l'eau y deuoit couler, faisans passer des cordes du long de la calingue pour la mieux nettoyer : apres quoy nous remîmes les marchandises à fonds de cale. Nous prîmes apres celles qui estoient restées, & les mismes dans la chambre du Chasteau de deuant ; cependant nous traitions auec les Habitans, & nous leur demandions s'ils ne nous feroient point trouuer quelque Mast : ils nous le faisoient esperer ; & les ayant pris auec nous, & nous estant aduancez vers les bois, ils nous monstrerent des arbres qui y estoient propres, & s'offrirent de nous ayder dans toutes les choses qui auroient pû dépendre d'eux. I'y fus auec des Matelots, des haches & des sies : nous portâmes proche du Batteau la piece de bois qu'il nous falloit, & mismes en besogne les Charpentiers : ils reclamperent le bout de cette piece de bois, qui auoit bien vingt-huit pieds de long, sur le tronc du Mast que nous auions perdu.

Nous estions ainsi occupez à terre & dans le Vaisseau à reparer les pertes que nous auions souffertes : on trouua quelques fers propres pour faire des cordes. Le bruit s'estendit bien auant dans le pays que nous estions arriuez à cette place ; &

ſur ce bruit, les Habitans accoururent de fort loin auec leurs troupeaux : ils dreſſoient leurs tentes proche de nous, & nous apportoient des pommes, des citrons, & du laict, qu'ils faiſoient boüillir deuant que de nous l'apporter, de peur qu'il ne ſ'aigrit; car en ce pays-là il ſe corrompt en vn moment. Nous troquâmes auec eux de leur beſtail, & leurs peſcheurs nous apporterent à vendre & à troquer du poiſſon : ce Peuple paroiſſoit tout à fait affectionné à noſtre Nation; ils nous faiſoient entendre qu'ils auoient des ennemis dans le pays, & que ſi nous voulions les ayder à leur faire la guerre, ils auroiẽt fait pour noſtre ſeruice tout ce que nous aurions deſiré. Nous achetâmes auſſi d'eux de la cire & du miel, dont ils auoient abondance : ils nous dirent que leur Roy parloit Eſpagnol, & qu'il demeuroit à vne journée de là : nous enuoyâmes vers luy deux de nos Matelots auec vn jeune homme, le Roy les receut bien; ils luy firent leur meſſage, & luy demanderent du Rys à acheter : Il leur dit que cette année-là ils auoient eſté fort tourmentez par les ſauterelles, qui auoient mangé tout leur Rys : ce que ie crûs aiſément; car eſtant à terre, j'en trouuay vne ſi grande quantité, qu'elles me vôloient de tous coſtez ſur le viſage, & m'empeſchoient quaſi de reſpirer : ces Inſectes ont des aîles; & eſtans à terre, elles ſautent comme des autres ſauterelles : les Habitans les prenoient, leur arrachoient les aîles, & les mangeoient apres les auoir fait brûler, nous inuitans à faire la meſme choſe; mais noſtre gouſt ne ſ'accordoit point auec le leur. Le Roy vint auec nos deux Mariniers juſques à noſtre bord, il me fit preſent de quatre beſtes à corne : ie luy donnay en recompenſe deux mouſquets; il nous dit qu'il ne nous pouuoit point fournir de Rys. Apres que nous eûmes eſté là onze iours, noſtre Commandant mourut : nous l'enterrâmes dans vne Iſle qui eſt à l'embouchcure de la Baye toute couuerte d'arbres, on le mit au pied d'vn des plus beaux & des plus verds, auec cét Epitaphe.

La mort ſuit les hommes par tout, perſonne ne ſçait quand elle le doit prendre, ny ſi on la doit rencontrer du coſté du Midy ou de celuy du Couchant : Dieu ſeul le peut ſçauoir; mais celuy qui ſe conforme à ſa volonté, meurt content en quelque lieu du monde où la mort le trouue.

Nos Mouſquetaires firent trois fois leur deſcharge ſur ſa foſſe, & on tira du Vaiſſeau cinq coups de canon. Cette ceremonie eſtant acheuée, nous nous miſmes à trauailler à noſtre Vaiſſeau; nos gens ne le faiſoient pas auec la diligence que noſtre beſoin le requeroit : & comme ie le connoiſſois mieux que perſonne, ie les y exhortois tous les iours. Camarades, leur diſois-je, faiſõs du mieux qu'il nous ſera poſſible pour nous mettre en eſtat de partir promptement; ne perdons point de temps, puiſque nous n'auons que pour huit mois de viures; autrement, nous ſerons obligez de retourner à Batauia. Ie ſçauois bien qu'ils n'auoient point enuie d'y retourner; il fallut enfin en venir aux groſſes paroles & aux coups, comme il arriue le plus ſouuent en ſemblables occaſions. Il nous reſtoit encore beaucoup à faire durant ce temps-là; il me ſembloit que j'eſtois comme Scipion l'Afriquain, lequel, ainſi que j'apprends, auoit accouſtumé de dire; ie ne ſuis iamais plus occupé, que lors que ie ne fais rien, & iamais moins ſeul que lors que ie ſuis tout ſeul; car toute la nuit n'eſtoit pas trop longue pour ſonger de quelle maniere j'employerois mes Matelots le iour ſuiuant, ſans leur donner ſujet de ſe plaindre : ie les animay de ſorte, qu'ils trauaillerent de toutes leurs forces juſques au vingt-deuxiéme Auril, auquel temps nous nous trouuâmes en eſtat de pourſuiure noſtre voyage. Nous emplîmes nos bariques d'eau, & nos gens eurent autant de Pommes & de Citrons qu'ils en pûrent ſerrer dans leurs coffres.

Les Sauuages de ce pays-là ſont noirs pour la pluſpart, quelques-vns ont les cheueux longs, d'autres les ont friſez comme la laine des brebis : les femmes les portent attachez ſur leurs teſtes par petites trouſſes, elles les graiſſent auec de l'huyle; ce qui fait qu'ils reluiſent au Soleil. La pluſpart des hommes en vſent de la meſme façon, & n'ont rien qu'vn petit drap qui leur couure les parties honteufes, quelques-vns mesmes vont tout à fait nuds.

Le vingt-troisiéme, nous resolûmes de partir le iour suiuant au matin, auec le vent qui vient de terre; mais la nuit à cette heure, deux de nos Mariniers qui faisoient sentinelle, s'en allerent auec nostre Esquif à terre, & passerent du costé des Negres, tellement que nous ne les pûmes trouuer: cela nous estonna fort; car ils nous auoient aydé à mettre nostre Vaisseau en estat de continuer le voyage, & s'estoient enfuys la nuict que nous deuions partir, pour viure parmy vn Peuple tout à fait barbare, qui n'auoit aucune connoissance de Dieu ny de ses Commandemens: nous nous imaginâmes qu'ils auoient eu commerce auec les femmes du pays, & qu'elles les auoient engagez à demeurer; car les femmes sont de puissans instrumens pour perdre les hommes. Nous vismes là des petits enfans qui estoient quasi blancs, auec des cheueux blonds; nous crûmes qu'ils pouuoient venir des Hollandois qui s'estoient arrestez auparauant nous dans cette Baye. Les femmes auoient grande enuie de conuerser auec nos gens; & s'il eut esté aussi facile d'y auoir de la bierre & du vin que des femmes, nos affaires ne se seroient pas trop aduancées; car apres qu'ils auoient esté auec elles, ils retournoient à leur trauail sans force, comme si on leur eut rompu tous les os du corps. Ie peus dire cela de beaucoup, en exceptant tousiours ceux qui furent sages. Cette desertion de deux de nos Mariniers retarda encore nostre départ de deux iours, que nous employâmes à les chercher dans le pays: nous les trouuâmes enfin; mais ils s'enfuyrent de nous, tellement que nous fûmes obligez de les laisser là.

Le vingt-cinquiéme Auril, nous fismes voile auec vn vent de terre: nous courûmes vers le Sud, & nous eûmes assez beau temps jusques au dixiéme May, que le vent & le temps se changerent; le vent se tourna vers l'Oüest & le Sud-Oüest.

Le vent Oüest Sud-Oüest augmentoit tousiours de telle sorte, que nous fusmes obligez d'abatre nos Hunieres, tirant au dessus de Madagascar. Nous vîmes le vingt-huitiéme de May la coste de Terra de Natal; nous y eûmes beau temps: nous la quittâmes enfin, & nous trouuâmes qu'vn grand courant venoit de la coste, & nous portoit vers le Cap. Ce fut vne merueille de voir auec quelle vistesse nous perdions la veuë de la terre; cela nous donna courage de passer le Cap. La nuit, nous eûmes de l'orage, auec pluyes & broüillards; si bien que nous fûmes trois ou quatre iours auec vne seule voile; le vent estoit Oüest, auec de si furieuses vagues, que les membres du Vaisseau en craquoient souuent: s'il eust esté moins fort, il ne seroit pas demeuré entier. Le temps s'estant vn peu appaisé, nous prîmes nostre chemin vers le Nord pour trouuer la coste: le mauuais temps nous empescha de pouuoir prendre la hauteur; & nous courûmes si long-temps sur cette route, que nous vismes la terre: le temps s'estant éclaircy, nous prîmes la hauteur, & trouuâmes que nous estions sous les trente-cinq degrez: ce qui nous fit juger que la terre que nous voyons estoit celle du Cap des Aiguilles, qui est sous cette hauteur. Nous nous éloignâmes auec vn vent Oüest Sud-Oüest, accompagné de pluyes: le vent deuint si fort, & les vagues rompoient en cét endroit si rudement les vnes contre les autres, & contre nostre Vaisseau, qu'il sembloit qu'elles le deussent engloutir; mais par la grace de Dieu, nous nous en retirâmes, quoy qu'il n'y eût pas d'apparence de l'esperer: cela dura quatre iours, au commencement nous n'auions qu'vne voile, nous en mismes apres vne autre: nostre Vaisseau estoit si rude, & rouloit tant, que sans voile nous ne le pouuions tenir droit. Le sixiéme iour, les vagues diminuerent, & nous eûmes bon temps; nous prîmes la hauteur, & la trouuâmes de trente-deux degrez seize minutes, ce qui nous fit connoistre que nous auions passé le Cap de Bonne-Esperance; car il est sous les trente-quatre degrez & demy. Enfin, le temps deuint si beau, qu'il nous sembla estre passés de l'Enfer en Paradis; & au lieu qu'auparauant nous pouuions à peine esperer de paſſer le Cap, que nous eſtions dans vne grande tempeſte le vent contraire, & que nous n'ozions porter que fort peu de voiles; nous les auions toutes alors, & nous les portiõs le plus haut qu'on les puiſſe porter: nous dreſsâmes noſtre courſe vers l'Iſle de ſainte Helene auec vn vent Sud-Eſt, & eſt Sud-Eſt auec vn bon frais.

Le quatorziéme, nous en eûmes la veuë: nous courûmes tout proche de la coſte, & découurîmes la valée de l'Egliſe où l'on fait eau. Nous y viſmes à la rade vne Caraque de Portugal: auſſi-toſt qu'elle nous eut découuert, elle approcha de la terre à la diſtance de la portée d'vn mouſquet, & débarqua du canon dont elle fit vne batterie: nous en approchâmes auec le Vaiſſeau nommé Hollande; mais la terre de cette Iſle eſt ſi haute, qu'elle nous déroba le vent, & nous empeſcha de l'aborder: nous auions deſſein de couper ſes cables, & de l'attirer en mer: ce que nous euſſions bien pû faire; car ſa batterie eſtoit ſi haute, que noſtre Vaiſſeau ſe pouuoit mettre deſſous ſans la craindre; & ſi nous euſſions eu vn peu de bon-heur, nous nous en fuſſions ſans doute rendus les maîtres: nous n'en pûmes approcher plus prés que de la portée du mouſquet; nous armâmes noſtre Chaloupe, & noſtre Marchand paſſa vers eux auec vn pauillon de paix. Ils armerent leur Batteau, & vinrent au deuant de nos gens: ils nous demanderent d'où nous venions: nous leur dîmes de Iaua, & que nous auions perdu noſtre compagnie, que nous attendions d'heure en heure: ils dirent aux noſtres qu'ils venoient de Goa. Nous leur demandâmes en ſuite ſ'ils nous vouloient permettre de faire eau en ce lieu, que nous en auions beſoin: ſur cela ils ſe mirent à crier, *anda pero anda canaglia*, & autres injures. Nos gens retournerent à bord auec la Chaloupe, & nous raconterent ce qui ſ'eſtoit paſsé. Nous tinſmes conſeil de ce que nous auions à faire; on trouua à propos de leur enuoyer vne ſeconde fois la Chaloupe, pour ſçauoir d'eux ſ'ils nous vouloient permettre de faire eau, ou non: que ſ'ils perſiſtoient à nous refuſer, la Chaloupe reuiendroit au Vaiſſeau: que nous tiendrions vn horloge de ſable; & que ſi dans le temps qu'il ſe feroit écoulé, ils ne nous accordoient point noſtre demande, nous mettrions le feu à leur Caraque. Noſtre Chaloupe y retourna auec vn ſignal de paix; ils la vinrent rencõtrer auec leur Batteau: vn Moyne qui eſtoit dedans, le Froc enfoncé juſques ſur les yeux, nous répõdit; Retirez-vous d'icy, nous ne voulõs point auoir de cõmerce auec des heretiques. Les gens de la Chaloupe eſtãt retournez à bord, nous dirẽt ce qui ſ'eſtoit paſsé: nous fiſmes ſõner la cloche, on fit la priere, on tourna l'horloge; & auſſi-toſt que la demye heure fut écoulée, nous nous mîmes à tirer contre la Caraque auec nos onze demy canons: tous nos coups portoient; car ſon Chaſteau de deuant eſtoit auſſi haut que la Hune de noſtre Maſt de deuant, quoy que noſtre Vaiſſeau fut de mille tonneaux: ils ne tiroient preſque point de la Caraque; mais la batterie qu'ils auoient dreſsée à terre faiſoit feu continuellement ſur nous, & nous incommodoient beaucoup: tous leurs coups portoient au deſſus de l'eau, deux, trois, & quatre pieds; tellement que nous apprehendâmes qu'à la fin ils ne nous coulaſſent à fonds. Nous eûmes quelques-vns de nos gens bleſſez, & nommément noſtre ſecond Pilote, qui eut les deux jambes emportées. Il veſcut encore quelque temps apres; & voyans que nous ne pouuions demeurer là, nous reſolûmes d'approcher de la terre, & de nous mettre à couuert des roches qui y ſont; nous en approchâmes juſques à vn jet de pierre. La nuit eſtant venuë, nous fiſmes venir dans la chambre tous les Officiers; on demanda au Bouteillier combien nous auions encore d'eau: nous fiſmes noſtre compte ſur ſa réponſe, & trouuâmes que nous ne pouuions pas donner dauantage que quatre demy-ſeptiers chaque iour. Les Officiers demanderent à nos gens ce qu'il leur ſembloit, ſ'ils vouloient combattre comme des deſeſperez contre nos ennemys, qui eſtoient maiſtres de la ſeule place où nous pouuions auoir de l'eau, ou ſ'ils trouuoient mieux de continuer noſtre voyage vers la Patrie, & ſe paſſer de quatre demy ſeptiers d'eau par iour. Ils répondirent tous d'vne voix, qu'il eſtoit meilleur de continuer le voyage, & se passer de cette quantité d'eau : nous leuâmes nostre Ancre pour mettre à la voile ; mais le matin comme nous estions approchez pour prendre quelques rafraîchissemens à terre, les Espagnols parurent, & tirerent quelques coups de mousquet sur nous, sans toutesfois nous faire aucun dõmage. Si nous eussions demeurez vne heure plus long-tẽps sous la coste, nous courions risque de perdre beaucoup de monde. Cette Caraque, à ce que j'ay appris depuis, coula à fonds des coups que nous luy auions donnez. Six Vaisseaux Hollandois vinrent apres nous au mesme endroit pour se rafraîchir, ils en virent le debris. Les Espagnols auoient sauué à terre les marchandises, le mieux qu'ils auoient pû, & auoient fait vne batterie de leurs canons : cette batterie fit si grand feu sur les six Vaisseaux, qu'ils ne pûrent point mettre leur monde à terre, & ils furent obligez de partir sans rafraîchissemens. Nous tournâmes nostre route vers l'Isle de l'Ascension, auec vn bon vent, qui nous fit beaucoup aduancer. Nous ne vismes point cette Isle, nous apperçeûmes seulement vn grand nombre d'oyseaux de mer ; ce qui nous fit croire que nous en estions proche : le vent augmenta si fort, qu'il fallut enfin nous en éloigner pour passer la ligne : ce que nous fismes sans aucune difficulté ; au lieu que dans le premier voyage, nous auions employé six semaines à la passer à cause des calmes, des trauades, des coups de vent, & de la pluye, dont nous fusmes tourmentez.

Le douziéme de Septembre, trois mois trois iours apres auoir quitté l'Isle de sainte Helene, nous arriuâmes sous la hauteur de vingt-quatre degrez trente-quatre minutes de Latitude Nord. Nous commençâmes à auoir le temps meilleur sous ce parage ; nous nous mismes à nettoyer nostre Vaisseau par le dehors, où il s'estoit attaché du limon, esperant qu'estant plus net il en iroit mieux à la voile.

Le treiziéme, nous eûmes beau temps & vn petit frais : le vent estoit Est Sud-Est, & nostre course Nord-Est au Nord.

Le quinziéme, le vent estoit Sud Sud-Oüest ; nous continuâmes la mesme course, & nous nous trouuâmes sous le vingt-huitiéme degré.

Le seiziéme, nous vismes beaucoup de cette herbe qui croît dans la mer ; nostre course estoit comme auparauant, le vent Sud-Oüest ; nous aduancions beaucoup.

Le dix-septiéme, nous nous trouuâmes sous la hauteur de trente degrez quarante-huit minutes, le vent estoit inconstant, la nuit il se trouua Nord-Est à l'Est, auec tonners & éclairs.

Le dix-huitiéme, nous ne pûmes point prendre la hauteur, à cause du mauuais temps.

Le dix-neufiéme, il fit vn si grand vent Sud Sud-Oüest, que nous fûmes obligez d'abbattre toutes nos voiles : nous passâmes ainsi la nuit. Sur le iour, le vent diminua, & nous fismes voile.

Le vingtiéme, hauteur trente-cinq degrez treize minutes.

Le vingt-quatriéme, hauteur quarante-trois degrez douze minutes.

Le vingt-septiéme, le vent fut Sud-Oüest, nostre course Nord-Est au Nord. Le matin, vn Pigeon vint vôler sur nostre Vaisseau ; nos gens qui auoient grande enuie de le prendre, firent grand bruit ; ce qui l'effaroucha, il s'enuola, & tomba assez prés du Vaisseau dans la mer ; la hauteur estoit de quarante-quatre degrez 35. minutes.

Le premier Octobre le temps estoit beau, le vent Est Sud-Est, nostre route Nord-Est au Nord ; nous nous trouuâmes sous les huit degrez de hauteur, qui est celle de l'Isle de Heyssant.

Le deuxiéme au matin, nous vismes vne voile qui pouuoit estre éloignée de trois milles de nous, du costé du Nord-Est. Nous mismes toutes nos voiles, & courûmes apres. Sur le midy, elle vint à nous ; c'estoit vn Anglois qui venoit de terre-Neuue : nous achetâmes de luy deux milliers de molluës ; nous inuitâmes le Maistre de venir à nostre bord, nostre route estoit vers Est, & Est au Sud, le temps humide & disposé à la pluye.

Le quatriéme, cét Anglois retourna encore à nostre bord ; nous le traitâmes le mieux que nous pûmes, nous trouuâmes quarante-neuf degrez quarante-six minutes de hauteur.

Le cinquiéme, il fit grand vent de Sud Sud-Oüest.

Le sixiéme, nous vismes deux voiles, vne deuant nous, & l'autre derriere; leur course estoit Sud-Est pour entrer dans le canal, la hauteur cinquante degrez vingt minutes.

Le septiéme, beau temps, le vent Sud; nostre course Est Sud-Est.

Le huitiéme, la hauteur quarante-neuf degrez quarante-deux minutes, le vent comme auparauant; il se tourna vers l'Oüest, nous courûmes Sud-Est à l'Est; nous jettâmes la sonde, comme nous auions fait quelques iours auparauant; mais nous ne trouuâmes point de fonds. Le Capitaine Strijcker mourut, il commandoit la Soldatesque, homme sage, aduisé, & fort experimenté dans les choses de la guerre.

Le dixiéme au soir, nous trouuâmes fonds à soixante & dix brasses.

L'onziéme, nous trouuâmes fonds à la mesme profondeur, & sur le soir à soixante brasses, le fonds estoit de sable: hauteur quarante-neuf degrez cinquante-cinq minutes, le vent Sud, la course Est au Nord, tirant vn peu dauantage vers le Nord-Est.

Le douziéme, nous trouuâmes le fonds à cinquante brasses, & nous continuâmes de quatre heures en quatre heures de jetter le plomb; nous eûmes cinquante, cinquante-deux, & cinquante-trois brasses, la nuit cinquante-six & soixante, le fonds par tout d'vn sable gris blanc, & quelquefois noir. Nous vismes vn Vaisseau qui venoit vers nous; mais le broüillard estoit si grand, que nous le perdîmes aussi-tost de veuë. Le iour suiuant, le vent estoit Est, auec neiges, broüillards, & broüine. Deux ou trois iours apres, nous vismes la terre, que nous trouuâmes estre celle d'Irlande: nous entrâmes à Kinsael, où nous rencontrâmes vn Vaisseau du Roy d'Angleterre, qui auoit deux batteries ou deux rangs de canon l'vn sur l'autre. Ie sçauois que la Compagnie des Indes Orientales estoit en paix auec les Anglois; mais ie ne laissay pas pourtant d'auoir quelque repugnance de permettre à mes gens d'aller à terre, apprehendant quelque supercherie du costé de ce Vaisseau: ie me mis proche de luy du costé de la mer, auec pensée, s'il nous faisoit quelque insulte, de nous mettre plus facilement en mer, & s'il nous suiuoit de l'attendre: le mesme iour ie fus à son bord; ie demanday au Commandant, s'il n'auoit point d'ordre de nous faire quelque tort; il me répondit que non: Ie l'inuitay de passer dans nostre Vaisseau; il y vint, & nous parut n'auoir point de dessein contre nous; neantmoins, ie ne m'y fiois pas; ie fis accommoder à dîner à terre, & le priay de s'y trouuer: nous beûmes ensemble; & dans la gayeté de la bonne chere, ie luy demanday encore vne fois, s'il n'auoit point d'ordre de nous attaquer. Il me dit que non, & adjoûta qu'aussi-tost que nous estions arriuez dans ce Port, il auoit écrit en Angleterre, & qu'il n'auoit receu aucune ordre: auec tout cela, ie ne m'y fiois point: cependant, deux Vaisseaux de conuoy vinrent à nous; ils croisoient ces mers-là pour nous trouuer, sur ce qu'ils auoient appris que nous y estions.

Cette rencontre me rasseura fort; mais mes gens se trouuoient si bien à terre, qu'il n'y auoit point moyen de les faire retourner au Vaisseau. I'employois toute sorte de raisons pour les persuader, ie leur disois que les iours estoient courts, que l'Hyuer approchoit, que nostre Vaisseau estoit sale: ie leur monstrois le danger qu'il y auoit d'approcher des terres dans ce temps, auec vn vaisseau si chargé qu'estoit le nostre; ils n'écoutoient point mes raisons, & demeuroient à terre, faisant la débauche auec la mesme seureté que s'ils eussent esté dans leur propre pays. Ie m'aduisay enfin d'aller trouuer le Maire de la Ville, & luy demanday s'il ne sçauoit point quelque moyen de les obliger de venir à bord: il me dit qu'il n'en sçauoit point; mais apres que j'eus regalé sa femme d'vne petite piece de toile fine, comme ie luy fis apres la mesme instance, il me dit qu'il en viendroit bien à bout. Il fit sonner à son de trompe dans la Ville, que si quelqu'vn des Hollandois qui estoient venus sur le Vaisseau des Indes Orientales,

Orientales deuoit à son hoste plus de sept schellings, il ne payeroit point le surplus. La plufpart auoient dépensé dauantage, & leurs hostes par cét interest les chasserent hors de chez eux, auec cela ils auoient de la peine à se resoudre à s'embarquer; pour les y obliger, ie fis leuer les ancres, mettre les voiles au vent, & auancer le Vaisseau vers l'entrée du Port; vous les eussiez vû alors venir de tous costez à mon Vaisseau, & leurs hostes & hostesses courant apres, & demandant leur argent: Ie fis payer ce que chacun d'eux deuoit, & fis écrire en mesme temps la somme dessus leur compte; ainsi ie me retrouuay auec tout mon équipage dans le Vaisseau, à l'exceptiō de trois ou quatre qui s'estoient engagez auec des femmes, auec qui ils se marierent. Ie me mis à la voile auec les deux Vaisseaux de Conuoy, & nous arriuâmes le 16. Nouembre en Zelande, dont ie dois mille loüanges à Dieu qui m'a tiré de tous les dangers que ie viens de décrire, & où ie me suis trouué l'espace de sept ans moins vn mois qu'a duré ce voyage. I'en deurois finir icy la Relation; mais il faut auparauant que ie reprenne ce que j'auois dit du Vaisseau le Midelbourg qui s'estoit separé de nous le 2. Mars 1625. en fort mauuais estat, apres auoir concerté auec nous d'aller chercher la Baye de sainte Lucie; nous y arriuâmes le 31. & en partîmes le 25. d'Auril, sans auoir appris aucune nouuelle de ce Vaisseau. Ie raporteray icy ce qu'on en a sçeu depuis: Les habitans de la Baye de sainte Lucie nous firēt entendre, qu'il y auoit vn Vaisseau dans la Baye d'Antongil; mais nous ne sçauions pas si c'estoit celuy-là ou vn autre. Nous partîmes auec esperāce de le rencontrer en l'Isle de sainte Helene: la Caraque d'Espagne que nous y trouuâmes, ne nous permît pas de nous y arrester. On trouua depuis des Lettres au Cap de Bonne-Esperance, que ceux du Vaisseau le Middelbourg y auoit laisées, comme les Vaisseaux ont coustume de faire; elles portoient qu'ils auoient tasché d'entrer dans la Baye de sainte Lucie, selon le concert qui auoit esté pris auec nous; qu'ils estoient descendus trop bas, & auoient esté contraints d'entrer dans la Baye d'Antongile; où ils auoient pouruû leur Vaisseau de toutes les choses necessaires pour continuer leur voyage; que quelques-vns de leurs gens y estoient morts, entre-autres Guillaume Cornelisz-Schouten. Telle fut la fin de ce grād Homme, qui auoit eu assez de resolution pour entreprendre de découurir des Mers inconnuës, & faire le tour du Monde. C'est pour l'amour de luy, qui estoit mon amy intime, que j'ay inseré ce que ie viens de dire du Vaisseau le Middelbourg.

Ces mesmes Lettres portoient d'autres particularitez de leur voyage, du temps qu'ils y demeurerent, en quel estat, & en quel tēps ils en partirent. Depuis, on n'en a point eu de nouuelles certaines. Ces Portugais ont dit qu'il fut attaqué à l'Isle de sainte Helene par deux Caraques, qu'il se deffendit bien, & mit le feu à l'vne à coups de canon, que l'autre Caraque vint au secours de celle-cy pour esteindre le feu, & l'esteignit en effet; mais que comme les Portugais craignoient d'estre jettez sur les roches qui sont proche de l'Isle, la nuit arriuāt, ils s'en separerēt, & le laisserēt aller. Quoy qu'il en soit, la consideration de sa perte m'oblige encore à rendre de nouuelles graces à Dieu, de ce qu'il m'a tiré auec le Vaisseau Hollande de ces mesmes perils où l'autre s'est perdu.

LA TERRE AVSTRALE DESCOVVERTE PAR LE *Capitaine Pelſart, qui y fait naufrage.*

LEs Directeurs de la Compagnie des Indes Orientales, animez par l'heureux retour des cinq Vaiſſeaux du General Carpentier, richement chargez, firent armer la meſme année 1629. vne Flotte de onze Vaiſſeaux pour le meſme voyage; & entre-autres le Vaiſſeau nommé Battauia, ſous le commandement de François Pelſart. Il partit du Texel le 28. Octobre de l'année 1628. Ie paſſeray ſous ſilence le Iournal de ſa Nauigation juſqu'au Cap de Bonne-Eſperance, de peur d'ennuyer le Lecteur par le recit d'vne choſe auſſi connuë que l'eſt cette route. Ie diray ſeulement que le quatriéme Iuin de l'année ſuiuante 1629. ce Vaiſſeau Battauia qui auoit eſté ſeparé des autres par la tempeſte, fut porté ſur des abrollos qui ſont ſous la hauteur de vingt-huict degrez latitude Sud, appellez par nos Flamands les abrolHos ou roches de Frederic Outman. Pelſart qui eſtoit au lict malade, ſentit d'abord que ſon Vaiſſeau touchoit: il eſtoit nuict, mais il faiſoit vn grand clair de Lune & vn bon temps; il court ſur le tillac, il trouue toutes les voiles hautes, la route Nordeſt au Nord, & autant que la veüe ſe pouuoit eſtendre il ſe voit enuirõé d'vne écume épaiſſe: il crie le Maiſtre du Nauire, il luy reproche qu'il eſt la cauſe de leur perte; l'autre ſ'en excuſe, dit qu'il a fait bon quart, & qu'ayant de loin remarqué la blancheur de cette écume, & demandé à ſon Matelot ou camarade ce que ſe pouuoit eſtre, il luy auoit répondu que cette blancheur venoit des rayons de la Lune: On demande ce qu'il eſt beſoin de faire, & en quel endroit du monde eſt le Vaiſſeau; il répond que Dieu ſeul le ſçait, & qu'ils ſont ſur vn banc inconnu: on jette la ſonde, on trouue au derriere du Vaiſſeau dix-huit pieds d'eau, & au deuant beaucoup moins: ils tomberent d'accord de jetter hors le bord leurs canons, eſperant que le Vaiſſeau en eſtant déchargé, il ſe pourroit mettre plus aiſément à flot: cependant, ils jettent vn ancre; mais dans ce temps, il s'éleua vne orage de pluye & de vent; ce fut alors qu'ils connurent tout le danger où ils eſtoient, & qu'ils ſe virent entre des rochers & des bancs, contre leſquels leur Vaiſſeau heurtoit à tous coups; cela les fit reſoudre à couper leur grand Maſt, qui augmentoit la ſecouſſe du Vaiſſeau; mais quoy qu'ils l'euſſent couppé vers le pied, il ſe trouua tellement engagé entre les Manœuures du Vaiſſeau, qu'il y demeura touſiours attaché. Ils ne voyoient point de terre que la mer ne couurît, ſinon vne Iſle, dont ſelon leur eſtime ils pouuoient eſtre éloignez de trois lieuës, & deux autres moins grandes, ou pluſtoſt deux rochers, qui en eſtoient encore plus proches; l'on y enuoya le Maiſtre du Nauire pour les reconnoiſtre, il reuint ſur les neuf heures, & rapporta que la mer ne les couuroit point; mais qu'à cauſe des rochers & des bancs, l'abord en ſeroit difficile; ils ſe reſolurent d'en courir le riſque, & de faire porter à terre les gens du Vaiſſeau pour ſatisfaire aux cris des femmes, des enfans, aux plaintes des malades, & au deſeſpoir des plus timides: on les embarque dans la chalouppe, & dans l'eſquif: ſur les dix heures du matin, on ſ'apperceût que le Vaiſſeau eſtoit entre-ouuert; ils redoublent leur diligence pour tirer le pain de la ſoute, & le porter ſur le tillac; car pour ce qui eſt de l'eau, ils ne ſongeoient pas qu'ils en peuſſent auoir de beſoin à terre dans l'extremité de ce danger; ce qui le retardoit le plus fut la brutalité de pluſieurs de l'equipage, qui ſe gorgerent de vin qui eſtoit à l'abandon: ſi bien que l'on ne pût faire cette journée-là que trois voyages, & porter à terre enuiron cent quatre-vingt perſonnes, vingt barils de pain, & quelques petits barils d'eau. Le Maiſtre vint ſur le ſoir au Vaiſſeau, & dit au Commandant qu'il eſtoit inutil de porter dauantage de viures dans l'Iſle, que ceux de l'Equipage les diſſipoient; Pelſart y paſſe dans la Chalouppe pour y mettre ordre, il trouue qu'il n'y auoit point d'eau dans

La ſoute eſt l'endroit du vaiſſeau où l'on met le pain, ce mot auſſi ſignifie l'endroit où l'on met les poudres, que l'on appelle la ſoute des poudres.

l'Isle; & comme il reuenoit pour y en faire transporter auec les marchandises les plus precieuses du Vaisseau, il s'éleua vn grand vent qui l'obligea de relâcher au lieu d'où il estoit party.

Tout le cinquiéme iour du mesme mois fut employé à transporter de l'eau & des marchandises à terre; le Commandant dans l'Esquif & le Maistre dans la Chalouppe voulurent retourner au Vaisseau, mais ils trouuerent que la mer brisoit si rudement contre, qu'il estoit impossible d'en aborder; le Charpentier se jetta hors du Vaisseau à la nâge pour les venir trouuer, & leur dire l'extremité où ils estoient: on le renuoye, auec ordre de dire à ceux qui y estoient restez, qu'ils ramassassent le plus de planches qu'ils pourroient, qu'ils les attachassent ensemble, & les jettassent à la mer afin qu'on les pût repescher & faire des nâgeoires à la Chalouppe ou à l'Esquif: mais le mauuais temps augmenta tousiours, & obligea le Commandant de retourner à l'Isle, laissant auec vne grande douleur son Lieutenant & soixante & dix hommes dans le Vaisseau, à la veille de se perdre: ceux qui estoient passez dans la petite Isle, n'estoient pas en beaucoup meilleur estat; car ayant fait le compte de leur eau, ils n'en trouuerent qu'enuiron quatre-vingt pintes pour quarante personnes qu'ils estoient: ils en auoient encore beaucoup moins dans la grande Isle, où cent quatre-vingts hommes s'estoient sauuez: ceux de la petite Isle murmurent, & se plaignent de ce que les Officiers ne vont pas chercher de l'eau dans les Isles voisines; on represente la necessité de le faire à Pelsart: il se rend à leurs remonstrances; mais il leur dit qu'auparauant de partir, il veut communiquer cette resolution à l'autre trouppe; il eust de la peine à les y faire consentir, car le Maistre du Vaisseau apprehendoit que ceux de cette trouppe ne le retinssent auec eux: ils luy accorderent enfin, apres qu'il se fut expliqué qu'il ne pouuoit pas sans le consentement de cette trouppe aller chercher de l'eau, & qu'autrement il estoit resolu de mourir auprés de son Vaisseau; mais quand il fut proche de l'Isle, celuy qui commandoit le Batteau luy dit, que s'il auoit quelque chose à dire il le pouuoit crier, & qu'il ne souffriroit pas qu'il sortit du Batteau: comme le Commandant se voulut jetter à l'eau pour gagner l'Isle, il le retint, & cõmanda à ses gens de ramer & de s'en éloigner, ainsi il fut obligé de retourner, apres auoir laissé ces mots écrits sur la fueille d'vne tablette, qu'il partoit auec l'Esquif pour chercher de l'eau dans les terres ou Isles qu'il trouueroit les plus proches; ils en chercherent d'abord le long des costes des Isles; ils trouuerent bien de l'eau dans quelques creux des roches de ces Isles, mais l'eau de la mer qui brise contre s'y estoit mélée, & par cette raison elle n'estoit pas propre à leurs besoins, cela les fit resoudre d'en aller chercher plus loin.

L'Hollandois du Svvardez, ce sont deux planches attachées à des cordes que l'on laisse aller tantost d'vn costé tantost de l'autre, pour tenir le batteau plus droit contre la vague.

Ils firẽt vn pont à leur Batteau; car ils n'auroiẽt pas pû faire cette Nauigatiõ dãs vn bâtimẽt découuert. Il leur vint encore quelques-vns de l'Equipage qui se joignirẽt à leur trouppe pour le mesme dessein: & apres qu'il eut fait souscrire cette resolution par tous ceux de sa trouppe, ils se mirẽt à la mer, & prirent hauteur qu'ils trouuerẽt de vingt-huict degrez treize minutes; Ils eurẽt quelque-tẽps apres la veuë de la terre-ferme, elle gisoit selon leur estime à six milles au Nord-quart-à-l'Oüest du lieu où ils auoient fait naufrage; ils trouuerent vingt-cinq ou trente brasses d'eau; & comme la nuict approchoit, ils s'éloignerent de la coste qu'ils reuinrent chercher apres minuit. Le neufiéme matin ils estoient à trois milles de la coste, selon leur estime; ils firent cette journée-là quatre ou cinq milles en plusieurs bordées, tantost au Nord, tantost à l'Oüest, la coste gist Nord-quart-à-l'Oüest; elle est basse, sans arbres, & pleine de rochers, & à peu prés de la mesme hauteur que la coste de Douure; ils virent vne petite anse, & au fonds des sables: ils voulurent entrer dedans; mais comme ils en approcherent, ils trouuerent que la mer brisoit trop rudemẽt; & le temps deuenãt plus fâcheux, ils furent obligez de s'en éloigner.

Firent vn pont, c'est à dire ils couurirent leur batteau, ainsi on dit vn Vaisseau à deux ponts, à trois ponts.

Le dixiéme, ils se tinrent sous le mesme parage, louiant tantost d'vne bordée, tantost de l'autre: enfin, la mer estant fort agitée, ils se resolurent d'abandonner leur Chalouppe, & mesme de jetter vne partie du pain qui estoit dans leur Batteau, qui les empeschoit de tirer l'eau qu'il faisoit de tous costez. Il pleût beaucoup cette nuict-là, & ils espererent que leurs gens estans demeurez dans les Isles, en tireroient vn grand soûlagement. Le onziéme, le vent s'appaisa, il estoit Oüest-Sud-Oüest: ils prirent leur route vers le Nord; car la mer qui estoit fort agitée, les obligeoit à s'éloigner des terres. Le douziéme, ils prirent hauteur, la trouuerent de vingt-sept degrez: ils coururent le long de la coste par vn Sud-Est; mais ils ne l'a pûrent aborder tant elle estoit escarpée, sans aucune anse ny terre au deuant comme il s'en trouue ordinairement deuant les costes; de loin, la terre leur parut fertile & pleine d'herbes. Le treiziéme, ils prirent hauteur de vingt-cinq degrez quarante minutes, ce qui leur fit connoistre que le courant de l'eau les auoit portez vers le Nord, là ils se trouuerent vis-à-vis d'vne ouuerture où la coste gist Nord-Est; leur course ce jour-là fut vers le Nord, la coste estoit d'vne roche rouge toute d'vne mesme hauteur sans aucune terre au deuant, & à cause des vagues qui rompoient contre, il leur fût impossible d'y aborder.

Le quatorziéme bon frais au matin, qui calma sur le haut du iour, la hauteur vingt-quatre degrez, le vent Est: les marées les portoient plus qu'ils ne vouloient vers le Nord; car leur dessein estoit de chercher vne descente, & faisoient par cette raison petites voiles le long de cette coste; & ayant de loin apperceu de la fumée, ils ramerent vers le lieu où ils l'a voyoient, esperant d'y trouuer des hommes, & par consequent de l'eau: ils trouuerent que la coste estoit escarpée, pleine de roches, & la mer fort grosse, ce qui leur firent perdre l'esperance d'en pouuoir aborder; enfin, six de leurs hommes se fians sur l'addresse qu'ils auoient à nâger, sauterent hors le bord, & auec beaucoup de peine & de dangers gagnerent enfin la terre, le Batteau demeurant cependant à l'ancre à vingt-cinq brasses de fonds: ces gens employerent tout ce iour à chercher de l'eau; & cependant qu'ils alloient d'vn costé & d'autre pour en chercher, ils apperceurent quatre hommes qui s'approchoient d'eux à quatre pattes; vn de nos gens ayant paru proche d'eux sur vne hauteur, ils se leuerent & prirent la fuite, en sorte que ceux-mesmes qui estoient dans l'Esquif les pûrent voir fort distinctement. Ces hommes sont sauuages, noirs, tout à fait nuds, ne couurans pas mesme les parties que presque tous les autres Sauuages se couurent; n'y ayant plus d'esperance de trouuer là de l'eau, ils reuinrent au Batteau à la nâge, blessez & meurtris des coups qu'ils auoient receus des vagues & des rochers; on leua l'ancre, on continua de faire petites voiles tousiours le long de la coste, se tenant neantmoins hors des battures, & esperant trouuer quelque lieu plus propre pour l'aborder.

Sauuages de la terre Australe.

Le quinziéme sur le matin, ils découurirent vn Cap, & à sa pointe vn recif ou chaîne de rochers qui poussoient bien vn mil en mer, & vn autre recif le long de la coste; ils entrerent entre ces roches à cause que la mer leur y paroissoit peu agitée; mais ils trouuerent que ces rochers faisoiēt vn cul de sac, & qu'il n'y auoit point de sortie. Sur le midy, ils virent vne ouuerture où la mer estoit assez tranquille; mais il estoit dangereux de s'y engager, car il n'auoit pas plus de deux pieds d'eau, & beaucoup de pierres; tout le long de cette coste est sur le deuant vne table de sable qui peut auoir vn mil de largeur. Estans arriuez à terre, l'on se mit à creuser des puits dans cette auant-coste; mais l'eau qu'ils y trouuerent estoit sallée: à la fin, on trouua dans les pierres creuses du rocher, de l'eau douce de pluye, ce qui leur fût vn grand secours; ils se mourroient de soif, & n'auoient eu pour ration les iours precedens qu'vn peu plus de demy-septier d'eau; ils en ramasserent bien cent soixante pintes durant toute la nuict qu'ils y demeurerent; il y auoit eu quelque-temps auparauant des Sauuages en cét endroit, car ils y trouuerent des restes d'écreuisses & des cendres.

Le 16. au matin, ils resolurent de retourner encore à terre, dans l'esperance de pouuoir ramasser vne plus grande quātité d'eau dans les roches, puisqu'il ne leur reſtoit point d'eſperance d'en trouuer ailleurs; mais il y auoit fort long-tẽps qu'il n'y auoit pleû, car ils n'en trouuerẽt point: & la terre qu'ils découurirẽt au delà des roches qui bordẽt la coſte ne leur en promettoit point; c'eſt ou vne raze cãpagne ſans herbes ny arbres, où ils ne voyoient que de grands tas de fourmils; mais ſi grands, qu'on les auroit pris de loin pour des maiſons d'Indiẽs; ils y trouuerẽt vne ſi ẽtrãge quãtité de mouches, qu'ils eſtoiẽt fort empéchez à ſ'en deffendre. Ils virent de loin huict Sauuages, chacun d'eux auoit vn baſton à la main; ils en approcherẽt à la portée d'vn mouſquet: mais comme ils virent que les noſtres venoient à leur rencontre, ils prirent la fuïte: enfin, voyant qu'il n'y auoit plus d'eſperance de trouuer de l'eau, ils ſe reſolurent ſur le midy de quitter cette coſte, & ſortirent par vne autre ouuerture de ce recif qui eſt plus auancée vers le Nord; car ayant pris hauteur vingt-deux degrez dix-ſept minutes, leur deſſein eſtoit de chercher la riuiere de Iacob Remmeſſens; mais le vent venant du Nord-Eſt, ils ne pûrent pas ſuiure plus long-temps la coſte; tellement qu'ayant conſideré qu'ils eſtoient à plus de cent milles du lieu du naufrage, & qu'ils auoient trouué ſi peu d'eau qu'à peine en auoient-ils pour ſubſiſter, ils ſe reſolurent de gagner le plus viſte qu'ils pourroient Battauia, pour aduertir le General de leur mal-heur, & ſolliciter le ſecours pour leurs gens qu'ils auoient laiſſez dans les Iſles.

Le dix-ſeptieſme, le broüillard les empeſcha de prendre hauteur à Midy; ils firent enuiron ce jour-là quinze milles auec vn vent Nord-Oüeſt-au Nord, bon frais, temps ſec; la route eſt Nord-Eſt.

Le dix-huictieſme, ils ne peurent encore prendre de hauteur à Midy; mais ſelon leur eſtime, ils firent dix milles par vn vent Oüeſt-Nord-Oüeſt; le temps rude, grande pluye auec vn grand vent, lequel, ſur le Midy, venoit du Nord-Eſt vn peu vers le Nord; leur Courſe fût à l'Oüeſt; Ce meſme temps dura encore le dix-neuf, tellement qu'ils ne peurent point encore prendre de hauteur, ſelon leur eſtime, ils firent enuiron ſept lieuës, leur route Nord-Nord-Eſt, le vent Nord Oüeſt à Oüeſt.

Le vingtieſme ils ſe trouuerent ſous la hauteur de dix-neuf degrez vingt-deux minutes; ils auoient fait, ſelon leur eſtime, vingt-deux milles, la route Nord, le vent Oüeſt-Sud Oüeſt auec vn petit frais meſlé de pluye.

Le vingt-vnieſme ils creurent auoir fait vingt-trois mil la route Nord, le vent changeant quelquesfois du Sud-Oüeſt au Sud-Eſt, quelquesfois bon frais, ſuiuy apres de calme.

Le vingt-deuxieſme hauteur ſeize degrez dix minutes, ce qui les eſtonna extrêmement, ne ſe pouuant imaginer, comment en ſi peu de temps, ils auoient pû hauſſer tant de degrez; il y a apparence que la marée les portoit fortement vers le Nord; ſelon leur eſtime ils auoient fait vingt-quatre milles, la route Nord d'vn petit frais qui venoit le plus ſouuent du Sud-Eſt.

Le vingt-troizieſme ils ne peurent prendre de hauteur, ſelon leur eſtime, ils auoient fait ſeize milles, la route Nord à l'Oüeſt, le vent, ce iour-là, virant quelquesfois de l'Eſt à l'Oüeſt, temps variable, pluuieux, meſlé de calmes; le vent ſur le ſoir, Sud-Sud-Eſt.

Le vingt-quatrieſme, temps ſec, bon frais, le vent Sud-Eſt au Sud; ils ſe trouuerent à Midy ſous la hauteur de treize degrez dix minutes: la route Nord à l'Oüeſt vingt-cinq milles.

Le vingt-cinquieſme le vent Sud-Eſt, le temps ſec, bon frais, la hauteur vnze degrez trente minutes, ſelon leur eſtime, ils auoient auancé trente & vn mille: Nord à l'Oüeſt; ils virent, ce iour, beaucoup de Vareck.

Le vingt-ſixieſme hauteur neuf degrez cinquante-ſix minutes; le vent Sud-Eſt, le temps ſec; ils auoient auancé Nord à l'Oüeſt vingt-quatre milles.

Le vingt-ſeptieſme le vent Sud-Eſt, le temps pluuieux, tellement qu'ils ne peurent prendre hauteur: Apres midy ils virent les terres de Iaua, à la hauteur, comme ils se l'imaginerent de huit degrez en estant à quatre ou cinq milles : ils dresserent leur course, Oüest-Nord-Oüest, le Long de la Coste jusqu'au soir qu'ils découurirent vne pointe au deuant de laquelle estoit vne Isle pleine d'arbres ; ils firent voile vers cette pointe, sur la brune ils trouuerent vn Golphe, ils y entrerent suiuant la route du Nord-Nord-Oüest, y ietterent l'anchre à huit brasses d'eau, fonds dur & y passerent toute la nuict.

Ils leuerent l'ancre le vingt-huit au matin & ramerent vers terre pour chercher de l'eau ; car la soif les auoit réduits à l'extremité : Ils trouuerent heureusement vne eau courante, ils en estancherent leur soif & en remplirent leurs barils, & apres midy reprirent leur route vers Batauia.

Le vingt-neuf apres minuict, au second quart, ils virent deuant eux vne Isle qu'ils laisserent à leur stir-bord ou main droite ; à la pointe du iour ils se trouuerent proche de l'anse qui est du costé de l'Oüest, de là ils coururent Oüest-Nord-Oüest : en faisant cette route l'on s'éloigne de la coste qui est au fonds de cette anse, qu'on retrouue auant que d'arriuer aux Isles Trowuens. Sur le midy ils se trouuerent sous la hauteur de six degrez quarante-huict minuttes, & selon leur estime ils auoiet fait trente milles, leur route Oüest-Nord-Oüest à trois heures apres midy : ils passerent entre ces deux Isles, & virent sur celle qui est le plus à l'Oüest beaucoup d'arbres de Cocos. Sur le soir, ils estoient encore éloignez d'vn mille de la pointe du Sud de Iaua, & à la troisiéme horloge du second quart ils se trouuerent justement entre Iaua & l'Isle des Princes.

Le trentiéme au matin ils estoient sous la coste de l'Isle des Princes, ne firent ce jour-là que deux milles. Sur le soir il s'éleua vn petit vent de terre.

Dwaers-in-den-wegh, signifie l'Isle qui est au trauers du chemin.

Le premier Iuillet le temps calma, & à midy estoient encore bien éloignez de trois lieuës de l'Isle Dwaers-inden-wegh, les vents inconstans : Sur le soir, ils s'éleuerent du costé du Nord-Oüest, si bien qu'ils gagnerent l'Isle que ie viens de dire. Le soir fut calme, & ils furent obligez de ramer.

Le deuxiéme au matin estans au trauers de l'Isle Toppers-hoëtien, ils furent obligez d'y demeurer à l'ancre iusques sur les onze heures, & d'y attendre le vent de la mer, mais il s'en leua fort peu ; si bien qu'il fallut encore ramer, & au soir trouuerent qu'ils n'auoient auancé que deux milles : Sur le coucher du Soleil, ils virent derriere eux vne voile au trauers de l'Isle Dwaers-inden-wegh, ils gagnerent la coste, & y jetterent l'ancre, resolus de l'attendre. Le matin ils allerent aborder ce Vaisseau, esperant en tirer du secours & des armes pour se deffendre de ceux de Iaua, si ils estoient en guerre auec les Hollandois : Ils le trouuerent accompagnez de deux autres Vaisseaux de la Compagnie, sur l'vn desquels estoit Ramburgh Conseiller de cette Compagnie : Pelsart passa dans son Vaisseau, luy conte auec douleur l'accident qui luy estoit arriué, & fut auec luy à Batauia.

Cependant qu'il sollicite le secours, ie retourneray à ceux de l'Equipage qui estoient demeurez dans les Isles ; mais ie vous dois dire auparauant que le sous-Marchand nommé Ierosme Cornelis, autrefois Apoticaire de Harlem, auoit dés la coste d'Affrique complotté auec le Pilotte & quelques-autres, de se rendre maistre du Vaisseau, & de le mener à Dunkerque, ou de s'en seruir pour courre le bon bord : Ce sous-Marchand demeura dans le débris dix iours apres que le Vaisseau eut échoüé, ne trouuant point de moyen de gagner la terre ; il passa mesme deux iours sur le grand Mast qui flottoit ; & de là s'estant mis sur vne vergue, gagna enfin la terre. Il deuoit commander en l'absence de Pelsart, & crût que ce cōmandement estoit vne bōne occasion d'executer son premier dessein, qu'il luy seroit aisé de se rendre maistre de ce qui estoit resté du débris, & de surprendre le Commandant lors qu'il arriueroit auec le secours qu'il estoit allé querir à Batauia, & de croiser ces Mers auec son Vaisseau : pour y paruenir, il falloit se défaire de ceux de l'Equipage qui n'estoient point de son party ; mais auparauant que de mettre la main dans le sang, il fit signer à ses complices vne espece de Complot, par lequel ils se promettoient fidelité les vns aux autres. Tout l'Equipage estoit diuisé en trois Isles ; dans celle de Cornelis, qu'ils auoient appellée le Cimetiere de Battauia, estoit la plus grande trouppe : Vn nommé Vveybe-hays auoit esté enuoyé dans vne autre pour chercher de l'eau, & en auoit trouué apres l'auoir cherchée vingt iours ; Vveybe-hays fit le signal qu'il auoit concerté, par trois feux qu'il alluma, mais inutilement ; car ils ne furent point apperceus par les gens de la grande trouppe de Cornelis, parce que durant ce temps-là, les conjurez égorgeoient ceux qui n'estoient pas de leur party, ils en tuerent trente ou quarante ; quelques-vns se sauuerent sur des pieces de bois qu'ils joignirent ensemble, & vinrent trouuer Vveybe-hays, luy dirent l'horrible massacre qui s'estoit fait ; il auoit auprés de luy quarante-cinq hommes, il se resolut de se tenir sur ses gardes, & de se deffendre de ces assassins s'ils vouloient attenter sur sa trouppe ; comme en effet, ils en auoient le dessein, & de traiter de mesme vne autre troupe ; car ils apprehendoient que ceux de la troupe d'Hay ou de l'autre qui estoient dans vne troisiéme Isle, n'auertissent le Commandeur lors qu'il arriueroit, & n'apportassent quelque empeschement à leur dessein. Ils vinrent aisément à bout de cette derniere trouppe qui estoit la plus foible ; ils y tuerent tout, à l'exception de sept enfans & de quelques femmes ; ils esperoient venir à bout auec la mesme facilité de la trouppe de Vveybe-hays, & cependāt ouurirent les caisses des marchāds qu'on auoit sauuées du vaisseau. Ierôme Cornelis fit faire de riches étoffes qui y estoiēt, des habits pour la troupe, se choisit des gardes qu'il fit habiller d'écarlatte auec deux grandes dentelles d'or & d'argent ; & comme si les femmes eussent esté vne partie du butin, en prend vne pour luy, donna vne des filles du Ministre à vn des principaux de sa trouppe, & abandonna à l'vsage public les trois autres ; il fit mesme quelques Reglemens pour la maniere dont elles deuoient seruir.

Apres ces horribles executions, il se fait élire Capitaine general, par vn Acte qu'il fit signer à tous ceux de son party ; enuoya en suite vingt-deux hommes sur deux Chalouppes, pour deffaire la trouppe de Vveybe-hays ; mais ils furent repoussez : il y va luy-mesme auec trente-sept hommes ; Vveybe-hays le vient receuoir au débarquement jusques dans l'eau, & le fait retirer, quoy qu'il n'eut point d'autres armes que des bastons dont il auoit armé le bout auec des cloux : la force ne luy reüssissant point, il a recours à d'autres moyens ; on propose vn Traité de Paix ; le *Domine* qui estoit du costé de Vveybe en fit les allées & les venuës : elle est concluë, à condition qu'il laisseroit en repos la trouppe de Vveybe, qui de son côté luy feroit rendre vn petit Batteau auec lequel vn Matelot s'estoit sauué de l'Isle où estoit Cornelis, dans celle de Vveybe, & qu'on donneroit à Vveybe de l'estoffe pour habiller ses gens : cependant que l'on va & vient, Cornelis écrit à quelques soldats François qui estoient de sa trouppe, leur offre à chacun six mille liures pour les corrompre, esperant qu'auec cette intelligence il luy seroit aisé de venir à bout de son dessein. Les Lettres ne font point d'effet, on les fait voir à Vveybe ; & Cornelis qui ne sçauoit pas qu'elles fussent découuertes, estant venu le lendemain auec trois ou quatre autres trouuer Vveybe, & luy porter les habits, Vveybe le fait charger, tuë deux ou trois de sa trouppe, & le retient prisonnier. Vn nommé Vvouter-los qui s'estoit sauué de cette déroute, vint le lendemain pour luy donner vn nouuel assaut ; mais auec aussi peu de succez. Pelsart arriue dans ces entrefaites sur la Fregate Sardam ; il approche du débris, & remarqua de loin de la fumée dans l'vne des Isles ; ce qui luy fut vne grande consolation, voyant par là que tout son monde n'estoit pas mort : il jette l'ancre, & se met aussitost dans l'Esquif auec du pain & du vin, & va descendre dans l'vne des Isles ; vn Esquif y aborde presque en mesme temps armé de quatre hommes ; Vveybe qui estoit l'vn de ces quatre court à luy, luy dit le massacre, & l'auertit de retourner au plustost à son Vaisseau, que l'on auoit dessein de surprendre ; que les conjurez auoient tué cent vingt-cinq personnes, & qu'ils le deuoient attaquer auec deux

Chalouppes; qu'il auoit esté le matin de ce iour-là aux mains auec eux; Pelsart découure en même tẽps les deuxChaloupes qui venoient à luy;il fut plustost dans son Vaisseau qu'elles ne l'eurent abordé; il void ces gens couuerts de dentelles d'or & d'argent,& les armes à la main; il leur demande pourquoy ils abordent le Vaisseau les armes à la main; leur réponce fut qu'ils le luy diroient quand ils seroient dans le Vaisseau; il leur commanda de ietter leurs armes à la mer, autrement il les menace de les couler à fonds; il fallut obeyr, ils iettent leurs armes, on les fait entrer dans le Vaisseau, où on leur mit aussi-tost les fers aux pieds: Vn nõmé Iean de Brémen qui fut examiné le premier, confessa qu'il auoit mis à mort, ou aydé à assassiner, vingt-sept personnes; le soir mesme Vveybe amena à bord son prisonnier.

Le dix-huictiéme Septembre, le Commandeur auec le maistre Pilote furent prendre auec des Batteaux dix hommes de la trouppe de Vveybe, auec lesquels ils passerent à l'Isle de Cornelis; ceux qui y estoient demeurez perdirent courage, aussi-tost qu'ils le virent aborder, & se laisserent mettre aux fers; le premier des soins du Commandant fut de faire chercher les pierreries qui estoient dispersées çà & là. On trouua tout dés la premiere recherche à l'exception d'vne chaisne d'or & d'vne bague,& encore trouua-t'on depuis la bague; l'on vient aprés au débris, le Vaisseau estoit en cent pieces, la quille d'vn costé eschoüée sur vn sable, vne partie du deuant du Vaisseau sur vne roche,& d'autres pieces çà & là qui donnoient peu d'esperance à Pelsart de sauuer quelque chose des marchandises de la Compagnie: le Boutillier luy dit qu'il y auoit bien vn mois que d'vn beau iour qu'estoit le seul qu'ils eussent eû, en tout ce temps-là,estant allé pescher assez proche du débris, il auoit auec le bout d'vne picque donné contre vne des caisses pleine d'argent.

Le dix-neufiéme on porta à l'Isle les autres Complices pour les examiner.

La particularité de cette eau est remarquable.

Le vingtiéme on enuoya à la troupe de Vveybe diuerses choses dont elle manquoit, & on en rapporta de l'eau. Car apres auoir esté dix jours dans l'Isle sans en trouuer, ils s'auiserent de gouster de celle qui estoit dans deux puits qu'ils croyoient salée,à cause qu'elle haussoit & baissoit auec la Marée,& cependant elle se trouua bonne à boire.

Le vingt & vniéme ils trouuerent que la Marée estoit fort basse,& le vent d'Est-Sud-Est si grand,que le Batteau ne peût sortir de tout ce iour-là.

Le vingt-deuxiéme ils voulurent reconnoistre de plus prés le débris; la mer brisoit si rudement contre,que les Nageurs mesmes n'oserent en approcher.

Le vingt-cinquiéme,le Maistre du Vaisseau & le Pilote en approcherent par vn beau temps; ceux qui estoient à terre remarquerent,qu'ils estoient empeschez à tirer quelque chose;on leur enuoya du secours, le Commandant y va luy-mesme, ils auoient trouué vne caisse pleine d'argent:On en trouua vne seconde,on mît ces deux à sec,& on n'en pût pas pescher dauantage de tout ce iour-là à cause du mauuais temps, quoy que les Plongeurs du Guzarat asseurassent qu'ils en auoient trouué six autres qui se pouuoient tirer aisément.

Le vingt-sixiéme l'apresdînée, le temps estant beau & la Marée fort basse, le Maistre alla au lieu où on auoit remarqué les caisses, en rapporta trois, & mît vn anchre & vne piece d'artillerie pour marquer l'endroit où ils en laissoient vne quatriéme qu'ils ne peurent tirer,quelque effort qu'ils fissent.

Le vingt-septiéme il fit vn vent de Sud fort froid.

Le vingt-huictiéme,le mesme vent;& comme il ne permettoit pas de trauailler aupres du débris, le Commandeur fit assembler le Conseil pour déliberer si l'on iugeroit les Criminels, ou si on les transporteroit à Battauia pour y estre jugez par les Officiers de la Compagnie; leur grand nombre, & la jalousie des grandes richesses que l'on auoit tirées du naufrage,& dont la fregate estoit chargée,fit que la pluralité des voix alla à les iuger & faire executer sur le lieu, ce qu'ils firent.

Descouure

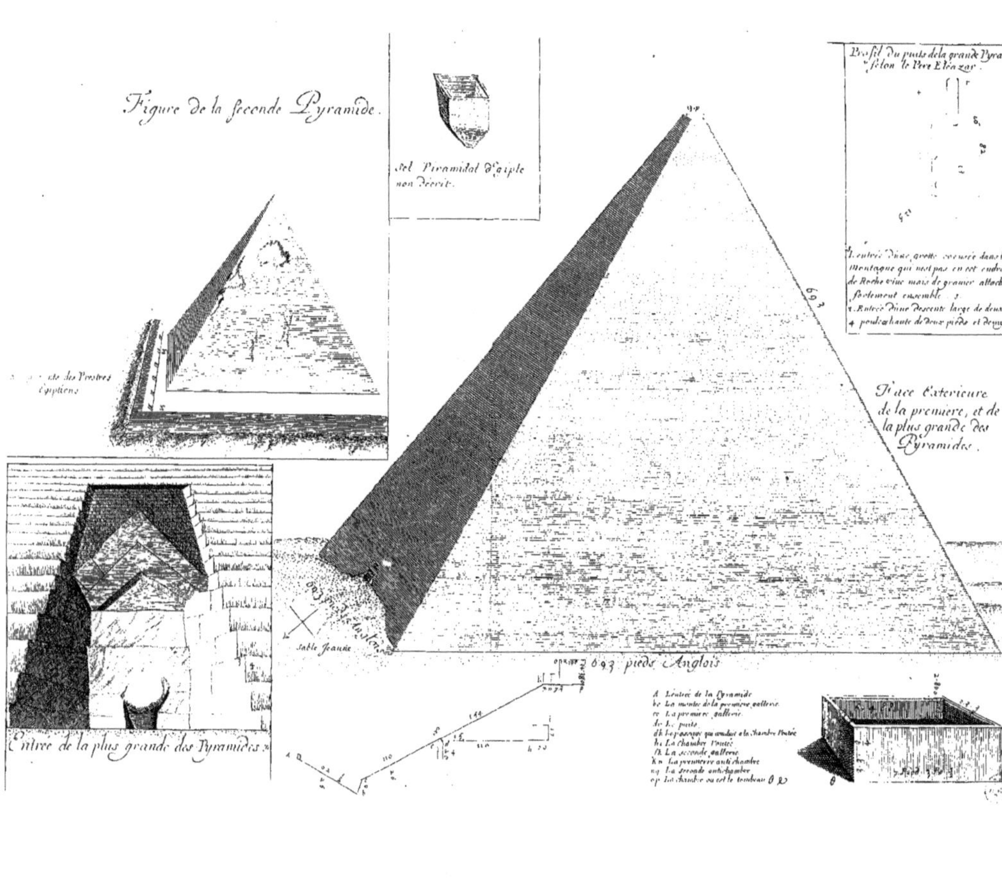

Figure de la seconde Pyramide.
Sel Piramidal d'Egipte non décrit.
Profil du puits de la grande Pyramide selon le Pere Eléazar.
L'entrée d'une grotte creusée dans la Montagne qui n'est pas en cet endroit de Roche vive mais de gravier attaché fortement ensemble
Entrée d'une descente large de deux pieds 4 poulces haute de deux pieds et demy
Face Exterieure de la premiere, et de la plus grande des Pyramides.
693
693 pieds Anglois
Sable Jeaune
Entrée de la plus grande des Pyramides.
A L'entrée de la Pyramide
bc La montée de la premiere gallerie
ce La premiere gallerie
de Le puits
dh Le passage qui conduit a la chambre voutée
hi La chambre voutée
fk La seconde gallerie
kn La premiere antichambre
nq La seconde antichambre
op La chambre ou est le tombeau

DESCRIPTION DES PYRAMIDES D'EGYPTE, par Iean Greaues, Professeur en Astronomie en l'Vniuersité d'Oort.

A quelle fin les Pyramides ont esté basties, & de la maniere des Egyptiens d'embaûme les corps.

Es Anciens qui ont parlé des Pyramides, sont tous d'accord qu'elles ont esté basties pour seruir de Monumens; Diodore & Strabon le disent clairement, les Arabes confirment la mesme chose; & le tombeau qu'on void encore aujourd'huy dans la plus grande Pyramide, soit qu'il soit de Cheops, comme dit Herodote, ou de Chemmis selon Diodore, met la chose hors de doute.

C'est vne recherche curieuse, de sçauoir pourquoy les Roys d'Egypte entreprirent ces grands Bastimens. Aristote dit que ç'a esté pour exercer leur tyrannie: Pline croid qu'ils les ont bastis en partie par ostentation de leur puissance, & aussi pour tenir leurs Sujets occupez, & les diuertir des pensées de reuolte. Quoy que la raison que Pline rapporte ait pû entrer en consideration, toutesfois selon mon sens, elle n'a pas esté la principale. Pour moy, ie croy l'auoir trouuée dans la Theologie des Egyptiens; Seruius lors qu'il explique ce vers de Virgile

—————————— *animamque Sepulchro*
condimus ——————————

dit que les Egyptiens croyoient que l'ame demeuroit attachée au corps tant qu'il demeuroit en son entier; Que les Stoïciens estoient de la mesme opinion; les Egyptiens, ce dit-il, embaûment leurs corps, afin que l'ame ne s'en separe pas si tost pour passer dans vn autre corps. Les Romains au contraire les brûlent afin que l'ame puisse plustost retourner à son principe, & se reünir à son Tout. C'est pour conseruer les corps plus long-temps, que les Egyptiens ont inuenté ces precieuses compositions dont ils les embaûment, & qu'ils leur ont basty de si superbes Monumens, esperant par là les preseruer de la pourriture, & les rendre en quelque façon eternels.

Herodote, parlant en son troisiéme Liure de la cruauté de Cambise, qui fit tirer du tombeau le corps d'Amasis Roy d'Egypte, pour le faire foüetter & le traiter auec toute sorte d'ignominie, dit qu'on le brûla; ce qui estoit contraire à sa Religion: car les Persans adorent le feu comme vn Dieu, & tiennent qu'il y a de l'irreligion de luy faire consumer le cadavre d'vn homme. Les Egyptiens au contraire, croyent que le feu est vne creature viuante, qui deuore ce qu'on luy presente, & meurt apres auec ce qu'elle a deuoré. *Ils les embaûment ou sallent*, pour empescher que les vers ne les consomment, le mot Grec dont il se sert est ταριχεύειν Baruch & Platon s'en sont seruy dans la mesme signification; & Lucien en vn endroit dit, les Grecs brûlent leurs morts, les Persans les enterrent, les Indiens les oignent de graisse de porc, les Barbares les mangent, & les Egyptiens les sallent & les embaûment: C'est de là que vient l'allusion que Marc-Aurelle fait sur le mot de τάριχον; ce qui estoit hyer, ce dit-il, vn excrement, deuient τάριχος, vn corps embaûmé, ou est reduit en cendres. Outre que l'embaûmement rendoit le corps aussi dur que du marbre, l'ame, selon leur Religion, y demeuroit vnie: ce qui donna sujet à Platon, qui demeura en Egypte auec Eudoxus l'espace de treize ans, de tirer vne induction de cette longue durée des corps, pour prouuer l'immortalité de l'ame; son argument auroit encore plus de force en ces temps, car deux mille ans apres luy ie les ay trouuez fort entiers & fort durs. Saint Augustin asseure là dessus, que les Egyptiens estoient les seuls

Baruch 6.71. Plato. Phædon. Lucian. de luctu.

Strab. l. 17.

Dans la glosse d'Isidore de l'édition de Vulcanius. *Gabares mortuorum.*

qui creüssent la Resurrection ; ils preparent, ce dit-il, soigneusement leurs corps morts, & les rendent aussi durs que s'ils estoient de bronze ; ils appellent dans leur langue ces corps ainsi preparez, Gabbares.

Leur maniere d'embaûmer les corps, autant que j'en puis juger par ceux que j'ay veu est décrite fort curieusement & fort fidelement dans Herodote & dans Diodore, c'est pourquoy ie rapporteray icy tout ce qu'ils en ont dit.

Leur dueil & leurs sepultures se font en cette maniere : S'il est mort en quelque maison quelque personne considerable, toutes les femmes du logis se frottent de boüe la teste & le visage, & puis ayant laissé le mort à la maison, elles courent par toute la ville ceintes par le milieu du corps & la gorge descouuerte. Ainsi ayant auec elles leurs plus proches parentes, elles pleurent, elles font des lamentations, elles se battent la poitrine. D'vn autre costé les hommes font la mesme chose, & sont ceints par le milieu du corps, & descouuerts comme les femmes. Apres cette ceremonie ils portent embaumer le corps, car il y a certains hommes qui en font mestier. Quand on leur apporte le corps, ils monstrent à ceux qui l'ont porté des images de morts faites de bois peint, & disent que celle-là est la mieux faite, dont il ne seroit pas bien-seant de dire le nom ; que la seconde qu'ils monstrent est moindre pour l'ouurage & pour le prix, & que la troisiéme est la moindre qui se fasse. Lors qu'ils ont fait cette monstre, ils demandent aux parens sur quel modelle ils veulent qu'on fasse le mort ; & apres auoir conuenu entre-eux & du modelle & du prix, les parens du mort se retirent. Alors on embausme le corps le plus promptement qu'il est possible.* Premierement on tire la ceruelle par les narines, auec des ferremens propres pour cela ; & à mesure qu'on l'a fait sortir, on fait couler en la place des parfums : En suite, ils couppent le ventre vers les flancs, auec vne pierre Ethiopique bien aiguisée, & en tirent les entrailles qu'ils netroyent & qu'ils lauent dans du vin de Palme. Quand ils ont fait cette operation, ils les font encore passer dans vne poudre aromatique ; & en suite, ils les remplissent de myrrhe pure, de casse, & d'autres parfums, excepté d'encens, & les remettent dans le corps qu'ils recousent. Apres toutes ces façons, ils sallent le corps auec du Nitre, & le tiennent dans le lieu où il est sallé durant l'espace de soixante & dix iours, n'estant pas permis de l'y tenir plus long-temps. Lors que les soixante & dix iours sont accomplis, & qu'on a encore laué le corps, ils l'enueloppent auec des bandes faites de fin lin, & qu'ils frottent par dessus auec vne gomme, dont les Egyptiens se seruent ordinairement au lieu de sel.*

* Ayant fait ouurir la teste d'vn de ces corps embaûmez, ie trouuay dans le crane deux liures de ces drogues qui auoient la consistance, la noirceur & l'odeur de Bithume ou de poix, & qui se fondoit à la chaleur du Soleil ; il falloit necessairement qu'on les y eust fait entrer, comme dit Herodote, par les narines, la langue de cette Mommie ne pesoit que sept grains, tant estoit legere cette partie qu'il appelle vn monde de mal-heurs.

*Dãs la traduction Angloise de cét endroit d'Herodote, il y a au lieu de Glué.

Ces Bandes, autant que j'en ay pû juger par celles que j'ay veuës, estoient de lin, & de la mesme matiere que l'habit des Prestres d'Egypte ; car Herodote en son second Liure dit, que les Egyptiens auroient fait scrupule de se faire enterrer auec des habits de laine, ou de s'en seruir dans leurs Temples ; & Plutarque dans son Liure d'Izis & d'Osiris, remarque que les Prestres d'Izis portoient des habits de lin, & estoient rasez ; c'est par cette mesme raison qu'Ouide dit,

—— *Nec tu liuigeram fieri quid possit ad Isim*
Quæsieris. ——

I'ay veu de ces bandes aussi fortes & aussi entieres que si elles eussent esté nouuellement faites : ils lioient les corps morts auec ces bandes, commençans par la teste & finissans aux pieds, & puis en mettoient encore d'autres par dessus, tellement qu'il y en auoit plus de 1000. aulnes pour chaque corps.

b I'ay aussi veu beaucoup de ces coffres ou bierres taillées sur la ressemblãce d'vn hõme, ou plustost sur celle de ces Mommies ; car l'on n'y peut remarquer que la figure de la teste, sans autre distinction de membres, le reste du corps estant representé comme vn tronc qui se termine en vn pied d'estail ; sur lequel, comme rapporte Herodote, ils les tenoient dressez. Ces coffres sont peints auec plusieurs Hieroglyphiques ; j'en ouury deux, & ie trouuay sur les corps qu'ils enfermoient deux petites figures attachées aux bandes de lin, & peintes auec leurs caracteres sacrez ; les couleurs en estoient fort viues & fort fraisches, & entre ces peintures j'en remarquay qui representoiẽt des hõmes, des femmes, auec des testes de faucõs & de chiẽ, entre lesquelles il y auoit de ces mesmes figures assises sur des chaises ; elles estoient la pluspart attachées vers le ventre, à l'endroit des genoux & des jambes : sur les pieds j'y trouuay vne couuerture de lin peinte, qui estoit aussi de la mesme matiere. Ce lin qui couuroit les pieds estoit peint d'Hieroglyphiques, & auoit la façon d'vn soulier ou d'vn patin fort éleué : sur la poictrine estoit vne espece de cuirasse, faite aussi de lin mis en plusieurs doubles : au milieu de ces bandes vers le haut, estoit representée vne femme les bras estendus, & au bout des bras de chaque costé estoit la teste d'vn Faucon bien peinte & dorée. Ils representoient par là la Diuinité, comme dit Plutarque dans son Liure d'Yzis & d'Osiris. Pour l'ame, ils la representoient par vn serpent * qui auoit dans sa gueule la pointe de sa queuë. I'ay beaucoup veu de ces representations grauées dans des pierreries qui se trouuent en Alexandrie ; ils marquent aussi par des Croix l'esperance qu'ils ont de la vie eternelle, comme Ruffin l'explique : I'ay veu beaucoup de ces Croix entre leurs Hieroglyphiques, les vnes peintes, les autres grauées, & quelques-vnes mesme double & triple faites de terre-cuite. Sur vne statuë d'Osiris qui est à Rome, elles sont grauées de la sorte. T

*I'ay trouué dãs vne Mommie vne pierre d'aimant qui representoit vn escarbot, que Plutarq. dit auoir été adoré par les Egyptiens : Moïse appelle leurs dieux stercoreos, l'aymãt n'auoit point perdu sa vertu magnetique.

Ce que Greaues prend pour des Croix, est le Sistre des Egyptiẽs.

Quand les parens ont repris le corps, ils font faire comme vne statuë d'homme de bois creusé, dans laquelle ils enferment le mort ; & apres l'y auoir renfermé, ils le mettent comme vn tresor dans vn coffre,[b] qu'ils dressent de bout contre la muraille. Voila les ceremonies qu'on fait pour les riches : quant à ceux qui se contentent de moins, & qui ne veulent pas faire tant de dépenses, ils les traitent en cette maniere. Ils remplissent vne siringue d'vne liqueur odoriferante qu'on tire du Cedre, qu'ils poussent par le fondement dans le corps du mort sans luy faire aucune incision, & sans en tirer les entrailles, & le tiennent dans le sel autant de temps que les autres. Quand le temps est expiré, ils font sortir du corps du mort la liqueur de Cedre qu'ils y auoient mise ; & cette liqueur a tant de vertu, qu'elle fait fondre les intestins, & les entraîne auec elle. Pour le Nitre, il mange & consomme les chairs, & ne laisse que la peau & les ossemens du mort. Alors, celuy qui l'a embaûmé le rend à ses parens, & ne s'en met pas dauantage en peine.

La troisiéme façon dont on se sert pour embaûmer les morts, est celle qui regarde ceux de la moindre condition ; car on se contente d'en purger & d'en nettoyer le ventre par des lauemens, & d'en faire secher le corps dans le sel durant le mesme temps de soixante & dix iours, afin de le rendre en suite à ses parens. Pour les grandes Dames, & celles qui ont esté belles, ou en quelque consideration, on ne les donne pas à embaûmer aussi-tost qu'elles sont mortes ; mais on attend trois ou quatre iours apres, de peur que les embaûmeurs n'en ayent connoissance : Car on dit qu'autrefois on en surprit vn dans ce crime, auec vne femme qui venoit de mourir, & qu'il fut accusé par son compagnon. Quand on a troué quelque mort, soit Egyptien, soit Estranger, soit qu'il ait esté tué par vn Crocodile, soit qu'il ait esté noyé dans le Nil, la Ville où le corps a esté jetté est obligée de le faire embaûmer, de luy faire de magnifiques funerailles, & de le faire enterrer en lieu saint. Il n'est permis à qui que ce soit de le toucher, pas mesme à ses parens & à ses amis, excepté aux Prestres du Nil qui le touchent & l'enseuelissent comme si c'estoit quelque chose de plus grand & de plus considerable qu'vn homme mort. Au reste, les Egyptiens rejettent les coustumes des Grecs ; & pour tout dire en vn mot, ils ne veulent point receuoir les coustumes des autres peuples, ce qui est inuiolablement obserué par toute l'Egypte. *Voyez les Notes à la fin de ce Chapitre.*

Diodore dit le mesme, mais fort distinctement, selon sa coustume ; lors qu'il meurt quelqu'vn chez les Egyptiens, ses parens & ses amis se jettent de la boüe sur la teste, & courent par les ruës les remplissant de leurs cris, jusqu'à ce que le corps soit enterré ; ils s'abstiennent cependant du bain, de l'vsage du vin, & de toute autre delicatesse ; obseruant mesme durant ce temps-là de ne porter que des habits fort simples ; ils ont trois manieres de preparer le corps de leurs morts, l'vne qui est de tres-grande dépense, l'autre qui couste moins, & vne troisiéme qui se fait à fort peu de frais : la dépense de la premiere est d'vn talent d'argent, la seconde est de vingt mines, & la troisiéme couste fort peu de chose : Ceux qui preparent les corps en font vn mestier qu'ils ont appris de leurs peres ; ils presentent aux parens du deffunt vn memoire de la dépense de chacune de ces manieres de preparer les corps ; & quand ils en sont conuenus, & du prix, on met le corps entre les mains de ceux de cét Art ; celuy qu'ils appellent le Scribe l'estend sur terre, & marque à l'endroit du ventre sur le costé gauche, l'endroit où il faut faire l'incision ; vn autre qu'ils appellent le Coupeur vient apres, & couppe autant de la chair que l'on luy commande, & cela auec vne pierre Ethiopique ; l'operation faite, il s'enfuyt le plus viste qu'il peut ; car ceux qui y ont assisté courent apres luy, & luy jettent des pierres, & le suiuent auec mille imprecations : car ces peuples croyent que quiconque fait violence ou quelque injure que ce soit à vn corps semblable au sien, merite la haine de tout le monde : au contraire, ils rendent de l'honneur & du respect aux embaûmeurs, ils conuersent auec leurs Prestres, & ont l'entrée des Temples libre, comme estans personnes sacrées : l'vn d'eux trouuant le corps dissequé, y enfonce la main & en tire les entrailles à l'exception du cœur & des reins ; vn autre en oste les ordures, les nettoye & les laue auec du vin fait de palme, & autres odeurs ; enfin, tout le corps ayant esté soigneusement frotté de suc, de cedre, & d'autres compositions, l'espace de trente iours ; ils y mettent apres de la myrrhe & du cynamome, & semblables choses qui ont la vertu non seulement de les conseruer long-temps ; mais aussi de leur donner vne agreable odeur : ils le mettent apres entre les mains des parens, toutes les parties du corps demeurans en leur entier, les sourcils, mesmes les paupieres & les cheueux s'y peuuent remarquer, aussi bien que la proportion du corps & la taille, tellement qu'on les peut reconnoistre : ainsi les Egyptiens gardent les corps de leurs ancestres dans des bastimens magnifiques, & font voir tous ceux qui les ont precedez ; on y peut reconnoistre leur taille, & les traits de leurs visages ; ce qui leur est vne grande consolation d'esprit, & leur represente ces personnes comme encore viuantes parmy eux.

Cette description & celle d'Herodote nous expliquent le passage de Ciceron, où il dit ; Les Egyptiens embaûment leurs morts, & les gardent dans leurs maisons ; Sextus Empiricus dit, qu'ils les gardoient hors de terre ; Pomponius Mela, qu'ils les tenoient *in lectulis*, comme dit aussi saint Athanase dans la vie de saint Anthoine ; Lucien y adjoûte dans le traité qu'il a fait du Deüil. Ils portẽt ces corps dessechez au milieu de leurs festins, ils y tiẽnẽt leur place entre les autres Cõmis ; ie m'y suis troué, & j'en parle par cette raison auec plus d'asseurãce, & quand ils ont besoin d'argẽt, ils mettent quelquefois en gage le corps de leur pere ou de leur frere : Sylius Italicus dans ses vers, confirme la mesme chose ; & pour ce qui est de mettre les corps en gage, Diodore adjouste que c'est vne chose ordinaire, & qu'il n'y a pas de plus grande honte que de manquer à les dégager, qu'on refuse la sepulture à ceux qui sont tombez dans ce manquement : c'est par cette raison, dit-il en vn autre endroit, que ceux desquels ou pour leurs crimes ou pour leurs debtes n'ont point esté enterrez, sont gardez dans le logis sans estre mis dans vn coffre, jusqu'à ce que leur posterité estant deuenuë plus riche, acquitte leurs debtes ou donne de l'argent pour effacer la honte de leurs crimes ; car les Egyptiens croyent qu'il y va de l'honneur de leurs familles, de faire enterrer leurs parens auec splendeur.

Syl. It. l. 3.

Diod. l. 1.

L'on voit que Ioseph pratiqua cette mesme maniere, en faisant embaûmer le corps de Iacob son pere ; & si nous en voulons croire Tacite, les Iuifs apprirent des Egyptiens à enterrer les corps de leurs morts plustost que de les brûler. Sponde lit autrement ce passage, comme si les Iuifs auoient eu de coustume de les embaûmer ; Nous voyons bien qu'ils les lauoient, & qu'ils les graissoient de quelque onguent, comme la veufue de Dorcas le pratiqua. La mesme chose auoit esté long-temps auparauant en vsage chez les Payens, comme on le lit dans Homere lors qu'il parle des funerailles de Patrocle, dans Virgile & dans Ennius parlant de Tarquin.

Tac. lib. 5.

Sponde Comm.

Auec cela il faut confesser que la maniere d'embaûmer les corps qui estoit pratiquée par les Egyptiens, telle que nous la lisons dans Diodore & dans Herodote, n'estoit point en vsage parmy les Iuifs, autrement la sœur du Lazare n'auroit pas eu sujet d'apprehender la mauuaise odeur du corps de son frere trois iours apres qu'il auoit esté enterré. Ceux qui veulent establir le contraire par l'exemple des funerailles d'Asa Roy de Iudée, n'establissent pas leur assertion. Nous lisons bien qu'ils l'enterrerent dans le sepulchre qu'il s'estoit basty dans la ville de Dauid, & qu'on l'auoit estendu sur vn lict qui estoit parfumé d'odeurs agreables, & remply de diuerses sortes d'aromats preparez par ceux qui faisoient profession de cét Art ; qu'en suite ils auoient dressé vn grand bucher : Mais ce buscher dont on parle en cét endroit, est fort contraire à la pratique des Egyptiens que nous venons de lire dans Herodote & dans Diodore ; & ce lict remply d'odeurs a si peu de rapport aux drogues dont ils remplissoient & embaûmoient les corps, que la chose ne merite pas vne plus longue confutation. Pour ce qui est de Ioseph & de Iacob, qui auoient vescu & qui

Voyez ces citations à la fin.

estoient morts en Egypte, le texte y est clair, & ils furent embaûmez à la maniere des Egyptiens. Ces passages s'accordent fort bien auec les traditions d'Herodote & de Diodore, & font voir l'vsage qu'on peut tirer des Autheurs prophanes pour l'intelligence de l'Escriture Sainte. Diodore dit que leur coustume estoit de couurir le corps de suc, de cedre, & d'autres choses, l'espace de trente iours, & d'y employer apres la myrrhe, & le cinnamon ou canelle, & choses semblables; c'est à dire, qu'ils y mettoient les dix autres iours, ainsi ils les embaûmoient en quarante iours; on doit conter ces quarante iours depuis le iour de la mort jusqu'à ce que ceux qui auoient le soin de les embaûmer les eussent remis entre les mains des parens. Le texte de la Sainte Escriture porte, que Ioseph fut mis dans vn coffre; Herodote represente bien la chose, en disant que les parens receuoient le corps des Embausmeurs, qu'ils faisoient faire vn coffre qui auoit la figure d'vn homme, & qu'ils le mettoient dedans. Il y a plus d'apparence qu'il estoit de bois, que de marbre, comme Cajetan l'a voulu asseurer, contre la coustume des Egyptiens: outre qu'estant de cette matiere, il estoit bien plus aisé à porter dans la terre de Canaan; car les Israëlites marchoient sans Chariots.

Ioseph commanda à ses gens de faire embaûmer par ses Medecins le corps de son pere; ce qu'ils fireut, ils y employerét 40. iours; car l'on en employe autát a embaûmer vn corps, & les Egyptiés le pleurerét l'espace de 70. iours. *Gen* 50. 25. Ioseph mourut âgé de 110. ans, ils l'embaûmerent & le porterent en Egypte dans vn coffre. *Gen.* 50. 2.

La Tradition des anciens Iuifs confirme ce que ie viens de dire; ils disent qu'on portoit dans le desert deux Arches; l'vne de Dieu, & l'autre de Ioseph; c'est à dire l'Arche d'Alliance, & le coffre où estoit le corps de Ioseph. Emir-cond Historien Persan dit, qu'on le mit dans vne châse faite de verre; mais ie trouue que la pluspart de ces coffres qu'on trouue dans les Momies, sont de bois de vray sicomorre, & j'ay trouué par experience que ce bois a resisté jusqu'à cette heure à la pourriture, c'est à dire l'espace de plus de trois mille ans.

Ce sicomorre est fort different du nôtre, voyez en la figure dans le liure des Plantes d'Egypte de Prosper Alpinus.

Lors que Ioseph prit serment des enfans d'Israël qu'ils retireroiét de là ses os, c'est vne maniere de parler figurée; comme aussi cét endroit de l'Exode qui dit, Moyse prit auec luy les os de Ioseph, disant; Dieu vous visitera sans doute, & ie retireray d'icy mes os d'entre vos mains. Car son corps ayant esté embausmé à la maniere des Egyptiens; non seulement ses os, mais tout son corps, à l'exception des intestins qu'on jettoit dans le Nil, comme a dit Plutarque, deuoit estre demeuré en son entier bien plus long temps qu'il ne s'en estoit passé, entre le iour de sa mort & celuy de la sortie de l'Egypte.

Plutarque. Sapi. Con.

Les Egyptiens ayant ainsi trouué le moyen de rendre leurs corps de tres-longue durée, & de faire par là que l'ame y demeurast attachée plus long-téps, laquelle autremét seroit passée dãs vn autre corps, selon leur opiniõ, d'où Pytagore a pris sa Metempsicose, & qui a seruy de fondement à la deffense qu'il faisoit à ses Disciples, de ne manger rien qui eust eu vie, de peur que comme dit plaisamment Tertullien, qu'en mangeant du bœuf ils ne mangeassent leur pere. L'autre soin qu'eurent les Egyptiens, fut de dresser au corps de leurs morts des Monumens qui peussent durer aussi long-temps que ces corps embausmez, & où ils les peussent conseruer contre l'injure des hommes & des temps. Ce fut par cette raison que les Roys de Thebes, comme dit Diodore, bastirent en Egypte des Monumens; ce sont, ce dit-il, les Monumens de ces anciens Roys, dont la magnificence ne pourra iamais estre imitée par la posterité. Dans les sacrez Commentaires de ces peuples, il est fait mention de quarante-sept de ces Monumens; mais il n'en restoit plus que dix-sept dés le temps de Ptolomeus Lagi; & au temps de la cent dix-huitiéme olympiade que j'estois en Egypte, ils estoient fort ruïnez. Les Egyptiens ne sont pas les seuls qui en ayent fait mention dans les Commentaires que ie viens de dire. Les Grecs asseurent la mesme chose; ceux-là nommément qui furent à Thebes du temps de Ptolomeus Lagi, & ont écrit l'histoire du pays, entre lesquels Ecateus. Ces tombeaux que vid Strabon proche de Siené, dans la partie superieure de l'Egypte, auoient esté bastis pour cette mesme fin. Il dit que passant en chariot de Siené, a Philé dans vne grande plaine qui pouuoit auoir enuiron cent stades, il auoit veu sur les deux costez du chemin des termes ou tombeaux, c'estoit de grãdes pierres polies presque

Diodore. l. 1.

Strabon l. 17.

ſpheriques de ce marbre dur & noir dont on fait les mortiers placées ſur vne autre pierre plus grande, & couuertes d'vne troiſiéme en quelques endroits ; en d'autres elle eſtoit à coſté de la ſpherique, la plus grande de ces pierres auoit bien douze pieds de diametre.

Long-temps apres la reſidence des Roys de Thebes, ayant eſté tranſportée à Memphis, & la meſme Religion continuant dans l'eſprit des Egyptiens, que l'ame demeuroit auec le corps tant qu'il demeuroit en ſon entier; non pas pour l'animer, mais pour le ſeruir & pour le garder, & comme ſi elle euſt eu peine à quitter ſa premiere habitation. Il ne faut point douter que l'amour de la gloire n'ait eſté leur motif, & n'ait porté les Roys de Memphis à entreprendre ces exceſſiues dépenſes & ces ſuperbes baſtimens. Les Egyptiens de moindre condition faiſoient la dépenſe de faire tailler ces caues que nous voyons encore aujourd'huy dans les deſerts de Lybie, & que les Chreſtiens appellent Momies.

Diodore explique fort particulierement leurs penſées ſur ce ſujet ; les Egyptiens, dit-il, content pour peu de choſe le temps de la vie des hommes, qui eſt limité à peu d'années ; mais ils eſtiment infiniment cette memoire de vertu & de gloire, qui dure dans la poſterité; Ils diſent que leurs maiſons ſont des Hoſtelleries, pource qu'ils y demeurent peu de temps ; mais que leurs Sepulchres ſont leurs veritables demeures, à cauſe qu'ils y demeurẽt des eſpaces infinis de temps: Ils ſont peu ſoigneux par cette raiſon de baſtir de belles maiſons ; mais ils ne croyent point pouuoir faire trop de dépenſes à ſe dreſſer des ſepulchres.

Si l'on vient à chercher la raiſon de la figure qu'ils ont donnée à leurs monumens, & celle de ces termes dont parle Strabon, ſans m'arreſter à ce qu'en a dit l'auteur Anonyme, qui eſt à la fin de Pierius, & ſans me jouër comme luy de la verité, ie croy qu'ils les ont bâty de la ſorte, à cauſe que cette figure de baſtiment eſt fort durable, le haut ne chargeant point le bas comme il arriue aux autres, & la pluye qui ruïne ordinairement les autres baſtimens ne la pouuant pas gaſter, à cauſe qu'elle ne ſ'y arreſte pas. Peut-eſtre auſſi qu'ils ont voulu repreſenter par là quelques-vns de leurs Dieux, car l'on ſçait qu'en ce temps-là les Egyptiens & les Payens les repreſentoient par des colomnes & des obeliſques. Ainſi nous voyons dans Clement Alexandrin, que Callithoé Preſtreſſe de Iunon, mit au haut de la colomne de ſa deeſſe des couronnes & des guirlandes, c'eſt à dire, comme l'a expliqué Scaliger dans ſon Euſebe au haut de l'image de ſa Deeſſe; car en ce temps-là les ſtatuës des Dieux auoiẽt la forme de colomnes & d'obeliſques.

Clement Alexandrin.

Suidas rapporte que les vns tenoient que les colomnes qui finiſſent en pointe, ou les Piramides, repreſentoient Apollon; les autres qu'elles eſtoient faites pour Bacchus, & qu'il y en a eu meſme qui croyoient qu'elles auoient ſerui ſi indifferemment pour repreſenter l'vn & l'autre de ces dieux. Iſidore tient qu'elles eſtoient dediées au Soleil, que les Egyptiens ont adoré ſous le nom d'Oſiris, & la Lune ſous le nom d'Iſis ; & que comme Iſis eſtoit repreſentée auec des cornes pour exprimer le croiſſant de la Lune, les Piramides & les Obeliſques repreſentoient leur Oſiris ou les rayons du Soleil.

Pauſanias dit que dans la ville de Corinthe, Iupiter Melichius eſtoit repreſenté par vne Pyramide, & Diane par vne colomne ; c'eſt là deſſus que Clement Alexandrin appuye ſa conjecture, que ç'a eſté là la premiere idolâtrie; ce qui ſ'accorderoit aſſez bien auec l'antiquité de ces baſtimens Egyptiens : ainſi auparauãt que l'art de tailler les ſtatuës eut eſté trouué, les hommes dreſſoient des colomnes, & les adoroient comme les images de leurs Dieux. Les autres Nations ont quelquesfois imité ces baſtimens des Egyptiens, & ont dreſsé des Pyramides pour leurs Sepulchres. Lors que Seruius explique ce paſſage de Virgile

—————— Fuit ingens monte ſub alto
Regis decenni terreno ex aggere buſtum
Antiqui laurentis opacaque ilice tectum.

Il dit qu'anciennement les personnes de condition se faisoient enterrer sous des montagnes, & qu'ils se faisoient dresser sur leur Sepulchres des colomnes & des pyramides. C'est peut-estre la raison pour laquelle Absalon fit dresser cette colomne ou ce pilier dont il est parlé dans Samuel chap. 18. & Pausanias lors qu'il décrit les funerailles des Sicyoniens dit, qu'ils couuroient les corps morts de terre, & qu'ils dressoient dessus des colomnes; mais apres auoir décrit les Pyramides d'Egypte, ie ne croy pas qu'il y en ait aucune qui merite qu'on s'y arreste, que celles de Porsenna Roy d'Etrurie, qui meritent plustost d'estre estimées par leur nombre que par leur grosseur. Varron dit qu'il fut enterré au dehors de la ville de Clusium, qu'ils luy dresserent vn monument de pierres quarrées, que chaque costé estoit de trois cens pieds, qu'il en auoit cinquante de hauteur, & qu'au dessous de la base estoit vn labirinthe dont on ne pouuoit sortir; qu'au haut il y auoit cinq Pyramides, quatre sur les angles & vne au milieu; qu'elles auoient soixante & quinze pieds par en bas, & cent cinquante de hauteur; qu'elles finissoient en pointe, & qu'à leur pointe ou sommet il y auoit vn cercle de bronze, à l'entour duquel estoit vne chaîne qui portoit des sonnettes attachées; que le vent donnant dessus, le son s'en faisoit entendre bien loin de là, comme si l'on eust esté dans la forest de Dodonne; que sur cette plaque de cuiure, il y auoit quatre autres Pyramides de cent pieds de haut, lesquels portoient vn second plan qui soustenoit cinq Pyramides, dont il ne dit point la hauteur. Les fables des Etrusques disent, qu'elles estoient aussi hautes que le reste de l'ouurage. Ce Roy chercha de la gloire par cette vanité, sans considerer qu'outre qu'il épuisoit dans ce trauail la richesse de son Royaume, la gloire de l'Architecte, au jugement de la posterité, auroit tousiours esté plus grande que la sienne.

DESCRIPTION DES PYRAMIDES D'EGYPTE, comme ie les trouuay l'an 1048. de l'Hegire, ou l'an 1638. & 1639. de Nostre Seigneur, selon le calcul de Dionysius.

APres auoir rapporté ce que j'ay pû sçauoir des Fondateurs des Pyramides, le temps qu'elles ont esté basties, & à quel vsage elles ont esté destinées, j'en feray icy la Description; ie commenceray en prenant les mesures de la face exterieure de la principale & plus grande des Pyramides, j'examineray apres les dedans, & toutes les differentes diuisions de l'espace qu'elle enferme.

Description de la premiere & de la plus belle des Pyramides.

La premiere & la plus belle des trois grandes Pyramides, est située sur le haut d'vne roche qui est dans le desert de sable d'Affrique, à vn quart de lieuë de distance vers l'Oüest des plaines d'Egypte; cette roche s'éleue enuiron cent pieds au dessus du niueau de ces plaines; mais auec vne rampe aisée & facile à monter: la dureté de la roche sert de fondement proportionné à son édifice, outre qu'elle contribuë quelque chose à la beauté & à la majesté de l'ouurage. Chaque costé de cette Pyramide, suiuant la description d'Herodote, a huict cens pieds de longueur; selon Diodore Sicilien, sept cens. Strabon dit qu'elle a quelque chose de moins de six cens pieds de Grece ou six cens vingt-cinq pieds Romains; Pline luy en donne huict cens quatre-vingt-trois; entre toutes ces mesures celle de Diodore, selon mon jugement, approche plus de la verité, & peut seruir en quelque façon pour confirmer la proportion que j'ay donnée en vn autre discours aux mesures de la Grece; car ayant mesuré le costé qui regarde le Nord à l'endroit où elle pose sur sa baze, auec vn excellent instrument de dix pieds de diametre par deux differentes stations, comme les Mathematiciens ont accoustumé de faire dans les distances inaccessibles, ie trouuay qu'il auoit six cens nonante-trois pieds

Herod. l. 2. Diod. l. 1. Strabo l. 17. Pline l. 36. c. 12.

d'Angleterre, c'eſt à dire vn peu moins que Diodore ne luy en donne. Ie pris d'vne autre maniere la meſure des autres coſtez, à cauſe que ie n'auois point de diſtance commode pour faire la meſme operation que j'auois faite de l'autre coſté, & que la campagne eſtoit inégalement haute de ce coſté-là, au lieu que du coſté du Nord elle eſt fort vnie.

Thales Mileſius auoit meſuré long-temps auparauant la hauteur de cette Pyramide; il viuoit, ſi nous en deuons croire Tatianus Aſſirius, vers la cinquantiéme Olympiade; mais ſes obſeruations ne ſe trouuent point: Pline nous rapporte ſeulement la maniere dont il s'eſtoit ſeruy pour ce deſſein, qui eſtoit d'obſeruer l'heure à laquelle l'ombre du corps eſt égale à ſa hauteur; methode fort incertaine & ſujette à erreur, à cauſe que l'extremité de l'ombre d'vn corps ſi haut n'eſt iamais taillée bien net. Diogenes Laerce, lors qu'il rapporte la vie de Thales, dit la meſme choſe, & il la rapporte ſur l'authorité de Hieronymus: car ſelon luy, Thales meſura la Pyramide par ſon ombre, remarquant l'ombre de la Pyramide lors que les ombres ſont égales à leurs corps; mais ie ne m'arreſteray point dauantage à ſes obſeruations par la raiſon que ie viens de dire. Pour moy, j'ay trouué que ſa hauteur eſtoit vn peu moindre que ſa largeur à l'endroit de ſa baſe, quoy que Strabon diſe le contraire. Pour Diodore, il s'accorde auec mon obſeruation, & dit que ſa hauteur eſt moindre que le coſté de ſa baſe: enfin, cette hauteur meſurée par la perpendiculaire, eſt de quatre cens quatre-vingt dix-neuf pieds; mais ſi nous prenons cette hauteur ſur vne ligne qui paſſeroit du pied juſqu'au haut, & toucheroit les angles de tous les degrez, cette ligne ſeroit égale au coſté de la baſe de la Pyramide, & elle auroit ſix cens quatre-vingt treize pieds; c'eſt par la raiſon de cette grande hauteur que Stace les appelle les roches hardies des Pyramides. Solin paſſe outre, les Pyramides, dit-il, ſont des tours pointuës en Egypte, qui ſurpaſſent toutes les hauteurs que les humains peuuent éleuer: Ammian Marcellin les éleue auſſi haut; elles ſont plus larges par en bas, par en haut elles finiſſent en pointe: les Geometres appellent cette figure vne Pyramide, à cauſe qu'elle finit en pointe comme le feu. Properce auec la liberté des Poëtes, les éleue encore plus haut: la dépenſe des Pyramides éleuées juſques aux Cieux, & les Epigrammes de l'Anthologie ne luy cedēt point dans le deſir de les éleuer. Ie n'examineray point icy d'où ils ont tiré ces opinions qu'ils ont euës de la grandeur de cette Pyramide; mais ie ſuis aſſeuré que le clocher de Saint Paul à Londres, auparauant qu'il euſt eſté brûlé, eſtoit plus haut que cette Pyramide, quoy qu'il ne fuſt pas de beaucoup plus haut que la tour qui y eſt encore aujourd'huy; car il auoit cinq cent vingt pieds de hauteur.

Tatiani oratio contra Græcos.

Diogene Laerce dans la vie de Thales liure premier.

Audacia Saxa Pyramidum.

Camdeni Elizabetha.

Mais pour auoir vne parfaite connoiſſance de la grandeur de cette Pyramide; il ſe faut imaginer vn quarré, & ſur chacun de ſes coſtez vn triangle Equilateral; que ces quatre triangles s'inclinent l'vn vers l'autre, juſqu'à ce que leurs ſommets ſe rencontrent en vn point qui eſt auſſi le ſommet de la Pyramide; car à la voir d'embas, il ſemble qu'ils ſe rencontrent à vn point: le Perimetre ou tour du quarré de la baze aura deux mil ſept cens ſoixante dix-neuf pieds, & toute ſon aire ou ſuperficie quatre-vingt mil deux cens quarante-neuf pieds; ou pour accommoder la choſe à nos meſures, onze arpens de terrain, ou quatre cens quatre-vingt mil deux cens quarante-neuf pieds quarrez. Ce que nous aurions de la peine à croire, ſi nous n'auions le témoignage des anciens, entre leſquels il y en a qui luy donnent encore plus d'eſtenduë. Herodote donne à chacun coſté du quarré de la baſe huit cens pieds; & ſelon ces meſures, l'aire de ce quarré deuroit eſtre encore plus grande que ie ne la donne icy; car elle ſeroit de ſix cens quarante mille pieds quarrez. Selon les meſures de Diodore Sicilien, elle comprendroit quatre cens quatre-vingt dix mille pieds; & ſuiuant les meſures de Pline, le quarré de huict cens quatre-vingt trois, qui eſt la meſure qu'il donne à l'vn de ſes côtez, ſeroit ſept cens ſoixante dix-neuf mil ſix cens quatre-vingt neuf pieds, c'eſt à dire à dire beaucoup plus qu'Herodote & que Diodore ne luy donnent; mais il ne faut pas douter que Pline ne se soit trompé, en ne donnant à la base de la Pyramide que huit arpens de terre; car si nous demeurons d'accord que l'arpent Romain contienne en longueur deux cens quarante pieds, & six vingts en largeur, comme on peut prouuer euidemment par l'authorité de Varron & par celle de Quintilien qui le disent clairement, l'arpent Romain contiendroit vingt-huict mille huict cens pieds Romains; & si nous diuisons par ce nombre les sept cens soixante & dix-neuf mille six cens quatre-vingt neuf pieds, il en viendra vingt-sept arpens de terre, & la deux mil quatre-vingt neufiéme partie d'vn arpent, qui en contient, comme nous venons de dire, vingt-huict mil huict cens. C'est pourquoy si nous supposions que le nombre qu'il donne de huict mille huict cens quatre-vingt trois, il se seroit trompé dans le calcul de la baze de la Pyramide; c'est pourquoy ie croy qu'il auoit mis vingt-huict arpens au lieu de huict.

L'on peut monter de tous costez par degrez jusques au haut de la Pyramide; le premier degré a quatre pieds de hauteur & trois de largeur, il tourne tout au tour de la Pyramide, & est de niueau par tout; & quand les pierres estoient entieres (car elles sont maintenant vn peu ruïnées) il faisoit vn chemin estroit tout au tour de la Pyramide; le second degré est semblable au premier, ayant autant de hauteur & de largeur; mais il est en retraite de trois pieds, & tourne au tour de la Pyramide comme le premier; le troisiéme est semblable en tout aux premiers, & ainsi des autres qui continuent jusqu'au haut. Le haut de la Pyramide ne finit pas en vn poinct comme la Pyramide Mathematique; mais en vn petit plan quarré. Herodote en auoit donné les dimensions; mais elles ne se trouuent point dans ses Liures, & Henry Estienne les voulut suppléer dans le Commentaire qu'il a fait, il veut que ce quarré soit de huict orgies: si nous prenons l'orgie, & que nous l'entendions comme Hesichyus & Suidas l'ont entenduë, c'est à dire, pour l'espace que peuuent comprendre les deux bras quand ils sont estendus, ou pour six pieds, le costé de ce plan qui finit la Pyramide seroit de quarante-huict pieds; mais la verité est, qu'Henry Estienne qui a voulu corriger en cét endroit l'interpretation de Valla, a besoin luy-mesme de correction; car il s'est trompé en donnant à ce plan la largeur qu'Herodote donne au Pont admirable qui estoit au bas des Pyramides, & dont il ne reste maintenant aucun vestige: Diodore ne luy donne que neuf pieds, Pline luy donne vingt-cinq pieds de largeur; *Altitudo* (i'aymerois mieux lire Latitudo) *à cacumine pedes* 25. pour moy, i'ay trouué qu'elle estoit de 13 pieds, & deux cens quatre-vingt parties d'vn pied Anglois diuisé en mille parties. Si nous en voulons croire Proclus, les Egyptiens faisoient leurs obseruations Astronomiques sur le haut de ce plan ou de la Pyramide, & que ce fut là mesme ou fort proche qu'ils obseruerent la canicule, & autrement qu'ils establirent les pedes de leur année caniculaire, l'année Heliaque ou l'année de Dieu, comme Censorinus l'appelle, & qui est composée de 1460. années, dans lequel espace de temps leurs *Thoth vagum* & le *fixum* reuiennent à vn mesme poinct ou commencement.

Procli Commentarij in l. 1. in Triomaeum Platonis.

Censorinus de die natali.

Le lieu éleué, ou la roche sur laquelle la Pyramide est fondée, est à la verité fort propre pour faire des obseruations Astronomiques. Le voisinage de Memphis le rendoit aussi fort commode pour ce dessein; mais on ne doit pas croire le seul rapport de Proclus, cependant qu'on peut prouuer par les passages de tant d'autres Autheurs qu'elles ont esté bâties pour des Sepulchres: y a-t-il apparence de croire que ces Prestres Egyptiens eussent pris la peine de monter si haut, pouuans aussi bien faire leurs obseruations Astronomiques au pied de la Pyramide où ils estoient logez; car toute l'Egypte n'est qu'vne plaine; & du haut de cette roche qui est vn peu plus éleuée, ils auoient la veuë du Ciel aussi libre que du haut de la Pyramide: c'est pourquoy Ciceron dit auec beaucoup de verité, *Ægyptij, aut Babylonij, in camporum patentium Æquoribus habitantes, cum ex terra nihil emine-*

ret quod contemplationi cœli officere posset omnem coram in siderum cognitione posuerunt. Le haut de cette Pyramide n'est point composé d'vne seule pierre, ny de trois, comme l'ont dit Villamont & Sands dans les relations de leurs voyages; mais de neuf pierres, sans compter les deux qui manquent à deux des Angles.

Lors que i'y montay, ie mesuray beaucoup de degrez de la Pyramide, ie trouuay qu'ils n'estoient pas tous de la mesme hauteur, il y en auoit quelques-vns qui auoient prés de quatre pieds, & les autres vn peu moins de trois; ceux qui estoient les plus hauts de la Pyramide, n'auoient pas tant de retraite ou largeur que les autres, & leur largeur n'est pas tousiours la mesme; & selon ma coniecture ils ont autant de largeur que de hauteur, & ainsi vne ligne droite qu'on tireroit du bas de la baze iusqu'au haut, toucheroit les angles de tous les degrez.

Les anciens demeurent tous d'accord que l'Egypte est souuent pleine de vapeurs, qui se voyent sensiblement dans les grandes rosées qui arriuent apres l'inondation du Nil, & qui durent l'espace de plus d'vn mois; comme aussi en ce que j'obseruay en Alexandrie dans le temps de l'Hyuer, plusieurs Estoilles de l'Ourse Majeure qu'on ne void point en Angleterre, & que l'on ne pourroit pas voir en Alexandrie si la refraction n'y estoit plus grande qu'en nostre pays. Ce qui est vne marque que l'air ou *medium* y est plus condensé; mais ie ne sçaurois assez admirer l'antiquité, qui a tousiours dit qu'il ne tomboit point de pluye en Egypte. Platon, quoy qu'il y ait demeuré plusieurs années, dit dans son Timée qu'il ne tombe point de pluyes sur la terre qui puissent ayder les peines & le trauail de ceux qui l'a cultiuent; Pomponius Mela dit, qu'elle ne laisse pas d'estre fort fertile, quoy qu'il n'y pleuue point. Pour moy, j'ay trouué que dans les mois de Decembre & de Ianuier, il y pleut plus continuellement qu'il ne fait à Londres dans ces temps-là. Les vents estoient Nord Nord-Oüest; ce qui m'obligea d'en tenir vn Iournal, où ie marquois les changemens de l'air & mes autres obseruations Astronomiques; & dans le mesme temps le Sieur Guillaume Paston qui estoit au Caire, obserua la mesme chose; & sur la fin du mois de Mars de la mesme année, estant au lieu où sont les Mommies vn peu en deça des Pyramides en tirant vers le Sud, il y pleût vne journée toute entiere; ainsi il faut que les anciens ayent entendu parler de la partie Superieure de l'Egypte, entre la ville de Thebes & celle de Sicné, où sont les catadoupes ou cascades du Nil; car ceux du pays m'asseuroient qu'il y pleuuoit fort rarement: ce qui fait voir que Seneque a esté veritable, lors qu'il a dit que dans la partie qui touche à l'Ethiopie, il n'y pleut point du tout ou fort rarement: mais quand apres il asseure qu'il ne tombe point de nege en Alexandrie, il ne dit pas vray; car j'y ay veu neger pendant vne nuict du mois de Ianuier: les Abyssins que ie trouuay au Caire, m'ont aussi asseuré que plus haut vers le Sud, entre la ligne & le tropique, la pluye y duroit souuent des semaines entieres: Acosta confirme assez cette Relation; car il a obserué dans le Perou, & dans les terres qui sont entre ces mesmes Paralleles, qu'il y pleuuoit fort souuent. C'est là la veritable cause de l'inondation du Nil dans la saison de l'Esté, & qui fait qu'il a plus d'eau dans vn temps auquel toutes les autres riuieres en ont le moins: c'est là la veritable raison de l'inondation du Nil, & non point les raisons qu'en alleguent Herodote, Diodore, Plutarque, Aristote, & Heliodore, & d'autres; les vns l'imputans à la nature particuliere de cette riuiere, les autres aux vents Etesien, qui soufflans contre le cours de l'eau la font refouller; les autres, les neges qui se fondét en Ethiopie, lesquels doiuent estre fort rares dans vn Pays où la chaleur du Soleil noircit le corps de ceux qui l'habitent, où ils sont l'argent, comme dit Seneque. Ie trouue dans les Escrits de Diodore, que Agatharchides Cnedius en donne la mesme raison que j'en rapporte icy: mais de son temps il ne fut point crû: Diodore auoit bien approuué son opinion dans son premier Liure; car il dit, Agatharchides a approché plus prés de la verité que les autres, car il dit que tous les ans depuis le Solstice d'Esté jusqu'à l'Equinoxe de l'Automne, il tombe des pluyes continuelles en Ethiopie qui causent les inondations du Nil; & le temps de cette inondation est si certain, que j'ay veu les Astronomes de ce pays là predire long-temps deuant dans leurs Ephemerides, qu'à tel iour d'vn tel mois le Nil doit commencer à hausser.

Ie ne peux pas prendre de tous vne mesure exacte pour le dedans de la Pyramide, il est aussi entier que s'il venoit d'estre fait; mais ces degrez qui sont exposez à la pluye & à l'air en ont esté gastez, tellement qu'on ne les sçauroit monter que par du costé du Sud, ou du costé du Nord vers l'angle qui regarde l'Est.

Herodote dit que ces degrez sont faits en forme d'Autels, car ils sont esleuez les vns sur les autres en forme d'autels; ils sont faits de pierres massiues & bien polies, lesquelles selon Diodore & Herodote, ont esté taillées dans les montagnes d'Arabie qui regardent l'Egypte du costé de l'Oüest au dessus du Delta, comme les montagnes de Lybie l'a terminent du costé de l'Oüest: ces pierres ou marches sont si grandes, qu'vne seule pierre fait toute leur largeur & leur hauteur: Herodote & Pomponius Mela disent, que la moindre de ces pierres à trente pieds; ie demeure d'accord qu'il y en a bien quelques-vnes qui ont cette longueur, mais cela ne se peut pas dire generalement de toutes, si ce n'est que l'on entende des pieds cubiques; car dans ce sens, j'en demeurerois facilement d'accord, y en ayant mesmes beaucoup de celles qui se voyent qui en contiennent dauantage. Les anciens ne nous ont point laissé le nombre de ces degrez; les modernes ne s'accordent point dans le nombre qu'ils en donnent, & j'ay esté par cette raison plus soigneux de les compter auec deux autres personnes qui estoient auec moy ; Bellon dit qu'il y en a deux cens cinquante, qu'ils ont quarante-cinq poulces de haut & deux pas de large ; Albert de Leuwenstein en compte deux cens soixante, & leur donne à chacun vn pied & demy de hauteur ; Iean Helfric deux cens trente : Serlio deux cens dix, ce qu'il dit sur la Relation du Patriarche d'Aquilée qui les auoit mesurez, & que chaque degré a trois palmes & demy de hauteur. Grimani qui auoit esté Consul des Venitiens en Alexandrie, & fut depuis Cardinal.

Ie ne m'arresteray point icy à rapporter la diuersité des autres Relations, ie diray seulement que j'en ay compté deux cens sept, quoy qu'vn de ceux qui m'accompagnoit en descendant en ait compté deux cens huict.

Il y en a qui disent qu'vne fléche tirée du haut de la Pyramide par le plus habile Archer de la Turquie, retomberoit sur les degrez de la Pyramide : ce que ie ne croy pas aisément ; car nos arcs d'Angleterre portent plus de deux cens pas qui font cette distance, & i'ay veu des Turcs percer de leurs fléches des planches de six poulces d'épaisseur ; ce qui me fait croire qu'vn arc porteroit encore bien plus loin, ce que rapporte Solin, Ausone, Ammiam Marcelin & Cassiodore, n'est pas plus veritable. Ils disent qu'elle consomme & porte elle-mesme son ombre : ce qui n'est point vray en hyuer ; car dans ce temps-là en plein midy, j'y ay remarqué de l'ombre ; & quand mesme ie n'aurois pas fait cette remarque, ie n'aurois pas laissé de venir en connoissance de cette verité par les Regles, qui enseignent aux Geometres à connoistre & mesurer les hauteurs des corps par leurs ombres, & les ombres par la hauteur de leur corps. Et comment est-ce que Thales Milesius auroit pû mesurer les Pyramides par leurs ombres, comme Pline & Laerce l'ont écrit, si elles n'en ont point. Pour reconcilier ces Autheurs, & faire dire vray à Solin, Ausone, Ammiam Marcellin & Cassiodore, il faut supposer qu'ils ont entendu que presque durant toute l'année à l'heure du midy elles ne font point d'ombres. Pietro della Vallé, dit que celles qu'il fit tirer retomberét sur la Pyramide. Solin c. 45. Auso edyl. 3. Am. l. 22. Cass. var. 7. form. 15.

Description du dedans de la premiere Pyramide.

APres auoir décrit le dehors de la grande Pyramide auec ses dimensions, j'entreprens icy la description du dedans, dont les anciens n'ont point parlé ; ce que j'attribuë à la Religion qu'ils auoient pour les Sepulchres, puis qu'elle ne leur permettoit pas d'entrer dans ces Palais de la mort consacrez au silence & au repos des morts : Herodote dit en deux mots, qu'il y auoit au dedans des Pyramides, des voûtes secrettes taillées dans la roche ; Diodore Sicilien n'en parle point du tout, quoy qu'il soit souuent trop prolixe dans les choses qui ne sont pas si curieuses. Strabon en dit peu de chose ; à 40. stades, ce dit-il, de la ville de Memphis, il y a vne roche sur laquelle ont esté basties les Pyramides, Monumens des Roys anciens ; trois de ces Pyramides sont fort remarquables ; mais sur tout, deux qu'on met au rang des sept Merueilles du Monde ; elles ont quatre stades de hauteur, & chacun de leurs quatre costez a presque autant d'estenduë que toute la Pyramide a de hauteur. L'vne de ces deux Pyramides est vn peu plus grande que l'autre ; sur le sommet de la plus grande de ces Pyramides a l'endroit où aboutissent ses quatre costez, il y a vne pierre qui pouuant estre aisément détournée, découure vne entrée qui meine par vne descente à viz jusqu'au tombeau : Pline n'en d'écrit autre chose que le puits qu'on y void encore aujourd'huy, il dit qu'il a quatre-vingt six coudées de profondeur ; il semble qu'il ait crû que par quelques conduits sousterrains, on y eust deriué l'eau du Nil. Aristides dans l'oraison intitulée l'Egyptien, dit que le fondement des Pyramides descend aussi bas en terre qu'elles ont de hauteur ; en quoy il auoit esté mal informé par les Egyptiens, car elles n'ont point d'autre fondement que la roche ; voicy comme il en parle : Nous regardons auec admiration la hauteur des Pyramides, & nous ne songeons Herod. l. 2. Stra. l. 17. σῦριγξ σκολιά.

pas que leurs fondemens sont aussi profonds qu'elles sont hautes, comme ie l'ay appris de leurs Prestres. Voila ce que i'ay trouué chez les anciens, & que ie rapporte icy seulement par la veneration qu'on doit auoir pour l'antiquité. Les Autheurs Arabes, principalement ceux qui ont entrepris de décrire les choses remarquables d'Egypte, nous en ont donné vne Relation plus particuliere; mais ils ont mélé ce qu'ils en ont dit de tant de fictions, que le peu de verité qui se troue en leur Relation en est tout à fait obscurcy: ie rapporteray icy la Relatiō qu'ils estiment la meilleure; la plusspart des Chronologistes demeurent d'accord que ces Piramides ont esté bâties par vn Roy d'Egypte Saurid trois cens ans auant le deluge; que ce Prince ayant eu vne vision que la terre s'estoit renuersée sens dessus dessous, ayans veu les hommes couchez la face contre terre, & les étoiles tomber du Firmament; estant troublé de ce songe il le tint secret. Il vid tomber en suite les estoiles fixes sur la terre en forme d'oyseaux blancs, qui seruoient de guide aux hommes & les conduisoient entre deux grandes montagnes; que les sommets de ces deux montagnes s'estoient approchez, & auoient écrasé ces hommes, que les estoiles cependant estoient deuenuës obscures. Il fut fort estonné de cette vision, il assembla les Prestres de toutes les Prouinces d'Egypte, il les assembla au nombre de cent trente, entre lesquels le plus fameux estoit vn nommé Aclimon; le Prince luy exposa son songe, ils dresserent la figure du Ciel au temps de ce songe; & par le iugement qu'ils en firent, ils conclurent qu'il deuoit arriuer vn grand Deluge: & leur ayant demandé s'il s'estendroit iusqu'en Egypte, ils respondirent qu'oüy, & que le païs couroit risque d'estre abîmé.

Ce passage est traduit de l'Arabe de Ibn Abd Alhokau.

Comme cette mauuaise direction deuoit faire son effet quelques années apres, il fit cependant esleuer les Pyramides, & y fit bastir vne cisterne ou conduit sousterrain pour deriuer & destourner le Nil dans la partie d'Egypte qui est vers l'Oüest, & dans vne prouince nommée Alsaida: il remplit ce conduit de Talismans, & mit au dedans de la Pyramide ses tresors. Il y renferma aussi des Recueils de tout ce qu'il auoit appris des plus habiles gens de ce temps-là; entr'autres vn Traitté de la Vertu des pierres pretieuses, les Secrets de l'Astrologie, les demonstrations de la Geometrie, la Physique, & les autres sciences, lesquels liures ne peuuent estre entendus que par ceux qui connoissent leurs carracteres. Il fit apres tailler des pierres & des colonnes d'vne prodigieuse grandeur, les pierres furent apportées d'Æthiopie, il les fit mettre dans les fondemens des trois Pyramides, on les lia les vnes aux autres auec des liens de fer soudez de plomb. L'entrée des Pyramides estoit enterrée & bouchée de terre à la profondeur de 40. coudées. La hauteur des Pyramides estoit de cent coudées de Roy, qui en font cinq cens de ce temps-cy; chaque costé de cette Pyramide auoit cent coudées de Roy; cette fabrique fut commencée sous vn ascendant fauorable: apres les auoir acheuées, il les fit couurir d'vn satin de belle couleur, & y solemnisa vne feste à laquelle tous ses Sujets se rendirent; il bastit apres dans la Pyramide qui est vers l'Occident, trente chambres qui furent remplies de tresors & d'vn grand nombre de pierreries Talismaniques, de machines, toutes sortes d'instrumens & du verre malleable; il y mit toute sorte de Alakakirs, il y en auoit de simples, de doubles, des poisons, & mille autres choses; il fit mettre dans la Pyramide qui est vers l'Est, des spheres, des globes celestes, les estoilles du Ciel auec des écrits sur leur nature & leurs aspects, les parfums dont il estoit à propos de se seruir pour corriger leurs influences; il mit aussi dans la Pyramide qui est colorée les commentaires de ses Prestres, dans des coffres de marbre noir; ces Liures contenoient les secrets de la science de ces Prestres, leur profession, leurs actions, leur temperamment, l'histoire de tout ce qui s'estoit fait en leur temps, & celle de tout ce qui arriuera jusqu'à la fin du monde; il establit dans chaque Pyramide vn Tresorier; celuy de la Pyramide qui est vers l'Occident, estoit vne statuë de marbre noir qui tenoit vne lance, estoit debout, & auoit vn serpent entortillé au tour de sa teste; quand quelqu'vn en approchoit, le serpent se jettoit dessus luy, fai-

Voyez Selden de Diis Syris & Scalig sur l'Apotelesmaticum Manilij.

Alakakirs entre autres significatiōs signifie vne pierre pretieuse, Abulfeda l'a met auec le rubis, & signifie apparāment en cét endroit quelque enchantement graué sur ces pierres.

soit plusieurs tours à l'entour de son col, & retournoit à sa place apres l'auoir tué. Le Tresorier de la Pyramide qui est vers l'Orient, estoit vne idole faite d'vne agathe noire qui auoit les yeux ouuerts & brillans; elle estoit assise dans vn Trône la lance à la main, celuy qui en approchoit entendoit vne voix qui luy ostoit le sentiment, il tomboit à terre, & mouroit presque subitement. Pour Tresorier de la Pyramide colorée, il fit vne statuë d'vne pierre nommée Albut; c'estoit vne figure assise qui attiroit vers elle ceux qui la regardoient, & ils mourroient attachez dessus sans qu'on les en pût separer: les Cophtes écriuent dans leurs Liures, qu'il y a vne inscription sur cette Pyramide qui porte;

Le Roy Saourid a basty les Pyramides en tel & tel temps, il les a acheuées en six ans; que celuy qui viendra apres moy, & qui se croira aussi puissant que i'ay esté, entreprenne de les détruire en 600. ans, quoy qu'il soit plus aisé de démolir vn édifice que de l'éleuer; ie les ay fait couurir de satin, qu'il entreprenne de les couurir de natte.

Apres que le Caliphe Almamon fut entré en Egypte, il eust la curiosité de sçauoir ce qui estoit enfermé dans ces Pyramides; il les voulut ouurir, on luy dit que la chose estoit impossible, il dit qu'il en viendroit à bout; & en effet, le trou qu'on y void aujourd'huy fut fait par son ordre, par le moyen du feu & du vinaigre, & de fers trempez d'vne maniere particuliere dont on se seruit; la dépense en fut fort grande, l'on trouua que la muraille auoit 20. coudées d'épaisseur; & quand ils l'eurent percée, ils trouuerent d'abord vn vaze d'émeraude, dans lequel il y auoit 1000. pieds de monnoye fort pesantes.

Almamoun fit faire le compte de la dépense & de l'argent qu'auoit cousté cette ouuerture, & il se rencontra qu'elle auoit cousté justement autant d'argent qu'ils en auoient trouué dans la Pyramide; ils y trouuerent encore vn puits quarré, & sur chacun de ses costez, des portes qui seruoient d'entrée à des voûtes, où ils trouuerent des corps morts enueloppez dans de la toile, & vers le haut de la Pyramide, ils rencontrerent vne statuë dans vne pierre creuse qui representoit vn homme, & dans cette statuë ils y trouuerent vn corps auec vne plaque d'or enrichie de pierreries & mise sur la poictrine de ce corps, vne épée d'vne valeur inestimable, & sur sa teste vn escarboucle de la grosseur d'vn œuf brillant comme le Soleil; il y auoit sur cette pierre des caractères écrits à la plume, mais personne n'en sceut dire l'explication. Depuis qu'Almamoun a fait faire cette ouuerture, plusieurs y sont entrez, entre lesquels il en est mort quelques-vns. Voila ce qu'en disent les Arabes; mais comme cette tradition tient beaucoup de la fable, ie ne m'y arresteray pas dauantage; j'en rapporteray icy la description que j'en ay faite, y estant entré auec dessein de l'obseruer exactement.

Du costé de la Pyramide qui regarde le Nord, apres auoir monté vn petit tertre qui s'éleue au dessus de la campagne de la hauteur de 38. pieds, & qui semble auoir esté fait à la main de terre rapportée: on trouue vn passage estroit & quarré justement au milieu de ce costé de la Pyramide, nous y entrâmes, nous trouuâmes que le chemin qui conduisoit au dedans estoit vn plan incliné, ou descente qui faisoit vn angle de 26. degrez; l'ouuerture est de trois pieds & de 463. parties du pied Anglois, que ie suppose dans toutes ses mesures diuisé en mille parties: pour la longueur, à la prendre de l'endroit où commence la descente, c'est à dire à quelques 10. palmes au dehors de l'ouuerture, jusques à l'extremité de la descente, elle est de 92. pieds & demy, également large par tout, mais de la moitié plus basse vers le bout, qu'elle n'est à l'entrée: Cette entrée marque l'excellence des ouuriers qui y ont trauaillé, la pierre en est extremément polie; elles sont si bien jointes les vnes auec les autres, qu'il est difficile d'en connoistre la separation, Diodore auoit desia fait cette remarque dans tout le corps de la Pyramide. Apres auoir passé par cette ouuerture estroite auec beaucoup de peine; car sur la fin il nous fallut coucher sur le ventre, & nous conduire à la lumiere des torches que nous auions à la main, nous entrâmes en vne

place plus large & qui auoit peu d'exaucement, mais qui estoit toute en desordre; car on auoit creusé en diuers endroits par auarice, par curiosité, ou plustost par le commandement d'Almamoun, fameux Caliphe de Babylone; la chose ne merite pas qu'on examine dauantage à laquelle de ces trois causes on doit attribuer ce desordre. I'ay parlé icy seulement de cette place, pour faire voir que ie ne veux rien obmettre; car ce n'est maintenant qu'vne retraite de Chauue-souris, entre lesquelles i'en ay veu qui auoient plus d'vn pied de longueur: cette place obscure a quatre-vingt neuf pieds de longueur, sa hauteur & sa largeur ne sont pas égales par tout, & ne meritent pas qu'on les décriue plus particulierement; à la main gauche de cette place, & tout proche de cette entrée estroite par laquelle nous auions passé, nous trouuâmes vn degré, ou plustost vn gros bloc de pierre qui auoit 8. ou 9. pieds de hauteur, & nous seruit de degré pour entrer dans la premiere allée; cette allée est vn peu inclinée, & panche vers l'entrée; elle est bastie d'vn marbre de beau grain & bien poly, qui paroist aussi net & aussi blanc que de l'albastre quand on en a nettoyé l'ordure qui le couure; la voûte & les costes sont bastis d'vne pierre qui n'est pas si polie ny si dure que celle qui est employée pour le paué de cette allée, comme l'obserua Titoliuio Buratini ieune homme Venitien, fort spirituel, qui estoit en ma compagnie; elle a du moins cinq pieds de largeur, & est aussi haute que large, si ie ne m'y suis point trompé aussi bien que mon compagnon, qui remarqua auec moy quelque irregularité en la largeur de l'allée, la trouuant en des endroits plus large, & en d'autres plus estroite, quoy qu'à la veuë elle parust également large: j'ay trouué en mesurant auec vne toise, qu'elle auoit 110. pieds de longueur; à la fin de cette galerie, nous en trouuâmes vne seconde qui ne cede point à la premiere en l'excellence de sa structure, ny en la matiere des pierres qui y sont employées; elles sont separées l'vne de l'autre par vn fossé; apres l'auoir passé, nous trouuâmes vn trou quarré de la mesme grandeur de celuy par lequel nous estions entrez dans la Pyramide, il conduit dans vne autre allée de niueau, & au bout de cette allée sur la main droite est le puits dont Pline a fait mention. Il est rond, & non pas quarré comme les Arabes l'ont descrit: ces murailles ou costez sont de marbre blanc, il a plus de trois pieds de diametre: on y descend en mettant les mains & les pieds dans des trous qui sont faits dans ce marbre, & qui se respondent les vns aux autres. Ces trous estans tous à plomb les vns sous les autres, presque tous les puits & les descentes des cyternes d'Alexandrie sont faites de la sorte, & l'on y descend aisément en s'aidant en mesme temps des pieds & des mains. Ces Citernes sont soustenuës par des doubles Arcades. L'arcade d'enbas porte sur des pilliers de marbre thebaïque, sur le haut desquels sont dressez d'autres pilliers qui portent la derniere & la plus haute Arcade. Ces voûtes & leurs murailles sont enduites par dedans d'vn plastre fort blanc, & d'vne matiere, que ny l'eau, ny l'air ne peuuent gaster. Apres auoir descrit ces Cisternes & ces Puits d'Alexandrie, ie retourneray à celuy de la Pyramide; il a 86. coudées de profondeur, selon le calcul de Pline, & peut-estre qu'il seruoit de passage à ces voûtes secretes & cachées dont Herodote fait mention sans les décrire, & qui auoient esté taillées dans la roche viue qui sert de fondement à la Pyramide: pour moy, ie trouuay qu'il n'auoit que 20. pieds de profondeur. La raison de la difference qui se trouue entre l'obseruation de Pline & la mienne, vient peut-estre de ce que depuis son temps le puits a esté remply d'ordure & de vuidange; en effet, i'y jettay quelque matiere combustible allumée, & ie vis beaucoup d'ordure au fonds.

Nous quittâmes le puits, & apres auoir marché la distãce de 15. pieds tousiours de niueau, nous trouuâmes vn passage ou ouuerture quarrée, qui répondoit iustement à la premiere, & estoit de la mesme grandeur, les pierres en estoient fort massiues, & exactement iointes: ie ne peux pas dire si les ioints estoient remplis

Buratini est maintenant Maistre de la monnoye du Roy de Pologne, & c'est de luy que l'on vid il y a dix ou douze ans vn modele d'vne machine pour voler.

* L'Anglois dit auec vn niueau.

Cisternes d'Alexãdrie.

Plin. l.36.12.

* De ce marbre Thebaïque, dont j'ay parlé en décriuant les Cisternes d'Alexãdrie.

de cette matiere luisante dont i'en parle en d'escriuant les Cysternes d'Alexandrie. Ce chemin est de niueau, comme i'ay desia dit, à 110. pieds de long, & porte dans vne voûte ou petite chambre dans laquelle ie ne m'arrestay pas beaucoup à cause de sa puanteur & de l'ordure dont elle estoit à demy pleine ; elle n'a guere moins de 20. pieds de longueur & de 10. de large, ses murailles regardent Est & Oüest, elles sont fort entieres & enduittes de stuck, le plancher d'en haut, est composé de grandes pierres qui en s'auançant font vn angle au milieu du costé de l'Est de ce champ ou espace, il semble qu'il y ait eü autrefois vn passage pour entrer dans vn autre ; peut estre que c'estoit le chemin par lequel les Sacrificateurs entroient dans le creux de ces Phinx dont Strabon & Pline, ou Andros Sphincz, comme Herodote l'appelle. Pline luy donne 102. pieds de circuit, à le prendre vers la teste 600. pieds de hauteur & 143. de longueur : Pour moy ie croy que le Sphinx est d'vne seule pierre posée au Sud-Est de la Pyramide dont elle n'est pas fort esloignée. Peut estre aussi que cette ouuerture conduit dans quelque autre appartement; je ne puis rien determiner en cela, & s'il se peut faire mesme qu'elle seruit de niche pour y mettre quelque Idole, ou pour quelque autre ornement qui estoit alors en vsage, & qui nous est maintenant inconnu aussi bien que la raison de ces proportions Bizarres qui se rencontrent dans les passages & parties interieures de la Pyramide ; de là je retournay sur mes pas, & quand ie fus sorty de ce passage estoit quarré, qui est proche du puits, nous grinpasmes pour gagner la seconde gallerie qui montoit selon l'inclination d'vn angle de 26. degrez ; La longueur de cette gallerie depuis le puits iusques à vn retour, est de 154. pieds, mais si nous en prenons la mesure par en bas sur le paué, elle en sera moindre à cause d'vne espace vuide de prés de 15. pieds que nous auons descriptes cy-deuant entre le puits & le trou quarré par laquelle nous grinpasmes.

Et pour refaire la recapitulation de ce que nous auons dit, si nous considerons l'entrée escartée de la Pyramide par laquelle nous descendismes, & la longueur de la premiere & derniere gallerie par lesquelles nous montasmes, qui sont sur vne mesme ligne & conduisent presque au milieu de la Pyramide ; nous pourrons par là aysément rendre raison de cét estrange Echo qui respond 4. ou 5. fois, dont Plutarque a parlé dans son 4. liure des Opinions des Philosophes, mais i'ay trouué que c'estoit plustost la continuation d'vne mesme voix qu'vn Echo, & i'en fis l'experience en faisant tirer vn coup de mousquet à l'entrée de la Pyramide ; car le son ou l'air émeü entrant dedans ces ouuertures comme dans des tuyaux raisonne long temps, s'affoiblissant tousiours à mesure qu'il s'esloignoit du lieu où il auoit commencé : Tout ce Corrido ou allée est basty de grandes pierres de marbre blanc exactement taillées par carreaux, les murailles de la gallerie & le bas estant de mesme matiere & si bien cimentez ensemble, qu'à peine on peut connoistre les ioints, mais si cette iustesse donne de la grace à cét ouurage, elle en rend le chemin plus glissant & plus difficile. Cette gallerie a 26. pieds de haut, 6. pieds & 870. parties d'vn pied de large, auec deux bancquettes des deux costez, & vn chemin au milieu qui peut auoir de large 435. pareils d'vn pied ; les banquettes ont vn pied & 717. parties d'vn pied de largeur & autant de hauteur au dessus de ces banquettes à l'endroit de l'angle qu'elles font auec les murailles de la gallerie ; il y a de petits trous des deux costez vis à vis l'vn de l'autre de la forme d'vne figure oblongue, qui semble n'auoir pas esté seulement faits pour seruir d'ornement. Il y a vne chose qui merite d'estre obseruée en la structure de ces pierres qui composent les murailles de l'allée, à cause qu'elle en augmente beaucoup la grace, c'est qu'il n'y en a que 7. assises, tant elles sont grandes & qu'elles posent les vnes sur les autres auec vne auance chacune de 3. poulces ; le lict de dessous de la plus haute de ces pierres excedant le lict de dessus de celle, sur laquelle il pose de cette quantité ; & ainsi du reste à mesure qu'elles descendent. Ce que la figure fera mieux entendre que la description que i'en pourrois faire ; Apres auoir passé ces galleries nous entrasmes dans vne chambre quarrée qui a les mesmes dimensions que cette autre chambre que nous auons desia d'écrite ; elle sert d'entrée à deux petites separations ou antichambres, vous me permettrez de me seruir de ce mot pour expliquer vne chose à laquelle ie n'en ay point trouué de plus propre ; elles sont couuertes d'vn marbre thebaïque fort luisant toutes deux de mesme grandeur, le plancher est de niueau, fait vne figure oblonque, dont vn costé a 7 pieds de longueur sur trois pieds & demy de largeur ; La hauteur est de 10 pieds : sur les costez qui regardent l'Est & Oüest a 2. pieds & demy du haut du plancher qui est vn peu plus large par le haut que par le bas ; il y a 3. cauites faites de cette figure.* Cette antichambre est separée de la premiere par vne pierre de marbre rouge iaspé, laquelle est posée dans deux encastremens faits dans les murailles comme les portes d'vne escluse ; il s'en faut trois pieds qu'elle ne descende iusques sur le paué de l'antichambre, & deux pieds qu'elle ne touche en haut ; Au sortir de cette antichãbre nous entrasmes dans vne ouuerture quarrée, dãs laquelle i'y vis cinq lires paralles de plomb, comme la figure suiuante le represente grauées dans les murailles. C'est-là la seule sculpture & la graueure que i'ay remarquée en toute la Pyramide, m'estonnant beaucoup de ce que les Arabes ont escrit des Hieroglyfiques qui contenoient les secrets de toutes les sciences, & ie ne sçay pas aussi sur quelle authorité Dion, ou plustost Xiphilinus, qui en a fait l'Abregé, rapporte que Cornelius Galuanus que Strabon nõme plus à propos Ælius Gallus qu'il auoit suiuy en Egypte comme son compagnon, auoit graué sur ces Pyramides ses victoires, si ce n'est qu'il l'ait fait sur des Pyramides qui ne se voyent plus ; Ce passage quarré est de la mesme ouuerture & dimension que le reste ; il a 9. pieds de longueur, & est de marbre thebaïque exactement taillé ; il conduit à l'extremité qui regarde le Nort, d'vne salle magnifique & bien proportionnée ; la distance du bout de la seconde gallerie iusques à cette entrée est de 24. pieds ; le chemin qui y mene est de niueau. Cette chambre est au milieu de la baze de la Pyramide & quasi égallement distante de son sommet & de la baze. Le paué, les murailles & le haut de cette salle sont de carreaux d'vn marbre thebaïque extremement bien taillez, luisant & poly, mais la fumée des torches qu'on y a apportées en cache & en ternit l'esclat. Six assises de pierres égalles des deux costez font toute la hauteur de ses murailles ; elles sont toutes d'égale hauteur & regnent tout autour de cette salle ; les pierres qui la couurent par en haut sont d'vne grande portée ; elles trauersent d'vne muraille à l'autre, & cependant quoy qu'elles ayent cette grande portée cõme autant de grandes poultres, elles semblent estre chargées de tout le faix de la Pyramide qui pese de suite neuf de ces pierres, la couurent toute entiere ; il y en a deux qui sont moins larges que les autres ; l'vne au bout du costé de l'Est, & l'autre à celuy de l'Oüest ; la longueur de cette chambre du costé qui regardent le Sud est de trente quatre pieds Anglois, & de la trois cens quatre-vingtiéme partie d'vn pied diuisé en mille parties (c'est à dire trente-quatre pieds, & de la trois cens vingt-quatriéme partie d'vn pied) : ie l'ay prise du ioint de la premiere assise au ioint de l'autre muraille qui le regarde ; sa longueur du costé du Couchant à l'endroit du ioint de la premiere assise est de dix-sept pieds, & de cent nonante parties d'vn pied diuisé en mille (c'est à dire 17. pieds, & 190. des mille parties esquelles i'ay diuisé le pied.) Mais la hauteur de cette salle est de 19. pieds, comme estant vn superbe Monument est le tombeau de Cheops, ou Chemis ; il est fait d'vne seule pierre de marbre ouuert par en haut & sonne comme vne cloche : ce que ie ne rapporte pas comme beaucoup d'autres ont fait comme vne rareté de l'art ou de la Nature : car i'ay obserué la mesme chose aux autres tombeaux de marbres.

Voyez la figure, numero II.

Voyez la figure, numero III.

Pensée de Greaues d'establir vne mesure fixe.

I'ay mesuré ces proportions de la chambre & celle de la longueur & de la largeur de la partie inferieure de la tombe auec le plus d'exactitude qu'il m'a esté possible, ce que i'ay fait auec d'autant plus de diligence que i'ay creü que c'estoit là l'endroit le plus propre pour establir vne mesure qui puisse seruir à la posterité pour sçauoir exactement celles de ce temps-cy. Chose qui a tousiours esté fort desirée par les gens sçauans, mais pas vn que ie sçache n'a pensé à la maniere de l'executer ; ie consideray qu'il y a au moins 3000. ans que cette Pyramide a esté bastie, & que cependant il n'y a rien que de fort entier en cét endroit, tellement qu'on doit presumer qu'elle

a encore

doit durer encore plusieurs milliers d'années, & qu'ainsi ayant mesuré les choses qui s'y voyent, la posterité y pourra non seulement trouuer les mesures du pied Anglois, mais aussi les mesures dont les plus fameuses Nations se seruent maintenant, que i'ay pris auec grande iustesse sur les originaux, & que i'ay comparé apres estant de retour en Angleterre auec nos mesures; si quelqu'vn des anciens Mathematiciens eut eü cette pensée, les Sçauans de ce temps-cy ne seroient pas si empeschez qu'ils sont à trouuer les mesures des Iuifs, des Babyloniens, des Egyptiens, des Grecs & des autres Nations. Si l'on diuise le pied Anglois en 1000. parties; Le pied Romain qui se void sur le monument de Cossutius que les Escriuains appellent Pes Cossutianus en contiendra 967.

Le pied de Paris mil soixante & huit.
Le pied d'Espaigne neuf cens vingt.
Le pied de Venise mil soixante deux.
Le pied de Rhein-land, ou celuy dont s'est seruy Snellius, mil trente-trois.
La brasse de Florence mil neuf cens treize.
La brasse de Naples, deux mil cent.
Le derab au Caire mil huit cens vingt-quatre.
Le pic de Turquie à Constantinople deux mil deux cens, i'entens le plus grand.

b Les obseruations de Bellon confirment ce que ie viens de dire, quand il décrit la pierre d'où Moyse fit sortir de l'eau: c'est, ce dit-il, vne grosse pierre massiue, droicte, de mesme grain & couleur que la pierre thebaïque.

c Le Fust de cette Colonne d'Alexandrie à l'endroit où il est ioint à sa baze, a vingt-quatre pieds Anglois de circonference; celles de Rome n'en ont que 15. & 3. poulces. Sur ces proportions & en suiuant les regles d'Architecture que nous auons dans Vitruue, le Lecteur pourra supputer les vrayes dimensions des Colonnes qui sont au Portique du Pantheon & de celle d'Alexandrie; qui sont, selon mon calcul, les plus magnifiques Colonnes qui ayent iamais esté faites d'vne seule pierre.

Quelqu'vn peut estre s'ennuyera de ce que i'exprime ainsi ces nombres, ie m'en iustifieray, me seruant de l'exẽple d'Vlug Beg, neueu du Grand Tamurlan Empereur des Mogols ou Tartares, que nous auõs tort d'appeller Barbares; car ie trouue en ces Tables Astronomiques, les plus exactes qui ayent iamais esté faites en Orient il y a plus de deux cens ans, qu'il obserue la mesme chose lors qu'il a eü à parler de l'Epoque, des Grecs, des Arabes, des Persans, & des Gelaleans, comme aussi de ceux du Cathay & du Turquestan, il exprime au long ces nombres, cõme i'ay fait, puis les exprime vne seconde fois par des chiffres que nous appellons Arabes, à cause que nous les auons receus de ces peuples, mais les Arabes reconnoissent qu'ils les ont receus des Indiens, & les appellent figures Indiennes, & enfin il les rend apres de nouueau en des Tables particulieres; i'ay creu que cette main ere meritoit d'estre imitée dans les nombres Radicas, & qui seruent à d'autres choses qu'à l'vsage ordinaire; car si on ne les auoit exprimées qu'vne fois, il pourroit aysément par la negligeuce des Copistes, s'y glisser quelque faute, & on seroit en peine de sçauoir auquel des deux nombres il faudroit s'arrester, mais estant exprimés trois fois, c'est vn grand hazard si deux ne se rencontrent les mesmes, & ce rapport seruiroit à connoistre l'erreur du troisiéme.

Il y en a qui disent que son corps en a esté tiré: Diodore qui viuoit il y a plus de 1600. ans, à vn passage fort remarquable sur le suiet de ce Chemis Fondateur de cette Pyramide, & de Cephren qui fit bastir celle qui est toute proche; quoy que, ce dit-il, ces Roys eussent fait bastir ces Pyramides pour en faire leur sepulchre, il est vray neantmoins que pas vn d'eux n'y a esté enterré: car le peuple s'estant reuolté contre eux à cause de l'oppression qu'il auoit souffert en les bastissant, les menacerent de mettre vn iour en piece leurs cadavres, & de les tirer de leurs sepulchres, ce qui les obligea de recommander en mourant à leurs amis de les enterrer dans quelque lieu inconnu au peuple. Le tombeau & la salle sont d'vne mesme matiere; i'en rompis vn morceau, & y trouuay que cette sorte de marbre auoit des taches blanches, rouges & noires, & également meslées ensemble; quelques-vns l'appellent marbre thebaïque; pour moy ie croy que c'est cette sorte de Porphyre que Pline décrit sous le nom de Leucostychtos, ou marbre rouge iaspé de blanc. Il y auoit, & il y a encore auiourd'huy en Egypte beaucoup de Colonnes de ce marbre. Vn Venitien qui estoit auec moy s'imagine qu'il a esté tiré du Mont Sinaï, *b* où il a vescu long temps, & pour me le persuader il me disoit qu'il auoit veu dãs ces mõtagnes vne Colõne à demy taillée aussi grande que celle d'Alexandrie, *c* qui est bien quatre fois aussi grande, selon la mesure que i'en ay prise, que les Colonnes du Portique de la Rotunde de Rome, ce marbre est de mesme couleur que celuy du monument, & semblable à celuy des Obelisques qu'on void à Rome. Son opinion s'accorde bien auec la relation d'Aristides, qui dit qu'en Arabie il y a vne carriere de beau Porphyre. La figure de cette tombe ressemble à deux cubes ioints ensemble, & creusez par dedans; elle est vnie, sans aucune graueure ny relief; sa superficie exterieure a 7. pieds 3. poulces & demy de longueur: Bellon luy en donne 12. & Monsieur de Bréues 9. mais ils la font plus grande qu'elle n'est; elle a 3. pieds 3. poulces, & $\frac{3}{4}$ de poulces de profondeur & autant de largeur. La face interieure du costé de l'Oüest a six pieds, & quatre cens quatre vingt-huit parties du pied Anglois [d] c'est à dire 6. pieds & 488. parties du pied Anglois diuisé en mille parties ; sa largeur du costé du Nord-Est est de deux pieds, & de deux cens dix-huit parties du pied Anglois. [d] La profondeur est de deux pieds, & huit cens soixante parties du pied Anglois ; petite espace à la verité, mais assés grande pour loger le corps du plus puissant Monarque du monde : ie pourrois tirer vne induction de ces mesures, & des Mommies que i'ay mesurées en Egypte, & faire voir par-là que les hommes ne diminuent pas de taille comme plusieurs l'ont asseuré, & que ceux de ce temps-cy sont aussi grands que ceux qui viuoient il y a trois milans ; quoy que Saint Augustin soit d'autre opinion, & que Solon ait dit il y a desia long-temps, les hommes d'auiourd'huy ne sont-ils pas plus petits que leurs ancestres. On pourroit demander auec raison, comment on a peu faire entrer ce tombeau en ce lieu ; les chemins qui y conduisent estant si estroits, ce qui me fait croire qu'on l'a esleué auec quelque machine, & qu'on l'a descendu par en haut auparauant que le plancher de la chambre fust fermé ; il regarde exactement le Nort & le Midy, également distant de tous les costez de la chambre, si ce n'est de celuy de l'Est, duquel il est asseurément plus esloigné que de l'Oüest. Ie vis au dessous de ce Tombeau vn endroit où on auoit creusé, & vne des grandes pierres qui font le paué, qui auoit esté tirée d'vn des coins du Tombeau. Sand se trompe qui dit qu'il y auoit là vn passage pour entrer dans l'autre chambre ; ce trou apparamment ayant esté fait par quelqu'vn qui a creu qu'il y auoit là quelque tresor caché. C'estoit la coustume des anciens d'en mettre dans leurs tõbeaux : ce qui se pratique encore auiourd'huy dans les Indes Orientales. La mesme chose estoit en pratique au temps de Salomon. Iosephe descrit de cette maniere les funerailles du Roy Dauid ; son fils Salomon, ce dit-il, le fit enterrer magnifiquement dans Ierusalem, & outre les solemnitez qui se pratiquent d'ordinaire aux enterremens des Roys, il mit encore dans son monument de grandes richesses, tellement que le Grand Prestre Hircanus se voyant assiegé par Antiochus fils de Demetrius, en tira 3000. talens qui furent trouuez dans vne des voutes de ce tombeau, & les donna à ce Romain pour luy faire leuer le siege, comme ie l'ay dit ailleurs. Herode long-temps apres fit ouurir vne autre voute où il trouua aussi beaucoup de richesses ; mais ny l'vn ny l'autre ne trouua point la biere où estoit le corps du Roy Dauid, car elle auoit esté cachée auec beaucoup de soin, comme si on auoit apprehendé dés lors les diligences de ceux qui sont entrez depuis dans ce sepulchre.

Aug. de ciu. li. 15. c. 9.

Ios. li. 7. Antiq.

Le Lecteur excusera ma curiosité lors qu'il verra que pour ne rien obmettre, ie me suis arresté à descrire icy deux ouuertures à l'opposite l'vne de l'autre, l'vne au costé du Nord, l'autre à celuy du Sud de cette Chambre : l'ouuerture qui est au costé qui regarde le Nord, a de largeur 700. parties du pied Anglois, & 400. de hauteur. La pierre y est taillée fort soigneusement, & elle entre de la longueur de six pieds & dauantage dans l'espaisseur du mur : celle qui est au costé du Sud, est plus large, & approche de la figure ronde, & n'est pas si profonde que celle que ie viens de descrire : la noirceur qu'on y remarque fait croire qu'on y aye mis autrefois des lãpes allumées. Burratini croid qu'il y auoit quelques-vnes de ces lampes perpetuelles qui furent trouuées en Italie dans le tombeau de Tulliola, & en Angleterre aussi, si Camden ne s'est point trompé ; pour moy ie ne croy pas l'inuention si ancienne que ces Pyramydes, tousiours faut-il auoüer qu'elle est fort belle, & que c'est vne pitié que la negligence des Escriuains ayt laissé perdre vne si belle chose : si Pline l'eust connuë il n'eust pas manqué de la descrire, & sa diligence eut esté bien mieux employée qu'elle ne l'a esté à descrire le *linum asbestinum*, où la thoille qui ne se brusle point, faite, cõme quelques-vns asseurẽt, de certaines pierres de l'Isle de Chipre, que i'ay veu souuent dans mes voyages, quoy que Saumese veüille dans ses Exercitations sur Solin, que le vray *asbesti-*

num estoit le *linum viuum*, ou le *linum Indicum*. Pancirole met l'art de faire ces thoiles entre les choses perduës, mais il est encore de beaucoup inferieur à celuy des lampes que nous venons de dire, qui pourroient estre d'vn grand vsage. Pancir.l.4.

Ie finiray donc icy la Description du dedans de cette Pyramide que i'ay acheuée sans auoir eu aucune lumiere pour l'examiner, ny des anciens Autheurs, ny des Voyageurs de ce temps; au sortir ie trouuay mon Ianissaire & vn Capitaine Anglois fort impatient d'auoir esté 3. heures à m'attendre dehors, fort persuadé que tout ce qu'il n'entendoit point estoit vne impertinente & vaine curiosité.

Herué s'estonnoit que i'eusse pû demeurer si long-temps auec ceux de ma compagnie dans cette Pyramide; car, ce disoit-il, nous ne pouuons point respirer deux fois le mesme air, que nous n'en soyons incommodez, il en faut tousiours de nouueau pour la respiration, & nous suçons de l'air, à chaque fois que nous respirons, ce qu'il a de propre pour nostre nature, & estans dans vn lieu fermé nous deurions auoir bien-tost épuisé cét air, & concluoit de là qu'il falloit qu'il y eust quelque ouuerture par laquelle l'air libre peust entrer dans cette cauité: ma response fût, qu'on pouuoit douter si le mesme air ne pouuoit pas estre respiré plus d'vne fois, & si ce suc ou nourriture qu'il supposoit estre dans l'air, estoit consumé à chaque respiration, puis que nous voyons que ceux qui se plongent dans la mer Mediterranée pour en tirer les esponges, dans la mer rouge & dans le golphe Persique pour pescher des perles, demeurent prés d'vne demie heure sous l'eau, & qu'ainsi ils respirent plusieurs fois le mesme air: il me repliqua qu'ils le faisoient auec le secours des éponges remplies d'huile qui corrigeoient & nourrissoiét l'air. Que cette huile estant vne fois éuaporée ils ne pouuoiét pas viure long-temps, mais estoient obligez de remonter en haut. Ie repliquay qu'il se pouuoit faire que cét air remply de la suye qui sort de nostre corps auec la respiration, pouuoit passer au trauers de ces galeries par lesquelles nous estions venus, & de là auoir communication auec l'air libre par la mesme ouuerture par où nous estions entrez. Ie luy en apportay cét exemple: Au Destroit de Gilbraltar il y en a beaucoup qui disent qu'il y a vn courant d'eau qui y entre du costé de l'Europe, & qui reuient apres en suiuant la coste d'Afrique, de mesmes qu'en ce Passage qui n'a pas plus de trois pieds de largeur, l'air libre pouuoit entrer d'vn costé & se retirer de l'autre, & qu'ainsi celuy que nous auions respiré ne reuenoit point, non plus que les eaux du Rosne ne se meslent point auec celles du Lac de Geneue, au trauers duquel elles passét; car on n'a point trouué qu'il y eust d'autre ouuerture en céte châbre. Il me repliqua qu'elle pourroit estre si petite qu'on ne l'auroit pas pû apperceuoir, & que cependant elle auroit esté suffisante pour donner passage à l'air, qui est vn corps fort subtil. Ie luy respondis qu'estant si petite, elle auroit esté bien-tost bouchée par ces sables que les vents font voler en ce Païs-là, & qui bouchent souuent mesme l'entrée de la Pyramide, en sorte qu'on ne la void point. On pourroit appeller ces sables la pluye des Deserts: Nous fusmes obligez d'employer des Mores pour en déboucher l'entrée, mais pour moy ie ne suis pas satisfait de l'opinion de ceux qui veulent qu'au Destroit de Gilbraltar la mer entre d'vn costé & sorte de l'autre; car i'ay passé deux fois ce Destroit, & n'y ay rien remarqué de semblable; i'ay bien obserué que l'eau y entre, mais non point qu'elle en ressorte: ie m'informay d'vn Capitaine qui commandoit vn des six vaisseaux qui composoient nostre Flotte, cét homme fort intelligent, & qui auoit fait souuent ce voyage auec les Pyrates d'Algier, me disoit qu'il n'auoit iamais obserué que l'eau sortist du costé de la Coste d'Afrique, & que si ces Pyrates suiuoient ordinairement la Coste d'Afrique pour entrer dans l'Ocean, ce n'estoit pas pour suiure le courant de l'eau, mais pour éuiter les vaisseaux Chrestiens & ceux du Port de Gilbraltar, qui les auroient pû surprendre au Passage: Pour moy quand ie songe à la quantité d'eau qui entre par ce Destroit, & à l'impetuosité du courant auec laquelle l'eau du Pont-Euxin entre dans la Mer Mediterranée, & que i'y adiouste la grande quantité d'eau que les riuieres y apportét, ie ne puis m'empescher de croire que la mer Mediterranée ou le pot de chambre, comme les Arabes l'appellent, à cause de sa figure, en deuroit auoir esté remplie il y a long-temps, & inondé toutes les plaines d'Egypte, & que de ce qu'elle ne l'a pas fait, on en doit tirer vne consequence que la terre est pleine de tuyaux, & qu'il y a communication du fonds d'vne Mer à l'autre. Ce qu'estant accordé, on n'aura point de peine à conceuoir pourquoy la mer Mediterranée ne hausse point, ny la mer Caspienne, quoy que ces Mers n'ayent point de communication visible auec les autres, pourquoy elle est tousiours sallée, & qu'elle ne surmonte point ses bornes, nonobstant la grande quantité d'eau que le Volga & les autres riuieres y portent; & ce qui me donna suiet à cette pensée, fut qu'estans en la latitude de 41. deg. & en long. 12. ayant mis à bout l'vne de l'autre les cordes des sondes de six vaisseaux, & qu'ayant ietté vne sonde qui pesoit bien 20. liures vn iour qu'il faisoit grand calme, gouuernant en sorte le batteau que la sonde fust à plomb, ie ne trouuay point de fonds à 1045. brassées, qui sont d'vn mil & vn quart de mille;

Herué premier Medecin du Roy d'Angleterre.

Description de la deuxiéme Pyramide.

De la Pyramide que nous venons de décrire, nous passerons à la seconde; qui n'en est éloignée que de la portée d'vn arc; Ie remarquay en chemin faisant, à l'Oüest de la premiere, la masse d'vn Bastiment ancien de pierre quarrée & bien polie, semblable à celle que Pline a appellée Bazaltes, qui a la couleur & la dureté du fer, & a seruy peut-estre autresfois de logement pour les Prestres, ou de monument: à la main droite de cette antiquité en tirant vers le Sud, on trouue cette seconde Pyramide, de laquelle les anciens & les modernes ont laissé peu de chose. Herodote dit que Cephren l'auoit bastie, à l'imitation de son frere Cheops; mais qu'elle s'estoit trouuée de beaucoup inferieure en grandeur à la premiere: car, ce dit-il, nous l'auons mesurée. Il auroit esté à souhaiter qu'il nous eust dit ses mesures, & la maniere dont il s'estoit seruy pour les prendre. Il adjouste, il n'y a point dans celle-là de Bastimēt sousterrain; il n'y passe point de sources ny de canaux pour l'eau du Nil, comme sous la premiere. Diodore l'a décrit plus particulierement, & dit que l'Architecture en est semblable à la premiere; mais qu'elle est bien plus petite, que chacun de ses costez à vn stade de longueur: pour reduire ce stade à d'autres mesures, elle a 600. pieds Grecs, 625. de ceux qui estoient en vsage à Rome; tellement que selon cette supputation, chaque costé auroit cent pieds Grecs moins que la premiere Pyramide. Pline en fait la difference plus grande; car il donne à chaque costé de la premiere 883. pieds, & n'en donne que 737. à celle-cy.

Hero. l. 2. Diod. l. 1. Pl. l. 36. c. 12.

Pour moy, j'ay trouué que ces pierres estoient blanches, & qu'elles n'estoient point si grandes ny si massiues que celles de la premiere Pyramide; outre qu'elle n'est point par degrez comme la premiere: toute cette fabrique est encore fort entiere sans fistule, si ce n'est du costé qu'elle regarde le Sud; sa hauteur, autant que j'en peus juger à l'œil; ce qui estoit facile à cause que d'vne mesme plaine on les void toutes deux, est égale à la premiere. Strabon en a aussi fait ce jugement: les costez de leur baze sont aussi égaux, & le Docteur de Venise me confirma la mesme chose apres l'auoir mesurée fort exactement. Il n'y a point d'entrée pour penetrer dedans comme à la premiere, ainsi ie laisse à la conjecture des autres à juger, si son dedans est semblable au dedans de la premiere.

Stra. l. 16.

Du costé du Nord & de l'Oüest, sa baze est composée de deux pieces admirables; mais ie ne sçaurois assez m'estonner des anciens qui n'en ont point parlé: ce sont des pierres qui ont 30. pieds de large, & plus de mil quatre cens pieds de longueur: on a taillé dans ces pierres à la pointe du marteau, comme ie m'imagine, les logemens des Prestres; ils sont tirez à l'alignement des costez de la Pyramide, & font vne perspectiue fort agreable: l'entrée en est quarrée, taillée dās la roche, & de la mesme ouuerture que les logemens de la premiere Pyramide. Ie laisse à determiner à ceux qui ont écrit des Hieroglyfiques, si la figure quarrée des portes, leur peu d'exaucement, peut auoir quelque rapport à l'égalité de l'humeur des Prestres, & à l'opinion mediocre qu'ils auoient de leurs personnes: le dedans de ces logemens est vne chābre quarrée, le haut est en voûte taillé dās la roche; il y a vn passage d'vn de ces logemens à l'autre: mais l'ordure & l'obscurité qui y estoient, m'empescha de l'examiner dauantage. Du costé du Nord, j'y remarquay vne ligne de caracteres Egyptiens, tels qu'Herodote & Diodore les décriuent, & disent auoir esté pratiquez par les Prestres, & estre fort differens de ceux dont les particuliers se seruoient dans leurs affaires. Ce sont ces caracteres que Iustin Martyr dit auoir esté connus à Moyse; que l'Escriture dit ailleurs auoir sçeu toutes les sciences des Egyptiens. Ils ne descendent point de haut en bas comme ceux des Chinois de nostre temps; mais sont continuez en vne ligne comme nous écriuons maintenant, & si on peut le dire des caracteres qu'on n'entend pas; ils vont de la main droite vers la gauche, comme pour imiter le mouuement des planettes. Herodote le confirme, & Pomponius Mela, mais par vne expressiō assez obscure. Cette maniere d'écrire a esté suiuie par les Iuifs, par les Egyptiens, & par les Chaldeens; & il y a bien de l'apparence qu'ils l'ont prise des Egyptiens, puisque c'est d'eux que les Chaldeens mesmes reconnoissent d'auoir appris l'Astrologie, & les Grecs la Geometrie: Diodore confirme cette premiere assertion, & Proclus la seconde. C'est aussi d'eux que les Iuifs & les Arabes de nostre temps ont appris leur maniere d'écrire, & l'ont communiqué par leurs conquestes aux Persans & aux Turcs.

La Theologie des Chrêtiens consistoit toute en figures mysterieuses.

Pomp. Mel. l. 1. c. 9.

Description de la troisiéme Pyramide.

DE cette Pyramide, nous passâmes à la troisiéme, que nous trouuâmes estre éloignée de la seconde d'vn jet de pierre, éleuée sur vn éminence que fait vne roche sur laquelle elle est fõdée, elle paroist aussi haute que la seconde mais en general, sa masse est plus petite & plus basse. I'auois tant mis de temps aux obseruations que i'auois faites aux precedẽtes, que ie ne peus pas obseruer cette derniere auec autant d'exactitude que i'aurois voulu, & qu'elle meritoit; ie l'obseruay neantmoins assez, pour pouuoir refuter les erreurs des autres; auparauant, il faut que ie rapporte ce qu'en ont dit les anciens, & les Relations de deux ou trois de nos plus exacts voyageurs: Herodote dit que Mycerinus dressa vne Pyramide plus petite que celle qu'auoit basty son pere, ayant vingt pieds moins sur chaque costé, c'est à dire 300. pieds de chaque costé: Diodore s'estend dauantage, & dit que chaque costé de la base de la Pyramide de Mycerinus auoit 300. pieds en long; qu'il y a 15. assises de pierre noire semblable au marbre Thebaïque, & que le reste est basty de mesmes pierres dont sont composées les autres Pyramides: cét ouurage, dit-il, quoy qu'il ne soit pas si grand que les autres, ne laisse pas de les surpasser de beaucoup par la beauté de sa structure, & par la magnificence de son beau marbre: du côté du Nord, le nom de Mycerinus le Fondateur y est graué, j'adiousteray au témoignage de Diodore celuy de Strabon: Plus auant, dit-il, sur la roche plus éleuée en cét endroit, est la troisiéme Pyramide bien plus petite que les deux autres, mais de bien plus grãde dépense; car depuis la baze iusqu'à la moitié de sa hauteur, elle est de ce marbre noir, dont ils font des Mortiers en ce pays-là, & qui est fort difficile à tailler. Pline qui l'a décrit par ouy dire, & plustost en Historien qu'en témoin oculaire. La troisiéme Pyramide, dit-il, est plus petite que les autres, mais bien plus belle; elle est de marbre Ethiopique, & chacun de ses costez a 363. pieds. Voila tout ce que i'ay trouué dans les anciens de cette Pyramide; mais entre les modernes, il faut premierement examiner ce qu'en dit Bellon, ou plustost Petrus Gilius; car Mr de Thou dit dans son Histoire, que Bellon a esté vn plagiere, & qu'il a dérobé à Petrus Gilius, à qui il seruoit de Copiste, les Obseruations que nous auons sous son nom. Gilius a esté vn homme fort exact & fort sçauant dans l'antiquité, comme on void par vn Liure qu'il nous a laissé du Bosphore de Thrace, & de la Topographie de Constantinople. La troisiéme Pyramide est bien plus petite que les deux autres; mais elle est d'vn tiers plus grande que celle qui se void dans les murailles de Rome proche du Mont-Testace, elle est aussi entiere que si elle venoit d'estre bâtie; car elle est bâtie d'vne espece de marbre appellé Bazaltes ou marbre Ethiopique plus dur que le fer. Il seroit inutile de rapporter icy les Relations des autres, qui s'accordent tous dans le fonds: pour moy, ie croy que Diodore auoit pris ce qu'il en a écrit d'Herodote, & que Pline & Strabon se sont arrestez à ce qu'ils en ont trouué dãs Diodore; & que les plus sçauans des modernes ont accõmodé leurs Relations à l'authorité des anciens: car comment autrement pourroient-ils s'accorder tous à dire vne chose que ie puis asseurer estre fausse, si la memoire & mes yeux ne m'ont extremément trompé; * il s'en faut peu que ie n'asseure qu'ils n'ont iamais veu cette troisiéme Pyramide, & qu'il leur est arriué la mesme chose qui arriuoit tousiours de mon temps à ceux qui les alloient voir, qui estoient tellement remplis de la grandeur de la premiere, qu'ils n'auoient plus attention pour obseruer les autres, à cause que cette troisiéme a la mesme figure, & qu'elle a le desauantage de paroistre la derniere, & d'estre la plus petite: Enfin, ils se sont trompez dans la couleur du marbre & dans sa qualité. Ie commenceray par Herodote, qui dit que chacun des costez de sa baze est de 300. pieds, & que cependant il ne s'en faut que 20. qu'il ne soit aussi long que celuy de la premiere Pyramide, au costé de laquelle il a donné

A sur long de 125 pieds

*I'ay conferé depuis ce que i'en dis icy auec vn Capitaine Anglois qui auoit esté 4. fois à Alexandrie, & tous les 4. fois a veu ces Pyramides, qui m'a asseuré que ie ne me trompois point dans le rapport que i'en fais icy.

a uparauant 800. pieds de longueur, ainsi on ne peut pas douter qu'il n'y ait faute en cét endroit; mais ie ne puis pas excuser de mesme ce qu'il dit, qu'elle est bâtie iusqu'à la moitié de sa hauteur de marbre Ethiopique; si ce marbre, comme le décrit Pline, Diodore & Strabon, est de la couleur de fer tirant sur le noir, & qu'il viéne du fond de l'Ethiopie chez des peuples qui sont de la mesme couleur: puis que cette Pyramide est tout d'vne pierre blanche, qui a vn peu plus d'éclat que celle des autres; & ie ne me sçaurois assez estonner de ce que Diodore, Strabon, Pline, Bellon & Gilius, ayent tous suiuy Herodote dans cette faute, puis qu'il leur estoit si facile de la découurir: On dira peut-estre pour les deffendre, qu'ils ont entendu que le dedans de la troisiéme Pyramide estoit basty de cette pierre; mais il n'y a point d'entrée non plus qu'à la seconde; ce qui rend cette deffense insuffisante. Il est vray qu'au costé de l'Est de cette Pyramide, l'on void les ruïnes d'vne masse de pierre d'vne couleur obscure, fort semblable à celle que nous auons décrite entre la premiere & la seconde Pyramide, qui peut auoir donné sujet à cét erreur.

Ie ne sçaurois excuser les anciens, & ie le pardonnerois encores moins à Belon ou à Gillius qui ont suiuy leur rapport, puis qu'ils s'en pouuoient éclaircir par leurs propres yeux: Ce n'est pas qu'on dût attendre d'eux, comme dit Tite-Liue, que les Escriuains modernes apportent tousiours quelque chose de nouueau, & surpassent dans leurs Relations le peu de politesse de l'antiquité. Nos modernes font tout le contraire, & ont corrompu ce que les anciens auoient dit auec beaucoup de verité, Herodote & Diodore font la coste de la baze de cette Pyramide de 300. pieds, Pline la suppose de 363. & ces Autheurs au contraire la font seulement d'vn tiers plus grande que la Pyramide de Sestius qui est proche du Mont-Testace; & ainsi, ou ils ont beaucoup augmenté celle de Rome, ou accourcy celle-cy; car celle de Rome estant mesurée du costé qui est dans la Ville, a justement 78. pieds d'Angleterre, ausquels si nous adioustons la troisiéme partie, elle aura cent quatre pieds; c'est à dire, qu'elle sera égale à la Pyramide d'Egypte, selon le sens de Bellon; c'est à dire, qu'il y aura vne erreur de 200. pieds sur vn compte de 300. ainsi fondé sur l'authorité d'Herodote & de Pline alleguée cy-deuant; ie soûtiens que la hauteur & la largeur de cette Pyramide sont égales. I'aurois fort souhaité de voir dans cette Pyramide le nom de son Fondateur, dont Diodore fait mention, & cette autre inscription de la premiere dont Herodote tasche de nous donner l'interpretation; mais l'vn & l'autre ont esté effacées par le temps: Il y a, ce dit-il, sur cette Pyramide, des caracteres Egyptiés, qui marquent la dépense qu'on auoit faite pour la nourriture des ouuriers, en ail & en oignons; vn Interprete me dit que cette dépense montoit à la somme de six cens talens d'argent: si cela est ainsi, combien doit-on croire qu'on ait dépensé en fer, en habits, & dans les autres dépenses de l'entretien de ce grand nombre d'ouuriers. Si i'auois veu cette inscription, peut-estre que ie pourrois determiner quelque chose de ces anciens caracteres d'Egypte, non pas de ces caracteres sacrez qui estoient des emblémes, & qui representoient les conceptions de l'esprit par des representations d'oyseaux, de bestes, ou d'autres obiets plus connus, mais de ceux dont ils se seruoient dans leurs affaires particulieres; enfin ie suis fort contraire à l'opinion de Kircher qui croit, tout habille homme qu'il est, que les caracteres des Copht, sont les mesmes qui estoient en vsage entre les anciens Egyptiens, car ce que i'ay veu d'anciennes sculptures dans les pierres qui se trouuent tous les iours en ce pays-là & dans les Momies, me fait assez connoistre que le langage Copht n'est qu'vne corruption du Grec.

Des autres Pyramides qui sont dans les deserts d'Affrique.

LEs deux premieres des Pyramides que ie viens de décrire, sont mises au nombre des merueilles du Monde : les autres qui se trouuent dans le desert, semblent n'en estre que des copies, ou pour mieux dire de petits modeles ; c'est pourquoy ie ne m'embarrasseray pas beaucoup, ny le Lecteur aussi, de leur description. Les anciens & les modernes ne laissent pas d'estre inexcusables de la negligence auec laquelle ils les ont passez sous silence, & principalement vne entre les autres, qui est aussi merueilleuse que pas vne des premieres ; elle est éloignée de quelques 20. milles des plus grandes ; elle est sur vne roche comme les premieres, & assez proche du village par où on entre dans les Mommies. Le Docteur de Venize me confirma dans le jugement que j'en faisois, & me dit qu'elle auoit les mesmes dimensions que la premiere & la plus belle de toutes ; que par le dehors on y montoit par degrez ; que ses pierres estoient de la mesme couleur, auec cette seule difference, qu'elle estoit plus ruïnée par le haut, & que l'entrée estoit du costé du Nord ; ainsi tout ce que nous auons dit de la premiere, se peut appliquer à celle-cy : Bellon est excessif dans le nombre qu'il en fait, il dit qu'il y en a cent autres dispersées çà & là dans ces plaines : pour moy, ie n'en peus compter plus de vingt, & Ibn Almatoug dans son Liure des miracles d'Egypte, n'en compte que 18. Il y a, ce dit-il, au costé de l'Oüest, des bastimens aussi fameux que les autres Pyramides : on en compte 18. desquels il y en a 3. du costé opposé à Fostat, appellé autrement le Caire.

Fostat Metzr, & le Cahira que nous appellons le Caire, sont trois noms differens d'vne mesme Ville, comme on le void dans Abulfeda & dans le Geographe de Nubie. Abulfeda à la verité, décriuant l'Alcaire, dit qu'elle est au Nord de Fostat, & que Fostat est sur les riues du Nil.

De quelle maniere ces Pyramides ont esté basties.

APres auoir acheué mon discours des Pyramides, il me reste a examiner la maniere dont elles ont esté basties, & comment d'aussi grandes masses de pierres que celles qui se voyent dans la premiere, ont pû estre portées jusqu'au haut de ces Pyramides : Herodote qui a esté le premier a mouuoir ce doute, explique la chose de la sorte : Ils éleuoient, dit-il, les autres pierres auec de petits engins faits de bois qui les tiroient sur le premier rang, de là vne autre machine les éleuoit jusques sur le premier degré, d'où elles estoient portées sur vn autre second degré par vne machine placée sur le premier ; & autant qu'il y auoit de marches & de rangs de degrez, autant il y auoit de machines pour les éleuer, où ils transportoient la machine autant de fois qu'ils auoient à éleuer les pierres. Ce qui suit fait voir qu'il y a de l'erreur dans le texte, c'est pourquoy ie n'en diray pas dauantage ; mais la premiere partie de cette Description d'Herodote, est pleine de difficultez ; car en plaçant & en dressant ces machines qui deuoient éleuer des pierres aussi massiues, elles deuoient déplacer des degrez sur lesquels elles estoient posées, ou y faire quelque bresche ; ce qui auroit esté vn grand defaut dans vne fabrique aussi magnifique. Diodore se l'est imaginé autrement ; les pierres, ce dit-il, estoient taillées en Arabie ; & comme en ce temps-là on n'auoit pas encore l'inuention des machines pour éleuer des fardeaux, on éleuoit de la terre à la hauteur où ces pierres deuoient estre posées, & on les rouloit dessus ; & ce qui est le plus admirable, c'est qu'à l'endroit où toutes ces Pyramides sont dressées, on n'y void aucun vestige de cette terre, ny de la taille des pierres ; si bien qu'il semble que c'est plustost l'ouurage de quelque Diuinité que des hommes. Les Egyptiens en disent merueilles, & nous voudroient faire croire ie ne sçay quelles fables, que ces chaussées auoient esté faites de Nître & de Sel, & qu'elles auoient esté détruites par le moyen de l'eau qui les auoit fait fondre ſans autre trauail; mais il y a plus d'apparence à croire que ce grand nõbre de gens qui auoiẽt trauaillé à les baſtir & à les dreſſer, auoiẽt eſté employez à la fin à oſter tout ce qui ne ſeruoit de rien à la beauté de la ſtructure; car on y auoit employé 360000. hommes, & à peine cét ouurage fut il acheué en vingt ans de temps: Pline s'accorde en quelque façon auec Diodore, & dit; on eſt en peine de ſçauoir comment le mortier ſe pouuoit porter ſi haut; il auroit eu meilleure grace de demander comment on auroit pû porter ſi haut les pierres. Quelques-vns, dit-il, ont crû qu'on auoit fait des digues de ſel & de Nitre qu'on auoit apres fait diſſoudre, faiſant tomber deſſus l'eau du Nil; d'autres, qu'on auoit fait des chauſſées de brique qui auoient eſté détruites apres, & employées à baſtir des maiſons; car ces derniers conſideroient que les eaux du Nil eſtans plus baſſes que l'édifice, elles n'auroient pas pû aiſément détruire ces montagnes de Nitre & de Sel: pour moy, ſi on me permet d'en dire mon jugement, ie croy qu'elles ont eſté *éleuées tout autremẽt qu'Herod. Doid. & Pline ne ſe le sõt imaginé, que premierement ils auoient fait vne large & ſpacieuſe tour au milieu du quarré de la baze de la Pyramide; cette tour eſtoit auſſi haute que le deuoit eſtre toute la Pyramide: Ie m'imagine qu'aux coſtez de cette tour on y auoit appliqué les autres parties de cette fabrique piece à piece, juſqu'à ce qu'ils fuſſent venus juſqu'au premier degré, la plus difficile piece de ce baſtiment ayant eſté fait par cette voye qui ſemble la plus aisée, & il ne faut pas s'eſtonner ſi cela n'a pas eſté imité par les anciens, ou ſi Vitruue ne l'a pas recommandée; cependant, à juger des choſes par leurs éuenemens, l'intention de ceux qui dreſſent des Monumens eſtant de perpetuer la memoire des morts, il n'y a point de genre de baſtimens plus propre à le faire que la Pyramide; ainſi nous voyons à Rome, qu'encore le Mauzolée d'Auguſte ſoit quaſi tout ruïné, qu'il ne reſte plus de veſtiges du Septizone de Seuere, qu'on reconnoiſſe à peine les veſtiges de ces baſtimens, la Pyramide de Cæſtius cependant a reſiſté à la force du temps, & paroiſt encore entiere, quoy qu'elle ne fuſt pas comparable par la grandeur de ſes pierres, à celles qui compoſoient ces Monumens. I'ay dit ce que j'auois à dire de cét ouurage, il me reſte à parler de ceux qui y ont trauaillé: On demeure d'accord, ce dit-il, qu'elles ſurpaſſent tout ce qu'il y a en Egypte, pour la beauté & la magnificence de la ſtructure, & la ſcience de ceux qui l'ont entrepris; & les Egyptiens croyent qu'on doit admirer dauantage les artiſans que les Princes qui en ont fait la dépenſe.

*Si l'on reçoit cette ſuppoſition, on n'aura pas de peine à comprendre commẽt on a éleué ces gr à les maſſes de pierres, y employant les machines dont on ſe ſert pour leuer les fardeaux, & cela plus aysémẽt que par les moyens des ponts de briques ou de nître que Diodore & Pline rapportent.

LA CONCLVSION.

IE finiray icy par vne obſeruation que rapporte Strabon. Il ne faut pas, ce dit-il, paſſer ſous ſilence vne particularité que nous auons obſeruée proche de ces Pyramides; l'on y void des tas de pierres & des recouppes des pierres qui compoſent les Pyramides; entre celles-là il y en a qui ont la figure de lentilles, d'autres qui reſſemblent à des grains d'orge à demy hors de leurs épics; ils diſent dans le pays que ce ſont les reſtes des prouiſions qui ſeruoient pour la nourriture des ouuriers, & qui ont eſté petrifiées depuis: Si elles eſtoient du temps de Strabon, il faut qu'elles ayent eſté depuis conſumées par le temps ou couuertes de ſable; cependant Diodore qui l'a precedé de peu, n'a pas remarqué cette curioſité; ce qui me feroit douter de la verité de ſa Relation, ſi elle ne venoit d'vn autheur auſſi judicieux, quoy que nous trouuions des exemples de ſemblables petrifications. I'ay veu à Venize les os & la chair d'vn homme entierement petrifiez, & à Rome vn tuyau où l'eau s'eſtoit changée en vn parfait albâtre. Ie croy qu'on pourroit dire la meſme choſe de ces morceaux de pain que l'on dit que l'on trouue proche de la Mer-rouge, changez en pierre, & que les Habitans diſent que les *Iſraëlites* laiſſerent apres eux en fuyant la perſecution de Pharao; on les vẽd au Caire taillées en forme de pain, ce qui en marque aſſez l'impoſture; car l'Eſcriture Sainte dit, que le pain de ces peuples eſtoit fait en forme

de

de gasteaux sans leuain ; ou la Relation de Strabon seroit semblable à vne tradition que quelques Chrestiens tiennent en Egypte, de la Resurrection de certains corps morts tous les ans ; il y a des Chrestiens qui la croyent, & leurs Prestres l'authorisent par ignorance ou par politique ; mais cette disgression est desia trop longue. La description des Momies, le reste des Sepulchres d'Egypte, & les Hieroglyphiques que i'ay copiez là & ailleurs, * seruiront vn iour d'argument à vn autre discours.

Vn François qui s'estoit trouué au Caire au temps de céte supposée Resurrection, m'a monstré vn bras qu'il en auoit apporté, décharné & sec comme vne Momie ; il auoit remarqué que le miracle s'estoit tousiours fait derriere luy ; s'étant retourné par hazard, il apperçeut vn Egyptien qui tenoit des ossemens sous sa veste, & découurit par là le mystere. Sand dit dans ses voyages, que l'on les void ressusciter le Vendredy Saint.

Metrophanes Patriarche d'Alexandrie, a creu qu'on la pouuoit prouuer par ce passage d'*Esaye 66. 24.* Ils verront les carcasses de ceux qui n'ont pas obserué mes commandemens, leur vers ne mourrera iamais, ny leur feu ne cessera de les brûler, & seront en execration à tous les hommes.

* I'auois eu dessein de traiter de cette matiere ; mais le Recueil que i'auois fait de ces antiquitez durant le temps de mes voyages, s'est perdu en ma maison dans les desordres de ces derniers temps, & pleust à Dieu que ie n'y eusse pas fait d'autres pertes.

Lettre du Sieur Tito-Liuio Burattini, contenant vne description des Momies d'Egypte, traduite de l'Italien.

LA pluspart croyent que les Momies se trouuent dans les deserts de l'Arabie deserte, & que ce sont les corps de personnes qui ont esté estouffez dans ces sables lors que le vent de Midy souffle ; mais ceux qui ont esté en Egypte sçauent, que ce sont les corps embaûmez des anciens Egyptiens : on en trouue grande quantité proche des ruïnes de l'ancienne ville de Memphis, dans des grottes soûterraines où ces Peuples enterroient leurs morts ; on y entroit par vn puits quarré *A*, dôt l'ouuerture estoit telle qu'on y pouuoit descendre en mettant les pieds dans des trous creusez aux deux costez opposez de cette descente *B*, comme on le void dans le dessein : ces puits ne sont pas d'égale profondeur ; mais les moins profonds sont de la hauteur de six hommes. Vous remarquerez que les puits & les grottes sont taillez dans vne pierre blanche & fort tendre ; que dans tous ces Deserts on trouue cette sorte de pierre quand on a creusé vne brasse dans le sable ; ainsi tout le dessous & tous les enuirons de la ville de Memphis estoit creux : Ie descendis dans vne de ces caues ou grottes par vn de ces puits quarrez ; au bas du puits ie trouuay vne ouuerture quarrée, & vn passage qui n'est pas par tout de mesme longueur, en quelques endroits le massif de la roche ou pierre où ces passages sont taillés, a 10. pieds de longueur, en d'autres 15. ces passages seruent d'entrée à des chambres quarrées faites en voûte, dont chaque costé est ordinairement de 15. ou 20. pieds ; & au milieu de chacun des 4. costez de la chambre, est vn soccolo C, de la mesme pierre, sur laquelle sont les corps embaûmes ; les vns dans des caisses de bois de sicomore, où le ver ne se met iamais ; les autres dans des tombes de cette pierre tendre que ie viens de décrire : ces tombes de pierres & ces bierres de bois, ont la figure d'vne statuë auec les bras pendans *D* ; on trouue dans la plusport de ces corps sous la langue, vne petite placque d'or de la valeur de deux pistoles. Les Arabes pour auoir ces placques, gastent toutes les Momies qu'ils trouuent entieres, & en gastent souuent plusieurs sans rien trouuer ; ils vendent apres ces corps à bon marché aux Mahometans, qui les reuendent aux Marchands Chrestiens du Caire, à la teste de toutes ces Momies on void vne Idole *E*, & aux pieds vn oyseau. Il y a des Hieroglyphiques taillez en la muraille, qui seruoient peut-estre *F*, d'Epitaphe : outre ces quatre bierres qui sont les principales qu'on void dans ces caues, on en rencontre encore d'autres plus petites qui sont à terre, & principalement des enfans. Vous remarquerez que l'vn de ces puits seruoit quelquesfois à 25. ou 30. de ces chambres ou grottes qui auoient communication l'vne auec l'autre, comme l'on void dans le dessein de leur Plan *G*. & ces chambres n'ont point d'autre iour ny d'ouuerture que celle du puits.

n. ii

n° iii

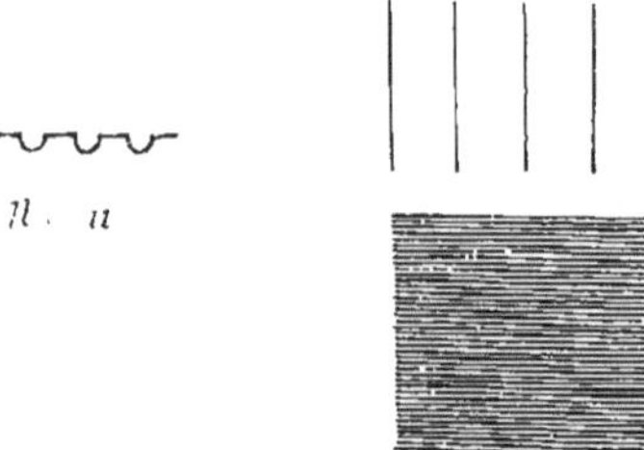

Plan des Caves
des Momies

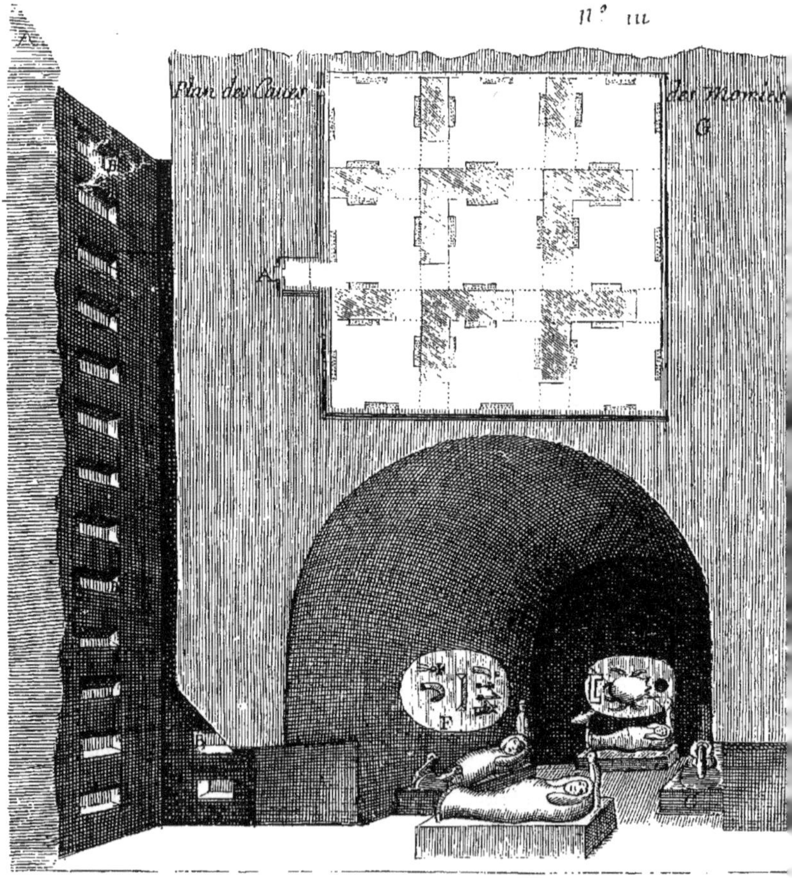

Page XXV.
et.
Page 6.

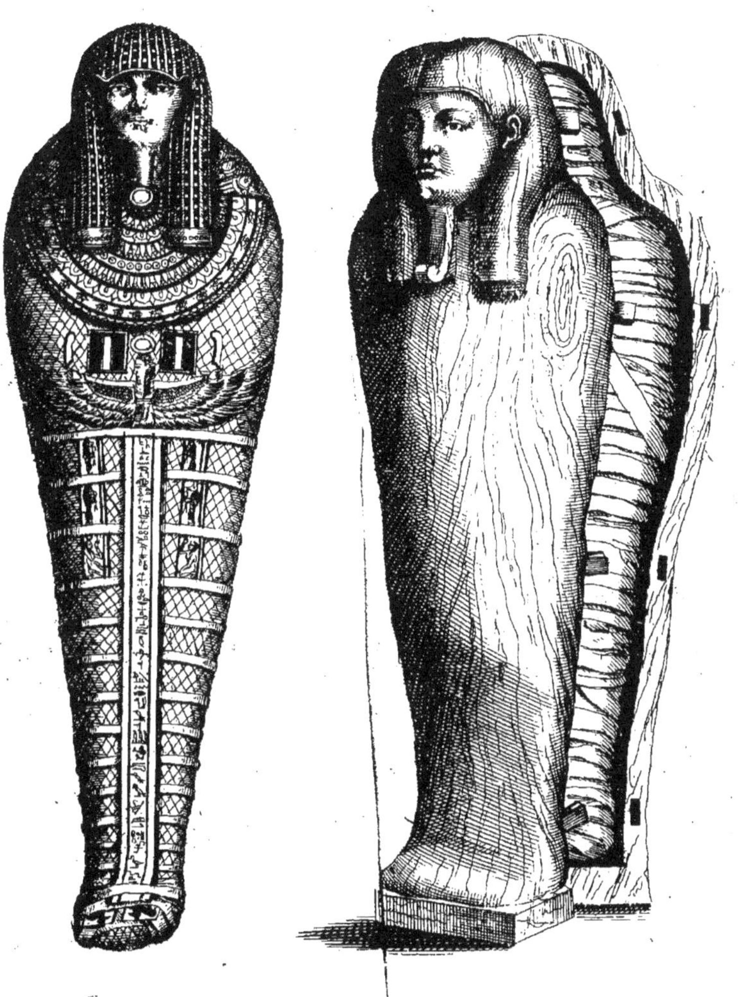

www.ingramcontent.com/pod-product-compliance
Lightning Source LLC
Chambersburg PA
CBHW050535170426
43201CB00011B/1430
9782012767331